Impresso no Brasil, outubro de 2010

Copyright © 2010 by Inês Ferreira da Silva Bianchi e
Luiz Vicente Ribeiro Ferreira da Silva

Publicado originalmente no Brasil, em 1964, pelo
Instituto Brasileiro de Filosofia, sob o título *Obras Completas*.

Os direitos desta edição pertencem a
É Realizações Editora, Livraria e Distribuidora Ltda.
Caixa Postal: 45321 · 04010 970 · São Paulo SP
Telefax: (11) 5572 5363
e@erealizacoes.com.br · www.erealizacoes.com.br

Editor
Edson Manoel de Oliveira Filho
Gerente editorial
Bete Abreu
Tradução das citações
Alemão: Karleno Bocarro
Revisão
Jessé de Almeida Primo e Liliana Cruz
Capa e projeto gráfico
Mauricio Nisi Gonçalves / Estúdio É
Pré-impressão e impressão
HRosa Gráfica e Editora

Reservados todos os direitos desta obra.
Proibida toda e qualquer reprodução desta edição
por qualquer meio ou forma, seja ela eletrônica ou mecânica,
fotocópia, gravação ou qualquer outro meio de reprodução,
sem permissão expressa do editor.

Coleção
FILOSOFIA
ATUAL

TRANSCENDÊNCIA DO MUNDO
OBRAS COMPLETAS

VICENTE FERREIRA DA SILVA

ORGANIZAÇÃO, PREPARAÇÃO DE ORIGINAIS
E INTRODUÇÃO GERAL
RODRIGO PETRONIO

POSFÁCIOS
JULIÁN MARÍAS, PER JOHNS, AGOSTINHO DA SILVA
E DORA FERREIRA DA SILVA

é
REALIZAÇÕES

OBRAS COMPLETAS
DE VICENTE FERREIRA DA SILVA

Lógica Simbólica
Dialética das Consciências
Transcendência do Mundo

Sumário

Nota do organizador 9

Nota desta edição 13

Agradecimentos. 15

Poeticamente o homem habita: Introdução geral
às *Obras Completas* de Vicente Ferreira da Silva
  por Rodrigo Petronio 17

PARTE I – FILOSOFIA DA MITOLOGIA E DA RELIGIÃO

Para uma etnogonia filosófica 81
A experiência do divino nos povos aurorais 87
Introdução à filosofia da mitologia 97
A fé nas origens 113
Os pastores do ser 117
A religião e a sexualidade 119
O "ser" in-fusivo 121
A transparência da história 129
A fonte e o pensamento 131
Instrumentos, coisas e cultura 139
Raça e mito 151
A natureza do simbolismo 157
A origem religiosa da cultura 163
Liberdade e imaginação 175
Religião, salvação e imortalidade 183

PARTE II – SOBRE O HOMEM, O MUNDO E A HISTÓRIA

Teoria da solidão 191
As utopias do Renascimento 197
O demiurgo 215
Sobre a origem e o fim do mundo 219
O homem e sua proveniência 231
Sobre a teoria dos modelos 249
Orfeu e a origem da filosofia 255
A ameaça do passado 259
O legado do deserto 263
O problema da autonomia do pensamento 267
O primado da beleza 271
O rio da realidade 275
Hermenêutica da época humana 279
História e Meta-história 289
Natureza e cristianismo 299
O ocaso do pensamento humanístico 307
O homem e a liberdade na tradição humanística 315
A filosofia do reconhecimento 323
Paradoxos de uma época 343
A marionete do ser 349
Sociologia e humanismo 353
O tempo do sonho 357
A soma absoluta 361
Em busca de uma autenticidade 365
Ciclo e liberdade 369
Fragmentos 373
Interpretação da morte 375

PARTE III – SOBRE A FILOSOFIA E OS FILÓSOFOS

Spengler e o racionalismo 381
O sentido especulativo do pensamento de Dilthey ... 389

Discurso sobre o pensamento filosófico contemporâneo 393
Holzwege (Martin Heidegger) 399
A última fase do pensamento de Heidegger 403
Notas sobre Kierkegaard 419
O pensamento do professor Luigi Bagolini 425
Filosofia do Direito 431
Centenário de Schelling 437
Sob o signo de Hobbes 441
O novo ceticismo 445
A situação atual da filosofia 449
Enzo Paci e o pensamento sul-americano 453
Kierkegaard e o problema da subjetividade 457
Santo Tomás e Heidegger 467
Lógica simbólica 475
A situação da filosofia em nossos dias 479
O dionisismo em Hegel 487
Sartre: um equívoco filosófico 491
Valor e ser 495

PARTE IV – SOBRE POESIA, ARTE E CRÍTICA LITERÁRIA

Sobre a poesia e o poeta 501
Comentário ao poema "O Barco da Morte" 509
O Deus vivo de Lawrence 513
Uma floresta sombria 527
Santa Marta Fabril S. A. 543
João Torto e a Fábula 547
Sobre a obra de Guimarães Rosa 553
O Iniciado do Vento 555

PARTE V – DIÁLOGOS FILOSÓFICOS

Diálogo do mar 561

Diálogo da montanha 579
Diálogo do espanto 595
Diálogo do rio 609

INÉDITOS E DISPERSOS

Diário filosófico: papéis inéditos de
  Vicente Ferreira da Silva............................ 615
Teologia e mitologia 629
Papéis inéditos de Vicente Ferreira da Silva 639
Dos papéis inéditos de Vicente Ferreira da Silva 647
Os intelectuais de direita e de esquerda (1963)....... 657

POSFÁCIOS

Uma vocação filosófica – *por Julián Marías* 669
Sobre Vicente Ferreira da Silva – *por Per Johns* 677
Vicente: filosofia e vida – *por Agostinho da Silva* 697
Fim e começo – *por Dora Ferreira da Silva* 705

ANEXO

O verdadeiro pacto – *por Vicente Ferreira da Silva* 713

Bibliografia de e sobre Vicente Ferreira da Silva 719
Nota biográfica do organizador......................... 743

NOTA DO ORGANIZADOR

Obras Completas de Vicente Ferreira da Silva

A obra de Vicente Ferreira da Silva é de longe um dos maiores legados filosóficos e ensaísticos da língua portuguesa. E para demonstrar essa asserção não é necessário arrolar as opiniões que alguns pensadores e artistas de primeira grandeza emitiram sobre ela; basta que o leitor atento e honesto com sua própria consciência passeie pelas suas páginas. Morto prematuramente em um acidente automobilístico em 1963, o destino trágico obstruiu os desdobramentos insondáveis a que o pensamento de Vicente certamente teria chegado, bem como comprometeu a recepção ulterior de sua obra. Some-se essa causa à malícia intelectual que ainda em vida do Autor tentou criar subterfúgios para isolá-lo ideologicamente, sem contudo oferecer argumentos sequer superficiais para minimizar o seu valor, e começaremos a entender as razões que levaram uma obra dessa altitude a estar há praticamente quarenta anos soterrada e esquecida.

Em razão dessas contingências históricas, em vida Vicente publicou apenas sete livros: *Elementos de Lógica Matemática* (1940), *Ensaios Filosóficos* (1948), *Exegese da Ação* (1949 e 1954), *Dialética das Consciências* (1950), *Ideias para um Novo Conceito de Homem* (1951), *Teologia e Anti-Humanismo* (1953) e *Instrumentos,*

Coisas e Cultura (1958). Porém, grande parte da sua produção ensaística é esparsa, tendo sido publicada, em vida e postumamente, em revistas de filosofia e cultura, notadamente nas revistas *Diálogo*, fundada e dirigida por ele mesmo, *Convivium*, *Revista Brasileira de Filosofia* e *Cavalo Azul*, esta última fundada por sua esposa, a poeta e tradutora Dora Ferreira da Silva. Além dessas, também publicou em revistas estrangeiras. Dessa forma, ao organizar a sua obra, é forçoso reportarmo-nos à primeira edição de suas *Obras Completas*, levada a cabo pelo Instituto Brasileiro de Filosofia,[1] mas também às primeiras edições em que cada texto circulou, seja em formato de revista ou de livro.

Para a presente edição das *Obras Completas* de Vicente Ferreira da Silva, atitude de coragem e pioneirismo da É Realizações, adotei a divisão temática criada pelo IBF, por sinal bastante criteriosa. Introduzi, entretanto, algumas alterações, distribuindo o material em três volumes, de acordo com as três grandes frentes do pensamento do Autor, apontadas por diversos estudiosos: *Lógica Simbólica*, *Dialética das Consciências* e *Transcendência do Mundo*. O primeiro recolhe os trabalhos que o Autor desenvolveu na área da lógica matemática, da qual foi um dos pioneiros no Brasil. No segundo, a ênfase recai sobre as vertentes existencial e fenomenológica de sua investigação, e tem em seu centro a obra homônima, publicada em 1950. Já o terceiro, que o leitor tem em mãos e cujo título tomei a liberdade de criar, seguindo à risca a essência do pensamento do Autor, reúne primordialmente seus estudos sobre filosofia da mitologia e da religião, ou seja, o que didaticamente pode ser chamada de terceira fase de seu pensamento, a fase mítico-aórgica. Há que se deixar claro, no entanto, que esses títulos são genéricos. O conteúdo de cada um dos volumes extrapola o seu escopo descritivo, com ensaios que versam também sobre outros assuntos, tais como acontecimentos de época, arte e cultura, mito e rito, filósofos específicos, filosofia da história e a própria história da filosofia.

---

[1] Vicente Ferreira da Silva, *Obras Completas*. Prefácio de Miguel Reale. São Paulo, Instituto Brasileiro de Filosofia, 1964-1966. Dois Tomos.

No que diz respeito à fixação do texto desta nova edição, tomei algumas decisões diferentes das tomadas pela edição do IBF. No caso da reunião dos ensaios que não foram publicados em livro, reproduzi, em linhas gerais, os títulos e os agrupamentos da edição do IBF. Porém, como a presente edição é temática, redistribuí algumas dessas disposições pelos três volumes. Em primeiro lugar, reservei um volume específico para os trabalhos de lógica matemática, que tinham sido publicados no segundo tomo da edição do IBF. Por outro lado, desloquei o conjunto de ensaios intitulado "Sobre a Educação, a Sociologia e a Política" (segundo tomo do IBF) para a obra *Dialética das Consciências*, em razão do conteúdo desses ensaios se coadunar mais com as temáticas gnosiológica, humanista, anti-humanista e existencial deste volume. Por seu turno, o conjunto de ensaios "Filosofia da Mitologia e da Religião" (primeiro tomo do IBF) foi incorporado ao volume *Transcendência do Mundo*, por estar no cerne da reflexão mítico-aórgica do Autor. Por meio de pesquisa, coletei também os inéditos e dispersos de VFS que não constam na edição do IBF por terem sido publicados posteriormente, em revistas como *Convivium* e *Cavalo Azul*, entre outras. De modo que, excetuando-se poucos manuscritos e as cartas do espólio do Autor, a presente edição da É Realizações contempla toda a produção editada e inédita de VFS.

NOTA DESTA EDIÇÃO

Elaborei uma lista na medida do possível exaustiva das publicações de VFS, com data, local, número, página, bem como uma bibliografia de teses, livros, artigos, ensaios e capítulos, direta e indiretamente referentes a seu pensamento. Tal Bibliografia consta neste volume. Minha ideia inicial foi escrever, especialmente para este volume, uma Introdução Geral ao pensamento de Vicente, que abrangesse as suas *Obras Completas*, articulando sua vida e sua obra, bem como os seus principais comentadores e a trama dialogal que ele estabeleceu, tanto com a tradição filosófica quanto com a filosofia contemporânea.

Porém, como há um material muito rico sobre seu pensamento, e que também se encontra totalmente perdido em revistas antigas ou em livros esgotados, além da Introdução Geral que o leitor pode consultar neste volume, em conjunto com o editor decidi organizar um volume à parte, com material crítico, ensaístico e investigativo exclusivo sobre a obra de VFS. Será, portanto, uma espécie de quarto volume, que encabeçará o projeto e dará unidade à edição completa das obras desse grande pensador. Caso tenha havido algum lapso na Bibliografia contida neste volume, com certeza ele será resolvido quando da publicação desta obra à parte que contemplará a fortuna crítica mais expressiva sobre o filósofo paulista.

Agradecimentos

Meus agradecimentos a todos aqueles que participaram deste trabalho, direta ou indiretamente, com o estímulo ou a presença amiga: Inês Ferreira da Silva Bianchi, Luiz Vicente Ribeiro Ferreira da Silva, Gabriel Ferreira da Silva Bianchi, Milton Vargas, Edson Manoel de Oliveira Filho, Paulo Borges, Donizete Galvão, Sónia Mendes da Silva, Ricardo Vélez-Rodriguez, Antonio Fernando de Franceschi, Centro de Documentação do Pensamento Brasileiro na pessoa de Marta Sueli Dias Santos, Constança Marcondes César, Gustavo Bernardo, Per Johns, Dinah Flusser, Miguel Flusser, Rubens Perez e aos herdeiros da obra de Miguel Reale, a todos os amigos membros do grupo Cavalo Azul, e a todos aqueles que admiram esse que foi um dos maiores pensadores brasileiros.

Este trabalho de organização das obras de Vicente Ferreira da Silva é dedicado a Dora Ferreira da Silva, luz sempre presente, *in memoriam*.

POETICAMENTE O HOMEM HABITA: INTRODUÇÃO GERAL ÀS *OBRAS COMPLETAS* DE VICENTE FERREIRA DA SILVA[1]

Rodrigo Petronio

A Cena Inicial

Trabalhar na organização das obras de Vicente Ferreira da Silva é uma experiência das mais gratificantes, não só pela reflexão filosófica que ela proporciona, mas por nos colocar diante do próprio papel e do lugar da filosofia na história do pensamento. No caso brasileiro, em notar os desvãos e abismos que ainda existem entre o valor das obras e autores e a sua merecida discussão e reconhecimento pela razão pública. Tal situação de discrepância é gritante

---

[1] Este texto é uma Introdução Geral às *Obras Completas* de Vicente Ferreira da Silva, levada a cabo pela É Realizações: Vicente Ferreira da Silva, *Obras Completas*. Organização, Introdução Geral, Bibliografia e Notas de Rodrigo Petronio. São Paulo, É Realizações, 2009-2010. Três Volumes: *Lógica Simbólica*. Prefácio de Milton Vargas. Posfácio de Newton da Costa. São Paulo, É Realizações, 2009. *Dialética das Consciências*. Prefácio de Miguel Reale. Posfácios de Vilém Flusser e Luigi Bagolini. São Paulo, É Realizações, 2009. *Transcendência do Mundo*. Introdução Geral de Rodrigo Petronio. Posfácios de Julián Marías, Per Johns, Agostinho da Silva e Dora Ferreira da Silva. São Paulo, É Realizações, 2010. De agora em diante, sempre que citar esta nova edição me valerei das siglas LS, DC e TM para designar, respectivamente, cada um dos seus volumes.

em se tratando de Vicente Ferreira da Silva, cujo reconhecimento é inversamente proporcional ao valor evidente de seu pensamento, traçado em um movimento vital, extremamente agudo em suas sínteses, diálogos e formulações. Surge então um incômodo e a necessidade racional de explicação de tal fato; a incompreensão dos motivos efetivos que levaram um pensamento dessa latitude a passar quase meio século soterrado e esquecido salta a nossos olhos. Mas, a despeito das consequências ruins que tal obliteração produziu na cultura brasileira, também *isso* faz parte da filosofia. Afinal, a atitude filosófica que nos força a ver em VFS[2] algo mais do que um professor de filosofia ou de um historiador das ideias nasce justamente quando deixamos de ver a filosofia como uma teia de conceitos, nomes, autores, postulados, premissas, termos, etapas, sistemas, entre tantas outras designações, e passamos a vivê-la dentro do caldo vital no qual esses agentes do conhecimento unem todas as esferas da apreensão da vida em sua meditação. Em outras palavras, quando vislumbramos em um autor aquilo que Étienne Gilson chama de "unidade da experiência filosófica".

Nesse sentido, o silêncio produzido em torno de VFS é produtivo, a pobre discriminação produzida pelo *establishment* universitário em torno de sua obra é sintomática. Em outras palavras, e, ironicamente, em se tratando de um autor que entendeu o movimento da verdade (*aletheia*) justamente como um desvelar-ocludente, o seu esquecimento é um ocultar que revela o mecanismo interno da própria ocultação. Observar aquilo que se encontra às margens da obra, perceber os silêncios que ela produz, auscultar as interdições que a ela se dirigem, notar os movimentos dos atores sociais que a ela se dedicaram ou que a rechaçaram: tudo isso *é* filosofia. Vicente Ferreira da Silva foi filósofo, no sentido mais pleno da palavra, porque nunca renunciou a essa apreensão reflexiva dos fenômenos vitais, tais como se lhes apresentavam. E sua obra é uma obra filosófica, no sentido forte do termo, à medida que testou os limites de sua própria

---

[2] Utilizarei a partir de agora a sigla de seu nome, para evitar repetições extensas do nome completo, bem como formalidades e informalidades excessivas por meio do uso de nome ou sobrenome.

validade, independente de quaisquer ressonâncias gregárias, institucionais ou ideológicas que ela por ventura viesse a ter. Creio que haja algumas respostas possíveis para essa camuflagem de seu nome. Não tratarei disso neste momento, mas levantarei algumas hipóteses ao longo do desenvolvimento desta introdução.

Em primeiro lugar, o mais importante é frisar que, ao lermos Vicente Ferreira da Silva, temos a sensação de estar a todo tempo em algumas das encruzilhadas mais decisivas da filosofia do século XX. E essa sensação torna ainda mais eloquente o silêncio que se criou ao seu redor, justamente porque ela dimensiona a posição tão solitária quanto audaciosa que o pensador paulista assumiu, sobretudo no final de sua vida, frente a questões que não eram sequer cogitadas em terras brasileiras. A obra de VFS, nesse sentido, está sempre imersa no solo onde nasceu. Afinal, não é possível neutralizar os dados imediatos da história, mas apenas transcendê-los rumo a sínteses inesperadas nas camadas de suas próprias tramas, ou seja, a famosa assimilação da circunstância pelo eu, de que fala Ortega. Mas no caso de VFS, podemos dizer com certa tranquilidade que a originalidade de seu pensamento se deve ao fato de ele ter encontrado outros solos germinativos nos quais lançar raízes.

Isso não quer dizer que não haja laços entre ele e seus contemporâneos brasileiros ou portugueses, sobretudo aqueles com quem manteve diálogo, como Miguel Reale, Delfim Santos, Vilém Flusser, Agostinho da Silva, Eudoro de Sousa, Heraldo Barbuy, Renato Cirell Czerna, Efraím Tomás Bó, Guimarães Rosa, Leonardo van Acker, entre tantos outros.[3] Tampouco que sua obra tenha suplantado a tradição da especulação luso-brasileira que tem nomes de alto cabedal filosófico, de Matias Aires, Cunha Seixas e Farias Brito até os mencionados há pouco. O fato é que com VFS, como também ocorreu com Mário Ferreira dos Santos, a filosofia brasileira parece assumir uma nova dignidade. Trata-se de uma nova investidura da própria posição do filósofo e da filosofia na perspectiva

---

[3] Um ótimo panorama filosófico de São Paulo se encontra em: Constança Marcondes César, *O Grupo de São Paulo*. Lisboa, Imprensa Nacional Casa da Moeda, s/d.

brasileira e desta, em relação ao mundo.⁴ Em palavras um tanto gerais, mas não incorretas, enfim chegamos a uma dimensão mais universalizante. Suas referências foram autores, obras e ambientes bastante heterogêneos, é verdade, mas isso foi fundamental para que ele pudesse produzir a guinada que produziu no pensamento brasileiro. Para encontrar essas suas raízes temos que recuar até o século XIX e sobretudo entender como VFS dialogou de maneira ora entusiástica, ora ambivalente, muitas vezes polêmica, com algumas tendências filosóficas que vieram do século anterior ao que viveu e com outras, que se formaram no século XX. Nesse sentido, há alguns autores que podemos agrupar como se formassem espécies de linhas de tensão em seu pensamento.

No Princípio, era o Logos⁵

Podemos identificar o primeiro desses grupos, correspondente à fase inicial de seu pensamento, aos filósofos ligados à lógica.⁶

---

⁴ VFS tinha consciência dessa necessidade universalizante da filosofia no Brasil. Tanto que é nesse sentido a sua polêmica com Paci, que propunha a descrição de uma filosofia americana e colocava VFS como um de seus representantes, o que o filósofo rechaçou: VFS, "Enzo Paci e o Pensamento Sul-Americano", *Revista Brasileira de Filosofia*, v. 5, fasc.18, abr./jun. 1955, p. 287-289 (TM). Nesse sentido, conferir também os interessantes argumentos que o filósofo arrola contra a valorização de uma autonomia da cultura brasileira, que ele entende como essencialmente heterônoma: VFS, "Em Busca de uma Autenticidade", *Jornal do Comércio*, Rio de Janeiro, s/d, 1958 (TM).

⁵ Ao longo deste texto, farei diversas citações e usarei conceitos de diversos autores. Para não obstruir a leitura com muitas notas de rodapé, citarei as fontes apenas quando necessário e colocarei entre parêntesis os conceitos, quando tomados literalmente. As fontes críticas mais importantes sobre o pensamento de Vicente Ferreira da Silva se encontram no final deste volume. Os melhores estudos sobre seu pensamento são os de Constança Marcondes César, tanto a sua obra sobre o Grupo de São Paulo, quanto a sua tese de livre-docência. Por seu lado, um dos documentos mais ricos e panorâmicos sobre a pensamento de VFS é a edição especial da revista *Convivium*, feita em sua homenagem. Constança Marcondes César, *O Grupo de São Paulo*. Lisboa, Imprensa Nacional Casa da Moeda, s/d; e *Vicente Ferreira da Silva: Trajetória Intelectual e Contribuição Filosófica*. Campinas, Universidade Católica, 1980. Tese de Livre-Docência; Vários, *Convivium*, São Paulo, v. 16, n. 3, mai./jun. 1972, p. 202-204. Também abordando toda a obra do filósofo há o excelente ensaio de Ricardo Vélez-Rodriguez: *Vicente Ferreira da Silva: O Homem e a sua Obra*. Disponível em: http://www.ensayistas.org/filosofos/brasil/silva/introd.htm. Oportunamente, organizarei, também para a É Realizações, um volume só de fortuna crítica sobre VFS.

⁶ No que concerne ao pensamento lógico de VFS, conferir especialmente o prefácio e o posfácio da edição atual de *Lógica Simbólica*, de Milton Vargas e Newton da

Os autores que VFS leu e interpretou nessa área de estudos são muitos e diversos: Leibniz, Carnap, Peirce, Burali-Forti, Frege, Schlick, Boole, De Morgan, Wittgenstein, Russell, Whitehead e Quine, entre outros. Porém, teve especial interesse pela lógica matemática ou lógica simbólica, sobretudo pelo primeiro Círculo de Viena, com Schlick e Carnap, mas mais notadamente pelos *Principia Mathematica* de Russell e Whitehead, e, num terceiro momento, pelo chamado *linguistic turn* operado por Wittgenstein. Quine, de quem chegou a ser assistente, também foi um nome importante na sua formação e, no que diz respeito ao Brasil, dedicou especial atenção aos matemáticos propriamente ditos, como Wataghin e Fantappié, de quem chegou a ser aluno, além dos matemáticos estrangeiros que leu à exaustão.[7] Embora a lógica matemática tivesse tido algumas incursões ligeiras anteriores, como a empreendida por Amoroso Costa, estas foram tão esporádicas que se poderia dizer inexistentes. Por isso é sempre importante ressaltar que a obra *Elementos de Lógica Matemática* de Vicente Ferreira da Silva é considerada oficialmente a primeira obra publicada no Brasil que trata dessa nova modalidade de lógica, ou seja, tem um caráter inaugural.[8]

Como o próprio autor nos diz, a lógica matemática pode ser um instrumento muito eficaz para flagrar os modos pelos quais o pensamento se formula a partir de enunciados que, por sua vez,

---

Costa, respectivamente: Newton da Costa, "Vicente Ferreira da Silva e a Lógica". *Revista Brasileira de Filosofia*, São Paulo, v. 14, fasc. 56, out./dez. 1964, p. 499-508. Milton Vargas, "O Jovem Vicente Ferreira da Silva". *Convivium*, São Paulo, v. 16, n. 3, maio/jun. 1972, p. 194-201. Conferir também: Newton da Costa, "A Obra de Vicente Ferreira da Silva em Lógica". *Revista Brasileira de Filosofia*, São Paulo, v. 41, fasc. 174, abr./jun. 1994, p. 165-169; Euryalo Cannabrava, "Estrutura Metalinguística da Lógica". *Convivium*, São Paulo, v. 16, n. 3, maio/jun. 1972, p. 314-325.

[7] Milton Vargas narra de maneira excelente esses primeiros passos filosóficos de VFS na lógica: Milton Vargas, "O jovem Vicente Ferreira da Silva". *Convivium*, São Paulo, v. 16, n. 3, maio/jun., p. 194-201 (LS).

[8] Esta obra, somada a uma conferência pronunciada por Vicente Ferreira da Silva sobre lógica matemática no Instituto de Engenharia de São Paulo, perfaz a totalidade dos trabalhos do Autor nessa área, que se encontram reunidos na edição atual de suas *Obras Completas* (LS). A edição original é: Vicente Ferreira da Silva, *Elementos de Lógica Matemática*. São Paulo, Cruzeiro do Sul, 1940, 116 p. A editora dessa obra também aparece referida como Edição do Autor.

reivindicam sentido e validade. Nessa nova chave lógica, linguagem e realidade se dão como especulação, nos dois sentidos do termo: especulações que nascem de espelhamentos inacessíveis entre natureza e linguagem, entre a linguagem e as coisas, como se divididas em duas lâminas que, ao se refletirem constantemente, não se tocam sequer no infinito. Segundo a hipótese da lógica matemática, linguagem e mundo constituiriam processos disjuntivos que se projetam a si mesmos como evidências e, em última instância, como verdades, mas que não passam de estados recorrentes das coisas captadas em sua flutuação. Estes, ao atuarem sobre a mente do receptor reivindicando veracidade, estão se mostrando como nada mais do que um "mau funcionamento da linguagem", cujo intuito de se legitimar é diretamente proporcional à resistência em aceitar os imperativos de sua própria insuficiência. O que está em questão, para usar os conceitos de Wittgenstein, é a tentativa de acessar e descrever "estados de coisas" e compreender os "jogos de linguagem" que produzimos para compreendê-los. Captar os eventos tais como se passam na realidade inacessível da natureza, por meio não de um procedimento escolástico de *adaequatio rei ad intellectum*, mas sim a partir da explicação de proposições em geral transitivas e performativas, ou seja, de um âmbito de fenômenos que não seja passível de soluções satisfatórias pela lógica clássica de origem aristotélica, muitas vezes atrelada à metafísica e quase sempre de cunho substancialista. Essa parece ser a proposta da nova lógica.

Não vamos insistir aqui no caráter falacioso que subjaz a esse projeto. É evidente que ele é um desdobramento levado às últimas consequências do velho nominalismo escolástico e um herdeiro da querela dos universais. Em última instância, trata-se de nominalismo traduzido em positivismo lógico. Bastaria lermos com cuidado Duns Scot e aplicarmos o seu "princípio de indeterminação" de matéria e forma, bem como o seu conceito de *haecceitas*, ou seja, dos universais que repousam no estado atual dos indivíduos concretos, que poderíamos facilmente destruir essa aporia entre realismo e nominalismo, demonstrando o equívoco sobre o qual ela se fundou. Mas esse equívoco tem um nome. Ele se chama: modernidade. Então, o trabalho de crítica dessa fundamentação disjuntiva entre linguagem e mundo nos levaria a uma revisão de quase mil anos de pensamento, o que não cabe aqui e talvez sequer seja exequível, a não ser por muitos pensadores ao longo do tempo. O essencial, entretanto, é perceber a importância que a lógica desempenhou para VFS. Por mais jovial que tenha sido o seu entusiasmo, pois, quando da publicação de seu primeiro livro, contava então, para o nosso espanto, com pouco mais de vinte anos, ele não chegou a lhe atribuir um papel tão importante quanto alguns dos adeptos dessa área do conhecimento, ao tentarem torná-la uma espécie de método filosófico irrestrito.

Em geral, a lógica matemática trata de enunciados processuais, que dizem respeito mais à dinâmica do real do que à distinção de atributos, acidentes e propriedades deduzidas ou predicadas a partir de uma substância, estrutura herdada do decálogo aristotélico das categorias e que era central na lógica, do Estagirita a Porfírio, de Boécio a Santo Tomás. A lógica começou a mudar de feição apenas nos fins do século XIX, com Frege e Peirce, até o advento da chamada lógica simbólica ou matemática, nas primeiras décadas do século XX. VFS se interessou por essas novas formas de abordar a linguagem, tentando conferir aos enunciados o valor apodítico necessário, sem o qual a validade desses pode ser eficaz ou adequada em um determinado contexto de investigação, mas insuficiente como formulação universalmente aceita em termos argumentativos. É interessante notar que, mesmo desde cedo interessado nessa nova disciplina, e tendo escrito esta obra fundamental sobre o assunto, VFS é muito claro em seus objetivos: não acredita, como Wittgenstein e outros, que ela vai suplantar a filosofia. Tampouco quer reduzir a reflexão filosófica às premissas incontornáveis da lógica, fundando assim uma espécie de *parti pris* que reduza toda meditação filosófica fora dos domínios da linguagem a uma espécie de sonambulismo reflexivo, tese maliciosa do próprio Wittgenstein e de seus seguidores. Pelo contrário, o interesse de VFS pela lógica sempre teve dois objetivos bem definidos. Primeiro: entende-a como uma maneira de refinar ao extremo os instrumentos da investigação filosófica. Segundo: toma-a como meio de deduzir formas universalmente válidas, não do ponto de vista substancial, pois este é o postulado da metafísica, mas em termos estritamente proposicionais. Assim, vemos com clareza que em nenhum momento o filósofo quis transformar a lógica em uma sucedânea da metafísica, em uma epistemologia imperialista ou em uma espécie de ontologia geral. Tanto que, à medida que seus interesses filosóficos começam a assumir outras feições, é o momento em que ocorre a mudança brusca. É o abandono da lógica. É a sua entrada nas filosofias da existência.[9]

Da Mathesis ao Homem

É no terreno da filosofia da existência que VFS escreverá uma de suas obras mais importantes e podemos dizer, sem exagero, um dos maiores ensaios filosóficos escritos em língua portuguesa: *Dialética das Consciências*.[10] A linha de autores com os quais o filósofo paulista vai dialogar será presidida por alguns nomes, como Fichte, Hegel, Husserl, Ortega, Zubiri e Heidegger. Entretanto, essa dimensão fenomenológica e existencial de seu pensamento acaba tocando em questões candentes a filósofos de quadrantes distintos, que vão de Chestov e Berdiaev a Buber

---

[9] Esse aparente abandono da lógica é bastante debatido entre os estudiosos da obra de VFS. Alguns sustentam que o autor teria prosseguido seus interesses por essa disciplina ao longo da vida, mas mais em âmbito privado. É a tese de Euryalo Cannabrava, que tem um importante estudo sobre o pensamento lógico de VFS e seus desdobramentos dentro das correntes ulteriores da linguística: Euryalo Cannabrava, "Estrutura Metalinguística da Lógica". *Convivium*, São Paulo, v. 16, n. 3, maio/jun. 1972, p. 314-325. Na minha opinião, VFS de fato abandonou a lógica. E não só o fez, como passou a ter uma visão negativa de suas motivações. Isso pode ser inferido de um ensaio seu de 1957, no qual ele faz uma ponderação sobre a importância e os pontos positivos dessa disciplina, mas não deixa de vê-la como uma herdeira da *ars combinatoria* e do ideal da *mathesis universalis* de Leibniz, bem como uma espécie de fruto de uma sociedade técnico-industrial que a teria transformado em uma "disciplina ideológica". Conferir: "Lógica Simbólica", *Jornal do Comércio*, Rio de Janeiro, 22 set. 1957 (TM).

[10] Vicente Ferreira da Silva, *Dialética das Consciências*. São Paulo, Edição do Autor, 1950, 143 p. (DC).

e Rudolf Meyer, de Kierkegaard e Ortega y Gasset a Jean Wahl e Gabriel Marcel. Principalmente, ele se ocupará de Jaspers e Scheler, autores que terão grande ascendência sobre a sua reflexão.[11] O diálogo e as ramificações de seu pensamento incluem até Sartre, autor com o qual VFS manteve relação conflituosa, primeiro de enaltecimento e depois de recusa radical.[12]

A princípio, a passagem da lógica à fenomenologia parecia algo sem grandes rupturas ou transtornos. Afinal, esse foi o caminho do próprio Husserl. Mas no caso de VFS a investidura que a fenomenologia vai receber em diálogo com as filosofias da existência será original e, a seguir, um tanto ruidosa. Assim como a leitura que ele fará das reduções eidéticas, transpondo-as inusitadamente para novos horizontes de especulação, notadamente de caráter mítico. Na filosofia do século XX, a tônica da existência se mescla à investigação fenomenológica das origens da consciência e ao debate sobre os limites e a essência

---

[11] Para um panorama das principais correntes filosóficas e autores da primeira metade do século XX valorizados por VFS conferir seus ensaios que tratam de filosofia contemporânea: "O Sentido Especulativo do Pensamento de Dilthey", comunicação apresentada no 1º Congresso Brasileiro de Filosofia, São Paulo, 1950; "Discurso sobre o Pensamento Filosófico Contemporâneo", comunicação apresentada no 1º Congresso Brasileiro de Filosofia, São Paulo, 1950; "Centenário de Schelling", *Diário de São Paulo*, São Paulo, 11 abr. 1954; "A Situação Atual da Filosofia", *Diário de São Paulo*, São Paulo, 18 jul. 1954; "A Situação da Filosofia em Nossos Dias", *Jornal do Comércio*, Rio de Janeiro, 8 dez. 1957; "O Novo Ceticismo", *Revista Brasileira de Filosofia*, São Paulo, v. 8, fasc. 31, jul./set. 1958, p. 364-365. Todos em TM.

[12] Há dois momentos bem distintos da apreciação que VFS faz da obra de Sartre. Um primeiro, em *Ensaios Filosóficos*, e, depois, um ensaio no qual rompe com o pensador francês: "O Existencialismo de Sartre", *Ensaios Filosóficos*. São Paulo, Progresso, 1948, 153 p. (DC); "Sartre: um Equívoco Filosófico", *Diálogo*, São Paulo, n. 13, dez. 1960, p. 93-94 (TM). Acredito que a mudança na concepção de VFS no que diz respeito à obra de Sartre esteja relacionada às mudanças tanto teóricas quanto políticas assumidas pelo pensador francês. O elogio inicial de VFS a Sartre, presente no primeiro ensaio, era diretamente destinado a *O Ser e o Nada*, de 1945, análise de base fenomenológica e existencial, cunhada também a partir de um diálogo com Husserl, com Hegel e com *Ser e Tempo*. Posteriormente, Sartre inclinou seus interesses filosóficos quase todos para a esfera do engajamento político, e em 1960, com a publicação de *Crítica da Razão Dialética*, praticamente transformou a filosofia da existência em um enclave a ser extirpado do interior do materialismo dialético. Não por acaso, é exatamente desse ano o segundo ensaio de VFS, que consiste, como se nota no título, em uma crítica frontal ao filósofo francês.

do que seria o humanismo, bem como as propostas de crítica a seus fundamentos empreendida pelas concepções anti-humanistas. Mesmo o pensamento cristão, seja na linha neotomista de Gilson e Maritain, seja na do personalismo de um Mounier e de uma etapa da obra de Scheler, por exemplo, mesmo com as restrições a determinadas vertentes da filosofia da existência, acaba fazendo algumas linhas fenomenológicas e existenciais confluírem, sob a salvaguarda da consciência entendida como a categoria de *pessoa*, ou seja, como núcleo noético e fenomenológico último e irredutível.

Essas chaves de leitura, na verdade, se encontram esboçadas e assumem o palco da obra de VFS desde *Ensaios Filosóficos*, livro imediatamente posterior à sua obra de lógica, e ganham relevo em alguns ensaios de fôlego como *Teologia e Anti-Humanismo* e no libreto *Instrumentos, Coisas, Cultura*.[13] Não só uma guinada temática se produziu, mas o escopo de interesses e as referências de diálogo do filósofo aumentaram bastante. Em um determinado plano, a investigação de VFS segue as de Husserl. Porém, como se sabe, os atos intencionais da consciência, tal como Husserl os herdara de Brentano e os traduzira, são tratados no processo fenomenológico a partir de sucessivas reduções eidéticas, até que se chegue à forma pura da consciência entendida como resto ou como resíduo noético, fundamentados não como estruturas apriorísticas kantianas e seus esquemas, tampouco como *cogito*, embora Descartes esteja no horizonte de Husserl, mas sim numa região autônoma, fonte das matrizes universais de apreensão fenomênica. A abordagem de VFS, ao mesmo tempo em que parte desses dados do estudo fenomenológico, não se atém às reduções, mas sugere sim uma vivência dos atos intencionais a partir de algumas matrizes vitais que ele identifica a partir do que ele chama de *teoria do reconhecimento*.

---

[13] Vicente Ferreira da Silva, *Teologia e Anti-Humanismo*. São Paulo, Revista dos Tribunais, 1953, 40 p.; *Ensaios Filosóficos*. São Paulo, Progresso, 1948, 153 p.; *Instrumentos, Coisas e Cultura*. São Paulo, Instituto Brasileiro de Filosofia, Separata da *Revista Brasileira de Filosofia*, v. VIII, fasc. II, abr./jun. 1958, p. 205-214. Os três ensaios constam em DC.

Como se sabe, a teoria do reconhecimento já está na obra de Hegel, outro autor bastante presente nas reflexões vicentinas, que a formula como a apreensão do conteúdo negativo que a consciência alheia projeta sobre a minha consciência. É do impulso de negação da negação, ou seja, de uma negatividade ativa, que a ipseidade daquele que se relaciona com o outro é resgatada, para então partir para novas sínteses negativas no interior do processo intersubjetivo. A cada novo passo desse movimento da consciência, novas objetivações vão sendo realizadas, o que, segundo Hegel, aumenta a esfera da minha consciência e me faz sair do nível do desejo (*Begierde*) que incide sobre o objeto e no qual vive imersa boa parte da humanidade.[14] Esse caldo simbiótico corresponde a um grau no qual a consciência e o objeto não foram submetidos às objetivações do Espírito, e por isso o desejo não consegue neutralizar e transcender a Natureza, preso em uma teia vital de estímulos e respostas a apetites.[15] Esse não reconhecimento do negativo de si na consciência alheia corresponde à alienação do sujeito em relação ao outro, e, por conseguinte, a uma alienação desse mesmo sujeito em relação a si mesmo, à medida que ele não pode deter o conhecimento de si sem passar pelo movimento da alteridade, ou seja, uma consciência de si só se realiza em consonância com outra consciência de si.[16]

Ora, nesse sentido, o reconhecimento não consiste em reduções, mas sim em uma dialética por meio da qual o em-si da consciência se produz por negação do para-si que se lhe oferece. Nesse sentido, o movimento da subjetividade é sempre uma nadificação do real, para que a consciência se capte como não-real do real e assim o absorva, produzindo novas sínteses em direção à ideia, ao núcleo puro e autorreferente da

---

[14] VFS, "A Filosofia do Reconhecimento", *Convivium*, São Paulo, v.1, n. 4, set. 1962, p. 51-67 (TM). Sobre a teoria do reconhecimento de Hegel, há uma explanação de VFS no "Diálogo do Espanto", pela boca do personagem Mário, provavelmente um *alter ego* do filósofo: "Diálogo do Espanto", *Obras Completas*, v. II, p. 523-533 (TM).

[15] VFS, "A Filosofia do Reconhecimento", *Convivium*, São Paulo, v.1, n. 4, set. 1962, p. 51-67 (TM).

[16] Idem, ibidem.

subjetividade, e ao Absoluto, sua ultimação no nível do Espírito. Por outro lado, sabemos como Husserl trabalhou a ideia da fenomenologia da consciência, cujo acesso nos seria facultado pela suspensão e pela redução eidética, até atingirmos o que seria uma espécie de núcleo puro de apreensão fenomênica. É a conhecida passagem do eu empírico que medita ao eu transcendental absoluto, sem que isso ocasione um apagamento do *solus ipse*, mas apenas uma recuperação de sua realidade sob a ótica transcendental no qual ele não se vê separado da consciência e tampouco disperso em uma região indiscernível.[17] Mas a concepção de VFS se afastará tanto da hegeliana quanto da fenomenológica. Então vejamos no que consiste a teoria do reconhecimento de VFS e como o filósofo chegou a ela.

Ao herdar o debate inaugurado com a lógica matemática e também a base fenomenológica de Husserl, mas retroagindo ao idealismo alemão, sobretudo a Hegel e a Fichte, como acabei de mencionar, VFS procura dar-nos um esclarecimento sumário do que venha a ser a consciência já em uma chave de superação da díade sujeito-objeto. Especialmente em *Dialética das Consciências*, utiliza conceitos de diversos autores. Um de seus conceitos angulares é a diferenciação estabelecida por Viktor von Weizsäcker entre dois níveis: o ôntico e o pático. O primeiro diria respeito à relação do sujeito com os objetos. O segundo, à relação entre sujeitos, que é de natureza bem diversa. Não se trata da distinção estabelecida por Heidegger entre o ôntico e o ontológico, pois esta é uma natureza de definição das modalidades de manifestação do ser, respectivamente entendidas como ser manifesto e como ser apreendido em uma captação compreensiva e vivencial. Nas definições de ôntico e pático, estamos em uma dimensão estritamente conscienciológica. De acordo com a linha da fenomenologia e da filosofia do espírito, o olhar e a presença do outro me objetivam e me neutralizam como sujeito ativo. Transformam-me em um tipo especial de objeto capaz de objetivações. Há uma série de pressupostos para se chegar a um

---

[17] Idem, ibidem.

consenso sobre essa dialética entre as consciências, e, como se sabe, Husserl sugere que essa aporia aparentemente irresoluta entre o eu e o mundo se solucionaria de modo redutivo. Ou seja, baseia-se em um ato a um só tempo cênico e vital, quase como um "salto na fé" de que nos fala Kierkegaard, que pusesse entre parênteses o "eu" e assim preservasse a consciência "fora" tanto do escopo subjetivo quanto objetivo. Com isso, em um golpe ímpar de genialidade, Husserl conseguiu uma solução bastante satisfatória, sob diversos pontos de vista, para o grande impasse a que se havia reduzido a filosofia, desde o século XVII, em sua constante oscilação entre racionalismo, criticismo, idealismo transcendental e realismo empírico.

Entretanto, outra antinomia se anuncia na visada fenomenológica: qual seria a "origem", o "lugar" e a "natureza" desse resíduo noético último? Como defini-lo? Como circunscrevê-lo? Seria ele uma artimanha da linguagem para não assumir o ponto cego de seu sistema? Se for, estaríamos de novo às voltas e reféns do positivismo lógico e dos seus sucedâneos da filosofia pragmática? A pergunta é válida, mas não esgota o sentido mais profundo da investigação fenomenológica. Afinal, Husserl sabia da grandeza de seu empreendimento. Havia proposto a fenomenologia não apenas como um saber entre outros saberes nem como um mero método filosófico, mas sim como uma saber dos saberes, que poderia ser o campo de intersecção entre as ciências do espírito e as ciências da natureza. Não seria possível conceber pontos cegos no conjunto dos conceitos. Por seu turno, e para superar essa dicotomia intrínseca à fenomenologia das consciências, VFS de certa forma passa a introjetar na fenomenologia pura a substância vivencial, experiencial, o conteúdo dos dados concretos e da facticidade, que haviam sido reduzidos na análise fenomenológica, mas que passam a ser "resgatados" como conteúdos noéticos transcendidos, desvinculados de seus demais sentidos, fossem eles metafísicos, aprioristicos, cartesianos ou empíricos. Em outras palavras, o filósofo cruza a fenomenologia com a filosofia da existência.

Na verdade, é exatamente isso que Heidegger faz já nos escritos de juventude e depois, de modo sistemático, na analítica do *Dasein*, em *Ser e Tempo*, adicionando de modo mais inusitado ainda outra esfera absurdamente estranha a esse sentido especulativo, ou seja, a ontologia, e, na sua esteira, também Sartre, em *O Ser e o Nada*, não faça nada mais do que uma fusão de hegelianismo, Heidegger, Husserl e filosofias da existência. Porém, embora essa fusão não fosse nova, em VFS há um teor diferencial. E essa originalidade repousa justamente na sua *teoria do reconhecimento*. O reconhecimento é o resgate da ipseidade, do eu entendido como o em-si da minha consciência e que se alienara na consciência do outro. Porém, esse movimento se dá como uma vivência afetiva, apreensiva e situacional da condição deste mesmo outro que me olha. Se assim não fosse, estaríamos no campo das projeções, e, dessa maneira, o que eu tomaria ao outro seria meu "eu" antes de ele ter se "perdido", ou seja, sem que houvesse passado pelo pressuposto da alteridade. Para falar com Levinas, eu não teria *visto* o rosto do outro, mas tão somente um espelho embaçado no qual teria recolhido alguns traços distintos daquilo que suponho ser eu mesmo. É nesse sentido que a consciência de si sempre é uma forma de transcendência parcialmente transcendida, pois pressupõe sempre alteridade. Por isso, a teoria do reconhecimento possibilita a VFS tratar de temas como o amor, a morte, a liberdade, a finitude, a inautenticidade da experiência da vida social e a solidão, que parecem ser temas circunstanciais dentro de um debate técnico da filosofia, mas que se revelam essenciais para a compreensão relativa à atividade consciente e às formas mais ou menos autênticas de inserção no mundo, bem como a minha relação com os objetos e com os outros.[18] Pois sua concepção, sem abandonar a base da análise fenomenológica, reforça o sentido vital do reconhecimento como uma atuação concreta, não meramente como ato conscienciológico a ser descrito.[19] O que é mais importante nessa reflexão é que para ele os temas do amor e da liberdade estão no cerne dos seus interesses.

---

[18] VFS, "A Filosofia do Reconhecimento", *Convivium*, São Paulo, v. 1, n. 4, set. 1962, p. 51-67 (TM).
[19] Idem, ibidem.

E é nesse ponto que ele opera uma guinada, ao conceber o amor como atitude das mais autênticas que existem, e, portanto, o outro nunca poderia ser uma limitação da minha liberdade ou um obstáculo à minha plena realização, mas exatamente o contrário. Poderíamos resumir com uma paráfrase, dizendo que, para VFS, minha liberdade não termina onde começa a liberdade do outro: minha liberdade começa onde começa a liberdade do outro. Pois, caso contrário, não haveria a relação pática sujeito-sujeito, mas apenas uma coisificação de duas consciências objetivadas e a posse mútua de uma pela outra. É apenas no outro que eu me livro de uma existência inautêntica. A despeito dele, esta pode até parecer autônoma e livre, mas não o é e nunca o será, caso esteja ilhada ou vedada às trocas intersubjetivas. Nesse sentido, pode-se intuir que sua teoria segue praticamente na contramão da visão de Sartre, por exemplo, que vê o outro sempre como uma etapa a ser superada pelas objetivações do espírito e sempre como um obstáculo à liberdade, e, por isso, como uma realidade necessariamente infernal. E embora o filósofo paulista dialogue muito com Hegel, sua concepção da fenomenologia segue na contracorrente do hegelianismo, à medida que, ao sair do escopo intersubjetivo e abrir o foco para a processão da história, tudo o que em Hegel é entendido como clarificação rumo à consciência pura, em VFS será visto como afastamento da raiz fascinante do Mito.[20]

Creio que isso seja muito importante, pois nesses dois casos, e na análise que ele produz das consciências em sua dialética vital, na qual está presente, obviamente, o conceito de *razão vital* de Ortega, já se esboça a fé de VFS na transcendência. Esta não será entendida por ele sob um ponto de vista metafísico, tampouco como o sujeito transcendental kantiano ou como o eu transcendental idealista, embora ele esteja sempre dialogando com ambos. Isso ocorre porque ele não entende a transcendência apenas

---

[20] Essa inversão dos vetores em relação ao hegelianismo é claramente expressa pelo filósofo em: Vicente Ferreira da Silva, *Ideias para um Novo Conceito do Homem*. São Paulo, Edição do Autor, 1951 (DC).

como conceito filosófico, mas como vivência necessariamente positiva, independente de quais fossem as suas consequências para a vida prática. Talvez devido ao seu materialismo, isso tenha escapado a Sartre, que no fundo sempre preservou a dialética hegeliana do senhor e do escravo mais em seu filtro marxista e humanista do que propriamente hegeliano, e é essa díade dialética que VFS critica. Esse sentido da transcendência é que o leva a tomar Hegel em altíssima conta, mas que o faz se posicionar contra Marx e o marxismo.[21] E aqui, na relação que VFS estabelece com o marxismo, estamos diante de um dos principais motivos de seu eclipse público, de seu ocultamento intelectual.

Porque a crítica de VFS ao marxismo, indo no sentido de uma crítica à imanência, acaba ultrapassando seu alvo e atinge o cerne de uma crítica a toda forma de materialismo.[22] Nessa chave, talvez possamos dizer que, desde Epicuro, não há nem nunca houve na história nenhuma filosofia digna do nome que se defina a si mesma como materialista. É fato que se trata de sistemas de pensamento bem distintos, além de muito distantes no tempo. Mas essa aparente distância quantitativa não pode obnubilar o núcleo duro que repousa incólume sob a variedade superficial das filosofias materialistas. É como se a premissa de fundo, seja no materialismo

---

[21] Quanto aos críticos diretos ou indiretos do marxismo, contemporâneos de VFS ou mais atuais, a lista é longa e conta com o nome de alguns gigantes do pensamento do século XX. Dentre os mais importantes podem-se arrolar alguns nomes do chamado pensamento conservador inglês, como Robert Nisbet, Michael Oakeshott, entre outros. Na linha americana, Irving Kristol, Russell Kirk e Gertrude Himmelfarb. Dentre os de língua alemã, sobretudo Eric Voegelin e Leo Strauss. E na França, alguns nomes como Alain Finkielkraut. Além de um pensador enorme como o canadense Bernard Lonergan, que, por ser além de filósofo, também economista, empreende uma crítica até mesmo aos pressupostos econômicos do marxismo.

[22] Quanto ao materialismo antigo, remeto o leitor à crítica empreendida pelo helenista F. M. Cornford ao epicurismo, que por sua vez se estende a uma crítica geral do materialismo filosófico em suas premissas, ou seja, a toda filosofia da imanência. Embora Cornford não chegue a citar o materialismo moderno, fica pressuposto que ele também se enquadra no horizonte criticado. Trata-se não só de uma das obras mais importantes da filologia do século XX, mas de um monumento de erudição, publicado postumamente, com organização de outro grande helenista, W. K. C. Guthrie. F. M. Cornford, *Principium Sapientiae: as Origens do Pensamento Filosófico Grego*. Prefácio W. K. C. Guthrie. Tradução Maria Manuela Rocheta dos Santos. Lisboa, Fundação Calouste Gulbekian, s/d.

antigo, seja no marxismo, fosse ela mesma uma tautegoria. À guisa de ilustração, e partindo de um mote lógico bastante plausível, usado inclusive nas ciências da natureza, a ausência de evidência não é evidência de ausência. O coração das filosofias materialistas, modernas e antigas, é justamente a inversão radical dessa divisa, e o intuito de demonstrar a evidência de ausência onde só se vê ausência de evidência. Do ponto de vista filosófico, essa inversão produz, por sua vez, evidentes constrangimentos e contradições, bem como a ausência de sentido dos argumentos. A arrogância da filosofia materialista, que no fundo deu ensejo a todo cientificismo de nosso tempo e a algumas das correntes da filosofia contemporânea, tão equivocadas quanto hegemônicas, baseia-se na falseabilidade voluntária desse mote, ao propor a inversão das premissas do pensamento e a demonstrabilidade evidente da ausência onde só há ausência de evidência.

Não à toa, depois de destruir os deuses e negar a divindade, uma das maiores dificuldades de Epicuro para sustentar sua teoria consiste em explicar elementos de uma simplicidade gritante: os fenômenos meteorológicos. Afinal, para uma filosofia materialista, como explicar o que se passa sob a Terra e sobre o Céu, ou seja, naquelas regiões que são inacessíveis à observação demonstrativa? Se é certo que o raio não é Zeus, o que é o raio? Ainda no interior do epicurismo, a *prolepsis*, ou seja, o núcleo de sua teoria do conhecimento, entendida como *antecipação* das formas tomadas pela mente em sua construção imanente de sentido, de saída demonstra com clareza as deficiências do conceito. Pois é óbvio que para uma apreensão sensível se dar é preciso que uma condição prévia de sentido se desdobre no horizonte das formas sensíveis e assim atualize a possibilidade virtual do sentido implicada nelas. Se nego isso, afirmo que *apreensão material* e *sentido* são conversíveis um no outro, e, se o faço, faço, por conseguinte, duas afirmações que se excluem mutuamente: ou não existe sentido autônomo, ou seja, somente as condições materiais de sua atualização, e, portanto, poderíamos traduzir *sentido* em *matéria*, e, assim, invalidaríamos necessariamente um dos lados da moeda conceitual; ou não há matéria, então cairíamos no oposto simétrico da premissa postulada inicialmente pelo sistema, o que seria um absurdo. É importante o leitor perceber que não se trata de uma crítica ideológica, epistemológica nem mesmo de implicações e desdobramentos políticos. Estamos aqui em um nível muito mais elementar de trabalho com o conceito. Trata-se de argumentos lógicos em sua aplicação mais rotineira, dir-se-ia quase escolar.

Embora bastante distantes, os problemas e contradições do materialismo moderno não são menores. Como se sabe, Marx concebe a dialética senhor-escravo como uma variante transistórica, mas que só foi passível de ser apreendida quando o movimento real, efetivo e material de opressão-liberdade assumiu o centro da história na figura do operário-industrial, ou seja, quando toda a projeção de uma realidade dada nos permitiu o acesso à sua realidade supostamente não contingente, e, por conseguinte, à sua possibilidade de constância e repetição. Porém, essa definição é, do ponto de vista estritamente filosófico, extremamente falaciosa. É como se eu dissesse que a arquitetura nasce com a invenção dos tijolos, e, enquanto os tijolos repousassem em sua futura gestação, ignorássemos ou não tivéssemos acesso a toda cosmologia pregressa, baseada na figura do *artifex* criador do mundo. Ou, pior, como se só passássemos a conhecer a essência da cosmologia do *artifex* com a descoberta dos tijolos. Não há nesse caso espessura conceitual ou evidência válida que dê conta da explicação da realidade para além de um fenomenismo dos mais ingênuos ou de um materialismo insustentável. Como se sabe, é essa a dimensão que Marx vai dar à religião como ilusão, e, curiosamente, dentre as ilusões, a mais poderosa, pois é das poucas nas quais a realidade aludida e iludida se mostra como o aspecto último do real. Impossível coadunar essas teses com um pensamento como o de VFS, cuja última etapa propõe que o mito não sofre a história, mas sim a produz.[23]

---

[23] São demasiado frequentes os lugares nos quais VFS trabalha a reconversão entre história e mito, apontando a derivação daquela em relação a este. Apenas como

Pois se tudo é uma projeção superestrutural das bases infraestruturais que regulam a produção material e, por conseguinte, tudo é matéria, ainda que esta venha trabalhada no nível do conceito, falar em uma filosofia marxista, usando os mesmos expedientes do marxismo, seria o mesmo que produzir uma reificação do pensamento, traduzindo as premissas fundamentais de toda a história da filosofia e as camadas espirituais mais profundas da experiência humana na verdade última de uma filosofia que será forçosamente falsa. Produzido como *forma mentis* de libertação da consciência, o movimento do marxismo se dá no sentido inversamente proporcional ao da inspeção da verdade. Nesses termos, a sua operacionalidade política seria a contraface de sua falsidade noética. VFS desenvolverá argumentos nesse sentido, demonstrando a falsidade das premissas marxistas.[24] Não parte, obviamente, de seu aspecto epistemológico, ideológico ou político, posto que estes sejam essencialmente construídos e, portanto, impassíveis de inspeção de veracidade. Mas procura, pelo contrário, demonstrar a própria inviabilidade lógica dessas premissas, pois, sendo baseadas em tautegorias, para que elas se legitimem no nível concreto é necessário que elas escamoteiem a sua razão de ser conceitual, ou seja, aquilo que as faz ser o que são e ao mesmo tempo as impede de ser aquilo que elas demonstram ser, ou seja, *apenas* um agenciamento político e uma construção da realidade que visa ao bem coletivo. Em outras palavras, ao se propor como filosofia da ação e da emancipação das consciências, a liberdade proposta pelo marxismo nega a estrutura axiológica da própria liberdade, pois esta, para existir, necessita da sua contrapartida, ou seja, salvaguardar o eventual exercício da não-liberdade.[25] Isso explica de maneira bastante clara como se trata de uma filosofia que se

---

curiosidade, remeto o leitor a um ensaio no qual, a partir de ideias de Romano Guardini, o autor faz uma breve morfologia mítica da história: VFS, "O Tempo do Sonho", *Jornal do Comércio*, Rio de Janeiro, 6 abr. 1958 (TM).

[24] VFS, "Sartre: um Equívoco Filosófico", *Diálogo*, Rio de Janeiro, n. 13, dez. 1960, p. 93-94 (TM).

[25] Idem, ibidem.

prestou a todo tipo de totalitarismo. Para colocar o problema em termos jurídicos, se tudo é permitido, nada é permitido. E eis que estamos às voltas com uma das maiores aporias do início do século XXI, no qual vem se deflagrando com muita nitidez a agonia da modernidade, cujo fundamento é justamente a liberdade, entendida nos termos liberais e humanistas da livre volição e da emancipação individual. Ou seja, justamente aqueles refutados pelo filósofo paulista. VFS apontará esses equívocos e exporá seu afrontamento publicamente, em ensaios como "Marxismo e Imanência", provavelmente a mais breve, elegante e aguda demolição filosófica do marxismo produzida no Brasil.[26] É dispensável ressaltar que esse aspecto ideológico de seu pensamento, em um ambiente intelectual provinciano como era o brasileiro e em uma fase histórica mundial totalmente maniqueísta, será um dos principais motivos do isolamento produzido em torno do filósofo e do silêncio que mencionei no início deste texto.

Além disso, nesses escritos de teor mais existencial, VFS toma partido, às vezes de forma polêmica, no debate entre humanismo e anti-humanismo.[27] E cada vez mais se aproxima da postura de Heidegger nesse aspecto.[28] E aqui, mais um estigma que pesou

---

[26] VFS, "Marxismo e Imanência", *Convivium*, São Paulo, v. 2, n. 5, jun. 1963, p. 71-79. A crítica se estende em outros ensaios: "O Indivíduo e a Sociedade", *Convivium*, São Paulo, v. 2, n. 2, mar. 1963, p. 38-44. "Resenha de *O Conceito Marxista de Homem* (Erick Fromm)", *Convivium*, São Paulo, v. 1, n. 7, dez. 1962, p. 98-99. "Resenha de *Der Marxismus* (Walter Theimer)", *Revista Brasileira de Filosofia*, São Paulo, v. 1, fasc. 3, 1950, p. 363-365. Os quatro ensaios constam em DC.

[27] VFS, *Teologia e Anti-Humanismo*. São Paulo, Revista dos Tribunais, 1953, 40 p. (DC); *Instrumentos, Coisas e Cultura*. São Paulo, Instituto Brasileiro de Filosofia, 1958, p. 205-214; Separata da *Revista Brasileira de Filosofia*, v. VIII, fasc. II, abr./jun. 1958 (DC); "O Problema da Autonomia do Pensamento", *Diário de São Paulo*, São Paulo, 12 maio 1955 (TM); "Ócio *versus* Trabalho", *Diálogo*, São Paulo, n. 6, fev. 1957, p. 77-78 (DC); "Sociologia e Humanismo", *Jornal do Comércio*, Rio de Janeiro, 23 fev. 1958 (TM); "A Marionete do Ser", *Jornal do Comércio*, Rio de Janeiro, 9 fev. 1958 (TM); "O Ocaso do Pensamento Humanístico", *Diálogo*, São Paulo, n. 12, fev. 1960, p. 31-35 (TM); "O Homem e a Liberdade na Tradição Humanística", *Revista Brasileira de Filosofia*, São Paulo, v. 11, fasc. 41, jan./mar. 1961, p. 19-24 (TM); "O Indivíduo e a Sociedade", *Convivium*, São Paulo, v. 2, n. 2, mar. 1963, p. 38-44 (DC).

[28] Há diversos momentos em que VFS dialoga com o pensamento de Heidegger, podendo-se dizer que este foi o filósofo mais importante na totalidade de sua trajetória, embora creio que seja errado dizer que VFS seja um filósofo

sobre o nome do filósofo, dadas as vinculações apressadas entre filosofia e política no pensador da Floresta Negra. Como se sabe, Heidegger refutou a concepção onto-teo-lógica da filosofia em benefício de uma visão ek-sistencial e ek-stática. A humanidade do homem não radica nem em um pressuposto entitativo metafísico, que articula dois entes para a formação de um terceiro, perante o qual o homem seria um *animal racional*, nem em um pressuposto neokantiano, que pensa o homem como *animal simbólico*, e tampouco em uma base teológica que o conceba como um conjunto de *logoi* articulados em torno de um ser, entendido como partícipe de atributos divinos. Para Heidegger, ao contrário, o homem se investe de sua humanidade no ato excêntrico de sair de si e habitar a proximidade do ser. Toda tentativa de aproximação do *ser humano* que não leve em conta em primeiro lugar uma definição de *ser*, implica necessariamente em entificação. Ao traduzir um ente em outro na espiral infinita da *analogia entis* escolástica, até chegar a Deus, que por sua vez também acaba sendo personificado, acabamos gerando entificação.[29] Ao contrário, o ek-sistente que habita a clareira de luz do *Dasein*, em direção ao Aberto (*Offenheit*), não se remete por analogia nem por participação a Deus, mas é antes de tudo aquele que *sai do estado*

---

heideggeriano, pelos motivos que mencionarei a seguir. Salientarei apenas os ensaios nos quais esse diálogo é feito de modo mais evidente, pois quase sempre que VFS trata de mitologia, religião ou de humanismo, acaba referindo o pensador alemão: "Resenha de *Holzwege* (Martin Heidegger)", *Revista Brasileira de Filosofia*, São Paulo, v. 1, fasc. 1 e 2, 1950, p. 209-211 (TM); "Discurso sobre o Pensamento Filosófico Contemporâneo", comunicação apresentada no 1º Congresso Brasileiro de Filosofia, São Paulo, 1950 (TM); "A Última Fase do Pensamento de Heidegger", *Revista Brasileira de Filosofia*, v. 1, fasc. 3, jul./set. 1951, p. 278-289 (TM); "Ideias para um Novo Conceito de Homem", *Revista Brasileira de Filosofia*, v. 1, fasc. 4, out./dez. 1951, p. 423-456 (DC); "Sobre a Poesia e o Poeta", *Diário de São Paulo*, São Paulo, 11 out. 1953 (TM); "O 'Ser' In-Fusivo", *Diálogo*, São Paulo, n. 3, mar. 1956, p. 29-34 (TM); "Sociedade e Transcendência", *Diálogo*, n. 3, mar. 1956, p. 101-102 (DC); "Santo Tomás e Heidegger", São Paulo, *Diálogo*, n. 6, fev. 1957, p. 21-25 (TM); "A Fonte e o Pensamento", *Diálogo*, São Paulo, n. 7, jul. 1957, p. 3-8 (TM); "Em Busca de uma Autenticidade", *Jornal do Comércio*, Rio de Janeiro, s/d, 1958 (TM).

[29] Importante mencionar aqui o ensaio no qual VFS refuta as tentativas de conciliação entre o pensamento escolástico e a filosofia de Heidegger, levadas a cabo por neotomistas: "Santo Tomás e Heidegger", *Diálogo*, São Paulo, n. 6, fev. 1957, p. 21-25 (TM).

de permanência (*ek sistere*), que se sabe arrojado, que se sabe *res derelicta* lançada às praias da existência, ao ser-para-a-morte que se mostra na fisionomia da angústia e na luz ofuscante do Nada. Todas as coisas *são*, só o homem *existe*, pois ele é o único ente capaz de postular o fundamento de seu próprio ser. Quanto maior a relação do homem com a dimensão ek-stática, maior o risco; quanto maior o risco e o arriscado, em uma alienação voluntária da própria vontade que retira ferozmente o homem de sua estrutura autotélica, maior a clarificação do ser.

Porém, é preciso passar pelo nada para chegar ao ser. Caso contrário, se quisermos negar a finitude e a facticidade constitutiva de nossa condição, nossa existência estará sempre se projetando no domínio do Errar, pois como em uma espécie de lei da gravidade, tudo em nós tende ao in-sistir (*in sistere*), ou seja, *permanecer no dado e na estabilidade,* sendo que o ser só se desvela quando apreende o ocultamento submersivo que o constitui.[30] A única maneira de sair do erro é reconhecer o erro como erro, é sabermos que a nossa proveniência não deriva de uma essência supramundana, mas que ela se projeta, pelo contrário, a partir da conquista de nossa própria finitude, de reconhecermo-nos donos de uma liberdade que é adventícia em relação à liberdade transcendente dos poderes instauradores e fascinantes do ser.[31] Segundo Heidegger, apenas a partir do fático chega-se à poesia, ao sagrado, à mística, à santidade. O caminho inverso é o proposto pela metafísica, que a despeito de suas gloriosas obras, nunca se ateve à dereliçāo compreensiva que constitui, esta sim, a essência viva e última de todo o sentido e verdade vitais. Nesse movimento, se "ser e pensar são a mesma coisa", o pensamento destrói toda a possibilidade de entificação do ser e de entificação de si, ou seja, o coração das forças entitativas que, segundo Heidegger, estão na base de toda a metafísica ocidental. Do ponto de vista de uma antropologia filosófica, o homem passa então a se postular

---

[30] VFS, "O Homem e a sua Proveniência", *Revista Brasileira de Filosofia,* v. 2, fasc. 7, jul./set. 1952, p. 494-506 (TM).
[31] Idem, ibidem.

como uma não-coisa que não pode ser apreendida por nenhum saber, nenhuma ciência, nenhuma filosofia ou nenhuma teologia que paguem os tributos necessários ao ente enquanto ente para se constituir como conhecimento válido. Entendido como fruto de um *prius* em relação a todo ente, começa a crescer a suspeita quanto a toda filosofia da *condition humaine*, pois ela, em sua totalidade, não seria nada mais do que uma série nos desempenhos manifestados pela *weltsetzenden Potenzen* (potências universalmente estabelecidas).[32]

Esse grande golpe epistemológico perpetrado por Heidegger, que praticamente implode todas as vias tradicionais de acesso ao real e à verdade, é de grande valor para VFS. É nesse percurso que ele se insere de modo muito original e passa a dialogar com as ideias do filósofo alemão. Quanto à fenomenologia, sem negar-lhe a importância, VFS se afastará dela paulatinamente, à medida que passará a se concentrar cada vez mais na ontologia geral de Heidegger. De certo modo, como o próprio autor diz em uma passagem, a interrogação sobre o ser, ou seja, sobre as condições mesmas de possibilidade do fenômeno, não deixa de ser uma *époche* aplicada à própria fenomenologia. Se esta funcionou como método de averiguação de todo o horizonte de conhecimentos possíveis, a indagação sobre o ser acaba por se tornar o corolário de sua especulação, pois inadvertidamente desempenha a função de redução que visa chegar às "condições determinantes de sua gênese transcendental".[33] É como se a inversão do estatuto fenomenológico, no caso, uma indagação sobre o *ser* e não mais sobre o *fenômeno*, fosse uma premissa contida em suas entrelinhas, como via possível para testar sua própria validade irrestrita. É nessa passagem cada vez mais visível nos seus escritos, de uma concepção humanista e conscienciológica a outra cada vez mais anti-humanista, que podemos identificar a chave

---

[32] VFS, "Introdução à Filosofia da Mitologia", *Revista Brasileira de Filosofia*, São Paulo, v. 5, fasc. 20, out./dez. 1955, p. 554-566 (TM).

[33] VFS, "O Ocaso do Pensamento Humanístico", *Diálogo*, São Paulo, n. 12, fev. 1960, p. 31-35 (TM).

para a compreensão de outro metabolismo de seu pensamento: a passagem da fenomenologia existencial das consciências à fase mítico-aórgica.[34]

Do Homem ao Ser

A investigação sobre as consciências foi um passo decisivo nessa mudança. Mas não foi o motor da transformação, cuja origem nos escapa. Sinto que VFS provavelmente tenha tido uma experiência de conversão, uma *metanoia* filosófica. Porque a partir de meados da década de 1950, seus escritos começam a retomar as propostas anti-humanistas que haviam sido lançadas de modo um tanto esporádico e passam a sistematizá-las a partir dessa intuição original, por meio de um interesse cada vez mais marcante pelos temas ligados à mitologia, ao sagrado, à história das religiões, à etnologia, à antropologia. É nessa mesma época que cresce velozmente o interesse de VFS por Heidegger, que passa a ser um interlocutor constante no horizonte de seus escritos. A fase existencial e fenomenológica foi muito importante, pois, como mencionei acima, creio que seu pensamento ulterior será um contínuo aprofundamento desse núcleo gerativo e dessas preocupações que foram tomando o palco de sua filosofia. Se a obra central dessa época intermediária é *Dialética das Consciências*, em momento nenhum podemos esquecer outros dois livros da mesma fase: *Teologia e Anti-Humanismo* e *Ideias para um Novo Conceito do Homem*.[35] Nesta última, creio que já se esboça o VFS mítico e a dimensão aórgica, o "não feito pelo homem", conceito este tomado de Hölderlin, começa a assumir o cerne de suas preocupações.

---

[34] Uma abordagem da insuficiência da filosofia existencial, entendida como derivada de uma raiz humanista, mesmo em seus momentos mais brilhantes, é dada pelo filósofo de modo bastante claro em: "O Ocaso do Pensamento Humanístico", *Diálogo*, São Paulo, n. 12, fev. 1960, p. 31-35 (TM).

[35] Vicente Ferreira da Silva, *Ideias para um Novo Conceito do Homem*. São Paulo, Edição do Autor, 1951; *Teologia e Anti-Humanismo*. São Paulo, Revista dos Tribunais, 1953, 40 p. Ambas publicadas em DC.

Alguns autores centrais para essa nova etapa passam a ser Schelling, sobretudo de *Filosofia da Mitologia* e de *As Idades do Mundo*.[36] E também nasce o interesse crescente pelos místicos e pelos teósofos, como Jacob Böhme.[37] É quando VFS passa a se aprofundar nos românticos (Novalis,[38] Hölderlin,[39] Schlegel), nos mitólogos, historiadores das religiões e teólogos (Rudolf e Walter Otto, Vico, Kerényi, Bachofen, Frobenius, Eliade), retoma seu interesse pela filosofia da história (Dilthey[40] e Spengler[41]) e se concentra principalmente em Nietzsche,[42] cuja visão vitalista e estética o conduzirá a um paulatino estreitamento entre criação e filosofia, entre mito e reflexão, o que o levará a conferir cada vez mais importância à poesia como modo de revelação da Fonte do pensamento (Orfeu,[43] Rilke,[44] Lawrence,[45] Yeats, Hölderlin, Eliot e Pound). O papel desempenhado pela arte como uma das formas mais autênticas de acesso à verdade passa a ser glosado no famoso verso de Novalis: "quanto mais poético, mais verdadeiro".[46]

---

[36] VFS, "Centenário de Schelling", *Diário de São Paulo*, São Paulo, 11 abr. 1954 (TM).

[37] O filósofo dedica a Jacob Böhme um capítulo interessantíssimo em: VFS, *Ideias para um Novo Conceito do Homem* (DC).

[38] O filósofo trata de Novalis já em *Ensaios Filosóficos*, em um ensaio dedicado ao poeta alemão, intitulado "Novalis" (DC). Conferir também: VFS, *Ideias para um Novo Conceito do Homem*. São Paulo, Edição do Autor, 1951 (DC).

[39] VFS, *Ideias para um Novo Conceito do Homem*. São Paulo, Edição do Autor, 1951 (DC).

[40] VFS, "O Sentido Especulativo do Pensamento de Dilthey", comunicação apresentada no 1º Congresso Brasileiro de Filosofia, São Paulo, 1950 (TM).

[41] VFS, "Spengler e o Racionalismo", *Clima*, São Paulo, n. 4, set. 1941, p. 35-43 (TM).

[42] VFS, *Ideias para um Novo Conceito do Homem*. São Paulo, Edição do Autor, 1951 (DC).

[43] VFS, "Orfeu e a Origem da Filosofia", *Diário de São Paulo*, São Paulo, 20 dez. 1953 (TM).

[44] VFS, "Sobre a Poesia e o Poeta", *Diário de São Paulo*, São Paulo, 11 out. 1953 (TM).

[45] VFS, "Comentário ao Poema 'O Barco da Morte'", *Diálogo*, São Paulo, n. 5, out. 1956, p. 49-50 (TM); "O Deus Vivo de Lawrence", *Diálogo*, São Paulo, n. 9, jul. 1958, p. 11-20 (TM); "Uma Floresta Sombria", *Diálogo*, São Paulo, n. 15, mar. 1962, p. 3-16 (TM).

[46] Embora a maior parte dos poetas e artistas que VFS comenta seja composta de estrangeiros, também apresenta alguns textos importantes de avaliação crítica de escritores brasileiros como Cassiano Ricardo, Aníbal Machado e Guimarães Rosa: "Santa Marta Fabril S.A.", *Diário de São Paulo*, São Paulo, 17 abr. 1955; "Resenha de *O Iniciado do Vento* (Aníbal Machado)", *Diálogo*, São Paulo, n. 12, fev. 1960,

Não mais os jogos de linguagem da lógica ocupam a cena, mas sim a vida entendida enquanto jogo, tema já desenvolvido em um ensaio admirável, do livro *Exegese da Ação*.[47]

Embora o filósofo se valha da famosa contribuição de Huizinga sobre o jogo como elemento estruturante da cultura, usa o conceito de *Ergriffenheit* (arrebatamento ou sujeição), desenvolvido por Frobenius, para distinguir o que seria o jogo em uma acepção mais lúdica e como ele poderia ser entendido como a consciência humana que joga e é possuída pelas representações e aspectos do mundo (*Weltaspeckt*).[48] A consciência humana seria arrebatada pela possessão divina, e nessa condição é que produziria o jogo das cenas mundanas. Essa sujeição divina desempenharia também o papel de agente das forças históricas, dando origem a todas as invenções humanas. Em um sentido semelhante ao de Schelling, para Frobenius os deuses são potências que, ao se apossarem do homem, *criam a consciência*. Como o filósofo alemão, concebe a consciência como fruto de um "processo teogônico" e postula a plena "transcendência e exogenia dos entes divinos",[49] ou seja, que, sendo realidades meta-humanas, não é dado à consciência criá-los, mas sim ser criada por eles, e, nessa chave, todo o fenômeno gnoseológico teria uma radicação meta-humana e trans-histórica.[50] Afinal, primitivamente, a consciência nada mais é do que um pôr-se *em face de* e *em* Deus.[51]

---

p. 77-78; "Resenha de *João Torto e a Fábula* (Cassiano Ricardo)", *Diálogo*, São Paulo, n. 6, fev. 1957, p. 85-88; "Apresentação do Número Especial Dedicado a Guimarães Rosa", *Diálogo*, São Paulo, n. 8, nov. 1957, p. 3. Todos em TM.

[47] VFS, "Para uma Moral Lúdica", *Exegese da Ação*. São Paulo, Martins, 1949, 41 p. Republicado: *Exegese da Ação*. São Paulo, Martins, 1954, 77 p. Coleção Natureza e Espírito. Essa temática do jogo e do papel do ludismo na formação da cultura também é explorada em: "Instrumentos, Coisas e Cultura", *Revista Brasileira de Filosofia*, São Paulo, v. 8, fasc. 30, abr./jun. 1958, p. 205-214 (TM).

[48] VFS, "Instrumentos, Coisas e Cultura", *Revista Brasileira de Filosofia*, São Paulo, v. 8, fasc. 30, abr./jun. 1958, p. 205-214 (TM).

[49] VFS, "Centenário de Schelling", *Diário de São Paulo*, São Paulo, 11 abr. 1954 (TM).

[50] A aproximação entre Schelling e Frobenius se dá de maneira mais clara em: "A Origem Religiosa da Cultura", *Convivium*, São Paulo, v. 1, n. 1, maio 1962, p. 32-41 (TM).

[51] VFS, "A Origem Religiosa da Cultura", *Convivium*, São Paulo, v. 1, n. 1, maio p. 32-41 (TM).

Ao conceber dessa maneira a formação da consciência, a história, por seu turno, consistiria em uma série de hipóstases da Imaginatio Divina.[52] Somam-se a esse postulado alguns princípios da segunda fase do pensamento de Heidegger, de acordo com os quais haveria uma possibilidade de entender a historicidade do ser como uma sequência do divino.[53] Essas concepções serão as pedras angulares da filosofia de VFS.

Por isso a arte e a poesia, como um fazer impessoal (*poien*), agido pelos deuses, que já eram ouvidas e analisadas em seus primeiros ensaios, vão assumindo paulatinamente cada vez mais importância.[54] O "pôr-se em obra" da verdade do ser passa a ser entendido como poesia e o Mito, como protopoesia divina.[55] Também a ruptura com a noção clássica de sujeito, presente na filosofia de Nietzsche, será importante para VFS pensar a consciência como força vital extramoral e anti-humana, mas também como articulação primeira da beleza, entendida como cristalização de potências que exorbitam a esfera privada do indivíduo e de toda e qualquer subjetividade agônica.[56] É nesse aspecto que VFS também vai valorizar o conceito cósmico de inconsciente de

---

[52] VFS, "Centenário de Schelling", *Diário de São Paulo*, São Paulo, 11 abr. 1954 (TM).

[53] VFS, "Santo Tomás e Heidegger", *Diálogo*, São Paulo, n. 6, fev. 1957, p. 21-25 (TM).

[54] Já em *Ensaios Filosóficos* encontram-se ensaios de destaque sobre arte, poesia e criação: "Sobre a Natureza da Arte", "História e Criação" (DC). No livro seguinte, *Exegese da Ação*, eis-nos às voltas de novo com o tema, que ganha amplo destaque, podendo-se dizer que quase todo o livro é dedicado ao conceito de ação entendido à maneira do idealismo, ou seja, como uma operação produtiva sobre a matéria, por meio da qual o próprio eu se produz em sua singularidade. A arte seria o modo mais autêntico dessa atuação no mundo: "Uma Interpretação do Sensível", "O Conceito de Arte na Filosofia Atual", "A Estética de Platão" (DC). Interessante notar como a interpretação de VFS vai passando de uma visão mais idealista do processo artístico a outra, mais ligada à ontologia fundamental heideggeriana. Aos poucos, a poesia deixa de ser um meio de autentificação do sujeito (o que para o autor ainda seria uma forma de metafísica da subjetividade), e passa a ser a doadora de sentido original do mundo. Mais adiante, em sua reflexão, a poesia passa à ontologia geral e esta, ao Mito.

[55] VFS, "Introdução à Filosofia da Mitologia", *Revista Brasileira de Filosofia*, São Paulo, v. 5, fasc. 20, out./dez. 1955, p. 554-566 (TM).

[56] Conferir especialmente: "Liberdade e Imaginação", *Convivium*, São Paulo, v. 1, n. 2, jun. 1962, p. 71-77 (TM).

um Carus,⁵⁷ por exemplo, bem como a concepção vitalista de espírito que encontramos em uma parte considerável da obra de Scheler, especialmente em *A Posição do Homem no Cosmos*.⁵⁸ Essa *vis poetica* que o filósofo vê em Nietzsche lhe serve sobretudo para afirmar uma subjetividade cósmica, da qual nós seríamos uma espécie de sonho ou de imagem refletida em meio a imagens, quebrando-se o padrão antroponômico que rege a história ocidental.⁵⁹ Porque o homem, como queria Heidegger, ao passar pela *floresta* passa por dentro da *palavra* floresta. O homem não é *anterior*, mas *interior* à linguagem, à medida que palavra e ser são as chaves de desvelamento que lhe facultam a sua humanidade, e sendo a poesia uma maneira pela qual "poeticamente o homem habita" o mundo, nas palavras de Hölderlin, ela está mais próxima da Fonte do pensamento e da Origem (*Fons et Origo*),⁶⁰ cabendo à filosofia auscultá-la para poder se gerar a si mesma. Estaríamos aqui mais próximos daquela "subjetividade concreta" de que fala Hegel.⁶¹ Trata-se de uma concepção da linguagem que se põe como "forma externa",⁶² que Hegel identifica às marcas na linguagem deixadas pela plena assimilação do

---

⁵⁷ Em geral, VFS relaciona o aspecto pulsional e vital do inconsciente concebido por Karl Gustav Carus a uma cosmovisão como a D. H. Lawrence, por exemplo. Conferir: "Uma Floresta Sombria", São Paulo, *Diálogo*, n. 15, mar. 1962, p. 3-16 (TM).

⁵⁸ Em uma passagem fragmentária de seus "Diários Filosóficos", VFS relaciona uma série de temas e autores que pretende trabalhar em um artigo futuro. Salta aos olhos a importância dada a Epicarmo, cuja sentença, segundo a qual os deuses sempre existiram e assim será, para sempre, o autor a traduz da edição de Diels e a transcreve. Imagino que ele estivesse estabelecendo uma relação entre o grande inconsciente pulsional de Carus, a noção e Espírito de Scheler e a eternidade dos deuses, do fragmento de Epicarmo. Conferir: "Diário Filosófico", *Cavalo Azul*, São Paulo, n. 3, 1967, p. 35-46 (TM).

⁵⁹ VFS, "Liberdade e Imaginação", *Convivium*, São Paulo, v. 1, n. 2, jun. 1962, p. 71-77 (TM).

⁶⁰ Essa expressão vem usada no "Diálogo do Rio", *Obras Completas*, v. II, p. 535-538 (TM). Certamente foi onde Dora Ferreira da Silva se inspirou para escrever o belo texto de homenagem a VFS publicado na revista *Convivium*, e que consta no fim deste volume: Dora Ferreira da Silva, "Fim e Começo", *Convivium*, São Paulo, v. 16, n. 3, mai./jun. 1972, p. 189-193 (TM).

⁶¹ VFS, "Liberdade e Imaginação", *Convivium*, São Paulo, v. 1, n. 2, jun. 1962, p. 71-77 (TM).

⁶² Idem, ibidem.

mundo objetivo pelo Sujeito, e que Heidegger colocará em um novo patamar, para além do idealismo, sendo tanto as dimensões do Eu e a do mundo ainda pertencentes a regimes entitativos, e, portanto, fadadas a serem reconduzidas às potências Ser.[63] Ao traçar o mundo, o homem instaura a sua própria humanidade.[64] O desvelamento da cena mundana é simultâneo ao desvelamento do homem.[65] A poesia, como linguagem original, é uma espécie de pura alteridade da filosofia, sua contraface, sua origem camuflada, assim como o mito é a origem da poesia.

Para VFS, seguindo ideias de Eudoro de Sousa, se a poesia é o mito humano, a mitologia é a poesia dos deuses.[66] Enquanto *epos*, é emancipada do Mito, enquanto poesia, é submetida ao regime de transcendência dos homens, enquanto manifestação além-humana, é do domínio das paixões e atualiza as potências teúrgicas. Documentos do divino em sua fuga ou em sua proximidade, relatos primeiros da Origem, na qual o mundo sempre permanece em seu estado submersivo, nunca avança nem volta atrás. Porque a história é intramundana, ainda não foi projetada em sua totalidade.[67] Não há um passado de Ouro,

---

[63] Essa distinção entre os projetos hegeliano e heideggeriano continua a ser aprofundada no ensaio: VFS, "Liberdade e Imaginação", *Convivium*, São Paulo, v. 1, n. 2, jun. 1962, p. 71-77 (TM).

[64] VFS, "O Homem e a sua Proveniência", *Revista Brasileira de Filosofia*, v. 2, fasc. 7, jul./set. 1952, p. 494-506 (TM).

[65] Idem, ibidem.

[66] Quanto aos paralelos entre o pensamento de ambos os filósofos, conferir a excelente reunião das atas do colóquio: *Mito e Cultura: Vicente Ferreira da Silva e Eudoro de Sousa – Actas do V Colóquio Tobias Barreto*. Lisboa, Instituto de Filosofia Luso-Brasileira, 2001.

[67] Para comparação entre os pensamentos de VFS e Eudoro de Sousa nesse ponto reportar-se aos excelentes estudos: Pedro Calafate, "A Antropologia na Obra de Vicente Ferreira da Silva". In: *Mito e Cultura: Vicente Ferreira da Silva e Eudoro de Sousa – Actas do V Colóquio Tobias Barreto*. Lisboa, Instituto de Filosofia Luso-Brasileira, 2001, p. 51-60; Paulo Alexandre Esteves Borges, "Do Perene Regresso da Filosofia à Caverna da Dança e do Drama Iniciático. Rito e Mito em Vicente Ferreira da Silva e Eudoro de Sousa". In: *Mito e Cultura: Vicente Ferreira da Silva e Eudoro de Sousa – Actas do V Colóquio Tobias Barreto*. Lisboa, Instituto de Filosofia Luso-Brasileira, 2001, p. 97-112. Republicado em: Paulo Alexandre Esteves Borges, *Pensamento Atlântico*. Lisboa, Imprensa Nacional Casa da Moeda, 2002, p. 413-426.

inacessível em sua Queda. Tampouco existe utopicamente um futuro moldado pela razão humana, em sua triste boa vontade, em seus natimortos projetos escatológicos humanistas e em seus desígnios de controle.[68] Aliás, o filósofo dirá que o mais assombroso dos projetos utópicos não é a sua idealidade ou perfeição, mas sim que nos tempos atuais eles se tornaram cada vez mais exequíveis.[69]

Ora, sabemos que não basta conceber a simples abertura da clareira de luz na qual a consciência se desvela, alheia à oclusão propiciada por todo ente tomado enquanto ente. É preciso saber que o ato de desvelar também oculta aquilo que desvela. Toda luminosidade do ser é cega. Na acepção heideggeriana, toda ontologia é em si mesma e simultaneamente uma meontologia, uma incorporação do não-ser. Esse é o princípio da *aletheia*. Ao inaugurar uma verdade, ocultamos a sua contrapartida, que é o polo negativo da verdade desvelada do ente, mas que também compõe a sua verdade enquanto ente desvelado. Esse desvelar-ocludente nunca pode ser visto sob uma ótima moral, ou seja, não há desvelamentos melhores ou piores, pois estes são, em sua essência, a estrutura mesma do real em seus desdobramentos e em sua pura vontade de potência. Mesmo a era técnica, fruto máximo da entificação do ser, e que Heidegger vai anatematizar, é uma potência de ser que se descortinou no horizonte da história. Nesse sentido, *grosso modo*, o próprio nascimento da filosofia, sendo um desvelamento do sentido do *logos*, é um ocultamento

---

[68] A crítica aos projetos utópicos já vinha sinalizada no ensaio "Utopia e Liberdade", *Ensaios Filosóficos* (DC). Mas ela é aprofundada em ensaios posteriores: "As Utopias do Renascimento", Vários Autores, *Introdução ao Pensamento Político*, São Paulo, Federação do Comércio do Estado de São Paulo/Sesc/Senac/Instituto de Sociologia e Política da USP, sem indicação do número de páginas, 1955 (TM). A crítica aos projetos sociológicos construtivistas e racionais também são encontradas em outros momentos: "Sociologia e Humanismo", *Jornal do Comércio*, Rio de Janeiro, 23 fev. 1958; "Sob o Signo de Hobbes", *Diário de São Paulo*, São Paulo, 20 jun. 1954. Ambos em TM.

[69] VFS, "As Utopias do Renascimento", Vários Autores, *Introdução ao Pensamento Político*, São Paulo, Federação do Comércio do Estado de São Paulo/Sesc/Senac/Instituto de Sociologia e Política da USP, sem indicação do número de páginas, 1955 (TM).

da realidade dos deuses e do *mythos*. A passagem da filomitia à filosofia caracterizaria uma clarificação da consciência como verdade do ente racional, mas uma ocultação dos deuses enquanto virtualidades atuantes no interior do pensamento, ou seja, como formas elas mesmas também desvelantes do ser.[70] Esse tema, a chamada fuga ou "noite dos deuses" (*Gottesnacht*), glosado por Hölderlin, é muito caro a VFS e a Heidegger. Aos poucos vamos tentar elucidar aqui o porquê.

Do Ser à Matriz

Há uma relação curiosa do pensamento de VFS com o de Platão. Desconsiderando a fase lógica, o primeiro ensaio de seu primeiro livro, *Ensaios Filosóficos*, chama-se "O Andróptero", figura que VFS tomou do *Fédon*.[71] Trata-se de um homem que consegue voar acima das esferas sensíveis e ver que isto a que chamamos *mundo* é apenas o interior bruto das esferas invisíveis sutis, que são seus invólucros. Essa concepção do mundo a partir "de fora" ou "de cima", segundo VFS, mudaria todas as categorias filosóficas. Ora, VFS foi sabidamente, do começo ao fim, um filósofo que postulou à sua maneira os limites da metafísica. Seu núcleo

---

[70] Há uma ampla bibliografia tratando dos matizes dessa passagem da filomitia à filosofia, que foi muito mais acidentada e gradual do que imaginamos, e ainda reserva muitas surpresas à investigação. Há muito mais de mítico na estrutura filosófica do que suspeitamos. É interessante notar como o pensamento de VFS estava em sintonia, nesse sentido, com as pesquisas de filólogos que ele provavelmente não conheceu, como a Escola Ritualista de Cambridge (Dodds, Harrison, Guthrie, Cornford) e com alguns de seus sucessores (Burkert). Também nas últimas décadas vêm se desenvolvendo pesquisas interessantes sobre as origens do pensamento filosófico, buscando suas raízes não gregas na Mesopotâmia e no Egito (Frankfort, Wilson, Jacobsen), nos textos sapienciais bíblicos (Nunes Carreira), no orfismo e no zoroastrismo, ou demonstrando a continuidade profunda existente entre o pensamento mítico-dedutivo e a filosofia, ou seja, basicamente as mesmas proposições de VFS.

[71] "O Andróptero", *Ensaios Filosóficos* (DC). Platão é objeto de outros ensaios do filósofo, especialmente "Uma Interpretação do Sensível" e "A Estética de Platão" (DC). Como se sabe, como crítico da metafísica, VFS geralmente usa as definições platônicas para criticá-las. Porém, esse lugar que Platão ocupa, no centro de uma imagem mítica (Andróptero), abrindo o primeiro ensaio de seu primeiro livro de ensaios, é bastante sugestivo. Conferir adiante.

de interesses sempre visou a uma região do conhecimento que de certo modo vinha do debate da filosofia moderna e contemporânea, e, nesse sentido, era fruto da famosa e nem sempre bem formulada crítica dessa tradição filosófica à metafísica.

Porém, essa imagem do Andróptero platônico nos salta aos olhos, como primeira meditação do filósofo depois da obra lógica. Podemos dizer que, em certo sentido, essa abertura do escopo de visão acerca da própria filosofia, ou seja, da esfera que ela ocupa, vai produzir no filósofo um voo a partir do qual ele vai se distanciar do pertencimento às malhas filosóficas e se ater mais à investigação da fonte de onde se origina o próprio pensamento. Se o homem-pássaro platônico pode ver o mundo de fora, e assim postular, com o filósofo grego, a teoria das ideias, que gerariam este mundo no qual estamos imersos, mas que se situam em uma região a que não temos acesso, também o voo de andróptero que VFS realiza sobre Platão e a filosofia vai levá-lo a postular outra "região" e outro "mundo" que estaria "fora" da filosofia, e que seria, por sua vez e a um só tempo, projetivo dos domínios filosóficos e metafilosóficos contidos na atividade do conhecimento.[72] Nesse sentido, em outro momento da relação ambígua do filósofo paulista com Platão,[73] temos a comparação da atividade filosófica com a função demiúrgica descrita no *Timeu*, ou seja, a filosofia é entendida como uma etapa intermediária entre as formas ainda não reveladas e os modelos impressos no mundo,

---

[72] Um exemplo claro do interesse de VFS por essa origem metaconscienciológica da filosofia se encontra em um artigo extremamente fecundo, no qual comenta um trabalho de outro gênio luso-brasileiro, Eudoro de Sousa. Trata-se de: VFS, "Orfeu e a Origem da Filosofia", *Diário de São Paulo*, São Paulo, 20 dez. 1953 (TM).

[73] Falo numa relação ambígua justamente para frisar certa tensão que se estabelece entre o pensamento de VFS, declaradamente antimetafísico, e o da tradição metafísica, mais especificamente o de Platão, no qual ele colheu ensinamentos, refutando-o, mas também se apropriando de alguns de seus elementos. Esse parece ser um aspecto à primeira vista contraditório da obra de VFS, pois em alguns momentos ele vai utilizar conceitos como *arquétipos* e *protótipos divinos*. Porém, não o faz tendo como pano de fundo o princípio da Identidade ontológica da metafísica, mas sim o regime instaurador do Fascinator, de onde promanam as ideias matrizes do mundo que, diferentemente de Platão, não são substanciais. Quanto a esse ponto conferir sobretudo: VFS, "Sobre a Teoria dos Modelos", *Revista Brasileira de Filosofia*, São Paulo, v. 3, fasc. 9, jan./mar. 1953, p. 39-43 (TM).

que nada mais são do que o ordenamento da razão.⁷⁴ Tal papel mediador da atitude filosófica, espécie de elo insubstancial posto entre duas instâncias substanciais, segundo VFS, é retomado por Platão no *Banquete*.⁷⁵

É a partir dessas considerações que o autor vai subverter a filosofia platônica, perguntando-se se a própria realidade eidética e arquetípica proposta pelo filósofo grego não seria também ela um elo intermediário de um domínio instaurador ainda mais original.⁷⁶ Tal região primeira teria uma atuação trópica, atuante a partir do ser, e suscitaria o conjunto de "cenas patéticas não-substanciais" dos diversos regimes mundanos.⁷⁷ A filosofia, como um todo, segundo a expressão de Schelling, seria o saber de um não-saber. Este, por seu turno, nasceria da própria fonte de um "oferecer original" que se situa para além de uma apreensão dialética, e, portanto, pertence a um domínio metafilosófico.⁷⁸ Nasceria do ser, que é o eixo, para além de todo horizonte fundado do ente.⁷⁹ Sabendo-se dessa nova dimensão, permanecer no domínio oferecido desse pensamento filosófico que se consigna aquém da instância instauradora original é o mesmo que se demorar em sua essência entitativa, o que, para o autor, representaria uma forma ingênua de filosofia.⁸⁰ Em última instância, isso pode nos induzir a uma repetição equívoca de fórmulas, de maneira recalcitrante,

---

⁷⁴ VFS, "O Demiurgo", *Letras e Artes,* Rio de Janeiro, 7 mar. 1948 (TM).

⁷⁵ Idem, ibidem.

⁷⁶ Idem, ibidem. Sobre essa Origem não-substancial primeira, anterior aos inteligíveis e aos arquétipos, conferir: "Diário Filosófico", *Cavalo Azul,* São Paulo, n. 3, 1967, p. 35-46 (TM).

⁷⁷ VFS, "Diário Filosófico", *Cavalo Azul,* São Paulo, n. 3, 1967, p. 35-46 (TM).

⁷⁸ O interesse de VFS por esse não-saber primordial e pela esfera meta-humana da atividade da consciência crescerá velozmente e assumirá um papel preponderante em sua obra. O ensaio "Introdução à Filosofia da Mitologia" trabalha de maneira sistemática essa premissa: "Introdução à Filosofia da Mitologia", *Revista Brasileira de Filosofia*, São Paulo, v. 5, fasc. 20, out./dez. 1955, p. 554-566 (TM). Mas há outros como "A Fonte e o Pensamento", que também exploram de forma muito original essa questão: "A Fonte e o Pensamento", *Diálogo*, São Paulo, n. 7, jul. 1957, p. 3-8 (TM).

⁷⁹ VFS, "Diário Filosófico", *Cavalo Azul,* São Paulo, n. 3, 1967, p. 35-46 (TM).

⁸⁰ VFS, "O Homem e a sua Proveniência", *Revista Brasileira de Filosofia,* v. 2, fasc. 7, jul./set. 1952, p. 494-506 (TM).

sem a noção de sua pertinência nem de sua efetividade do ponto de vista da reflexão.[81] Em outros momentos, essa impertinência pode transcender a órbita da filosofia, e se concentrar em questões das chamadas ciências humanas, sem contudo enquadrar o verdadeiro teor e as proporções dos problemas estudados.[82] Eis que entra em ação o interesse crucial de VFS pela passagem da filomitia à filosofia, e a sua proposta de releitura dessa passagem, com o intuito de lançar novas luzes sobre as matrizes mesmas do pensamento, fundamentando-as na tradição moderna, mas de certa maneira também tentando postular soluções para alguns impasses da crítica à metafísica erigida por essa tradição.

Nesse sentido, o tema da inversão dos vetores entre *mythos* e *logos* pode ser entendido quase como uma síntese de todo projeto filosófico de VFS, à medida que o objetivo de toda sua obra pode ser resumido em uma tentativa de promover a remoção desse desvelamento oclusivo, de modo a propor que a filosofia é adventícia em relação ao mito. Ela seria quase secundária em relação às potências míticas instituidoras, que são as fontes originárias de todas as representações possíveis e de todas as culturas e povos, no interior das quais a própria filosofia, entendida em sua totalidade, seria apenas uma das manifestações. Os *hieros logoi* órficos não são dissipações místicas das quais a filosofia seria a chave de leitura mais idônea do ponto de vista racional.[83] Ao contrário, o discurso órfico seria o não-saber do saber dialógico da filosofia, e, portanto, aquilo que lhe confere dignidade, dado que em última instância ele seria a verdade mesma para onde os dispositivos silogísticos da filosofia nos conduzem. Em virtude disso que, de maneira resumida, podemos dizer que onde a razão mais se ateve a seus próprios expedientes dialéticos, tanto mais naufragou como revelação da verdade. Estamos, pois, diante de uma proposta inusitada de implosão da filosofia. O que se sugere

---

[81] VFS, "A Marionete do Ser", *Jornal do Comércio*, Rio de Janeiro, 9 fev. 1958 (TM).
[82] VFS, "Sociologia e Humanismo", *Jornal do Comércio*, Rio de Janeiro, 23 fev. 1958 (TM).
[83] VFS, "Orfeu e a Origem da Filosofia", *Diário de São Paulo*, São Paulo, 20 dez. 1953 (TM).

é fazer a filosofia evoluir para o mito, sob a pena de ela se perder a si mesma e se reduzir a documentos, destituídos de qualquer interesse e até mesmo de validade teórica.[84] Talvez seja dispensável dizer que esse é um movimento simetricamente inverso ao do pensamento positivista, hegemônico nos meios intelectuais brasileiros por diversas razões históricas, ideológicas e políticas, e muito presente mesmo na Europa, em alguns dos mais destacados historiadores da filosofia. Eis-nos aqui de novo diante de outro motivo de seu isolamento intelectual.

A essa abertura do ser, propícia à eclosão da ambivalente dialética de desvelar-ocultar, VFS chama de Mito. O ensaio mais duro do ponto de vista epistemológico, no qual nos dá uma síntese do que seria essa "nova objetividade" radical a que seu pensamento aspira é "Introdução à Filosofia da Mitologia".[85]

---

[84] Esse tema da involução do mito à filosofia ou da evolução da filosofia para o mito também é explorado por Per Johns em seu ensaio constante no fim deste volume: Per Johns, "Dioniso Crucificado". In: *Dioniso Crucificado*. Rio de Janeiro, Topbooks, 2005.

[85] VFS, "Introdução à Filosofia da Mitologia", *Revista Brasileira de Filosofia*, São Paulo, v. 5, fasc. 20, out./dez. 1955, p. 554-566 (TM). A dimensão religiosa da cultura e a sua forma de estruturação no pensamento filosófico vai ser o tema de toda a fase mítico-aórgica do filósofo. Nessa fase também se encontram aqueles postulados sobre as matrizes eidéticas do real, além das convergências entre Mito e Mundo, nas esferas do meta-humano e da meta-história. Alguns dos principais ensaios que tocam diretamente nesse tema são: "O Demiurgo", *Letras e Artes*, Rio de Janeiro, 7 mar. 1948 (TM); "Sobre a Origem e o Fim do Mundo", *Jornal de Letras*, Rio de Janeiro, abr. 1950 (TM); "O Homem e a sua Proveniência", *Revista Brasileira de Filosofia*, v. 2, fasc. 7, jul./set. 1952, p. 494-506 (TM); "Sobre a Teoria dos Modelos", *Revista Brasileira de Filosofia*, São Paulo, v. 3, fasc. 9, jan./mar. 1953, p. 39-43 (TM); "Para uma Etnogonia Filosófica", *Revista Brasileira de Filosofia*, São Paulo, v. 4, fasc. 16, out./dez. 1954, p. 524-527 (TM); "A Experiência do Divino nos Povos Aurorais", *Diálogo*, São Paulo, n. 1, set. 1955, p. 33-38 (TM); "A Fé nas Origens", *Diálogo*, São Paulo, n. 1, set. 1955, p. 103-105 (TM); "Os Pastores do Ser", *Diálogo*, São Paulo, n. 1, set. 1955, p. 105-106 (TM); "A Religião e a Sexualidade", *Diálogo*, São Paulo, n. 2, dez. 1955, p. 99-100 (TM); "Hermenêutica da Época Humana", *Revista Brasileira de Filosofia*, v. 5, fasc. 18, abr./jun. 1955, p. 166-172 (TM); "O Rio da Realidade", *Diário de São Paulo*, São Paulo, s/d (TM); "O 'Ser' In-Fusivo", *Diálogo*, São Paulo, n. 3, mar. 1956, p. 29-34 (TM); "Sociedade e Transcendência", *Diálogo*, n. 3, mar. 1956, p. 101-102 (TM); "A Transparência da História", *Diálogo*, São Paulo, n. 4, jul. 1956, p. 76 (TM); "História e Meta-História", *Diálogo*, São Paulo, n. 5, out. 1956, p. 3-10 (TM); "A Fonte e o Pensamento", *Diálogo*, São Paulo, n. 7, jul. 1957 p. 3-8 (TM); "O Tempo do Sonho", *Jornal do Comércio*, Rio de Janeiro, 6 abr. 1958 (TM); "A Soma Absoluta", *Jornal do Comércio*, Rio de Janeiro, 8 jun. 1958 (TM);

Porém, a expressão de seu pensamento a esse respeito vai percorrer quase todos os seus ensaios, até a sua morte, em uma profusão vertiginosa de aberturas, conversões, hipóteses, sugestões, possibilidades e novas formulações.[86] Aos horizontes de sentido desvelados pelo Mito o filósofo chama de Mundo. O Mito seria a dimensão projetiva de todas as instâncias e eventualidades possíveis do Mundo ou a abertura Original que propicia todos os regimes mundanais, patentes e latentes, atuais e virtuais. Estes é que nos facultam todas as categorias possíveis de conhecimento, independente de que ordem seja este. Seja como polo passional e pulsional de forças teogônicas e eróticoatrativas que nos imantam às coisas e à grande conexão cósmica (Fascinator), seja como prodigalidade de formas possíveis dispensadas aos desempenhos humanos e meta-humanos (Dispensator), seja como sugestões de vias ainda inauditas, abertas pela própria dinâmica dos ciclos míticos (Sugestor), o Mito atua como eixo metaontológico que nos confere as formas representacionais dos mundos, fora das quais nada existe.[87]

Nesse sentido, vai ser muito importante para o filósofo paulista a noção de *Umwelt*, criada pelo biólogo e filósofo Jacob von Uexküll.[88] Erroneamente o conceito de Uexküll é traduzido como *meio ambiente*, pois sua acepção precisa é *meio* ou *mundo circundante*. Nada há nele que totalize uma natureza, entendida como uma contrapartida da cultura, uma natureza naturada em con-

---

"Raça e Mito", comunicação apresentada no 3º Congresso Nacional de Filosofia, São Paulo, 1959 (TM); "História e Meta-História", São Paulo, comunicação apresentada no Congresso Internacional de Filosofia, em São Paulo, 1959 (TM); "Valor e Ser", *Revista Brasileira de Filosofia*, São Paulo, v. 11, fasc. 42, abr./jun. 1961, p. 220-223 (TM); "Diálogo do Mar", *Diálogo*, São Paulo, n. 14, abr. 1962, p. 3-16 (TM); "A Origem Religiosa da Cultura", *Convivium*, São Paulo, v. 1, n. 1, maio 1962, p. 32-41 (TM); "Religião, Salvação e Imortalidade", *Revista Brasileira de Filosofia*, São Paulo, v. 13, fasc. 49, jan./mar. 1963, p. 3-7 (TM).

[86] A maior parte dos ensaios da chamada fase mítico-aórgica se encontra em TM.

[87] Para maior especificidade sobre essa tríade do pensamento de VFS (Fascinator, Dispensator, Sugestor), conferir o ótimo trabalho de Elyana Barbosa: *Vicente Ferreira da Silva: Uma Visão do Mundo*. Salvador, Universidade Federal da Bahia, 1975. Dissertação de Mestrado.

[88] VFS, "A Experiência do Divino nos Povos Aurorais", *Diálogo*, São Paulo, n. 1, set. 1955, p. 33-38 (TM).

traste com uma natureza naturante. Semelhante aos processos discretos não totalizáveis descritos por Whitehead, para VFS o *Umwelt* consistiria numa série de "atos dramáticos" que comporiam uma "cena fantástica".[89] Há, nesses termos, uma pluralidade infinita de meios circundantes, ou seja, de mundos. O lagarto sobre as pedras e entre os arbustos habita o seu meio circundante. Não se *sabe* lagarto, tampouco *sabe* que as pedras são pedras ou os arbustos, arbustos. Não compõe com o mundo uma totalidade, não pertence a uma *physis* una. Diferente do *élan* vital bergsoniano, tal impulso criador não visaria a uma teleologia.[90] Além disso, é sabida a precedência que Bergson estabelece da unidade em relação à pluralidade, o que colidiria com a visão que estamos expondo aqui.[91] Ela dar-se-ia, pelo contrário, como figuras destacando-se simultaneamente de uma paisagem, e essa seria a lógica vital e os contornos dos diversos planos e mundos dos povos aurorais. Nessa chave, cada ente teria um meio circundante, para o qual e em relação ao qual todo ente se portaria como se fosse o seu mundo. Seria justamente dessa descontinuidade que se extrairia o caráter inovador que esse conceito pode ter para a filosofia. À medida que o mundo é uma pluralidade insubstancial de relações, e atravessamos diversos regimes mundanos na medida mesma em que cruzamos esses regimes de relações, temos aqui uma teoria na qual o Mito pode ser tomado como a coordenada estruturante e como a Abertura projetiva dessa cadeia infinita de relações. Não haveria, portanto, um "mundo físico-natural prefixado". O Mito seria então o inaugurador dos regimes mundanos, a luz que penetra as frestas e fissuras desse conjunto descontínuo, ou seja, dos mundos que miticamente habitamos.[92]

Tal razão descontínua é frisada por VFS em outros momentos, por exemplo, ao lembrar da anterioridade ontológica que alguns

---

[89] Idem, ibidem.
[90] Idem, ibidem.
[91] VFS, "Teologia e Mitologia", *Cavalo Azul*, São Paulo, n. 4, 1968, p. 23-30 (TM).
[92] VFS, "A Experiência do Divino nos Povos Aurorais", *Diálogo*, São Paulo, n. 1, set. 1955, p. 33-38 (TM).

elementos naturais específicos desempenham em relação à hipotética totalidade da natureza, entendida em termos positivos. É o caso da árvore Yggdrasil, árvore cósmica que, como causa formal, faculta a existência ao cosmo-vegetal que habitamos.[93] Alguns poderiam pensar que ao traçar essa estreita urdidura entre o Mito e as suas aberturas possíveis de sentido VFS poderia incorrer nas perigosas armadilhas da imanência, por ele mesmo criticadas, e na desgastada tônica panteísta do Deus *sive* Natura de Espinosa, de um Deus idêntico à Natureza, porque concebido como modalidade de manifestação plenamente atualizada desta.[94] Mas isso seria um ledo engano que nos levaria a "errar entre os escolhos do teísmo e do panteísmo".[95] Justamente por essa concepção de Mito e Mundo ser de outra ordem, não há aqui panteísmo.[96] Pois, para ele, o próprio motor do real, das clarificações e dos mundos é um princípio que é manifesto, mas que é absolutamente transcendente. Os deuses e o divino, propulsionados pelo Mito, são cifras da transcendência deste, atuando na consciência e no coração do homem. Por outro lado, como cifras, nascem de uma excentricidade que não tem começo nem fim.

De fato, o filósofo aceita o pressuposto kantiano de que o mundo não nos é *dado*, é-nos *proposto*, ou seja, não é possível termos uma ideia do mundo como temos ideia de uma árvore, de um animal ou de um vaso, à medida que, representando a totalidade da ordem fenomênica, ele não é passível de ser apreendido pela experiência nem pela intuição. Tampouco pode ser singularizado pela estrutura de apreensão esquemática do entendimento, embora estes mesmos esquemas lhe garantam a sobrevivência

---

[93] Idem, ibidem.

[94] A ideia de um Deus *sive* Natura vem criticada textualmente no "Diálogo do Mar", pela boca do personagem Paulo, que é possivelmente outro *alter ego* de VFS: "Diálogo do Mar", *Diálogo*, São Paulo, n. 14, abr. 1962, p. 3-16 (TM).

[95] VFS, "Diálogo do Mar", *Diálogo*, São Paulo, n. 14, abr. 1962, p. 3-16 (TM).

[96] Esses conceitos de Mito e Mundo são bastante trabalhados na série dos diálogos filosóficos, especialmente no "Diálogo da Montanha": "Diálogo do Mar", *Obras Completas*, v. II, p. 493-507; "Diálogo da Montanha", *Obras Completas*, v. II, p. 509-522; "Diálogo do Espanto", *Obras Completas*, v. II, p. 523-533; "Diálogo do Rio", *Obras Completas*, v. II, p. 535-538. Todos em TM.

enquanto categoria, ou seja, como fundo relacional hipotético dos fenômenos. Essa impossibilidade de postular a totalidade do mundo ou mesmo de cogitar sobre o Universo como se fosse um dado positivo, à medida que ele não pode ser apreendido como objeto externo à consciência, também é central na fenomenologia.[97] Por isso, no caminho de interrogações de VFS, em um de seus ensaios mais instigantes, se o mundo é insubstancial, em sendo assim, é impossível sequer formularmos uma pergunta sobre a sua origem e sobre a sua destinação.[98] Em outras palavras, a transcendência os ultrapassa, assim como ultrapassa todos os demais dados intramundanos. E assim o filósofo, à medida que propõe o Mito como epifenômeno em uma cadeia de fenômenos e em um jogo de espelhos (*Spiegel-Spiel*),[99] parte do cerne do esquematismo kantiano e vai em busca de uma espécie de hierofania não substancial, contida na própria premissa do desvelamento do Ser entendido como ultrapassagem de todo ente, ou seja, de todo mundo entendido enquanto fenômeno, sem, contudo, propor um acesso à coisa em si, ao *noumenos*. Isso se faz necessário porque, caso contrário, cairíamos, mais uma vez, no erro entitativo e substancialista, ou seja, de que os deuses são deuses e signos sensíveis de um Deus que é Deus, que subsiste por si e a partir de si mesmo e que é a causa formal de todas as coisas e a sua substância última.

Este ponto é bastante importante, pois quebra com uma visão neopagã, panteísta ou naturalista que se tem do pensamento de VFS, baseada na ênfase dada aos deuses e ao aspecto numinoso das divindades arcaicas. De fato, o filósofo as valoriza e organiza sua reflexão em torno dessas instâncias sensíveis da manifestação do divino, encontráveis em manifestações pré-cristãs. Entretanto há que se ressaltar que em diversos outros momentos

---

[97] VFS trata dessa concepção especificamente na obra de Husserl: "A Situação Atual da Filosofia", *Diário de São Paulo*, São Paulo, 18 jul. 1954 (TM).

[98] VFS, "Sobre a Origem e o Fim do Mundo", *Jornal de Letras*, Rio de Janeiro, abr. 1950 (TM).

[99] Estou retomando aqui o importante conceito de Frobenius, que VFS trabalha, o de *possessão* ou *sujeição* instauradora.

VFS critica duramente o naturalismo filosófico e teológico, que tenderia a fazer coincidir manifestação e manifestado. Em primeiro lugar, temos que ver em VFS um radical crítico de toda a filosofia imanentista. Não faria sentido, porém, hipostasiar seu pensamento, recolhendo-o sob a salvaguarda de uma espécie de suspeito neopaganismo. Para esclarecer esse ponto, não só a teoria antinatural e relacional do *Umwelt*, mas a leitura que o filósofo faz de Hegel são bastante oportunas. Como nos lembra VFS, segundo Hegel, os homens *nunca*, em nenhum momento da história, *adoraram a natureza*.[100] Quando o homem adora o sol, o mar ou a natureza como um todo, na forma de um deus, está na verdade adorando a contrafigura divina daquela força natural. Em outras palavras, na concepção de Hegel, o deus apenas demonstra a negatividade da consciência daquele que adora, o seu não-eu, e, portanto, o ato de adoração o leva a resgatar a sua ipseidade por meio de um espelhamento mediado por uma entidade natural. Todo o drama mitológico, nesse sentido, é um drama da consciência. Toda natureza não é nada mais do que uma contrafigura finita do movimento infinito do Espírito em busca de sua autorrealização. A Natureza seria, portanto, uma mediação natural, uma película na qual a consciência encena o seu retorno a si. Quando se adora o deus sol, se adora a ideia do sol na figura do disco solar, não o sol enquanto entificação material de uma potência divina.[101] Nesse percurso, não haveria nem nunca houve uma religião da natureza, mas somente etapas de objetivação do Espírito que lança mão de um material diversificado de representação em cada etapa de sua odisseia. Esse tipo de reflexão é de suma importância para desvincularmos a filosofia de VFS de um panteísmo, de um paganismo ou de um naturalismo ingênuos.

Nesse ponto, embora VFS não recorra tanto aos místicos, Heidegger o faz, e colhe ensinamentos sobretudo no Mestre Eckhart. A mística pode servir de guia para adentrarmos muitas das concepções de VFS, à medida que ela nos afasta da visão

---

[100] VFS, "A Fé nas Origens", *Diálogo*, São Paulo, n. 1, set. 1955, p. 103-105 (TM).
[101] VFS, "A Fé nas Origens", *Diálogo*, São Paulo, n. 1, set. 1955, p. 103-105 (TM).

escolástica de um Deus concebido como *ens realissimus absolutus*, ou seja, como Ente dos entes, perspectiva criticada pelo filósofo como sendo o nó teológico da metafísica ocidental.[102] A mística apofática e a teologia negativa, nesse sentido, teriam uma relação estreita com a ideia de um Nada que não se dá como uma nadificação de Deus projetado na história, mas sim como um princípio propulsor que nos levaria além de todo ente, e por isso tem o maior interesse aproximativo com a filosofia de VFS. Esse Nada, entendido dessa maneira como "noite primordial", seria equivalente ao conceito de Matriz, cada vez mais presente na filosofia de VFS, fonte doadora de todas as possibilidades mundanas, mas que se projeta a partir de um registro não-substancial e não-essencial.[103] Apenas à guisa de exemplo, poderíamos pensar na noção de *desprendimento* em Eckhart. Além de muito bela e produtiva, pode ilustrar bem essa concepção. Em primeiro lugar, Eckhart cria uma distinção entre Deus e Divindade: esta seria uma espécie de condição daquele. Em seguida, pressupõe um fundo sem fundo (*Ungrund*), de base ontológica, no qual o movimento é de tal modo excêntrico que é preciso que o próprio Deus se desprenda de si mesmo para manter-se em sua divindade. O fundo sem fundo da alma é a região ontológica onde o homem e Deus se encontram. Figura e Contrafigura, Caos e Cosmos se unem na Matriz.[104]

Noite escura do ser, luz além da luz da alma, noite escura da alma, sol negro dos hinos órficos, apocatástase e pura assimilação do mal no Bem além do Bem. Puro apofatismo da razão, pura insuficiência dos expedientes da linguagem, pura supressão da equivocidade dos sentidos. É essa a região de cogitações na qual o pensamento vicentino começa a habitar, entre os abismos e a supressão dos paradoxos, no interior do nada que é o tudo do Mito. Portanto, para VFS, esses conceitos e deuses arcaicos que

---

[102] Para a questão da mística, conferir o ensaio: "Teologia e Mitologia", *Cavalo Azul,* São Paulo, n. 4, 1968, p. 23-30 (TM).
[103] VFS, "Teologia e Mitologia", *Cavalo Azul,* São Paulo, n. 4, 1968, p. 23-30 (TM).
[104] Idem, ibidem.

ele comenta são relatos do "naufrágio da existência" que se nos postulam como *cifras* de uma transcendência radical. Seja nos relatos míticos dos povos aurorais, seja na busca de uma etnogonia filosófica, seja na narrativa mítica de povos que não possuem o conceito de corpo, seja nos cultos matriarcais, seja na dissipação sagrada e na destruição ritual da *potlatch*: em todas essas fabulações o filósofo encontra a remissão à cifra e à transcendência que nos devolve às aberturas do Mito, permanentemente *in fieri*, em produção. Aqui, certamente temos a presença marcante de Jaspers no pensamento do filósofo paulista. Essa transcendência infinita, inacabada e titânica se faz presente no mundo e se abisma em todas as coisas, mesmo nas divinas, para evitar que elas se reduzam ao regime dos entes, ou seja, se extraviem da verdade. Em outras palavras, para salvá-las. Assim, o Mito, como elemento regulador de todos os fenômenos, produz as formas de acesso ao real, dir-se-ia que ele é a sua *estrutura insubstancial última e elementar*, de modo que o homem e o Universo viveram, vivem e continuarão vivendo sob um sem-número de regimes mítico-projetivos.

Por isso, em linhas gerais, é nesse contexto de ideias que o filósofo faz brotar dos conteúdos fenomenológicos de sua dialética das consciências e de seus estudos sobre a intersubjetividade essa outra dimensão ek-stática, representada pela presença do *numinoso*, conceito colhido na obra admirável do teólogo Rudolf Otto. Tanto o numinoso, ambivalência de *mysterium tremendum* e *fascinans*, como presença não-racional de uma instância radical e ontologicamente distinta, quanto os deuses, entendidos como potências atuantes e não figurativas, em seu movimento de excentricidade, estariam na raiz e na origem dessa clarificação da consciência. Seriam a base da própria inteligibilidade das coisas. As teogonias e as teofanias são pensadas como processos miméticos do próprio movimento da consciência que se perde e se recupera, sempre imersa em uma região mais originária que a transcende. É a ponte inusitada que VFS cria entre Schelling e Heidegger: a teoria da consciência como instauração divina se cruza com a consciência entendida como presença ek-stática na proximidade do ser. Esta é a ponte a partir da qual o próprio autor passa a definir seu projeto filosófico. Aqui, nessa acepção, a consciência não só ultrapassa as relações sujeito-sujeito e sujeito-objeto, mas ganha uma dimensão transcendente que a fundamenta como experiência do radicalmente Outro.

Além disso, acredito que esse ponto de conexão entre o pensamento do ser e a alteridade numinosa seja o trampolim a partir do qual VFS deu o salto para além da clareira heideggeriana. Heidegger, mesmo falando da quaternidade dos domínios que presidiriam a totalidade do mundo (Deuses, Mortais, Céu e Terra) e conferindo o valor que conferiu à poesia e à mística, em quase toda sua obra se atém ao círculo das realidades fáticas. O tema do sagrado é tratado por ele, acima de tudo nos poetas, como Rilke e Hölderlin, mas sempre com certa nuvem de interdição, dadas suas premissas antimetafísicas. Benedito Nunes identifica com muita agudeza a passagem do primeiro ao segundo Heidegger, da analítica do *Dasein* ao autor das anotações elípticas e quiçá obscuras dos *Beiträge*, justamente na concepção de "pressentimento", desenvolvida por Hölderlin, e que estaria relacionada à espera do "último Deus".[105] Para VFS, trata-se de uma inversão (*Umkehrung*) do pensamento heideggeriano, por meio da qual o pensador alemão tenta ir ainda mais longe em sua tarefa de postular as bases transcendentais da realidade e, para tanto, a sua crítica ao conceito corrente de verdade, seja na acepção mais imediata, seja em sua base propriamente filosófica.[106]

Para Hölderlin, há que se aguardar a vinda deste último Deus que surgirá depois de um tempo de privação e, acima de tudo, por causa dele. É *justamente* por termos passado pela noite dos deuses que nascerá o último Deus. É com a sinalização desse deus derradeiro e no entrecurso do seu anúncio que se daria o *Ereignis*,

---

[105] Benedito Nunes, "Teologia e Filosofia: Do Primeiro ao Último Começo". *Crivo de Papel*. São Paulo, Ática, 1998, p. 45 e seg.
[106] VFS, "A Última Fase do Pensamento de Heidegger", *Revista Brasileira de Filosofia*, v. 1, fasc. 3, jul./set. 1951, p. 278-289 (TM).

o Evento de mudança do esquadro mundano e da história humana, de acordo com o filósofo alemão. No sentido hölderliniano que VFS retém, tais alterações eônicas do eixo estruturante da história mundial, por meio das quais entramos ou saímos de determinadas épocas míticas, se dão em duas linhas distintas: nas "conversões categóricas" (*Kategorische Umkehr*) e "conversões pátricas" (*Vaterlandische Umkehr*).[107] Esta última, entendida como mudança do esquadro dos valores vigentes de uma determinada época mundial, é também referida como "conversão infinita".[108] Posta como resultado de uma ação aórgica, absolutamente alheia ao domínio das deliberações humanas, resultaria dos agentes meta-humanos que se instauram e que se apossam da consciência humana em determinadas geografias e períodos. Essas grandes transformações seriam aquelas que nos lançariam para fora do domínio histórico-hominídeo, pois a "meta-história supõe uma pluralidade de mundos" e, desse modo, também pressupõe "uma multiplicidade de períodos teogônicos", de éons fascinados por novos regimes míticos e mundanos.[109]

Tais transformações do pensamento heideggeriano já podem ser notadas também na inversão que ele opera na ordem inicial de sua analítica, e que vem patente em um opúsculo intitulado *Tempo e Ser*. Nele a passagem da facticidade ao desvelamento é substituída pela visão panorâmica da história como eventualidade do ser. Essa noção é muito cara a VFS, cuja concepção de história humana cada vez mais vai se aproximar de uma meta-história na cadeia de eventualidades do ser. Assim, toda a história humana é vista sob o prisma derivativo de uma história do ser que, mais do que cosmológica, está ligada à abertura e ao fechamento de cenas mundanas, ou seja, aos regimes de Mundo instituídos pelas

---

[107] VFS, "História e Meta-História", *Diálogo*, São Paulo, n. 5, out. 1956, p. 3-10 (TM).

[108] Idem, ibidem. O conceito de *conversio infinita* também é desenvolvido em: "O Homem e a Liberdade na Tradição Humanística", *Revista Brasileira de Filosofia*, São Paulo, v. 11, fasc. 41, jan./mar. 1961, p. 19-24 (TM).

[109] VFS, "História e Meta-História", *Diálogo*, São Paulo, n. 5, out. 1956, p. 3-10 (TM).

fissuras abertas na esfera do Mito. Para Heidegger, é justamente por passarmos pelo nada que chegamos ao ser. A noção hölderliniana de pressentimento é o rumor de fundo que se estabelece nos escritos do segundo Heidegger, abrindo sendas e caminhos de floresta (*Holzwege*) para o pensamento acessar um domínio além da facticidade e além da ontologia. Parece que os diques que isolavam o divino da matriz interrogativa, criticista e analítica, e que se mantêm, ainda que sob a forma de vestígios, mesmo em um pensador da floresta escura do ser, como Heidegger, em VFS acabam por se romper. Da mesma forma, os postulados fáticos acabam por se tornar porosos a essa nova forma de conceber a experiência do sagrado que ele nos propõe. Por isso, o contato com o Mito está mais próximo da experiência de um Deus vivo, captado pelos poetas e místicos, do que da mais sutil experiência filosófica, mesmo que esta nos forneça o modo de acesso a determinadas estruturas basilares do pensamento.

Olhando de um ponto de vista panorâmico, mesmo sabendo que o autor praticamente abandonará os estudos de lógica para se dedicar a outros de natureza muito diversa, é importante ressaltar que essa primeira aproximação de VFS não se deu na área das ditas ciências humanas nem mesmo em outras áreas da filosofia, como a ética, a metafísica ou alguns departamentos e subdivisões filosóficas. Deu-se, sim, naquela que pode ser considerada uma das mais duras das ciências e a mais dura região da filosofia: a matemática e lógica. Tal interesse não pode ser desconsiderado. Conforme viemos mostrando até aqui, a despeito dos aparentes saltos do pensamento vicentino, se formos analisar com cuidado, veremos que há uma profunda unidade subjacente à sua especulação, um fio condutor de fundo que liga essas alterações aparentes. Acredito que esse fio seja visível, de saída, na vocação do autor, em seu impulso filosófico que desde cedo visava chegar àquilo que podemos chamar de *matrizes eidéticas do real*.

Tal conquista vai ser ultimada de uma maneira assaz surpreendente, pois ele chegará a essas matrizes justamente *depois* de ter passado pela lógica matemática, pela fenomenologia, pelo criticismo kantiano, por Hegel, pelas filosofias da existência, pela fratura sistêmica produzida por Kierkegaard,[110] por Heidegger e por grande parte do pensamento do século XX. Em suma, depois de ter atravessado quase toda filosofia fundada sobre uma crítica à tradição da metafísica. Assim, faz o percurso exatamente contrário a toda a trajetória do pensamento positivista, idealista, historicista, humanista, marxista e adjacentes, ou seja, sai da dimensão positiva da lógica e da matemática em direção às filosofias da existência e destas, à formulação de sua sabida teoria da mitologia, encontrável na fase mítico-aórgica, etapa final de seu pensamento. O nó que liga as tramas dessas ideias e autores à leitura original que VFS faz deles se encontra no fato de o filósofo, nos seus escritos do fim da vida, ter reintegrado a ideia, a estrutura, as bases, a história e o próprio sentido primeiro da Filosofia a um protossaber instaurador das condições de possibilidades do pensamento, ou seja, à Matriz e à Fonte projetiva dos desempenhos pensáveis de todo pensado. É também essa a origem prototípica que determina os regimes de Fascinação que conformam as distintas épocas mundiais.[111]

Tais épocas são regidas por fascinações determinadas, que operam à revelia do voluntarismo humano e dos decursos finitos de nossa subjetividade. É por isso que muitas vezes os ciclos históricos ocorrem como a ascensão ou o declínio de vigências míticas, a partir dos quais se dá a epístrofe e a conversão (*Kehre*).[112] O Sugestor produz as condições desempenháveis de

---

[110] É interessante o papel que Kierkegaard desempenha na obra de VFS. Em geral avesso a toda forma de subjetividade e tendo críticas ao desempenho histórico do cristianismo, mesmo assim VFS demonstra grande simpatia pela obra do filósofo dinamarquês e vê nela uma das forças mais atuantes na ruptura com a noção de sistema filosófico: "Notas sobre Kierkegaard", comunicação apresentada no 2º Congresso Brasileiro de Filosofia, Curitiba, 1950. "Kierkegaard e o Problema da Subjetividade", *Revista Brasileira de Filosofia*, São Paulo, v. 6, fasc. 21, jan./mar. 1956, p. 70-76. Além disso, ele comparece mencionado na carta que VFS envia a Dora, em 1947, e que consta neste volume como "O Verdadeiro Pacto", uma espécie de testamento do casal, mas também um documento no qual, ainda jovem, o filósofo coloca claramente seus objetivos e suas convicções. Todos os textos estão em TM.

[111] VFS, "Introdução à Filosofia da Mitologia", *Revista Brasileira de Filosofia*, São Paulo, v. 5, fasc. 20, out./dez. 1955, p. 554-566 (TM).

[112] Idem, ibidem.

todo desempenhado, o fundo des-fechante no qual se encena o drama da história. O Imutável é o Divino, o em-si do Ser, em sua ruptura ontológica radical e em sua pura alteridade em relação às condições intramundanas.[113] Porém, a movência das figuras não é neutralizada, sob as bases metafísicas de uma repetição inexorável do Mesmo. A novidade pode criar, também ela, novos campos de fascinação e, assim, alterar as escolhas meta-humanas no interior projetivo das doações do Mito. A descoberta da "pleonexia mítica" produz um efeito de saída da caverna da subjetividade, tira-nos da alienação humanista rumo a uma nova objetividade que não se depreende mais da vertente idealista, mas que diz respeito sim à Fonte projetiva de todo o real.[114] Ao reassimilar a Filosofia ao Mito, o filósofo produz uma abertura no campo de sentido das próprias condições primeiras que outorgam à atividade filosófica sua autonomia, seus limites e sua razão de ser. Em outras palavras, ao vincular o primado da reflexão às condições mundanas de desvelamento da verdade cognoscível, mais que isso, ao desempenhável de todos os desempenhos mundanos e à origem projetante, tanto dos entes projetados quanto do próprio ser projetivo, no sentido heideggeriano do termo, VFS abre trilhas de acesso a uma metafilosofia, cujas bases são de ordem metaconscienciológica, transracional, meta-humana e meta-histórica.

Poder-se-ia dizer, nesse sentido, que ele não faz história da filosofia nem filosofia da história. A sua filosofia é uma hiero-história, pois não parte dos autores, dos conceitos, da história material, nem da história das ideias, mas sim das hierofanias noéticas que são dadas ainda para além do desvelar-ocludente do ser, pois também este processo está submetido a regimes transcendentais prévios, à ação de forças teogônicas, cênicas, dramatúrgicas e teofânicas que, anteriores a toda ontologia, atravessam o campo do ser e instauram as possibilidades de mundo e o mundo

---

[113] Idem, ibidem.
[114] Idem, ibidem.

das possibilidades.[115] VFS chega a criticar a interpretação que Levinas faz de Heidegger. Contudo, curiosamente, como o grande filósofo judeu, mas em outro registro, acaba fornecendo outras alternativas à plenificação do ser da filosofia heideggeriana. Para Levinas, o rosto é anterior ao ser, pois é a "epifania do rosto" que nos faculta a possibilidade mesma de acessar o ser. Assim, opera uma fratura na ontologia heideggeriana, fazendo-a passar do ser como totalidade ao tempo como infinito. Para VFS, o Mito é anterior ao ser. Trama cênica instauradora-projetiva do Mundo e dos mundos, ele é Fonte e Matriz, mas ao mesmo tempo limite e epístrofe, ou seja, ponto de reconversão. A dialética da *aletheia* se dá em seu interior, mas o Fascinator é ainda mais elementar e ainda anterior, Origem do existente e do existenciásvel. Ao pôr-se em obra a manifestação de todas as ordens de realidade, põem-se em cena também as tramas metafilosóficas da Verdade, os regimes vivenciais do ser e todas as representações e idades do mundo. Esse horizonte instaurador, selvagem, insubstancial, antimetafísico e, ao mesmo o tempo, iluminativo, tem alguns nomes: Origem, Fonte, Matriz.

Como se sabe, Heidegger definiu o regime de existência primeiro do manifestado, capturado em sua pureza ôntica, como a Coisa (*Das Ding*), ao redor da qual gravitariam Terra, Céu,

---

[115] É impressionante como o pensamento de VFS estava sintonizado com alguns conceitos da filosofia europeia de seu tempo, conceitos esses que não eram sequer imaginados no Brasil. Dentre eles, os de meta-história e de hiero-história, usados por Henry Corbin. Como se sabe, Corbin, profundo conhecedor de Hegel e tradutor de Heidegger, se notabilizou como um dos mais importantes estudiosos do islamismo no século XX. Em parte, é justamente Heidegger quem lhe fornece as bases para chegar a essas duas concepções, mas também a análise da dimensão inextricável, existente no islamismo, entre filosofia e revelação. Da mesma forma, a própria estrutura imanológica e profetológica subjacente ao mundo islâmico nos impede de lhe aplicar as categorias históricas ocidentais. Foi por isso que Corbin chegou a uma síntese entre História, Filosofia e Revelação, ou seja, meta-história e hiero-história, entendidas como núcleos estruturantes da experiência gnóstica no Islã. VFS conhecia muito bem a obra de Eliade, que, como Corbin, fazia parte do Círculo de Eranos. Porém, até onde sei, nunca citou ou provavelmente não tenha lido diretamente Corbin. Surpreendentemente, cada um a seu modo, ambos chegaram ao mesmo conceito de meta-história. Conferir o impecável trabalho de Christian Jambet: *A Lógica dos Orientais: Henry Corbin e a Ciência das Formas*. Tradução Alexandre de Oliveira Torres Carrasco. São Paulo, Globo, 2006.

Mortais e Imortais.[116] Não rompeu totalmente com o regime intramundano da facticidade, nem na segunda fase do pensamento, pois para Heidegger a condição finita do *Dasein* é condição primeira para se alçar voos no sagrado, no mito, na mística. Ao contrário, dialogando sistematicamente com o seu maior mestre, tal como Heidegger se apropriou da fenomenologia de seu mestre Husserl e a conduziu inusitadamente a uma ontologia, VFS produziu uma *epokhé* fenomenológica nas tramas heideggerianas, e, abrindo uma fenda em seu pensamento, mostrou-nos a clareira além da clareira, a luz além da luz, o ser além do ser, que não é mais a *hiperousía* do *Parmênides* platônico nem o Um plotiniano, que em sua henologia desvincula as processões do Princípio e as possessões vitais, mas sim outro termo, pois também transcende os regimes metafísicos transcendentais.

Em suma, o pensamento maduro de VFS fratura a ontologia geral heideggeriana. Sem negar-lhe o valor, em certo sentido a supera, pois vai em busca do Incondicionado que instaura a própria ek-sistência instável e em busca do fundamento transistórico do ser que, para se sustentar como ontologia geral, diz que o sagrado e a hierofania só se dão mediante o atestado do ser para a morte e a finitude. Afinal, a filosofia de Heidegger também tem sua antinomia, pois, ao fim e ao cabo, toda grande filosofia a tem. Ela não consiste na oposição entre a analítica do *Dasein* e a metafísica clássica, nem nas ambiguidades que o sagrado, o divino, o poético e o místico assumem diante da recalcitrante facticidade da segunda fase de seu pensamento. A antinomia central de seu pensamento, percebida e criticada com perspicácia por Levinas, e que talvez seja uma aporia, pois não creio ter sido resolvida, diz respeito à inadequação estrutural entre uma ontologia geral, que inescapavelmente redunda em uma concepção de Totalidade, e a

---

[116] VFS trata dessa concepção de Heidegger de maneira demorada no capítulo específico de *Teologia e Anti-Humanismo* intitulado "O *Das Ding* de Heidegger e outras considerações" (DC). Porém, o *Das Ding* também é um dos pontos de partida de "Instrumentos, Coisas e Cultura", *Revista Brasileira de Filosofia*, São Paulo, v. 8, fasc. 30, abr./jun. 1958, p. 205-214 (TM). Nesse sentido, a reflexão sobre a inexistência da coisidade das coisas fora de uma concepção de proximidade ou distância do divino, de uma *Nähe*, é uma das linhas-mestras do ensaio.

própria dinâmica finita do *Dasein*. De fato, se a facticidade funda o primado do tempo sobre o ser, o primeiro não mais entendido como "número do movimento", como dizia Aristóteles, nem o segundo como fundamento suprassensível eidético e extramundano dos fenômenos; se não só um (ser) deu sua primazia a outro (tempo), subvertendo a hierarquia clássica ao serem reconvertidos um no outro; se além disso foram também destituídos de sua condição metafísica, reassimilados à vida ordinária, contingente, precária, agônica, angustiada, em uma palavra, finita. Em vista de tudo isso, como conceber um todo no qual essas peças em movência se unam e sejam passíveis de descrição? Esse todo, entendido como ontologia geral, ao se propor como método, não incorreria no mesmo erro descritivista das filosofias da vida? Não traria em seu bojo a ruína da própria condição finita e, portanto, limitada e precária daquele que indaga acerca da verdade? Em que medida a hermenêutica temporal heideggeriana não pode ocultar um método compreensivo e este, por sua vez, trazer oculto em si uma promessa de sentido omnicompreensivo que contradiz a agônica finitude do estranho ente humano? Assim, a contingência do pensador não estaria sendo camuflada sob as bases de uma ontologia geral que sempre nos leva a intuir alguma totalidade sob seus pressupostos? Tendo em vista que a "essência da verdade é a liberdade",[117] em que momento a finitude vira um leão dissimulado com as peles cordiais do nada, da angústia e da facticidade, e se arma para a emergência da Vontade, que há de nos conduzir ao reino de um ser totalizável e, portanto, ao âmago do voluntarismo? Eis como está posta a antinomia.

Mais pulsional e cosmogônica, a concepção de VFS dissolve a nossa condição finita e derelicta, entendida como postura primeira para o desvelamento meta-humano, hiero-histórico e meta-histórico do ser, nas tramas passionais de uma força que confisca toda a legitimidade, toda a liberdade do sujeito frente ao mundo, ou seja, em seu movimento centrífugo e excêntrico,

---

[117] VFS, "A Última Fase do Pensamento de Heidegger", *Revista Brasileira de Filosofia*, v. 1, fasc. 3, jul./set. 1951, p. 278-289 (TM).

apaga a Finitude que o sustenta bem como o Além metafísico que o apazigua. Terra indômita, o pensamento vicentino é uma paisagem vulcânica sempre em erupção que tenta assim expelir para fora do ventre da terra tudo o que foi recalcado pela teocriptia do divino, por séculos de postura hominídea, por todo teandrismo, pela *epignosis* e por toda cultura da antroponomia que formou o Ocidente e a modernidade. Em outras palavras, enquanto aniquilação ativa de toda possibilidade ridícula de humanismo, o pensamento de VFS é teofórico. Vê o homem sempre como uma ultrapassagem e como um intermediário, como manifestação adventícia de potências meta-humanas que, ao retirá-lo de si, o inauguram em sua humanidade. Da mesma maneira, o tempo só se instaura como temporalidade por meio de sua destruição ritual levada a cabo pelas forças metatemporais que o geram justamente ao retirá-lo de seu devir. Assim também a própria finitude surge minimizada aos nossos olhos. Espécie de contrafigura do infinito que a cria e a reassimila em sua pura autoprodutividade, como dizia Hegel. Essa pura autoprodutividade, para VFS, diferente de Hegel, não obedece ao trabalho negativo do conceito nem intenta atingir a ideia, como dado puro em-si da consciência, apagadas as marcas contingenciais e absorvidos todos os resíduos materiais desse trajeto, rumo ao Saber Absoluto. Ela é uma fresta que se abre na luminosidade instantânea de uma doação divina, é a prodigalização de algo indeterminado que nos oferece o Dispensator, para além das tramas intramundanas dos entes, do tempo e do próprio ser. Sua filosofia é filosofia da vida elementar. Aquela que se insurge contra todos os imperativos, sejam eles naturais, racionais, metafísicos, cosmológicos ou mesmo éticos e morais.

A Sombra da Verdade Desvelada

A despeito dos rasgos de genialidade e do brilhantismo de Vicente Ferreira da Silva, também temos que ressaltar os lados mais frágeis de seu pensamento, e até mesmo algumas hipóteses pouco convincentes. É assim que se lida com as ideias: em um ir e vir dialógico, sem convicções inamovíveis, sem cristalizações ou defesas de posturas, sem palavras últimas nem atribuição de domínio delas por nada nem por ninguém. É assim que VFS filosoficamente habitou o pensamento, e assim que gostaria de continuar a ser lido. Um dos pontos mais frágeis da obra de VFS é a sua crítica ao cristianismo.[118] A princípio, se o leitor permite o trocadilho, creio que VFS tenha mistificado o cristianismo, e isso o impediu de compreender toda a sua espessura e variedade. A valorização do aórgico levada a cabo pelo filósofo, em contraposição ao cristianismo, entendido como revelação teândrica e antroponômica que teria produzido a oclusão de outras formas transcendentes em benefício da epifania unilateral do Homem, é ela mesma uma leitura unilateral do cristianismo. Afinal, não é preciso ir longe. Basta nos voltarmos para o cristianismo ortodoxo e apreendermos o conceito de *acheiropoietos*, ou seja, *aquilo que não é feito pela mão humana*, premissa essencial para toda a arte do ícone russo. O mesmo sentido que VFS buscou no aórgico de Hölderlin, imputando-o a uma experiência vivencial dos povos arcaicos, também existiu e persiste, não só no âmbito cristão, mas na própria ortodoxia cristã.

Por seu turno, uma das teses de VFS é na verdade uma tese que se tornou quase um lugar-comum nas vertentes anti-humanistas do pensamento da primeira metade do século XX. Ela se baseia na crença de que o cristianismo inaugura um novo éon, uma nova etapa eônica da humanidade, pois no interior da mensagem cristã e de sua estrutura antroponômica estariam os germes de uma dessacralização do mundo e de uma superação da religião operada pela própria religião. O dogma da Encarnação não apresentaria apenas um valor críptico de oclusão da experiência numinosa das religiões anteriores, que foram assimiladas ao desvelamento da sacralidade do Homem na cena histórica, mas teria produzido

---

[118] Essa crítica é feita em momentos diversos de seus ensaios. Especialmente em *Teologia e Anti-Humanismo*, no capítulo intitulado "Cristianismo e Humanismo" (DC). Mas aparece pontuada em outros momentos também, especificamente: "O Legado do Deserto", *Diário de São Paulo*, São Paulo, 23 dez. 1954 (TM); "Hermenêutica da Época Humana", *Revista Brasileira de Filosofia*, v. 5, fasc. 18, abr./jun. 1955, p. 166-172 (TM).

também o advento do próprio sentido histórico de Deus, anunciando portanto a sua possibilidade de superação. O *nihil* da criação, ao se inocular na história como manifestação divina, teria produzido o sentido da negatividade infinita como substância de Deus manifesta no homem e em seu devir.[119] Negação e sentido acabam por se mostrar isomorfos, estrutura esta, na verdade, que é a raiz da revelação abraâmica, na qual fé, verdade e sentido se fraturam e se remetem por disjunção. Nesses termos, no cristianismo, a meontologia assumiria um papel central, a partir do momento em que se concebe a experiência de Deus como vácuo de sentido e como não-ser ou, em última instância, como um Nada que se infiltra na existência e por isso necessita ser infinitamente preenchido pela operosidade humana. Em outras palavras, o advento da pura transcendência no nível espiritual, ao se projetar no tempo, teria se transformado em uma pura negatividade no plano histórico.[120] Nessa leitura, que não é exclusiva de VFS, mas é a de diversos filósofos de seu tempo, tem-se a nítida impressão de que o cristianismo teria sido o primeiro humanismo criado no mundo, sendo o materialismo renascentista e, depois, o marxismo, nada mais do que degenerações desse mitologema primeiro, definidor do Ocidente, e cuja pedra de toque seria a mensagem cristã.[121] Como alternativa a essa proposta, VFS sugere uma espécie de religião de base radicalmente heterológica, na qual o Ser como alteridade do Ente se colocasse como Fascinator e desempenhasse

---

[119] VFS, "Hermenêutica da Época Humana", *Revista Brasileira de Filosofia*, v. 5, fasc. 18, abr./jun. 1955, p. 166-172 (TM).

[120] Idem, ibidem. Essa temática, no que concerne ao mundo moderno, será debatida pelo Autor sobretudo nos ensaios que já mencionei, nos quais ele empreende a crítica do marxismo, entendendo-o como uma espécie de subproduto do humanismo e, nesse caso, como uma consequência, natural e paradoxal, do movimento críptico e crítico do mitologema cristão, e, por conseguinte, do próprio Ocidente.

[121] Dentre os ensaios que trabalham essa aproximação entre humanismo, Renascimento e marxismo, conferir sobretudo: "O Homem e a Liberdade na Tradição Humanística", *Revista Brasileira de Filosofia*, São Paulo, v. 11, fasc. 41, jan./mar. 1961, p. 19-24 (TM). No caso do marxismo, para VFS este seria a culminância do reino vazio da consciência trabalhadora, ou seja, quando a operosidade necessária para subtrair o Nada existencial que nos é fundante na forma do mitologema cristão encontra seu modelo consumado em um projeto social que toma como premissa o homem entendido exclusivamente enquanto trabalhador, produzindo assim uma derradeira criptologia do homem, ao menosprezar todas as suas demais dimensões.

o papel de imantação dos homens para além de toda compreensão antropocêntrica. Seria uma Teologia Teomórfica.[122]

Em primeiro lugar, o que há de equivocado nessa visão é o fato de que a estrutura teológica interna não só do cristianismo, mas de todos os monoteísmos, parece ter escapado aos filósofos. Afinal, do ponto de vista teleológico, que é o ponto de vista que interessa a essas reflexões filosóficas, a soteriologia cristã não tem projetos para *este* mundo, e justamente por isso o caráter plástico da realidade e as infinitas transformações materiais a que ela possa vir a ser submetida não entram no projeto da Salvação. Segundo VFS, uma das marcas da modernidade teria sido a passagem de uma visão de mundo *óptica*, guiada pelas virtudes dianoéticas da contemplação e da *theoría*, em sentido grego, a uma visão *áptica*, de *aptos*, ou seja, aquilo que é tangível, manipulável.[123] Porém, de acordo com essa leitura, tal passagem estaria já incrustada nas premissas cristãs. Resumindo, em primeiro lugar, é estranho que uma religião cuja tônica sempre foi a Queda e para a qual o mundo está perdido desde o princípio seja a mesma religião que proponha a infinita transformação e redenção deste mesmo mundo. Em segundo lugar, podemos muito bem pensar, e há investigações nesse sentido, que as origens do humanismo não se encontram no cristianismo, mas sim em um princípio de proporcionalidade, que é de origem antiga, e cuja feição mais bem acabada está em uma linhagem do pensamento grego. Este princípio de proporcionalidade de fato tem como base a oclusão do regime transcendente do Homem, que passa a ser protagoricamente entendido como "medida de todas as coisas" e não como epifenômeno e estereograma de uma desmesura divina. O Homem entendido como microcosmo é um parente do homem entendido como

---

[122] VFS, "Diário Filosófico", *Cavalo Azul*, São Paulo, n. 3, 1967, p. 35-46 (TM).

[123] Os conceitos de *óptico* e *áptico* são do filósofo mexicano José Gaos, citado por VFS: "Lógica Simbólica", *Jornal do Comércio*, Rio de Janeiro, 22 set. 1957 (TM). Em outro momento, VFS vai ressaltar que esse pragmatismo, ao destruir as possibilidades dianoéticas, destrói a própria possibilidade da filosofia. Conferir: "A Situação Atual da Filosofia", *Diário de São Paulo*, São Paulo, 18 jul. 1954 (TM).

microtheos, e essa concepção é uma leitura de doutrinas pagãs antigas, não um desenvolvimento interno da mensagem cristã.[124] A modernidade deriva do Renascimento e este, por sua vez, é o elo perdido que mantivemos com alguns saberes antigos. Isto posto, tendo em vista que desde o Renascimento vê-se um declínio crescente do cristianismo, é difícil vincularmos o projeto moderno ao cristianismo, ignorando que a ascensão do prestígio da Antiguidade é diretamente proporcional ao declínio do poder do cristianismo em todo o mundo.

Por outro lado, havia a tônica dominante de um meio intelectual que ainda estava descobrindo Nietzsche e para o qual a oscilação entre a aristocracia do espírito e as falsas promessas democráticas ainda era matéria controversa. Nesse ambiente, o problema da aristocracia espiritual, que Nietzsche trata de maneira tão forte e por vezes até convincente, também recebeu o enfoque existencial de altíssima envergadura de um Chestov e de um Berdiaev. Nesses termos, VFS efetuou algumas críticas bastante agudas à nivelação e ao *applatinement* dos valores.[125] Da mesma forma, o esvaziamento espiritual moderno, mediado pela razão técnico-instrumental, teria nos conduzido a um império do "fazer sem imagem" de que fala Rilke, ou seja, a uma pura operação abstrata de tarefas sem tônus emocional e psíquico próprio.[126] O filósofo também foi em um sentido semelhante ao das

---

[124] VFS pontua muito bem a distinção de algumas linhas da Renascença, dentre elas as que vão desenvolver o princípio da *coincidentia oppositorum* quase no sentido de uma negação da transcendência, criando uma concepção de um Deus extensivo, imanente à Natureza, além dos conhecidos projetos utópicos. Afinal a Renascença é o berço das utopias. Mas também ressalta a tradição renascentista que se vincula ao pensamento do Todo, sem resvalar numa obscurantista vigilância de uma razão que pretende extinguir a vigência do mistério. Conferir: "O Homem e a Liberdade na Tradição Humanística", *Revista Brasileira de Filosofia*, São Paulo, v. 11, fasc. 41, jan./mar. 1961, p. 19-24; "As Utopias do Renascimento", Vários Autores, *Introdução ao Pensamento Político*, São Paulo, Federação do Comércio do Estado de São Paulo/Sesc/Senac/Instituto de Sociologia e Política da USP, sem indicação do número de páginas, 1955.

[125] VFS, "Paradoxos de uma Época", *Jornal do Comércio*, Rio de Janeiro, 2 fev. 1958 (TM).

[126] VFS, "Dos Papéis Inéditos de Vicente Ferreira da Silva", *Cavalo Azul*, São Paulo, n. 8, 1975, p. 52-60 (TM).

críticas traçadas por Ortega ao homem-massa, mas levou adiante os diagnósticos do que esse império da opinião pública produziria para o espírito. A aristocracia espiritual, sendo em tese uma doutrina da livre eleição, que postula a liberdade do indivíduo perante os grupos e valoriza a própria distinção como fenômeno interno de manifestação do espírito, mesmo não se querendo crítica e tampouco herética, em algum momento sempre vai colidir com algumas premissas cristãs elementares.

O problema é quando a divergência pende não contra o cristianismo, mas contra a democracia. Porém, creio que essa tônica não seja problemática em VFS. Embora haja alguns questionamentos do filósofo quanto à democracia, eles são muito laterais. Vista em um foco panorâmico, a sua obra pode ser lida como uma inusitada junção de anarquismo político e de aristocracia do espírito. Essa junção explica em boa parte a absoluta incompreensão de VFS em seu tempo, do ponto de vista político. Ora sendo enquadrado pelos marxistas como um pensador de direita, o que, na época, era algo de uma gravidade descomunal, ora mostrando-se totalmente avesso e impossível de ser assimilado pelos integralistas, por ser considerado demasiado selvagem.[127] Embora, como vimos, VFS tenha sido sempre um crítico do marxismo, dos projetos utópicos e humanistas e de certo igualitarismo cristão presente na figura histórica dos *adelphoi* e na mensagem da *caritas*, que ele identificava com as forças instauradoras de uma ditadura dos oprimidos, é fato cabal que sua personalidade e seu pensamento não conseguiam sequer chegar perto dos valores da direita oficial, representada pelo integralismo, cuja defesa à família, à pátria, à propriedade e a Deus era radical e absolutamente incompatível com o pensamento do filósofo paulista. Aliás, a crítica de VFS aos valores da direita oficial de seu tempo vem bastante clara em um engraçado

---

[127] Constança Marcondes César aponta muito bem esse limbo ideológico em que viveu o filósofo, e o quanto essa incompreensão gerou um sem-número de equívocos e de retaliações. Conferir: Constança Marcondes César, *Vicente Ferreira da Silva: Trajetória Intelectual e Contribuição Filosófica*. Campinas, Universidade Católica, 1980. Tese de Livre-Docência.

texto publicado postumamente, no qual traça uma diagnose do intelectual de direita e de esquerda, propondo em seguida o que viria a ser a postura de um novo tipo de intelectual. Infelizmente, este foi um dos últimos textos que escreveu, deixando inconclusa a proposta inicial.[128] Nele, os pilares Deus, Pátria e Família, ou seja, as bases da ideologia do *honnête homme* de direita de seu tempo, são alvejados e ridicularizados.

De fato, o que acaba sendo difícil de equacionar em seu pensamento é a maneira como ele se refere ao cristianismo como o grande motor da desmitização e da dessacralização do mundo, como uma religião que paradoxalmente teria anunciado a própria superação da religião e de Deus. Embora essa fosse a leitura de boa parte do protestantismo liberal com relação às apropriações que algumas instituições cristãs fizeram da mensagem do Cristo, e essa fosse a leitura de Hegel e também a de Nietzsche, não é difícil ver certo grau de enclausuramento conceitual nessa atitude. Afinal, Nietzsche, em sua agonia filosófica contra o cristianismo, dá-nos sempre a sensação de estar agredindo mais Hegel do que Cristo. Em outras palavras, como se pode notar, tal visão do cristianismo parece falar mais de Hegel e de Nietzsche e das interpretações do cristianismo surgidas a partir do século XVIII do que da pluralidade interpretativa e real do cristianismo tomado como fato histórico. Então, temos a sensação de que esses pensadores permaneceram em espécies de ilhas da razão, imprecando contra a marcha cristã na feitura disso que chamamos de Ocidente, mas sem perceber que a própria possibilidade de uma livre opção não-cristã e o próprio processo de secularização do interior do qual eles falavam, ou seja, a possibilidade de sua própria existência enquanto pensadores laicos, estava inserida em uma premissa cristã instaurada por interpretações teológicas da própria doutrina da Encarnação, que não só aceitava a crise que pudesse lhe sobrevir, mas até mesmo os germes de sua própria aniquilação.

---

[128] Conferir: "Os Intelectuais de Direita e de Esquerda", Inéditos, *Convivium*, São Paulo, n. 3, maio/jun. 1972, p. 167-174 (TM).

É por isso que hoje, depois dos transtornos históricos que presenciamos no século XX, essas críticas ao cristianismo não têm mais pertinência. Sobretudo após um século no qual se assistiu à culminância da modernidade sob a forma de holocausto, que se materializou nos projetos totalitários, *absolutamente todos*, sejam de extrema esquerda ou de extrema direita, irmãos de sangue em seu objetivo comum de destruir a tradição judaico-cristã e o capitalismo.

Outro ponto fraco do pensamento de Vicente Ferreira da Silva é o seu excessivo tributo a Heidegger e, por conseguinte, a sua crítica à técnica, que por sua vez é um dos pontos mais problemáticos e frágeis do próprio pensamento de Heidegger.[129] Nesse sentido, ambos os pensadores, cada qual na sua latitude e de sua maneira, reincidiram em uma mitificação de estruturas românticas que tinham um valor e uma vigência no século XIX, mas cujo sentido não cabia mais na experiência geral do século XX. Mais do que um descompasso temporal, a crítica à técnica é tão problemática em Heidegger que chega a contradizer alguns aspectos estruturantes de sua filosofia. Afinal, se ele critica o processo de entificação do ser, do qual a era da técnica é o mais bem-sucedido sucedâneo, uma oposição radical entre ser e técnica produz consequentemente uma "naturalização" do ser, ou seja, uma espécie de forçosa entificação da situação relativa do ser no que diz respeito ao domínio vigente da técnica no mundo. Pois se a *techné* deixa de ser entendida como uma peça no interior do amplo conceito grego de *physis*, que engloba inclusive o domínio dos artifícios humanos, então temos um problema de articulação entre filosofia e política, e o conceito de ser, contra a vontade do

---

[129] Além da fixação de VFS pelo pensamento de Heidegger, Julián Marías critica o germanismo excessivo do amigo brasileiro. Segundo Marías, a Alemanha foi o eixo da filosofia mundial de 1780 a 1930, mas na primeira metade do século XX, a despeito de algumas figuras brilhantes, segundo o espanhol, essa tradição se encontrava em declínio, embora seu prestígio continuasse a ressoar nos outros países. A análise de Marías é interessante, mas sua subordinação de Heidegger a Ortega é bastante questionável e um pouco provinciana. Conferir: Julián Marías, "Uma Vocação Filosófica", *Convivium*, São Paulo, v. 16, n. 3, mai./jun. 1972, p. 183-188 (TM).

próprio Heidegger, acaba deslizando para uma dimensão cosmológica e gerando uma insuspeita relação opositiva com a *polis*, ou seja, acaba sendo reabsorvido nas tramas entitativas e cegas de uma Natureza e de uma legalidade às quais ele não deveria render tributos.

Aliás, é essa atualização do romantismo e a dificuldade de lidar com o mundo da técnica que Flusser mais criticará em seu amigo e interlocutor VFS. Pensador secularizado, forjado na matriz do ceticismo judaico, as críticas de Flusser a VFS são oportunas e muito perspicazes, inclusive por não deixarem de fazê-lo reconhecer em VFS a maior vocação filosófica do Brasil.[130] Além disso, recuando do passado para o presente, hoje em dia tornou-se praticamente impossível pensar uma filosofia que não se ocupe (ou que se ocupe apenas negativamente) da dimensão técnica, pois esta, para usar as mesmas proposições heideggerianas, já se tornou uma realidade fática, ou seja, já se introduziu na experiência do tempo humano, não há como recusar sua efetividade sem incorrer em ocultação deliberada ou proselitismo. Talvez daí também advenha o teor algo datado de alguns escritos do filósofo paulista.

No Princípio, era o Ventre

A despeito dessas contradições ou dessas contingências históricas que deixam marcas nos pensadores e nos artistas, devemos lembrar que elas as deixam também em todos nós e em cada um de nós, independente de nossa ocupação. Talvez sejam

---

[130] É muito interessante ver como dois esgrimistas intelectuais podiam ser tão amigos. Guardadas as divergências intelectuais, VFS e Flusser praticavam a *disputatio* intelectual à maneira medieval. Os textos de Flusser sobre VFS são sempre elogiosos, agudos, exigentes e críticos. Conferir: Vilém Flusser, "Vicente Ferreira da Silva", *Da Religiosidade: a Literatura e o Senso de Realidade*. São Paulo, Escrituras, 2005. Reproduzido em DC. Conferir também: Vilém Flusser, "Vicente Ferreira da Silva", *Revista Brasileira de Filosofia*, São Paulo, v. 13, fasc. 51, jul./set. 1963, p. 384-388; "O Projeto Vicente Ferreira da Silva", *Diálogo*, São Paulo, n. 16, abr. 1964, p. 39-53; "Da Responsabilidade do Intelectual", *Convivium*, São Paulo, v. 16, n. 3, mai./jun. 1972, p. 297-303; "Vicente Ferreira da Silva", *Bodenlos: Uma Autobiografia Filosófica*. São Paulo, Annablume, 2007, p. 107-118.

essas as marcas que contornam a nossa fisionomia, aquelas deixadas, humanamente, sobre a pele e sobre a folha em branco. Quem sabe, por ventura, no fundo não podemos até mesmo mudá-las? Suspender a sua ação, trocar as datas e as ideias, neutralizar deliberadamente a ação do tempo sobre algumas delas. Mas quem sabe não o fizemos, não o façamos e nunca o faremos justamente porque são elas que nos convocam à humanidade, fazem de nossas obras testemunhas e testamentos, não apenas castelos erigidos em nome da perfeição? O ventre é tudo – diz um dos versos de Rilke preferidos de VFS.[131]

Como se sabe, duas das últimas frases que VFS disse em vida se tornaram famosas pelo caráter algo contraditório e até misterioso existente entre elas. A primeira: "Eu *já* disse *tudo* o que tinha a dizer". A segunda: "*Agora* vou *começar* a escrever".[132] Entre o dito que silenciou pelos desígnios injustos do tempo e a escrita que começou em outro domínio de fascinação transmundano, talvez essas duas sentenças queiram dizer a mesma coisa. Depois de tudo dito, é hora de começar. E se o seu começo foi o fim do percurso mundano no qual compartilhamos a sua existência, o fim desse percurso foi o começo de uma nova vigência mítica, o prelúdio de uma metamorfose infinita. Talvez porque ele soubesse que habitar o Mito é morrer e renascer, constantemente. É deixar *pegadas*, onde outros buscariam apenas *palavras*. É deixar uma gota de *sangue*, onde muitos quereriam ler *ideias*. É dizer a cifra, transcendência que não se *diz*, mas se *sabe*. Mais do que um telurismo e do que uma reativação das forças ctônicas que também estão presentes em seu pensamento, em constante diálogo com o vitalismo de Scheler e Nietzsche, esse ventre também é o Aberto e o Mito. Também é a Matriz e a Fonte, a montante e a jusante das infinitas cadeias e rios caudalosos do ser. Abertura

---

[131] VFS, "A Religião e a Sexualidade", *Diálogo*, São Paulo, n. 2, dez. 1955, p. 99-100 (TM).

[132] O belíssimo depoimento de Dora Ferreira da Silva sobre o filósofo, que se encontra ao final deste volume, parte justamente dessas duas frases: Dora Ferreira da Silva, "Fim e Começo", *Convivium*, São Paulo, v. 16, n. 3, mai./jun. 1972, p. 189-193 (TM).

para o Mundo, estado de constante e ininterrupta transcendência que se excede e transborda a si mesma. Esse é o gesto de doação original da Origem, que sempre está presente, como Evento, no passado e no futuro, como reverso do tempo que não se cumpriu e como porvir sempre iminente da eternidade.

PARTE I

FILOSOFIA DA MITOLOGIA E DA RELIGIÃO*

* Sob este título reúnem-se aqui vários ensaios do Autor sobre Mitologia e Filosofia da Religão, publicados nas *Obras Completas* editadas pelo IBF. (N. O.)

PARA UMA ETNOGONIA FILOSÓFICA[1]

Ao término de suas lições acerca da Filosofia da Mitologia, Schelling assinala como um dos problemas abertos à investigação filosófica o das relações entre "os diversos momentos do processo mitológico e as diferenças fundamentais entre os povos." Através dessa referência e de outras que se encontram na *Introdução à Filosofia da Mitologia*, podemos concluir que o filósofo alemão procurava reportar o aparecimento das raças, no teatro da História, a certas *causas internas*, que se expressariam nas diferenças somáticas e psicológicas das diversas raças. Parece-nos, entretanto, que Schelling, apesar de estabelecer um nexo de dependência entre a conformação física e morfológica do homem e o ciclo teogônico, deixa esse nexo sem qualquer elucidação e aprofundamento, como uma simples intuição fugitiva e imprecisa. É o que podemos depreender de afirmações como essa: "A questão das relações entre as afecções religiosas e as da faculdade de linguagem não é mais misteriosa do que a das relações entre uma mitologia ou uma religião dada e certas particularidades da constituição física. O egípcio é constituído de modo diverso relativamente ao hindu, esse é diferente do heleno, e, examinando a questão de perto, vê-se que a constituição de cada um corresponde, numa certa medida, à natureza de sua teodiceia". Contudo,

---

[1] "Para uma Etnogonia Filosófica", *Revista Brasileira de Filosofia*, São Paulo, v. 4, fasc.16, out./dez. 1954, p. 524-527. (N. O.)

apesar dessas importantes alusões que abriram a nova problemática de uma ontogênese das raças, os princípios filosóficos que governavam o pensamento schellinguiano não permitiam uma compreensão mais transparente daquele nexo de fenômenos.

Podemos afirmar que a produção de um determinado tipo biossocial é um fato, não só material e condicionado por contingências *externas* – segregação espacial, miscigenação, clima, alimentação etc. – mas é principalmente anímico, isto é, função de causas *internas*, ou, em falta de termo melhor, espirituais. Julgamos urgente propor novamente e recolocar em seus justos termos essa questão, nesses dias em que determinados setores da política cultural dominante, em suas organizações de propaganda, procuram obnubilar os fatos e as condições reais dos fenômenos histórico-raciais, em proveito de um humanitarismo universalista, contrário a qualquer experiência mais lúcida e concreta da problemática em questão. O conhecimento das doutrinas raciais tornou-se atualmente um fenômeno de um restrito sentido político, desde que se procura opor ao monismo racista, que tudo faz derivar da realidade racial, um lírico sentido incorpóreo e espectral da vida, livre de condicionamentos e da riqueza das particularidades biossomáticas.

O ponto de partida de nossas reflexões encontramo-lo em determinados enunciados da *Carta sobre Humanismo* de Heidegger. Aí vem dito que a *animalitas* do homem, a representação corpórea do nosso ser, é totalmente distinta das unidades biológicas dos seres: "O corpo do homem é algo de essencialmente diverso de um organismo animal".

Em que consiste essa estranha diferença entre entidades que manifestam analogias tão profundas? O domínio da corporalidade ou da *animalitas* humana é algo do pro-jetado, de desocultado, à semelhança do que ocorre com o ente intramundano. Portanto, esse domínio se funda na ek-sistência como dimensão original projetante-transcendente que permite a patenteação de todo o ente. A esfera sensorial da corporalidade se revela dessa ou daquela maneira, segundo autognosias somáticas divergentes, de acordo com a desocultação ou tipo de abertura a que estamos sujeitos. O ser-assim (*so Sein*) do oferecido corpóreo depende, portanto, do que foi oferecido pelo oferecer original, ou, na linguagem heideggeriana, da *Lichtung das Seins*.[2] É já um dado irrefutável do conhecimento psicossomático, além das variações e divergências raciais.

Para o prosseguimento de nossas reflexões, seria interessante referirmo-nos às Ideias concernentes à metafísica dos organismos vivos, que encontramos no pensamento de Schopenhauer. Apesar de não aceitarmos a totalidade de sua visão filosófica, consideramos sugestivas certas passagens referentes à *objetivação* da Vontade. Como sabemos, para Schopenhauer, o corpo animal em geral e o corpo humano, em particular, são estereogramas de centros pulsionais ou ainda a transcrição no mundo da representação da vida da Vontade. Não há dúvidas que sentimos e percebemos o nosso corpo e o corpo do outro como a expressão de um *nisus*, de uma onda vital que se manifesta nos membros, nos órgãos, e em toda a orografia somática. Entretanto, Schopenhauer procura o fundamento dessa objetivação da vontade em termos de um organismo determinado, uma primeira objetivação pré-corporal do corpo, um corpo em estado fluído, uma *Urflüssigkeit*,[3] encontrando-a no sangue (*Blut*). O sangue seria o símbolo da vida primigênia, do pré-corpo, da *Urwille*,[4] que não só conservaria a vida, através de seu poder nutritivo e vitalizador, como produziria a partir de si os órgãos, sistemas e aparelhos do corpo humano. Portanto, o corpo humano, tal como se manifesta à consciência desperta do homem e ao conhecimento intelectual, é um *croquis* superficial, uma representação desautorizada do caudaloso "Deus-Rio do

---

[2] Clareira, iluminação do ser. Todas as traduções dos termos em alemão deste volume foram feitas por Karleno Bocarro, a quem agradeço muito a colaboração. Isto posto, daqui em diante continuarei agregando Nota do Organizador (N. O.), pois às vezes pode haver necessidade de comentários sobre o termo traduzido e também para deixar marcado que a tradução e a nota não são do próprio VFS. (N. O.).

[3] Liquidez primordial. (N. O.)

[4] Vontade primeira, primordial. (N. O.)

sangue" (Rilke), da vida pulsional inconsciente que se expressa de maneira parcial no organismo visível.

O que é vivo e o que é morto na concepção schopenhaueriana da objetivação da Vontade? A parte caduca desse pensamento consiste na hipostasiação do ente Vontade, com o correlativo esquecimento do poder desocultante do Ser. Escapou a Schopenhauer que a Vontade é algo de fundado, algo de instituído por um poder patético transcendental. A parte perdurável de sua instituição está na tradução da experiência do corpo em termos de uma visão simbólico-imaginativa, que transcende o ponto de vista meramente intelectualista e periférico da realidade corporal.

Admitindo-se que a *animalitas* do homem é um domínio projetado ou iluminado, devemos modificar e completar a concepção heideggeriana do Ser, para um maior aprofundamento nos fenômenos da ontogenia da corporalidade racial. Referimo-nos a uma possível experiência trópica do Ser, ou do Ser como poder essencialmente trópico. A linguagem do pensamento essencial de Heidegger apoia-se preferencialmente em metáforas de luz e de conhecimento, que não possibilitam um mergulho na zona transcendental pulsional da consciência. Compreendendo, pelo contrário, o fenômeno da abertura projetiva como "fascinação", como irrupção de um espaço de apetecibilidade, como o ser arrebatado por um campo de forças atrativas, estaremos em condições de elucidar, não só a estrutura ontológica do nosso ser, como também de penetrar nos arcanos do processo mitológico. A desocultação do Ser como fascinação traduz-se, nesse caso, na instituição polimórfica de centros pulsionais, em correspondência com a epifania da presença fascinante-numinosa dos deuses. Os deuses não devem ser pensados como representações teoréticas, como espetáculos de uma fruição intelectual, mas como ocorrências trópicas, como suscitação de marés passionais, cuja essência se esgota nessas aberturas fascinantes. O estatuto h mano seria, portanto, o reverso, o *Gegenwurf*,[5] o negativo desse

---

[5] Contrapartida. (N. O.)

positivo que é a potência passional dos deuses, em suas manifestações epocais variáveis. Endossando a concepção de Frobenius, que vê na estrutura do homem uma capacidade vazia de recepção de atuações, isto é, que considera o homem como um "receptor de realidade", deveríamos entender a realidade recebida como um ciclo pulsional. A emissão desse complexo de impulsos é obra do Fascinator ou do poder aórgico dos deuses. Vemos, portanto, como se poderia determinar uma relação entre a mitologia e as raças históricas. O processo religioso é algo que cala mais fundo do que poderíamos supor dentro de uma concepção teóretico-intelectualista das atividades míticas do homem. O processo religioso é, em sua essência, um propositor de raças, a eclosão de um novo sabor da vida, condicionado por uma nova modalidade do sangue e da expressividade da vida corpórea. Sobre o fundo pré-humano das unidades biológicas erige-se o edifício das culturas históricas, através de uma nova "abertura" pulsional, ou ainda: sobre o em-si das formações biológicas pré-humanas configura-se o ciclo projetivo das culturas etnogênicas. Heidegger tinha razão ao considerar a *animalitas* do homem fundada na força desocultante do ser, ou na ek-sistência. O peculiar da nossa posição, entretanto, em relação à doutrina da *Carta sobre o Humanismo* é a determinação do domínio entitativo da *animalitas* como Vontade, como nexo passional variável segundo o oferecido pela determinação mitológica.

A EXPERIÊNCIA DO DIVINO NOS POVOS AURORAIS[1]

Chamamos povos aurorais ou originários àqueles que viveram e ainda vivem o mito como a única e absoluta forma de realidade. Nessa fase da História não se recortou ainda uma Natureza, como sistema legal de fatos físicos, diante de uma esfera sobrenatural e imaterial, refúgio dos valores sagrados. Para essa espécie de consciência não existe uma dualidade entre o humano e o divino, abrangendo as forças numinosas todo o âmbito das manifestações fenomênicas. Não existindo ainda, portanto, uma experiência da natureza que, como um anteparo, possa proteger ou resguardar a consciência da gravitação candente da experiência religiosa, todas as manifestações da vida transmitem a exuberância da lei mítica. A presença obsecante do divino transforma toda ação ou modo de ser em rito e teofania e, em geral, todo comportamento, em testemunho de uma realidade monovalente e omnímoda. Só a ausência de um conhecimento da natureza, ou da representação do mundo como natureza, pode dar razão das estranhas equivalências e identificações com que deparamos na experiência religiosa dos povos originais. O mundo, não sendo vivido como um complexo de fatos físicos e materiais, como uma hipercoisa, nada obsta que o processo fluido, difuso e dramático da vida cósmica adquira um sentido expressivo e fisionômico.

---

[1] "A Experiência do Divino nos Povos Aurorais", *Diálogo*, São Paulo, n. 1, set. 1955, p. 33-38. (N. O.)

Essa é a razão pela qual o homem apreende, nesse momento, a realidade em termos teriomórficos ou fitomórficos. Sabemos, por exemplo, que para os antigos germanos, o mundo era uma gigantesca árvore denominada Yggdrasil, cuja existência remontava à origem das coisas. O mundo não era mundo, mas sim uma planta sagrada que, em sua noturna existência vegetal, traduzia a pulsação última do real. Poderíamos falar, nesse período, de uma transcendência da existência vegetal sobre todas as outras formas de expressão vital. O vegetal não é aqui compreendido como a simples possibilidade de uma existência superior, como o será depois quando, através da fermentação da vinha, a planta superar-se a si mesma, tornando-se o princípio do dionisismo. É o que afirma Hegel, na *Fenomenologia*: "A silenciosa essência da natureza, privada de consciência, atinge no fruto o momento em que a natureza, preparando-se para ser digerida, se oferece à vida da consciência. Na utilidade de poder ser comida e bebida, a natureza atinge a sua suprema perfeição".

Não é a essa fase do dionisismo superador que nos referimos, quando falamos na concepção fitomórfica dos povos aurorais. A inconsciência da religião dos frutos e das flores expressa, pelo contrário, o ser-para-si do vegetal e o alcance infinito do seu tipo de realidade. Estamos tratando, portanto, de uma fase pré-dionisíaca do processo teogônico, na qual a planta não foi ainda rebatida para um plano subalterno, erguendo-se porém como a floresta do mundo, em sua presença subjugante. O universo sem rosto da floresta primordial, na expressão de D. H. Lawrence, é a revelação do divino como alegria da geração e da existência silenciosa. O mundo das flores e dos frutos é uma forma do real que não retorna em si mesma, mas que se oferece continuamente, numa proliferação periférica e num transbordamento de formas e de cores. Os deuses verdes da floresta circunscrevem em seu âmbito a totalidade das coisas. Evidentemente, nessa altura da experiência numinosa, a planta não é ainda o ente das nossas classificações botânicas e do nosso discurso científico. É necessário suspender o regime de representações de nossa cultura, para readquirir a sensibilidade para as melodias míticas de outrora. Max Scheler, analisando a consciência dos povos primitivos, diz: "Assim é que para os primitivos, do mesmo modo que para as crianças, ainda não é dado o fenômeno da coisa morta; todo o dado é, para eles, um grande campo expressivo, sobre cujo fundamento se destacam as unidades expressivas particulares". As coisas e o mundo apresentam-se à consciência como um processo dramático, ou ainda, como um conjunto de cenas passionais. É interessante notar que a filosofia da vida, em nossos dias, tende a transportar-nos para uma experiência do vital e para uma compreensão da essência da vida, análoga à registrada por essa experiência auroral. Nesse sentido destacam-se as ideias do professor Ernesto Grassi, cuja contribuição para uma reelaboração das categorias de compreensão da vida, continuando a problemática do *Umwelt* do Barão von Uexküll, é assaz significativa. Assim, diz ele: "O conceito de *ato dramático* (*Schau-Stück*), de *cena fantástica*, compreende a essência do vivente, porquanto a realidade sensível apresenta-se como um *mostrar-se* (*Sich-Zeigen*). Não é o sujeito abstrato e particular o portador da vida, mas sim o *ato dramático*, a *cena fantástica*, que tem sua origem nos impulsos da paixão". O elemento original da vida, portanto, é um suceder-se de cenas passionais, em que não se pode separar o agente de seu mundo, desde que o que existe verdadeiramente é a unidade cênico-dramática que se manifesta, por exemplo, nas cenas da nutrição, do amor, do jogo, da caça etc. Bergson, procurando revalorizar as intuições de Schelling relativas ao processo vital, já havia posto em relevo, por detrás das formas estáticas do mundo vegetal-humano, o prodigioso impulso artístico-criador que havia plasmado as figuras da vida. Cada planta ou animal seria uma conquista do impulso criador sobre as forças inibidoras e anticriadoras da materialidade. Bergson, entretanto, desconheceu o problema do mundo circundante dos animais e o círculo próprio dos problemas que daí se originam. O cenário bergsoniano da vida é o resultado da concepção positivista do real, e é sobre esse projeto naturalístico que ele procura sobrepor a iniciativa artística do *élan* vital. Sabemos, depois das investigações de

Von Uexküll, que não existe um mundo circundante fixo e idêntico para todos os animais, em relação ao qual pudesse o *élan* vital exercer a sua pressão criadora. Cada planta ou animal é portador de um mundo, sendo, entretanto, o complexo animal-mundo traduzido filosoficamente sob o conceito de um sistema de *cenas*, em que se manifesta a sua unidade. A vida animal dá-se como um repertório de atos, sendo o conjunto desses atos o próprio animal. A vida se resolve no atuar-se das cenas, no mostrar-se e no desenrolar-se de suas possibilidades cênicas. Podemos dizer que a vida é uma eclosão de cenas, uma abertura de mundos fantásticos e não qualquer produtividade intramundana, que reduza a vida a um mero episódio da série natural. Bergson, no fundo, viu o quadro da evolução como um positivista, não levando em conta o problema das condições culturais e históricas da própria captação do fenômeno vital, isto é, não considerando que a percepção da vida e de suas formações varia segundo o ciclo histórico em que se realiza. Bergson imobilizou as categorias interpretativas de seu próprio tempo; como filho da civilização cristã ocidental era forçado a rebater a vida para um plano meramente naturalístico, sem qualquer atinência com os problemas teológicos e religiosos. Não foi essa, no entanto, a direção do pensamento de Schelling, que vislumbrou a possibilidade de uma relação – que ele, entretanto, não definiu – entre a formação das configurações vitais e o próprio vir a ser do divino, isto é, entre evolução e mitologia. A tarefa que, por nosso lado, pretendemos afrontar é justamente a de incluir a série natural da vida no princípio teogônico universal. Assim como a vida não se desenrola num cenário já dado, mas *é*, ela mesma, uma eclosão de cenas, assim também o processo teogônico não transcorre num mundo físico-natural prefixado, mas é também uma total configuração da realidade. Podemos, portanto, estabelecer relações entre essas duas ordens de eventos, isto é, entre a série das formas vitais e a sucessão das hierofanias. Evidentemente, o que tentaremos fundamentar através dessa redução não é o ente biológico percebido pela consciência atual, uma vez que esse só existe para o nosso conhecimento fragmentador e intelectualista. A filosofia romântica tentou justamente destruir a versão estática e material do vital, mostrando que os tipos e espécies conclusos e fechados são momentos de detenção, configurações instantâneas de uma onda móvel e incircunscritível. O pensamento tentou marchar do produto acabado para o produzir infinito, que forma e organiza as expressões finitas da vida, contemplando nessa atividade original o centro de expansão da vida. Já afirmamos, entretanto, que essa sucessão criadora foi transcrita pelo pensamento filosófico, numa dimensão naturalística, compreendida a partir do simples estar-aí intramundano. Outro fato a ser assinalado é a determinação da força morfogenética da vida como princípio endereçado para o homem, nesse encontrando seu coroamento existencial, o que provocou o rebatimento da vida pré-humana a um mero plano preparatório e inconcluso.

A partir da afirmação do hominismo, o conjunto infinito da vida não pôde deixar de se manifestar como acontecer espaço-temporal neutro e como representação para uma consciência. A transcendência da consciência humana reduziu as manifestações da vida à situação da transcendência transcendida, seja quando foi compreendida como processo cinemático criador, seja quando foi transcrita como processo fisiológico ou mecânico. Acompanhando o destino da objetividade em seu conjunto, a vida, como o já transcendido pela consciência, manifestou-se a modo de um mero pensado pelo pensamento. É evidente que a vida não podia revelar os seus segredos enquanto pensada como simples transcendência transcendida, ou enquanto mero estar-aí intramundano.

Já nas filosofias da vida, uma produtividade criadora vinha sendo captada como realidade última das formas biológicas, sob a espécie de uma Vida indivisa, que tinha nos entes em que se fragmentava uma expressão transeunte e exterior. A versão do multíplice, oferecida pelo intelecto, devia ser superada quando tentássemos aceder à fonte geradora da existência biológica. Outro tanto devemos fazer para justificar filosoficamente a inclusão da vida entre as hierofanias do divino. A mente dos povos aurorais assim compreendeu as expansões das formas de vida, vendo no modo de ser variável dos vegetais e animais qualquer coisa de sagrado e de oprimente. O homem não se havia ainda destacado e oposto ao mundo das expressões vegetais e animais, porque, como assinala Jensen, "outrora, nos tempos primitivos, os homens ainda eram animais e os animais ainda eram homens, podendo assumir reciprocamente as duas formas de manifestação". Evidentemente, as ideias de animal e vegetal eram totalmente diversas do grupo de significados que unimos hoje em dia a essas palavras. A palavra *planta* e a palavra *animal* designam agora objetivação de uma realidade transcendida e negada. Devemos imaginar, para nos intimizarmos com o espírito que desfrutava de uma proximidade mais funda com a essência da vida, que a cena vegetal, por exemplo, constituía uma prodigiosa realidade imposta à mimese humana como uma revelação do sagrado. Não era a materialidade e a presença tangível das árvores que aqueles seres viviam nos bosques e nas florestas, mas sim o arrebatamento de um modo de ser excelso e numinoso. Viviam o impulso surdo e imponente daquele transbordamento vital e sentiam-se como expressão do mesmo princípio e da mesma imaginação concreta. A substância dos deuses ou do deus vegetal subjugava e incluía em si a forma fluida dos povos do passado, ditando-lhes o desenho de seu mundo. A planta não era, para eles, um objeto intramundano transcendido em sua ação, mas a própria essência da vida, o horizonte a partir do qual compreendiam-se a si mesmos. Os episódios da cena vegetal constituíam a melodia contínua do seu viver, sendo o próprio mundo de essência vegetal. Os homens-planta eram plantas antes de ser homens. A transcendência da vida vegetal enchia os espaços do mundo-planta, com suas ramificações infinitas de galhos, folhas, flores e frutos. Tudo estava em continuidade com esse ir além gerador e, na dimensão fítica, cumpria-se o rito supremo do real e o encontro com a substância última das coisas. O mesmo podemos dizer em relação ao poder encantatório-totêmico do animal sobre a consciência do passado. Qualquer livro de etnologia ou de história das religiões relata-nos acerca da esmagadora ascendência do desempenho da dramática animal sobre o comportamento auroral da existência. Os homens-cangurus, os homens-répteis, os homens-araras são expressões dessa primitiva autocaptação da vida em outras fases do tempo. Para ser possível um tal monopólio da consciência por uma representação animal devemos admitir que a cena animal, como conjunto fantástico de desempenhos, precisaria possuir um extraordinário fascínio, a ponto de atrair o diverso da operação humana. Esse modo de propor o problema é arriscado, entretanto, pois supõe uma prévia separação entre o comportamento cênico animal e a autonomia da ação humana. O cativeiro da forma humana no plexo das possibilidades cênico-animais é anterior, como vimos, à autoconsciência do homem; o prévio é uma unidade indivisa, uma matriz numinosa como potência mítico-vital. No interior da essência ofídica ou felina da cena mundanal é que o agente humano em potência vislumbra o seu papel. As paixões animais abrem caminho para os impulsos que são consignados ao protagonista histórico a partir da peça (*Schau-Schück*) teriomórfica. Essa peça é o próprio ser da animalidade quando pensada em seu mostrar-se primordial, em sua transcendência não transcendida. O ser do animal não se põe como uma sucessão de fenômenos no espaço natural fixo, mas como a instauração de um mundo e a abertura de uma cena fantástica. Se a vida, em suas aparências variadas e caprichosas, foi compreendida pela filosofia bergsoniana em analogia com o impulso criador subjacente na obra de arte, podemos – mediante um esclarecimento radical desta última – sondar mais profundamente o oceano das expressões vitais.

Diz Heidegger que a essência da obra de arte consiste no pôr-se-em-obra da verdade do Ser. Procuremos elucidar essa definição. A verdade que se põe-em-obra é aqui entendida como desocultação, desvelamento, *aletheia*: e essa desocultação não se dá por iniciativa do ente humano, mas sim por uma iniciativa do próprio Ser. O Ser é o poder desocultante ou revelador, é o domínio de um projetar-desvelante, ou ainda, introduzindo uma expressão que nos aparece mais apta para apresar essas ideias, o Ser é o Fascinator que faz irromper um espaço de desempenhos. O mundo é o acontecer de uma Fascinação que advém ao ente fascinado. Este acontecer mantém uma abertura de fascinação que é o mundo entendido como o "onde" e "no qual" do ente fascinado. Em trânsito pelas coisas, o Fascinator ergue-se em sua configuração própria, desenhando-as sobre o pano de fundo do revelado. É esse espírito instituidor que flui da obra da arte, da poesia, ou ainda dessa poesia em si e por si que é a mitologia. A vida dos deuses é uma poesia corpórea e em si e constitui no fundo um regime de fascinação.

Ora, essas ideias sobre a essência do fenômeno artístico-mítico têm um alcance muito maior do que se poderia supor. Assim é que podemos aplicar o mesmo princípio de compreensão do fenômeno artístico, tal como foi proposto por Heidegger, à elucidação da essência da vida compreendida não segundo as categorias do intelecto, mas em sua índole original. Os vegetais e animais não são meras representações ou sínteses objetivas de nossa mente, ou ainda um simples estar-aí espetacular e mecânico. Essa última concepção, aliás, já foi refutada pela filosofia da vida em curso atualmente. Estamos em condições de propor uma nova elucidação do problema da essência da vida através de uma redução da série vital a um processo teogônico-fundante. As cenas vitais, como instauração de um mundo, são variedades da desocultação do ser que condiciona as eras cósmicas. A vida dá o testemunho de uma epocalidade do divino, como uma realidade desvelada pelo Fascinator. A planta como protofenômeno é uma cena fantástico-divina, é a abertura de uma esfera de orientações e de atuações que trazem em si mesmas a presença dos poderes numinosos. O mundo vegetal é uma epifania, um debruçar-se sobre a realidade dos deuses sem rosto da floresta. A planta representa uma manifestação em imagens de uma transcendência extra-humana. As possibilidades vegetais da vida traduzem na sinuosidade das ondas teogônicas o alterar-se de uma figura particular do mundo. O arabesco infinito das raízes, flores e frutos era vivido pelos povos originais como um fenômeno sagrado, como o espírito de uma dominação. Isso evidentemente não pode ser dito da planta enquanto imagem negada e reduzida à função agrícola-utensiliar, nem do reino fítico fragmentado pelo intelecto nos gêneros e espécies da botânica. É a unidade fisionômica e atmosférica do universo vegetal, é a arcaica Yggdrasil que irradiava a presença do sagrado. Devemos observar, por outro lado, que para uma mentalidade não regida pelas categorias da identidade, de substância e de unidade, isto é, para o pensamento não fragmentador, a visão da vida devia manifestar-se como um todo dramático e expressivo. Devemos reconhecer nessa forma de pensamento uma intimidade maior com a essência da vida, isto é, julgamos encontrar na percepção mítica do real uma via de acesso à força promotora da existência biológica e uma interpretação inédita do totemismo.

INTRODUÇÃO À FILOSOFIA DA MITOLOGIA[1]

Os esclarecimentos que aqui serão apresentados acerca do vasto domínio do fenômeno religioso são a consequência de uma conversão de perspectivas filosóficas, de uma alteração do próprio centro do pensamento, e só poderão ser compreendidos a partir dessa alteração. Se a palavra objetividade não estivesse comprometida com o seu uso epistemológico, na relação sujeito-objeto, poderíamos dizer que essa mudança de referências redundou no estabelecimento de um novo *objetivismo*, num objetivismo de tal tipo que todo o realismo filosófico do passado, toda a afirmação da exterioridade das coisas em relação ao homem, ainda são sentidos como subjetivismo e antropocentrismo. A exterioridade do objeto em relação ao pensamento nunca significou a sua exterioridade e independência em relação ao projeto instituidor das coisas e do próprio pensamento. A experiência de uma independência das coisas não nos faria romper o círculo de imanência no qual estamos abandonados, mas nos faria ler no próprio objeto a cifra histórica à qual pertencemos. O mundo espelha, portanto, a nossa própria constituição transcendental e é, em última análise, a exposição externa do projeto ao qual devemos o nosso modo

---

[1] "Introdução à Filosofia da Mitologia", *Revista Brasileira de Filosofia*, São Paulo, v. 5, fasc. 20, out./dez. 1955, p. 554-566. A pedido do filósofo Ernesto Grassi, este trabalho foi publicado na revista italiana *Aut-Aut*, em 1956, sob o título: "La Mitologia e l'Esperienza Tropica dell'Essere". (N. O.)

de ser. Contudo, o objetivismo ao qual nos referimos seria uma tentativa de desembaraçarmo-nos desse compromisso com a imagem efêmera do hominismo e da imanência do seu mundo próprio. Enquanto permanecermos cativos dessa imagem, todo o esforço do realismo nada mais será do que um idealismo que se desconhece a si mesmo, nesse caso tendo razão Hegel, quando afirmava que toda filosofia é idealismo. A transcendência do objeto nunca poderá significar uma transcendência ao mundo no qual ele se encontra imerso. O mundo é o *prius* de todo o ente e de toda a realidade intramundana: isso nos foi revelado definitivamente pela analítica existencial de Heidegger.

A conexão desses problemas de natureza filosófica com a abertura de uma compreensão da religião e da mitologia consiste precipuamente na impossibilidade da formulação de uma doutrina na mitologia dentro do horizonte do *cogito* subjetivista. Unicamente sobre as cinzas de um pensamento ancorado na *condition humaine* é que poderá florescer a vegetação das formas míticas. A própria *condition humaine* deve ser inserida na série do oferecido pelas *weltsetzenden Potenzen*[2] e, ao mesmo tempo, deve ser superada em sua força ocludente. O que foi negado pela expansão da razão humana deve, por sua vez, negar essa negação, estabelecendo o império daquela objetividade superior à qual nos referimos. A razão estabeleceu diante de si uma esfera inteligível fixa e incomovível, a contrapartida objetiva da subjetividade cognoscente. O ser-assim dessas representações inteligíveis fechavam o círculo da imanência racional do homem e compunham o cenário total do acessível a qualquer conhecimento. Fora das lindes da disponibilidade racional só se revelaria o não existente, o ilusório e o erro. Foi, portanto, apenas quando se pôs em movimento essa consciência racional do homem e atestada a precariedade histórica dessa figura do espírito, que se pôde vindicar um porte próprio para o desempenho transracional do mito. O mérito memorável do historicismo constitui justamente em demonstrar que a realidade circundante e o próprio homem

---

[2] Potências universalmente estabelecidas. (N. O.)

não têm um perfil fixo. Não existe um ser-assim essencial das coisas, uma configuração indelével que esteja acima do fluxo dos modos de ser. Se quisermos aceder a uma verdadeira objetividade, não devemos buscá-la no nível das coisas e das formas eidéticas historicamente variáveis. O conhecido pelo conhecimento está condicionado por um oferecer transcendental, por um ato do Dispensator, que põe à disposição o cognoscível e desperta em nós a apetência do conhecimento. O cognoscível, entretanto, é o já-oferecido que, ao se manifestar e imobilizar, esconde e oculta a fonte do oferecer. Se um conhecimento do Dispensator, isto é, do oferecer, for acessível ao pensamento, só o será ultrapassando a esfera do conhecimento humano na qual estamos lançados e abandonados. Esse conhecimento do oferecer original seria, no fundo, aquele saber do não-saber que invoca Schelling como princípio supremo da filosofia – saber resultante do abandono de todo o conhecido e da liberdade em relação a esse conhecido. Na medida em que continuamos presos a um mundo inteligível, a uma configuração fixa das coisas, o dar-forma da religião e do mito se nos apresenta como algo de supérfluo e de ocioso. Pelo contrário, na medida em que conquistamos essa nova liberdade, vemos como o disponível do ente oferecido flui das forças instituidoras do mito. A nossa realidade imóvel e aparentemente inalterável dilui-se ao contato criador e sugestivo das potências poéticas originais. Um exemplo poderá ilustrar o que afirmamos. Para os antigos, a Lua não era esse satélite da Terra estudado pela nossa ciência, esse corpo físico suscetível de um tratamento físico-matemático e métrico. A Lua, nesse sentido, não existia para eles. Uma realidade de tal natureza não poderia, de fato, existir no horizonte mundanal dos antigos, sendo a esquematização físico-matemática das coisas uma consequência da história do ser ocidental. A verdadeira Lua dos antigos era a protagonista de inúmeros sucessos dramáticos, atribuídos à divindade lunar feminina, divindade maternal e aquática que exorbitava qualquer fixação substantivista. A Lua não se encontrava, para eles, pontualmente fixada no céu, como uma coisa limitada, mas pelo contrário indicava um ciclo de atividades cósmicas difusas, um processo criador que se relacionava com o aspecto ctônico e noturno da realidade. Além desse processo selênico-divino, não podemos entrever na consciência dos antigos – se não quisermos hipostasiar a nossa própria determinação das coisas – a percepção dessa Lua que conhecemos em sua individualidade puramente física. Ao universalizarmos a nossa percepção científica das coisas, em lugar de ampliarmos a objetividade do nosso saber, o que realmente fazemos é impor violentamente a outras fases do tempo a marca de nossa subjetividade, dessa subjetividade que esboçou a Lua como fenômeno astrofísico.

Estava reservada a Heidegger a enunciação das palavras iniciais de um novo tipo de pensar, de um pensar livre em relação ao ente revelado, livre em relação ao cenário humano e à liberdade finita do homem. O oferecido do ente não foi mais substituído à dimensão do oferecer original. Esse oferecer enquanto oferecer (*Entwurfbereich*[3]) foi a área franqueada ao pensar que se educara para novas possibilidades, isto é, para o próprio possibilitante das possibilidades. O possibilitante das possibilidades representava uma liberdade ou negatividade, negatividade essa consignada a si mesma através de um gesto destinante do Ser. Como queria o Idealismo, o homem era totalmente negatividade, liberdade ou ação; entretanto, essa ação foi uma essência fundada e instaurada por uma protoação que lhe conferiu a sua essência.

Experimentar o Ser como liberdade superior não significa cair sub-repticiamente numa das filosofias da liberdade do passado, desde que a noção de liberdade não é pensada em função da subjetividade da consciência humana. Trata-se de um poder transcendente a todo o ente, inclusive ao ente que somos, como centro de alternativas. Se o homem é um nexo de possíveis que se manifesta precisamente no fenômeno da negatividade, a nova experiência do Ser, entretanto, nos intimiza com a Fonte prodigalizadora de todos os possíveis e de todo o ente.

---

[3] Âmbito do projeto. (N. O.)

A nova compreensão do ser

Como encontramos diversas vezes afirmado nos trabalhos de Heidegger, é necessário renunciar às incitações do ente, inclusive do ente que somos, para receber a graça do Ser. De fato, o ente nada mais é do que o *sugerido* pela magia projetiva do Ser. O sugerido, entretanto, se manifesta como uma *sugestão,* como algo em relação ao qual nós subjazemos ou estamos entregues. Entregues ao sugerido do ente, só podemos interpretar o que nos é consignado e oferecido, fato que não só se realiza na figura presente do ente, como também e primordialmente no que há de ser do próprio oferecido. O *Ser é o Sugestor da sugestão do sugerido.* O ente viria a nós a partir da essência ek-stática da sugestão. O sugerido é o que é proposto, isto é, posto como imagem a cumprir, ou como imagem antecipadamente esboçada. Essas imagens não seriam as nossas imagens das coisas, imagens de imagens, mas sim as próprias coisas como imagens prototípicas. O sugerido originário das imagens seriam as coisas fluindo da imaginação prototípica do Sugestor. Eis por que a sugestão não poderia provir do ente ou das coisas, desde que esse ente já seria o sugerido pela instauração originária. O sugerido tem, entretanto, a sua fonte no Sugestor, sendo esse termo apto para designar o domínio projetante do Ser, isto é, o Aberto da liberdade instauradora. Frobenius afirmara ser o homem um "receptor de realidade", ou ainda, um receptor de desempenhos possíveis. No fundo, o receptor e o recepcionado seriam uma só coisa, desde o momento em que compreendêssemos universalmente o ente como algo consignado por um poder transcendente e esse poder, por sua vez, como uma *Lichtung des Seins*. Não existiria, portanto, em primeiro lugar o homem como receptor e depois as diversas incitações aos "jogos" histórico-culturais. Pelo contrário, os desempenhos sugeridos, o ente revelado, constituem o próprio ser do protagonista, de forma que o jogar do jogo seria o próprio jogador. O jogo, porém, é o que sugestiona e fascina. Eis por que poderemos compreender a vigência do ente como Fascinação.

Essa conexão de ideias deve levantar-nos a uma nova experiência do Ser, infensa a qualquer transcrição intelectualista, ou que diga respeito ao conhecimento enquanto tal. Se uma aproximação do Ser só nos é facultada por um ultrapassar o oferecido do ente, e, portanto, por uma experiência do aberto do Ser, não devemos pensar esse domínio do aberto como uma simples vacuidade inerte ou como um não ser desválido e anódino. O Ser não é unicamente o prodigalizador de essências, mas sim e inicialmente o suscitador de paixões, a Fonte trópica de todos os comportamentos. Heidegger já ensinara que a ex-posição ao ente é sempre acompanhada de uma sintonização emocional com a totalidade do ente descoberto. O traçar do ente se manifestaria como a irrupção de um campo emocional e não como um simples desenhar de essências visualizáveis ou como um mundo de representações. Existiria mesmo uma precedência da *Befindlichkeit*, do encontrar-se afetivo no interior do ente, em relação ao prospecionar-se projetivo do ente. O desvelamento iluminante do ente se daria, portanto, como um *stimmend Seinlassen von Seienden*,[4] como franquia emocional do ente descoberto. Entretanto, falar do Ser como força iluminante nos remete a um setor de metáforas de ordem visual e intelectualística, propenso a transviar-nos na compreensão da originalidade da experiência do Ser. Devemos ter em mente, na nossa meditação, a relação da dimensão da liberdade fundante com o sentido pulsional da realidade.

O ente determinado como o sugerido em possibilidades manifesta-se, outrossim, como Fascinação, isto é, como o ser-tomado (*Ergriffensein*) pelo revelado enquanto revelado. A fascinação é o próprio rigor de uma projeção do mundo. A Fascinação é a essência última do ente, compreendido como realidade des-coberta pela Fascinação. A experiência do Ser dar-se-ia no adentrar-se, no intimizar-se com a força trópica da *fascinatio*. Poderíamos esclarecer esses mesmos fenômenos abordando-os por um ângulo mais ilustrativo. Para nós, o documento originário do Ser manifesta-se na vida prototípico-divina, isto é, na Mitologia. Se para Heidegger o "pôr-se em obra" da verdade do Ser dá-se na Poesia, para nós, essa deve ser, antes de tudo, compreendida como Poesia

---

[4] (Um) Afinado permitir do ente. (N. O.)

transumana, como Poesia em si, como vida transcendente das potências divinas. Os Deuses encarnaram de maneira insuperável a fulguração imediata do Fascinator, os Deuses são essa fulguração imediata do Fascinator, os Deuses são essa fulguração mesma, enquanto vida produtiva em si e por si. Se meditarmos, por outro lado, na atuação dos Deuses no cenário da História, no contragolpe do seu debruçar-se sobre as coisas, verificaremos que a presença de um Deus manifesta-se sempre e essencialmente como Fascinação e através de um despertar de um mundo de paixões. A Teologia cristã acostumou-nos a considerar unicamente Satanás como o Tentador, não tendo em vista que o seu polo oposto divino também se manifestava à sensibilidade cristã como tentação e atração amorosa, como Fascinação. A diacosmese de um Deus é a área revelada pelos eros divino, é o que se prospeciona e delineia por força dessa teofania.

É a partir de uma experiência do divino que devemos alçarnos a uma experiência idônea do Ser. Seguindo as insinuações dessa experiência veremos, em primeira linha, que o fundo oculto da realidade não é uma substância inerte ou indiferente, ou uma Ideia, mas sim uma inexaurível Fonte de Atrações, uma instância mágico-transcendente que suscita o soerguer-se do ente enquanto configuração fascinada. O Ser é o Sugestor, o Fascinator, aquilo cuja manifestação ou fulguração se dá como polo pulsional erótico e que traça ou des-vela as coisas ao fasciná-las. Eis por que Heidegger relaciona a proximidade do Ser com a experiência do estranho, do espantoso (*Ungeheure*), desde que essa experiência nos remete ao Poder selvagem e incalculável que comanda a instrução dos mundos. A compreensão do Ser, como essência fundante, acompanha a experiência desse mesmo Ser, como propensão abismal além do já fundado, como luta de princípios na sequência do divino. O apelo do sagrado faz-nos romper com as possibilidades dadas, com o ente assegurado, através do vir a nós de novas possibilidades e do sortilégio de uma singular epifania. Inicialmente, entretanto, esse chamado se manifesta unicamente como inquietação do espírito, como vertigem do abismo que ainda não irrompeu num novo meio-dia do sagrado. O "ser fascinado" além do já dado é a experiência da experiência da essência trópico-fascinante do Ser. O domínio do Ser é um Poder Passional, um foco de propensões e de parcialidades, e não um domínio isento e equilibrado. Eis por que a experiência do Ser é uma experiência de arrebatamento e de sugestão.

Se para caracterizarmos a atuação essencial do Ser falávamos de uma destinação do Ser (*Schickung des Seins*) de uma consignação de possibilidades, devemos ter em mente que isso implica um ater-se ao consignado, um ser tomado pelo ente oferecido. Entretanto, esse abandonar-se e subsumir-se ao oferecido, a ponto de que o receptor é o próprio oferecido, constitui a essência da Fascinação. Se a consistência última do Ser se esgota no iluminar projetivo, de forma a se resolver, em última instância, num poder consignante inexaurível, então podemos identificar a área do Ser com um puro foco fascinante. A realidade do Ser traduz-se nesse poder mágico-poético, nessa fascinação omnímoda. Além do já conseguido, manifesta-se o Poder consignante transcendente, além do oferecido manifesta-se o Oferecer do ainda não oferecido, além do fascinado se insinua o Poder mágico-encantatório do Ser. O Ser é um baixar da balança, um princípio faccioso, tendencioso, um contínuo "escolher" instaurador. Assim como se manifesta na figura singular dos deuses essa ameaça arrebatadora, esse rapto instituidor do ente, assim também, e por antonomásia, a dimensão do Ser se manifesta como a dimensão trópica por excelência. É ela o reino do tendencioso, não pelo fato de preferir isso àquilo, desde que não existe ainda o isso ou o aquilo no reino ek-stático do Ser, mas por projetar facciosamente as tendências e as formas pulsionais do cenário do mundo. E como no sugerir do Sugestor se esgota a alma do Ser, é-nos lícito caracterizá-lo como domínio tendencioso e ameaçador. O que é ameaçado do Ser é o ente em sua totalidade, é o direito adquirido do já consignado do ente. O permanecer no já instituído e fundado constitui o puro errar no não fundamento. É o errar que in-siste em si mesmo e que se quer proteger contra o abismar-se no Abismo fundante. De nada vale ao esquecimento, entretanto, empunhar o esquecimento contra a memorização do memorável do Ser, desde que a essência nadificante do Ser rói, em suas bases, o edifício do esquecimento. Essa atuação nadificante do Ser ou Fascinator é, em sua essência, o próprio pensamento do Ser, como ir além de todo o ente. Esse novo pensar pensa o Fascinator e é o próprio Fascinator, como ruptura mágica do esquecimento.

Uma nova elucidação do mito

A mitologia é a abertura de um regime de fascinação. Ela não pode ser compreendida, como querem muitos, a modo de qualquer criação imaginativa *ex homo*, ou como qualquer projeção psicológica da mente inconsciente da humanidade. Todo o complexo humano, consciente ou inconsciente, é descerrado simultaneamente com o descerrar-se da totalidade do ente, a partir das potências mítica originais. Os conteúdos do relato mítico e a cosmografia revelada nesse saber remetem-nos às coisas mesmas, instalando-nos num mundo de presenças reais e imperiosas. A configuração das coisas presentes nesse cosmos é esboçada e estilizada pelo projeto-fascinante, que faz com que ela se alteie em sua identidade intramundana própria. Todas as coisas são coisas míticas. A presença e a manifestação das forças numinosas que desencadeiam o soerguer-se de um mundo constituem mais do que um mero fenômeno da representação, isto é, algo para ser simplesmente *visto* ou intelectualmente considerado. A pesquisa filosófico-etnológica contemporânea demonstrou a íntima conexão entre o mito e o rito, em todos os povos conhecidos. As exigências do comportamento religioso se traduzem sempre na ação cultual, sendo o arrebatamento cultual o correlato necessário da ação proposta pelo mito. Essa ação proposta é um oco que pede o cumprimento da cena religiosa, encontrando nessa cena a confirmação constante de um regime de fascinação. O binômio mito-rito fecha um universo de conhecimento e de ação e desenha uma esfera crepuscular do aberrante e do hostil. Essa área iluminada, onde se desenrola a ação ritual, constitui sempre um teatro mundanal completo, onde todas as coisas encontram sua inserção e significação peculiares. A função iluminante e fascinante que ergue esse cenário cósmico-patético pertence ao mito e somente ao mito, que não é mera palavra ou *epos* literário, mas sim presença real e efetiva dos deuses e da atuação divina. Essa presença, entretanto, não se realiza como a presença das coisas, não é uma representação ou noema suscetível de pura fruição intuitiva. Os deuses vivem a vida das polaridades, das forças conclamatórias e imperiosas, que arrastam, subjugam e dispõem. Cada figura numinosa corresponde a um ciclo atrativo-projetivo, que se propaga indefinidamente. Forma eônica do Sugestor, o modo de ser do divino e do conteúdo mítico é o da sugestão e do orientar-se pulsional. O complexo desses poderes numinosos e sagrados, revelado no relato mítico e através dele, não constitui contudo um sistema estático e harmonioso. A epifania de Deus, origem das possibilidades historiáveis, suscita um constante formigar de paixões e movimentos constantes. Não só o manifestar-se dos poderes numinosos vem acompanhado de uma tempestade de paixões, como também rege entre esses poderes relações conflituosas e eróticas. Os deuses, como entidades superiores, expandem em torno de si um campo atrativo-passional, sendo entretanto fascinados em seu modo particular de ser. São eles essências fascinantes-fascinadas. Quando falamos em essências, devemos precaver-nos de pensar o divino sob o modelo das entidades pontuais e substanciais. A principal dificuldade que até hoje pesou sobre as tentativas de aproximação filosóficas da esfera do sagrado deriva justamente da aplicação ao divino das categorias de identidade pessoal ou subjetividade substancial. O divino pode, de fato, não assumir a configuração da personalidade fechada e idêntica a si mesma, podendo manifestar-se como vida fluida e difusa que assume diversas formas e aspectos. Nesse caso, por vezes, os deuses tomam o aspecto de animais ou de plantas, são esses animais ou essas plantas, em sua existência processual e inapreensível. Assim, o Deus não é uma coisa, algo de indicável simplesmente, mas sim a série de suas hierofanias, que abrange o amplo espaço de sua fascinação. O mito, portanto, remete-nos a uma conexão de fatos extramundanos que tem uma subsistência em si e por si, e da qual ele é um documento memorizador e uma revelação histórica. Essa vida original e prototípica dos deuses, em si e por si, é um processo primordial e fundante, que condiciona e institui o manifestado e que está à base de todas as possibilidades que emergem no horizonte do tempo. O império de uma certa conexão divina determina uma *época* mundial, uma fase do regime da Fascinação, um tempo passional. O tempo é o tempo de uma dominação. A dominação é a abertura do acontecer e, portanto, o despertar do desejo. No fundo, o suscitado pelo Ser, em seu papel de Sugestor, é um patrimônio de paixões e de tendências, é o estar-fora-de-si da paixão. Falar, entretanto, de tendências e de paixões, é designar ao mesmo tempo o desejável e apetecível, o teatro próprio de atuação do desejo. A instituição da paixão é simultânea à instituição do desejado pelo desejo. Em outras palavras, a intuição de um mundo é a contrafigura da intuição do mundo passional que dormita no agente humano. A interpretação da esfera total da apetecibilidade, isto é, do próprio mundo, é a leitura das possibilidades inerentes ao agente que pode ser o homem, mas que pode também ser uma realidade diversa do primeiro hominídeo. Não é o ente humano que traça ou abre a esfera total da apetecibilidade como quer o existencialismo vulgar. O homem não é o ente que des-vela e esboça o outro ente, mas é ele coprojetado no projetar-se do mundo, a partir da dimensão do Fascinator. O homem é instituído em si mesmo, a partir das sugestões lançadas pelo Ser. O poder destinante pertence essencialmente à revelação divina, que reveste o agente de sua configuração própria e estende em torno dele a circunstância de suas operações possíveis.

Um determinado mundo mítico constitui uma matriz de possibilidades que governam um período do acontecer mundial. A essência de uma matriz é a de ser transcendente ao gerado por ela, isto é, o foco estável e imutável do mutável, o foco estável da proliferação das formas suscitadas. O sugerido pelo Imutável da matriz é o quadro variável do tempo histórico. Mas o variável e mutável só o não são a partir do Imutável. O acontecer do mutável acontece mediante o oferecido em possibilidades, pelo poder desfechante do Sugestor. Não há, portanto, tempo ou história sem algo a realizar, sem um mundo de ações possíveis que nos instigam e compelem à ação.

Este Imutável é o em si do Divino, como vida autóctone e girando em seu próprio eixo, transcendente a qualquer iniciativa da consciência humana finita. O complexo numinoso, revelado no mito e no rito, não constitui uma versão elaborada pela consciência, para explicar certos fatos estranhos e preocupantes; pelo contrário, os poderes míticos se alteiam além da consciência, como poderes independentes, sendo a consciência mera versão de um certo "status" do processo teogônico. A consciência humana, a autoconsciência, traduz uma essência fundada, é um epifenômeno do divino. O que se manifesta através de todo o ser-homem, de esfera total de seus modos de ser é, no fundo, o *desempenhável*, posto à disposição pelo girar da roda do divino. Nessas considerações já podemos constatar como a verdade do Ser, a dimensão do Fascinator, é um princípio submersivo da verdade do ente. O Ser, como des-velamento, como Abertura, como Fascinação rouba e suprime o ser-para-si do ente fundado. O ente, como o sugerido pelo Ser-Sugestor, está à mercê das disposições das forças metantrópicas. O pensamento não subjetivista, que procuramos desenvolver, põe à dura prova nossos hábitos mentais, acostumados a visualizar tudo a partir do patamar da consciência. Agora, a consciência se põe como algo consecutivo, como cifra de um capítulo da teoria do divino. O ente humano, na plenitude de suas capacidades e formas de atuação, funde-se e submerge no princípio fundante que o pôs em movimento. Esse princípio fundante é a força do Sugestor, é a iluminação do Ser ou o Ser como iluminação, que esboça o ente, em sua configuração própria e mutável. Ao perder de vista o ente humano, ao diluí-lo em sua matriz transcendente, podemos compreender finalmente a sua natureza última, como jamais foi conseguido anteriormente. A perda do homem constitui a condição de sua recuperação no plano especulativo. O horizonte do oferecido do desempenhável hominídeo obliterava o conhecimento dos poderes ek-státicos consignantes, por propagar indefinidamente essa forma do oferecido. O insistir e o permanecer no desempenhável não permitia contemplar a fascinação como Fascinante. Eis por que não era reconhecida a corporalidade e o ser-em-si das potências mítico-fascinantes, em sua portentosa dinâmica e liberdade transcendentes. A *Gottesnacht*[5] hölderliniana é o testemunho desse estatuto objetivo do mito e da nova exegese da realidade que ultrapassa o modo de ser hominídeo: o mito é a proclamação insuperável da não conivência da liberdade do Sugestor com o desempenhável hominídeo. Não existe um pacto metafísico entre o fundo último das coisas e a criatura humana, isto é, o homem não é a chave de compreensão do ser do Sugestor. A superabundância da verdade do Ser é atestada justamente pela tradição mítica, que representa um encontro com outras épocas ou domínios da Fascinação. Ao sacrificar o ente que somos, através do pensamento diluvial do Ser, criamos em nós novas capacidades hermenêuticas para a sinalização do divino, em sua esplêndida alteridade. D. H. Lawrence advertiu, certa vez, que para o homem atual, o panorama cósmico-divino se tornara um mero pano de fundo do eu centralizador, numa perspectiva longínqua e negligenciável; pedia ele que se invertesse a perspectiva, diluindo-se o eu solitário do homem no seio maternal do divino, no princípio ofídico original. Uma nova valorização do conteúdo da mitologia supõe, entretanto, uma nova compreensão do nosso próprio ser, a partir das potências míticas. Enquanto não dermos uma extensão infinita à alteridade revelada no fenômeno religioso, não sairemos de uma formulação intelectual que opõe o real ao fantástico, sendo porém incapaz de ver no *nosso* real uma fase do fenômeno mítico-religioso. A plena transcendência dos poderes desvelantes, em relação ao processo da antropogênese, transforma esse próprio processo e o seu mundo em algo de posto pelo desvelamento ek-stático.

---

[5] Noite dos deuses, noite do Deus. Conceito hölderliniano de extrema importância, pois, para alguns comentadores, a obra de Hölderlin será um dos fatores mais influentes na mudança da primeira para a segunda fase de Heidegger, e, nesse sentido, também um dos elementos centrais da reflexão de VFS. (N. O.)

O advento do homem é algo que promana da fonte dispensadora do Ser, do Dispensator, sendo uma forma recebida do Oferecer original. A capitulação da autonomia da consciência humana é acompanhada no plano especulativo e no plano dos acontecimentos mundiais pela invasão, no cenário histórico, de novas imagens e novos sentidos do divino. A superação do humano põe o próprio homem, como imagem e paixão, entre as alternativas meta-históricas do vir a ser da sequência divina. O princípio hominídeo manifesta-se como um mito particular, na floração singular das formas míticas, complexo que transcende, entretanto, o conteúdo e as possibilidades historiáveis reveladas nesse mito. A essência do humano leva-nos à matriz da progenitura a que pertence e, assim, à dimensão das matrizes em que se concretiza a vida autônoma dos poderes numinosos. O homem é um princípio *obnoxium* em relação à sua própria matriz mítica, não podendo ir além das paixões por ela suscitas. O homem é um ser abandonado ao seu próprio modo de ser, fascinado em si mesmo, sempre aquém do princípio limitante da matriz.

A liberdade em relação à matriz hominídea é a única via de acesso especulativo à vida exógena dos deuses, pois essa liberdade cumpre e realiza o princípio da independência do divino. Só um pensamento que dance além do humano poderá dançar em consonância com o movimento teogônico universal. Um tal pensamento dá cumprimento aos postulados exigidos por Heidegger, em sua determinação de um pensamento que pensa a verdade do Ser. A verdade do Ser não se detém nas possibilidades humanas, não se confunde com a ideia substancial do homem, mas corresponde ao pensamento de um princípio selvagem e irreprimível, a um abismo que não demonstra qualquer complacência com a epocalidade de sua manifestações. O mito nos instaura fora de nós mesmos, é um ser-fora-de-si que, entretanto, nos elucida acerca de nossa própria proveniência. O ser-outro das potências mítico-divinas, em sua esplêndida objetividade e realidade, institui, ao lado da *urbs* divina, a província hominídeo-cristã. O território humano, entretanto, é reabsorvido na ordem das realidades míticas, quando somos capazes de operar a epístrofe ou a conversão (*Kehre*) do pensamento em relação ao Ser, que passa a pensar o ente ou o sugerido, em sua proveniência, a partir do Sugestor. Além do homem, vivem as forças de que é tributária a consciência, forças essas que não correspondem às representações subjetivas do eu. O próprio eu, como imagem, vontade ou representação pertence ao ciclo do oferecido pela imaginação transcendental. E com isso, adquirimos uma nova sensibilidade para a fenomenologia mítica e para as revelações que ela nos pode apresentar. A descoberta da pleonexia mítica corresponde a um emergir da caverna da subjetividade, em cujas sombras estivemos imersos através dos séculos. Nessa caverna, todas as coisas eram sombras projetadas pelo homem, como um espelho que devolvesse as representações do sujeito atuante. Essas sombras representavam a alienação do homem em si mesmo, a paixão de suas próprias paixões e a inconsciente perpetuação da lei das sombras. O humanismo foi essa lei das sombras. Em relação a essa estranha alienação, que só se demonstrou como tal com o fim da exclusividade do hominismo, podemos afirmar que o pensamento atual é um despertar para o *aórgico*, em toda a vastidão do seu significado. O aórgico é o não posto pelo homem, é o que não se apresenta como um resultado da produtividade artístico-criadora do sujeito. A valorização do aórgico foi defendida, em forma preparatória, por Hölderlin, e depois por Nietzsche, em sua reivindicação da sabedoria do corpo e das forças dionisíacas.

Considerando, entretanto, como o fazemos, que o próprio homem não foi lançado no destino da antropogênese por uma iniciativa ou deliberação próprias, mas por uma instauração meta-histórica, por uma destinação do Ser, somos forçados a ampliar o significado do aórgico. Não podemos mais opor a artístico ao natural, o voluntário ao instintivo, a negatividade do sujeito ao automorfismo da natureza, desde que essa negatividade do sujeito foi posta pela matriz, como o desempenhável aórgico do homem. O homem é, em sua essência, negatividade, nadificação, *Nichtung*. Entretanto, o sujeito humano não pode empunhar esse poder nadificante, como uma sua faculdade própria, como um seu instrumento, desde que ele subjaz à negatividade e habita no interior do Nada. A *Nichtung* é o aórgico do homem. Podemos assimilar a alienação do homem no homem ao conceito heideggeriano do Errar. O abismar-se do homem em si mesmo, como volta a si mesmo ou como autoconsciência, domina o homem e decide com anterioridade acerca de todas as suas possibilidades. O Errar é um campo aberto e proposto por um ciclo de decisões e volições da vontade finita. O pensamento encontra o aórgico no próprio cerne da antropogênese, isto é, no princípio mítico do desempenho hominídeo.

Concluindo, a Mitologia representa um campo de realidades que sobrepujam e esmagam as decisões da criatura finita e que se desdobra e vive em majestosa independência e liberdade. O mítico e o aórgico cobrem o mesmo setor de fenômenos, isto é, o não posto pelo sujeito e o existente como projetado pelo Ser. A prospecção de um mundo hominídeo é uma façanha do Sugestor, isto é, de um poder supervolitivo e transentitativo. A própria ideia do homem consubstancia uma sugestão aórgica do Ser e não uma conquista da liberdade humana: somos condenados ao drama da antropogênese e não temos arbítrio para alterar a nossa dotação mítica. A totalidade do mítico-aórgico tem em si mais rumos que os consignados no protofenômeno do hominídeo, sendo um infinito de vida autóctone e transcendente documentado historicamente nos protocolos do relato mítico e na práxis sagrada do culto. É interessante notar como a nossa inspeção do fenômeno mitológico nos leva sempre a refletir sobre a essência do fato humano; isso depende, em última instância, do fato de que a antropofania se realizou sobre o fundo de uma ocultação do divino. Por isso, a tarefa teúrgica do pensamento tem, como exigência primordial, uma superação do princípio ocludente do hominismo e consequente formação de uma sabedoria do não-humano, do transumano ou do meta-humano. A *Gottesnacht* propaga-se como o poder diluvial do humano, que começa a se manifestar num pensamento aproximador e submersivo.

A FÉ NAS ORIGENS[1]

Em um de seus aforismos diz Nietzsche que também proclamou uma volta à Natureza e procurou contestar os enervamentos da civilização, mas que o seu "regresso" nada tinha em comum com o evangelho de Rousseau, com o *bon sauvage* e com todas as piedosas ilusões acerca da pretensa mansuetude do estágio pré-social. De fato, aquilo que Nietzsche denominou às vezes natureza, nada mais foi do que uma renovada sensibilidade para os estímulos pagãos da vida, ou ainda, o reencontro da enigmática figura de Dioniso, deus dos transbordamentos orgiásticos e da sarabanda jubilosa da existência. Em outro lugar, afirma Nietzsche que a singular compreensão da poesia homérica e do seu universo próprio denuncia, em nossos dias, uma alteração profunda da consciência religiosa. O desejo de reconquistar o mundo perdido não significaria, portanto, uma opção ou cálculo racional, ou seja, a escolha de um sistema de vida denominado "natural", mas sim o reencontro empolgante de uma nova fase do divino.

A ideia de natureza de nada nos serve para explicar esses anelos de regresso, devolução ou volta, pois não podemos continuar a opor natureza e convenção, natureza e espírito, como fazia a filosofia até há pouco tempo. A natureza, seja ela de tipo cósmico

---

[1] "A Fé nas Origens", *Diálogo*, São Paulo, n. 1, set. 1955, p. 103-105. (N. O.)

ou social, é sempre percebida através de uma trama de conceitos sociais, de tal maneira, que a imagem que formamos da natureza é tão convencional e artificial como a própria sociedade. Ainda mais: podemos afirmar que a natureza é um conceito recente do espírito, algo de posto pela consciência, na medida em que essa, pela influência do dualismo cristão, se cindia da esfera da corporalidade. O sistema físico da natureza e as inúmeras ficções acerca do homem natural são elucubrações da mente positivista, assim como as teorias sobre uma hipotética religião da natureza ou cosmolatria, presumida origem de todas as formas religiosas.

Podemos conjeturar que essa nostalgia do primitivo-natural nada mais é, em nossos dias, do que um delírio burguês num cenário de *déjeuner sur l'herbe* ou uma ampliação grotesca de *week end* na floresta. O amor da natureza, como se traduz no ânimo do homem atual, em nada se assemelha a essa *fé nas origens* que reaparece com tanta frequência no horizonte espiritual de nossos dias. Na consciência do homem das cidades, a natureza é mero cenário, instrumento terapêutico e nunca lei interior de vida, desde que as leis do projeto natural são confeccionadas pelo próprio homem. Seria impossível imaginar que o homem tivesse adotado outrora um panteísmo naturalístico, ou que estivesse em vésperas de retornar a uma religião da Natureza. Nada mais sofístico do que o conceito de um deus da Natureza ou de uma religião da Natureza, como se depreende aliás destas linhas significativas de Hegel: "Em nenhuma religião podemos afirmar que o homem tenha adorado o sol, o mar ou a natureza: na medida em que parece adorar esses seres, não constituem eles mais os elementos prosaicos que são para nós; na medida em que esses objetos são divinos para eles, manifestam-se ainda em forma natural, mas como objetos da religião são representados, ao mesmo tempo, de uma forma espiritual. A consideração do sol, das estrelas etc., como manifestações naturalísticas, é exterior à religião. A assim chamada concepção prosaica da natureza, como se manifesta para a consciência racional, é uma separação tardia; a sua existência denota uma reflexão profunda da consciência".

Descartando, portanto, a possibilidade de um panteísmo naturalista, ou de uma religião da corporalidade física – desde que toda religião é uma percepção e adoração dos deuses – vemos que o impulso de uma volta ao primitivo natural coloca para a mente contemporânea problemas muito mais sérios do que à primeira vista se poderia esperar. O primitivo-natural que reaparece na consciência não constitui unicamente um esquema bucólico de uma vida na proximidade dos animais e das plantas, mas tem a candência e a força impositiva de uma teofania ou da abertura de um novo ciclo passional. Estamos diante de uma alteração da consciência religiosa e de uma mutação na ordem de percepção da vida e do mundo. Jünger, em uma de suas obras sobre a civilização grega, e falando precisamente sobre os deuses pânicos da floresta, declara: "O selvático é a origem. Dele proviemos e a ele podemos retornar". A selva ou o elemento selvático não deve ser entendido aqui como um estar-aí físico e perceptivo de plantas, fontes e animais, mas é mais do que isso: é uma presença envolvente, omnicompreensiva e tangível do não-feito-pelo-homem; é a selva em nós e a adoração desse aspecto quase sempre encoberto por uma personalidade ou máscara fictícia e que constitui essa possibilidade à qual podemos retornar. Acreditamos que em todas essas mensagens de fé nas origens se expressa uma variação dos conceitos religiosos fundamentais e uma nova capacidade de perceber extensivamente certas forças cósmico-espirituais, certos aspectos do mundo que multiplicam politeisticamente os centros de referência da conduta. Devemos classificar todo esse profetismo de uma volta ao primitivo na categoria do "encontro" espiritual, de um encontro que é uma saudação, uma congratulação que provoca o louvor poético do mundo e das coisas. Isso se dá desde a frequentação dionisíaca de Nietzsche até à adoração lawrenciana do *dark power* do sangue. Se adotarmos o conceito nietzscheano do "eterno retorno" ou do tempo cíclico, a origem se proporá como o nosso próprio futuro. A volta às origens seria um pensar intempestivo ou extemporâneo, uma superação do passado em vista de um passado muito mais atual do que qualquer presente.

OS PASTORES DO SER[1]

Encontramos a expressão "Pastores do Ser" no conhecido ensaio de Heidegger intitulado *Carta sobre o Humanismo*, num trecho em que diz não serem os homens os "Senhores do Ser", mas unicamente seus "Pastores". O que pretendem significar essas expressões, à primeira vista tão sibilinas, que transparecem uma opção entre o orgulho e a humildade?

Afirmando que nós, homens, somos os pastores de ser e não seus senhores, Heidegger aponta para o fato de que somos e realizamos na vida um papel consignado e outorgado a nós por uma Potência superior. As possibilidades que vamos realizando através da vida e do tempo, através da História, nos são conferidas por um poder transumano, que é uma autêntica Officina Libertatis. A vocação do homem é, pois, a de apascentar o ente que lhe foi entregue sob custódia, vigiando para que o seu rebanho não se perca nos desvãos da inautenticidade e nos despenhadeiros das formas ilegítimas. Esse jogo que podemos e devemos jogar é um jogo proposto por uma força que independente do nosso arbítrio. Se, pelo contrário, fôssemos senhores do Ser, poderíamos decidir livremente acerca de tudo e de todos, organizando o tipo de nossa concepção do mundo e da vida e concentrando em nós mesmos a densidade total do Ser.

---

[1] "Os Pastores do Ser", *Diálogo*, São Paulo, n. 1, set. 1955, p. 105-106. (N. O.)

O homem, entretanto, não condensa em si o tesouro do Ser, o eu humano não representando a figura definitiva da História e o seu remate final, como queria Hegel. Para esse filósofo, o homem seria aquela verdade cobiçada através de todo o processo histórico e, portanto, a gloriosa e derradeira expressão do processo temporal.

Diferente é o clima e a experiência da vida veiculados pelo enunciado heideggeriano de que somos "os pastores do Ser". Aqui, o Ser é excêntrico e superabundante em relação ao homem, a sua potência morfogenética excedendo de muito o protagonista temporal hominídeo. Antes do homem e depois do homem, outros sonhos e imagens vitais ocuparam e ocuparão o foco histórico e outros mitos, além do mito humanístico, poderão desfilar pela fresta iluminada de presença a tempo. Toda a corte infinita dos deuses e dos homens é, nessa linha de pensamento, surpreendida em seu amanhecer, florescer e sucumbir, em seu destino governado pela força promotora do Ser, desse Ser que excede as possibilidades humanas, que as instituiu um dia, para um dia também as transcender.

A RELIGIÃO E A SEXUALIDADE[1]

A experiência do sexo, o valor e a amplitude de seu poder, tem uma universalidade maior do que em geral julgamos. Ainda estamos e sempre permaneceremos essencialmente naquela fase proto-histórica do universo hesiódico, em que o real se cindia na díade solitária de Urano e de Gaia, do masculino e do feminino originários. Uma interpretação do fenômeno complexo do sexo remete-nos, entretanto, para uma percepção das forças criadoras e imperiais da sexualidade, na própria dinâmica do processo histórico e histórico-divino. Não só em corte espacial vemos a realidade polarizar-se nos gametas insondáveis da geração, como também a própria cavalgada do tempo seria regida pelo fluxo e refluxo de divindades femininas ou masculinas, ginecocráticas ou androcráticas. Como sabemos, foi Bachofen que, de forma exaustiva e fundamentada, assentou a teoria de alternância temporal dos princípios sexuais-divinos que condicionam as épocas históricas. Para ele, como para outros filósofos românticos, o sexo, a dualidade das forças criadoras, não estaria somente em nós, circunscrito à anatomia e fisiologia da animalidade, como também e principalmente seria uma característica universal do Ser, uma díade cósmica que se particularizaria no caso especial do ser humano. O sexo seria, portanto, uma força transcendente

---
[1] "A Religião e a Sexualidade", *Diálogo*, São Paulo, n. 2, dez. 1955, p. 99-100. (N. O.)

e omnicompreensiva, uma complementaridade de perspectivas essencial à ordem das coisas. Nesse sentido poderíamos citar Platão, quando afirma num de seus diálogos que não é a terra que imita a mulher, mas a mulher que imita a terra. É a vida determinável e fecundável da terra, da Telus Mater, que num de seus avatares é a Mulher. Mas o corpo do homem, que nasce do ventre da Terra, como forma empírica ligada ao ventre, também pertence ao seu domínio de ação. Por isso os gregos chamavam aos homens *demetrioi*. Em nossos dias, o escultor Henry Moore, em obras de grande fascínio, vem exprimindo a verdade patética dessa relação, ou melhor, dessa inclusão. O tema da mãe e do filho repete-se como uma obsessão na escultura de Moore, revestindo-se das formas mais imprevistas. Os abrigos de Londres, durante um bombardeio, abrem-se, em seus desenhos, como ventres preservadores de uma inumerável humanidade intrauterina. Os mineiros também vivem e subjazem nesse envoltório sombrio e acolhedor. Mas é principalmente em suas esculturas côncavo-convexas que a maternidade transcendente se revela em toda sua plenitude. Na arte de Moore, a mulher geradora é uma forma estática e incomovível, cujos membros inúteis para o movimento se entrelaçam como os ramos de uma árvore ou como raízes preensoras. O filho está sempre colado à mãe, como se não pudesse ultrapassar jamais sua condição de feto. Sinal de um destino, de uma inclusão numa órbita de acontecimentos. A Gaia primordial ressurge para reger os amantes da Noite e da Vida em sua expressão superpessoal e tumultuária. Há um sentido religioso na temática do escultor inglês e na matéria sólida trabalhada por suas mãos sentimos o eco da afirmação rilkeana: *Der Schoss ist alles,* o Ventre é tudo.

O "SER" IN-FUSIVO[1]

Por vezes o pensamento se aconchegou ao conceito de que muito acima do particularismo ciumento e excludente das coisas finitas se elevaria o princípio imparcial e majestático do Ser. O Ser seria a justiça por sobre a injustiça cavilosa e mal-querente dos entes individuais. O Ser seria efusão e não infusão. Uma vontade que se quisesse unicamente a si mesma, uma paixão de si, não seria qualidade atribuível ao fundo secreto das coisas. Não poderíamos, entretanto, abandonando uma certa representação moralizante do Ser, pensá-lo também como Ser-para-si, como um querer-si-mesmo, como Ser in-fusivo ou, como diria Hegel, "um todo refletido em si mesmo"? Com efeito, eis como o grande filósofo define a norma de uma tal realidade: – "o Ser-para-si mantém um comportamento polêmico e negativo em relação ao outro limitante e através dessa Negação constitui-se num todo refletido em si mesmo". Existe, portanto, nessa modalidade de ser um infinito impulso de superação da alteridade, uma introversão do outro, uma atração de tudo para o seu próprio campo. Discutindo esse tema alude Hegel à monadologia de Leibniz, na qual comparece cada mônada como um exemplo desse ser-para-si mesmo. Nesse sistema, a alteridade é superada. Se cada mônada constitui uma força de representação autônoma e negadora

---

[1] "O 'Ser' In-Fusivo", *Diálogo*, São Paulo, n. 3, mar. 1956, p. 29-34. (N. O.)

da alteridade, Leibniz vê-se compelido a mitigar a introvertência desses pontos metafísicos para explicar a harmonia das representações existentes entre as diversas mônadas. E ao ser-para-si da consciência representativa deve-se adicionar a ideia de uma Monada Monadorum. De um modo absoluto, na unidade sobrecolhedora do ser-para-si, o Outro só pode se manifestar como "outro superado", como outro negado, como o momento já assimilado e transformado no interior de uma realidade fechada. A capacidade interna de negação de um modo refletido em-si-mesmo deve ser infinita e ilimitada. Qualquer limite ou alteridade é imediatamente ultrapassado e transformado na própria norma inerente ao sistema e, em consequência, posto em relação com a unidade fechada em si mesma.

Podemos relacionar essas ideias da *Lógica* com uma passagem da *Fenomenologia* onde Hegel estuda a construção do mundo físico. O projeto instituidor de um universo de forças naturais não significa uma relação da consciência com o mundo já pronto e do qual ela seria uma simples cópia. O conhecimento é criador e põe unicamente fora de si o seu próprio esboço do mundo, exteriorizando-o num cosmo: "No processo de explicação da consciência encontramo-la justamente numa enorme satisfação de si mesma, porque a consciência, por assim dizer, está em colóquio imediato consigo mesma e frui a sua própria realidade; à primeira vista parece que está em relação com algo de diverso, mas de fato ela está consagrada a si mesma e consigo mesma ocupada". A exterioridade do muno é simplesmente uma cisão ou duplicação do igual, da consciência, ou melhor, da nossa consciência que se objetiva e se distingue de si mesma. Essa exterioridade do Universo é, portanto, uma interioridade que se desconhece a si mesma, uma interioridade invertida e posta diante de nós, um desdobramento da interioridade da consciência. Segundo a linguagem característica de Hegel, quando levantamos o véu que encobre esses fenômenos e procuramos observar o que constitui o interior das coisas, essa observação se transforma naquele ato "pelo qual o Interior olha para o Interior". O mundo objetivo, as leis objetivas dos fenômenos são delineadas pelo nosso próprio espírito, constituindo aquela alteridade superável, aquela diversidade negada e interiorizada que agora se apresenta na figura de um compreensível e dominado. No fundo, a representação das coisas é uma fase da autorrepresentação do sujeito, um olhar para si mesmo no espelho do mundo, espelho que segundo Nietzsche nos devolve sempre a nossa própria imagem. O "fora" do mundo é portanto um "dentro", um "dentro" que se esqueceu a si mesmo e se põe como um "fora" independente. É justamente esse autoestranhamento que constitui a ideia de uma natureza, de uma representação naturalística do Universo, da sociedade e da cultura. Perdemos de vista que o conhecimento de uma alteridade natural, seja ela de natureza física ou social, é um aspecto da "interioridade" à qual pertencemos, uma afirmação de nós mesmos no outro.

Um exemplo marcante de uma Unidade interna e refletida em si mesma é a ideia de Mundo, elaborada por Heidegger. Nessa linha de pensamento, o conceito de humano não denota um conjunto numerável ou inumerável de coisas ou entes, ou um espaço finito ou infinito onde essas coisas possam existir. O mundo é para Heidegger aquele horizonte projetivo, aquela "abertura" (*Offenheit*), onde as coisas podem se manifestar. Mas as coisas só se podem manifestar enquanto descobertas ou abertas pelo projeto de um mundo. Para as coisas intramundanas vale o adágio escolástico: *non iluminat nisi iluminata*.[2] Portanto, para que o ente oferecido se ofereça à nossa consciência é mister uma iluminação que desenhe e ponha a descoberto o manifestável. Iluminar, projetar ou descobrir são conceitos análogos que designam justamente o que Heidegger denomina a fundação do mundo. Vemos, portanto, que o conceito de mundo é transcendente a todos os entes intramundanos, é um puro ímpeto que inaugura o reino do manifestado e que se identifica com esse "abrir". Em seu livro sobre Kant, Heidegger nos mostra como esse horizonte unitário do mundo é uma Unidade unificante, um sistema unitário

---

[2] Em linhas gerais, "não iluminam, mas são iluminadas". (N. O.)

de relações, que só permite que se manifeste o que se compagina com o conjunto do oferecido. A unidade do todo é anterior e condicionadora da parte e a própria parte é o todo numa espécie de concentração pontual. O ente é projetado em seu conjunto e esse conjunto é uma interioridade, um *Fürsichsein*, um Ser-para-si, uma negação projetiva da alteridade. A interioridade unitiva do mundo une, ao reduzir o diverso à sua própria pauta, ao ver-se a si mesma em todas as coisas, ao aplicar a tudo as suas próprias medidas interpretativas. Em consequência, o mundo é uma unidade interna de relações que só liberta o que se mostra relacionado com o conjunto. Isso se dá no processo infinito de unificação que vai reduzindo o não unificado ao unificado, que vai superando e pondo à disposição um ente homogêneo e concordante com o sistema total.

A interioridade do mundo existe na modalidade do Ser-para-si e mantém, portanto, segundo as palavras de Hegel, "uma atitude polêmica e negadora contra qualquer alteridade limitante". O outro só se pode manifestar nesse Ser-refletido-em-si-mesmo como outro-superado, como *Aufgehobene andere*,[3] e esse outro-superado nada mais é do que o ente descoberto segundo a luz do mundo em questão. Essa luz é uma iluminação para dentro, uma luz polêmica, uma luz que ao iluminar, escurece e que ao descobrir, oculta. O oculto é negado e suplantado pelo poder ciumento dessa luz, dessa Fascinação que alça um determinado mundo sobre os escombros de uma iluminação anterior. O mundo é a vitória de um princípio com a exclusão de todos os demais, é o domínio de uma interioridade, como na sequência das gerações divinas da *Teogonia* de Hesíodo. Mas o símile vai mais longe e é mais que um símile; é uma descrição da forma original do acontecer.

A Fascinação instituidora do mundo se expressa no poder próprio da mitologia. O Ser-para-si dá luz própria ao mito, é um fenômeno que se manifesta sempre como escolha do mundo, como abertura de uma esfera de possibilidades historiáveis.

---

[3] O outro-superado. (N. O.)

Aquilo de que não nos damos conta é que nós, homens, na singularidade de nossas características e de nossos poderes, também representamos algo de subordinado a uma interioridade mítica, ou ainda, pertencemos também à progenitura de uma geração divina. A nossa maneira de ver as coisas, a imagem que possuímos das coisas e de nós mesmos é condicionada em tudo e por tudo pela figura específica do universo ao qual pertencemos. O "fora" que examinamos é, no fundo, um "dentro"; a objetividade com a qual concordam os enunciados do nosso conhecimento representa uma esfera previamente "aberta" pela luz do mito. O ente não pode vir a nós e iluminar a nossa consciência cognitiva se não previamente iluminado, isto é, descoberto e projetado por uma transcendência divina. Já tivemos ocasião de demonstrar como a representação do universo físico, regido por leis universais, pode ser deduzida das premissas da concepção cristã da vida. Só pode existir uma natureza enquanto natureza dentro da experiência própria da revelação cristã. A independência da natureza, em toda a sua extensão e infinitude, é também nesse caso um "dentro", expressando o fechamento de um mitologema, a escolha exclusiva de uma certa representação das coisas, concordante com as finalidades supremas delineadas pela imaginação prototípica.

Se bem meditarmos essas ideias e daí procurarmos tirar as ilações concernentes às assim chamadas ciências do espírito, veremos operar-se uma revolução de pontos de vista em tudo o que diz respeito ao fenômeno da história. A historiografia idealista havia nos acostumado com a doutrina segundo a qual a história é sempre história atual, visão do passado no presente; entretanto, a imaginação histórica não é só recriação do passado, como é, de maneira absoluta, superação interiorizante da alteridade e violação do heterogêneo. Os outros sistemas culturais, os outros mundos históricos se apresentam a nós na forma do ser-para-o-outro que no conhecimento historiográfico e etnológico, entretanto, é negado em sua plena e absoluta alteridade. Em relação ao nosso conhecimento, a vida estranha e heterocultural se apresenta como um ser-para-o-outro já transcendido, como a tradução, em termos de nossas categorias de conhecimento, de um lado que, em si mesmo, possui um desenvolvimento divergente e quase inapreensível. É assim que os estudos sociais em curso tiveram de apresentar os agrupamentos humanos como interação de indivíduos ou de sócios que, no entrelaçamento de sua conduta, dão origem às formações culturais. O agente dos fenômenos sociais, para nós, é sempre a unidade antropológica, com as suas características somáticas e psíquicas mais ou menos constantes, que, em relação com uma realidade mesológica determinável cientificamente, construiria as formas culturais empiricamente constatáveis. Ninguém se lembra de advertir que essa formulação sociológica constitui uma representação da vida válida unicamente para nós, uma representação da existência, exótica, rebatida naquela interioridade refletida em si mesma do nosso particular mundo ocidental. Um exemplo serviria para aclarar essa dificuldade do conhecimento sociocultural, um exemplo que provém do estudo de povos considerados em geral como os mais atrasados da superfície da terra: referimo-nos aos aborígenes da Austrália. Em seu livro *Mythes et Rites des Aborigènes D'Australie Centrale*, Mountford conta-nos o seguinte: "Quando, alguns anos atrás, vi o maciço de Ayers Rock, as suas dimensões, suas cores, seu silêncio e sua solidão me envolveram num temor respeitoso e essa constituiu a minha única lembrança retrospectiva. Mas, em seguida, quando viemos a saber das lendas do lugar, a Lenda das Serpentes que tinham lutado em torno do poço de Mitigulana, a lenda dos ratos marsupiais e do demônio Kulpunya, e a do lagarto que enlouqueceu e de seu bumerangue perdido, e a daquele inofensivo marsupial (*Notoryctes typhlops*), meu ponto de vista mudou totalmente. Os acidentes soberbos e imensos não foram mais para mim simples abismos, simples grutas ou simples manchas de cor; as histórias que os aborígenes me haviam relatado insuflaram vida a tudo isso; os precipícios eram o trabalho de um pequeno lagarto ou dos ratos marsupiais, as grutas voltaram a ser acompanhamento dos seres ancestrais, e a mancha cinza da planície o traço deixado pelo incêndio das mulheres-lagarto adormecidas".

Portanto, o que para nós, homens acidentais, aparece como um cenário geológico neutro e destituído de riqueza espiritual, como uma expressão acabrunhante e desértica, se transfigura para os nativos na "interioridade" de uma visão mitológica e de um mundo carregado de passado e de interesses decisivos. Ali está impressa a prosopopeia dos ancestrais, na qual vão e vêm os homens-lagartos, as mulheres-serpentes, os homens-facões, os pássaros ancestrais e toda uma farândula colorida de entidades monstruosas e inumanas. Todas as coisas que existem e que cercam a vida desses nativos constituem a obra ciclópica desses seres do passado: "Antes dessas possantes façanhas do tempo da criação, Ayers Rock não existia na sua forma atual de monolito; mas depois da batalha das Serpentes, depois da fuga dos Ratos marsupiais provocada pelo infernal Kulpunya, depois que o pequeno lagarto e as inofensivas toupeiras terminaram sua obra, o grande rochedo emergiu do solo exatamente como é hoje em dia".

Dizer que esse conjunto de manifestações culturais e religiosas é o resultado de um comportamento individual ou social, com base na criatividade psíquica e mental do agente humano, é uma interpretação nossa e uma captação dos fenômenos de fora. As coisas que aparecem no mundo desses australianos como resultado de um projeto de vida ou de uma mitologia totalmente diversa da nossa nada têm a ver com o nosso universo conhecido. O significado das ideias de vida, de terra, de sociedade, de homem e de divindade, se é que eles as possuem, são totalmente antagônicas e diversas das nossas. Mas o mais importante é o que se relaciona com a própria determinação do conceito de consciência humana. Nesse universo governado pelo totemismo existe uma ideia fluida e cambiante das formas vitais, o homem não se destaca e opõe como uma substância fixa ao drama cósmico envolvente. O aborígene, na sua gnosia pessoal, não se capta exatamente como homem determinado, mas sim como personagem determinável a partir das histórias tradicionais. O protagonista hominídeo convive num cenário onde não tem a primazia, onde está exposto com todas as demais coisas à fatalidade de um drama unitário. Nesse contexto interno da vida religiosa do passado, recortar ou selecionar o homem, ou o que se manifesta a nós como homem, atribuindo a ele uma causalidade social preponderante, é um ato arbitrário de nosso conhecimento histórico.

Podemos aduzir um outro dado fornecido pela etnologia e que nos é transmitido por Frobenius em seu livro *História da Civilização Africana*, o qual confirma nossa crítica à metodologia das ciências sociais em voga. Frobenius fala-nos de uma tribo africana na qual o soberano acompanhava, em suas relações com o povo, a evolução do ciclo lunar: à medida que a lua crescia no céu, ele ia-se mostrando mais frequentemente diante de todos, até que na lua cheia comparecia com sua corte e em todo o fausto e pompa imaginável, começando então dias de grande festa. À medida, entretanto, que o satélite começava a declinar, o soberano ia se afastando do trato com a comunidade, até se retirar para um lugar recluso quando o astro desaparecia do céu. Esse soberano-lunar simbolizava e representava, na terra, aquela ordem. Se, para nós, que observamos os fatos de fora e a partir de outra perspectiva, essa identificação do soberano e da lua aparece como uma relação inexplicável e puramente fortuita, a partir do núcleo interno desse sistema sociovital o drama lunar e a pulsação da vida do Estado se traduzem numa mesma vontade de expressão. Evidentemente, para essa tribo, a lua não é a nossa lua, nem o rei essa entidade que somos nós mesmos em nosso conhecimento antropológico. A sua gnosia lunar e a sua autognosia pessoal devem distinguir-se fundamentalmente da vigente entre nós, tornando possível uma tal identificação.

A TRANSPARÊNCIA DA HISTÓRIA[1]

Na *Origem da Tragédia*, Nietzsche mostra-nos como os personagens que comparecem no proscênio da tragédia clássica não são mais do que heteromorfoses, isto é, outros aspectos de Dioniso, individuações fugazes desse grande deus. Vendo uma coisa, um personagem, uma máscara, um desempenho, somos compelidos a vislumbrar, através desses sinais, a irradiação de um mistério religioso. O que se move atrás de toda a atuação de tragédia é um personagem de potência superior à dos atores. Orestes, Édipo, Teseu e os demais heróis são sinais de uma presença alheia, de uma Vida que encontra nos seus gestos uma forma de ingressar no espaço e no tempo.

Poderíamos talvez conjeturar que também nós, homens desse lapso histórico, representaríamos em nossa ação uma figura prodigiosa, o desenvolvimento de um mito que iria tomando corpo na construção da nossa visa social. Assim como as inúmeras figuras humanas, animais ou vegetais que vemos distribuídas numa tapeçaria habitam somente esse teatro imóvel e silencioso, fora do qual se desfazem como espectros, da mesma forma poderíamos pensar a resolução do homem humanístico na tapeçaria da representação mítico-religiosa que comanda o nosso devir. Hegel mostrou fartamente como a representação que o homem,

---

[1] "A Transparência da História", *Diálogo*, São Paulo, n. 4, jul. 1956, p. 76. (N. O.)

como protagonista da História, faz de si mesmo, advém da representação que tem da esfera divina. O ser do homem é um ser adventício, uma forma de empréstimo, um ser *ex allio*. Entretanto, acredita-se uma força autônoma, um Eu, uma subjetividade em marcha, que procura afeiçoar o mundo aos seus reclamos. Mas justamente esse princípio autônomo e imperialista foi-lhe imposto como condenação e destino.

Sartre afirma que somos condenados a ser livres. Tornamo-nos os destinatários e usufrutuários dessa liberdade, dessa subjetividade criadora que amanheceu na História com o Cristianismo. Derivamos dessa liberdade que, por sua vez, procede de uma franquia de possibilidades outorgadas pela mensagem evangélica. Esse foi o legado que nos constituiu e que age através do nosso agir. O legado que somos nos foi de-legado pelo mito, pela exemplaridade da forma religiosa que continua viva e atuante e que constitui o cerne de todos os nossos valores e desvalores.

O humanismo, como doutrina que pretende radicar o homem em si mesmo, peca por não atender a essa relação da atuação humana com a sua matriz sacral. A ação humana é tributária de uma ação mais-que-humana, é a exposição discursiva de uma lei que se exerce minuciosamente em todo o intrincado da interação social. O humanismo afirma a substantividade do homem, o homem como coisa-em-si, enquanto que uma importante direção do pensamento atual, aqui defendida, tende a confiscar a autonomia do ente humano e, em geral, de todo o ente, procurando a sua procedência num projeto meta-humano. É o que nos diz Heidegger nestas palavras sibilinas: "No reino do Ser, do Desvelamento, está pendente toda a configuração do ente. Todas as possibilidades estão incluídas e resolvidas no domínio do Dispensador, do Ser, da Luz".

A FONTE E O PENSAMENTO[1]

Estamos na iminência de ingressar num ciclo histórico sem personagens ou atores individuais, num universo promíscuo e arquetípico, no qual serão talvez anuladas desde o início quaisquer veleidades de ser em módulo pessoal. A vida individual, egológica, personalíssima, foi uma conquista, uma estrela temporária no céu da história e, como tal, teve o seu gráfico de crescimento, apogeu e morte. Aquelas condições propícias que suscitaram o turgor da forma pessoal, da paixão da autoconsciência no tríptico da história, empalidecendo, arrastaram consigo o alto relevo da estela humanística. A própria consciência de que essa "conquista" do modo de ser livre, irrestrito da antropogênese foi o desenvolvimento de um pressuposto inerente à representação básica de nossa cultura, já constituiu uma limitação à independência desse nosso modo de ser. Somos uma possibilidade emergente de um *tema* que não foi proposto por nós e que determinou e comandou o nosso *modus essendi*. A variação volta agora à configuração temática, o originado volta à origem. O impulso de transcendência, que instigou o pensamento atual, levou-nos de superação em superação a esse saber-original, que se manifesta como o nada humano, como um saber das origens que significa a origem como saber. A origem absorvendo em si todo o originado.

---

[1] "A Fonte e o Pensamento", *Diálogo*, São Paulo, n. 7, jul. 1957, p. 3-8. (N. O.)

O regime do ente confessa então a sua natureza adventícia e consignada, a sua diáfana independência e reingressa em seu próprio fundamento: o originado volta à origem.

O originado é constituído pelo ente ou pelas possibilidades intramundanas, em toda a amplitude de seu significado, e são essas possibilidades e esse ente que se revelam como algo desfechado pela iluminação originante do Sugestor. Falamos em Sugestor porque o ente se nos depara como um plexo de sugestões ou desempenhos historiáveis que promanam de um poder sugestivo. A dimensão da origem é o feudo de um saber mais original que o querer-saber do ente originado; na Matriz originante já estão dadas todas as filosofias possíveis de um lapso histórico. As representações filosóficas particulares são, pois, suprimidas, como formas alusivas de uma protoforma, como o ser-outro de um processo metaconscienciológico – o Mito. Nietzsche já advertia o fato de que todas as filosofias possíveis de um ciclo cultural poderiam estar coimplicadas na ideia primária de uma sociedade. O *diverso* dos enunciados filosóficos confluiriam na unidade de uma representação primária, no mito originante, perdendo a força excludente de seu pensar pretensamente autônomo. O pensamento pensa o pensável. Mas o pensável é um já franqueado por um ditado desocultante. Esse último é um ditado do Sugestor, do Ser, e, como já afirmara Schelling, constitui uma escolha transcendente em relação à consciência escolhida. Não é a consciência que escolhe o seu mundo, mas é a escolha transcendente do Ser que lança a consciência em sua temática histórica. O personagem filosófico, ou o filósofo em si e por si, reconhece a natureza consecutiva de seu querer-saber, a natureza exteriomórfica de seu saber, em relação ao saber originante. A sabedoria conquistada pelo filósofo, o filosofar com sede individual, deve ceder lugar a um pensamento que, estando além de todo o ente, não é mais pensamento humano, mas pensamento do Sugestor. Este último é um pensamento submersivo em relação ao sugerido pelo ente ou como ente, um pensamento transfilosófico. O filósofo, como fonte de um pensar, sucumbe na consciência da não-originalidade de seu pensamento, na consciência de que seu pensar é um dizer anamórfico em face do dizer da matriz.

Mais forte e profundo que o dizer filosófico está sempre o mitologema inicial de uma cultura. Nesse início estão os Deuses ou o Deus e os Deuses são Origens. *Die Gotter sind Ursprung* (Kerényi). Toda a História tem um prólogo no céu e esse *prologos*, ou logos primordial e originante, é o céu onde transitam as nuvens evanescentes do ente. Aristóteles afirmou em uma de suas obras que se houvesse muitos céus haveria muitas espécies de homens e uma polimorfia de mundos. É justamente essa última eventualidade que temos em vista ao transcender o querer-saber do filósofo e o ser para-si de seu saber, em função do princípio submersivo do mitologema.

Na Origem mítica está virtualmente todo o destino do ente e todas as oportunidades historiáveis se inscrevem no céu da Forma inicial. Inclusive o que parece contestar essa pertinência, como, por exemplo, a possibilidade de uma versão material e ateística da vida, é ainda emergente desse nó prototípico. O desvelamento de um quadro positivo ou físico do Universo ocorreu, entre nós, nos recintos de uma abertura cristã ocidental e constitui uma componente essencial de seu modo de Ser. Seria impossível desenvolver a temática cristã sem a díade pessoa-coisa, sendo a coisa igual ao quadro físico do Universo, fato contemporâneo à interiorização do sentimento do divino. Com isso, vemos como as representações aparentemente mais distantes da Fonte prototípica (no caso, a imagem positiva do real), nela se re-incorporam.

Os Deuses ou o Deus prevalecem sobre todo o gestado, pois o que mantém e sustenta o manifestado *manifesto* é justamente o assédio de sua dominação. Por isso os Deuses são origens, mas origens que estão no começo, no meio e no fim. Origens que mantêm em si o Originado. Um saber do originado, um saber do disponível do ente, representa um saber insistencial. É o que

Heidegger denominou a *Seinsvergessenheit*, o esquecimento do Ser, dominante em toda a história do pensamento ocidental. A superação ou não-saber desse saber olvidante, desse saber do ente, viria a constituir o saber original ou a Origem como o saber de todo o sabido. Toda a filigrana das possibilidades ônticas promanam de uma fascinação instauradora, a partir do universo prototípico-divino, ou, em outras palavras, todas as formas de atuação de uma cultura são dedutíveis da dominação mítica imperante. O manifestado ingressa no poder manifestante, nele submerge como um de seus aspectos transitivos. A intransitividade do Mito em relação à transitividade do que é por ele sugerido constitui a característica de um saber fundante. O fundado é superado pelo fundamento e nele submerge, sendo o fundamento um poder diluvial do fundado. A Fonte fundante manifesta-se como uma origem eterna de toda a prosopopeia intramundana.

O saber da Fonte não é um saber feito-pelo-homem, não é um querer-saber da criatura finita, não é filosofia. Todo o querer-saber em moldes finitos, toda congeminação do espírito individual, todo o saber jecto é uma exploração do *fundado*, em detrimento da Fonte. Todo querer-saber individual é uma forma de Humanismo, é uma reflexão da consciência sobre si mesma, com uma consequente absolutização do módulo humano. Em outro setor, que não o do pensamento filosófico, no setor artístico-literário também assistimos ao declínio da forma humanística de comunicação.

Começa-se a falar atualmente nos "impasses" e nas perplexidades da literatura, na inviabilidade do seu tipo de comunicação e, em geral, numa certa atitude porfiante que caracteriza todo o universo da produção literária. O destino da literatura, como o entendemos, sempre esteve ligado ao destino do humanismo. A matéria-prima da imaginação literária foi o próprio homem, o homem de carne e osso, com seus pesares, exultações, vitórias e derrotas, coimplicando o largo círculo de sua mente aventurosa. Toda a literatura é antropocêntrica, é um discurso sobre o humano, capaz de despertar renovadamente o mesmo interesse e o mesmo arrebatamento anímico. É mister estar seriamente empolgado pelas vicissitudes e pela "vidas possíveis" do indivíduo humano para que a narração literária apaixone a nossa imaginação. Existem, portanto, certas condições de possibilidade de qualquer estesia literária, uma predisposição interior, sem a qual a dimensão artística do romance e da poesia com base nessa experiência nada nos diria. Essa condição primordial de acesso à forma de comunicação literária é a devoção, a atenção exclusiva pelo *humano*, pelo mito do homem. Sem essa militância no humano e pelo humano, sem essa escolha original, a linguagem artística apresentar-nos-ia intrigas em que não estaríamos comprometidos e conflitos que não nos envolveriam. Verdadeiramente, foi o contrário que se deu, até bem pouco tempo, entre nós, ocidentais. O monopólio de nosso ser pela representação ou *Lebensanschauung*[2] antropocêntrica foi implacável e decisiva. A paixão do humano assenhoreou-se de nossa consciência como um conjunto de desempenhos eminentes e sagrados. Essa paixão humana impôs-se, em primeiro lugar, como paixão-divina, drama da cruz e da subjetividade, símbolo supremo de onde proviria a relevo e o fascínio do *homo sum*. Foi da perfeição divina que chegamos à perfeição do homem, à centralidade do humano, ao interesse hegemônico dessa figura *in fieri* que é o homem. Vemos, portanto, como o processo literário ocidental não constitui um campo livre de inventividade, mas é um fazer limitado e circunscrito por uma matéria-prima oferecida pela fascinação cristã. Ora, para que a experiência artístico-literária fosse um discurso infinito, ou desse margem a um desenvolvimento ilimitado de obras e produções espirituais, seria necessário que o próprio homem fosse um pensamento infinito, o que está longe de ser verdade. O homem é um conjunto de possibilidades limitadas, é um conceito finito e preciso, ou, como afirmou Hegel, é um conceito idêntico ao drama do seu reconhecimento. O processo do reconhecimento estabelece o limite da manifestação histórica do conteúdo humano e, portanto, da literatura *sub specie hominis*.

---

[2] Visão de mundo. (N. O.)

A luz pelo reconhecimento dá-se na luta entre o Senhor e o Escravo, na luta de classes, nas diferenças sociais, na luta contra todas as alienações e perversões, contra todos os estranhamentos, e em favor da consagração e ser-para-si da operação propriamente humana.

Em seu ensaio sobre a essência da literatura, Sartre concretizou no *devoilement* das forças obstrutivas da liberdade e da subjetividade, na denúncia e superação do poder do "mal", isto é, do dinheiro, da ignorância, da opressão e do esmagamento do eu pelo eu, o tema próprio da fabulação literária. Esse desvelamento é, ao mesmo tempo, uma volta-a-si do homem, em consequência da tomada de consciência que emana das forças em luta e da dialética das consciências que encarna. Mesmo o romance que explora a servidão humana, a impotência diante da noite das paixões é, em última instância, uma ilustração no caminho do reconhecimento, um estar-além dessas paixões e uma forma de catarse e purificação. No fundo, a experiência da criação literária é uma continuação da experiência efetiva da História, uma promoção, ativação ou antecipação dessa vida.

Afirmamos aqui que os limites da imaginação literária, em sua forma humanística, são assinalados pelos próprios limites do projeto humano, pelo conteúdo da Matriz mitopoética. O pensamento atual tende a aceitar que esse projeto não é uma quantidade absoluta da História, algo de constante através dos tempos, mas *um* determinado projeto, isto é, algo de oferecido como forma a se realizar. A literatura também fez parte do acervo de virtualidades emergentes da Fonte. Toda operação ou fruição artística supõe, como vimos, uma "abertura", um espaço de movimento onde explanar o explanável. Esse explanável é constituído pela demografia lendária que enche os espaços do mundo, os personagens e paradigmas que, como arquétipos, orientam, infletem e delineiam as geodésicas da ação.

Os mesmos impasses, a mesma sorte acuam agora o pensamento e a arte humanísticos, os mesmos óbices ao seu modo de prossecução se afirmam de modo insofismável. O quadro religioso que condicionou a criação, o pensamento e a ação no Ocidente, entrou, segundo julgamos, em franca distrofia; assistimos a uma desintegração das instituições e formas que determinavam a nossa existência. Falamos em assistir, pois nesse caso não se trata de uma metamorfose intramundana, de uma mudança que esteja no poder do homem, mas sim de uma alteração radical da face das coisas. Pelo contrário, o agente humano vê-se compelido a sucumbir diante da onda mutacional, a transformar-se com as transformações do projeto mundial. Nietzsche afirmou que o pensador do futuro deveria ser um sedutor; verdadeiramente, a sedução desse novo pensamento consiste em ser uma forma de contágio de uma nova representação das coisas, que começa a gravitar sobre a terra. O sedutor é um seduzido que seduz, que cresce em sua sedução, à medida que a Seductio divina se abate sobre o espírito. A disposição própria desse espírito é a disponibilidade para um novo disponível, sendo aquela ao mesmo tempo transcendência e sedução. Diz Jacob Böhme que a verdadeira "magia" não é qualquer ente, qualquer forma, qualquer coisa, pois se ostenta como uma abertura de todos os entes, como uma licença demiúrgica que põe em liberdade o manifestável. Acrescenta ainda que ela é a situação nascente de onde emerge qualquer Natureza, a força suscitadora de todos os desejos, e, em resumo, a Origem. A magia não sendo qualquer ente, é um poder aberto, um poder possibilitante, uma pura sedução. Na magia – diz Böhme – está contida a forma de todos os seres e a essência de todas as essências. A magia da Origem é uma Matriz insubstancial, porque ultrapassa todas as substâncias e coisas e se manifesta como o oferecer de todo o oferecido. E os deuses constituem a Matriz insubstancial, a Matriz mítica de todo o desempenhável. O pensamento mágico ou da Origem não está mais aderido à esfera humana, ao drama da antropogênese ou ao monograma cristão, mas vê essa forma na sucessão das regências ou dominações mítico-aórgicas. Esse pensamento não cuida mais do Bem do homem, da justiça humana, mas se inclina para a justiça divina, para o bem e a vindicação das potências submersivas do homem humano. O pensamento que reingressa na Fonte é transido da sedução mágico-instauradora da presença numinosa. É, portanto, um pensamento teúrgico, um apelo dos deuses à espreita. Se esse saber é um saber de salvação, o que deve ser *salvo* é um bem que pode expressar-se no homem, mas não é feito pelo homem.

INSTRUMENTOS, COISAS E CULTURA[1]

Qual é a lei última de formação dos traços culturais vigentes numa determinada esfera da civilização? Eis uma questão que, aparentemente, revela escasso alcance filosófico, mas que realmente vai assumindo uma posição decisiva na especulação atual. Qual a origem e natureza dos bens e implementos culturais? Surgiram da simples inventividade humana, sob a pressão da necessidade, ou contaram com uma colaboração mais profunda? Devemos supor na protagonista cultural de outras idades a mesma "consciência utilitária" e as mesmas finalidades pragmáticas e técnicas que regem o homem contemporâneo? O grande etnólogo Jensen, discutindo o problema da gênese primeira dos bens culturais (*Kulturguter*), dos traços empírico-implementais de um círculo cultural, assinala a importância ímpar dessa questão para qualquer compreensão do passado. Essa compreensão foi por muito tempo deturpada e transviada pelos vetos mentais do positivismo e do racionalismo, que teimaram em reconstruir e pensar a vida total da história em termos da consciência do homem ocidental. A experiência da vida e das coisas do homem europeu serviam de fio condutor para a decifração de todos os produtos e manifestações espirituais de outros povos. Foi justamente a hegemonia universal de nossa perspectiva e de nossa

---
[1] "Instrumentos, Coisas e Cultura", *Revista Brasileira de Filosofia*, São Paulo, v. 8, fasc. 30, abr./jun. 1958, p. 205-214. (N. O.)

forma de conduta, do nosso fazer utilitário, causal e intelectivo, que foi sendo contestada por uma investigação mais profunda das formações culturais. O pensamento pioneiro de Leo Frobenius abriu nesse campo novas possibilidades de conhecimento e captação dos fenômenos espirituais e comunitários. Para esse pesquisador, não foram as adversidades do mundo, as misérias e dificuldades da existência que levaram o homem a prover-se de um sistema de invenções instrumentais e artísticas, de uma técnica utilitária de vida. A consciência limitante dos "fatos", dificuldades e confinamentos só se manifestam num estádio tardio da vida de um povo. Na origem de uma trajetória de civilização só encontramos o "júbilo da ação" e a "grandiosidade titânica de uma concepção do Mundo totalmente transida de ideais". Numa exuberante produção de formas e imagens, numa criatividade "interna" é que devemos encontrar a causa do aparecimento dos itens culturais. Para Leo Frobenius, antes da vontade dos "fatos", existe a vontade dos "ideais", o poder demoníaco-criador, o sentido lúdico, pujante e artístico. É assim que o *paideuma* e o protagonista cultural transformaram, por exemplo, o espaço geográfico no espaço "psíquico" ou intracultural, o céu astronômico no céu de seus deuses e a pura realidade da terra na morada lárica e acolhedora. "A existência dos ideais", diz Frobenius, "é equivalente à faculdade de plasmar cultura, supondo que é capaz de transformar o mundo dos fatos num *paideuma* igualmente orgânico, de *animá-lo* através de um ato criador, a cujo efeito podemos dar a denominação de *estilo*". Ao contrário de perscrutar a origem de tudo numa consciência vencida e anulada pelos "fatos", pelas utilidades, urgências e limitações físicas e que só age e produz para conservar uma existência periclitante e miserável, Leo Frobenius, seguindo nesse ponto Nietzsche, vê no ser-mais, no *ploutos* da vida o ponto de eferência de um ciclo cultural. E na ideia de *expressão – Ausdruck –*, de expressão anímica, procura o conceito dos fenômenos em vista, quando captados *in status nascendi*. Os bens culturais são expressos de uma alma, de uma concepção seletiva do mundo, e só podem ser realmente compreendidos, quando interpolados na protoforma da qual são expressões parciais. Os ideais que integram essa concepções do mundo são "desígnios absolutos", projetos originais e transcendentes aos "fatos", que nascem de uma consciência jubilosa e primaveril. E para caracterizar a forma dessa consciência transida de ideais e puramente plasmadora, Frobenius reporta-se ao conceito de Jogo. A atividade lúdica traduz também uma ação livre, que supera as motivações naturais. "Preliminarmente trata-se de definir" – diz Johann Huizinga em seu livro *Homo Ludens* – "os caracteres formais que são próprios da atividade que denominamos jogo (*Spiel*)". Todos os investigadores põem a tônica no caráter desinteressado do jogo. Esse "algo", que não é a vida comum, está além do processo de satisfação imediata das necessidades e impulsos e interrompe mesmo esse processo. Para Frobenius, entretanto, a força lúdico-criadora, que determina as formas culturais, é suscitada e induzida em nós por momentos transcendentes. O homem representa, desempenha, "joga", o aspecto da realidade, o *Weltaspeckt* que se assenhorou de sua consciência; o poder demoníaco-criador é, portanto, desencadeado na forma de ações culturais pela "ordem cósmica" que invadiu sua alma. A cultura não é um simples jogo ou uma forma superior do jogo, como queria Huizinga. O estado de fascinação provocado por uma imagem do mundo, por uma epifania de realidades superiores, é essencial à ação criadora e instituidora de formas socioculturais. Frobenius, em seu livro *A Civilização Africana*, diz-nos o seguinte: "A civilização nasce quando a essência das coisas se revela ao homem, quando disposto a abandonar-se, ele acolhe essa essência".

Ao imanentismo absoluto da concepção de Huizinga, à concepção de um Homo Ludens e da cultura como um *Nur-Spiel*, devemos contrapor a tese da invasão da consciência por um *aspecto da realidade* que Frobenius batizou com uma palavra hoje célebre – *Ergriffenheit* –,[2] estado de arrebatamento ou sujeição. Se na disposição lúdica ou livremente criadora devemos divisar a fonte das formas culturais, com a sequência de seus objetos e traços

---

[2] Arrebatamento; comoção. (N. O.)

próprios, Frobenius rompe o ser-para-si dessa disposição, afirmando que essa representação ou jogo cênico-criador reproduz o drama magno de um simbolismo mítico. Falando o nosso autor da cultura solar que cobriu durante certa época grande parte da terra, oferecendo todo um conjunto de possibilidades de atuação e de implementos de vida, afirma entre outras coisas: "A órbita solar torna-se o fator decisivo, o que dispõe, o que determina o tempo e o espaço... Sentimentos e meditações emocionantes rodeiam o sol. Disto é expressão o mito. Desenvolve-se um simbolismo abundante. Tudo o que vive sua existência mítica no céu é fixado ou configurado plasticamente em formas na terra. A ascensão do grande astro do dia transforma-se numa obra artística que se eleva verticalmente; o mito do roubo do fogo conduz ao rito do fogo e a sacrifícios de fumo perfumado. Grandes festivais reproduzem o drama do sol e da lua; os dois se convertem em globos. O sol se converte em disco; o dragão, símbolo do mar, em barco. O feiticeiro faz-se sacerdote. Nasce o espetáculo sacramental. O divino e os deuses germinam e os homens começam a imitar a vida dos deuses. O cosmos faz-se terrestre". E também: "O sacerdote torna-se, por um lado, rei com manto purpúreo, coroa e globo e, por outro, funcionário – o espetáculo sagrado dos deuses torna-se a seguir teatro de marionetes; a representação figurada da ascensão do sol, dentro do recinto de quatro pilastras, torna-se o primeiro templo, transforma-se em cachimbo de haxixe e logo cigarro; o dragão do mar, barco transatlântico; o disco solar, carro; o simbolismo sagrado das cifras, matemática; a pelota solar, futebol; a auréola, coroa e guarda-chuva."

Vemos aqui, claramente exposta, a emanação ou descendência das formas utilitárias e dos objetos de uso, a partir de motivações puramente religiosas. No registro das representações dramático-religiosas e em função de seu uso cultual é que se originam os implementos e "invenções", que recebem a seguir as mais insuspeitadas *aplicações*. Numa fase precedente, tudo é *expressão* (*Ausdruck*), exteriorização de uma alma empolgada pelo divino, ação cultual-criadora, movendo-se pela causalidade orgiástica do divino. A seguir, nasce o período da *aplicação* (*Anwendung*), do racionalismo, do utilitarismo, e em geral do uso restrito e positivo das coisas. Surge aqui a tese da origem meta-humana dos edifícios culturais e de todas as formas intraculturais, desde que a *indução* ou galvanização das forças demoníaco-criadoras é sempre reportável à transcendência da *Ergriffenheit*. É o assédio repentino dos Deuses, *numina* e demais seres transumanos que Frobenius denomina "ordem cósmica" e que põem em movimento a cena cultual-cultural. O jogo é um jogo suscitado, um jogo em relação a uma transcendência. A cultura nasce do plexo *cultual* e o culto, por sua vez, nada mais é que uma *representação do mito* ou do conteúdo religioso determinante. O culto é desfechado pela proximidade e incidência do Divino e constitui uma representação de cenas e incidentes sobre-humanos ocorridos *in illo tempore*, ou, ainda, é a superação do tempo profano e a instauração de um tempo da criação ou tempo das origens. Em relação a esse tempo arquetípico determinado pela *proximidade dos Deuses*, toda ação humana cultural ou profana é pura reprodução, representação ou mimese. "O que denominamos cultura" – diz Walter Otto em seu belo livro *Dionysos* – "é função, em sua configuração total, de um Mito dominante, que está inseparavelmente unido ao Mito do Divino. Com a criação desse Mito constitui-se cultura e o povo; antes, não existe de modo algum". Esses conceitos concordam somente em parte com as doutrinas de Frobenius sobre a origem da cultura e sobre a causalidade única do arrebatamento pela *Realidade* ou por seus aspectos. Seriam, segundo esse último, os aspectos do mundo, as cenas grandiosas da realidade, a ordem *cósmica*, que, dominando e invadindo a mente e o coração humanos, aí provocariam o aparecimento de "ondas" demoníaco-plasmadoras. Ora, nós sabemos desde Schelling e Hegel que os homens nunca adoraram as coisas como tais, nem aspectos das coisas e que realmente nunca existiu uma religião da Natureza. A ordem cósmica ou a natureza como poder físico é uma construção do espírito ocidental, e não um fato último. Assim como Heráclito afirmou que a "água vive a morte do fogo", podemos dizer que a Natureza *vive a morte* ou o afastamento dos deuses. Que esse afastamento seja, por outro lado, a manifestação de uma outra e especial teofania, que faz a Natureza como Natureza, é o problema que trataremos a seguir. Em todo o caso, não é a *ordem cósmica*, tal como é dada à nossa consciência positiva, à nossa mente de homens civilizados, como sistema físico, que é responsável pela *Ergriffenheit* ou Fascinação instauradora. Lemos em Walter Otto: "O que comparece diante da espécie humana nas Epifanias, não é qualquer essência completamente desconhecida ou invisível, só acessível à alma dissociada do mundo, mas sim o próprio Mundo como forma divina, como profusão de formações divinas". Em consequência, o poder que se expressa na conduta humana formadora de cultura consiste na própria *presença* em pessoa dos Deuses, demônios e semideuses. O transcender criador provém da pleonexia divina, do estado ou êxtase do entusiasmo provocado pelo encontro ou convivência com o meta-humano. Nessa perspectiva, devemos retirar do homem, entendido como agente individual e singular, toda a responsabilidade pela "invenção" ou descoberta dos bens culturais. Esses aparecem como parágrafos de um documento mítico e se engarçam na processualização de uma cena religiosa, oferecida pronta ao homem. Se o culto manifesta-se como o próprio vir a ser do Mito, as formações e particularidades, os bens e implementos culturais que rodeiam as realizações do drama cultural também encontram o seu modelo e sua origem nas representações prototípicas do divino. É, com efeito, o que podemos depreender das ideias não só de Frobenius e de Jensen, como também dos últimos trabalhos de Mircea Eliade. Todas as ações ou criações pretensamente humanas ou pseudantropológicas, as construções e produções do orbe cultural, originam-se, em todas as civilizações, da *mimesis* de paradigmas dados na origem sagrada dos tempos. "O mito cosmogônico", diz Eliade, em seu trabalho *Die Religionem und das Heilige*, "serve aos Polinésios como modelo arquetípico de toda criação, seja qual for o plano considerado: biológico, psicológico ou espiritual. A função primordial do mito é de estabelecer os modelos (*les modèles exemplaires*) para todos os ritos e para todas as ações essenciais do homem".

E ainda no mesmo livro, falando da construção dos templos religiosos: "Mas esse construir fundamenta-se primitivamente sobre uma redação original que desvelou *in illo tempore* o arquétipo do espaço sagrado; esse arquétipo é repetido e copiado em cada novo altar, em cada novo Templo ou Sacrário". Assim, todas as produções culturais, todas as formas de comportamento dão duplicatas de protoformas extra-humanas subjacentes na tradição do povo. O homem realmente não cria nada, desde que toda conduta ou manifestação segue uma pauta preestabelecida pelos deuses. Mircea Eliade, em seu livro *O Mito do Eterno Retorno*, afirma: "O homem constrói segundo um arquétipo. Não só sua cidade ou seu templo têm modelos celestes, mas também o mesmo ocorre com toda a região em que mora, com os rios que a regam, com os campos que propiciam seu alimento. Essa participação das culturas urbanas de um modelo arquetípico é o que lhes confere sua realidade e validez". Vemos assim o papel decisivo das categorias religiosas na promoção dos universos culturais e na franquia das possibilidades de atuação no nível histórico. O protagonista cultural funciona, como diria Frobenius, como um "receptor" de modalidades de ser, dispensadas pelo universo sagrado. Os desempenhos profanos ou utilitários promanam de formas rituais e propriamente criadoras e procuram adequar-se aos cânones revelados pelos poderes transcendentes. As coisas e as normas praxiológicas não se originam no nível da consciência utilitária, não brotaram de propósitos ou planos racionalistas ou técnico-pragmáticos, mas fluíram de uma *Entbergung*[3] de um desvelamento mítico-religioso. Eis por que devemos descartar e confutar qualquer doutrina individualista ou antropocêntrica da origem das formas culturais, como se fosse o homem-só-homem o descobridor ou o inventor de seu habitat espiritual. As coisas desceram do céu para a terra, nasceram de uma Fascinatio Divina e de maneira alguma foram geradas pela mente humana. Essa tese de uma providência transcendente da cultura e dos entes intramundanos é uma doutrina que vai ganhando terreno no

---

[3] Desvelamento. (N. O.)

pensamento contemporâneo, não só na pesquisa dos etnólogos e filósofos da cultura, como no território propriamente filosófico. Analisaremos em seguida essa ideia, tal como vem desenvolvida nos últimos trabalhos de Martin Heidegger.

O fundamento das coisas em Heidegger

Em diversas ocasiões Heidegger tratou do problema da proveniência e do *status* geral das coisas, dedicando especialmente a esse tema os ensaios *Bauen, Wohnen, Denken*, de *Dichterisch wohnen der Mensche* e *Das Ding*,[4] peça fundamental de sua meditação tendente a uma captação das coisas enquanto coisas.

A interrogação inicial é, como se deveria esperar, a interrogação: Entretanto, o que é uma coisa? *Doch was ist ein Ding?* Implica essa pergunta a suspeita de que o homem negligenciou até hoje a *coisidade* das coisas, sobrepondo à sua essência uma série de representações que ocultaram totalmente seu perfil nascente. Uma coisa é, por exemplo, um cântaro? Evidentemente, um objeto fabricado pelo homem para um uso determinado. Ora, Heidegger começa por afirmar que o "coisal, a essência das coisas, não consiste nem no fato de ser um Objeto representado, nem é apresado a partir da Objetividade do objeto". Como objeto representado ou produzido pelo homem, o cântaro pertence à esfera do feito-pelo-homem, à imanência da indústria e das representações utilitárias. Mas, segundo as suas palavras, qualquer representação das coisas presentes, no sentido do fabricado ou do objetivado, nunca alcança a coisa como coisa. As nossas representações e em especial as representações técnico-científicas hoje em vigor tendem a um aniquilamento das coisas, a uma eliminação do *Bildwelt*[5] em proveito da formação de uma pura armação mecânico-mundial. A ciência, em particular, só pode apresar e compreender o que lhe é oferecido pelo quadro de categorias que comanda o seu processo de conhecimento. Através dessas categorias o

---

[4] *Construir, Habitar, Pensar; Poeticamente o Homem Habita* e *A Coisa*. (N. O.)
[5] O mundo visual. (N. O.)

conhecimento científico reduz "as coisas" a entidades físico-matemáticas, a um sistema de energias e forças, apagando totalmente o ser-coisa das coisas. E em geral a ciência já havia aniquilado as coisas como coisas (*die Dinge als Dinge*) muito antes da explosão da bomba atômica. Para Heidegger, a era atômica é um corolário inevitável desse processo secreto e inadvertido do aniquilamento das coisas e de seu império sobre a consciência. "O homem se angustia pelo que pode advir com a explosão da bomba atômica, não percebendo que isso já ocorreu há muito tempo, como uma ocorrência da qual a bomba atômica e sua explosão nada mais são que as últimas decorrências...". Este magno acontecimento que determinou antecipadamente o advento de uma explosão atômica e de uma era atômica é o que Heidegger denomina a *Vernichtung des Dinges*.[6] Podemos afirmar que essa devastação das coisas como coisas é uma consequência da "objetivação" extremada de tudo, da transformação do mundo em Objeto de um sujeito ou da consideração da realidade como pura *Vorstellung*,[7] como pura representação. Para o conhecimento do homem atual o ser é unicamente um *quid* manipulável, um material de ordenamentos possíveis, uma armação ou montagem suscetível de assumir os mais variados perfis. É o mundo *sans visage* da física e da tecnologia contemporânea. É certo que essa especial experiência da realidade que se manifesta na superação transformadora das coisas é por sua vez uma especial revelação – *Entbergung* –[8] ou destinação do Ser. "O homem, de qualquer forma, só pode representar o que se iluminou e se revelou a ele através de uma Luz sempre presente". E na *Carta sobre o Humanismo*, Heidegger faz-nos pressentir como a técnica é uma das formas da *aletheia*, de um desvelamento fundador de uma concepção ou vivência do Mundo. Em geral o desvelamento que determinou o advento de uma civilização técnica tem como contrapartida a ocultação e o aniquilamento das coisas em si mesmas.

---

[6] A aniquilação da coisa. (N. O.)
[7] Representação. (N. O.)
[8] Desvelamento; revelação. (N. O.)

Não só não temos mais acesso a um conhecimento das coisas enquanto tais, como elas, dentro do universo das nossas possibilidades de conhecimento e de ação, não podem aparecer e mostrar-se. Esse fato do não-aparecimento das coisas como coisas, do *nicht erscheinen des Dinges als Ding*, e, no caso, do cântaro enquanto tal, se prende à circunstância de que uma coisa só pode configurar-se numa proximidade, numa *Nähe*, numa proximidade do divino. Esse é o seu domínio de aparecimento, o seu espaço de oferecimento original, ideias aliás que já encontramos em outros autores. O cântaro, quando sondado em sua origem, se revela como dimanante de um "oferecer" sagrado aos deuses, como "implemento" de um cerimonial religioso. Aqui é onde se configura a "cantaridade" do cântaro, o modelo arquetípico e não-feito-pelo-homem, que a seguir se estampa em todas as reproduções do moleiro. O cântaro serve, em seu uso profano para conter e dispensar uma bebida. Nesse ofertar do cântaro, nessa função ofertante está o caminho de compreensão de sua essência. A *coisidade* ou essência do cântaro comparece quando aquela função é mais forte e mais pregnante, no oferecer de todos os oferecedores, no oferecer da festa sagrada. Nessa proximidade dos deuses, nesse universo da ação ritual se delineia a coisa como coisa. Mas ouçamos as palavras de Heidegger: "A dádiva do cântaro é a bebida para os mortais. Estanca sua sede. Alegra seus lazeres. Diverte sua sociabilidade. Entretanto a dádiva do cântaro é, às vezes, oferecida também como consagração. Então não mitiga qualquer sede, mas celebra a cerimônia da Festa nas alturas. Agora o prêmio do cântaro não é oferecido nem como simples dádiva, nem como bebida para os mortais. Agora o verter do cântaro é oferecido como bebida aos Deuses imortais. A dádiva sagrada do cântaro é a autêntica dádiva (*Geschenk*). No oferecer da bebida sagrada o cântaro como dádiva consagrada". Portanto, o cântaro *in status nascendi*, em sua existência mais forte e primaveril, se manifesta na cena ritual, como protótipo mítico. Daí, promanam todos os seus usos particulares, todas as suas diversas *Anwendungs*[9] para usar a linguagem de

---

[9] Aplicações. (N. O.)

Frobenius. Essa é a *Nähe* a que se refere Heidegger e na qual as coisas "coisam" ou acontecem. Portanto as coisas não têm uma origem humana, não nascem da inventividade do sujeito individual ou coletivo, mas acontecem nessa *Nähe*. "Quando e como", pergunta Heidegger, "surgem as coisas como coisas? Elas não surgem da operação dos homens nem da vigilância dos mortais". É necessário superar a imanência do feito-pelo-homem e os conteúdos da consciência representativa para alcançar aquela "cooperação" primordial de onde emergem as coisas. As coisas são desveladas, segundo Heidegger, num "Jogo de reflexos", *Spiegel-Spiel*, onde convergem a Terra, o Céu, os Deuses e os Mortais, como forças desocultantes primordiais. Essa cooperação projetiva dá nascimento ao mundo das coisas e em particular ao Cântaro. "Na dádiva do cântaro permanecem de forma diversa os mortais e os Divinos. Na dádiva do cântaro permanecem a Terra e o Céu, os Deuses e os Mortais. Esses Quatro, em interna conexão, entrelaçados em um único Quadrilátero que se antecipa a toda presença (a todo o manifestado). Na dádiva do cântaro demora-se a simplicidade dos Quatro. A dádiva do cântaro é um Ofertar na medida em que nela permanecem a Terra, o Céu, os Deuses e os Mortais". Esses quatro fatores transumanos que se *expressam* no acontecer do cântaro, que "cooperam" em sua desocultação, não devem ser pensados como fatores isolados e existentes por si e que se unem em seguida. Ao contrário, esses quatro, unos em si mesmos, é que compõem aquele Quadrar, aquele acontecer em que as coisas "coisam". A Terra, o Céu, os Deuses e os Mortais não são fatores fechados em si, ciumentos de seu ser, mas forças refletentes-reflexivas, cada uma refletindo-se nas demais e refletindo as demais. Entretanto, esse refletir as demais não consiste num copiar um modelo já dado, na representação de um estar-aí, desde que não existe qualquer estar-aí antes do jogo desfechante e iluminante dos Quatro. "O jogo dos reflexos, o *Spiegel-Spiel* ocorre iluminando-se os Quatro em si, segundo sua essência no Todo indivisível". Esse Todo dos Quatro é um processo, um acontecer e não um Todo fixo, sendo o ocorrer do jogo de reflexos que põem a descoberto o Mundo. Os Quatro *quadram* e o quadrar dos Quatro se manifesta como o *Mundar* do Mundo. Nas coisas se expressa e se traduz o quadrar dos Quatro, as coisas são o relevo e o ocorrer desse quadrar, as coisas "coisam" o Mundo, desde que o ocorrer do Mundo se confunde com o ocorrer do quadrar. O traço visível, tangível e exterior do jogo de reflexos são as "coisas" enquanto coisas. Elas documentam a ronda do quadrar e só no domínio, na Proximidade dessa ronda, podem ocorrer as coisas. Mas as coisas não são o cântaro, mas tudo o que compõe o universo sagrado do homem que vive *in der Nähe*, na proximidade. Esse homem é o destinatário de uma realidade que emerge da *Vierung*,[10] do Quadrar. Vemos que esse jogo de reflexos, não tendo o caráter de espelhar um estar-aí, de um reproduzir um modelo prefixado, mas sim um sentido eminentemente criador e original, é um ocorrer essencialmente Poético. Vemos outrossim que as "medidas" supremas fluem de potências extra-humanas, de uma *Unverborgenheit*,[11] de uma des-ocultação que advém ao homem ou se precipita como um arrebatamento sobre o homem. A dádiva do cântaro é o sinal de uma dádiva transcendental que desdobra a realidade intramundana, que determina prototipicamente a cena do Mundo. A morfogênese das coisas advém na proximidade da presença divina, ou melhor, é essa mesma presença. A uma origem antropológico-individualista da cultura, Heidegger, em consonância com outros pensadores atuais, antepõe uma origem transcendente e meta-humana, em função da qual o homem é um simples destinatário de possibilidades.

---

[10] Quadratura. (N. O.)
[11] Des-ocultação. (N. O.)

Raça e mito[1]

E apesar de tudo, as raças existem. Por mais que a propaganda pseudocultural da Unesco e de outras organizações internacionais queiram diluir a importância do polimorfismo dos dados étnicos, as raças existem e manifestam ostensivamente o seu poder. O que passa atualmente por conhecimento "científico" do homem timbra em garantir-nos que as propriedades raciais constituem modificações superficiais e epidérmicas da substância humana, alterações anódinas da morfologia corporal, sem qualquer atinência com a alma e com as possibilidades radicais da espécie. A consciência humana seria uma só, manifestando-se contudo no mundo tangível através de roupagens somáticas múltiplas e heterogêneas. Com isso, estamos em plena atmosfera do pensamento positivista em suas conclusões humanístico-burguesas sobre a homogeneidade do ente humano. A Ciência naturalística e positiva reduz as diferenças raciais, que se apresentam de fato numa expressividade psicossomática policrômica e divergente, ao denominador comum dos conceitos anatômico-fisiológicos e às representações físicas e funcionais, para depois desenvolver suas ideias cosmopolitas e unitaristas em lógica consequência relativamente à sua interpretação inicial.

---

[1] "Raça e Mito", comunicação apresentada no 3º Congresso Nacional de Filosofia, São Paulo, 1959. Publicado nos *Anais do 3º Congresso Nacional de Filosofia*. São Paulo, 1959. (N. O.)

A perspectiva da Antropologia científica, no tratamento dos dados morfológico-raciais, só vê o que quer ver, isto é, o suscetível de uma manifestação utilitária, ou a unidade humana capaz de ingressar na sistemática da civilização industrial. A insignificância das peculiaridades raciais se afirma em função das exigências do regime de afazeres e preocupações que definem o nosso orbe cultural. Em consonância com esses requisitos universais e com os desempenhos reclamados é que as exclusividades raciais caem no olvido e se apresentam como indiferentes. Constituímos uma civilização transracial, que procura explorar unicamente aquelas possibilidades independentes das afecções ou modos de ser etnicomórficos. Quais sejam as possibilidades que estamos realizando, e que desprezem a componente racial, é assunto que aqui não trataremos. Entretanto, essa atitude de recusa racial que nos caracteriza tem uma vasta história de séculos e remota aos sentimentos imperantes na Roma decadente e ao caos étnico que ali passou a vicejar. Os princípios largamente cosmopolitas e ecumênicos do estoicismo e do cristianismo puseram a verdade além das imagens sensíveis do homem, além da figura perceptivo-sensorial do judeu ou do gentio, num espírito interior que seria o mesmo em todos os homens. Esse homem interior, essa verdade interior e espiritual, em sua força ascensional própria, conforma os enunciados da nossa pretensa Antropologia científica e positivista. As aferições dessa Ciência são feitas em relação às mesmas medidas e exigências que as vigentes no cristianismo incipiente, e constituem sua palavra terminal. Se quisermos, entretanto, dar um passo além na compreensão em profundidade desse fato ineludível da pluralidade racial, não podemos partir de uma ideologia científica que traduz, sub-repticiamente, uma vontade de negação terminante das idiossincrasias somáticas. A essa vontade de negação devemos opor uma larga liberdade dos fatos, para que eles mesmos se pronunciem.

Para a visualização que adotamos neste estudo, o corpo, do mesmo modo que a raça, traduz um *ato* vital, um processo ou onda vital que se expressa continuamente nos contornos mutáveis do nosso aspecto sensorial

Schopenhauer já advertia que o nosso eu somático constitui um estereograma de nossas paixões, o relevo corpóreo das forças pulsionais que nos constituem. O corpo é a vontade original na forma da Representação. Portanto, o corpo não deve ser tomado como tal, como forma espacial e representativa, mas deve ser superado em sua apresentação representativa, para ser conhecido em sua dimensão pulsional. Em última instância, é esse *querer* primordial, essa *Ur-wille*, que se sensorializa em órgãos e sistemas orgânicos e que funda a vida no plano do conhecimento representativo. A cordialidade orgânica traduz a vida para nós, para o nosso aparato cognitivo, e não como ela é em si mesma, em seu impulso surdo e obscuro. Antes de determinar-se em sua configuração tangível e orgânico-representativa, isto é, como corpo, a vida existe em forma fluida e sub-liminal, como pré-corpo, como Sangue. A forma apolínea do corpo emerge da Noite dionisíaca do Sangue, do Sangue passional que é o nosso verdadeiro ser. A força plasmática e criadora do Sangue, do Sangue como emblema real da Vontade, é que produz a partir de si os órgãos e formações somáticas do corpo humano. Não se trata evidentemente do sangue enquanto objeto de hematologia, do conceito citológico do sangue, pois como já dissemos, essa categoria é apreendida ao transcender-se toda a esfera representativa do nosso conhecimento. Somos esse sangue na pulsação inconsciente e pré-representativa do nosso viver; e é na fluidez noturna dessa vida subliminal que nos captamos como vontade, como querer puro. Os corpos e suas particularidades e idiomatismos próprios obedecem às inflexões desse momento pulsional básico, às modulações do Sangue, desde que devemos rebater e reduzir a representação corpóreo-exterior à caudal produtiva dessa protoforma do impulso e do apetite.

Se quisermos, portanto, fundamentar e esclarecer a origem das formações raciais e as peculiaridades étnicas, devemos explicar em primeira linha, não essas conformações psicossomáticas em si mesmas (desde que elas são um resultado de afecções de outra ordem), mas sim as divergências e modificações de base pulsional do nosso ser.

Nessa linha de cogitações e para o seu prosseguimento é mister reportarmo-nos a certas ideias enunciadas por Heidegger em seu célebre opúsculo *Carta sobre o Humanismo*. Aí vem afirmado que a corporalidade ou *animalitas* do homem é algo de projetado, desocultado e "aberto", à semelhança do que ocorre com o restante ente intramundano. O projeto instituidor do Mundo é simultaneamente o projeto *des-fechante* de uma *animalitas*. O corpo humano, como os outros entes, é algo que só se delineia e emerge na abertura de um *Weltentwurf*.[2] A esfera sensorial da corporalidade, a realidade psicossomática se manifestam, portanto, dessa ou daquela maneira, segundo versões somáticas divergentes, de acordo com o regime de desocultação a que estamos submetidos. Somos investidos de uma certa corporalidade, de uma certa vivência e representação somáticas, nascendo e vivendo sob um determinado céu cultural. O corpo é um fator variável através da História.

Mas a manifestação de uma certa conexão intramundana é correlativamente acompanhada pela nossa referência emocional ao ente manifestado. Somos arrebatados passionalmente pelo conjunto do ente, e sintonizados com as possibilidades oferecidas. Os desempenhos emitidos pelo projeto mundial *pro-vocam* em nós um empenho emocional e uma consagração ao assim manifestado. Como temos tentado mostrar em outros ensaios, parece-nos que uma modificação do sentido e talvez mesmo da intenção de certas expressões e ideias heideggerianas poderia acarretar resultados insuspeitados para a problemática que temos em vista. Referimo-nos a uma renovada experiência trópico-pulsional do Ser. A experiência transcendental do ser transformar-se-ia na experiência de uma força trópico-sugestiva, que libertaria formas do desejável e, correlativamente, formas do

---

[2] Projeto do mundo. (N. O.)

desejo ou modulação da vontade. O projeto instaurador de um mundo se confundiria com a abertura de um cenário da *apetecibilidade*, de sugestões sugeridas pelo Sugestor. Ao desvelamento desse teatro da apetecibilidade, corresponderia a determinação de um ciclo passional, de uma forma patético-corpórea, de uma determinação do Sangue. Em consequência, a totalidade do ente que nos rodeia, como espera infinita da apetecibilidade, seria a contrafigura do nosso corpo, e o nosso corpo seria o inverso desse campo atrativo. A abertura projetiva, de que fala Heidegger, traduzir-se-ia na irrupção de um espaço peculiar da apetecibilidade, numa "fascinação", com a polar suscitação de centros pulsionais-hominídeos. O anticorpo da circunstância mundial estaria topologicamente em conexão com o repertório passional do nosso ser. Sendo inteiramente consignado e arrebatado pelo *ausser sein*, pelo *ser fora* da apetecibilidade, sem remissão nem resto, o nosso corpo traduziria estereograficamente o rigor de um especial império fascinante. Ele seria a consígnia dessa *servidão*. Ao modo de ser variável dessa totalidade trópica, corresponderia o modo de ser variável da afecção corpórea. Toda abertura pulsional teria como correlato um corpo, uma figura somática, uma raça, uma modulação do Sangue.

Totalmente expostos ao sugerido pelo ente, cativos num plexo de desempenhos possíveis, temos um corpo como "empenho" desses desempenhos. Só existe e pode existir um corpo como estrutura referencial, como empenho, como o estar-fora-de-si-estando-no-em-si-da-paixão. Como vimos, na concepção exposta na *Carta sobre o Humanismo*, o nosso corpo é algo de consignado e oferecido por um Poder ofertante primordial. Designamos essa dimensão ofertante como a dimensão transcendental do Sugestor. E como já tivemos ocasião de mostrar em outro ensaio,[3] o poder instaurador do Sugestor se documenta e afirma no processo mitológico. A vigência de um mundo de

---

[3] *Revista Brasileira de Filosofia*, fasc. 21. A remissão é do Autor. Refere-se ao ensaio "Kierkegaard e o Problema da Subjetividade", *Revista Brasileira de Filosofia*, São Paulo, v. 6, fasc. 21, jan./mar. 1956, p. 70-76. Esse ensaio consta neste volume das *Obras Completas* do filósofo. (N. O.)

desempenhos mitológicos se patenteia na emergência de um sistema passional, mediante a desocultação de uma *animalitas*, mediante a determinação de um Sangue.

As afecções corpóreas nascem, portanto, como o ente restante, do Poder Modelador, do *Vorbildlich-Macht*, da investidura mitológica entendida como franquia de desempenhos fascinantes. O ser-tomado (*Ergriffensein*) por um plexo de pulsões e representações de ordem religiosa corresponde à instauração de um teatro mundial ou ao amanhecer de um ciclo histórico-racial. Esse assédio de formas ou consignações numinosas vai muito mais fundo do que poderíamos supor, pois com o descerrar-se de um novo aspecto de mundo (*Weltaspekt*), relaciona-se um processo propositor de raças, condicionado por uma modalidade do Sangue e da expressividade psicossomática. A natureza cosmogônica do aparecimento das raças sobre a terra se insere na dimensão omnicompreensiva do processo teogônico. Os deuses não devem ser aqui pensados como representações teoréticas, como objetos de uma fruição intelectual, mas como ocorrências trópicas, como suscitação de marés passionais. São essas ondas passionais, provocadas pela proximidade lunar do fenômeno trópico-mitológico que *constituem o fundamento das diversificações étnicas particulares*.

O Sangue vem dos deuses e nos sacrifícios imemoriais dos povos ele é de novo ofertado às potências divinas. Nessa circulação ritual do Sangue esconde-se o selo de uma verdade insondável, a verdade da fonte oculta das formas visíveis. O Sangue provém da Matriz mítica e todo o ritual do sacrifício é uma contínua confirmação dessa pertinência.

A NATUREZA DO SIMBOLISMO[1]

Costuma-se falar comumente em pensamento simbólico, em categorias simbólicas, como se a essência do símbolo se resumisse em ser uma forma mental ou interna de traduzir a realidade. A sintaxe do símbolo pertenceria, ao processo relacional do nosso pensamento, a uma lógica *sui generis*, a uma lógica imagística, sem qualquer atinência com a contextura em si das coisas. Contra essa concepção puramente subjetivista dos valores simbólicos se volveram muitos dos pensadores do Romantismo que viam no mundo das Imagens e em suas conexões e confluências uma autêntica e inultrapassável manifestação do real.

O símbolo seria portanto uma experiência do real, enquanto esse se manifesta de forma dramática ou poemática, e não um *ens rationis*. Vejamos por exemplo o que diz um grande filósofo do Romantismo, Schelling, sobre a essência última do fenômeno simbólico. Para esse pensador, o núcleo simbólico assenta numa síntese primordial do particular e do geral, da imagem e do conceito, do singular e do universal. No símbolo, afirma, "o geral é totalmente particular, o particular, ao mesmo tempo, é todo o geral, e não simplesmente o significa". O símbolo é para ele uma *Sinnbild*, uma imagem significativa, uma significação

---

[1] "A Natureza do Simbolismo", *Revista Brasileira de Filosofia*, São Paulo, v. 12, fasc. 48, out./dez. 1962, p. 427-431. (N. O.)

mergulhada totalmente na imagem, sendo a possibilidade de superação da significação na Imagem a própria possibilidade do simbolismo. Um exemplo esclarecerá talvez os enunciados que estamos estudando. Tudo o que podemos pensar (momento significante conceitual) do fenômeno do amor, do eros em seu mais amplo sentido, estaria implicitamente contido na figura mítica de Afrodite e no seu complexo vicissitudes divinas (momento fantástico simbólico); estaria contido, dizemos, como virtualidade lógica e como conhecimento possível. Afrodite encarnaria, enquanto símbolo, não uma sinopse alegórica das manifestações eróticas, mas, pelo contrário, seria a própria revelação do mundo enquanto amor. O símbolo é a própria coisa, é uma tautegoria. O drama simbólico de Afrodite seria a própria presença infinita do amor, o seu processo omnicompreensivo na cena da atração universal dos seres. No símbolo, algo de particular, de imagístico, seria ao mesmo tempo e com igual direito, uma universalidade de possibilidades mundiais de ser. Qual a natureza profunda do símbolo que lhe permite transcender a sua forma aparentemente confinada, o seu estar-aí e a multiplicidade de formas ocasionadas ao mesmo tempo a face inteira do mundo?

 Temos a propensão de dar a tudo uma localização espaço-temporal, fixa e unívoca, um existir confinado numa presença determinada e aferente. As quais estão aqui ou ali e, obrigatoriamente, se estão aqui não estão ali. É a falsa doutrina da localização simples dos eventos, apontada com presteza por Whitehead, e um dos hábitos mentais mais conaturais e falaciosos do nosso espírito. É certo que na relação básica em que o homem ocidental se colocou face às coisas, a relação sujeito-objeto (sendo ele sempre um sujeito diante de ou contra um objeto), a própria transcendência do sujeito reduziu o mundo à pura *res extensa*. A negatividade do sujeito, o não-ser-objeto (negar de si a objetividade) como superação e como ir-além do objeto, que no fundo redunda em sua constituição, pois o objeto se constitui ao ser transcendido pelo *Ichheit*, pela

Euidade, nos remete às nascentes do *status* do objeto no mundo ocidental. A transcendência do sujeito não é aqui amor que expande e amplia o sentido e a operação do amado, não é respeito e obséquio à Vida em todos os seus aspectos, mas é justamente materialização e instrumentalização das aparências, redução da aparência aos esquemas espaciais e geométricos, num universo de realidades inermes. A consciência do homem ocidental que condiciona uma experiência do mundo e do divino é uma luta sem tréguas contra o *Bilwelt,* contra o mundo das Imagens: é a afirmação do Espírito, do Eu subjetivo-humano, como pura operação invisível e interior, como subjetividade infinita, contra as aparências cósmico-divinas. Se o amor é uma ilimitada franquia ao modo-de-ser do amado, uma pleonexia de seu ser, o ódio, pelo contrário, é uma vontade de extinção e paralisação do objeto do desagrado. A fixação e paralisação do mundo, a sua redução confinante ao puro ser-objeto, é o ódio ao mundo, o rancor às hierofanias cósmico-divinas que surgem do fundo das religiões bíblicas e que condicionaram o modo-de-ser conscienciológico do homem ocidental. A ordem espiritual, representando uma força de superação do mundo, uma ordem sobrenatural, e constituindo em última instância uma indisponibilidade, uma aversão, um ressentimento contra as presenças divinas que não assumissem o tipo teândrico de origem bíblica. Pois, foi justamente o gravame subjetivo de matiz invisível-espiritual que, em sua incidência sobre o mundo das Imagens, que em sua temível erosão ou melhor oclusão da alma-do-mundo e do homem, constituiu o nosso mundo vazio de presenças. Entretanto, como é fácil constatar, essa forma determinante da nossa cultura, esse dinamismo da práxis sujeitiforme não é uma genuína incidência ou epifania do divino, não é um mundo da grandeza e do excelso, mas sim o puro não-ser-mais do Mundo das Imagens. O *cogito*, enquanto subjetividade representa justamente um transcender como verdadeira *vis at ergo*, como suscitação de um ocorrer que ocorre como ocorrer do nada. Eis por que Nietzsche tinha razão ao definir o avanço da história ocidental como o preamar do niilismo, isto é, do Nihil, do Nada.

O homem, em seu rancor ao mundo, em sua alma servil e ressentida, passou a deificar-se na medida em que respeitava uma forma de descompromisso com a vida e com a aparência, em outras palavras, com o pluralismo do *Erscheinungswelt*.[2] Cada coisa foi posta em seu lugar, foi aprisionada num *situs*, foi confinada ao seu rincão solitário e irrelativo. Cada aparência foi humilhada e aprisionada, foi remetida ao ergástulo de sua simples localização. A minimalização do ódio transforma portanto as aparências em transcendências-transcendidas, em formas abatidas e superadas, pois a supressão do telurismo era a glória da alma espiritual-subjetiva. O impulso ciumento da subjetividade como vontade de si, como por-si, foi o princípio determinante de um universo de representações mortas e simplesmente localizadas. Diante da *res cogitans* surge o ingente mecanismo da *res extensa*, traduzido numa ordem de fatos causalmente relacionados. Não devemos esquecer-nos entretanto que a Natureza, compreendida então como ordem de fatos, apresentou-se como uma particular interpretação imposta à experiência viva do mundo. A transcendência projetiva do sujeito constitui a gênese física ou como campo da matéria manipulável.

Poderíamos agora indagar o que aconteceria se libertássemos as coisas do "peso", da "escravidão" do pensamento científico manipulador, do "peso" da consciência trabalhadora. O que aconteceria se libertássemos as coisas do ostracismo, do existir-só-aqui, a que foram compelidas?

É óbvio que passariam a existir numa forma ex-cêntrica e difusa, numa forma des-comprimida, transcendendo todas as suas eventuais localizações. O reino de sua operação seria o reino do seu ser e o seu ser seria realmente a sua operação omnímoda. Estaríamos diante de manifestações erráticas e incircunscritíveis, de fenômenos em que o ir-além do movimento suplantaria qualquer determinação rígida e substancial. O sentido errático das manifestações levar-nos-ia à ideia da diacosmese do princípio visado de sua existência enquanto *Weltaspeckt* ou como modo-se-ser do mundo.

---

[2] Mundo dos fenômenos; mundo fenomênico. (N. O.)

Onde está a Terra? Unicamente sob os nossos pés, na imagem que a cosmografia nos oferece? Ou a Terra como designação do ctonismo é uma experiência ultrageométrica, a experiência da materialidade noturna e germinante, a experiência profusa das formas do terrestre, do drama de um princípio divino? É a imemorial Gaia em toda a sua potência mitológica, é a protoforma do feminino. Esse o segredo recôndito do simbolismo e do símbolo, no qual uma coisa ou processo não só pode traduzir ou aludir a outra coisa, mas, da maneira mais exata, uma coisa *é* a outra. Acontece que na visão simbólica do mundo as *antigas coisas* da visão científico-manipuladora transformam-se em princípios errático-vitais, em sua produtividade inabalável. A Terra que nossos olhos nos revelam, a Terra como conteúdo lógico-significante é uma mera expressão estático-intelectual, uma fixação de um grande e mítico drama que só a experiência simbólica pode revelar-nos. O mesmo processo que está em atuação na externalidade fixa da Terra pode atuar e atua na alma do homem quando esse, fascinado pela Deusa, canta e dança, põe em poemas e movimentos a sua reverência religiosa. No poema está o mito da Terra, isto é, está na Terra, com igual direito que na dança, ou na representação fixa sob os nossos pés.[3] Se tudo está em tudo, não estaríamos repetindo a veneranda doutrina doas *homeomerias* de Anaxágoras? Em cada objeto estariam as sementes de todos os outros. Não se trata contudo, na filosofia simbólica que estamos desenvolvendo, da presença física e material das coisas, umas nas outras, mas da coalescência de uma hierofania divina em múltiplas representações. As metamorfoses do princípio mítico traduziriam as possibilidades variáveis de manifestação, o existir atópico ou utópico de uma abertura mundial.

A linguagem do símbolo colige em si o âmbito total de uma operação, de um ciclo de possibilidades, que em seu registro imagístico transcende qualquer representação unívoca. Uma

---

[3] Martin Heidegger, *Unterwegs zur Sprache*. Berlim, Nesks Verlag, 1959, p. 205. "Nos dialetos manifesta-se de forma variável o panorama ou ainda a Terra. Mas a boca não é simplesmente uma espécie de órgão do corpo representado como organismo, mas tanto o corpo como a boca pertencem à Terra e mediante eles recebemos uma residência na Terra." (N. A.)

imagem é um símbolo quando nos dá em pessoa, como na forma tautegórica, o conteúdo de uma protoforma divina. Dioniso é a parreira, a planta embriagadora, o vinho, mas também comparece e se encarna no séquito enlouquecido das bacantes, no coro trágico e no sentimento exuberante e extático da existência. As metamorfoses do símbolo constituem a força inerente à Imaginatio Divina, a força de uma operação proteiforme e errática que não obedece a outra lei senão à da própria metamorfose. Esse o fundamento que determinou a singular concepção de Walter Otto no que diz respeito à natureza essencial do rito religioso. O grande investigador do fenômeno religioso interpretou a cena ritual como um prolongamento ou expressão da própria mitologia ou, em outras palavras, como mais uma hierofania do princípio tutelar. O comportamento e a cerimônia ritual constituiriam um símbolo da mesma natureza que a dos símbolos míticos e não algo de oposto ou diverso das formações des-velantes do processo mitológico. Uma das metamorfoses do mesmo Deus seria o rito desse deus, o seu aspecto cultual, como emblema configurado pela atuação, isto é, como símbolo. Vemos que nessa concepção do simbolismo, este nunca pode ser uma criação meramente humana segundo o arbítrio de sua fantasia. O pôr-se em Imagem do simbolismo é sempre epifania e manifestação e quando o espírito humano cria um universo de vicissitudes de valor simbólico é porque já se abriu previamente ao império de uma presença unívoca, já trabalha nas grandes linhas de um arquétipo fundamental. O fenômeno do símbolo constitui o encontro com uma realidade não-feita-pelo-homem, com uma força plasmadora que nos oferece uma experiência de saber inesgotável. O próprio homem, a sua civilização, só encontram uma elucidação suficientemente profunda quando tentamos sondar os símbolos des-velantes de sua realidade fundada.

A ORIGEM RELIGIOSA DA CULTURA[1]

Grande parte das pretensões de conhecimento do mundo atual estriba-se no pressuposto da essência irrelativa separada das coisas. Assim como percebemos os objetos descontínuos e segregados, fechados em si mesmos numa espécie de atomismo representacional, assim de fato eles existiriam. As ideias e as coisas gozariam de uma vida livre e absoluta, de uma vida *sui juris* no espaço e no tempo. Entretanto, como sabemos, desde o criticismo kantiano e as investigações do idealismo do século passado e como é renovadamente afiançado no pensamento hodierno, o ente, em sua totalidade, consiste sempre no fruto de uma desocultação transcendental que o configura em seu ser próprio. Todo objeto é em suma um objeto constituído, interpretado, desenhado em sua índole derradeira. Em consequência, o ser desses objetos e de todos os objetos de conhecimento possível, origina-se de uma convergência de categoria configuradora que os recorta e individualiza no campo do cognoscível. O ser desses objetos assim como o dos demais entes oferecidos ao nosso conhecimento promana de uma dotação de sentido transcendental (*Sinngebung*), que instaura seu tipo de manifestação. O ente nasce dessa dotação de sentido, todas as coisas são tributárias de uma iluminação projetiva, não existindo de maneira

---

[1] "A Origem Religiosa da Cultura", *Convivium*, São Paulo, v. 1, n. 1, maio 1962, p. 32-41. (N. O.)

alguma como realidades espúrias e irrelativas. Podemos advertir outrossim que os objetos intramundanos, as coisas que encontramos, das mais nímias às mais aparatosas, são traçadas em seu ser variável como um espaço de conexões significativas ou uma totalidade de sentidos para uma inteligência. Esses significados guardam em si uma trama de relações internas, um caráter referencial que nos adverte acerca da solidariedade de estilo dos entes revelados num determinado mundo. Encontramos na obra de Johann Fichte o esforço de construção da gênese transcendental das categorias que configuram as representações básicas do homem ocidental. Para Fichte, as representações em que vivemos, e que constituem o nosso mundo, originam-se do sentido teleológico que dá a razão última da índole e da forma dessas representações. O mundo do ente, ou como os idealistas preferiam dizer, o *Vorstellung Welt*, torna-se um sistema de formas coerentemente traçadas, um organismo onde as partes revelam o estilo imperante do todo.

Uma das representações fundamentais que encontramos no mundo e que em absoluto não pode ser conhecida em seu ser-separado ou isolado é a própria representação humana, a própria autognosia pessoal. Acontece que essa representação do nosso mais íntimo ser, a esfera de conotações e significados subordinados à nossa gnosia pessoal e social, têm o mesmo destino de todas as outras representações, a saber, a de ser um campo desfechado por um projeto desocultante.

Nesse sentido não podemos pensar isoladamente, fora do contexto da nossa cultura, a nossa consciência ou o ente humano sendo formas de ser emergentes e determinadas por condições *a priori* de manifestações inerentes ao nosso ciclo histórico.

O aspecto importante dessas considerações no que tange à compreensão dos fenômenos e sua incidência sobre o fato cultural assenta na eventualidade de que segundo as ideias acima desenvolvidas o homem não pode ser posto como uma natureza indelével ou um ponto fixo diante das hierofanias históricas do divino. Não seria portanto legítimo interpretar a instância mítico-religiosa a partir das aspirações fixas ou pretensamente naturais da alma humana, ou ainda de qualquer fundo psicológico julgado invariável.

A primordialidade do fenômeno religioso na definição e configuração do personagem histórico-cultural parece constituir a formulação especulativamente mais legítima dos fatos. É a tese que encontramos exposta por Hegel em suas *Lições sobre a Filosofia da Religião*: "Da mesma forma que o conteúdo divino se determina, determina-se o outro polo do espírito subjetivo-humano que possui esse conhecimento. O princípio segundo o qual Deus se determina para os homens, é também o princípio que determina o homem em seu espírito. Um deus perverso, um deus da Natureza, tem por correlato homens maus, sensoriais, não-livres; o puro conceito de Deus, o Deus espiritual tem por correlato o espírito livre e incorpóreo e realmente consciente de Deus. A representação que o homem possui de Deus corresponde à que possui de si mesmo, de sua liberdade".[2] Jamais encontraria qualquer fundamento filosófico a tentativa de reduzir as formações mítico-religiosas e a pura instância do divino a presumidas projeções de substratos psíquicos ou antropológicos, substratos considerados independentes ou causalmente determinantes. Com Karl Kerényi contestamos a validez de qualquer tentativa de construir a esfera mítico-religiosa a partir de extratos psicológicos, de derivar o mítico do não-mítico, assim como, em geral, a ontologia moderna veda a passagem do não-vivo, do não-psíquico para o psíquico e assim por diante.

O tema do nosso ensaio é justamente o da origem religiosa das culturas, da causalidade das potências ou hierofanias divinas nas plasmação dos fenômenos culturais e inclusive na configuração do nosso próprio ser. Em nosso horizonte cultural e intelectual as vozes que se pronunciam a favor dessa tese são cada vez mais

---

[2] G. W. F. Hegel, *Die Naturreligion*: Vorlesungen über die Philosophie der Religion: zweiter Teil ertes Kapitel, hrsg. Leipzig, Lasson, p. 7. (N. A.)

numerosas e autorizadas. Leiamos em corroboração estas palavras do eminente historiador da antiguidade, Franz Altheim: "E apesar de tudo constitui a religião um dos maiores e incomparáveis desígnios da vida histórica. Ela pertence às forças que criaram mundos e os mantiveram em constante movimento. Quase nada existe no domínio humano que não se originasse de raízes religiosas e não fosse formado por motivações religiosas".[3]

Destarte se a cultura e o próprio personagem cultural e seu estatuto ontológico básico se manifestam como universos deflagrados por uma fascinação ontológica primordial, podemos concluir que o agente humano não é um campo neutro do ponto de vista religioso, um ente avulso e fechado em si mesmo e que subsequentemente pudesse relacionar-se com a esfera do divino. Qualquer autognosia humana já traz em si o selo de uma pertinência religiosa. Portanto, somos nós mesmos, no uso e gozo de nossas faculdades, emoções e aspirações, todas elas geneticamente ligadas à nossa matriz religiosa ocidental, que pensamos ilusoriamente relacionarmo-nos livremente com qualquer possibilidade religiosa. Essa ilusória disponibilidade de opção religiosa é também vivida pelo homem atual que se julga apto para as mais exóticas conversões e militâncias religiosas. Assim desenvolve-se o interesse pelas religiões primitivas e pelas ondas de entusiasmo das práticas místicas mais excêntricas. Mas é sempre o homem cristão-ocidental, com sua alma *naturaliter christiana* que se defronta extrinsecamente com os emblemas numinosos e os *numina* de outros mundos. O átomo solto de uma cultura, que nasceu e se plasmou em seu âmbito, tenta sem qualquer transfiguração essencial emigrar para outros cadinhos mítico-religiosos sem dar-se conta que o credo religioso não é matéria de opção, mas sim de uma infinita transformação.

A resolução do homem no plexo de seus desempenhos próprios e a consideração desses desempenhos como uma esfera de

---

[3] Franz Altheim, *Der Unbesiegte Gott*. Coleção Rowohlts Deutsche Enzyklopädie, 35. Hamburgo, Rowohlts, 1960, p. 7. (N. A.)

ações possíveis, deflagrada pelo assédio iluminante do Ser, permite a elaboração de uma nova doutrina da incidência cultural do fenômeno religioso. Deus ou os deuses não se apresentariam mais como representações ou polos de um conhecimento humano possível, de um culto ou de uma latria, que versasse sobre uma dimensão transcendente. Ao contrário: o próprio homem, o protagonista eventual de uma cena histórica, já se apresenta como algo de posto e de aberto por uma *Ergriffenheit* religiosa (Frobenius).

O homem não pode opor-se epistemologicamente ao divino, como um sujeito a um objeto, desde que ele mesmo está-aí como algo des-fechado por um oferecer mítico-religioso. Entre as possibilidades, formas ou entes desdobrados no mural do Ser encontramos o protagonista humano, consciência emergente de uma afirmação universal e toda ela reportável aos poderes ponenciais-mitológicos. Os elementos fundamentais dessa concepção foram explicitamente formulados, pela primeira vez por Schelling, em sua obra *Introdução à Filosofia da Mitologia*: "No processo mitológico", diz Schelling, "o homem não se refere às coisas, mas às potências, que se erguem no interior da consciência e às impulsões, às quais ela obedece. O processo teogônico que dá origem à mitologia é um processo subjetivo, unicamente na medida em que se desenrola na consciência e se manifesta pela formação de representações; mas as causas e consequentemente os objetos dessas representações são as potências teogônicas reais e em si, sob a influência das quais a consciência é primitivamente aquela-que-põe-Deus. O conteúdo do processo é formado não por potências simplesmente *representadas,* mas pelas próprias *potências que criam a consciência* e sendo essa o último elo da natureza, criam a própria natureza, e são por consequência potências reais".[4]

Vemos afirmadas nessas linhas a eclosão simultânea da consciência e da natureza, isto é, da totalidade do ente, através

---

[4] F. W. J. Schelling, *Introduction à la Philosophie de la Mythologie*. Trad. Vladimir Jankélévich. Paris, Montaigne, 1946, p. 249-250. (N. A.)

das potências que põem Deus, dessas forças desocultantes inerentes ao processo mitológico. Os desempenhos humanos se apresentam no mesmo nível das outras formações intramundanas e estão expostas ao mundo segundo a mesma lei das outras possibilidades.

Em consequência, todas as possibilidades ou representações promanam do mesmo caráter ou estilo cultural. Eis por que Heidegger, em seu ensaio sobre a essência da técnica, se esquiva a qualquer explicação antropológica ou subjetiva da técnica, que reduziria a um simples produto da mente ou do trabalho humano. Para Heidegger a técnica é uma das modalidades da *aletheia*, da verdade do Ser, que condiciona reciprocamente a consciência trabalhadora e o mundo manipulável por essa consciência. Se o mundo não se tivesse revelado como um campo infinitamente poroso de caminhos instrumentais, a operação técnico-trabalhadora, a operação da subjetividade não se teria empolgado na construtividade infinita de uma civilização técnico-industrial. Antropogenia e cosmogonia aparecem como termos indissolúveis de uma mesma revelação transcendental.

Nessa ordem de considerações, a dimensão do sagrado começa a ser determinada não mais na relação do *ens creatum* com o *ens increatum* ou na relação do contingente diante do absoluto, mas no aprofundamento da dimensão prototípica ou fundante do divino. Os deuses ou Deus manifestam-se como Origens – nas palavras de Kerényi –, Origens de todo originado, de todas as possibilidades e valores encarnados ou encarnáveis na História. A experiência morfogenética do divino se esclarece no pensamento do aspecto puramente des-fechante do Ser, na abertura ou manifestação original do mundo. O aspecto ou forma de cada coisa, o estranho e inquietante perfil do ente remete-nos às potências projetivas e reveladoras da estranha face das coisas. A mesma experiência adverte-nos que no fenômeno mítico-religioso, na hierofania dos deuses, irrompe um poder transcendental-constitutivo, uma iluminação projetiva da totalidade do ente. Queremos destacar em nossas considerações precipuamente o aspecto constitutivo ou des-velante, isto é, o aspecto transcendental das potências superiores. Como sabemos, o conceito do processo transcendental, na doutrina do idealismo clássico, equivale à reabsorção do objeto de conhecimento no próprio processo do conhecer. O objeto seria "constituído" pelo aparato epistemológico do homem e imanente a ele. O aspecto transcendental se efetiva no transcender a alteridade do objeto conhecido. De maneira análoga e paralela, mas agora na dimensão de uma filosofia metaconscienciológica, estaríamos diante da possibilidade de uma reabsorção da totalidade do ente no processo morfogenético das epifanias divinas. Todas as eventualidades ônticas seriam transcendidas em seu Ser avulso e relativo e fundadas a partir da força iluminante da desocultação mítico-religiosa. Contudo, a transcendência absoluta de Deus ou dos deuses equivale à absoluta excedência da matriz originante sobre as formas e desempenhos in-fusos na cena histórica. O poder manifestante do divino transcende e enquanto transcende é transcendente a todo manifesto.

Essa é a tese que já encontramos plenamente determinada na obra de Schelling – *Filosofia da Arte* – sob o título de "A Universalidade e a Infinitude constituem o caráter da verdadeira mitologia": "Segundo o exposto no parágrafo 34, [a verdadeira mitologia] só é possível na medida em que está desenvolvida em sua totalidade, e enquanto representa o universo prototípico. Nesse, não só todas as coisas, senão todas as relações das coisas existem ao mesmo tempo como possibilidades absolutas; o mesmo deve ocorrer na mitologia enquanto universalidade. Mas como no universo em si, no mundo prototípico, do qual a mitologia é representação imediata, passado e futuro se identificam, o mesmo deve ocorrer na mitologia. Não só deve representar o presente e o passado, como também deve abarcar o futuro; tem que estar adaptada ou adequar-se de antemão, como por uma antecipação profética, a situações futuras e aos infinitos processos do tempo, isto é, deve ser infinita. Essa infinitude expressa-se diante do intelecto, afirmando que nenhuma inteligência é capaz de desenvolvê-la totalmente, que nela existe uma possibilidade infinita de estabelecer sempre novas relações".[5]

Devemos reconhecer, entretanto, que na tradição religiosa de onde proveio a nossa cultura, a componente culminante ou transcendente de Deus suplantou e ocultou totalmente o processo propriamente des-velante da religião. Esse aspecto entretanto foi também altamente ressaltado por Schelling ao aludir ao caráter poético absoluto do sagrado, isto é, à sua natureza de poesia em si. No fenômeno do culto e da cena devocional, que costumamos designar pelo termo de rito, transparece claramente essa função inaugural da presença divina, na medida em que a festa ritual constitui uma re-instalação na história e no tempo plasmador absoluto. De qualquer maneira, o traço marcante da filosofia religiosa que estamos apresentando, procura surpreender o divino na experiência de um Poder Fascinante-Transcendental que abre e inaugura poeticamente um mundo. Essa função superior da mitologia compreendida como "a abertura de um regime de Fascinação" traduz a capacidade genético-transcendental da incidência histórico-cultural do divino. Eis por que Kerényi com razão afirma que os deuses são Origens-Absolutas. Cada manifestação divina constitui uma *Seins Offenbarung*,[6] um *Weltaspekt,* um universo inteiro de ações, formas e desempenhos possíveis. Nesse sentido pelo menos é que o grande helenista e filósofo da religião, Walter Otto, interpreta o fenômeno religioso: "Em todo mito original revela-se um Deus com seu mundo vivo. Pois Deus, como quer que se distinga de seus pares ou seja denominado, nunca é uma potência singular, mas sempre O inteiro ser do mundo numa revelação que lhe é própria".[7] O pensamento religioso de Walter Otto é da mais alta significação para a elaboração de perspectivas filosóficas como

---

[5] F. W. J. Schelling, *Filosofia del Arte.* Trad. E. Taberning. Buenos Aires, Nova, 1949, p. 61. (N. A.)

[6] Revelação do ser; um aspecto do mundo. (N. O.)

[7] W. F. Otto, *Theophanie: Der Geist der Alte Griechische Religion.* Coleção Rowolts Deutsche Enzyklopädie, 15. Hamburgo, 1956, p. 21-22. (N. A.)

as que estamos analisando, podendo mesmo se afirmar que foi ele quem mais contribuiu para a eclosão de novas ideias.

Segundo a sua concepção não podemos apelar, pretendendo fundamentar e explicar o aparecimento da religião e da cultura, para um conjunto de aspirações, necessidades e ideais humanos, pois essas forças em sua modalidade histórica já supõem em aberto o espaço de sua manifestação. Finalidades, ideais, necessidades, sonhos, já são *Einzelformen eines Gesamtstiles des Lebens,*[8] desempenhos intramundanos, que supõem e pressupõem uma dotação de sentido prévio.

Essa dotação de sentido é o resultado emergente de uma epifania do divino, daquela poesia em si e por si de que falava Schelling: "A epifania majestosa", diz-nos Walter Otto, "em cujo quadrado o homem recebe a sua própria imagem e irradia também a partir de si mesmo aquele Todo em movimento que denominamos o estilo total da vida. No começo está sempre Deus".[9] Em consequência, a Manifestação mítico-divina que estilizava e põe em movimento um ciclo histórico, de todas as coisas reais ou atuantes, é a mais real ou atuante (*von allem wirklichen, das Wirklichste*).[10] Não só o divino ou o mito formador da cultura e da história absorve em si a realidade de todo o real, que nada mais é que sua expressão, mas também a atuação de Todo o atuante. A verdadeira atividade ou produtividade, a autêntica capacidade de criação pertence exclusivamente, segundo Otto, à *Erscheinung der Gottheit*;[11] dela depende o grande ato criador (no sentido transcendental-projetivo) que desenha todas as formações particulares de uma cultura. Nada que no mundo teria demonstrado, através do tempo, uma tal capacidade criadora ou produtiva, no sentido de possibilidade do possível, como *das Bild der Göttlichen.*[12] A revolução do

---

[8] Fórmulas singulares de um estilo integral de vida. (N. O.)

[9] W. F. Otto, *Dionysos: Mythos und Kultus*. Coleção Frankfurter Studien zur Religion und Kurtur der Antike, Band IV. Frankfurt, Klostermann, s/d, p. 30. (N. A.)

[10] De todas as coisas reais ou atuantes, é a mais real ou atuante. (N. O.)

[11] Aparição da divindade. (N. O.)

[12] A imagem do divino. (N. O.)

divino é o fenômeno originante de uma forma vital, revelação determinada na acepção frobeniuseana de uma *Ergriffenheit*. Quando Walter Otto afirma que "no começo está sempre Deus", não devemos imaginar essa revelação como uma ideia subjetiva, um pensamento humano, pois, como vimos, a própria imagem do homem com suas forças e possibilidades é determinada *abalio* pela *Offenbarung* do divino.

"O que denominamos cultura", diz Otto, "é dependente em sua figura total de um Mito dominante, que é inseparável do mito do divino. Com a criação desse Mito constitui-se um povo e uma cultura, que anteriormente careciam de existência".[13] O homem e a natureza são pois capítulos especiais dessa revelação total, pois *Immer steht, am Anfang der Gott*. Ideias com tudo e por tudo iguais às expressadas por Schelling em toda a sua obra. No pensamento de Otto a experiência do processo religioso é traduzida na experiência de uma protoforma absolutamente fundante, de um poder projetivo primeiro, em sentido heideggeriano. A abertura desse mundo através da Parusia divina não diz respeito unicamente a um aquém-mundo, em exclusão de um além. Fazendo alusão à realidade transmundana como feudo de uma desocultação de igual índole, podemos reportar-nos ao conceito de Mundo no pensamento de Heidegger.

Lemos na *Carta sobre o Humanismo*: Mundo, na expressão Estar-no-mundo, não significa de nenhuma maneira o ente terrestre em contraposição ao "celeste", nem mesmo o *mundano contraposto ao espiritual*. *Mundo* não significa nessa acepção algum ente ou qualquer domínio do ente, mas sim a abertura do Ser – *die Offenheit des Seins*.[14] Procurando interpretar o sentido da meditação sobre o fenômeno do mundo e afastando falsas interpretações diz-nos Walter Bröcker em seu opúsculo *Dialectik, Positivismus, Antropologie*: "O mundo não significa aqui o Universo, mas um

---

[13] Op. cit., p. 31. (N. A.)

[14] Cf. M. Heidegger,"Brief über der 'Humanismus'". In: *Platons Lehre von der Wahrheit*, ed. Ernesto Grassi, "Reihe Probleme und Hinweise", Band 5, Berna, 1954, p. 100. (N. A.)

Horizonte que circunda o homem e dentro do qual pode encontrar qualquer ente, constituindo esse horizonte o que possibilita a maneira e o tipo de encontro".[15]

Portanto, nessa concepção de Mundo como abertura do Ser, tanto a noção de um "aquém" como a de um "além" estariam subordinadas à própria noção de mundo: a desocultação abrangeria esses dois reinos em seus próprios fundamentos. Quando atribuímos ao assédio mítico-poético do divino a irrupção de um mundo, nos referíamos evidentemente ao des-velamento da totalidade do ente, ou das possibilidades terrestres ou celestes que se tornam disponíveis no dealbar de uma cultura. Deus ou os deuses são princípios fundantes no sentido de desentranhar do sigilo do oculto todos os níveis e possibilidades do mundo. Walter Otto afirma que o que se debruça sobre o protagonista histórico nas epifanias originantes, não é qualquer poder recôndito ou incognoscível, mas sim "o próprio mundo como forma divina, como profusão de formações divinas". Alude, sem dúvida, à ideia de mundo como coimplicando em si o sistema global revelado. As hierofanias míticas se manifestam como princípios des-fechantes que dão razão ao fundo e à forma de todo um ciclo de vida. A experiência filosófico-religiosa assim obtida expressa a mais plena incursão nas raízes transcendentais e des-velantes de todo o acontecer histórico.

É o que podemos inferir destas palavras significativas de Mircea Eliade que citamos como conclusão deste trabalho: "É fácil compreender que o momento religioso envolve em si o momento cosmogônico; o sagrado revela a realidade absoluta e possibilita com isso uma orientação; fundamenta em consequência o mundo, no sentido de que fixa os limites e erige uma ordem mundial".[16]

---

[15] Walter Bröcker, *Dialektik, Positivismus, Mythologie*. Klostermann, Frankfurt, 1958, p. 99. (N. A.)

[16] M. Eliade, *Das Heilige und Profane: Vom Wesen des Religiösen*. Coleção Rowohlts Deutsche Enzykopädie, 31, 1960. (N. A.)

LIBERDADE E IMAGINAÇÃO[1]

Em certa passagem da *Enciclopédia das Ciências Filosóficas*, Hegel afirma que "em geral o homem culto se atém às suas imagens e raramente cuida da intuição imediata. A multidão, pelo contrário, acorre sempre de boca aberta onde há algo para olhar".[2] Com essa observação o filósofo procura aludir à servidão da consciência às coisas, à intuição imediata, quando o homem ainda não desenvolveu em si mesmo as suas possibilidades próprias de pensamento e de imaginação. Eis por que Hegel acredita que "quanto mais culto é o homem, menos vive na esfera da intuição imediata".[3] Qual é entretanto esse mundo que transcende a esfera das coisas e onde deve viver o homem culto? Evidentemente, o mundo criado pela imaginação produtiva ou criadora do Espírito. O espírito seria essa potência criadora, atuando essencialmente como poder de formar imagens a partir de si mesmo, de prospeccionar novos caminhos, imagens e representações. Esse foi o tema central, como sabemos, do pensamento de Nicolai Berdiaev e ao qual deu as mais incisivas formulações: "A imaginação produtiva é uma força metafísica

---

[1] "Liberdade e Imaginação", *Convivium*, São Paulo, v. 1, n. 2, jun. 1962, p. 71-77. (N. O.)

[2] G. F. Hegel, *Filosofía del Espíritu*. Trad. E. Barriobero y Herran. Buenos Aires, Biblioteca Pluma de Oro, 1942, p. 486-487. (N. A.)

[3] Ibidem, p. 486. (N. A.)

que sustenta uma luta contra o mundo objetivo, determinado, contra o reino da quotidianidade. A imaginação criadora cria realidades. As imagens criadas pelos criadores de obras de arte levam uma existência real, agem no mundo".[4]

Em todos os campos das formações culturais, assistimos a essa transfiguração do simplesmente dado a uma livre transformação do material encontrado. Não só, entretanto, nas produções objetivas da cultura deparamos com esse trabalho da fantasia, mas, no mesmo grau, vislumbramos esse poder na vida psicossomática. O nosso corpo, enquanto aparato expressivo fisionômico, o que é senão o teatro de uma contínua atividade imaginativa?

As mãos e o rosto oferecem a esse respeito oportunidades para desenvolvimentos dramáticos e expressivos, os mais surpreendentes. A fantasia das mãos e do rosto, a fantasia coreográfica do nosso corpo, constitui a livre disponibilidade para comunicações sociais e culturais inacessíveis a outros tipos de linguagem. Podemos dizer em princípio que nada se furta à profunda operação formativa da imaginação, constituindo essa o poder soberano da existência. O que denominamos liberdade, a noção e a realidade de autodeterminação da consciência, está essencialmente ligada à *facultas imaginandi*. É, no fundo, a imaginação que desdobra diante de nós as diversas alternativas de uma dada situação, o território opcional onde pode aprofundar-se a nossa escolha. O domínio de jogo das nossas possibilidades de ação nasce da prospecção operada pela consciência e pela fantasia das diversas fases e aspectos de uma dada conjuntura. Ninguém pode ser livre enquanto simples coisa solidária e consecutiva em relação ao conjunto do dado. Ser livre significa um ir-além-de-si-mesmo, um *dépassement* do conjunto do já realizado e do já dado. Ora, esse *dépassement* nasce da estrutura projetivo-imaginativa da consciência ou, como afirma Herman Glockener, da "idealidade" ou da referência aos possíveis do nosso "Eu".[5] O próprio conhecimento

---

[4] N. Berdiaev, *Essai de Métaphysique Eschatologique*. Paris, Aubier, 1946, p. 201. (N. A.)

[5] Cf. "Zum Freiheits Problem, Meditationen." In: *Zeitschriff für Philosophische*

das coisas que nos rodeiam, a própria percepção ou representação dos objetos circundantes nos remete a uma contínua abertura de virtualidades de conhecimentos e ação, na prospecção imaginativa das ações possíveis que se estampam e delineiam no perfil do percebido. Nesse sentido as próprias coisas já são "imagens" enquanto nos devolvem continuamente, como imagens refletidas e na forma de meios e utensílios, às potencialidades dormentes de uma ação; e quem diz ação na escala humana refere-se ao cumprimento de finalidades ou teleologias bosquejadas pelo Eu cultural. A potência criadora da imaginação que transforma o nosso corpo num aparato semântico, transforma uma acepção universal e total, o universo das coisas ou pré-coisas, num universo apropriado e possuído pelo Espírito. A imaginação é nesse sentido um processo de transcendência e ação. "Todo o nosso desenvolvimento", afirma Nietzsche, "é percebido por uma imagem ideal, produto de nossa imaginação; a evolução verdadeira é-nos desconhecida. Nós somos constrangidos a traçar essa imagem".[6] Na concatenação profunda do pensamento de Nietzsche, a potência da imaginação criadora representa um papel filosófico primordial. A vontade de poder, realidade última das coisas, "fato último ao qual nós podemos aceder", é para ele uma vontade de plasmação artística, é um aperfeiçoamento total das coisas pela *vis poetica*, pela subjetividade artístico-metafísica.

Essa força não é para ele um apanágio humano, não está centrado no homem, como podemos depreender desses enunciados do filósofo: "A subjetividade do universo não é uma subjetividade antropomórfica, mas cósmica, nós somos os personagens que passam no sonho de um deus e que se tornam o que ele sonha". Essa subjetividade não poderia ser, segundo Nietzsche, vinculada ao eu humano, desde que o próprio sujeito, o Ego, a alma, não são para ele senão ficções, criações, representações fluidas no vir a ser histórico. Para Nietzsche o

---

Forschung, Band XIV, Heft 4, oktober-dezember 1960, p. 553-570. (N. A.)
[6] F. Nietzsche, *La Volonté de Puissance*: I. Texto de F. Wurzbach. Trad. de G. Bianquis. Paris, Gallimard, 1942. (N. A.)

próprio Eu (*Ich, Selbst*) é posto pelo pensamento ou imaginação macroscópica que interpreta e projeta o mundo.

Leiamos outros trechos do mesmo livro onde se confirma essa filosofia de superação da ideia de "sujeito" – eu – no próprio processo constitutivo oriundo da subjetividade histórico-cósmica, livre de qualquer limitação humana. "O nascimento das coisas", diz Nietzsche, "é por inteiro obra daquele que imagina, pensa, quer e sente. A própria noção de 'coisa', como todas as qualidades. O próprio 'sujeito' é uma criação, uma coisa como as outras, uma simplificação para designar como tal a força que põe, inventa, pensa, em contraposição a toda atividade particular e que consiste em pôr, inventar, pensar".[7] Distingue-se aqui um "sujeito" ou "eu" intramundano, um sujeito finito, de uma força poética interpretativa excêntrica, universal que, no mesmo parágrafo 204, é identificado com a paixão plasmadora transcendental, inerente à vontade de poder. As coisas e o próprio sujeito se originam de uma transcendência, de um desenhar prototípico, de uma *facultas imaginandi* que abre o campo original da história e a face do ente em seu conjunto. A *puissance créatrice* de que nos falava Berdiaev, *l'acte createur* entendido como forma de autoposição da liberdade são ao mesmo tempo manifestações amplíssimas da imaginação produtiva. É interessante notar que Hegel, ao estudar os fenômenos da imaginação, relaciona-a essencialmente com as forças promotoras do universo simbólico da linguagem e dos sinais em geral. A imaginação se exerceria, fundamentalmente, formando as coisas e as possibilidades com a potência da palavra e permitindo que o pensamento atingisse, na esfera simbólica, uma concretização de si mesmo. "Todos estão de acordo em reconhecer nos produtos da imaginação produtiva a unidade do elemento interno e próprio do Espírito, e do elemento dado pela intuição".[8] Através dessa atividade criadora são revestidas de imagens as representações gerais e os conteúdos puramente mentais.

---

[7] Ibidem, p. 106. (N. A.)

[8] F. Hegel, op. cit, ibidem. (N. A.)

Hegel denomina "subjetividade concreta" esse universo omnicompreensivo projetado pela linguagem, esse mundo da linguagem, dentro do qual existimos e somos. A linguagem é uma "exteriorização da inteligência" na qual ela se põe dentro de si mesma; em outras palavras, só podemos ter acesso pensante ao que somos e à nossa própria inteligência, usando os meios discursivos da linguagem que é por sua vez uma exteriorização da inteligência. A linguagem, para o nosso filósofo, enquanto pôr-se em obra da imaginação produtiva, é "o sujeito que se dá na Imagem uma realidade efetiva e assim se demonstra a si mesmo". Essa subjetividade concreta, esse sujeito que vive na linguagem, *que é a linguagem* (desde que na palavra se encontram identificados o conteúdo, a significação e o sinal), transcende infinitamente o puro sujeito pessoal e individual. Não é a palavra que está em nós, mas *nós* que estamos na palavra. E em verdade só podemos distinguir em nosso íntimo todas as nuances de nossa vida interior, todos os meandros do nosso ser, devido ao potencial analítico já existente na linguagem. "Não temos consciência de nossos pensamentos, não temos pensamentos determinados e reais, senão quando lhes damos a forma objetiva e os diferenciamos de uma interioridade e por consequência os marcamos com a forma externa, mas com uma forma que tem também o caráter da atividade interna mais alta". Para Hegel, portanto, essa *forma externa,* a palavra e a linguagem, representam a *atividade* mais alta, são o produto de um produzir-se que traduz em suma a irrupção de uma originalidade criadora, justamente a da imaginação na sua forma produtiva. A palavra, portanto, não é um fato, uma existência morta, uma coisa, mas sim um ato, um transcender que continuamente emerge como virtualidade. Ao universo da linguagem, enquanto universo aberto pela palavra, pertencem de maneira evidente as obras de arte da linguagem, a grande esfera da *poesia*.

Se seguirmos o pensamento do filósofo Martin Heidegger, teríamos mesmo de afirmar que a própria essência da linguagem consistiria na poesia, pois nessa se daria a "nominação" primordial do *nominável*, a abertura do ente como tal. A poesia e a arte, em consequência, não teriam brotado de um território linguístico utilitário reprodutivo, por uma aplicação especial dos recursos linguísticos, mas ao contrário a linguagem do canto e da celebração é que nos dariam a essência mais íntima do ato das palavras.

Na linha das nossas considerações, aliás, esse fenômeno é plenamente inteligível desde que a linguagem seria o próprio atuar da imaginação produtiva, a dimensão das imagens prototípicas. Falamos evidentemente aqui de uma *Ur-poesie*, dos mitologemas, cantos e rituais, que estão na Origem e na base de um ciclo de civilização. Nesse caso, a palavra não tem a função de reproduzir fatos, de trazer informações, mas de revelar magnas ocorrências e magnos valores no canto e pelo canto, que condicionam a existência em sua totalidade. A própria possibilidade de estarmos imersos e referidos a um mundo ordenado em significados e articulações de sentidos, nós a devemos à linguagem. Através dos símbolos nós conformamos e dominamos a riqueza desordenada dos estímulos sensoriais, o dilúvio das impressões, num sistema plenamente controlável de formas significativas ou inteligíveis. É o mundo do *logos*. Arnold Gehlen em seu recente trabalho *Anthropologische Forschung*,[9] lembra-nos que a interposição desse *Zwischenwelt*[10] simbólico entre nós e as coisas equivale a uma distanciação do mundo, e a possibilidade de estarmos realmente "abertos para um mundo". A *Weltoffenheit*[11] própria do homem, e à qual se referia Max Scheler, encontra a sua efetivação na ordem simbólica que permite a transformação do mero "meio ambiente" no qual o animal está imerso numa representação do mundo com suas linhas infinitas de desenvolvimento virtual. Gehlen, nesse estudo, assinala como esse *Distanzierung von Mensch und Welt*[12] implica numa decisiva alteração do comportamento do protagonista cultural.

---

[9] *Anthropologische Forschung*, p. 51.
[10] Mundo intermediário. (N. O.)
[11] Abertura para o mundo. (N. O.)
[12] Distanciamento do homem e do mundo. (N. O.)

"O nosso comportamento torna-se sempre mais variado e cada vez mais potencial, um simples Poder (*Können*); o percebido torna-se uma simples sugestão de desenvolvimentos possíveis, aos quais nós em geral não nos abandonamos". Volta aqui a ressurgir a tese fundamental de Fichte, segundo a qual o conceito de Liberdade não só é necessário para compreendermos o nosso Eu, mas igualmente decisivo para dar razão à forma que as coisas assumem para nós. Como já tivemos ocasião de assinalar acima, as próprias percepções, a representação das coisas, já constituem convites e sugestões a desenvolvimentos e comportamentos eventuais. Entretanto, a linguagem e a imaginação criadora é que estão à base dessa revelação ou desocultação da cena móvel, em que o agente humano desempenha o desempenhável. Sem o poder modelante da imaginação, interpretada, se quisermos, como "iluminação do ente", (Heidegger), ou como poder de escolha entre várias possibilidades, não existe qualquer campo para comportamentos e ação.

Todo comportamento humano move-se e desenvolve-se num aberto, num mundo desvelado, onde não só as coisas, mas simultaneamente o agente atuante e as suas *démarches* e disponibilidade de atuação já estão pré-figuradas. A figurabilidade do mundo e do homem, o pôr-se-em Imagem da história, estão em dependência radical da fonte produtiva da imaginação. A liberdade real só pode ser entendida como poder de escolha entre várias possibilidades. As possibilidades, por sua vez, oferece-as a imaginação, que se alimenta da cultura, enquanto conjunto de todas as possibilidades.

Temos a propensão de compreender tanto a liberdade quanto a imaginação numa acepção visivelmente acanhada e errônea. A nossa liberdade pessoal e individual, a nossa capacidade de opção e criação finita se desenvolvem num teatro já "constituído", por sua vez, por um poder incalculável e livre.

Alguns chamam esse poder de Vida, de Espírito criador, de Eu absoluto. Em consonância com o pensamento de Heidegger, preferimos considerar essas indicações como ainda oriundas de uma forma metafísica de pensar, na medida em que identificam o Ser (ou o princípio desocultante original) como algo de ôntico ou intramundano. A vida, o Eu absoluto, a ideia, constituem *pensamentos* que aí estão, como possibilidades mentais acessíveis aos homens que somos. Nascem de uma interpretação e de uma compreensão das coisas e não nos fazem remontar ao puro domínio da fascinação imaginativa. O pensamento e o pensável, o pensamento pensado e o pensante, encontram nesse domínio a matriz e o seu modo-de-ser. Colocar-se-ia nessa altura de nossas congeminações o grave problema do grau de autonomia de nossa "liberdade" em relação à afirmação desvelante do Ser, ou da relação entre a "liberdade" fundada ou derelicta e a liberdade fundante. Essa última é a que experimentamos na irrupção projetiva de um determinado Mundo. Ora, no que diz respeito à nossa liberdade pessoal ou à nossa capacidade de escolher, lemos no livro *Origem da Obra de Arte* de Heidegger o seguinte: querer ou ser livre significa "o abandonar-se ek-stático do homem existente ao desvelamento do Ser". Trata-se, portanto, de uma determinação da noção de "liberdade" que a visualiza como disponibilidade para as possibilidades autenticamente sugeridas pela cultura e pelo vir a ser das culturas. Não se trata mais da liberdade conceitualizada como causa segunda ou autodeterminação do sujeito individual, instalação do homem como *microteos* de um campo de ações próprias. Na intimização do homem com os desempenhos e modos-de-ser oriundos do ditado do Ser é que está a raiz profunda da liberdade, na consagração e cultivo das tarefas radicais da época histórica.

Religião, salvação e imortalidade[1]

O pensamento e a religião do Ocidente, a partir de Platão, ou talvez a partir da misteriosofia órfica consolidou fortemente a concepção que no homem, a alma, o espírito ou a mente constituiriam o elemento indestrutível e imortal *vis-à-vis* ao elemento corpóreo ou material. A transcendência espiritual e a alma como representando o ser dessa transcendência traduziriam a autêntica *perfectio hominis*. Platão demonstrou que no homem só a alma é indestrutível e portanto imortal, e só o exercício das virtudes intelectuais ou dianoéticas poderiam salvar-nos, ainda em vida, das incertezas e dependências do mundo corpóreo. Não haveria nenhuma possibilidade de salvação ou sublimação no eterno para o "corpo", desde que justamente salvação significaria o *corisma*, a separação do corpo, a superação da voragem material. A orientação soteriológica platônica foi mantida por Aristóteles em sua concepção metafísica do homem e, através da confluência da religião cristã com o pensamento plotiniano e aristotélico, se apresenta ainda hoje como o modelo inexcedível de uma filosofia e de uma crença impostadas na eternidade. A participação e mesmo a nossa possível passagem para o outro plano transmundano só são pensados em geral, em

---

[1] Trabalho apresentado no IV Congresso Brasileiro de Filosofia e publicado nos *Anais do IV Congresso Brasileiro de Filosofia* (São Paulo – Fortaleza, 1962). Republicado em: "Religião, Salvação e Imortalidade", *Revista Brasileira de Filosofia*, São Paulo, v. 13, fasc. 49, jan./mar. 1963, p. 3-7. (N. O.)

termos de atividades espirituais-intelectuais, ou em outras palavras, somente o nosso Eu espiritual pode empreender a viagem para a eternidade.

Todo esse sentimento da vida e do destino do homem nasceu ao considerar-se o *kyrion*, o principal do homem na atualização da vida intelectual e dos poderes de uma vontade racional. Quando o cristianismo, depois, determinou a noção anímica num sentido mais emocional-voluntarista, na dimensão da *ordo-amoris*, a alma continuou a ser "melhor que o corpo" como vida espiritual separada. O reino de Deus é o mundo que se abre com a efetivação dessa vida espiritual que é vitória sobre o mundo, que é esmagamento dos poderes ctônico-ofídicos, que traduz uma espécie de diabolização do *Ercheinungsweit*.[2] O projeto mundial ou a descoberta do Ser que determinou e fixou a *psychê* hegemônica, como alma e espiritualidade, foi a mesma que posteriormente deveria revelar o céu próprio dessa espiritualidade. O céu, na escala *entis* das sucessivas ordens de transcendência, seria muito mais que o *akineton kinoun*, o motor imóvel – seria a apoteose efusiva dessa mesma *démarche* ou orientação para o espiritual. Em qualquer religião ou mitologia, o "céu representa a proximidade mais próxima dos deuses, a morada de todas as essências e de toda a verdade". A essência humana, a operação autentificadora de seu ser, vem prefigurada no modelo divino e, por sua vez, encontra a sua realização total no céu, isto é, na estrutura eterna do ente historicamente revelado. O céu é a separação de toda a aparência, é a verdade sem mistura, é a vida na presença de Deus, que é a verdade mais excessiva e transcendente. O céu é o cumprimento de um gesto que aqui, neste mundo, unicamente esboçado, é a possessão gloriosa – na presença de Deus – da mesma operação que traduz a verdade do nosso ser.

O que cumpre observar nessas considerações é que a região corpóreo-material, nas grandes linhas da tradição cristã Ocidental, foi justamente constituída como momento constantemente

---

[2] Mundo dos fenômenos; mundo fenomênico. (N. O.)

transcendido nesse transcender. O transcendido desenha-se como forma corpórea, como resíduo morto ou mecânico, como matéria inerte de uma determinação. Dentro do âmbito da metafísica aristotélica, a relação matéria-forma traduz uma mera referência relacional e relativa, na direção de um transcender. Foi a escolha especialmente de um *kyrion*, de um *teleion*, de um resgate essencial do nosso ser, que tornou matéria determinável, que "corporificou" as outras funções ou desempenhos subordinados. O que é um corpo, o que é a matéria de uma dada forma? E a região mobilizada por um dado princípio mobilizante, é a região determinável por uma dada determinação. O corpóreo só é corpóreo ou material em relação a uma dada instância eventualmente informante, em relação a um dado "espírito", que em si mesmo pode manifestar-se inclusive como "forma", em relação a seu campo próprio de instrumentalização.

A esfera do *nous*, da mais divina e preciosa das coisas, do *kyrion* dos desempenhos humanos, determinou desde o início a orientação preestabelecida do transcender. Em última instância, a orientação é a desocultação do ente em que se estabeleceu a discriminação comum entre o mundo material e o mundo espiritual, entre o corpóreo e o anímico. Se o movimento próprio dessa superação na direção da mais divina e preciosa das coisas determinou, desde o início, o "salvável" no homem, o aspecto imortal do seu ser, isso se deve exclusivamente ao desvelamento mundial em que passamos a habitar.

Habitamos um mundo que nos gratifica com uma eternidade em termos puramente espirituais, desde que a estrutura eterna revelada em seu interior possibilita unicamente uma participação dessa natureza. O divino foi se revelando como fascinação espiritual, como princípio urânico-espiritual, configurando uma determinação humana orientada na direção dos mesmos valores. Tal determinação do deus implica tal determinação do homem. A parte do nosso ser que podemos transportar para a eternidade depende da índole do *Weltaspekt* divino dentro do qual vivemos. O Deus que santifica o espiritual-incorpóreo, que exalta a transcendência em relação aos poderes ctônicos, também salva ou eterniza a vida que testemunha e efetiva tal dimensão. A noção fenomenológica do céu deve revelar justamente o desenlace "eterno" de uma diacosmese divina e o momento eterno do desvelamento mundial em questão.

Podemos agora indagar, em termos puramente filosóficos e especulativos: existiriam outras eternidades além daquela que nos foi oferecida pela tradição ocidental cristã? Cada deus ou cada perspectiva mundial constitui uma cena de desempenhos, atualizações e cumprimentos, um teatro de fruições e bem-aventuranças que se abre como uma forma da eternidade. Na medida em que nos atualizamos na direção do sugerido por um campo fascinante-divino, nos imortalizamos nos valores e realizações dessa diacosmese. O realizável, o atualizável, como participação na eternidade, é em cada caso diverso; a ordem de possibilidades eternas é função da experiência idiomática do divino. Se na vertente da tradição ocidental-cristã e em sua abertura singular só as virtudes espirituais e o *cogito* imaterial, como variedade de um transcender, nos implantam, nos instalam num *além* eterno e na vida eterna de Deus, *mutatis mutandis*, outras perspectivas mundiais-divinas poderiam transportar-nos para outros espaços soteriológicos, para outras dimensões do *salvável* e salvado no homem. Os deuses, portanto, abrem campo a efetuações existenciais eternizantes, que pertencem ao seu âmbito interno de possibilidades atualizáveis. "Os deuses", afirma Walter Otto, "manifestam-se não só nos fenômenos naturais e nos acontecimentos históricos, mas também enquanto promovem a interioridade humana e determinam sua atitude e ação". Os deuses são a própria orientação do nosso transcender. Desde o momento, portanto, em que pomos entre parêntesis o nosso tipo inconfundível de transcender noocêntrico, isto é, desde o momento em que desmaterializamos o nosso corpo, o nosso ser se desdobra como uma árvore de gestos. O nosso corpo e o nosso ser-fenomênico ainda não-materializado e corporificado pelo ir-além do *kyrion* espiritual, é um puro campo virtual expressivo, organizável segundo diversas hierarquizações cósmico-divinas. Eis que esse nosso ser interpretável ou pré-mundano pode traduzir, em sua dramática vital, diversas *dominações* expressivas, ou ainda diversas delegações significativas. O aspecto hegemônico de nossa conduta e as virtudes ou operações prestigiosas são modalidades do transcender, oferecidas em cada caso pelas potências projetivas instauradoras. A orientação do nosso coração e da nossa mente já representam o alto-relevo tangível da consignação de desempenhos próprios do campo fascinante. Ora, outros desempenhos culminantes "mais divinos e preciosos" que as operações noomórficas podem representar o nosso coração e a nossa mente, abrindo-nos domínios imortais e imortalizantes. As cenas eternas do mundo, que constituem o universo prototípico dos deuses, surgem, convocando-nos e convidando-nos para as diversas moradas indestrutíveis. Em cada caso, a relação entre o efêmero, o mortal, o acidental e o substancial e eterno no homem alternam-se decisivamente, de acordo com a orientação da transcendência. Entretanto, são os vórtices de Eternidade que se abrem como teatros da transcendência. O essencial em nós, o *kyrion* de um grupo de desempenhos é que se patenteia como forma eterna de vida no céu de uma epifania divina. Internamo-nos numa floresta universal de gestos e advertimos a nossa radicação no imemorial e indestrutível de um *Weltaspekt*; estamos junto a Deus, vivemos a vida eterna. O que efetuamos na linha de uma dada *perfectio*, inspirados por um deus, pertence de direito à bem-aventurança eterna suscitada pela sua proximidade. O nosso coração revela-se, então, em sua totalidade, como uma chispa do coração selvagem do divino e nele estamos e permanecemos para sempre.

Evidentemente que uma compreensão exaustiva das ideias que estamos desenvolvendo supõe uma superação das representações monopolizadoras do homem como alma e corpo ou como espírito e matéria. Devemos aprender a desmaterializar o nosso próprio corpo. Devemos convencer-nos precisamente que as categorias físicas e metafísicas que empolgaram o pensamento ocidental-cristão são em última instância *constituídas* e "desenhadas", em seu ser, por um poder projetivo-desvelante e são portanto tributárias de uma gênese transcendental. Isso, quanto ao que diz respeito aos primeiros princípios, às formas informantes dos seres e, em consequência, à própria Razão. Aristóteles, pelo contrário, identificou a noção essencial do divino com o ente inteligível, com o Logos, com a enteléquia dos astros, acrescentando que só assim poderia ser interpretada a tradição mitológica. Lemos com efeito no Livro XII da *Metafísica*: "Nossos antepassados, desde as mais remotas idades, transmitiram uma tradição em forma mítica, segundo a qual os corpos celestes eram deuses e que o divino abrangia a totalidade da natureza. Se separamos esse ponto das adições posteriores e tomando-o isoladamente, isto é, supondo que afirmavam que as *substâncias primeiras* eram deuses, devemos reconhecer nisso um enunciado inspirado". Desde o momento em que as representações inteligíveis dos astros, as formas primeiras dos corpos celestes são equiparadas equivocadamente com o momento "aparente" dos deuses, com o Imaginatio Divina, o princípio hegemônico do homem está selado na atualização única de sua forma inteligível. A eternidade é a eternidade dessa *escala entis* e da supremacia da essência imaterial do Logos. Acreditamos, pelo contrário, que os deuses são origens, poderes desvelantes primordiais que comandam a irrupção de um teatro de significados, representações e desempenhos. A primazia do Mito sobre Logos implica a precedência da Abertura do Ser sobre a esfera total do inteligível, do cognoscível sobre o conhecer. O Logos nos ata ao já-oferecido, o Mito nos transporta para o domínio desvelante primordial. Unicamente superando a hipostasiação do ente humano, na consuetudinária representação de espírito-matéria, podemos vislumbrar uma nova experiência, um novo sentido da imortalidade para os homens.

PARTE II

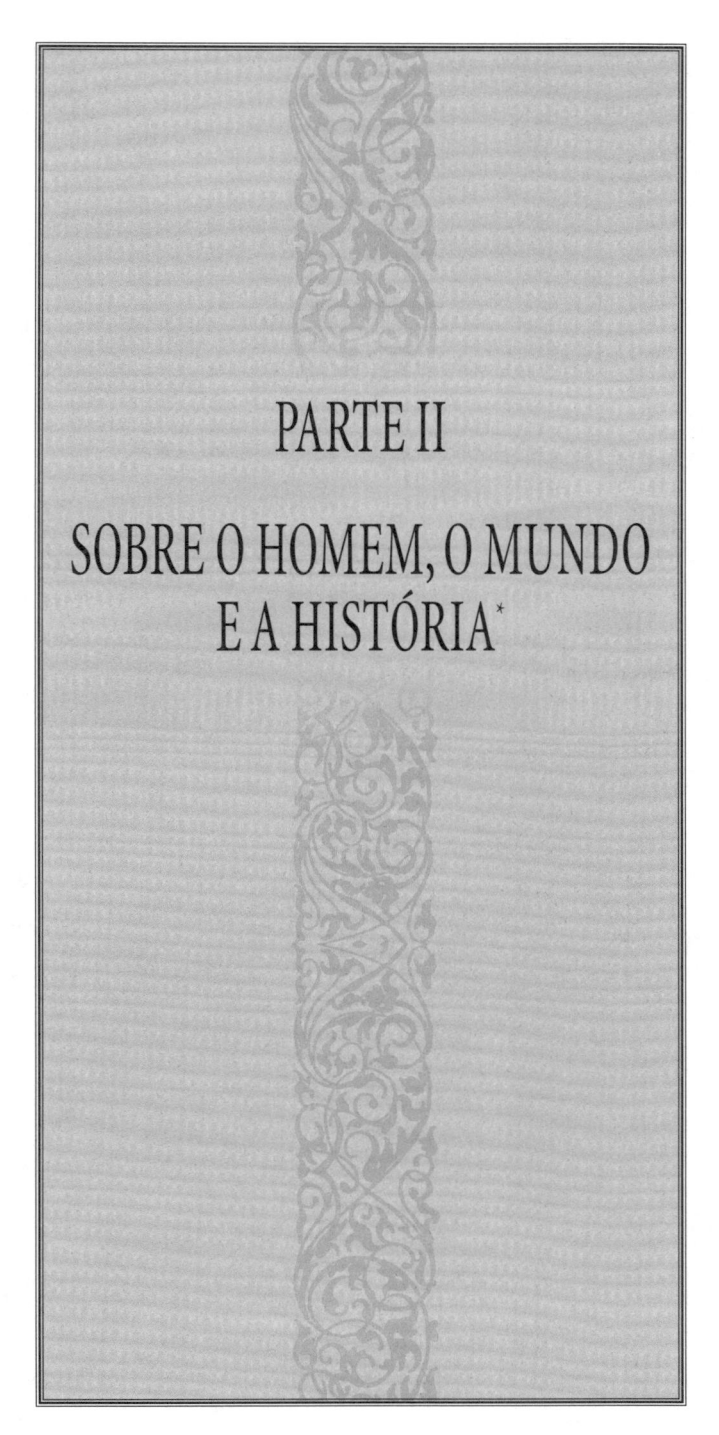

SOBRE O HOMEM, O MUNDO E A HISTÓRIA[*]

[*] Sob este título reúnem-se aqui vários ensaios do Autor sobre os temas mencionados. Esta seção foi inserida no Volume II das *Obras Completas* editadas pelo IBF. (N. O.)

Teoria da Solidão[1]

Todos aqueles que refletiram sobre os vínculos que unem o homem aos outros homens, não se cansaram de afirmar que é o homem um ser gremial, disposto pela sua índole biopsíquica e espiritual a viver em conjuntos que o ultrapassam. Essa vida que ultrapassa o homem e somente na qual ele se conhece, define, desenvolve e exalta, é a vida cultural em toda a sua amplitude, a esfera do espírito objetivo. Como reconheceu Hölderlin, "nós, os homens, somos um diálogo", isto é, existimos num diálogo e antes mesmo de despontarmos para a nossa consciência particular já estamos envoltos nesse colóquio ilimitado. Apreendemo-nos, sentimo-nos dentro dos quadros dessas formas simbólicas e linguísticas intersubjetivas e é esse discurso social que faz surgir o mundo como se nos apresenta. Disso já podemos concluir de que maneira radicada e profunda o "outro" está impresso em nós mesmos, em que medida o nosso existir é antes um coexistir; ao vivermos particularmente, vivemos conteúdos universais.

Essa dependência que nos vincula à vida social tem um alcance muito maior do que uma simples satisfação de necessidades econômicas e materiais. O homem não se basta a si mesmo não só em sentido físico, como também em sentido metafísico,

---

[1] "Teoria da Solidão", comunicação apresentada no Congresso Nacional de Filosofia de Mendoza (Argentina), 1949. (N. O.)

isso porque a autocompreensão de seus fins, propósitos, ideias, valores e empreendimentos postula uma ordem de vigências sociais que condiciona todas as tarefas particulares. Se a nossa conexão com os outros homens é, pois, uma lei tão entranhada ao nosso ser, como podemos então falar em solidão e ruptura, como podemos aceitar o testemunho de tantos pensadores que situaram nesse enclausuramento da vida um dos ideais máximos da existência sobre a terra? As possibilidades pessoais, estando inscritas no contexto social, esse afastamento não acarretaria uma redução funesta do espaço de exercício individual? Os pregadores da solidão não estariam preparando o aniquilamento do próprio homem?

Devemos notar antes de tudo que se afastar de determinados homens, classes, ambientes e setores da sociedade, não significa necessariamente abandonar qualquer trato humano, mas sim desenvolver em outros planos e direções um convívio mais livre. A solidão seria assim a substituição de um contorno humano opressivo e imposto, por um novo horizonte de relações pessoais. É a experiência poderosa de um Hölderlin traduzida nestes versos:

> Doch kannt ich euch besser
> Als ich je die Menschen gekannt,
> Ich verstand die Stille des Athers,
> Der Menschen Worte verstand ich nie.[2]

Os maiores misantropos tiveram a sua confraria secreta, as suas amizades ideais que assiduamente frequentavam. As vozes eternas do passado, a demografia de seus próprios sonhos substituía a proximidade humana que não era encontrada na realidade. Podemos aqui falar de uma solidão povoada, escolha de um outro convívio, forma de superação dirigida em geral para um encontro decisivo.

---

[2] Eu conhecia, porém, melhor a vós/ Quando tanto mais eu conhecia os homens,/ Eu compreendia a calma do éter,/ Dos homens as palavras eu jamais compreendia. (N. O.)

Como em todas as coisas humanas, não existe uma só espécie de solidão, mas inúmeras: autênticas e falazes, de ressentimento e hostilidade, de carência e plenitude, de amor e de simpatia pelo absoluto.

A superação ínsita no isolamento, o seu movimento próprio de transcendência, podem tanto significar triunfo e libertação, como, em outros casos, uma tortuosa abdicação de nossa alma. Nesse caso, ao negar o "outro", ao insular-se em seu espaço próprio, o solitário só procura uma nova imunidade para sua mais íntima escravidão. Escapando ao olhar do próximo, o homem, neste caso, não proporciona a si mesmo qualquer nova possibilidade, não potencia sua faculdade de comunicação, mas unicamente se contrai num mutismo redutor e sombrio. Como vemos, a ruptura do convívio humano não é um fato unívoco e simples, pois comporta toda uma gama de especificações e motivações.

Diz Aristóteles na *Moral a Eudemo* que "o ser que se basta plenamente a si mesmo não tem necessidade de pessoas que lhe sejam úteis, nem que sejam benévolas com ele, nem da vida em comum, já que pode viver amplamente, só e a sós consigo mesmo. Essa independência absoluta é ressaltada com evidência sobretudo na Divindade". Em forma mitigada, é essa a independência que buscamos quando desfazemos, de maneira provisória ou permanente, os laços com a sociedade existente. Entretanto, a independência do homem, a sua vitória contra os sortilégios e influências desmerecedoras do ambiente, o seu centrar-se em si mesmo, não acarreta a impossibilidade de novos encontros; pelo contrário, é uma preparação para eles. Ao afastar-se das "moscas da praça pública", Zaratustra prepara o advento de uma nova relação e de um novo sentido vital. O amor da independência não é o encômio de um Eu em detrimento de outro, mas a amorosa realização de uma harmonia reciprocamente fortalecedora. Na afirmação desesperada de Ibsen, de que o homem forte é o homem só, sentimos o anelo de uma compreensão que ultrapassa e de certa maneira nega sua fria repulsa.

O animal, nascendo como ser gregário ou solitário, vivendo em bandos ou arrastando sozinho seus dias, assim permanece sem nenhuma alteração no comportamento: a formiga não foge à formiga, o rinoceronte não se reúne em greis. Ora, um dos extremos do homem é justamente essa sociedade primitiva e imobilizada, quase animal, em que o indivíduo não tem qualquer poder de escolha e seleção de seu convívio, sendo as suas relações grupais determinadas inexoravelmente. Não existe para ele possibilidade de qualquer recuo diante da obsecante e onipresente força do grupo; a sociedade dada exclui toda sociedade livremente escolhida ou criada. Nesse estádio, não podemos ainda falar de qualquer ruptura ou afrouxamento dos elos coletivos, de nenhuma superação da sociedade dada, de nenhuma separação do eu do não-eu, e, portanto, de nenhum campo propício para um comportamento heterossocial espontâneo. O homem não pode assim abandonar por um ato íntimo os outros, não pode destruir as conexões congênitas de vida, pois ainda não existe como força autônoma.

Se nesse primeiro estádio ainda não encontramos a solidão voluntária e procurada, o amor da distância, encontramos no entanto frequentemente a solidão imposta e compulsiva, e expulsão do indivíduo de seu grupo. Vemos que à figura da solidão ativa e buscada, ao ato de deliberação, devemos antepor essa outra espécie de abandono passivo, exterior e ignominioso, imposto pelos outros e não imposto aos outros. A doença, o crime, a miséria e a excreção coletiva constituíram sempre razões pelas quais o indivíduo foi ilidido de seu grupo. No que concerne à relação entre a doença e a solidão, poderíamos lembrar que o enfermo não dispondo de seu próprio porvir, perdendo provisória ou definitivamente a prospectividade de seus atos e, portanto, como diz muito bem Philipp Müller, sendo destituído de toda uma dimensão de seu ser, não pode participar das ocupações sociais do momento. É portanto relegado a uma marginalidade que modifica totalmente suas ligações com o "outro". Mesmo quando assistido e socorrido pelos outros, o doente é um solitário, pois não participa do caudal de vida e da plena temporalidade dos homens que o cercam. A proximidade espacial por si só nada significa e não é índice de uma relação inter-humana eficaz e verídica. Podemos sentir-nos inermes e abandonados em meio à mais densa multidão; *magna civitas, magna solitudo* e, inversamente, podemos sentir-nos assistidos, compreendidos e amparados na mais erma paragem.

Romper com o mundo é uma tarefa do espírito e não qualquer coisa de natural e instintivo. Se o nosso ser se esgotasse na coexistência biossocial não sentiríamos às vezes essa coexistência como um depauperamento de nossas possibilidades, procurando na solidão a reconquista de um bem superior. Vendo o equívoco em nós e em torno de nós, procuramos um novo direito para a nossa existência. É portanto a solidão o índice de nossa capacidade de franquear e vencer todo o conjunto de mecanismos e inércias biossociais, instituindo em nós e fora de nós um novo contorno pessoal. Só é verdadeira a solidão que nasce de um impulso próprio no coração do solitário. O resto é contingência, abandono, necessidade, mas nunca vida pudica e concentrada. O oposto desta última figura é a existência sem interstícios, devassada, das aglomerações hodiernas, em que a curiosidade e o olhar humano varrem e devastam tudo quanto há de inalienável no homem subjetivo. Do tormento da vida exposta falou Dostoiévski em seu livro *Recordações da Casa dos Mortos*.

Fala-se comumente na solidão das praias, em palmeiras ou bosques solitários. Essas expressões são, entretanto, meras metáforas, pois somente o homem pode ser solitário. As coisas são exterioridade pura, incapacidade de recolhimento e de autodistanciamento. O que é a natureza senão essa grande contiguidade, essa imensa conexão vital donde nada pode ausentar-se? Unicamente o nosso ser, como não-coisa, como excedente à natureza, como espírito, pode produzir-se como destino solitário e distante.

AS UTOPIAS DO RENASCIMENTO[1]

A sociedade humana apresentou-se muitas vezes ao pensamento como uma ordem de fatos iníqua, desajustada e contrária ao homem, como algo governado por um princípio de desatino e aniquilamento. O que deveria favorecer e potenciar as faculdades humanas, o que deveria dar ao homem a plenitude de sua felicidade sobre a terra, era de fato a origem das mutilações e frustrações de sua existência. O quadro da corrupção das formas de vida no que diz respeito à responsabilidade do estatuto social ainda se prolongava no espetáculo das guerras e das destruições que por vezes assolavam as comunidades nacionais. O pensamento, diante desse panorama de irracionalidade, de aflições e ruína, elevava-se em demanda de um mundo modelar e arquetípico, onde todos esses males se anulassem e onde se cumprissem as condições de uma sociedade perfeita. A utopia é a anteposição do perfeito ao imperfeito, sem que se leve em consideração o trânsito histórico de um momento para outro e a concatenação necessária dos vários estágios da evolução social. A maior parte das utopias, desde a República platônica, propendeu para a instauração de um sistema socialista, onde as

---

[1] "As Utopias do Renascimento". Vários Autores, *Introdução ao Pensamento Político*. São Paulo, Federação do Comércio do Estado de São Paulo/Sesc/Senac/ Instituto de Sociologia e Política da USP, sem indicação do número de páginas, 1955. (N. O.)

limitações da propriedade particular e do arbítrio do poder econômico não estivessem em condições de destruir o desenvolvimento sinérgico da vida comum. Ora, o socialismo dos utopistas foi criticado em nossos dias pelos socialistas denominados científicos, por essa anteposição brusca do branco no negro, do perfeito sobre o imperfeito, sem nenhuma compreensão dos motores históricos da fenomenologia social e de sua atuação para o bem ou para o mal dos homens. Essa crítica do socialismo científico aos sonhos dos pensadores da Cidade perfeita torna-se em nossos dias cada vez menos convincente. O desenvolvimento das técnicas e dos métodos científicos, a ampliação fantástica do campo de possibilidades operatórias do homem, nos oferecem, a nós, homens da segunda metade do século XX, o sentimento de que todas as formulações quiméricas e utópicas poderiam se cumprir. O que nos assombra presentemente é justamente a viabilidade das utopias, do "admirável mundo novo" ironizado por Aldous Huxley, onde todo o comportamento humano já é uma decorrência da eficiência tecnocientífica. A nossa atitude diante da utopia é totalmente diversa daquela que assumiam os homens de outros tempos, que não possuíam ainda as técnicas do condicionamento social e da construção psicológica do homem. Por meio da ciência, qualquer desenho ou projeto de convivência inter-humana parece-nos plausível e realizável na ordem dos fatos. A construção de cidades não é mais uma tarefa do filósofo ou do teólogo irritado com o curso das coisas, mas sim a missão do engenheiro social, em seu construtivismo científico. O pensamento utópico, seja em Platão, seja em seus continuadores renascentistas e pós-renascentistas, foi sempre o fruto de uma concepção racionalista diante dos fatos sociais e antropológicos. Entretanto, racionalismo e razão são sinônimos de medida, de cálculo, de operação construtiva. O racionalismo é aquela atitude filosófica que identifica a verdade com a construtividade ou com o fazer produtivo do homem. Para Descartes, progenitor por excelência do racionalismo, o pensamento era um fazer, um construir figuras, uma operação matemática, onde se acentuava a espontaneidade do comportamento espiritual. Por outro lado, o racionalismo construtivista é um subjetivismo, isto é, uma atitude que tende a absolver toda a objetividade no eu pensante. Esse poder de subjetividade confunde-se – como tem demonstrado Heidegger – com o poder de transformação universal, com a capacidade de transformar toda a face da terra e o próprio homem em proveito de uma afirmação de poder. As espécies animais, as plantas, as instituições humanas, as formas de comportamento, tudo isso pode ser matéria de uma tecnologia aplicada à transformação utilitária das coisas. Nada resiste ao assalto da subjetividade humana em seu ímpeto de afirmação e desenvolvimento, todas as formas se transformam em meros pontos de aplicação de sua força transformadora. Para os antigos, a utopia era aquele modelo de sociedade que não estava em parte alguma, em nenhum lugar, em nenhum *topos*. Ora, os lugares são justamente as nações, os povos, as singularidades nacionais. Sabemos como um dos aspectos da crise atual é precisamente o acaso das nações, a homogenização da terra, a internacionalização e a unificação do mundo num só modelo social. Assim, pois, pode-se dizer que a ideia mesma de "lugar", de *topos*, perde o sentido, e, ao passarmos do período terrestre para o período planetário da História, a subjetividade do homem acaba por extinguir as últimas vinculações com uma objetividade fixa. Hegel ainda via na particularidade das nações, nos *topos* e lugares, o elemento próprio para a realização da história do Espírito. Os deuses lares, a peculiaridade dos usos e costumes e da representação do mundo, eram para ele a própria forma de afirmação do processo histórico. No entanto, como vimos, as tendências de apatricidade do mundo contemporâneo, através da homogenização dos usos e costumes e das formas de comportamento, procuram desmentir as belas formas das diferentes vidas nacionais, substituindo-as pelo triste espaço indiferente do mundo industrial. Não podemos negar que o traço proeminente de nossa civilização é o empreendimento tecnoindustrial, forma de subjetividade acima aludida. Ora, diante desta atitude, todas as condições e instituições meramente existentes deverão, num prazo mais ou menos longo, adequar-se a seus cânones configurativos. É uma ilusão pensar que podemos fugir a esse destino, por mais desolador que ele nos pareça. Cada dia a ciência nos oferece novos instrumentos de ação sobre as coisas e sobre os homens, patenteando a impregnação cada vez maior do não-eu, isto é, do mundo objetivo, pelo eu. Criam-se novas espécies vegetais e animais, como havia sonhado Francis Bacon, em sua utopia *A Nova Atlântida*. Temos notícias de que uma série de zoólogos e biólogos trabalham ativamente na hibridização do homem e do macaco, para criar uma espécie intermediária que nos lembra os fantásticos Morlocks da *Máquina do Tempo* de Wells. A esfera da vida e o próprio homem tornam-se campo franqueado à magia mais rigorosa da ciência, com suas possibilidades industriais. Sabemos que Nietzsche já havia sugerido, no tocante à criação do homem futuro, a aplicação de técnicas de criação à semelhança das aplicadas na produção dos animais de raça. Poderíamos assim transcender os produtos originários da natureza, orientando deliberadamente o curso da espécie. Tanto na utopia de Tomás Morus – que mais adiante analisaremos – como na Heliópolis de Campanella, é dada uma grande atenção ao processo de procriação ótima do homem, fazendo parte esse processo da alta administração da cidade. O *desideratum* nesses dois casos é, evidentemente, o de criar um homem sintético, que reúna qualidades dispersas na natureza. Bernard Shaw, em uma de suas peças de teatro, *Back to Mathusalem*, aprofundando-se profeticamente, antevê o aspecto do ser terminal da História, uma Medusa encefálica, já destituída de todo complexo de membros. O predomínio das atividades meramente cerebrais e o aumento do sistema de instrumentos teria provocado uma hipertrofia do cérebro e uma atrofia do sistema preensor e locomotor do homem. Max Scheler, num de seus livros, trata da antinomia entre órgãos e instrumentos, chamando a atenção para a razão inversa que existe entre o crescimento desses dois fatores. Quanto mais proeminente tornar-se o mundo mecânico e instrumental, tanto mais irá empalidecendo o mundo corporal da fantasia e da imagem, seja das imagens oriundas da fantasia telúrica, seja daquelas que provêm da força artística do homem. Hoje em dia, tendendo a acentuar o caráter utópico da nossa existência, impõe-se no campo artístico o abstracionismo, o não figurativismo e a guerra de morte contra toda imagem ou representação ctônico-figurativa. O abstracionismo quer destruir todos os pontos de apoio que ligavam o homem ao mundo orgânico e reconhecível. A sua tendência é a de instituir *un monde sans visage*, um mundo sem rosto, onde campeie unicamente a expressão rítmico-matemática e a estesia dos transportes intelectualísticos. Mais uma prova desse conflito entre a vontade de poder das formas abstratas e o sentido úmido e vital do mundo ligado à conexão mítica pode ser encontrado nas máximas representações do pensamento filosófico contemporâneo. Acreditamos, porém, que o mundo escolheu o caminho utópico, construtivístico ou tecnoindustrial, cuja máxima expressão é a conquista da energia atômica. O esboço desse mundo já se prefigura nas páginas finais de *A Nova Atlântida* de Bacon, onde encontramos previsões como estas: "Temos usinas onde se fabricam máquinas e instrumentos para todas as espécies e fins. Nelas nos exercitamos em acelerar e aperfeiçoar o funcionamento de nossas maquinarias e em fazê-las e multiplicá-las mais facilmente e com menos esforço por meio de rodas e outros recursos, conseguindo construí-las mais fortes e violentas que as vossas, superando vossos maiores canhões e petardos. Apresentamos sistemas e instrumentos de guerra e máquinas de toda espécie, assim como novas misturas e composições de pólvora (...) Imitamos o voo dos pássaros (...) Navios e barcos que caminham debaixo d'água, aguentando a violência dos mares (...) Imitando os movimentos das criaturas viventes com imagens de homens, animais, pássaros, peixes e serpentes (...) Casas-matemáticas (...) Teatros de magia".

Como vemos, a multiplicação dos meios é vista como a expressão mais forte e decisiva dessa concepção da vida. Entretanto, um traço que de certa maneira mais nos aflige é a regulamentação escrita do comportamento social e dos ofícios, coibindo toda a espontaneidade e inventividade pessoais. A racionalização da vida, no campo das relações do homem com a sociedade, desemboca num socialismo irrestrito, perspectiva inevitável dentro dos postulados do racionalismo.

Vejamos agora, com maiores detalhes, as três utopias mais importantes do Renascimento, ou seja, a de Tomás Morus, a de Campanella e a de Francis Bacon.

A utopia de Tomás Morus começa por uma crítica à situação econômico-social da Inglaterra de então, em consequência da centralização da riqueza e das terras em mãos de uma aristocracia do dinheiro. Morus descreve como os nobres e senhores, não lhes bastando viver ociosa e esplendidamente, sem favorecer em absoluto o Estado, foram tomados pela febre de ampliar os seus domínios, com o fito de aumentar os seus rebanhos de ovelhas, cuja lã constituía a principal fonte de riqueza do país. O rolo compressor do assenhoramento econômico das terras trouxe como consequência a miséria, a corrupção dos costumes e o crime. A oposição entre os homens não consistia mais numa dicotomia entre a consciência nobre e senhorial, por um lado, e a massa dos servos e trabalhadores, por outro. É frequente encontrar em Morus a assimilação do estatuto da nobreza à mera disposição e fruição predatória dos bens materiais. Em vista desses desacertos inerentes à forma privada da propriedade, Morus sonha com um Estado comunista, onde houvesse total igualdade de bens. Afirma ao utopista: "Estimo que onde quer que exista a propriedade privada e onde se meça tudo pelo dinheiro, será difícil conseguir que o estado atue justa e acertadamente, a não ser que se considere justo permitir que o melhor vá para as mãos dos piores, e que se viva felizmente no lugar em que tudo se acha repartido entre poucos que, enquanto os demais padecem de miséria, desfrutam da maior prosperidade". E mais adiante: "Por isso, estou absolutamente persuadido de que, se não se suprime a propriedade, não é possível distribuir as coisas com um critério equitativo e justo, nem proceder acertadamente nas coisas humanas".

Na utopia de Morus, suprimidas as vantagens do privilégio econômico, ninguém pode se subtrair ao trabalho. O trabalho produtivo, seja na esfera agrícola, seja nos ofícios urbanos, é um dever imposto a todos os utópicos. Estamos, pois, diante de um estado total do trabalho. Esse já se torna, na consciência de Morus, o único título que faculta ao indivíduo o beneficiar-se das vantagens do convívio social. A atividade agrícola é obrigatória para todos os membros da comunidade, por ser a mais árdua tarefa, havendo rodízio na sua execução. Todos devem ter uma profissão, desde que ninguém poderá estar ocioso, existindo mesmo um funcionário – o Sifogrante – cujo papel é o de cuidar que ninguém se exima de suas obrigações para com o Estado. A vida é totalmente programada, dividindo-se o dia em horas de trabalho, horas de lazer, horas de repouso, horas de divertimento, tudo estritamente determinado, inclusive a hora de levantar, deitar e comer, como se fora um internato de colegiais. O trabalho, entretanto, na República utópica, nunca é excessivo a ponto de levar à fadiga, à doença e à infelicidade. Apesar dos utópicos trabalharem unicamente seis horas por dia, possuem tudo que lhes é necessário, ou aquilo que reclama seu bem-estar. Sobre esse ponto, esclarece Morus que a abastança dos utópicos é devida ao fato de que, enquanto nas outras nações grande parte da população permanece inativa, "em primeiro lugar, quase todas as mulheres, ou seja, metade da população", no Estado utópico todos estão comprometidos na grande tarefa do sustento comum. E Morus prossegue, caracterizando a desordem e a inépcia dos outros povos: "Acrescenta-se ainda essa multidão tão grande como ociosa de sacerdotes e dos chamados religiosos. Unam-se a estes os ricos proprietários de terras, denominados vulgarmente nobres e cavalheiros. Somem-se-lhe seus servidores, famosa mescla de truões armados. Agreguem-se finalmente os mendigos sãos e robustos que, para justificar sua preguiça, fingem alguma enfermidade, e resultará que o número dos que produzem com seu esforço o necessário para a vida humana é muito menor do que se crê". Mas não é só sobre esse aspecto dos ofícios e artes produtivas que a

República de Morus se caracteriza como um sistema absolutamente organizado da existência. Entretanto, a finalidade de todo esse esforço social ordenado não é – segundo Morus – a consecução de uma simples felicidade material ou utilitária. Pelo contrário, os utópicos têm à sua disposição a maior parte do tempo para se dedicarem ao cultivo da inteligência e das terras, que consideram o escopo primordial do homem sobre a terra. Para os utópicos – diz Morus – os prazeres do espírito são considerados como os primeiros e os principais entre todos. Apesar de disputarem acerca da virtude e do prazer, e de debaterem se a felicidade do homem radicaria em uma ou em múltiplas causas, propendem em geral a considerar a felicidade humana como unida ao prazer e às doçuras da vida. Esses prazeres, entretanto, e esse sentido festivo da existência derivam de um viver conforme à natureza. O hedonismo reinante na República é, portanto, uma aritmética de prazeres de índole temperada e burguesa, repelindo todas as perspectivas espasmódicas da dor e do prazer. Todos os costumes são determinados pelo sentido do justo, do honesto e do mediano de modo a manter o equilíbrio e o pleno funcionamento do todo. "Vereis – diz Morus – como não existe em parte alguma ocasião para a ociosidade, nem pretexto para a preguiça, nem tabernas, cervejarias ou lupanares e focos de corrupção, nem esconderijos e reuniões secretas, pois o fato de estar cada qual sob a vigilância dos demais, os obriga sem excusa a um trabalho diário ou a um honesto repouso". A regulamentação da praxis social se estende desde a vigilância dos ofícios e atividades econômicos até a determinação dos trajes e do regime alimentar. Toda a vida coletiva é subordinada a uma legislação uniforme e rígida, visando à manutenção do *status* utópico. Como essa ordenação é pensada imediatamente como a mais perfeita e inexcedível, a vida humana se nos apresenta como uma reiteração do igual e como um mero sistema administrativo das coisas sociais. Afirma Morus que conhecer uma de suas cidades equivale a conhecer todas, a tal ponto se assemelham entre si. O traçado das ruas, o tipo das casas, o aspecto dos "restaurantes" para onde se dirige a população a horas certas, ao toque dos clarins, tudo isso obedece a uma ordenação fixa e homogênea. Quanto ao domínio de suas convicções filosófico-religiosas, professam uma tolerância religiosa que faculta a diversidade dos credos, evitando desta maneira qualquer conflito ou desacordo intersocial. Foi o próprio Utopo, imaginário fundador da República utópica, quem – segundo Morus – tomou essa disposição tolerante, por ignorar se Deus, desejando uma multiplicidade de cultos religiosos, tivesse inspirado a alguns homens uma religião e a outra, outra. Entretanto, os utópicos vão se afastando dessas crenças divergentes, para coincidir numa religião única, racional, que se apresenta como a religião definitiva do Estado. Nessa tendência racionalista, admitem os utópicos um numem único, invisível, providencial, que sustenta e mantém a ordem moral do mundo. O pacifismo, que se revela tanto no que diz respeito aos fatos religiosos, como no que concerne à vida pública, é um dos traços que já prefigura, nesse contemporâneo da Reforma, o sentimento ético-social da burguesia. A profissão de fé da tolerância, os ditames de uma vida laboriosa, utilitária e honesta, avessa às aventuras, ao quixotismo, e aos sobressaltos de uma ação orgulhosa e cavalheiresca, são os sintomas do novo ideário que se anuncia nos albores da época moderna. O sentido da vida é dado pelos *éthos* do trabalho, da transformação da natureza, pela descoberta de aparatos que permitam a afirmação do homem empírico e de sua concepção da existência. Essa concepção nasce do projeto de diluição de todas as formas e instituições que configuravam a estrutura feudal da História. Na dialética do senhor e do escravo, o servo, isto é, o futuro homem livre, se apresentava como o instrumento do senhor, subordinado às finalidades econômicas da classe dominante. A única forma de redenção do servo era o trabalho e através deste empreendeu a sua marcha histórica. Em última análise, não existe uma ética burguesa independente das condições da proficiência do próprio trabalho. Todas as condições impostas à vida, às liberdades franqueadas ao cidadão burguês, formavam um sistema de segurança de um orbe humano que havia se afiançado no terreno da luta social, pela vindicação de suas qualidades econômicas próprias. Essa subordinação inicial do mundo dos valores aos ditames da utilidade econômica é o ponto de partida dessa progressiva cientifização dos usos e costumes que tem o seu apogeu na constituição da ordem socialista. Se tudo é passível de uma reelaboração técnico-científica, se não existe um mundo de formas substanciais e de modelos valiosos de ação, então tudo pode ser matéria de uma manipulação indefinida e de um projeto industrial universal.

Encontramos esse entusiasmo desmedido pela atividade técnico-científica e pelas possibilidades que através delas se oferecem na utopia de Francis Bacon: *A Nova Atlântida*. Já citamos no início um trecho desse relatório de proezas mecânicas, tidas por Bacon como o maior título de glória da humanidade. O conhecimento científico, na Nova Atlântida, é propriedade de um grupo hermético e maçônico, que constitui a assim chamada Casa de Salomão. O personagem imaginário que visita as terras da Nova Atlântida e que, depois de uma série de vicissitudes de menor importância, é introduzido junto aos iniciados dessa fundação, transpõe os umbrais da Casa de Salomão com um terror quase religioso. É como se o pressentimento do mundo que estava por vir se apresentasse repentinamente à sua consciência. Revelando os mistérios da Casa de Salomão, assim se manifesta o Grã-Sacerdote que recebe o visitante de outras terras: "Deus te bendiga, meu filho: vou dar-te a mais preciosa joia que possuo, pois, pelo amor de Deus e dos homens, vou revelar-te os segredos da Casa de Salomão. E para dar-te a conhecer, filho, a grande onipotência desta nossa Casa de Salomão, seguirei essa ordem: primeiro, dar-te-ei conta do objeto de nossa fundação. Segundo, das preparações e instrumentos que temos para o noso trabalho. Terceiro, dos vários empregos e funções a que nossos companheiros estão destinados. E quarto, das ordenanças e ritos que observamos. O objeto de nossa fundação é o conhecimento das causas e secretas noções das coisas e engrandecimento dos limites da mente humana, para a realização de todas as coisas possíveis". Dentro da concepção naturalista de Bacon, o conhecimento legítimo é o conhecimento da natureza, dos fenômenos perceptíveis através dos sentidos e de suas leis. É por meio desse conhecimento que nos libertamos dos *idola* e preconceitos que entorpecem o nosso saber utilitarista. Ao lado disso, continua sem dúvida a existir o mundo das coisas divinas, mas totalmente separado das oportunidades terrestres, segundo a dicotomia que se tornou clássica na filosofia inglesa entre a crença (*believe*) e o saber positivo (*utility*). Na Nova Atlântida, estátuas são erguidas aos inventores de aparatos mecânicos e técnicos, e prêmios são distribuídos aos que se distinguem pelo bem prestado à causa da civilização material.

Há um paralelo muito interessante entre os segredos próprios da Casa de Salomão e a situação a que chegamos no que diz respeito ao caráter esotérico e sigiloso da pesquisa científica contemporânea. Assim é que diz ainda o Grão-Sacerdote baconiano: "E outra coisa que também fazemos é celebrar consultas sobre que inventos e experimentos, descobertos por nós, devem fazer-se públicos e quais não, jurando todos guardar segredo sobre aqueles que pensamos conveniente ocultar, ainda que alguns destes, às vezes, são revelados ao Estado".

Bacon, entretanto, não teve consciência de que no Estado orientado pela Casa de Salomão não haveria lugar para uma harmonia entre a ordem positiva da *utility* e a ordem divina da adoração e do culto religioso. Como bem observou Benedetto Croce, existe um imperialismo das atividades culturais, tendendo a parte sempre a devorar o todo. Isso foi justamente o que aconteceu no mundo ocidental, logo após a eclosão da revolução industrial. O ideal humanístico-burguês que permeava a mentalidade desses utopistas tinha em si ingredientes contraditórios, como a própria época em que viviam. Bacon, em especial, com sua doutrina filosófico-política, acreditava na possibilidade de uma subordinação do conhecimento natural às finalidades de uma civilização humanística, sem o mínimo pressentimento do demonismo ínsito em tal processo. Entretanto, encontramos no próprio Renascimento a consciência definida e profética dos desenvolvimentos últimos e abismais do mundo separado de Deus e entregue à sua própria propulsividade, na obra artística de Jeronimus Bosch. A babel das cidades cosmopolitas, a despersonalização e massificação do homem, as perversões morais e sexuais, o aspecto monstruoso e apocalíptico das guerras modernas, tudo isso vemos aflorar nas telas de Bosch, numa antevisão prefiguradora. A ciência naturalística e instrumental, com o seu ser para si fechado e autônomo, devia constituir o homem numa cidadela também fechada e autônoma, com todas as suas consequências metafísicas e religiosas. Ninguém nega, hoje em dia, que a força determinante de nossa cultura é o processo de domínio da natureza e a força econômica dos organismos sociais. Todos os outros aspectos da cultura são meramente adjetivos e aleatórios, simples epifenômenos das relações econômico-materiais. A *virtú* dos doutrinadores do humanismo, a categoria moral do *honnête homme* dos iluministas, se transmudaram no código elástico do homem eficiente de nossos dias, cujo mérito social é aquilatado em função de suas possibilidades econômicas. Se a civilização moderna, que teve início justamente com esses apóstolos do conhecimento científico e do credo racionalista, nos libertou dos múltiplos jugos da necessidade natural do homem, isto é, das doenças, das distâncias, do desconforto, por outro lado nos alienou e nos jungiu ao processo da civilização mecânica, e ao arbítrio cego das lutas de poder. A "liberdade de" não se transformou numa "liberdade para". A transcendência dos limites e confinamentos da necessidade natural decaiu numa transcendência, ou melhor, numa nova barbárie crepuscular e desalentadora. É estranho o contraste entre o otimismo de certos homens imersos no fragor da civilização atual e a consciência temerosa e pessimista dos maiores vultos deste século. Quem estará com a razão? Os que confundem a sua mesquinha prosperidade pessoal com o bem do mundo, ou os que se elevando acima de suas vantagens ou desvantagens pessoais contemplam o todo histórico em suas perspectivas acabrunhadoras? Entretanto, como vimos, esses primeiros sonhadores da idade moderna não captaram esse aspecto negativo da ordem das coisas. Devemos, porém, abrir uma exceção ao filósofo italiano Giambattista Vico, que no início da era moderna prognosticou a inevitável barbarização das nações, como consequência do desenvolvimento das artes e letras humanas. Os utopistas, pelo contrário, levados pelas esperanças da cultura renascentista prognosticaram uma seara auspiciosa para a sociedade humana, guiada pela luz do conhecimento e da filosofia. Um exemplo desta irrestrita confiança, encontramo-lo no filósofo italiano Tomaso Campanella, cuja utopia denominada Heliópolis ou a imaginária *Cidade do Sol* passaremos a examinar.

Campanella é decididamente um homem dos novos tempos, em sua atitude filosófica e em seu conceito do ponto de partida do filosofar. Como Descartes, vê na certeza subjetiva do homem, no *sensus sui*, no *cogito*, a raiz de todo o conhecimento. Toda a consciência do objeto é, no fundo, para ele, uma autoconsciência. Distinguem-se, portanto, dois mundos: o mundo interno da mente e o mundo externo ou natural da objetividade. O que caracterizava, porém, o pensamento de Campanella, relativamente ao de Descartes e ao de seus seguidores, é o fato de ter ele concebido a natureza como um todo animado, como um sistema pampsiquista e não como um agregado mecânico de partes, à maneira cartesiana. Campanella concebia a natureza como *natura naturans*, como vida, e não como *natura naturata*, isto é, como coisa passiva e morta. Eis por que o homem, no intento de assenhorar-se de seu contorno, deve apoiar-se – segundo ele – não nas técnicas das ciências físico-matemáticas, mas sim nas formulações mágicas da astrologia e no conhecimento filosófico da realidade.

No centro de uma vasta planície, sobre uma colina, ergue-se a imaginária Cidade do Sol. A cidade é cercada por sete muralhas concêntricas, tendo cada um dos sete recintos o nome de um dos sete planetas então conhecidos. No centro desse sistema encontra-se o templo de Heliópolis, verdadeiro edifício celeste, em cuja abóbada e paredes são representadas todas as estrelas e as diferentes partes da terra. Três versículos expõem a influência das estrelas nos destinos da terra. Afirma Campanella que os habitantes da Cidade do Sol não acreditam que a religião possa proibir a astrologia, a não ser aos que dela abusam para adivinhar os atos livres ou os acontecimentos sobrenaturais. Argumenta ele que o próprio Santo Tomás de Aquino e a autoridade do papa permitem o uso da astrologia, em sua plicação à medicina, à agricultura e à náutica. Assim justifica Campanella o uso da astrologia: "Deus consignou a cada efeito futuro causas universais e particulares, de tal maneira que as particulares não podem atuar, se antes não atuam as universais. Uma planta não floresce se o sol não aquece de perto. As épocas procedem das causas universais, isto é, das causas celestes. Por isso, ao atuarmos, estamos sob o influxo do céu (...). As estrelas são unicamente signos das coisas sobrenaturais e causas universais das naturais e, em relação às causas voluntárias, vêm a ser somente ocasiões, convites ou inclinações. O sol, ao sair, obriga-nos a levantar da cama. Somente nos convida a isso e nos oferece comodidades, do mesmo modo que a noite nos apresenta incomodidades para levantar-nos e comodidades para dormir. E posto que as causas atuam sobre o livre arbítrio unicamente de forma indireta e acidental, agindo sobre o corpo e sobre os sentidos corpóreos anexos aos órgãos, os sentidos estimulam a mente ao amor, ao ódio, à ira e às demais paixões. Porém, ainda nesse caso o homem se vê obrigado a seguir a excitação passional. As heresias, as guerras e a fome, prefiguradas pelas estrelas, se cumprem com frequência porque amiúde os homens deixam levar-se pelo apetite sensual, mais do que pela razão e agem irracionalmente."

Vemos, pois, que Campanella concebe a realidade como uma trama simpatética de influências e repulsões, na qual reina uma espécie de necessidade suscetível de ser conhecida a até certo ponto controlada pelo homem. Já o ocultista Agrippa von Nettesheim havia afirmado que a magia está intimamente vinculada à astrologia. A própria influência dos fenômenos entre si já é uma espécie de magia natural, sendo o universo um sistema de operações mágicas. É assim que Campanella afirma terem os habitantes de Heliópolis descoberto a arte de voar e o segredo de outras artes, a partir da constituição da Lua e de Mercúrio, pois essas estrelas – segundo ele – influem sobre a atmosfera terrestre. Todas as grandes invenções daquele século – a invenção da imprensa, da bússola e da pólvora – "tiveram lugar por ocasião das grandes conjunções no triângulo de Câncer e no momento em que – ainda segundo afirma Campanella – a ábside de Mercúrio ultrapassa Escorpião, sob a influência da Lua e de Marte". Esse nexo de influências e determinações mágico-astrológicas não transformam o homem, entretanto, no joguete de um determinismo inexorável. Existe uma equação entre a liberdade e a necessidade, podendo o homem com o auxílio dos conhecimentos astrológicos e mágicos esquivar-se aos imperativos estelares e telúricos. Por outro lado, a astrologia não redunda para Campanella numa astrolatria, isto é, numa adoração dos astros. Como diz ele, "honram, mas não adoram o Sol e as estrelas, considerando-as como seres viventes, estátuas de Deus e templos e altares animados do céu". Adoram unicamente a Deus, cuja imagem veem no Sol, que é chamado "rosto excelso da divindade, estátua viva, e fonte de toda luz, calor e vida, instrumento de que Deus se serve para transmitir seus dons às coisas inferiores". Sem essa restrição, que transforma os entes telúricos em símbolos de uma atividade divina superior, Campanella teria aderido a um politeísmo, admitindo uma multiplicidade de centros numinosos independentes.

Todas as coisas em Heliópolis são regidas, entretanto, pela configuração e cursos das coisas cósmicas. A estação das festas, o momento da procriação, a época das sementeiras e da vindima, tudo isso é determinado pelo conhecimento de sua oportunidade sideral. Do ponto de vista filosófico, admitem que a realidade deriva da mistura de dois princípios: o princípio do Ser e o do Não-Ser ou Nada. Todas as coisas derivam de uma combinação do Ser e do Não-Ser, pois segundo Campanella só pode produzir-se o que ainda não existia e, portanto, a própria criação supõe o não-ser e o Nada. Deus ou o Ser se expressam de três maneiras diversas:

como poder, como sabedoria e como amor. Dessas três potências divinas derivam os três poderes existentes em Heliópolis, isto é, os três governantes da Cidade do Sol. As suas funções, no contexto da vida da cidade, derivam dos aspectos metafísicos de Deus, aos quais estão subordinados. No entanto, como esses aspectos do poder, da sabedoria e do amor são faces do Deus único, há em Heliópolis, acima dos triúnviros, um chefe supremo, um Rei-Sacerdote denominado Hoh, isto é, o Metafísico. Ao triúnviro do poder cabe a administração de tudo que é relativo à arte militar, à construção de fortificações e máquinas de guerra, à organização dos exercícios e tudo que diz respeito à força e ao poder. Ao triúnviro da sabedoria está consignado tudo que diz respeito às ciências, às artes liberais e mecânicas e a todo aparato educacional. Sob as ordens deste triúnviro há uma estranha galeria de magistrados: o Astrólogo, o Cosmógrafo, o Aritmético, o Geômetra, o Lógico, o Filósofo, o Político e o Moralista. O triúnviro da Sabedoria fez adornar todas as paredes do Templo e os muros circulares da Cidade com pinturas nas quais estão representadas todas as Ciências. Figuras geométricas, com suas respectivas definições e proposições, representações geográficas e históricas, geológicas, botânicas e zoológicas, tudo isso se acha figurado nos vários círculos, num delírio pedagógico verdadeiramente bizarro.

Ao triúnviro do Amor cabe, finalmente, a tarefa do que diz respeito à procriação, para que os homens e mulheres se unam em condições ótimas, a fim de engendrar uma prole perfeita. É curioso, entretanto, que a essa atribuição se agregue tudo que diz respeito à economia, qual seja a agricultura, a pecuária, a farmacopeia, a arte culinária, a indumentária e enfim as coisas referentes ao aspecto vegetativo da vida. No círculo de Afrodite, encontra-se de fato incluído o conjunto do que diz respeito ao crescimento da vida, à fecundidade dos homens e das terras, à germinação das plantas e à multiplicidade dos animais. Sob as ordens do triúnviro do Amor existe grande número de Mestres e de Mestras, inclusive o Grão-Magistrado da procriação que deve controlar toda a ética erótica de Heliópolis.

Na Cidade do Sol, todas as coisas são comuns, não havendo propriedade privada quer no referente a coisas, quer no referente a pessoas. Campanella, em seu impulso de regulamentação do todo social em vista de um modelo arquetípico de existência, aceita com Platão a comunidade das mulheres e dos filhos, devendo ambos pertencer à coletividade. Afirmam os heliopolitanos que "a propriedade, em qualquer de suas formas, nasce e se fomenta pelo fato de que cada um possui a título exclusivo casa, filhos e mulheres. Daí deriva o amor próprio, pois cada qual aspira enriquecer seus filhos, elevá-los aos mais altos postos e convertê-los em herdeiros de numerosos bens. Para consegui-lo, os poderosos e os descendentes de nobre linhagem defraudam o erário público; os débeis, os pobres e os de origem humilde tornavam-se avaros, intrigantes e hipócritas. Pelo contrário, uma vez anulado o amor próprio, subsiste somente o amor à coletividade." Pensava Campanella que uma vez desobstruído o caminho dos óbices interpostos pelo egoísmo da propriedade estaria o homem em condições de realizar todas as suas potencialidades positivas, atingindo uma felicidade incorruptível. Para isso, entretanto, era necessário instituir uma República Metafísica, que correspondesse aos estatutos arquetípicos e ideais, existentes na mente divina. O conhecimento deveria, pois, preceder a vida e daí o delírio pedagógico que animava os habitantes dessa estranha Cidade.

Se em Campanella o conhecimento adequado a essa atividade político-administrativa é encontrado nas harmonias cósmicas, em nossos dias igual intento de racionalização da vida humana é encontrado no empreendimento das ciências e da técnicas. Nos dois casos, trata-se da empresa prometeica de assenhoramento das coisas, através de uma vontade ordenatória. Poderíamos falar numa loucura da sistematização e da ordem, cujas últimas consequências estamos longe de prever totalmente.

O pampsiquismo de Campanella, para quem o mundo era um grande animal divino, o preservava desta fúria de destruição e de desolação que ora conturba a consciência do homem contemporâneo. Para nós, o mundo é um não-eu material e mecânico, passível das manipulações infinitas da técnica e da indústria. O próprio homem é inserido nesse mecanismo atritante e sem alma, que ora circunscreve a terra. As florestas são destruídas impiedosamente, os rios canalizados e contaminados pelos detritos das fábricas e das cidades, as almas são contaminadas pelos venenos da propaganda e do condicionamento psíquico infracultural. Os mais altos gênios de nosso século, diante do espetáculo trágico que assumiu a nossa civilização, já não esperam mais nada da providencialidade das medidas humanas. A simples tomada de consciência do drama não se transforma numa fórmula de salvação para as coisas sociais e culturais. Há muitos, como Gide, que se refugiam na crença de que só pequenos núcleos de vida pessoal sobrelevarão o preamar da barbárie moderna. Outros, como Bergson, aludindo a uma pretensa lei do "duplo frenesi", acreditam num retorno cíclico que nos levará da máxima abjeção ao máximo triunfo da vida do espírito. Outros, entretanto, acreditam mesmo no esgotamento total da civilização racionalista e antropocêntrica, vendo na vacuidade crescente da forma humana a antevéspera prenunciadora de uma nova idade dos deuses.

O DEMIURGO[1]

A tradição sempre colocou longe, muito longe no espaço e no tempo, para além das estrelas e na imensidade do passado, os acontecimentos revelados da verdade das coisas. Se o que nos está próximo nada nos diz sobre o enigma das origens e das causas primeiras, se vivemos rodeados de coisas derivadas e secundárias, de pós-coisas e não de pré-coisas para empregar palavras de Ortega, quem sabe se longe, muito longe deste mundo degradado e senescente, na aurora do mundo e da profundidade infinita do espaço, poderíamos encontrar as paragens ideais da Gênese. Essa não é, como se poderia julgar, uma idiossincrasia do pensamento religioso e tradicional; a própria ciência não escapa a essa sedução do espaço-temporal e sente-se mais próxima da verdade ao remontar às brumas do longínquo. É interessante observar como o cientista se compraz em multiplicar as distâncias no espaço e no tempo, em regredir na escala dos entes, subordinando cada coisa a uma coisa mais primitiva, pensando tocar assim cada vez mais de perto a forma original dos seres. Sabemos, entretanto, o que foi revelado àquela alma torturada que procurava ao longe a sua própria verdade e que ousou levantar o véu da divindade de Sais: *Einen verlangen es – er hob den Schleier der Göttin von Sais – aber was sah er? – er sah – Wunder der Wunder,*

---

[1] "O Demiurgo", *Letras e Artes,* Rio de Janeiro, 7 mar. 1948. (N. O.)

sich selbst.[2] Tudo leva a crer que essa sacrílega façanha não trouxe nenhuma sabedoria duradoura e definitiva, pois o mesmo sortilégio do longínquo e exterior continua a pesar sobre a alma do homem. A nossa própria realidade interior não pode jamais ser um foco de verdade, mas sim unicamente um meio transparente para uma verdade exterior, a mediadora que nos leva até às bordas do enigma, tendo depois de se resolver em qualquer coisa que a transcende e anula.

No *Timeu* de Platão, deparamos com a esplêndida figura de um titã criador que com os olhos postos nos protótipos de todas as coisas, vai modelando na argila indócil do não-ser a imagem empírica do universo: é o demiurgo. Essa figura viva e pessoal, esse artista genial e introduzido por Platão como um simples "intermediário", como um elo insubstancial entre duas ordens de coisas verdadeiramente subsistentes. Mas não é só o demiurgo que aparece, em Platão, como uma figura intermediária; o filósofo também, esse ser concreto e próximo, é tido no *Banquete* como um ente transitivo e em trânsito, como qualquer coisa de superável. Esses seres que "povoam o intervalo que separa o céu da terra que são o laço que une o grande todo" têm a sua razão de ser fora de si, no universo da ideias do qual se refere todo seu afã. Seria interessante indagar o motivo pelo qual Platão sacrifica de maneira tão absoluta todas essas instâncias pessoais e, com fisionomias tão próprias, a um complexo de valores e realidades simplesmente inteligíveis, tão afastadas do nossa inferioridade vital, ou, por outras palavras, por que sacrifica a subjetividade à objetividade. Theodor Hacúer vê nesta a subordinação da ordem da intimidade à ordem da objetividade, do impessoal e do público, uma das tendências da filosofia ocidental, tendência essa que culminou no sistema de Espinosa: o circuito da meditação em lugar de partir da pessoa, passa pelas coisas para voltar à pessoa, passa das coisas à pessoa para voltar às coisas. O filósofo em Platão, espoliado de sua realidade interior, é um ser em irradiação

---

[2] De um exige-se isso – ele levantou o véu da deusa de Sais – mas o que ele viu? – ele viu – milagre dos milagres – a si próprio. (N. O.)

para a plena objetividade das ideias às quais ele pretenderia se unir num máximo arroubo de despojamento e desindividuação. Toda a ênfase é posta num conjunto de normas e leis objetivas do ser, diante das quais a vida em sua espontaneidade própria e em sua criatividade autônoma deve sucumbir. Tal é o prestígio que esse objetivismo exerce sobre a mentalidade geral que todos são unânimes em considerar o demiurgo uma lenda, um mito helênico, sendo as ideias a verdadeira realidade. Por que não supor o contrário? Dentro do platonismo, evidentemente, tal interpretação seria inconcebível, pois todo o seu sentido está justamente em subordinar a existência à essência, a liberdade à lei; fora, porém, dos limites de qualquer filosofia poderíamos formular essa questão se perguntarmos se não seriam as ideias o elemento lendário, os mitos e sonhos do demiurgo. Quando Nietzsche afirma que o filósofo deve ser um criador de valores e novos mundos, o visionário de um novo destino e sentido vital, apregoa esse caráter demiúrgico de que deve estar revestido aquele que anuncia a renovação do cenário humano. A história, como trama profundo das coisas, supõe metas, valores, estimativas, enfim, uma curta transcendência como objetivo e polo de referência de todo o forcejar humano. Essa transcendência, segundo Heidegger, não é coisa que pode resultar da observação do já existente, mas é um fim que deve ser livremente criado, posto, inventado. É por isso que Heidegger atribui ao poeta esse papel de forjador de novos sentidos, de demiurgo capaz de doar aos homens novos temas para seu exercício vital. "O poeta evoca os deuses e evoca as coisas naquilo que elas são. A poesia é fundação do ser pela palavra."

Não poderíamos portanto conceber esses modelos ou arquétipos de que nos fala Platão como uma esfera "intermediária", como um elo entre o mundo dos espíritos que encontrariam nas articulações desse mundo eidético a formulação de um determinado campo de possibilidades? As ideias seriam o que há de mítico na realidade, funcionando como um apelo para uma dada realização ideal, e acordando os homens para o cumprimento de seu destino. Antes dessa palavra, o mundo dormitaria numa fluida indiferença, amorfo, vago e cerrado a toda transcendência. É o que a lenda nos traduz com as imagens do caos e da treva originais. Ao ecoar entretanto no seio do existente esse *logos* criado, essa música das esferas, delineia-se para a alma o fascínio de uma nova aventura e de novos horizontes, o possível destaca-se do meramente existente e o conforma, um possível livremente escolhido que mira do mais fundo de nossa realidade.

O demiurgo será assim esse semideus, esse herói, esse fundador capaz de despertar no coração do homem a sede de realizações inéditas. Com a instauração de uma nova tábua de valores, novos sentidos embebem as coisas, marcam-se as linhas divisórias, polariza-se o real. E assistimos então a uma nova Gênese, a um novo nascimento, a um novo batismo.

Sobre a Origem e o Fim do Mundo[1]

Vivemos sempre em relação a certos pontos cardeais ordenados em função de certas orientações que enquadram os nossos movimentos. Essa estrutura orientada da nossa vida não é um fato meramente físico ou material, mas abrange a totalidade de nossas disposições espirituais.

No fenômeno do tempo, deparamos com as grandes orientações do passado e do futuro, a partir da presença instantânea do presente. No espaço, encontramos as orientações que nos situam num complexo de movimentos ordenáveis e suscetíveis de uma seriação inteligível. No campo da inteligência e dos valores também não podemos prescindir da ideia central de orientação, de uma escala ordenadora que permite o desdobrar-se de um mais e de um menos, de uma atividade e de uma repulsividade.

A importância dessa ideia afirma-se também no que respeita à nossa relação de seres finitos e contingentes, com os grandes termos de começo e de fim. É inútil realçar o significado que esses conceitos, de origem e fim das coisas, sempre exerceram na imaginação religiosa e filosófica dos povos.

---

[1] "Sobre a Origem e o Fim do Mundo", *Jornal de Letras*, Rio de Janeiro, abr. 1950. (N. O.)

O relato religioso apresenta-nos em conexão com o primeiro momento criador de Deus, e procura elucidar em função da ideia do ato criador a nossa possível relação com a divindade: como criaturas desse poder original.

Toda religião contém uma referência explícita a um começo. O fim das coisas, seja considerado como acontecimento catastrófico que anula a presente ordem do criado, seja considerado como sucessiva vitória e superação do mundo e portanto como fim progressivo, também ocupa o centro de toda revelação religiosa.

Entre os povos primitivos encontramos mitos que se referem à proveniência das coisas, numa estreita relação com todos os usos e costumes de tribo. Assim é que entre os trobriandenses, estudados por Malinowski, existe a crença de que os homens surgiram na superfície da terra irrompendo de um antro subterrâneo situado numa região vizinha às suas terras. A posição social e a hierarquia dos membros da comunidade dependem, segundo o mito, do orifício particular de emergência de cada qual. A ordem em que surgiram os antepassados totêmicos da tribo também determina a estruturação da hierarquia social.

Os mitos de origem determinam o estatuto mitológico da comunidade.

Entretanto, o tema da origem e do fim das coisas não se circunscreveu à fabulação mítico-religiosa dos povos, mas foi aferrado pela meditação filosófica, que desde os filósofos jônicos recebeu uma especial atenção. As cosmogonias anteriores a Sócrates desenvolvem explicitamente os conceitos de uma formação e destruição sucessivas dos mundos, de uma cíclica recorrência de momentos de construtividade e organização e de momentos de corrupção e aniquilamento.

Heráclito, uma das mais altas figuras do pensamento pré-socrático, fala-nos de uma combustão final e purificadora das coisas, que de período em período consumiria a face do criado. "O fogo virá" – diz um de seus fragmentos.

Dessas referências já podemos perceber que esses dois termos extremos de origem e de fim, se bem que não explicitamente presentes em nossa consciência, desempenham um papel fundamental em nossa atitude diante da vida. A forma de nossa existência é a de viver entre esses dois polos, entre um começo e um fim individuais e um começo e um fim universais. As duas categorias do ser para o começo e do ser para o fim configuram duas atitudes específicas do nosso ambiente espiritual. Para esclarecer e ilustrar essa conexão, podemos valer-nos de elementos próprios do teatro. Os personagens que vivem diante de nós, no decurso de uma peça teatral, só existem quando a peça já começou, quando o mundo próprio do drama já teve início. O começo não é percebido pelos personagens, da mesma maneira que o fim. Só a nós, espectadores, é dado apreciar os limites extremos que circunscrevem o âmbito temporal da peça. Portanto, da mesma forma que para os personagens do drama, esses dois extremos, entre os quais se passa a vida humana, não são dados como fatos perceptíveis à nossa consciência.

Podemos perguntar se essas duas ideias que parecem provir da observação de um movimento no espaço, com seu ponto inicial e seu ponto final, podem ser validamente aplicáveis ao enquadramento do fenômeno total do mundo. Ou por outra: podemos perguntar se cabe falar num começo e num fim das coisas. Como vimos no exemplo do drama, o começo e o fim só existem para o espectador objetivo e não para o ser imerso na trama interna dos acontecimentos. Da mesma forma, podemos afirmar, no caso da existência concreta, que não é lícito portarmo-nos numa atitude exterior ao mundo, transformando-o em objeto de espetáculo, e delimitando para ele uma gênese e um apocalipse.

Aristóteles, em sua *Física*, afirma que o vir a ser das coisas não tem começo nem fim, constituindo uma eterna evolução. Essa ideia foi-lhe inspirada pelo fato da corrupção de uma coisa ser o início de outra. A extensão desse conceito proveniente da observação da natureza à totalidade das coisas é que lhe permitiu afirmar, por outro lado, o não começo do mundo.

A nossa tese, entretanto, vai além. Negamos tanto a opinião dos que afirmam um começo das coisas, como essa afirmação do não-começo. Essas duas doutrinas postulam, implicitamente, que podemos aplicar ao todo as mesmas categorias válidas para as partes.

A razão pela qual nos excusamos de discorrer sobre a origem e o fim do mundo, na acepção comum, é a de que admitimos, com Kant, que a ideia de mundo como um todo de fenômenos não é idêntica, estruturalmente, às outras ideias. Quando nos referimos a um livro, a uma árvore ou a qualquer ser intramundano, apontamos para um objeto preciso, recortado diante de nós; entretanto, como afirma Kant, o mundo como um todo não nos é dado por nenhuma experiência, e por nenhuma intuição. Assim sendo, o conceito de uma totalidade de fenômenos suscetível de começo e fim provém de uma totalização ilegítima que transforma a experiência móvel e indeterminada do mundo num objeto fixo e dado. Portanto, o mundo, não sendo um espetáculo ou uma coisa, não é passível de uma qualificação somente compreensível em se tratando de uma trajetória no espaço ou de uma sucessão de fatos objetiváveis. Com essas considerações, ficam eliminadas as concepções naturalísticas e banais que podemos elaborar em relação ao começo e ao término das coisas. Se de um ponto de vista filosófico as atribuições de começo e fim não têm vigência, em relação ao mundo, isso não nos impede de descobrir um sentido diferente e mais profundo nas ideias referidas. Se superarmos as representações científico-naturais e realistas do universo, alcançaremos a ideia do mundo como imagem do mundo, como representação vigente numa dada sociedade, num dado momento histórico. Não é a história que está no mundo, mas sim é o mundo que está na história. É desse mundo como imagem do mundo, como representação do nosso espírito, que podemos dizer que tem uma aurora e um ocaso. Com isso afirmamos que a relação existente entre o homem e os dois polos extremos da origem e do fim deve ser interpretada em função da ideia mítico-cultural. Essa relativização da representação do mundo coloca novas questões que analisaremos para compreender melhor como se propõem na filosofia atual as possibilidades do nascimento e do fim de uma vigência cósmica e cultural.

A vigência de uma ideia do mundo não se dá sem luta e oposição. O que mantém em vigor uma determinada representação das coisas é uma operação ativa e vigente que continuamente afirma o seu direito. O mundo não se constitui sem essa afirmação reiterada e sem essa interpretação ativa das coisas. Heráclito afirmou ser a luta a mãe de todas as coisas. Essa sentença heracliteana pode agora ser entendida no sentido de que uma intuição do mundo é a projeção de um povo histórico, em empenho de realizar seu destino. Se o mundo nasce sob o signo da luta, se podemos dizer que é, em sua essência, uma luta, compreenderemos como é inerente à sua natureza o risco e a possibilidade do aniquilamento. Hesíodo já distinguira duas espécies de luta: uma, que apenas favorece os flagelados, a guerra e a discórdia e outra, que leva o homem aos trabalhos construtivos e benéficos. Essas duas modalidades de luta supõem, entretanto, uma protoluta que descerra o teatro e o espaço onde se darão as atividades referidas por Hesíodo. O significado dessa luta original, dessa protoluta, encontramo-lo na determinação vitoriosa de um mundo de valores, de um círculo de representações sagradas, de um sentimento triunfante do divino, que polarizarão os futuros empreendimentos e peripécias históricas. Assim, quando uma forma do divino toma posse da consciência do homem, vencendo e superando as representações religiosas anteriores, inicia-se uma nova etapa histórica, com uma nova medida hierarquizadora das coisas. Podemos, pois, pensar essa luta primordial como uma teomaquia, como uma luta de deuses.

Continuando o estudo da origem do mundo, na linha dessas nossas reflexões, vejamos se é possível pensar essa origem como uma criação de coisas. Só podemos falar em coisas como de realidades intramundanas, isto é, como seres que se destacam numa prévia presença mundanal. A esse respeito, diz Heidegger: "O mundo não é simples conjunto das coisas numeráveis e inumeráveis, conhecidas e desconhecidas. *Welt weltet* (o mundo mundifica) e é mais existente do que as coisas tangíveis e perceptíveis, entre as quais nos julgamos em segurança". O problema da criação do mundo deve ser elaborado em função dessas novas concepções que mudam completamente a fisionomia da problemática mesma. A criação do mundo é o resultado de um projeto de possibilidades, de um ato poético, no sentido mais amplo da palavra, que descobre, descerra e instaura uma visão das coisas. Temos, portanto, acesso ao mundo, mediante um gesto de transcendência que estabelece um regime de inteligibilidade, uma compreensão articulada dos seres intramundanos. Essa doação de sentido às coisas não é uma tarefa do intelecto discursivo, mas sim uma façanha da exuberância imaginativa, da fantasia criadora que povoa a realidade de um sem-número de personagens e de significados. Uma interpretação defeituosa dessa teoria poderia levar-nos a supor que o mito seria uma criação arbitrária e caprichosa do homem, quando na realidade, o homem é que é uma criação do mito. Mais do que isso: o homem só tem acesso às suas possibilidades, só cobra consciência de si mesmo, mediante a experiência poético-religiosa. Na sugestiva imagem de Heidegger, o homem grego não preexistiu, na plenitude de sua realidade, ao tempo de seus deuses, mas foi a presença do templo que tornou o grego, grego.

Dessas considerações decorre o que entendemos por origem do mundo, e qual o conceito que formamos da relação do homem com o polo inicial. O começo se propõe, portanto, como aurora de um sentimento do divino e do humano, como o desabrochar gradativo das anteposições axiológicas máximas, como o despertar de uma experiência inédita da vida. Esse começo, apesar de acontecer no tempo, retroage sobre o seu momento particular, alargando a perspectiva para um passado ainda mais remoto. Esse começo se apresenta como contendo em si um passado. Os deuses olímpicos gregos reportavam à linhagem teogônica das divindades ctônicas. O cristianismo acrescentou-se ao passado dos livros de Israel. A ideia da origem das coisas, assim compreendida, é um elemento essencial para a compreensão de nossa realidade histórica e cultural. Nesse sentido, podemos dizer que o começo é o verdadeiro plasmador do homem histórico e que o mito é a paideia original da humanidade. Não podemos aceitar a tese platônica, hostil à fundação poética da educação e contra ele vemos em Homero o educador da Grécia.

Com o começo, entendido não como um ponto espaçotemporal, mas como um complexo de pressentimentos e de crenças, como nebulosa mítica, é proposto um destino. Ser-para-o-começo significa abraçar e identificar-se com os grandes modelos e exemplos de um dado círculo de possibilidades históricas. Não devemos pensar, entretanto, que num grupo histórico-cultural exista uma homogeneidade absoluta em relação às normas e valores gerais nele reinantes. Podemos descobrir, na evolução do pensamento grego, concorrentes orientalizantes que prenunciavam os futuros desenvolvimentos neoplatônicos. Nas épocas de maior unidade cultural, essas forças heterogêneas e discordantes parecem ter-se apagado diante da luminosidade das grandes ideias-força. São, entretanto, esses fermentos heréticos os pontos sensíveis a partir dos quais poder-se-ão desenvolver novas sementes culturais e históricas.

O que diremos agora relativamente ao ser-para-o-fim? É óbvio que a crítica feita à noção realista e objetivante de uma gênese e começo das coisas é válida também no que se refere ao fim do mundo. O fim não deve ser compreendido como o desenlace objetivo de uma sucessão de eventos, como se assistíssemos ao cair do pano sobre uma peça acabada. Não, o ser-para-o-fim, o sentimento apocalíptico da existência manifesta-se como a tomada de consciência do colapso de uma cultura. O fim do mundo é o fim de *um* mundo, a ruína do existente, traçado num projeto histórico e, segundo as considerações anteriores, somente assim poderá ser compreendido. O impulso poderoso que mantinha viva uma tábua de valores e que se subordinava, por outro lado, aos seus imperativos e finalidades vai pouco a pouco se debilitando e extinguindo. Os tempos que acompanham a agonia de um sistema cultural são assinalados por uma grande confusão de valores, opiniões e pontos de vista. Nada mais parece ter uma legitimidade indiscutível e universal; são os tempos de preamar do niilismo. O significado do fenômeno niilista consiste precisamente na vertiginosa irrupção do nada, triunfando sobre as determinações e formas de existências até então vigentes. Tudo parece válido e nada realmente o é. O nada passa a desempenhar o papel da força atuante. Assistimos em todos os campos a um desenvolvimento extraordinário das atividades críticas e meramente cerebrais. As linhas simples da ação tornam-se tortuosas e indefinidas. A certeza é substituída pela perplexidade e o homem não sabe mais a que se ater. O sentimento predominante é o de que as possibilidades da vida já foram esgotadas, de que as coisas maiores já foram realizadas no passado, só restando aos homens uma atividade de epígonos e repetidores. A descrença, a falta de fé num princípio transcendente, o ateísmo filosófico e prático, tomam conta dos espíritos. A consciência humana se contrai e apequena, percebendo e notificando apenas a mera presença das coisas e dos acontecimentos. Perceber e trabalhar as coisas, construir as únicas metas deixadas aos homens.

Se quisermos assinalar com um só traço o fenômeno niilístico do fim de uma cultura, podemos dizer que consiste no crepúsculo dos deuses. O fim de uma cultura dignifica o afastamento das forças divinas da conexão histórico-cultural. O sentido e a orientação que o sobre-humano emprestava ao humano, o entusiasmo, em seu sentido etimológico, de plenitude divina, passam a faltar. Em 1828, numa carta a Eckermann, dizia Goethe: "Vejo aproximarem-se os tempos em que Deus não encontrará mais nenhuma alegria na humanidade, tendo que aniquilar tudo, para uma nova criação".

Como podemos diagnosticar esses estranhos fenômenos que acompanham o declínio de uma cultura? Existem sinais, sintomas visíveis dessa mudança essencial dos acontecimentos?

Sabemos como, na teologia cristã, o Juízo Final que marca o término da forma terrestre de existência é precedido por um conjunto de sinais anunciadores. Parece-nos que essa ideia é cheia de um grande sentido, mesmo no terreno especulativo-filosófico.

Na *Poética* de Aristóteles, quando este estuda a estrutura interna da tragédia, encontramos também uma referência aos sinais e notas que anunciam a queda do herói e o desenlace final. O reconhecimento dessa mudança de sinal do destino, a consciência daquilo que Aristóteles denomina a metábase, isto é, da passagem da felicidade para a infelicidade, da plenitude para a carência, é assinalada pela notificação de que as forças propícias e acolhedoras se transformam em potências adversas e destruidoras. Os amigos são de fato inimigos, os laços mais caros contêm em si as mais atrozes culpas, o mundo assume um aspecto desolado e espectral. Aristóteles afirma que essa tomada de consciência pode-se dar de uma forma direta ou indireta, por intermédio de coisas ou de personagens. No primeiro caso, as coisas remetem entretanto a uma mudança no ânimo dos personagens, isto é, um sinal objetivo faz o herói descobrir o que se trama no ânimo de seus adversários.

Podemos traçar certas analogias entre essa estrutura da tragédia e a que se refere ao desenvolvimento histórico de um povo que se encaminha para o seu fim. Os fenômenos apocalípticos do fim de uma cultura são precedidos por uma metábase e pelo reconhecimento da existência de forças bárbaras e destruidoras no seio do corpo cultural. A criação dos regimes de massas, com suas formas próprias de atuação e pensamento, constitui um sinal do niilismo invasor. A existência, dentro de uma coletividade, de um número cada vez maior de homens que não participam dos valores originais que deram base e sentido à cultura vigente, é outro sinal de metábase iminente. Se os deuses se afastam dos homens, os homens por seu lado se afastam dos cultos e ritos que constituíram a relação com a divindade. Na *Fenomenologia do Espírito*, caracterizando o fim da cultura grega, Hegel assim se expressa: "As estátuas são agora cadáveres cuja alma vivificante desertou, os hinos são palavras que a fé abandonou. As mesas dos deuses estão sem alimento e bebida espiritual e os jogos e festas não restituem mais à consciência a bem-aventurada unidade dela mesma com sua essência. Elas tornam-se, então, o que são agora, para nós: belos frutos destacados da árvore; um destino amigo no-los ofereceu como uma jovem ofertando frutos; não há mais a vida efetiva de seu estar aí, nem a árvore que os susteve, nem a terra, nem os elementos que constituem sua substância, nem o clima que os determinava ou a alternância das estações que regrava o processo do seu devir". A humanidade que assim desertou as formas de sua vida anterior lança-se empós de outros deuses que, nessas conjunturas, tomam a forma desmerecedora da idolatria e da superstição. Basta lembrar-nos da demonologia e das incríveis crendices que assolaram o mundo greco-romano, quando do crepúsculo das grandes divindades olímpicas e antes do advento do cristianismo.

Os sinais dos tempos remetem-nos, como no caso da tragédia, aos elementos que, dentro do complexo social, representam um momento hostil e indiferente aos valores e ao mundo existente. Nesse sentido lamentava-se um velho egípcio, segundo um papiro cuja data remonta há quatro mil anos: "Por toda a parte há ociosos... Não se ara mais a terra e todos dizem: 'Não sabemos o que se passa com o país'... Em todo lugar há imundície, ninguém mais tem brancos vestidos... Já não há homens... Apagou-se o riso em todas as bocas... Grandes e pequenos dizem: 'Antes não tivesse nascido'... Arrebatam-se os resíduos do focinho dos porcos, tanta é a fome... Abrem-se as intendências e são roubadas as listas... Os escribas, cujas atas são destruídas... O segredo dos reis é revelado... Não há cargo que esteja em seu verdadeiro lugar... São como um rebanho espantado e sem pastores... Nenhum artista mais trabalha... Quem de seu Deus nada sabia, oferece-lhe hoje sacrifício como o incenso de outro... A insolência apoderou-se de todos... Ai! Que se acabassem os homens e não houvesse mais fecundação, que ninguém mais nascesse! Que se fizesse silêncio sobre a terra e não houvesse mais tumulto e não houvesse mais luta!".

Vemos nestas linhas, expressado, o descolamento do homem em relação a todos os princípios que determinam o comportamento do império milenar.

Com essas considerações, estamos longe de ter esgotado a série de fenômenos que anunciam o declínio de uma civilização. A destruição das formas e estilos coordenados de expressão traz consigo a emergência do monstruoso, do informe e o gigantesco. Assistimos a uma ênfase da quantidade, em detrimento da qualidade. Se o poder de construção cresce desmesuradamente, o mesmo se dá com a capacidade de destruição e aniquilamento. Isso, tanto no campo da inteligência, quanto no campo técnico-industrial. A lucidez agônica da inteligência, com sua extensão quantitativa de conhecimento é acompanhada pelo trabalho negativo da própria inteligência que solapa e destrói todas as crenças. O ritmo e a amplitude da vida espiritual, a insônia da consciência são acompanhados pelo fastio e pelo tédio, pois o real parece não satisfazer mais as apetências humanas. No campo técnico-industrial, o quantitativo se expressa por uma capacidade de destruição que escapa à fantasia mais ousada. A irrupção do monstruoso e desmesurado assume as modalidades mais inquietantes. A fantasia do monstruoso é sentida outra vez em toda a sua autêntica verdade. A pintura e a poesia encarnam de forma tangível essa experiência demoníaca da consciência; os *Cantos de Maldoror* de Lautréamont, os monstros de Picasso e, em geral, o renovado interesse e a redescoberta de Brueghel, Grünewald, Jeronimus Bosch ilustram esse gosto que se desenvolve. A alma do homem vê fixada nessas aparições espectrais os símbolos dos acontecimentos que experimenta em si e fora de si. Os monstros do apocalipse traduzem em forma agora inteligível os acontecimentos que se prefiguram num horizonte cada vez mais próximo. Entretanto, a obstinação vital de muitos impede-lhes a clara consciência de qualquer mudança. Perdidos em suas ocupações restritas, à margem das grandes forças plasmadoras do destino, esquecidos da cólera dos deuses, eles só constatam as mudanças catastróficas quando por elas envolvidos.

Os eventos finais de um período histórico, a destruição de uma imagem do mundo, se processam através de um sem-número de guerras, convulsões, catástrofes e desentendimentos que minam toda a unidade e conexão vitais antes existentes. Nada é capaz de conter a pulverização das consciências e a multiplicação das linguagens. Rompe-se a possibilidade do diálogo, pois o mundo que lhe servia de medida tornou-se ambíguo e problemático.

Quais as atitudes possíveis do homem nessas épocas extremas da evolução histórica? Qual a vontade que deve prevalecer nesses instantes agônicos da existência? Devemos acolher o impulso de morte e a vontade do aniquilamento em consonância com o tempo, à maneira do velho egípcio?

Por mais ameaçada que esteja a relação do homem com o fundamento das coisas, nestas épocas de confusão, parece-nos que não pode ser rompida a conexão ontológica com a plenitude do ser. A vontade de superação, o sentido dionisíaco da vida é o traço de união do nosso espírito com um novo começo. O que nos impele a suportar e transcender a angústia do momento é o sentido "matinalista" de que falou Ortega, próprio da verdade do ser, em oposição ao sentimento "vespertinista" e fatalístico de muitos. A vontade de transformação é o ensinamento que ouvimos em meio do caos, proveniente das profundezas do ser, pois que ele não se compromete nem se esgota em suas formações transitórias, transbordando em novas formas e novas articulações de sentido.

O HOMEM E SUA PROVENIÊNCIA[1]

Apesar da filosofia ter sido compreendida muitas vezes como concepção do mundo, como sua teoria e explicação, a própria realidade do mundo nunca foi empreendida em sua essência originária. As doutrinas sobre o mundo encobriam a sua estrutura e determinação fundamentais. Pela primeira vez, Heidegger, em sua analítica existencial, procurou revelar o sentido e a natureza essenciais da realidade mundanal. A tese essencial dessa filosofia do mundo repousa na afirmação de que esse não é um ente ou um conjunto de entes, mas a condição de possibilidade de toda a manifestação entitativa. O mundo é aquela abertura (*Offenheit*) onde se dá a emergência e a patentização do ente descoberto. Assim pois o mundo transcende todas as determinações e possibilidades entitativas e se põe como aquilo a partir do qual se organiza um plexus de coisas e de significados.

Poderíamos pensar que essa forma de compreensão simultânea da natureza do ente e da natureza do mundo estaria adstrita a uma caracterização da realidade não humana. Esse modo próprio de surgir e de manifestar-se dos entes no projeto fundador diria respeito aos entes do mundo circundante. A transcendência fundadora seria um ato de existência que instituiria em torno

---

[1] "O Homem e sua Proveniência", *Revista Brasileira de Filosofia*, v. 2, fasc. 7, jul./set. 1952, p. 494-506. (N. O.)

de si uma estrutura de significados e, portanto, um mundo. Encontramos nos textos heideggerianos certas indicações que poderiam levar-nos a essa interpretação do fenômeno. Entretanto, devemos procurar conciliar essas passagens em que o traçado instituidor do mundo parece incluído na ipseidade humana, com o sentido total do pensamento de Heidegger, que ultrapassa essa posição subjetivista e egocêntrica do problema.

Encontramos no ensaio *Vom Wesen des Grundes*[2] a ideia de que o ato de transcender não parte de um "eu" fundador singular, mas se põe como princípio instituidor de todo eu, tu ou ele. Estamos, portanto, diante de um poder que determina não só a emergência do ente intramundano, como também a da própria realidade humana. O ente fundado pelo projetar não é unicamente a circunstância do homem, mas o homem em sua circunstância. Podemos, entretanto, abordar essas ideias a partir de outro ponto de vista. Sabemos como o ente intramundano só se revela a partir de um sistema de possibilidades inerentes à existência. Essas possibilidades poderiam ser compreendidas como projetadas pelo homem, sendo o próprio homem, nesse caso, um *prius* em relação ao aparecimento do ente intramundano. Porém, a perspectiva em que nos colocamos, procurando incluir o homem dentro do círculo de um projetar instituidor, atesta-nos que aquela interpretação antropocêntrica é inexata. A abertura das possibilidades não diz respeito unicamente à esfera do mundo circundante, mas incide na própria estruturação e constituição do homem. Nesse sentido devemos compreender a afirmação de Heidegger de que ao traçar o mundo, o homem se vê traçado no interior do mundo e aí abandonado. O desvelamento do horizonte mundanal é simultâneo ao desvelamento do próprio homem. As consequências filosóficas desse ponto de vista e sua elaboração especulativa oferecem perspectivas ainda inexploradas. Se o transcender instituidor das possibilidades abre campo para a realização histórica, disso resulta que estamos diante de uma área meta-histórica de decisões que envolve

---

[2] Da essência do fundamento. (N. O.)

e condiciona todas as vicissitudes humanas. É o que afirma Heidegger em diversas passagens da *Carta sobre o Humanismo*: "A história do Ser suporta e determina toda a situação e condição humanas". E ainda: "O jectante do projeto não é o homem, mas o próprio Ser que endereça o homem ao ek-sistir como à essência que lhe é própria". Vemos, pois, que de uma abertura condicionadora do ente intramundano e somente dela, passamos a um desvelamento superior, onde se realiza simultaneamente a emergência das possibilidades circundantes e antropológicas. O ente humano, do mesmo modo que o mundo circundante, é o resultado e a consequência de um transcender que traça e que constitui a trama das oportunidades de realização histórico-humanas. Assim como o ente intramundano não constitui uma realidade ontológica última, um fato irredutível e fundamental, o homem também, como algo revelado por um projetar instituidor, não seria qualquer coisa de último e permanente no processo histórico-mundial. Na expressão de Ernesto Grassi, o Ente é um aparecer (*Sichzeigen, Er-scheinen*) que se revela dentro de certos limites. Esse mostrar-se, esse aparecer do Ente é entretanto condicionado pelo projetar humano que prescreve os limites de mostrar-se. Acreditamos, de acordo com uma nova perspectiva, que o Ente como aparecer deve ser estendido ao próprio homem, que se determinaria assim como o mostrar-se de um mostrar projetante mais originário. Essa perspectiva arranca a reflexão filosófica de um sentido antropotrópico e a lança num terreno excêntrico, onde o Ente vem pensado fora da perspectiva exclusivamente humana. O homem é um Ente no conjunto dos Entes. O desvelamento instituidor do Ser outorgaria ao homem o nexo de suas oportunidades e desempenhos humanizantes e o núcleo da sua verdade propriamente humana. Veremos mais adiante qual foi o acontecimento que permitiu o recortar-se da manifestação humana no conjunto do processo histórico religioso. Repetimos que não só o fenômeno do mundo circundante é fruto de um desenhar projetante que o delineia e determina em sua singularidade própria, como também o homem mesmo amanhece para o seu perfil hominídeo singular, por meio de um transcender instituidor que lhe outorga e assegura suas possibilidades mais genuínas. Parece-nos ser possível interpretar dessa maneira o que diz Heidegger em seu ensaio *Von Wesen der Wahheit*:"Entretanto, se o *Dasein* ek-sistente, como o deixar ser do Ente, libera o homem para a sua liberdade, quer à sua escolha proporcione algum possível, quer lhe imponha algum necessário, então não é o arbítrio humano que dispõe da liberdade". Vemos claramente nesta passagem como o Ente que é franqueado pela abertura projetante pode consistir justamente nesse plexo de possibilidades que configuram a realidade humana. O desvendamento do Ente é a ocorrência instituidora do espaço ocupado pelo homem. "A história das possibilidades essenciais da humanidade histórica – diz Heidegger – é coordenada para esta no desvelamento do Ente em sua totalidade". O ponto essencial das nossas reflexões consiste justamente em mostrar essa incidência do ato de descobertura sobre a própria constituição da conexão humana. O desvelamento do Ente que deve ser compreendido em função de uma intervenção projetante do Ser é também o desencadear-se das impulsões antropopoiéticas.

A nossa insistência na extensão do domínio descoberto do Ente que, segundo uma certa perspectiva, deveria englobar unicamente a esfera do Ente intramundano não-humano, tem a sua razão de ser num sem-número de equívocos que se têm verificado na interpretação desse campo de problemas. A nossa intenção é a de demonstrar que o nexo entitativo dos possíveis definidores do homem também constituiu uma esfera descoberta do Ente. Se nas camadas mais informadas dos pensadores atuais é pacífica a doutrina da subordinação do nosso acesso ao Ente a uma prévia franquia de seu campo através de um compreender projetante, existe no entanto a mais franca resistência quanto à aceitação de uma extensão do regime ontológico do "compreender" ao campo da existência humana. Encontramos, por exemplo, no ensaio de Levinas "L'Ontologie Est-elle Fondamentale?",[3] ideias que denotam uma total discordância

---

[3] Publicado na *Révue de Métaphysique et Morale* (jan./fev. 1951). (N. A.)

relativamente ao sentido originário do pensamento mais importante de nossos dias. Segundo esse autor, devemos distinguir e antepor duas formas possíveis de acesso ao Ente: a que nos revelaria o ente intramundano não-humano e a que determinaria o acesso a uma outra existência. Concede Levinas que toda ex-posição ao Ente revelado é subordinada a uma compreensão que situa o Ente no cenário do manifestado, afirmando por outro lado que a relação de existência a existência não pode ser governada pelo mero desvelamento compreensivo que rege nossa exposição ao Ente intramundano. O ser-em-relação-ao-outro (*miteinandersein*) supera, segundo ele, o puro esquema compreensivo e não se esgota numa simples relação de conhecimento. O primeiro equívoco deste autor, entretanto, é o de julgar que a compreensão determinaria um puro sistema de conhecimento teórico do Ente, quando sabemos que, pelo contrário, Heidegger não se cansa de afirmar que o "compreender" é essencialmente uma relação afetiva. Como diz no *Sein und Zeit*: "O encontrar-se (*Befindlichkeit*) tem, em cada caso, sua compreensão, ainda que seja dela se esquivando. O compreender é sempre afetivo". Assim, pois, o compreender não só nos põe diante do cenário do Ente, em sua totalidade, como ao mesmo tempo determina uma sintonização emocional que acompanha a abertura do mundo. "Uma sintonização afetiva, isto é, uma exposição ek-sistente ao Ente em sua totalidade – diz Heidegger – não pode ser *vivida* e *sentida* senão pelo fato do 'homem ser dotado se sentimento', por ter se abandonado a uma sintonia desveladora do Ente em sua totalidade, se bem que não pressentindo a essência dessa disposição afetiva". O nosso estar-no-mundo é, portanto, um encontrar-se afetivo no conjunto do revelado, de tal forma que todos os nossos estados internos e todas as nossas atitudes externas fluem numa linha contínua de emotividade. A observação de Levinas não tem, pois, razão de ser, quando esse autor pretende somar aos atos desveladores do compreender um conjunto de atitudes emotivas como a invocação, a interpelação, o apelo, em sua qualidade de formas *sui generis* da relação intersubjetiva. Escapa a Levinas o fato de que o ente humano e todas as relações intersubjetivas possíveis e vigorantes entre os homens são instituídas no âmbito de uma abertura compreensiva. O ser-com-o-outro (*miteinandersein*) é descerrado simultaneamente com o descerrar de um mundo e é justamente neste ponto que se aninha o mal-entendido fundamental das considerações desse autor que pensa o fenômeno do ser-com-o-outro a partir de um referencial subjetivista. Para ele é o "eu" individual que deve aceder ao outro "eu", através de atos intelectuais e emotivos adequados. Sabemos, entretanto, que Heidegger abandonou essa perspectiva subjetivista e monádica, instalando-se num foco ex-cêntrico donde surge o descerramento projetante do Ser. O eu e o tu, assim como todas as relações possíveis entre os homens: o amor, o ódio, a indiferença, a simpatia, a reserva, o apelo etc., são abertas com a abertura do âmbito mundanal. A condição de possibilidade de qualquer ser-com-o-outro (*miteinandersein*), isto é, de todas as relações possíveis entre os homens: relações de subordinação, de hierarquia, de afinidade, de parentesco etc., são propiciadas ao homem histórico pela transcendência projetante que, ao traçar o Ente, traça o homem no interior do Ente em sua totalidade. A crítica aqui feita a Levinas deu-nos o ensejo de mostrar qual é a atitude de Heidegger em relação ao problema das condições de possibilidades do Ente e ao mesmo tempo permitiu que apresentássemos a nossa interpretação do estatuto ontológico do homem. Assim como o Ente não tem qualquer independência em relação às suas condições constitutivas transcendentais, do mesmo modo o homem não possui qualquer fundamento próprio além da história de sua constituição transcendental. Por esse motivo Heidegger considera que o poder mais original do homem consiste no sentido ek-sistencial e ek-stático do existir, no estar-fora-de-si do morar na proximidade do Ser. Esse caráter ex-cêntrico e ek-stático da essência original do homem não permite a interpretação da relação de projeção como uma autossuficiência do sujeito finito. O projetar não é uma relação da subjetividade humana. A ipseidade, "o por causa de" (*Wille un sich selbst*) não está ancorando no sujeito humano, não é uma peculiaridade finita, mas um transcender projetante que em sua autonomia irrestrita, em seu desvelar ek-stático abre campo para a eclosão de um mundo e, portanto, para um nexo de subjetividade. A ipseidade compreensiva não está entre nós, não parte de nós mesmos, mas somos nós que nela estamos. Ora, a essa ipseidade que traça e abre a revelação do Ente é que Heidegger dá o nome de iluminação do Ser (*Lichtung des Seins*). Essa luz, esse foco originário não é o *lumen naturale* da mente humana mas, pelo contrário, é o desvendar ek-stático desse foco que permite a entrada no mundo (*Weitwingang*) do nosso ser e da nossa mente. "Só na medida em que ocorre a iluminação do Ser, transfere-se o ser ao homem. Mas a ocorrência do Aqui (*Da*), a iluminação como verdade do próprio Ser, é uma doação do Ser mesmo". Nós somos conformados pela força instituidora da prodigalidade do Ser, que inaugura o sistema de significados – a linguagem, a palavra – que nos envolve e determina e nos quais somos. Se podemos chegar a uma compreensão de nós mesmos, se podemos destacar uma esfera de significados que configuram o nosso ser histórico, isso se dá pelo fato de existir uma prévia investidura e articulação de significados nas quais já nos encontramos. É no mundo da linguagem, nesse espaço aberto dos significados possíveis que empreendemos a tarefa da autognose finita. A nossa exposição ao Ente dá-se através da forma de descerramento da palavra, da con-vocação à manifestação que é própria do dizer e da linguagem. No "aberto" da palavra dá-se o Ente. "Quando vamos à fonte, quando atravessamos a floresta, vamos através da palavra *fonte*, através da palavra *floresta*, mesmo que não pronunciemos essas palavras e não as pensemos verbalmente". Assim compreendida, a linguagem não pode ser evidentemente uma invenção do espírito finito do homem. A palavra é a própria iluminação do Ser que nos põe à disposição um campo de significados e de coisas e que instaura, portanto, a nossa própria face histórico-humana. Essa linguagem, porém – como diz Heidegger em outro ensaio –, é essencialmente um diálogo (*ein Gespräch*). A linguagem é, pois, não só a condição do nosso trato com as coisas, como também a morada de todas as relações intersubjetivas. Se nós somos essencialmente um diálogo, isso significa a anterioridade da palavra relacional sobre as nossas possíveis atitudes em relação ao outro. Vemos assim como o poder desvelador da palavra não se exerce apenas sobre o Ente intramundano mas, preferencialmente, sobre o mundo das conexões inter-humanas. Não somos nós que criamos o nexo das relações inter-humanas através do instrumento da palavra. A palavra, no sentido aqui tomado, não é instrumento, mas promoção e descobertura do Ente. No templo da palavra é que se desenham todos os possíveis comportamentos dos homens entre si. Qualquer dialética das consciências deve subordinar-se à prévia abertura dialogal da palavra, ou, por outro lado, à outorgação do campo relacional por meio de uma fundação a partir do próprio Ser. Diz Heidegger: "O abrigo de todo comportamento nos é doado pela verdade do Ser". Essa verdade do Ser, como sabemos, é em sua essência desvelamento poético, o pôr-se-em-obra desvelador do Ser. A linguagem e a palavra de que aqui se trata são as que ocorrem na obra de arte, na poesia e no mito. A maneira segundo a qual nos pomos em relação com o outro, o modo de senti-lo, representá-lo e pensá-lo, dependem da forma de constituição do nosso ser-com-o-outro que ocorre na inauguração do mundo pela palavra. Hipostasiar e absolutizar as relações intersubjetivas na forma de uma dialética das consciência equivale a esquecer a subordinação do revelado das relações humanas relativamente às potências instituidoras originais. O Idealismo, filosofia que por excelência hipostasiou a dialética intersubjetiva, a ponto de torná-la o critério de toda a realidade histórica, padece desse esquecimento das condições transcendentais de possibilidade de todo o intercurso humano.

A Sociologia do Conhecimento, enquanto estuda as relações entre o conhecimento que temos dos outros e as particulares condições sociais e culturais, já havia pressentido o problema da relatividade do noso ser-com-o-outro. A forma segundo a qual apreendemos e vivemos a realidade do outro e, concomitantemente, os comportamentos decorrentes dessa particular apreensão variam extremamente através do tempo. Basta citar como exemplo o fenômeno das relações de parentesco e dos laços familiares que constituem sem dúvida a mais incisiva forma do relacionar-se com o outro. Pois bem, o teor dessas relações e o papel que assume cada membro da família dependem da mítica da comunidade e da concepção mítico-religiosa que governa os laços sociais. O mito condiciona e constitui todos os laços possíveis e todos os comportamentos que ligam os homens entre si.

A formulação do problema das relações inter-humanas, com base em sua fundamentação ontológica, vai entretanto muito além do ponto de vista da Sociologia do Conhecimento. Trata-se aqui da origem ontológica das possibilidades humanas em seu conjunto e, portanto, de um problema que transcende qualquer investigação científica. Como vimos acima, segundo o ponto de vista que assumimos, o homem é um manifestar-se que nos remete às potências instituidoras de sua possibilidade. Esse manifestar-se, porém, dá-se como um plexo de comportamentos e de ações inter-humanas, ao eclodir no homem. Assim, pois, o homem é o manifestar-se mesmo dessas possibilidades relacionais e esse intercurso das consciências. Esse campo, entretanto, é aberto e fundado por algo que convoca o homem ao Ser, ou melhor, por algo que desencadeia aquelas possibilidades de realização que chamamos homem. O ser-com-o-outro depende portanto de uma Abertura que traça e constitui o sistema dos nexos interindividuais.

Essas considerações em que procuramos situar, no âmbito da Abertura do Ser, não só o Ente intramundano, como também o próprio homem, se fundam num pensar que tenta transcender os quadros antropocêntricos do pensamento. O homem deve tentar a suprema façanha de ir além de si mesmo, para vislumbrar o território ek-stático de sua proveniência original: o homem deve sondar o advento de si mesmo. Essa possibilidade é-lhe outorgada por uma faculdade essencial e definitória do seu ser, isto é, pela sua própria ek-sistência. Ek-sistir significa transcender a totalidade do Ente, ascendendo à dimensão aberta do Ser. O ser do homem consiste justamente neste poder de se intimizar com a verdade do Ser, isto é, com o poder desvelador e instituidor do foco ek-stático do Ser. É pelo fato de poder habitar na proximidade do Ser que o homem é capaz de elaborar um pensamento independente do Ente, daquilo que é, abandonando as formas do já dado. Esse pensamento, que não significa mais uma consagração ao Ente, mas sim um devotamento à verdade do Ser, é um pensamento do próprio Ser, isto é, o próprio Ser é que pensa no pensar. Como diz Heidegger: "O pensar é igualmente um pensar do Ser, na medida em que o pensar, pertencendo ao Ser, ouve o Ser". Diante desse novo modo de especulação, o pensamento tradicional, que sempre permaneceu aderido às sugestões do Ente revelado e a ele se ateve, se nos afigura o produto de um longo esquecimento, o esquecimento do Ser. O pensar do Ente, a filosofia como exploração das possibilidades dadas, se nos revela por outro lado como um pensamento ingênuo, como um pensamento que não conhece o abismo de uma verdade abscôndita e original. A essência da ingenuidade e da inocência consiste no desconhecimento da possibilidade do pecado. Esse desconhecimento não anula, entretanto, a existência do pecado, mas o põe como um espaço ainda fechado para o desenvolvimento do "eu" espiritual. A ingenuidade é um estado imediato e natural, uma perfeição que não conhece a elaboração superior do processo espiritual. Eis por que, do ponto de vista da subjetividade, a ingenuidade é algo que deve ser superado em vista das próprias possibilidades de desenvolvimento e realização superiores do "eu". Analogamente, o pensamento que vive na inadvertência da verdade do Ser, ou do Ser como Verdade, isto é, o conjunto do pensar filosófico tradicional, passa a ser compreendido como uma forma ingênua da consciência filosófica. O pensar inadvertido pensou as possibilidades dadas – a matéria, a essência, a ideia – mas não alcançou a dimensão transcendental e desveladora, a partir da qual se originam estas possibilidades oferecidas e disponíveis. Da filosofia de Platão aos nossos dias, nada se encontra relativamente ao fundamental problema do oferecer do oferecido, ou seja, relativamente ao problema da verdade compreendida como desvelamento originário. O pensar do Ser, entretanto, não se mantém no horizonte do disponível e do já dado, não apresa e elabora unicamente o Ente mas, ultrapassando o pensar das possibilidades, mantém-se na advertência do que nos pro-voca além do mundo daquilo que nos concerne. Desse ponto de vista, portanto, a nova consciência filosófica é marcada por um novo sentido de emancipação e de agilidade, critérios substanciais de um novo começo especulativo.

A posição filosófica geralmente tida como ingênua é a do realismo imediato, por não advertir a colaboração do próprio sujeito na constituição da objetividade. Diante da possibilidade de uma produção do não-eu pelo eu, a filosofia que desconhece e negligencia essa possibilidade é dita ingênua, pois vive na ilusão de uma independência objetiva. A realidade é justamente a irrealidade daquela posição, como possibilidade de uma autoprodução do mundo pelo espírito. A verdade do Idealismo é justamente o percatar-se desta possibilidade de uma atuação dialética do espírito, ou a consciência de que o espírito é toda a realidade. A filosofia festejava no Idealismo, até bem pouco tempo, a culminância de seu esforço de autoconsciência e de acuidade especulativa. Entretanto, podemos agora demonstrar que a linha especulativa mais profícua de nossos dias já deu um passo além da posição idealista, procurando ao mesmo tempo situar essa posição na história do pensamento filosófico. Nessa ordem de ideias não só o homem, como a própria interioridade humana, ou seja, o campo total da subjetividade, constitui um setor fundado e oferecido ao realizar-se histórico por um desvendamento original e prévio. O espaço interior da alma, esse mundo no qual Novalis estabelecia o roteiro de estranhas viagens, nos foi proposto e franqueado da mesma forma que o foi o mundo exterior da atuação sensorial. O peculiar desta proposição de possibilidades, do mundo da interioridade humana, é o fato dele ter seu ponto de apoio em si mesmo, é o fato de ser uma autoatividade. Compreender essa autoatividade como algo de lançado por um projetar ainda mais original, eis o que constitui um dos resultados máximos do pensamento ek-sistencialista de nossos dias. O homem interior do subjetivismo idealista, que transcende continuamente a objetividade que se lhe defronta através de uma polêmica interna, é o homem do dualismo cristão. A volta a si mesmo, que está à base do processo idealista é justamente a exposição, em termos filosóficos, da paixão religiosa instituída pelo cristianismo.

Qual a relação existente entre a subjetividade e as ideias, dentro do pensamento idealista?

Para o idealismo, as ideias pertencem por direito à razão prática, na qualidade de protótipos de uma ação valiosa e eticamente fundada. A causalidade própria das ideias, sendo estas projetadas pela liberdade humana, é em sua essência uma atuação do homem sobre si mesmo. A autoatuação proclamada pelo idealismo é ainda o divórcio original entre o mundo do pecado e o mundo da redenção que se intimizou na imanência de uma subjetividade omnicompreensiva. A oposição entre o mundo dos impulsos e o mundo da liberdade, entre o exterior e o interior, é uma transposição em termos filosóficos daqueles sentimentos e determinações ético-religiosos que nasceram com o surgir da concepção cristã. Eis por que julgamos que a consciência religiosa presente no idealismo nunca poderá ultrapassar a forma de apreensão das coisas, inerente à concepção cristã hominídea. O Idealismo é uma última e tardia elaboração intelectual da mesma ótica e determinação especulativa do real. O Idealismo, não podendo se ver em sua função e peculiaridade históricas, exigiu uma experiência especulativa mais radical que fosse capaz de assinalar o papel histórico dessa perspectiva. Quando Hegel afirmou – exprimindo a máxima consecução filosófica do pensamento ocidental – a ideia de que o Absoluto é Sujeito, afirmou algo que determinava os limites do pensamento antropocêntrico, limites estes ineludíveis nesta corrente especulativa. A subjetividade atuante, como Absoluto, é em última instância a subjetividade do tempo humano, ou o tempo como paixão do homem. O Idealismo encontra nessas asserções a sua definição e o seu limite. Afirmando que o

Absoluto e o Ser se confundem com a subjetividade do Sujeito, o Idealismo identificou o Ser com o Ente, ou melhor, pensou o Ser a partir do monograma do Ente. Esse esquecimento da diferença entre o Ser e o Ente, que se dá na substituição de um pelo outro, constitui um mal-entendido fundamental que condicionou todo o destino da metafísica ocidental. A volta a si mesmo preconizada pelo Idealismo, como imersão na subjetividade, constitui, segundo esse novo ponto de vista, um aprofundar e desenvolver o disponível do Ente – o Ente como subjetividade – em total esquecimento das condições de possibilidades da própria revelação do Ente oferecido. Mas esse aferrar-se ao Ente oferecido, numa completa obnubilação do desvendamento fundador, é o que Heidegger denomina o errar (*das Irren*). Empolgado por aquilo que se lhe oferece e, ao mesmo tempo, tomado pelas possibilidades que determinam todo o horizonte do conhecido, o homem avança unicamente na dimensão dessas formas oferecidas, orgulhoso de abarcar a totalidade do real, não advertindo entretanto que o oferecido e propiciado como Ente não acontece sem a correlativa ocultação do oferecer original. A abertura proto-histórica do oferecer se oculta em favor das oportunidades e possibilidades particulares de um dado âmbito histórico-cultural. A estrutura ontológica do acontecer também encontra sua formulação numa particular determinação da existência que a condena não só ao transcender desvelador, como também ao subordinar-se às formas desveladas. Essa característica e, segundo a expressão de Heidegger, o aspecto "insistente" da existência: "O homem não somente ek-siste, mas ao mesmo tempo in-siste, isto é, enrijece naquilo que o Ente lhe proporciona, na medida em que esse (o Ente) lhe parece de si e em si manifesto".

A subordinação à área manifestada é um perseverar nessa área e o fato de manter-se nesta perseverança é o que se pode chamar de insistência. O que se manifesta nesse espaço é tomado como medida e modelo de toda a realidade. O homem estende e amplia os significados habituais e próximos, consagrando-os como determinação últimas das coisas. Vemos assim como o Ente, ou seja, aquilo que se lhe defronta no perseverar, pode passar a ser a norma de compreensão última do real e o critério de aferição da verdade ontológica. Mas essa possibilidade só se dá pelo completo desconhecimento e esquecimento da verdade do Ser que, como tal, transcende e ultrapassa a verdade do Ente. A obnubilação do Ser e a correlativa imersão nas determinações do Ente constituem o errar. Como diz Heidegger: "O homem erra. O homem não cai no erro num momento dado. Ele não se move senão no erro, porque in-siste existindo e assim se encontra sempre no erro. O erro no seio do qual o homem se move não é como um sulco que se estende ao longo de seu caminho e no qual lhe acontece às vezes cair; pelo contrário, o erro faz parte da constituição íntima do *Dasein* ao qual o homem histórico está abandonado. O erro é o espaço de jogo desta agitação, no seio da qual a ek-sistência in-siste, não sem *souplesse* se esquece a si mesma e se falseia sempre de novo. A dissimulação do Ente em totalidade, ele mesmo obnubilado, se afirma no desvelamento do Ente particular que, como esquecimento da dissimulação, constitui o erro". Assim, o errar é inerente à própria estrutura ontológica da existência que, ao se projetar em vista de suas possibilidades, vê-se envolta pelo Ente e já assumida no interior do mundo desvelado. Esse ser tomado pelo Ente e esse ser por ele adstrito compendia o fenômeno inelutável do errar. A única forma de escapar ao império do erro e do errar é a de sentir o erro como erro, ou ainda a de educar-se para possibilidades que estejam além das formas em que se acha confinado o nosso existir histórico. Essa experiência, porém, em que se tornam exânimes e indiferentes as coisas que mais de perto nos concernem não é senão o fenômeno da angústia. Somente angustiando-nos é que podemos, de certa forma, libertar-nos da oclusão nesse cenário ontomórfico do errar. O que experimentamos realmente no transe da angústia é a irrupção do nada no sistema das coisas e oportunidades que compõem a nossa vida. O sentimento da inanidade, da insignificância e da diferença de todas as coisas se dá pela infiltração sorrateira e silenciosa do nada, do nada desse Ente que compunha antes o cenário de nossa predileção. O nada que se manifesta na angústia nos arranca, portanto, desse estar confinado do Ente que constituía o errar. Eis por que podemos dizer que a angústia é a propedêutica de uma experiência filosófica mais original, pelo fato de emancipar o pensamento de sua subordinação ao simplesmente oferecido. Evidentemente, o campo da angústia deve ser entendido não no sentido existentivo (no sentido kierkegaardiano), mas como instância ontológica existencial. O conceito kierkegaardiano de angústia se cumpre no âmbito antropocêntrico do indeterminado humano; a experiência da angústia que atua como antídoto ao esquecimento do Ser é a culminância de uma crise que vai além do naufrágio das simples e humanas indeterminações optativas, para nos remeter ao regime selvagem das coisas que ultrapassam o humano. A angústia do humano como humano que se manifesta no fastio da conexão humana é o sentido da náusea sartriana, que também circunscreve uma das formas espásticas da mudança da consciência filosófica contemporânea. Podemos pressentir na náusea, segundo a determinação de Sartre, uma espécie de segunda potência do angustiar-se em relação à acepção kierkegaardiana. Em Kierkegaard, a angústia transcorre num âmbito de interesse firme e inabalável pela salvação humana, ao passo que em Sartre o próprio homem é alvo de uma indiferença e de um fastio cósmicos. A paixão infinita pela própria salvação transforma-se no infinito lastro de uma liberdade estendida e exausta.

A importância do romance *La Nausée*, de Sartre, reside numa intuição fundamental, que foi por ele abandonada posteriormente, e que assinala o colapso do humanismo antropocêntrico. Nessa primeira fase de seu pensamento, o existencialismo não era, evidentemente, um humanismo – como se tornou depois –, em vista de um novo compromisso assumido pelo autor com a concepção humanística e filantrópica. A experiência da náusea nos revela a convivência do homem com o ser-homem, a complacência que determina um esquecimento total do abismo de onde proveio a configuração humana. A rebelião que o romance descreve, a rebelião das coisas e das estruturas que coordenam a existência humana, é justamente uma proclamação dos direitos do abismo original sobre a autossuficiência da instância humana. Eis por que a náusea é o sentimento revelador de uma verdade que extravasa o recinto psicológico e as motivações finitas do homem, para se elevar a uma sinalização apocalíptica da história futura. As últimas páginas do romance tornam transparentes a impressão terrorífica da consumação dos tempos e da monstruosa dissolução de todo o humano.

Todos os estados afetivos, como sabemos, determinam a abertura de um espaço de operações possíveis. Há uma compreensão envolta na abertura afetiva. Essas experiências que analisamos anteriormente (a angústia, a náusea, o tédio) nos facultam uma compreensão e uma experiência da verdade esquecida do Ser. Obrando como forças contrarrestantes da dinâmica própria do errar, elas coíbem a expansão das preocupações da existência decaída, fazem calar o ruído das agitações imeritórias e abrem em nosso pensamento um novo espaço de percepção especulativa. Se em nossos empreendimentos para a reconquista de um terreno mais idôneo que faculte uma fundamentação filosófica ajustada à consciência de nossa época, formos guiados por aquelas experiências propedêuticas, isso não quer dizer que a nossa atitude filosófica deva restringir-se a uma trama de emoções. Se as emoções e os sentimentos promovem uma torção da nossa ótica banal, determinam entretanto, por outro lado, uma captação filosófica de estruturas ontológicas que permaneciam ocultas no campo do errar. Para a compreensão filosófica que nasce desse descolamento do homem em relação ao simplesmente oferecido, o Ser não é mais medido segundo o módulo do Ente. O Ente, em colapso, sente a sua inanidade para oferecer uma rígida medida ao abismo fundador. O Ser é experimentado, portanto, não como uma forma, mas pensando como o possibilitante das possibilidades, como o iluminante do iluminado. Para atingir a sua dimensão própria é necessário portanto transcender todo o Ente, inclusive o Ente que somos nós mesmos, procurando amadurecer um assentimento ao ditado filosófico do Ser. Devemos ressalvar que não se trata de erigir aqui mais uma armação de ideias que, sob a forma de um saber de desafio, deva implantar-se no conjunto das coisas. Não é à substância finita que aqui é dada a palavra, a fim de que diga algo sobre algo. Trata-se justamente de silenciar a substância humana, para que suas formas de conhecimento não obliterem a experiência daquilo que é diverso do Ente. O Ser é justamente o Outro relativamente ao Ente, o Outro é justamente o Outro relativamente ao Ente, o Outro em relação a tudo o que é. Justamente esse Outro é que deve vir à Palavra para estabelecer a sua verdade imperturbável e transcendente. Esse Outro além de todo o Ente é o próprio Ser como *aletheia*, desvelamento, abertura, iluminação. O Ser é o iluminar da iluminação, é o fulgurar que desenha e delineia o sistema fundado do Ente. Esse foco da verdade desvelante não está em nós, como vimos, mas acima de nós, identificando-se portanto como o Outro, com Aquele com o qual devemos nos intimisar. A nossa liberdade, porém, deve continuar livre na receptividade do Outro, compreendendo a atividade do Outro como sua própria atividade. Como diz Novalis: "A maior plenitude do pensamento especulativo está em permanecer livre no dado, no estranho, isto é, em receber livremente o estranho como algo livre – por exemplo, uma verdade apreendida – e deixar atuar o recebido como algo autônomo". O Ser que nos é dado não o é, entretanto, como um Ente dado. O dar-se do Ser transcende todo o dar-se do Ente, pois é o próprio dar do dado – a doação original. Vemos assim como essa filosofia que procura ser um pensamento *do* Ser, o Ser pensando em nosso pensar, se distingue de todo o pensamento tradicional e a ele se antepõe, inaugurando uma nova época da vida especulativa.

Sobre a teoria dos modelos[1]

Toda sociedade depende ontologicamente de certas representações e esquemas de comportamento valioso, que determinam todo o dinamismo de sua evolução. O valor e o próprio sentido superior de sua história dependem dos "modelos" e princípios exemplares nela vigorantes. Por meio desses conteúdos de polarização da praxiologia social, cada época realiza uma ação unitária, legando às idades sucessivas a sua peculiar feição histórica.

Em nossos dias, ninguém mais que Scheler apreciou a importância dessas estruturas figurativo-teleológicas, dedicando-lhes páginas mais elucidativas.

Se podemos falar de um "modo de ser" temporal do homem, de maneiras próprias de agir, sentir e pensar de certa épocas, isso se deve à vigência sucessiva de diversas possibilidades de encarnar certos papéis sociais. Essas possibilidades em jogo nas sociedades históricas estão sujeitas a uma contínua alteração e é justamente a sua mudança no horizonte dos desígnios da comunidade que assinala a marcha dos tempos. Isso não implica, entretanto, que a ideia de "modelo" deva restringir-se aos grupos humanos governados para lei da mudança, pois nos núcleos culturais hieráticos ou a-históricos também encontramos princípios teleológicos que

---

[1] "Sobre a Teoria dos Modelos", *Revista Brasileira de Filosofia,* São Paulo, v. 3, fasc. 9, jan./mar. 1953, p. 39-43. (N. O.)

condicionam as vontades individuais. Essas áreas culturais são denominadas hieráticas ou transistóricas, pela imutabilidade dos padrões e protoformas do agir comunal.

Não encontramos contudo nas investigações de Scheler uma teoria genética dos "modelos" ou uma explicação de sua origem transcendental. Esses modelos ou programas de ser sugiriam *ex nihilo* ou estariam adstritos à arbitrariedade da inventividade individual. Tal é a tese que encontramos defendida por Ortega y Gasset em seu ansaio *Ensimismamiento y Alteración*: *El hombre, quiera o no, tiene que hacerse a si mismo, autofabricarse*. E ainda: *Si recapacitan ustedes un poco, hallarán que eso que llaman su vida no es sino al afán de realizar un determinado proyecto o programa de existencia. Y su "yo", el de cada cual, no es sino esse programa imaginario. Todo lo que hacen ustedes lo hacen en servicio de ese programa*. Por outro lado, já é famosa a asserção de Ortega de que a vida é uma faina poética. A fantasia instauradora desses programas de vida ou projetos existenciais proviria assim do poder criador individual, sem qualquer outra referência ontológica. Aqui bordejamos um domínio em que só podemos contar de fato com a *vis poetica*, pois que não podemos fazer derivar a realidade dos modelos de qualquer capacidade meramente reprodutiva.

Se a ação do modelo sobre o todo social se exerce como influência mimética ou reprodutiva, como possibilidade de repetição (no sentido kierkegaardiano), o próprio modelo transcende, entretanto, essa fonte de proveniência. O reproduzir nos leva ao produzir, o imitar nos leva ao criar. A fantasia ou imaginação produtiva, a *exhibitio originaria* kantiana, tem uma imponente história no decurso da filosofia moderna. Através de Fichte, Schelling e do movimento romântico alemão somos conduzidos ao tratamento atual da capacidade imaginativa e ao estudo de sua função transcendental. Somente a imaginação nos conduz além do dado, somente ela representa uma ação modeladora original e não um mero construir reprodutivo. Afirma Fichte no *Grundlage der Gesammten Wissenschaftslehre*: *Das produzierende Vermoegen ist immer die Einbildungskraft, und ist selbst ein Anschauen*.² No sistema de Fichte, a possibilidade de nossa consciência, do nosso ser, do ente em sua totalidade, depende em última análise de uma ação da *imaginatio*, de uma *Handlung der Einbildungskraft*,³ que esboça o campo do manifestável. À ação imaginativa transcendental, compreendida como atividade pura, são reconduzidos todos os momentos condicionados do real. A mesma valorização do poder instituidor da imagem encontra-se em Schleiermacher e particularmente em seu *Reden über die Religion: Ihrwerdet wissen, dass ich unter Phantasie nicht etwas Untergeordnetes und Verworrenes verstehe, sondern das Höchste und Ursprünglichste im Menschen, und dass ausser ihr alles nur Reflexion über sie sein kann, also auch abhängig von ihr; ihr werdet es wissen, dass eure Phantasie in diesem Sinne eure freie Gedankenerzeugung es ist, durch welche ihr zu der Vorstellung einer Welt kommt, die euch nirgend äusserlichkann gegeben werden, und die ihr auch nicht zuerst euch zusammenfolgert: und in dieser Vorstellung ergreift euch dann das Gefühl der Allmacht*.⁴ Assim, nessa linha de ideias, é a essa faculdade de livre proposição de formas ou programas de ser que devemos a origem dos paradigmas históricos da ação. Os papéis sociais, os estilos de desempenho humano proviriam da fonte inesgotável da inventividade finita do homem.

Entretanto, é contra essa concepção que relaciona o fundo de inspiração da ação humana com a imaginação arbitrária do "eu" que queremos nos volver. Não acreditamos que um tipo humano como o "homem romântico", no conjunto de sua significatividade sentimental e cultural, ou como o "homem de corte", sejam figuras

---

² Fundamento da teoria geral da ciência: o poder produzido é sempre uma imaginação, e é em si uma contemplação. (N. O.)

³ Ação da imaginação. (N. O.)

⁴ Discurso sobre a Religião: Vós sabereis que não entendo a imaginação como algo inferior e confuso, senão como o que há de maior e mais original no homem, e que, exceto ela, tudo pode não passar de uma reflexão sobre ela própria, portanto, dependente dela; vós sabereis que vossa imaginação é nesse ponto um produto espontâneo de vosso pensamento, através da qual se chega à representação do mundo, o qual não pode vos ser dado em nenhuma parte exteriormente, e o qual vós também em primeiro lugar não deduzireis ao todo: e nessa representação agarra-vos, em seguida, a sensação de onipotência. (N. O.)

humanas que poderiam surgir em qualquer contexto. Acreditamos que esses personagens exemplares que condicionam e pautam, como fontes de inspiração permanente de nossa conduta, um aspecto do agir social, não devem ser compreendidos como filhos de uma vontade caprichosa e desregrada. Fausto ou Dom Quixote, um Manfredo ou um Brand – para ficarmos no campo das figuras literárias – só são possíveis no âmbito da concepção cristã da vida. Há uma organicidade própria na manifestação dos modelos de ser de um dado ciclo cultural. A emergência dos princípios da mimese coletiva depende de intuições religiosas profundas que constituem as raízes de todos os possíveis "modelos" de uma dada época. Em última instância, poderíamos afirmar que todas as linhas e direções do desempenho figurativo-existencial estão coimplicadas na investidura religiosa ou no mito de um dado povo. Na plasmação das normas e dos protótipos da ação moralmente revelante, assim como na determinação de sua contrafigura (o infame, o repulsivo), o espírito se inspira constantemente no patrimônio intuitivo-religioso omnicompreensivo. Com isso não negamos o enorme alcance das forças projetivas da imaginação na "fabricação" dos modelos da ação humana, mas unicamente relacionamos a atuação das manifestações individuais com a Imaginatio mítico-religiosa. No próprio Scheler encontramos uma indicação fugitiva desse ponto de vista, em seu livro *Le Saint, le Génie, le Héros*: *Au premier rang des modèles – tant dans le bien que dans le mal – figurent chez tous les peuples et dans tous les groupements humains, non pas des hommes, mais les dieux et les démons propres à ces peuples et à ces groupements*. Assim é que em todos os âmbitos históricos deparamos com figuras sagradas, funcionando como normas canônicas por excelência. A gravitação de uma ética heroica sobre um estilo de vida e as exigências a ela correlacionadas constituem uma prova dessa dependência da imaginação individual relativamente ao oferecido pelas representações imponentes da vida religiosa. Poder-se-ia retraçar numa linha contínua o caminho que liga, através de múltiplos avatares, o homem contemporâneo socializado e *aplati* à fisionomia dos primeiros cristãos. Não é menos verdadeira que a categoria do burguês ou do proletário fluem como possibilidades, evidentemente deficientes e degradadas, do nexo de fins peculiar à imagem cristã da vida. O fato é que uma seriação das formas ou estilos de vida que predominaram no Ocidente cristão até os nossos dias ilustra exemplarmente a descendência genética dos tipos, em função de um quadro original. Fora desse quadro substancial, todas as figuras antropológico-existenciais são igualmente arbitrárias e volúveis. Reportando-nos a Spengler, podemos afirmar que o conjunto dos modelos históricos provém do "símbolo primário" de uma cultura, como manifestações desse princípio. Esse funciona como "matriz" de todas as formas, instituindo-as e transcendendo-as ao mesmo tempo. Como matriz transcendente dos sucessivos modelos históricos, as protoformas mítico-religiosas agiriam como princípios superiores de plasmação histórica. Evidencia-se aqui a tese de Schelling e Bachofen, segundo a qual é o mito que explica a História e não a História que explica o mito.

Aceitando embora a doutrina scheleriana de que o pequeno número de modelos e de chefes existentes numa dada comunidade é o principal fundamento dinâmico de seu vir a ser, divergimos dele na conceituação última desses paradigmas históricos. Scheler não desceu aos fundamentos transcendentais de possibilidades tanto do *Vorbildprinzip*[5] como do *Führerprinzip*,[6] restringindo-se a estabelecer uma relação entre o conceito universal do valor e a figura singular do modelo. Para ele, "o modelo é o valor encarnado numa pessoa, uma figura que flutua incessantemente diante da alma do indivíduo ou do grupo, de tal modo que essa alma toma pouco a pouco seus traços e nele se transforma, e seu ser, sua vida, seus atos, consciente ou inconscientemente se regulamentam por ela". Através de uma doutrina dos "modelos" aproximamo-nos da própria fonte original da intuição valorativa. Entretanto, não podemos conceituar os modelos a partir dos valores, pois é justamente mediante a atuação dos modelos que os valores se manifestam e se afiançam. De forma alguma, por exemplo, poderíamos conceituar Cristo como o mero esquema sensível da lei moral, segundo a

---

[5] Princípio do modelo. (N. O.)
[6] Princípio do líder. (N. O.)

sugestão kantiana; pelo contrário, é a lei moral cristã que vem à luz através da vida e da ação de Cristo. A influência do modelo possui uma primazia em relação à captação abstrata dos valores e da experiência dos enunciados axiológicos. Aqui se propõe, num plano diverso, a questão levantada por Giordano Bruno num de seus diálogos sobre se é a poesia que nasce das regras ou se as regras é que nascem da poesia: *Conchiudi bene, che la poesia non nasce dalle regole, se non per leggerissimo accidente; ma le regole derivano dalle poesie: e peròtanti son geni e specie di vero regole, quanti son geni e specie de veri poeti*. Da mesma forma, a experiência valorativa e o sentimento do valioso pressupõem sempre, como origem de seu ingresso e manifestação no mundo, a atuação exemplar e imponente de alguma força sobre-humana, divina ou humana que represente o ponto de irradiação do novo sistema axiológico.

Como vimos anteriormente, o aparecimento de figuras carismáticas e paradigmáticas é condicionado por sua vez por uma rotação no plano dos grandes processos teogônicos que determinam o compasso da História. O homem – segundo a interpretação heideggeriana de um aforisma de Heráclito – é o ser que habita na proximidade do Deus. Assim, o conceito que o homem tem de si mesmo, a maneira de sua autocaptação lhe é consignada por uma doação original do Ser. Essa se propõe com uma proliferação numinosa de entes divinos, como uma demografia de potências sobre-humanas que invadem o cenário histórico, ditando-lhe o desenvolvimento e o conteúdo diferenciais. Eis por que afirmamos que a lei dos modelos e o princípio da exemplaridade estão governados por sua vez pelo processo religioso global de uma comunidade. As possibilidades encarnadas pelos modelos iniciadores e fundadores, pelas figuras que instituem as formas dos desempenhos humanos, são franqueadas na consciência mítica coletiva pela "iluminação do Ser" de que fala Heidegger na *Carta sobre o Humanismo*. Devemos aqui focalizar o problema de uma dupla função da imaginação criadora, no plano da liberdade finita e no plano que condiciona o próprio desvelamento do campo opcional da primeira. É na abertura propiciada pela Imaginatio divina que se manifestariam as produções modeladoras da liberdade finita.

ORFEU E A ORIGEM DA FILOSOFIA[1]

O último número da *Revista Brasileira de Filosofia* publicou um trabalho da autoria do prof. Eudoro de Sousa, sobre um tema que julgamos de interesse não só para os especialista em Filosofia, como para o homem culto em geral. Eudoro de Sousa é uma "aquisição" recente da cultura de nosso país; filólogo e mitólogo de grande valor, representa mais um expoente do espírito português que vem radicar-se entre nós.

O problema da origem da Filosofia é, em última análise, idêntico ao das condições que permitiram ao homem confeccionar uma concepção do mundo autônomo e livre, a partir de um poder de inspeção que residiria em seu íntimo. Se antes o homem estava entregue a uma imagem da vida e das coisas sobre a qual não podia reoperar, ou seja, se antes o homem encarnava unicamente as possibilidades míticas, vivendo como um súdito das potências religiosas, com o surgir da atividade livre do pensamento, a consciência se destacou desse invólucro e passou a olhar desembaraçadamente as coisas. Portanto, com o aparecimento do pensamento racional cumpriu-se o trânsito do mito ao logos, da filomitia à filosofia. Essa concepção, mais generalizada e comum, da questão das origens do fazer filosófico,

---

[1] "Orfeu e a Origem da Filosofia", *Diário de São Paulo*, São Paulo, 20 dez. 1953. (N. O.)

é consagrada pelos manuais e tratados de história da Filosofia e pela historiografia que fez época no Ocidente. A ideia de uma evolução do pensamento de uma fase teológica, passando por um interlúdio metafísico, para desembocar numa culminância racional é um dos preconceitos que o positivismo instalou na alma do homem atual. Conceber a história do espírito como um progresso retilínio, como a afirmação de uma ideia do melhor, constituiu – como afirma Eudoro de Sousa – uma característica "não apenas do grave positivismo comteano, novecentista e francês, que ditou a lei dos três Estados, mas daquele outro, sutilíssimo, nuvem que paira obscurecendo o céu, acima do pensamento histórico, de todos os séculos e nações". A importância desse trabalho de Eudoro de Sousa, que aliás faz parte de um trabalho ainda inédito denominado "Orfeu e os Comentadores de Platão", é de romper totalmente com essa concepção positivista e progressista da história do pensamento humano. Para o nosso autor, a filosofia antiga foi a filosofia da religião, nunca tendo aquela filosofia ultrapassado a "mitologia sub-liminar" que a acompanhou durante todo o seu desenrolar. O trânsito da filomitia, isto é, do momento teológico-religioso, para a filosofia, não foi um fato pontual do passado, que assinalasse a irrupção da filosofia: "o pensamento grego se nos revela sempre no trânsito da filomitia para a filosofia". A questão de uma origem do pensamento filosófico deve levar-nos a uma nova acepção da ideia de origem, compreendendo essa como algo que está no começo, no meio e no fim. A origem ultrapassa o próprio originado, de tal forma que assistimos no fim do paganismo, entre os neoplatônicos, a um estranho regresso da consciência filosófica à representação mito-poética do mundo. Do ponto de vista do autor, entretanto, não houve qualquer regresso, desde que o mundo religioso pagão constituía o *background* e a fonte poética donde fluíam os filosofemas helênicos. A mitologia antiga foi uma mitologia que "devia vir a ser" uma filosofia, tendo em si as potencialidades desse avatar e as investigações germinais dessa concepção das coisas. Podemos, no entanto, indagar qual das instituições religiosas, de maneira mais forte, teve o poder de suscitar o drama filosófico. Segundo Eudoro de Sousa, é na teologia órfica e na experiência do mundo decorrente do orfismo que podemos localizar o ponto de radicação do enunciado filosófico. "Orfeu seria como uma chave da cifra. Teólogo, poeta, hierofante e porque o mais músico, o mais filósofo, simbolizaria ele, não a história da filosofia, mas a fenomenologia do pensamento filosófico da Grécia. Sobrepõe-se na verticalidade da consciência, e por isso se alinham, na horizontalidade da história, as expressões do mesmo anseio por um saber acerca do deus ou dos deuses, que na Grécia antiga é o mesmo que o saber acerca do universo e do homem".

O que significa essa ideia de Orfeu e de orfismo, como componente vertical da consciência e como fenomenologia da consciência filosófica antiga? O conceito de fenomenologia comparece todas as vezes que deparamos com a vitória sobre o ser outro, com a afirmação de algo através de uma odisseia num elemento estranho. No caso de uma determinação do conceito de filosofia antiga, teríamos que a fenomenologia dos fatos historiáveis nas várias escolas filosóficas da antiguidade traduziria sempre a mesma dramaturgia "teo-antropo-cosmológica" do orfismo. Eudoro de Sousa não afirma, entretanto, que a filosofia foi uma simples logificação do mito, pois admite que tanto o mito como a filosofia se radicariam numa experiência religiosa vivida, de natureza pronunciadamente cultual.

Os *hiero-logoi* órficos não revestiram de um panejamento de imagens uma verdade filosófica já conquistada, nem por sua vez a filosofia explicitaria em conceitos os conteúdos do dogma. Mitologia e filosofia não seriam, como diz o nosso autor, duas linguagens exprimindo o mesmo pensamento, mas duas cifras de um pensar que não tem linguagem própria. Se bem o compreendermos, o autor procura caracterizar por meio dessa situação concreta pré-ideativa e quase pré-mítica, a *Befindlichkeit*, o encontrar-se afetivo do homem grego, no imediato contato com as potências numinosas. A presença do divino, que se manifestaria nas formas rituais da dança, da música e das explosões afetivas, seria o solo religioso donde teriam surgido a *poiesis* mitológica e a *noesis* filosófica. A mitologia, compreendida como simples obra literária e como obra de arte, não incluiria em si a totalidade do fato religioso. Podemos, entretanto, estender a acepção do fenômeno mitológico, incluindo no seu âmbito tudo aquilo que diz respeito ao divino e ao mundo dos valores e significados. Nesse sentido, a filosofia antiga nada mais foi do que uma fenomenização do mito antigo e, em particular, daquela experiência órfica da realidade que trazia em si todos os conteúdos que foram explorados pelo pensamento filosófico.

A AMEAÇA DO PASSADO[1]

Impelidos pelo nosso entusiasmo, estávamos inclinados a uma torrente de novas realizações, mas resistimos às numerosas tentações para consolidar, antes de tudo, os conhecimentos do grupo de jovens que deviam tornar-se os assistentes e os professores. Foi essa a tarefa mais difícil. O jovem americano, desejoso de saber, não possui bases humanísticas tais que o convençam a aplicar-se às disciplinas históricas e filosóficas que impliquem um estudo, por um lado árduo e, por outro, abstrato e estranho à história de seu ambiente. Pela sua inteligência vivíssima, capaz de resolver os problemas mais práticos e imprevistos, com intuição rápida e com surpreendente bom senso, o antigo constitui para ele, quase sempre, um elemento transitório.

Quem põe em dúvida, hoje em dia, que a *linha mestra da história do Ocidente dirigiu-se para a descoberta do Indivíduo?* O grande mistério do tempo só teria uma chave e uma solução: a emergência da entidade individual humana, em sua autonomia e liberdade infinitas. O restante que ocorreu no perpassar do tempo, nada mais foi que tergiversação da consciência, atalhos do erro, nessa marcha para a conquista da individualidade humana. A história teria sido, como afirmou Croce depois de Hegel, uma façanha da liberdade. A mesma ideia, encontramo-la numa obra

---
[1] "A Ameaça do Passado", *Diário de São Paulo*, São Paulo, 21 fev. 1954. (N. O.)

recente, a *História Universal do Homem*, de Erich Kahler, onde vem acentuado o fato de que o tempo é um enorme impulso de transcendência em relação ao indivíduo, um transcender para o indivíduo a partir das potências preensoras que mantinham cativa a Bela Adormecida da personalidade individual.

Quem seria, entretanto, esse ser individual, ponto de chegada de todos os esforços e germinações do tempo? Pergunta aparentemente ociosa, porque interroga acerca de algo sobre o que temos uma afirmação contínua e íntima, em nosso próprio viver. Mas o fato continua de pé, de que os homens desenrolavam um retrato múltiplo de seu destino e essência, pensando-se de forma diversa através das épocas. *Como personagens pirandelianos, pensávamos ser Um, descobrindo depois a eventualidade de podermos ser Mil ou Ninguém*. Não seria o decantado indivíduo, que constitui o eixo da concepção liberal da História, uma dessas opções ou caprichos do Tempo, em sua versatilidade infinita? Por que dar à autoconcepção, na qual estamos mergulhados, uma densidade ontológica maior do que as outras que desfilaram no teatro da História? Não há dúvida que o pensamento liberal-idealista arrastou uma nova massa de argumentos para essa imagem liberal do homem, que fez da História uma denodada luta contra o não-humano e o divino. A História seria, sob esse ponto de vista, uma potenciação contínua de virtualidades e de virtudes, uma sublimação de modos de ser, de tal forma que o homem atual teria capitalizado em si tudo quando de bom e de positivo tivesse se manifestado sobre a terra. O pensamento do passado seria o pensamento e algo de preparatório e de gradual em relação ao Eu humano atual, que passou por diversas fases antes de adquirir a força de sua gnose própria.

Podemos advertir a singularidade dessa concepção resolutiva do passado no presente, comparando-a com a concepção grega das relações entre as partes do tempo. De fato, para os antigos helenos o presente não incluía e sintetizava toda a riqueza e todas as possibilidades positivas do passado, acrescidas ainda das conquistas do presente. A História não era o "ser-mais" de algo, a bola de neve que amalgamaria em sua esfericidade o caminho já percorrido. A memória nos poria em contato com estilos de vida exorbitantes e heterogêneos em relação ao presente, com outras raças e demografias que não se ajustariam a um crescente histórico linear.

A filosofia histórica de nossos dias afeiçoou-se novamente a essa noção cíclica do tempo, à ideia dos círculos culturais fechados, verdadeiras mônadas sem portas e janelas. A intuição da vida, nesta tão nova quanto arcaica sabedoria, deve alargar-se a ponto de compreender aquele Tempo magno, pai dos deuses e dos homens, nas palavras do Prometeu goetheano. Essa grande forma temporal excede a sucessão histórica, da qual emerge o agente humano individual, a nossa pequena história antropocêntrica e humanística. O poder de Cronos, pai dos deuses e dos homens, não estaria todo empenhado na descoberta do indivíduo e em sua entronização definitiva, no ápice do cenário histórico. Essa intuição da vida, em que o passado não é mais um prolegômeno dialeticamente reabsorvido pelo presente, nem um fantasma alimentado pela memória, reveste o passado de uma energia e de uma vida próprias, insuspeitadas por aqueles que cultuam unicamente o presente.

Acreditávamos, até há bem pouco tempo, que o que já se cumpriu constitui o reino do exânime e do não-existente. Entretanto, o não-existente pode significar ou a total carência de ser ou então (e é a eventualidade que aqui nos interessa) a não-existência do possível, o abismo do "eterno retorno" das formas pretéritas. O passado, portanto, pode se pôr como futuro, um futuro que constituirá o cenário onde voltarão a se agitar as forças que uma vez já imperaram sobre a terra. O mais novo e atual pode ser o mais antigo e arcaico, algo que está além da memória e da história e que por isso mesmo se apresenta à consciência como um evento inopinado e desnorteado. Acreditamos que as profecias histórico-filosóficas mais significantes em nossos dias apontam para esse *new coming*, para esse novo advento de princípios arcaicos, sejam eles Dioniso, Gaia ou simplesmente as potências obscuras ainda inominadas. Nietzsche proclamou como ninguém esse encontro do tempo com

Dioniso, e Max Scheler ainda reiterou esse prognóstico, afirmando que os próximos séculos assistirão a uma hegemonia total das forças dionisíacas. Com essa alteração da consciência da vida e do mundo ocorrerá, sem dúvida, um deslocamento da tônica humanística da história atual. Sabemos como o "homem humano" é uma integração e hierarquização particular de elementos que, uma vez dissociados ou ordenados segundo outras conexões, constituem a matéria-prima para outros estilos e determinações da vida. *Podemos afirmar que estamos assistindo à desintegração da figura pessoal e individual do homem*, desse núcleo de valor que por tantos séculos concentrou a atenção episódica da História e que agora entra em ocaso, não encontrando mais as condições que lhe permitiram sua afirmação e desenvolvimento. Aí está o testemunho da arte atual, ao desvendar-nos um cenário pós-humano, numa sucessão de símbolos que escapam à órbita perceptiva do "homem humano", fazendo-nos pressentir uma estranha sujeição relativamente a novas formações vitais. O Sentido dependencial do protagonista humano afirma-se na proporção em que cresce a consciência das forças históricas e meta-históricas que não só o produziram, mas que estão agora em processo de diluí-lo nessa misteriosa floresta das aparições temporais.

O Legado do Deserto[1]

A superfície dos fatos revela-nos o homem hodierno teimando por adquirir um controle ilimitado de seu contorno material e biológico e tentando subordinar a si o mundo físico, para nele implantar o seu império. A nossa civilização é uma vontade de poderio, que vê em tudo um não-eu a ser vencido e destruído ou reconduzido aos esquemas construtivos da mente. Existe no ar que respiramos um rancor surdo contra tudo o que não seja obra do homem, uma animosidade que sempre interpreta o mundo como matéria inerte de um plano de conquista. Descartes deu uma formulação metafísica a esse contraste, dividindo a realidade numa *res cogitans* e numa *res externa*, isto é, num pensamento livre e empreendedor e num espaço material que não serve senão para limitar e inibir o puro desenvolvimento do espírito.

Qual a origem histórica dessa cisão infinita, desse dualismo tão estranho aos antigos gregos e que, entretanto, veio informar de maneira severa o estilo de todo o comportamento espiritual e social do ocidente?

Para compreendermos, em sua gênese histórica, essa estrutura mental e comportamental, precisamos remontar além do cristianismo, à própria fonte das religiões bíblicas, ou seja, à religião

---

[1] "O Legado do Deserto", *Diário de São Paulo*, São Paulo, 23 dez. 1954. (N. O.)

de Israel. Nesta, vamos encontrar aquele sentido desértico da vida, aquela oposição a todo o finito que, através do cristianismo, desaguou na planície da civilização ocidental.

Delineia-se nos primeiros livros do Velho Testamento a constante separação entre o imanente e o transcendente, entre o profano e o sagrado, que fez Hegel dizer que os israelitas punham o Eterno fora de si mesmos. Idênticos conceitos encontramos num recente livro do teólogo Martin Buber sobre a religião de Moisés: "As figuras centrais da lenda bíblica não se confundem, à maneira de tantas lendas heroicas dos povos, com as pessoas de mito divino, as vicissitudes de suas vidas não se entretecendo com as histórias dos deuses. Toda a veneração dirige-se unicamente pata o Deus atuante e o homem que age sob a inspiração divina é figurado em sua misteriosa humanidade". A não ser numa fugidia passagem do Gênesis, em que se alude às núpcias dos filhos de Deus com as filhas dos homens e em que se afirma a existência, naquela época, de gigantes na terra, a aliança entre o divino e o humano aparece sempre como um contrato entre opostos, que mantêm zelosamente seus limites. Diante de Javé tudo é matéria, utensílio de sua Vontade incontrastável e o próprio povo eleito é um objeto passivo nas mãos dessa altíssima realidade. O Deus grande e terrível do Deuteronômio tem em si um sentido de hostilidade para todo o alheio à sua esfera, é uma divindade espantosa e ciumenta que, como a Górgona, petrifica tudo que a circunda. Está sempre a pedir a ruína dos outros povos e deuses e o seu monoteísmo é um culto sem qualquer generosidade ou beleza.

Parece-nos que a mais profunda exegese dessa religião desértica encontra-se num fragmento da mocidade de Hegel, cujo título é O *Espírito do Cristianismo e o seu Destino*. Hegel começa afirmando que Abraão é o verdadeiro ancestral de Israel e o compêndio vivo de todo o seu espírito e sua alma. É certo que antes de Abraão, já em Noé, os israelitas haviam adorado um Deus que, como potência inacessível e invisível, dominava todo o finito. Foi esse Senhor todo poderoso que depois do dilúvio comunicou a

Noé o direito de escravizar tudo quanto se move sobre a terra e de servir-se de tudo o que vive e cresce. O mundo transformou-se numa esfera dominável e se o homem foi considerado como feito à imagem de Deus, essa imagem refletia o próprio impulso de dominação de Javé. Podendo servir-se de todas as criaturas e de todas as coisas, o homem é a imagem de um Deus que pode se servir de tudo, inclusive do próprio homem. Esse espírito de domínio e de hostilidade atinge sua expressão mais perfeita, segundo Hegel, em Abraão. O primeiro ato, pelo qual rompe os laços do amor e da vida em comum, tornando-o um estrangeiro sobre a terra. "A terra sobre a qual errava Abraão era uma planície infinita, o céu sobre a sua cabeça, um espaço infinito". Qualquer experiência da sacralidade dos lugares e das coisas, qualquer culto dos deuses Lares e do espírito das Fontes e dos Rios era refratário a esse coração. Hegel descreve-nos a peregrinação de Abraão, sem amor e sem repouso, pelo deserto do mundo e o princípio de hostilidade a todo o visível que passou a dominar essa particular religião monoteísta. O preito ao Deus Pai é o sacrifício a uma realidade metaempírica e recôndita, que plana muito acima de toda ação ou criação humana, convertendo tudo em objeto de menosprezo e condenação. O puro ser de Deus se alça sobre um deserto estéril, exigindo correlativamente do homem um mesmo anelo de dominação e de morte. Esse sentido da antiga aliança com o Deus Pai.

O cristianismo trouxe esse Deus urânico da longinquidade de sua morada para a intimidade do coração humano. O reino do Filho de Deus ou do Deus Filho significou, de fato, uma aproximação e uma conciliação entre o eterno e o temporal, entre Deus e o Homem. Rompeu-se, de certa maneira, o dique de animosidade que separava o povo eleito dos outros povos, o Eu do Não-Eu, de tal maneira que todos os povos vieram a fazer parte, idealmente, do reino de Deus e da nova Aliança. O Deus do Amor, entretanto, manteve e aumentou a segmentação entre o espírito e o mundo, relegando este último ao domínio das forças satânicas. Sob o ponto de vista teológico, fundamenta-se aqui o dualismo subsequente da pessoa e da coisa, que veio configurar todo o pensamento do Ocidente. Desde esse momento os homens conheceram o isolamento, num cenário destituído de interioridade própria e a voz dos oráculos ctônicos silenciou. A subjetividade do Deus urânico passou a habitar na comunidade em desenvolvimento dos homens, daí excluindo todas as outras presenças sagradas que outrora assistiram e acompanhavam o protagonismo humano. O único centro de vida própria e com o direito de afirmar o seu modo de ser foi, a partir desse momento, o *homem*, passando a natureza e o vasto mundo dos deuses subterrâneos, terrestres e celestes, à categoria de puras representações alegóricas ou científicas de um substrato físico e material. A natureza em nós, a forma de um episódio complexo de forças mecânicas.

Vemos, portanto, nesta breve esquematização da evolução teológica, a raiz última e explicativa do dualismo que, como princípio retor, governa fundamentalmente o pensamento ocidental. Essa a origem da cisão infinita entre o sujeito e o objeto, entre a pessoa e a coisa, entre o espírito e o mecanismo, que constitui a armadilha viciosa com a qual se defronta a mentalidade da nossa cultura.

O PROBLEMA DA AUTONOMIA DO PENSAMENTO[1]

Na evolução da história cultural do Ocidente, o pensamento filosófico procurou cada vez mais destruir-se a si mesmo, mostrar a sua proveniência de outras fontes. O marxismo que pretendeu fazer derivar a superestrutura mental de uma sociedade da infraestrutura econômico-material constitui unicamente um dos aspectos dessa autofagia do pensamento. O problema geral que se formulou através dessa controvérsia é o da autonomia ou não autonomia do pensamento em toda a sua extensão. Nietzsche e depois Spengler defenderam a doutrina segundo a qual cada cultura possui em seu acervo um certo número de "filosofias possíveis" e que ela teria necessariamente que expressar, sendo assim, do mesmo modo, a sucessão de seus estilos artísticos e literários. O pensamento filosófico seria especificamente servo da cultura, seria a cifra de algo de diverso, de uma intuição não-racional da vida, expressa em termos aparentemente teóricos. Talvez fosse interessante percorrer rapidamente as fases culminantes desse processo de descrédito do pensamento, nas páginas dos filósofos implicados nessa contestação.

A história começa com a façanha inédita de Kant ao afirmar que havia aniquilado e deposto o conhecimento para salvar a fé.

---

[1] "O Problema da Autonomia do Pensamento", *Diário de São Paulo*, São Paulo, 12 maio 1955. (N. O.)

Segundo seu parecer, o nosso conhecimento nos fecha e nos reclui num mundo de aparências, forjado pelo nosso próprio espírito. O conhecimento não nos poria em contato com a própria realidade, cabendo unicamente à ação e especificamente à ação livre e criadora o poder de nos dar acesso ao fundo das coisas. Não seria, portanto, o mundo como espetáculo, como conhecimento que representaria a verdade última das coisas, mas sim o mundo como história, como dramaturgia de uma ação culturalmente significativa. Esse universo moral vislumbrado por Kant não seria uma cena dada e fixa a ser conhecida, mas um universo de tarefas a serem realizadas, de exigências e de finalidades imperativas. Encontramos já em Kant a supremacia da vontade sobre o conhecimento.

Inspirado na obra crítica de Kant, Fichte tentou uma proeza especulativa que deveria ter as mais graves consequências para a prossecução da autofagia do pensamento. Para Fichte, todas as formas ou categorias do pensamento, o espaço, o tempo, a causalidade, a unidade, a multiplicidade etc., seriam ordens ou esquemas traçados pelo "Eu", no escopo de realizar-se a si mesmo. Esses modos de pensamento projetados pelo Eu prático determinariam, precisariam, constituiriam um mundo de tarefas morais, podendo ser deduzidos dos reclamos dessa atividade criadora. Se não houvesse um espaço, um tempo, uma causalidade, não se poderia explicar o esforço infinito do Eu prático. Todo conhecimento, no fundo, é posto e prospeccionado pela Vontade, é esboçado pelo Eu prático e constitui uma dialética da Vontade consigo mesma. A validez própria do conhecimento teórico é totalmente confiscada em proveito da Vontade. Esse voluntarismo ou ativismo fichteano sofre uma nova evolução nas mãos do pensamento histórico-universal de Hegel, que procura filosofar a partir de uma perspectiva muito mais ampla que o voluntarismo fichteano.

Diz Hegel que assim como Sócrates superou a consciência empírica ou o mundo dos fenômenos, para aportar na região luminosa da consciência "eidética", agora seria necessário superar essa consciência eidética, isto é, superar cada um dos mundos históricos em cujo bojo vivem essas essências, engolfando-nos naquele tropel báquico onde todas as formas e essências parecem estar ébrias. Essa liquefação báquica de todas as formas, ideias e conhecimentos, esse fluidismo universal, seriam o trâmite para surpreender a Interioridade que se explanaria nas formas evanescentes da consciência. Mas Hegel disse mais, afirmando que tudo quanto o homem pensou de si mesmo e do mundo, a sua autorrepresentação dependeriam de sua representação de Deus ou dos Deuses. Estes ofereciam aos homens as categorias de seu pensamento. Desse aspecto do pensamento de Hegel à afirmação de Schelling e de Bachofen de que o mito conforma e possibilita a História, vai um passo. A imaginação mítica, poética, artística e religiosa assume um papel cada vez mais saliente na condução da História, na determinação do pensamento, sendo a História, como sabemos desde Kant, a manifestação idônea da verdade.

A seguir, Nietzsche defendeu um pragmatismo extremado, reduzindo o aparato do conhecimento a um mero órgão da vontade de poder. Esse impulso de poder foi descrito por Nietzsche, mais em termos ditirâmbicos e poéticos, mais como captação artística da vida do que como articulação de conhecimento.

Em nossos dias advertimos essa deposição do pensamento na identificação heideggeriana entre *denken* e *dichten* (*pensar* e *poetar*), ou seja, na identificação da linguagem do pensamento com a linguagem poética, com uma evidente nota de supremacia desta sobre aquela. O pensamento só pode pensar o que foi "aberto" pela palavra desocultante da poesia, poesia essa que é uma enunciação do sagrado e que nasce do encontro com os deuses e no louvor das potências numinosas. A supremacia do *mythos* sobre o *logos* é o desenlace final dessa contenda pela heteronomia do pensamento, dessa volta do pensamento ao reino de não-pensamento.

O PRIMADO DA BELEZA[1]

Assistimos hoje em dia ao sacrifício da beleza, como o de uma nova Ifigênia em Aulis, em proveito da justiça e da moral, sem ao menos perguntarmo-nos se a beleza não é uma forma excelsa da justiça. Outrora, alguma coisa deveria ser feita no plano das decisões sociais e históricas, não porque fosse útil ou boa no sentido corrente desses termos, mas porque correspondia a uma finalidade estética. Mas já nos afastamos demasiado dessa valorização monumental da existência para poder compreender sem horror essa cenografia da criação histórica em módulos de beleza. O ideal wagneriano de uma sociedade que obedecesse aos postulados da obra de arte e que fosse em si mesma uma obra de arte atuante é uma quimera do passado, dificilmente restituível ao repertório das soluções sociais. Existe uma oposição insanável entre e o universo burguês ou proletariado burguês, com suas características específicas de apreciação da vida e de estimativa do melhor àquele universo consagrado à celebração dos aspectos radiosos da existência. A conspiração contra o belo não constitui um fator acidental nos empreendimentos do homem contemporâneo, mas é o seu estigma de nascimento e a constante do seu modo de ser. O mundo atual é o sistema totalitário do trabalho, com o seu *éthos* próprio e sua lógica em desenvolvimento. Vivemos uma época de vida elementar,

---

[1] "O Primado da Beleza", *Diário de São Paulo*, São Paulo, 15 maio 1955. (N. O.)

de necessidades prementes, que vê no trabalho e na indústria a sua única forma de sobrevivência. Não se trata mais, portanto, de viver em círculos crescentes – como dizia Rilke – mas sim de sobreviver; não se trata mais de dar vasão a energias exuberantes em cenas e aventuras de rico poder sugestivo, mas sim de roer o osso cotidiano na cadeia sem fim dos escritórios, das usinas e dos lares. De fato, todos já são trabalhadores ou deverão tornar-se tais, pelas exigências do processo histórico, numa terra que se vai tornando cada vez mais populosa e mais estreita, ameaçada pela fome e por toda a sorte de privações. Na era das massas a política vai se transformando em providência vegetativa e prosaica, em pura administração, perdendo aquela aura romântica e extrautilitária de outras épocas. Os românticos ainda acreditavam que a história era um produto da fantasia criadora, um território onde se poderia expressar a liberdade genial dos chefes populares. Nada mais oposto a essa concepção do que a práxis política nacional e internacional de nossos dias, em que os transes dramáticos se resolvem em negociações e reuniões infindáveis, tão ao gosto da mentalidade burguesa que nasceu do espírito do negócio e que vê sempre o mundo como uma conferência de credores e de devedores.

É comum julgar que essa atitude mental prosaica e burguesa nasceu da necessidade das coisas e foi uma reação diante de um mundo que se complicara infinitamente e que não comportava mais o luxo das ações ornamentais e de finalidade puramente estética. Pelo contrário, foi o predomínio da consciência jurídica burguesa e de seus princípios de direito que trouxe em seu seio a humanidade multitudinária e amorfa de nossos dias. O direito produziu especificamente a massificação; as normas de ação sancionadas pela consciência ético-jurídica burguesa suscitaram, como um gesto mágico, a pululação infinita de centros de ação ou de sujeitos de direitos iguais em suas pretensões e em sua inanidade. O mundo sensível teve que ser repartido entre todos e o direito, como já o definira Fichte, nada mais significa do que esta fragmentação econômica do mundo dos sentidos. A consequência desse parcelamento infinitesimal das coisas foi que a vontade universal de usufruir dos bens da terra se transformou, pelo crescimento descomunal dos pretendentes, no pão amargo da renúncia. A limitação dos apetites criou a humanidade da renúncia, a nossa humanidade de "humilhados e ofendidos" e que, por suprema ironia, desconhece a extensão de seu próprio abatimento. A falta de ócio do homem contemporâneo e suas exíguas possibilidades de cultura e de consciência histórica o eximem do conhecimento de outros desempenhos magníficos da vida do passado, em contraposição ao seu próprio pauperismo e nulidade. A mediania da vida nos complexos sociais hodiernos constitui o mais formal desmentido ao mundo de força, de beleza e de realização despreocupada dos altos paradigmas de outrora. Caminhamos para o patético de Hefesto, disforme e fastidioso, e não para um novo e ecomiástico sentido da vida, pelo menos na perspectiva dos próximos decênicos da história mundial. Uma soma cumulativa de fatores, todos de índole niveladora, a hegemonia do trabalho, os princípios democrático-fabris e as ideias jurídicas da igualdade matemática dos homens tendem a conservar e a ampliar o rebanho anódino dos homens ocos.

Há porventura algum sinal de reação contra esse sistema imperante, contra a conspiração dos desertores da vida? Segundo uma sismografia já advertida por muitos os únicos indícios de relutância contra o ascetismo do trabalho e o absolutismo dos valores utilitário-burgueses provêm do reino feminino, ou ainda, da perspectiva feminina da vida. A mulher nunca se compôs exatamente com a visual utilitário-burguesa, afirmando sempre os direitos supremos de uma visão extravagante, aventurosa e romântica da vida. Assinalemos de passagem que a *Romantische Schule*[2] apareceu logo após a irrupção ostensiva da mentalidade burguesa no quadro da História e em diametral oposição a esse quadro de valores.

A mulher constitui essencialmente uma força pagã inserida no universo das forças ergastulares e desérticas. Ela traz em si

---

[2] Escola romântica. (N. O.)

o traço mênico daquele universo de beleza e de exultação festiva, provisoriamente esmagado pelos esquemas operativos do mundo democrático-fabril. Se o homem já sucumbiu às exigências da renúncia democrática e preferiu como autêntico escravo uma vida parcimoniosa ao risco de uma existência insegura mas gloriosa, a mulher resiste ao reticulado homogêneo da sociedade atual, mantendo nesse sistema depressivo e uniforme uma tendência para formas superiores de existência. O feminino tende para as estrelas e, na medida em que supera as valorações em voga no contexto social, prefere sempre a vida resoluta e certa de si mesma, a vida criadora, transida de poesia. A mulher é como a matéria platônico-aristotélica e tende portanto, amorosamente, para a encarnação de ideais de beleza, num sentido de contínua superação. É como o eros cosmogônico que sempre vai animando outras esferas do real. O coletivo emergente da lei feminina é a infinita congratulação da vida consigo mesma e, portanto, está em oposição ao coletivo-fabril e sua lei de homogeneidade em que submerge a história contemporânea. Em suma, julgamos que o dilema que pesa sobre a consciência do homem contemporâneo e cuja solução já está escrita no céu é a opção entre a beleza e a justiça e a transformação da beleza na única justiça.

O RIO DA REALIDADE[1]

Foi Heráclito de Éfeso, figura solitária na história do pensamento humano, quem ainda nos primórdios da reflexão filosófica legou ao mundo a mais prodigiosa imagem do conjunto das coisas. Quando procuramos dilatar a sabedoria infusa nas poucas sentenças que nos restam de sua obra, sentimo-nos surpreendidos pela grandiosa perspectiva que seu pensar nos faz divisar. Spengler, num trabalho sobre esse filósofo, compara a força poética das visões de Heráclito aos pontos mais altos da criação dramática da humanidade: "O pensamento de Heráclito, visto como um todo, aparece-nos como uma majestosa poesia, uma tragédia cósmica, comparável pela sua poderosa sublimidade às tragédias de Ésquilo".

O poeta trágico e o filósofo de Éfeso, em profunda simbiose com as correntes ocultas do real, sentem pesar sobre as vicissitudes das coisas o ditado inexorável de um misterioso destino. Alguma coisa deve cumprir-se, há um destino a atualizar-se: e logo todos os episódios, momentos e singularidades do real conspiram e concorrem para que se manifeste o conteúdo desse implacável Factum. Tanto no drama como na realidade as "figuras" particulares, os personagens, só ganham relevo e plenitude no entrecho, no quadro dinâmico em que funcionam; excluídos

---

[1] "O Rio da Realidade", *Diário de São Paulo*, São Paulo, s/d. (N. O.)

desse processo dramático, separados de seu papel, desmoronam como títeres abandonados. Prometeu só é Prometeu jungido às conexões inelutáveis que perfilam a sua titânica figura e não podemos pensá-lo, sem perda de sua identidade, senão como envolvido na urdidura de seu destino particular. Podíamos quase dizer que as coisas se dissolvem nas circunstâncias e relações que as contornam, só exitem nesse contexto, sem possuir qualquer substancialidade própria.

Heráclito, em sua linguagem obscura, nos adverte acerca desse singular traço do real: "O mundo é um equilíbrio de tensões como o do arco e da lira. Temos que saber que a guerra é um estado contínuo, que a luta é justiça e que tudo nasce e morre por obra da luta". Vemos, portanto, procurando captar o sentido desse fragmento, que não devemos pensar o mundo como uma adição de partes independentes, como um agregado de entidades soltas e que só mantêm relações "exteriores" entre si; pelo contrário as coisas nascem e se nutrem de suas contrárias, em luta e discórdia, recortam o seu perfil numa matéria que é a sua própria negação, mantendo portanto os mais íntimos vínculos entre si. Tudo faz parte de um só tecido, tudo é ligado e uno. "Se se escuta não a mim, mas a Razão, haverá que convir que todas as coisas são *Una*. Uma só coisa é em nós o vivo e o morto, o desperto e o adormecido, o jovem e o velho; unicamente que ao inverter-se umas resultam as outras e ao inverter-se estas, resultam aquelas."

Se intentamos isolar com as pinças de nossa mente uma coisa singular do caudal de vida onde se insere, logo se desvanece sob os nossos olhos: pois segundo uma sentença que se tornou legendária na história da filosofia: "tudo flui". Isoladamente nada existe: existir é coexistir. Heráclito advoga um "fluidismo" absoluto em relação às províncias particulares do real, dissolvendo todas as concreções rígidas e materializadas, *todas ilhas* do ser, no rio ilimitado do vir a ser. Dilui o mundo em acontecer, num processo evolutivo infinito. As *coisas* têm uma existência meramente subjetiva e finita, são secções instantâneas e arbitrárias que a nossa mente delimita no processo unitário do real. Heráclito nos diz: "a vista é um mentir" e "as conexões são mais fortes do que as visíveis".

Defrontamo-nos com uma filosofia em que as dimensões históricas, dramática e vital ocupam o centro da meditação metafísica. A realidade é Kinesis, movimento puro, rio que passa continuamente sob os nossos olhos e onde não podemos banhar-nos duas vezes nas mesmas águas. Mas se a realidade é movimento puro, Spengler comenta, "o Logos é seu ritmo, o compasso do movimento". Como toda a vida, a vida do Universo tem o seu próprio pulsar, o seu *tempo*, que é sua única e misteriosa legalidade.

Nesse estranho processo cinemático, segundo uma legalidade que escapa ao nosso entendimento, formam-se "configurações" singulares – mundos, galáxias, coisas e homens – que dialogam um instante entre si, brilham como chispas de fogo no espaço para depois se abismarem no incêndio universal. Não existem por si, estão encadeados a essa voragem criadora e destrutora que é o devir natural.

O Logos de que nos fala Heráclito é o próprio ritmo do suceder cósmico, não é portanto a expressão de uma legalidade plenamente inteligível e Heráclito mesmo nos adverte: "A natureza ama ocultar-se". A ideia do Logos pode muito bem ser aproximada a outras representações, dentre elas a dos gregos, que caracterizavam o destino como necessidade suprema. Quero me referir às ideias de *moira* ou de *ananke*.

O fundamento do mundo apresentando-se sob a forma de Destino não é realidade que possa ser captada em expressões retangulares e nítidas, sendo mais assunto de recolhida e silenciosa intuição.

Analisando o pensar de Heráclito, Jaeger (*Paideia*) escreve que o mundo para esse pensador é um Griphos, um enigma insolúvel, e ele se sente como um decifrador de enigmas, como um Édipo filosófico.

"Não lograrias encontrar os limites da alma mesmo percorrendo em tua marcha todos os caminhos: tão profunda é a sua Razão."

Assim é que a sabedoria procurada por Heráclito está mais próxima das lúgubres visões dos coros das tragédias, dos oráculos misteriosos da Sibila, das iluminações dos poetas, dos santos, dos heróis, do que das pálidas abstrações da nossa ciência.

Hermenêutica da Época Humana[1]

Não podemos afirmar que o ocaso do Sol seja de per si a origem e a causa do poder noturno da Lua. Sua ausência não é equivalente à pálida radiação do satélite da Terra. A Lua tem um poder próprio, apesar de ser um poder reflexo e derivado. Existe, entretanto, entre os entes do mundo, algo que seja o testemunho de uma simples ausência ou privação? Algo cujo ser seja, todo ele, o relevo e o pôr-se a descoberto de uma fuga ou de uma supressão? O não-ser de um ser, como ser de outro ser, caracteriza a natureza humana. O homem é o vácuo deixado pelo refluxo de uma antigo poder. O homem é esse outro ser, originado e constituído pelo não-ser-mais de uma presença anterior. Essa definição do homem não é nova, num certo sentido, pois já encontramos em Hegel, quando afirma que o homem é um grande Nada. Não se refere ele certamente a um Nada, como a um vazio já realizado, mas a um processo dinâmico, a uma nadificação, uma *Nichtung*, como negatividade infinita *in fieri*.

O regime de Fascinação que comandou a parusia do homem, recebeu historicamente o nome de cristianismo. O cristianismo assinala aquele lapso temporal, aquela dominação, em que algo como o homem foi possível. Em outras palavras, a autopossessão

---

[1] "Hermenêutica da Época Humana", *Revista Brasileira de Filosofia*, v. 5, fasc. 18, abr./jun. 1955, p. 166-172. (N. O.)

humana, a volta-a-si-mesmo do homem foi posta em jogo pelo protofênomeno da encarnação teândrica do homem. Significa isso que, antes do cristianismo, não existia o homem, ou não existia aquele agente bio-psíquico-histórico estudado pelas ciências atuais? Segundo a tese que estamos desenvolvendo, julgamos que os enunciados científico-naturais e histórico-culturais emitidos sobre as coisas, enquanto membros da civilização humanístico-cristã, pertencem ao espaço representativo próprio dessa cultura e à sua vontade de afirmação unilateral. As categorias noéticas, com as quais ordenamos os fenômenos, abrem unicamente as nossa vias de ação peculiares, fechando por outro lado qualquer descortínio em relação aos universos exteriores a esse modo de ser. Esquecemos frequentemente que, como diz Novalis, "todas as coisas, assim como todas as condições são relativas", só existindo num determinado domínio projetivo. Ao estender indefinidamente a validez de nossa coisas e de nossos conceitos, da nossa representação do mundo, realizamos uma extrapolação injustificada e intempestiva. Talvez a esfera do saber, em que essa extensão ilegítima se torna mais funesta, seja a esfera da historiografia e das ciências anexas. Por mais que uma metodologia precavida e crítica nos chame a atenção para o elemento heterogêneo e alienígena dos outros períodos do tempo e dos outros ciclos culturais, do *diverso* que deve ser acolhido pelo pensamento, somos muito propensos a julgar, com Santo Agostinho, que *nihil a me alienum puto*. As ciências do espírito timbram em declarar que seu processo cognitivo essencial é o método compreensivo, *Verstehen Methode*, essa compreensão consistindo numa recriação imaginativa e interior dos dados exteriores oferecidos pelo passado. Quando essa revivescência historiográfica se aplica em inumar as fases do nosso próprio ciclo de dominação, não temos nada que opôr à autoridade das suas asserções. O mal começa quando se procura compreender as *res gesta* dos outros lapsos históricos, a partir da experiência humana atual, das nossas paixões, interesses, finalidades e maneiras de ser. No fundo, a história é propensa a insinuar em todas as partes o mesmo. A diferença essencial entre o que acontece em outros quadrantes do tempo é que outrora não se tratava primordialmente do homem, que é o agente antropológico conhecido por nossa fase humanística. O desempenhável que se historiava era ação excêntrica, ação mais que humana, ação de graças ou hínica e nunca autoformação da consciência. Os deuses, ocupando todo o cenário do mundo, o polo humano tornava-se mera virtualidade, continuamente sopitada pelo pleroma teomórfico. Essa a resposta que podemos dar à pergunta acima formulada acerca da existência plenamente individuada do homem, antes do advento do cristianismo. Antes desse evento meta-histórico, o homem humano existia como forma tartárica, como simples possibilidade no reino das formas, como eminente poder-ser.

Se como dissemos acima, o homem é o não-ser progressivo de um *fundamento* (*Grund*), uma privação que se historizou, antes do cristianismo era paenas uma possibilidade subliminar e hipotética. A superação desse fundamento foi conceitualizada pela filosofia de índole cristã, como a vitória do espírito de Deus sobre a raiz colérica, incandescente e trevosa de seu Ser. Para que houvesse a oportunidade de uma revelação de Deus, era necessário partir do negativo desse fundo selvagem, ciumento e destruidor do pré-divino em Deus. A luz devia se afirmar sobre a treva. É evidente que uma tal enunciação do processo divino encara tudo a partir do princípio vitorioso do hominismo, que reduziu de fato aquele fundamento à situação do pré-divino em Deus. Como teremos ocasião de mostrar, entretanto, em consonância com toda a fenomenologia da experiência religiosa, o atributo essencial de Deus ou dos deuses é o de ser uma Potência, *ein Macht*, uma alteridade poderosa. Tomando-se a verdade da autoconsciência do homem como critério de toda a verdade, a filosofia era propensa a afirmar que, antes da religião revelada, o homem vivia alienado e perdido no vórtice das forças naturais. A potência da operação humana era transcendida continuamente pelas exigências do coração selvagem dos deuses. O homem continuava a ser um súdito do espírito das trevas e das forças do estranhamento. Essa concepção constitui uma singular perversão da ótica teológica que, para inflar o homem e sua posição entre as coisas, chega a desmerecer o grande sentido numinoso das outras religiões. Esse ponto de vista, entretanto, é incapaz de nos esclarecer e revelar o mistério do próprio cristianismo e o conceito último do homem. É certo, por outro lado, que se tomando a Fascinatio cristã como a única quantidade positiva, no que tange à validez religiosa, todo o grande corpo mitológico universal é remetido à situação de erro, ilusão e idolatria. Esse ponto de arranque não permite o esclarecimento particular dos motivos pelos quais o homem é, em sua essência, negatividade pura, não-natureza, espiritualidade *in fieri*, ou esse "grande Nada" de que falava Hegel. Se, pelo contrário, compreendermos a mensagem evangélica e o seu conteúdo historiável como a não-verdade de uma verdade anterior, como uma despedida do divino, então podemos dar razão aos lineamentos totais dessa teodiceia e da civilização que surgiu sob o seu patrocínio espiritual. O que o cristianismo ofereceu ao homem e como homem foi o oco de uma ausência, foi o não-ser-mais militante e agressivo do mundo das imagens das teofanias anteriores, o ausentar-se crescente que, do ponto de vista humano, foi vivido como superação do mundo e transformação redentora da terra. Essa ausência ou *criptus* não foi posta à disposição de um homem já constituído, mas constituiu o homem, dando-lhe o seu espaço de movimento próprio. Não foi, portanto, a autoconsciência do homem, segundo nosso ponto de vista, que esteve alienada nas potências numinosas anteriores, mas foram as figuras religiosas antecedentes que se ilidiram com a expansão da civilização cristã. Essa alienação ou *histeresis* fazia parte, contudo, do que poderia advir, do que estava escrito desde o começo dos tempos na dialética do divino; entretanto, essa palavra nunca havia podido tornar-se elemento fatual e histórico antes do advento da revelação cristã. Sabemos como Nietzsche equipara a irrupção da vontade cristã de vida a uma rebelião da moral dos escravos, contra o sentido orgulhoso e heroico da vida. Encontramos essa mesma ideia em Novalis, quando esse nos diz que o cristianismo proveio do mundo dos homens comuns e humilhados, procurando fortificá-los e animá-los em seus desígnios:

"Ela (a religião cristã) é o germe de todo democratismo, o acontecimento máximo do populismo (*Popularität*)". E ainda: "A mitologia grega concerne ao homem refinado e, portanto, está em total oposição relativamente à cristandade". A palavra cristã, no interior da qual emergiu a criatura humana, como paixão de si, foi emitida por aquela despedida do divino, foi essa própria despedida enquanto Fascinação. O que nos foi oferecido através dessa palavra consistiu em uma simples negação do sentido do divino anterior. O cristianismo é a contrafigura do paganismo. A noite dos deuses manifestou-se como a luz dos homens. Essa palavra cristã, como luz dos homens, sendo o sinal de uma ausência, só pôde confirmar, acentuar e interpretar essa ausência. Sendo o afiançamento e aprofundamento desse colapso dos deuses toda a essência do homem, segundo a fórmula que nos assegura ser a antropofania uma manifestação da teocriptia, o agente humano nada mais pode fazer do que orquestras em múltiplas variações o tema de sua Matriz. A Matriz do homem é o distanciamento dos deuses, enquanto operação histórica, negatividade e superação da natureza. Dessa Matriz recebemos as nossas oportunidades, tendo todas elas um sabor de morte e aniquilamento. A operação substancial do homem é a negação de um *fundamento*, é a anulação e a morte de Pã. Mas como uma simples recusa ou privação pode vir a constituir uma abertura do ente? Houve alguma virtude projetiva e fascinante no próprio recuo do divino? Heidegger, no *Vom Wesen des Grundes*,[2] mostra-nos como em toda projeção de um Mundo está necessariamente implicado, não só o oferecimento de um nexo transbordante de possibilidades, como a concomitante recusa de uma esfera de outras possibilidades. Todo o projeto é, portanto, um projeto-recusante, desde que a abertura do ente é concomitante ao fechamento e à ocultação de outras áreas reveláveis. Trata-se agora, entretanto, de aventurar a ideia inversa, ou seja, de saber se ao lado de um projeto-recusante não se poderia dar uma recusa-projetante, ou ainda uma abstenção que pusesse a descoberto uma esfera do

---

[2] Sobre a essência do fundamento. (N. O.)

manifestável. Encontramos no último livro de Heidegger, *Was heisst Denken?*,[3] certas observações que, se bem que escritas num outro registro de pensamento, podem dar um suporte à meditação que ora desenvolvemos. Continuando o tema de trabalhos anteriores, afirma Heidegger que a história do pensamento ocidental é toda ela dominada pelo esquecimento do Ser, pela *Seinsvergessenheit*. Essa obnubilação ou recusa do Ser, essa não potência do Ser, não é, contudo, um fato anódino e sem importância, tanto assim que condiciona e incita o engolfar-se do pensamento no desfiladeiro ontomórfico. E prossegue: "A recusa (*Entzug*)[4] é um acontecer. E o que se esquiva pode concernir essencialmente ao homem e convocá-lo mais do que todos os objetos presentes que o possam impressionar e atingir". O homem é, para Heidegger, nesse estudo, o símbolo e o testemunho de uma recusa, sendo esta coimplicada na configuração do seu ser. Ora, uma recusa ou abstenção que tem a virtude de conformar um ente, de abrir-lhe um mundo próprio, é, de fato, uma recusa-projetante. O mundo esboçado pela recusa do divino, pela *Gottesnacht*, encontrou sua poesia-fundante na dramaturgia cristã. Se é certo, como crê Schlegel, que sem poesia não há realidade, *Keine Poesie, keine Wirklichkeit*, tanto assim que sem a fantasia não poderíamos sequer perceber o mundo exterior, então poderemos compreender a função desvelante da poesia, como princípio de manifestação do revelado. O próprio esquivar-se das potência divinas traduziu-se necessariamente na poesia do criptograma cristão. O cristianismo é essencialmente um criptograma, isto é, linguagem de uma ocultação que se manifestou como Fascinação e proposição de um mundo. A Matriz cristã não tem outro conteúdo senão o do desenvolvimento discursivo do espírito de negatividade. É ela uma negatividade infinita, uma destruição de imagens como Espírito. Admitindo que as antigas manifestações religiosas tinham a sua residência no mundo das Imagens, o advento da subjetividade infinita significou a nulificação crescente desse mundo

---

[3] O que significa pensar? (N. O.)
[4] Subtração. (N. O.)

fantástico-divino e a sua consequente redução a um mero objeto de utilização. Esse universo constitui o fundamento negado pela palavra evangélica enquanto nova Fascinação meta-histórica. O nada das antigas eminências teológicas nos foi oferecido como *logos espermaticus* do homem e, portanto, como o secreto desígnio de um portentoso ato sacrificial. Lembramo-nos do célebre aforismo de Nietzsche sobre a morte de Deus. Aí vem surpreendido o supremo significado da erradicação do divino da face das coisas. O mesmo fenômeno, que do ponto de vista meta-histórico, se apresentou como uma *histeresis* do divino, como uma suspensão das presenças numinosas e como a noite dos deuses, do ponto de vista do sujeito atuante, revestiu a forma de uma desdivinização da existência. Nietzsche, entretanto, supõe que possuímos em nós uma realidade à parte e distinta da destruição desse fundamento anterior, outras possibilidades, além das conferidas por esse "crime", e um destino histórico posterior a esse evento. Contudo, se é certo, como julgamos, que toda a glória do homem e todo o ser que lhe foi consignado consistem na minuciosa e desvelada execução da *Entgoetterung*,[5] então o reino do homem é coextensivo a esta ação. Não existe qualquer equilíbrio ou reciprocidade entre o domínio do homem e o domínio dos deuses, desde que entre essas forças valha a lei *mors tua, vita mea*. Antes da revelação cristã, antes do advento pleno da subjetividade e da existência sequiosa de si mesma, o homem pagão era o reflexo de um elemento estranho. A vida representava uma potência religiosa teomórfica e não antropomórfica, o homem não era ainda um solitário perdido num mundo de coisas. As coisas não eram coisas mortas, nem o homem um ponto extremo de subjetividade. Essa subjetividade infinita, como ímpeto superador do mundo, foi a nova Fascinação prodigalizada pelo mitologema cristão e que devia se realizar como Amor e como Trabalho. A filosofia marxista de nossos dias diz que o homem se fez pelo trabalho, transformando o mundo e transformando-se a si mesmo, e que a História, em resumidas contas, é

---

[5] Desdivinização. (N. O.)

a história do Trabalho. O absolutismo do trabalho e da tecnologia, que é um dos aspectos mais ostensivos da sociedade atual, esconde a força da qual se beneficia e os valores aos quais dá satisfação. A preeminência da força do trabalho flui necessariamente, como demonstraram Nietzsche e Max Scheler, de uma ética do ressentimento inerente à concepção do mundo próprio do cristianismo. Tanto o universo criado pela *caritas*, como a transformação tecnológica das coisas representava uma vontade de oposição e de contradição, sem conteúdo próprio, em relação ao fundamento do antigo mundo dos heróis e dos deuses. Não existe, propriamente, nem no homem humano, nem no cristianismo, que é sua condição de possibilidade, qualquer mensagem positiva, a não ser a do aniquilamento e a da extinção dos padrões anteriores da existência. O não-ser do antigo ser é o sentido do humanismo cristão. O cristianismo e a história ocidental cristã, que é sua decorrência, são um grande Não anteposto ao antigo enunciado pletórico da vida e um Nada crescente a essa árvore da alegria e da inocência. E não podia ser de outra forma, se o empréstimo de ser do qual nos beneficiamos, o nexo de possibilidades dentro do qual giramos, se resume em pôr em movimento uma negatividade infinita. O homem é o súdito desse nada, a criatura suscitada à existência pelo vácuo do divino. Eis por que afirmamos que a antropofania é o sinal eônico da teocriptia. Todas as formas de comportamento, finalidades, virtudes, ideias, conhecimentos, instituições do ciclo humanístico e antropocêntrico interpretam, como queria Nietzsche, o preamar do niilismo. O *nihil*, o nada e a sua substância, a sua obra exclusiva e fervorosa. Traduzir esse negativo de uma carência infinita no positivo de uma mensagem sagrada foi a obra imemorial da Igreja, com o seu conjunto de representações próprias. A história dessa transubstanciação, dessa inversão ressentida de todos os valores não foi uma opção histórica da liberdade de alguns ou de muitos, um conjunto de decisões no plano histórico, desde que preencheu necessariamente uma valência oferecida pela dialética do divino. Dado o colapso das formas numinosas, por uma espécie de *horror vacui*, algo de semelhante à Igreja devia dar-se, como de fato se deu. É claro que o processo niilístico foi uma luta lenta e morosa e os grandes momentos de que se vangloria o espírito ocidental foram grandes pelo que ainda conservavam da majestade do passado pré-cristão e dos modelos sobre-humanos do paganismo. O homem só homem, que constituiu o fermento aleivoso do cristianismo, devia entretanto eliminar, à medida que se dava o ocaso dos velhos luminares, toda essa forma de vida excelsa, para implantar a democracia metafísica dos irmãos. Essa comunidade representa o tempo da subjetividade absoluta, a *caritas* descendente, o não-ser de um prévio fundamento, o mundo do Trabalho, um puro Nada.

História e Meta-História[1]

La gloire de l'homme – diz Lautréamont – *c'est une gloire empruntée*. O domínio de uma pretensa autonomia da ação humana seria o da História, compreendida como campo de realização dos projetos e desígnios da humanidade. O homem, entretanto, foi lançado no processo de sua própria autonomia ou autocriação, no processo de antropogênese, por algo que transcende o seu próprio poder. A imanência ou o ser-para-si da vida histórica constitui, de fato, um episódio de uma sucessão transistórica, que encontra no soerguer-se da aventura humana uma sua epocalidade. Se o ser do homem é um ser adventício, um ser de empréstimo, *une gloire empruntée*, então aquilo que se trata ao se tratar do homem é de uma alteridade que tem no homem uma de suas expressões. O homem é o vir a ser de uma Teodiceia, o que vale dizer o mesmo da História, desde que o homem é a sua própria História. O homem é um indício de acontecimentos que se passam além de sua consciência e dos quais, entretanto, a sua consciência é uma eminente expressão. A História está ligada a uma Matriz, a uma alteridade instituidora, que desoculta o desempenhável hominídeo. Os desempenhos dependem do desempenhável e esse, por sua vez, depende da Fascinatio que empresta àquele a sua essência e natureza essenciais.

---

[1] Trabalho apresentado no Congresso Internacional de Filosofia de São Paulo, em 1959. Publicado em: "História e Meta-História", *Diálogo*, São Paulo, n. 5, out. 1956, p. 3-10. (N. O.)

Na História, portanto, ao contrário do que afirmou Hegel, nada se realiza de novo. Essa não constitui, assim, um processo aberto, uma contínua criação de novas possibilidades, estando pelo contrário fechada pela fascinação original. A História humana não pode ir além do consignado, uma vez por todas, pela Matriz, sendo toda transcendência finita uma in-sistência no oferecido, um novo rigor da Fascinatio. O movimento da História dá-se como um construir e reconstruir dentro de certas medidas, como uma afirmação do *mesmo* no diferente. E é porque existe esse *mesmo*, reconhecível em todas as partes, que se pode falar por exemplo numa cultura cristã-ocidental.

O sentido in-sistencial da ek-sistência designa o perder-se no já oferecido, o perseverar no oferecido como forma do acontecer. O homem, empolgado por aquilo que se lhe defronta e, ao mesmo tempo, arrebatado pelas possibilidades que determinam todo o horizonte do conhecido, avança unicamente na dimensão dessas formas, orgulhoso de abarcar o que imagina ser a totalidade do real. A estrutura ontológica do acontecer encontra sua formulação numa particular característica da ek-sistência, que a condena não só ao transcender des-velador, como também ao subordinar-se in-sistente às formas desveladas. "O homem – diz Heidegger – não somente ek-siste, mas ao mesmo tempo in-siste, isto é, se enrigece naquilo que o ente lhe proporciona, na medida em que este lhe aparece em si manifesto".

Um novo conceito da História poderá partir da consideração do aspecto insistencial da ek-sistência. A História é o próprio ocorrer do perseverar in-sistente, o pôr em obra a insistência do existir como sua única e inalienável realidade. O *novo* na História só é novo para quem não sabe ver as potencialidades implícitas no mito fundador de um ciclo cultural. Essas potencialidades do mito estão sempre além da realização do momento e em cada acontecimento, como um ideal ou como um dever ser sempre à espreita. O mito é justamente aquela permanência de que fala Heidegger em seu ensaio *Hölderlin e a Essência da Poesia*. Nesse mesmo ensaio encontramos a afirmação de que a poesia, conceitualizada como "nominação fundadora dos deuses e da essência das coisas", é o fundamento que suporta a História. A História, portanto, condicionada pela presença dessa permanência é, em última análise, a própria presença dos deuses e da essência *fascinante* das coisas. Dentro e no coração dessa *permanência*, dessa Matriz, dessa *fascinatio*, evolui a História como momento existencial e como o resguardar de um desguardável. A História é desfechada pela poesia compreendida como instauração de uma *permanência*, e se processa como um permanecer nessa permanência. Em outro ensaio de Heidegger intitulado *A Origem da Obra de Arte*, essa permanência resguardante vem incluída no próprio conceito da poesia e como seu caráter definitório. "O resguardar de uma obra", diz Heidegger, "significa habitar na abertura do ente propiciado pela obra". A poesia só pode realizar o seu papel desocultante por intermédio desse permanecer no sugerido pela obra e no resguardar essa mesma investidura. Encontramos o exemplo da ocorrência desse permanecer nos ritos religiosos, por meio dos quais uma tradição espiritual é preservada e legada. Através do permanecer e do resguardar é que se configura qualquer ser-para-o-outro inerentes a um ciclo histórico determinado. O resguardável vem instituído pelo poder fascinante do Fascinator.

Todo o processar-se da História cumpre-se no interior das sugestões consignadas pelo Fascinator. As possibilidades abertas pela essência fascinante da obra de arte, pela poesia, constituem a *permanente*, ou imutável, o resguardável que, estando além da História, fecha o seu horizonte prospectivo. A História não é, portanto, como pretendia Hegel, uma inextinguível fonte de inovações e criações originais, um mundo criado pela espontaneidade imprevisível de uma infinita liberdade. A História, pelo contrário, é o processar-se de um *mesmo*, é o mutável de um imutável, é um movimento da identidade.

Se não encontramos, portanto, na esfera dos fenômenos históricos o vestígio de uma força absolutamente criadora e transformadora, poderíamos inquirir acerca da localização e da natureza dos verdadeiros poderes mutacionais da face das coisas. Que existem tais poderes, isso é atestado não só em corte temporal, mas atual, em uma multiplicidade de povos e de raças. Como podemos prever, as verdadeiras alterações do curso dos acontecimentos, as metamorfoses genuínas do cenário mundial acham-se no domínio transistórico e transcendente dos poderes teogônicos. Nessa matéria, foi o poeta-filósofo Hölderlin o portador de uma palavra decisiva, se bem que encontramos em Heidegger enunciados de máximo valor. Comecemos meditando sobre o significado deste enunciado da *Carta sobre o Humanismo*: "A História do Ser arrasta e determina cada condição e situação humanas". Nos termos desta afirmação, portanto, além do sistema opcional do homem, existe a história do poder desocultante desses sistemas além das decisões humanas, uma esfera de protodecisões que põem em liberdade o conjunto do desempenhável. Todo o decidir e realizar se cumprem nos caminhos consignados pela iluminação do Ser, pelo estabelecimento fascinante de um mundo. Essa iluminação se manifesta sempre e unicamente como Mitologia, como nominação fundadora dos deuses e das coisas, como o altear-se de um ciclo numinoso. São, portanto, as lutas e as alterações dos princípios divinos, as modificações das regências teológicas do universo, que marcam as crises radicais da configuração das coisas. Hölderlin designou essas inflexões colossais e catastróficas do vir a ser mundial com os termos de "conversão categórica" (*Kategorische Umkehr*) e de "conversão pátrica" (*Vaterlandische Umkehr*): "A conversão pátrica é a conversão de *todas* as representações e formas". Através do conceito de uma *Vaterlandische Umkehr* é pensada uma transformação da forma de todas as formas, uma modificação da imagem do mundo, um movimento do mundo, sem qualquer limite ou suspensão. Eis por que essa conversão pátrica é determinada como uma "conversão infinita" e posta acima das faculdades do homem. "Uma conversão total das representações e formas – diz Hölderlin – na medida em que se manifesta, em geral, como uma conversão total, sem qualquer limite, não é concedida ao homem como ser consciente". O homem, pelo contrário, é arrastado nessa conversão, e mudado pela mudança, quando o ente em seu conjunto se inclina para uma nova forma. Essa metamorfose infinita atinge todos os modos de ser, todas as ideias, imagens e instituições, processando-se como o acaso e destruição de um mundo. Ninguém pode ficar neutro ou ileso diante da fúria das transformações em trânsito, desde que – segundo Hölderlin – mesmo o neutro é coagido pela força espiritual do tempo a estar presente aos acontecimentos em curso. Nesse conceito de subversão de todos os ordenamentos e formas é caracterizada uma ação *toto celo* distinta das evoluções sociais políticas, das transformações ideológicas provocadas pelo homem e a partir do homem. Neste último tipo de alteração não se realiza uma "conversão infinita" e ilimitada, desde que no fundo vem resguardado o resguardável de um antigo modo de ser. O que acontece, realmente, nesses casos, é uma nova combinação das possibilidades existentes, uma aplicação mais rigorosa de uma verdade já dada, uma galvanização utópica de um conceito da vida e das coisas. A "conversão categórica", pelo contrário, é uma renovação de todos os significados e esquemas compreensíveis, é, no fundo, uma mudança do próprio imutável que presidia as antigas mudanças. Assistimos neste caso, portanto, não a uma convulsão ou modificação intra-histórica, não a um movimento dentro de referências axiológicas preestabelecidas, mas a uma terrível comoção meta-histórica que diz respeito ao aniquilamento e formação dos mundos. Somente nessas ocasiões é que podemos perceber – segundo Hölderlin – a força do meta-histórico, a presença de uma liberdade transcendente em relação às vicissitudes finitas; somente nesses momentos podemos perceber o "mundo de todos os mundos, e todo de tudo", isto é, aquele poder instituidor de mundos e que, por isso mesmo, plana acima deles. Essa realidade é experimentada como um inesgotado e inesgotável de relações e forças, donde promana uma nova vida. É a partir deste infinito e inesgotável que se individualiza uma nova determinação da existência, um novo mundo, quando um novo possível entra no real, uma vez aniquilado o real preexiste, e suscita não só a consciência do aniquilamento, como a consciência do aniquilado.

O sentimento vital do infinitamente novo manifesta-se como a consciência de um poder desconhecido (*Unbekannte Macht*), que em sua trágica união com as determinações antigas e assumindo às vezes essas antigas formas, tende para a criação de uma nova forma individual. O sentimento de derrocada e do aniquilamento do existente é concomitante ao sentimento do possível, do juvenil, do novo. Segundo Hölderlin, a percepção crepuscular da morte de um mundo só pode se dar através da percepção daquele inesgotável que lança para o passado, para a situação do não-eu e do superado, as antigas relações. Portanto, esse trânsito radical e meta-histórico não significa apenas a morte, aniquilamento ou catástrofe, mas também *vita nuova*, crescimento e epístrofe. A catástrofe mundial é ao mesmo tempo uma nova epifania mundial.

O fenômeno do infinitamente novo não pode apresentar-se no tempo rotineiro e intra-histórico, no campo da ação do sujeito finito. Quando esse sujeito torna-se veículo de energias superpessoais e divinas, e age sob o mandato dessas energias, então estamos diante daquela conversão infinita de todas as "representações e formas" que assinalam a superação de um mundo. O contraste ou a luta que então se trava não é a partir do homem, mas sim a partir dos deuses, isto é, trata-se de uma verdadeira guerra dos deuses. A História das Religiões testemunha acerca do aspecto litigioso da sucessão das dinastias divinas, da luta sem trégua entre as dominações teocráticas que se assenhoreiam do cenário mundial e aí implantam o seu peculiar estilo e modo de ser. Eis por que Schelling tem razão ao afirmar que a consciência real é a maior expressão de uma teodiceia, de uma consciência do divino que se põe como matriz das possibilidades historiáveis. A consciência humana advém ao advir de uma fascinação, toda ela *é* uma fascinação, suscitada por uma regência ou regime do divino. Eis por que Hölderlin, pensando essas transformações macroscópicas, afirma não ser da alçada do homem essas conversões infinitas que renovam o sentido da vida. Toda a ação humana se dá num aberto ou num já aberto; ora, o fenômeno das genuínas mutações diz respeito não ao ente aberto, mas à própria abertura do aberto, isto é, às potências projetoras do mundo. Esses fenômenos subversivos ou submersivos provocam a experiência de um abismo, de um inesgotável, enquanto as coisas oscilam numa zona crepuscular, entre o ser e o não-ser, entre a lembrança do velho e a angústia do novo.

Nessa linha de desenvolvimento, poderíamos propor uma assim chamada teoria hesiódica da mutação. A forma das coisas depende da forma do divino e em última análise é uma expressão sua. O processo teogônico apresenta-se como condição de possibilidade do vir a ser das formas finitas. Como o envoltório dentro do qual se desenrola o drama histórico. Foi Schelling quem defendeu originalmente essa doutrina teogônica da História, existindo entretanto diferenças essenciais entre o pensamento de Schelling e aquele que ora desenvolvemos.

Em primeiro lugar, segundo Schelling, a consciência é arrastada na sucessão mitológica através de uma alienação (*Entäusserung*) de seu modo de ser primogênio, através de um ser fora-de-si, de um perder-se nas potências alienígenas e exógenas em relação ao homem. Eis por que apesar da consciência real do homem derivar das potências teogônicas, o homem, durante toda a vigência do processo mitológico, apresenta-se como uma simples possibilidade, como uma aspiração e um poder-ser. Para Schelling, o aniquilamento do poder fraudulento e ilegítimo das representações mitológicas assinala a plena posse do homem por si mesmo, a revelação da verdade absoluta e humana. Em segundo lugar, na doutrina schellinguiana da mitologia, o processo mitológico é um processo convergente e concêntrico que tende, com todas as suas forças, para a produção de divindades filantrópicas e antropogênicas. De qualquer forma, nesta filosofia, a mitologia representa um extravio ou estranhamento, uma sedução irresistível, por mais necessária que pareça essa excursão do eu no mundo polimórfico dos deuses.

A nossa concepção, pelo contrário, é caracterizada por não admitir qualquer solidariedade, predileção ou identidade entre o princípio do Ser e a autoconsciência humana. O processo teogônico, que é o documento eônico do Ser, é totalmente excêntrico em relação ao princípio humano, não totalmente encontrando neste o seu foco terminal. A cumplicidade entre a verdade do ser e o estatuto humano – julgamos nós – é por sua vez um momento de vir a ser mitológico em marcha. Devemos, portanto, extrair o tempo de sua localização subjetivo-hominídea, compreendido como o espaço vazio dos futuros desenvolvimentos do homem, instalando-o pelo contrário no ocorrer transcendente desvelante do ser. Todos os tempos são franqueados pela força desfechante do ser, englobando esse a cascata dos tempos e do acontecer. O tempo flui a partir do manancial ek-stático transcendente do Ser. O processo mitológico, que nada mais é do que o pôr-se-em-obra da verdade do Ser é, em sua essência íntima, uma abertura de tempos, transbordando portanto o ritmo histórico-hominídeo.

Como processo ek-cêntrico ao reino hominídeo, o vir a ser mitológico não tem qualquer finalidade apreciável através da nossa mente. A nossa própria mente, com suas categorias e princípios racionais, é uma essência confirmada e fundada pela prodigalidade do oferecer transcendental. A razão humana, portanto, não tem jurisdição sobre esse oferecer, sobre essa liberdade livre em relação ao sistema relacional da razão, desde que é essa própria liberdade que institui e dá nascimento a essa função relacional. O processo mitológico, em consequência, não só se manifesta como transistórico, mas também, e por maior razão, como totalmente transracional. "A ek-sistencia assim compreendida – diz Heidegger – não só é o fundamento de possibilidade da razão, *ratio*, como também é o que assegura à essência do homem a garantia de suas determinações". Se a razão humana é uma província irrisória no oceano do desfechamento pelo vir a ser dos regimes divinos, se a razão humana é um horizonte relacional dispensado pelo oferecer transcendental, não pode de forma alguma, em sua natureza fundada, devassar os caminhos meta-históricos do Fascinator. A razão trabalha no sugerido e ela própria nada mais é do que um *principium abnoxii*. A finitude das funções lógico-racionais é uma expressão da finitude do nosso próprio ser que, em sua determinação básica, se dá como um ser abandonado e lançado no interior do ente. O pensamento humano é função intramundana e intra-histórica, não podendo portanto captar em seu exercício normal o que se eleva além do oferecido intra-histórico e intramundano. Novalis, em um de seus fragmentos, advertia que, assim como o audível se recorta sobre o inaudível, o silêncio, assim também o pensável supõe o impensado e o impensável. O pensamento recorta o pensável – o desocultado – deixando no esquecimento e na sombra esse condicionante impensado. As possibilidades pensáveis e pensadas supõem, entretanto, esse impensado, que só pode ser mentado através de um pensamento que não se deixa arrastar pela fascinação do pensável ou do pensável como fascinação. Não pensando o pensável e pensando o impensado, o pensamento torna-se pensamento do Fascinator. Esse pensamento, estando além de todo o oferecido pensável é, verdadeiramente, um pensamento transcendental, um pensamento que, como quer Heidegger, não tem qualquer apoio no ente – no pensável – nascendo do sacrifício do ente, inclusive do sacrifício do ente que somos nós mesmos. Esse pensamento, cumprindo-se fora e acima do descortinado intramundano, fora da dinâmico insistencial da historicidade comum, é um pensamento meta-histórico ou do meta-histórico.

Se, como vimos, o ente é uma mercê, uma dádiva, um empréstimo, estamos pois à mercê da força do Sugestor. Estar à mercê é não ter nada de próprio, é ter uma realidade adventícia e desamparada, como é de fato a realidade do ente. Estamos abandonados e à mercê do processo mitológico, dele recebendo as oportunidades e formas dispensadas por sua capacidade posicional infinita. Esse sentimento ontológico do desamparo e desvalimento se aguça e aprofunda quando a forma do mundo se põe em movimento, quando se dá um movimento do mundo. Nessa conjuntura, o pensamento do sacrifício do ente expressa unicamente o confisco e o sacrifício do ente pelo ir além da vida teogônica. O poder ciumento do Ser destrói qualquer veleidade de independência, afasta o pensamento de sua decadência no pensável, para propiciar unicamente o pensamento do Sugestor.

Do anteriormente exposto resulta que não podemos afirmar qualquer autoridade ou primazia do ente e da forma sobre as potências instauradoras do mundo. Essa primazia foi, entretanto, sustentada por Aristóteles e em seguida pelos escolásticos, engolfados num total esquecimento da diferença ontológica entre o ente e o Ser. Notemos como Aristóteles no *De Coelo* procura refutar a hipótese de uma pluralidade de mundos.

Argumenta o estagirita que devemos distinguir entre o conceito puro e inqualificado de "mundo" e o conceito "este mundo", que já é uma combinação de forma e de matéria. Ora, assim como o conceito de *árvores* pode se encarnar num sem-número de árvores particulares, chamando a si porções determinadas da matéria, poderíamos supor que a ideia de *mundo*, da mesma maneira, seria suscetível de uma proliferação indefinida. Contra essa hipótese, entretanto, argumenta Aristóteles do seguinte modo: o mundo é certamente uma coisa particular e material; sendo, entretanto, composto, não de uma parte, mas da totalidade da matéria existente, então apesar de subsistir a diferença entre o ser e o "mundo" e o "deste mundo", não existe outro mundo, nem a possibilidade de outros serem criados, desde que toda a matéria já está incluída neste mundo. Sendo, pois, o mundo em que vivemos formado *ex tota sua materia* não existe possibilidade de uma pluralidade de mundos. Toda essa argumentação aristotélico-tomista está assentada no postulado de que a matéria *é* em vista da forma, ou da primazia da forma sobre a matéria. O pensamento, segundo a forma e a matéria, toma o seu paradigma no seio do simples estar-aí, no simples *Vorhandensein*, enquanto absorvido pelo ente, em total esquecimento da verdade do Ser. Em seu plano próprio, que é o plano da metafísica, o pensamento segundo a forma e a matéria traduz a falaz primazia do real sobre o possível, do passado sobre o futuro, do já dado sobre o virtual. Essa primazia ilegítima é o reflexo de um equívoco ainda mais fundamental, que se resume na primazia do pensamento ontomórfico sobre o pensamento eôntico. Este último tipo de pensar exprime em seu campo próprio a total excentricidade e excedência do processo mitológico em relação ao ente histórico-hominídeo e às formas nele manifestadas. A vida meta-histórica supõe uma pluralidade de mundos e esta, por sua vez, uma multiplicidade de períodos teogônicos.

Natureza e Cristianismo[1]

À medida que o homem foi construindo a enorme pirâmide do conhecimento científico e histórico foi se avolumando uma profunda suspeita contra toda espécie de conhecimento. A ampliação do conhecimento uniu-se paradoxalmente à sua negação categórica, culminando na declaração de Nietzsche de que "o conhecimento não existe". Tanto as coisas exteriores conhecidas pelo homem, como o próprio eu humano seriam representações oriundas de uma interpretação, de um projeto, recebendo seu conteúdo e sua forma dessa instauração original. Assim como na biologia filosófica do Barão von Uexküll não podemos mais falar de um universo único para todos os animais, mas unicamente de uma circunstância, de um *Umwelt* desta ou daquela espécie, com seus panoramas e coisas internas, assim deveríamos pensar a respeito das concepções históricas do homem. As coisas conhecidas, e entre elas o próprio homem, seriam perspectivas abertas no tesouro dos mundos possíveis.

O perspectivismo gnoseológico de Nietzsche teve a seu favor o testemunho da pluralidade das visões do mundo inerente a uma ampliação da consciência histórica e etnológica. Desse modo, o conhecimento das culturas serviu para solapar as bases

---

[1] "Natureza e Cristianismo", *Revista Brasileira de Filosofia*, São Paulo, v. 7, fasc. 27, jul./set. 1957, p. 279-284. (N. O.)

da própria fé no conhecimento. A relatividade histórica e cultural de todo o conhecimento tornou-se um fato banal, um axioma da formação intelectual do homem do século XX. Mas com esse coeficiente referencial de nossas ideias e representações a um certo sistema histórico-cultural perdeu-se a confiança na autoridade da vida intelectual e na dignidade do homem enquanto sede desse processo mental. A vida espiritual seria uma idiossincrasia de certos ciclos históricos, um mundo de desempenhos sem qualquer transcendência ou legitimidade superior.

A crise do conhecimento e a contestação do valor absoluto de nossas ideias ocasionou um surdo demérito do fazer intelectual do homem, como agente desse grande empreendimento espiritual. Mesmo porque, através desa invalidação do poder cognitivo da mente, o próprio homem, como figura intramundana, veio a constituir uma categoria historicamente condicionada. O homem seria um ingrediente desse mundo aparencial, sujeito a amplas variações através dos séculos, uma "coisa" interpretada, plasmada desta ou daquela maneira pelo espírito da época. Entretanto, esse conceito historicista do homem não seria uma simples repetição do "homem camaleônico" de Pico della Mirandola. Esse ser sem imagem fixa, do humanista italiano, não era ao mesmo tempo uma entidade sem destino fixo. A dignidade do homem, para os humanistas, provenientes da tradição cristã, não consistia no homem exterior, que podia muito bem ser uma realidade sem imagem fixa, um Proteu; mas consistia no homem interior, na alma imutável e em seu destino. O que justamente procuravam acentuar era a cinemática da forma corpórea, em contraposição com a magestade imutável das finalidades ultraterrenas do sujeito. Pois bem, esse sujeito imutável é que foi contestado pela filosofia contemporânea e destituído de sua posição de ponto de convergência de todo o processo evolutivo da História. O que está em jogo agora é o valor do antropocentrismo. Tanto a representação corpórea e social da criatura humana, como sua índole espiritual foram destronadas de sua prerrogativas de unicidade e universalidade. O pensamento existencialista formulou esse resultado na afirmação de que o homem não tem "essência", mas somente existência, ou ainda, que a existência precede e funda a essência. A própria natureza ou essência espiritual do homem passou a constituir uma forma emergente de um projeto existencial. A realização dessa suposta natureza ou essência humana manifesta-se, entretanto, segundo o pensamento tradicional, através das múltiplas operações da criatura infinita, de acordo com o conhecido adágio *operari sequitur esse*.[2] Dentro do pensamento atual, o conjunto total dos desempenhos do homem manifestou-se como algo de consecutivo e fundado.

A realidade humana foi confiscada então por uma origem, por um domínio projetivo, por uma matriz. Essa meditação que acabou por destronar o homem de sua centralidade metafísica no reino das coisas foi um dos resultados mais significantes da filosofia heideggeriana. Na *Carta sobre o Humanismo*, Heidegger pedia um novo humanismo, se é que se pode chamar de humanismo uma posição na qual o homem deixa de consubstanciar a verdade última das coisas, a coisa em si, passando esse papel para o domínio ofertante do ser.

Toda a filosofia ocidental considerou a substância finita do homem como um dado último da realidade, desde que o homem teria sido criado à imagem e semelhança de Deus. Como bem acentuou Dilthey, toda filosofia idealista e em particular o sistema hegeliano é de índole manifestamente antropocêntrica. O Eu humano, segundo lemos na novela *O Discípulo de Saïs*, de Novalis, conteria em si a resposta final ao enigma do universo. As coisas externas seriam momentos da revelação final do homem e o próprio Deus, no mitologema cristão, era um Deus Homem.

Em nítido contraste com essa apoteose metafísica do homem, o instinto secreto da meditação contemporânea procurou expulsar o modo de ser humano de sua hegemonia ontológica e de sua primordialidade universal. O homem tem um ser em

---

[2] "A ação segue o ser" ou "O modo de agir segue o modo de ser". (N. O.)

outra coisa e a partir de outra coisa, isto é, seu ser é um ser de empréstimo ou de delegação. Os desempenhos que compõem a sua operação própria são consignados por um projetar transcendente e com isso passamos da esfera das possibilidades ônticas do ente para a esfera da força develante do Ser, ou melhor, do Mito. Essa zona é transcendente a todas as coisas e a todas as possibilidades, sendo estas ocorrências manifestações que se configuram no interior de uma cena mundanal. Nessa linha de considerações, o mundo humano constitui uma vigência especial de oportunidades histórico-temporais, um particular ciclo de desempenhos e não, como pretendia o pensamento tradicional, uma forma imutável das coisas.

A filosofia radicada na perspectiva do sujeito humano postulava, em conformidade com a tradição escolástica, que a verdade se confundiria com o ente, *vero et ens convertuntur*. O relativismo das cosmovisões históricas demonstrou, entretanto, que as coisas e o próprio homem representam fenômenos tributários de uma Fonte projetivo-transcendental. Mais original que as possibilidades à disposição na cena do mundo seria a verdade entendida como desvelamento do ente em sua totalidade. Essa verdade não teria compromissos e não se identificaria com um especial plexo ôntico, mas seria superabundante em relação a qualquer forma das coisas. Ao contestar a justeza do postulado *verum et ens convertuntur*, o pensamento contemporâneo tentou destruir a soberania e a eminência da teoria, do "conhecimento", que enquanto tal estava referido e confinado ao ente já manifestado. Esse conhecimento era um mero conhecer reprodutivo. Mas esse ente ou essas possibilidades conhecidas ou cognocíveis, que serviam de medida a qualquer ato de conhecimento, eram determinações correlacionadas e pendentes de uma verdade desvelante. À verdade reprodutiva do conhecimento, da teoria, sobrepõe-se a verdade produtora do ser.

Podemos comprovar a antiteoreticidade, ou melhor, o antissocratismo do espírito contemporâneo em sua insurreição contra o valor do conhecimento, examinando a atitude que podemos assumir em relação à imagem científica da natureza. A captação de uma natureza é, em suma, o corolário de um especial arranjo e interpretação de nossa experiência nos moldes de uma figura física e espaçotemporal. Assim, em Szilasi (*Wissenschaft als Philosophie*): "O horizonte a partir do qual a ciência esclarece o ente particular é dado *a priori* antes de qualquer encontro com o ente". Esse horizonte é um esboço interpretativo que se manifesta como uma rede de conceitos e categorias, captando unicamente o que é compatível com seu tecido. Em consequência, a "natureza" revela-nos um aspecto possível da realidade, um campo de fenômenos abertos à inspeção científica e tecnológicas. A natureza é justamente esse desenho do mundo, esse aspecto possível e não qualquer coisa em si e por si. Nós fomos fechados e enclausurados nesse aspecto naturalístico das coisas através de um processo meta-histórico que nos cabe agora analisar.

O desvelamento de uma natureza como um sistema universal de fatos físicos cumpre-se através do uso ou aplicação de certos princípios *a priori*, que funcionam como condições de qualquer experiência da natureza. Esses princípios constituem os conceitos estruturais ou ainda o ossatura da própria natureza. Pois bem, esses conceitos transcendentes, como bem acentuou Hegel na *Fenomenologia de Espírito*, surgiram das operações da consciência trabalhadora. Foi a consciência trabalhadora, foi a consciência servil que, em sua porfia de medir, pesar, transportar, mover e construir, teria preparado o conjunto de formas interpretativas que florescem depois numa concepção física da realidade. Todos os conceitos métricos e energéticos que estão à base do conhecimento científico-natural seriam instrumentos interpretativos vitais da consciência servil, dos homens jungidos à manipulação das coisas. A representação da matéria como nós a entendemos só poderia se revelar a um tipo especial de homem. As operações e manipulações dessa consciência permanecem e se inscrevem no operado, na matéria, e essa nada mais é do que uma virtualidade de ordenamentos e manipulações possíveis. Segundo Hegel, o trabalho é uma negatividade ou transformação universal desse produto. É justamente essa consciência trabalhadora ou produtora que se apresentou como a fonte de uma visão mecanicista naturalista do real. O imperativo da transformação ou manipulação universal libertou o cenário de um meio universal da matéria. Com efeito, lemos na *Carta sobre o Humanismo*: "A essência do materialismo oculta-se na essência da técnica sobre a qual muito se escreveu, mas pouco se pensou". As ideias contidas neste ensaio de Heidegger levam-nos a uma determinação mais profunda do tema em análise. Se Hegel pretendeu referir o aparato cognitivo da matéria e da natureza ao comportamento operativo da consciência servil, agora o trabalhador e sua representação das coisas são elucidados "como um modo da *aletheia*, isto é, da desocultação do ente". Contudo, se levarmos em conta que essa consignação de possibilidades que presidem o advento da técnica não constitui uma ocorrência instantânea, uma deflagração abrupta de um teatro de formas, mas sim o vir a ser lento de uma nova modalidade do ente, então talvez possamos ver que as duas posições – a de Hegel e a de Heidegger – não constituem duas formulações tão divergentes como à primeira vista parecem ser. A praxis negadora do trabalho é o tipo de transcendência que esboça a natureza enquanto tal. A transcendência transformadora do trabalho põe a descoberto o mundo como campo de ação produtivo-industrial. Entretanto, o movimento dessa interação transformadora é a própria historialização da subjetividade, da subjetividade compreendida como superação ou não-ser de um dado. O que é realmente oferecido pela abertura fundante do ser é o processo arrebatador da subjetividade e é nesta abertura que surge a representação de uma natureza.

O crescimento científico-natural é o enunciado minucioso desse universo interior à consciência trabalhadora. Esse conhecimento tem como pressuposto e condição de possibilidade a figura de um mundo operável ao infinito. A figura do mundo que se defronta então é a contrapartida do ir além próprio da subjetividade imperante. O aspecto das coisas que assim nos revela no domínio dessa subjetividade tem uma realidade unicamente para nós, é o ser para nós da natureza, que elevado ao nível do conhecimento constitui uma versão antropocêntrica do real. Por razões que não podemos aqui esclarecer, é lícito comparar o advento da transcendência subjetiva ao surgir da revelação cristã. Foi o cristianismo que pôs em marcha a aventura da subjetividade; o cristianismo é essa subjetividade enquanto operação global e histórico-mundial. A cissiparidade do sujeito e do objeto, do eu e do não-eu, da *res cogitans* e das *res extensa* são determinações que emergiam da protoforma inerente à mensagem evangélica. O espírito do cristianismo, em sua força plasmadora, articulou as possibilidades na determinação da consciência trabalhadora. Os conteúdos dessa consciência têm uma validez condicionada pelos princípios e valores da teofania cristã. Em resumo: a natureza, como nós a conhecemos, o universo físico e dessacralizado foi projetado pelo cristianismo e nele tem os seus limites. Estes resultados da especulação filosófica constituem uma invalidação do sentido absoluto do conhecimento natural, desde que a natureza só existe dentro de uma determinada cena.

O descrédito crescente do conhecimento e das coisas conhecidas por esse conhecimento tenderá a se agravar à medida em que formos descobrindo o sentido global do nosso destino histórico. Nietzsche afirmou que havia descoberto o cristianismo num sentido em que descobrir e superar são uma só coisa. Vivendo agora a plena expansão da ordem e das possibilidades do nosso ciclo histórico, podemos compreender e enunciar o conceito total da nossa vida. Estamos pela primeira vez expostos à visão do mitologema histórico que nos coube viver no tempo e na história.

Qual, então, a essência final e resolutiva do cristianismo? O cristianismo afirmou-se como uma negação do paganismo, como o antipaganismo, como o rebaixamento e demonificação das antigas potestades religiosas. Os desempenhos positivos e mesmo sagrados da civilização antiga transmudaram-se em alienação e perdição do homem. Ora, o não-ser das antigas hierofanias, a sua destruição e superação é que veio constituir todo o ser ou essência da nossa fé. O cristianismo afirmou-se como teocriptia, como o não-ser agressivo das imagens divinas de outrora. O novo nascimento religioso pregado por essa fé era o advento de uma interioridade, de uma subjetividade que expulsa de si todo o mundo visível, com seus poderes e sortilégios estético-numinosos. Essa nova vontade antepôs a si o universo material, despojando de vida e de alma, pura adversidade, não-eu, campo de provas da subjetividade infinita.

O OCASO DO PENSAMENTO HUMANÍSTICO[1]

O domínio da consciência foi tido, no Ocidente, durante os últimos séculos, como o ponto de partida de todo o filosofar. A realidade em seu conjunto foi reconduzida e reduzida (lembremo-nos da redução fenomenológica de Husserl) a fenômeno da consciência, a algo meramente pensado por um poder pensante, sucumbindo em sua existência independente e autônoma. Festejou-se assim o conúbio definitivo do ser com a consciência e da consciência com o ser, passando a consciência a ser entendida como uma dimensão constitutiva ou transcendental. Assim, pois, a consciência assumiu o papel do ser absoluto e inderivável. O mundo seria uma representação existente unicamente na consciência, como plexo de sentidos emanentes de uma morfogênese conscienciológica, nascendo e sendo posto pela consciência humana. Por mais que se quisesse desvencilhar a subjetividade ou o *cogito* absoluto da realidade empírica do homem, entendida essa como algo constituído e posto na consciência e pela consciência, essa consciência ou subjetividade sempre foi considerada como o verdadeiro apanágio do homem. Só a visão pré-filosófica ou naturalista das coisas havia, por vezes, determinado o homem como *homo natura*, como fenômeno empírico ou sensorial, contraindo

---

[1] "O Ocaso do Pensamento Humanístico", *Diálogo*, São Paulo, n. 12, fev. 1960, p. 31-35. (N. O.)

seu ser a um puro estado objetivo. Mas a linha mais idônea do pensamento ocidental superou desde cedo esse ingênuo naturalismo, transcendendo a independência do objeto na forma imanente da consciência. O verdadeiro ego humano não seria o ego psíquico-somático, o ego percebido, mas sim o ego absolutamente percipiente e subjetivo, o *ego cogito* que acompanha e cria toda a realidade.

Essa posição de maior profundidade filosófica foi atingida, evidentemente, mediante uma superação infinita do ente circundante, em busca de uma origem fundamental, descoberta no domínio absoluto da consciência humana. A suprema atividade desta consciência ou ego humano atestar-se-ia na dotação de sentido a todas as coisas, na configuração da forma particular do ente. A consciência não seria, nesse sentido, uma percepção passiva de sentidos ou significados dados e transcendentes, mas sim uma revelação de plexos significativos através de um processo projetivo ou prospectivo, que abre um espaço de possibilidades significantes. Essa é, pelo menos, a posição husserliana, que encarna sem dúvida um dos modelos mais perfeitos desta filosofia da consciência humana.

Se todo o registro objetivo das coisas só existe e se determina no âmbito do *cogito* humano, esse próprio *cogito* é algo de irredutível e último. Em outras palavras, o ego humano não pode ser passível de uma redução, não pode ser derivado de outra realidade, formando uma fonte última da verdade e do ser. Na linha dessa filosofia, portanto, o *ego cogito* não pode ser superado por um pensar mais original do que esse pensar humanístico da subjetividade pensante. Estamos aqui num reduto último e metafísico do ser, compreendido esse na forma da subjetividade transcendental humana. A essência humana, dentro dessa perspectiva, não é um ente desocultado ou oferecido por uma força propositora mais original, mas é em si mesmo o princípio revelador dos demais entes, através de sua operação fundamental – a dotação de sentido –, começa a desmembrar, em torno de si, a esfera do cognoscível. É claro que, nessa posição, a essência humana, descrita como subjetividade pura, é carente de qualquer substancialidade ou forma causal. A consciência é pura dotação de sentido, é um sair de si, ou estar fora de si, na proximidade do ente conformado, uma transcendência outorgadora de significados. Esse *ego cogito*, assim depurado de todo o resquício realista ou substancialista, de todo estereótipo intramundano, irrompe como pura atuosidade, como ato puro, como gesto instaurador de um mundo. O homem – já disse Hegel – é ação, ação no seu agir puro, sendo qualquer realidade ou coisa um precipitado de sua produtividade espiritual. Encontraríamos aqui o inverso do adágio escolástico: *operari sequitur esse*, pois, nesta perspectiva, *esse sequitur operari*.[2]

Entretanto, poder-se-ia indagar se no tipo de ser da consciência humana ou do *ego cogito*, eleito pela doutrina husserliana e por tantas outras filosofias de índole humanística como princípio supremo do pensar, não se denunciaria uma meditação radical, como uma forma emergente na sucessão das epifanias do ser. Poder-se-ia propor ainda a questão de saber se seria possível remontar a uma "abertura" na qual algo como a consciência subjetivo-transcendental ocorreu, e, não só ocorreu, como foi efetivamente vivida. O desempenho ontológico da interioridade infinita, da consciência interior, ou do homem humano essencial, não se desenhou e constituiu no grande espaço do manifestado por obra e graça de uma desocultação meta-histórica, que ofereceu o homem a si mesmo?

O teor secreto dessas interrogações alude, decididamente, à eventualidade da finitude radical do ente humano, ou da natureza fundada da totalidade do seu ser. A doutrina da finitude

---

[2] O Autor retoma aqui a sentença escolástica, já citada no ensaio "Natureza e Cristianismo", segundo a qual *operari sequitur esse*, a ação segue o ser, ou seja, a ação é uma modalidade de manifestação da essência, do ser. No Idealismo alemão, no caso, em Hegel, o homem é pura negatividade, pura nadificação, como VFS nos lembra em outro ensaio, e, portanto, a ação é anterior ao ser e o modela. Em outros termos, *esse sequitur operari*: o modo de ser segue (é derivado) do modo de agir. Essa concepção idealista está na base de algumas vertentes da filosofia da existência, sobretudo as de matiz mais humanista, cuja prerrogativa é a de que a existência precede a essência. (N. O.)

declara, em última instância, que o nosso ser é totalmente *adventício*, é uma forma adventícia, uma investidura de possibilidades e não um ser em si e por si. A dificuldade da admissão desse confisco da realidade autóctone da consciência é ocasionada pelo próprio tipo antropocêntrico de nossa cultura, que depositou no indivíduo e no *homem só homem* o próprio núcleo metafísico da realidade. Essa dificuldade avulta na resistência especulativa a qualquer pensamento que procure mostrar o caráter heterônomo do *modus essendi* humano e do seu ser derivado. Pode dar-se, entretanto, que essa filosofia antropocêntrica nada mais tenha sido que uma particular e transitória descobertura do ser, que consignou o homem a si mesmo e implantou seu coração inquieto no corpo da História. Mas a autoridade dessa consciência subjetivo-humana, dessa consciência construtiva e transcendental é deposta, no momento exato em que esse domínio de realidade submerge no fundamento de seu ser. A filosofia idealista, que nada mais é do que uma reflexão sobre essa consciência cogitante, não se deu conta que tanto as "representações" da consciência humana, como essa própria consciência eram reconduzíveis a uma matriz transcendental superior. O pensamento que ora desponta afirma, entretanto, que todo o oferecido, inclusive o oferecido dos poderes conscienciológicos, flui de uma dimensão instauradora primordial, ou ainda, de um processo desvelante omnicompreensivo. O deslocamento da consciência de sua situação axial, e sua transcrição em termos de um já oferecido de um oferecer primordial, é o sinal indelével de um novo ciclo não humanístico da cultura. Através dessas considerações vemo-nos impelidos a remontar à dimensão originante da subjetividade transcendental humana. É certo, contudo, que as possibilidades oferecidas e historiadas em nossa época mundial têm o seu fundamento na intersubjetividade da essência humana. É o que lemos num ensaio de Heidegger, intitulado *Sobre a Questão do Ser*. Diz ele: "A fonte de dotação de sentido, o poder permanentemente presente é capaz de cunhar todas as coisas, é uma forma concebida como forma de uma condição humana, a forma do trabalhador". Essa noção da consciência humana, pensada como "forma do trabalhador", nasce da consideração do homem como subjetividade pura, como forma transcendente a qualquer dado natural. Para essa forma humana, em atitude de interioridade subjetiva, qualquer estar-aí natural, seja de natureza exterior, cósmica, seja o nosso próprio corpo ou psiquismo, é um mero ponto de apoio para uma ação transformadora ou técnico-industrial. Já na percepção e desenho do ente intramundano está presente, como princípio de recorte das coisas, esse impulso de transformação ou manipulação universal à forma da subjetividade trabalhadora. Percebemos nas coisas o caminho de nossas ações possíveis (Bergson), o recorte virtual das manipulações potenciais do eu atuante. Eis por que a natureza da ciência, a concepção físico-matemática do universo é uma simples interpretação do âmbito da vida, a serviço da inteligência transformadora. Essa forma particular de consciência, tendo expulsado de si toda conexão cósmica, manifesta-se unicamente como reiterado ato de transformação trabalhadora do mundo. Tal vontade não encontra mais limite em qualquer dado natural, ou em qualquer condescendência em relação ao mundo-não-feito-pelo-homem. O ir além da vontade trabalhadora determina e conforma antecipadamente qualquer encontro com o ente intramundano, que só se oferece e entrega nos quadros perceptivos de sua operação manipuladora. É nesse sentido que Heidegger alude a uma organização planetária da nossa civilização, desde que a Terra, como um mero estar-aí natural, já perdeu qualquer hegemonia no jogo alternativo dos campos operacionais. A subjetividade absoluta repudia qualquer residência fixa de sua atuação, qualquer contexto lárico de seu ser, cumprindo-se no espaço não figurativo de suas objetivações transitórias. Entretanto, essas objetivações não constituem o fim de seu porfiar, o *desideratum* de seu comportamento produtivo, pois o operar da subjetividade não se ama senão a si mesmo. O feito resolve-se no fazer, operado no puro operar. Com isso, a consciência trabalhadora afirma a sua supremacia sobre qualquer detenção estético-passiva no estar-aí natural ou sobre qualquer ética hedonista das *nourritures terrestres*. A consciência, como consciência trabalhadora, afirma-se como espiritualidade, forma imaterial de ser, ou como o árido não ser mais no mundo das imagens. A supressão da corporalidade sensorial, a negação do mundo das imagens, compendiada como essência de um atuar, leva-nos à doutrina hegeliana da consciência trabalhadora, compreendida como negatividade absoluta. Na *Fenomenologia do Espírito*, assistimos à gênese dessa forma de consciência na interação dialética entre a vontade do senhor e a vontade servil. A consciência do serviço, da subordinação produtiva a um outro poder, só se realiza através do temor e da angústia diante de um mundo despótico. Afirma Hegel que o medo do senhor é o começo da sabedoria, dessa sabedoria que surge do homem quando esse se supera a si mesmo e se vê livre em relação a todas as coisas: "Essa consciência (trabalhadora) experimentou precisamente a angústia, não por causa desta ou daquela coisa, e não nesse ou naquele instante, mas experimentou a angústia por causa da integralidade de sua essência, pois sentiu o medo da morte, o senhor absoluto. Nessa angústia ela dissolveu-se intimamente, estremeceu em suas profundezas e tudo que nela era fixo, vacilou. Mas um tal movimento, puro e universal, uma tal fluidificação absoluta de toda subsistência, eis a essência simples da consciência de si, a absoluta negatividade, o puro ser-para-si que reside nesta consciência mesma". Eis por que, para Hegel, o medo do senhor foi o começo da sabedoria, dessa sabedoria da autoconsciência, da capacidade interior do descompromisso com todas as coisas, de olhá-las, objetivá-las e trabalhar sobre elas. Entretanto, essa atitude perante o mundo, que foi o resultado da interação dialética entre classes sociais, só foi possível porque a negatividade absoluta já era um destino inscrito no céu da nossa cultura. A "fluidificação absoluta de toda subsistência" já havia sido proposta em forma prototípica no mitologema inicial da nossa civilização, no drama da paixão e da cruz. O espírito de Deus crucificado é o da consciência absolutamente superior ao mundo, como forma de uma liberdade sobranceira em relação a todo o finito. Eis por que a consciência trabalhadora, que emerge efetivamente no traçado histórico dessa luta humana, realmente já está implicada e sancionada na matriz configurante de nossa época mundial. Portanto, se podemos falar numa categoria da consciência subjetiva, trabalhadora ou transformadora, é porque essa categoria foi suscitada no plano histórico pela fascinação de uma parusia divina. Foi esse espírito a fonte de uma forma de consciência, cuja evolução na pauta do acontecer constitui unicamente uma manifestação ostensiva de possibilidades já oferecidas. Vemos, pois, como a subjetividade ou *cogito* transcendental humano é algo de adventício no plano do ser, uma oportunidade franqueada à História por uma suscitação meta-histórica determinada e precisa. Afirmar o estatuto consequencial do *cogito* é encará-lo sob a luz de uma origem, é retraçar as condições de possibilidade e de aparecimento no retábulo do ente em geral. Com isso, estaríamos aplicando ao próprio *cogito* husserliano o seu método de redução fenomenológica, e pesquisando as condições determinantes de sua gênese transcendental. O *cogito*, o próprio homem em sua essencialidade, constituiria um episódio evanescente na epocalidade do ser, algo de subordinado às forças convocadoras de todo o manifestado. Teríamos assim ingressado, pelo menos no sentido de uma *prolepsis* pensante, numa forma de cultura que não é mais o homem o centro do acontecer, mas sim os Elementos, no sentido primordial, aos quais ele está adstrito.

O HOMEM E A LIBERDADE NA TRADIÇÃO HUMANÍSTICA[1]

Mesmo supondo que o indivíduo humano é um mero "x", uma variável capaz de receber diversos valores, isto é, diversos *papéis* ou desempenhos possíveis do todo cultural envolvente, ainda assim colocar-se-ia o problema do tipo de liberdade que somos encarregados de encarar. O significado íntimo da vida, a representação geral do mundo e da existência é um dado amplamente mutável através dos tempos, constituindo os graus dessa variabilidade um tema constante da filosofia da cultura de nossos dias. Nenhum ingrediente da cosmovisão humana, nenhum fato ou necessidade pode ser adjudicado à existência como marca indelével e que não sofra exceções. Em seu livro *Mythe et Métaphysique*, Gusdorf registrou a ocorrência de povos que não conheciam ou advertiam o próprio corpo, que viviam sem corpo, pois a intencionalidade de sua consciência estava absorvida pelo meio e nunca se voltava para a realidade somática. Coisa mais estranha é, entretanto, a mentalidade de homens que viveram ainda totalmente alheios ao confisco inapelável da morte. Lemos assim no ensaio de Maurice Lenhardt *Os Canacas da Nova Caledônia*: "A primeira observação a notar é a ausência, entre os canacas,

---

[1] "O Homem e a Liberdade na Tradição Humanística", *Revista Brasileira de Filosofia*, São Paulo, v. 11, fasc. 41, jan./mar. 1961, p. 19-24. (N. O.)

da representação da morte. Eles possuem, pelo contrário, a da perenidade da vida. Não encontramos quaisquer palavras entre eles que expresse o verbo morrer". Viver em situação encarnada e como um ser mortal supõe em consequência um determinado desígnio existencial em que estes entes, o corpo e a morte, se descobrem a nós. Com Ortega y Gasset poderíamos dizer que há uma concentração da Atenção, uma Atenção que seria primordial a todos os nossos atos particulares de atenção, que arrancaria as coisas de sua ocultação; a cultura seria um ato superior da atenção, um atender a certas coisas, desatendendo outras. A morte e o corpo seriam atos de atenção. Não existem portanto ingredientes intramundanos permanentes, estruturas fixas do nosso estar-no-mundo, todas as representações que nos cercam sendo passíveis de largas transformações em seu teor último. Poderíamos agora perguntar se, admitindo um tal "baile de máscaras" vertiginoso das formas, nós não acabaríamos por perder de vista o próprio homem? O homem não seria engolfado no rio heracliteano, como uma representação entre as outras, sujeito às mesmas metamorfoses?

Isso no fundo se traduz na ideias de que o ente em seu conjunto é uma realidade fundada, que pende de um Fundamento, um plexo de manifestações "constituídas" no curso de uma dotação de sentido omnicompreensiva. O ente é em essência ente constituído, aberto e revelado por uma franquia transcendental. Como mostrou Heidegger em seu livro *Brief über den Humanismus*, até o nosso próprio "corpo", a *animalitas* do homem, emerge e se patentiza em seu perfil próprio, se bem que variável, a partir de um desenho *a priori* de sua forma. O "esquema corpóreo", de que nos fala Merleau-Ponty, como totalidade que comanda a percepção somática, é a forma oferecida – variável segundo as culturas – da nossa autoapreensão sensorial. Mas essa natureza derivada ou adventícia de nossas faculdades ou possibilidades humanas atinge graus de profundidade mais insuspeitados. Pode-se afirmar que a nossa resposta emocional ao mundo, o acervo de nova experiência cordial ou patética e emocional também faz parte de um ciclo de vivências típicas de uma certa variedade histórico-natural. Temos um coração que nos é dado pronto, o que explica suficientemente a possibilidade de qualquer sintonia do sujeito com as expressões artísticas ou religiosas que podem falar à nossa alma.

Por isso podemos deduzir que não só o "mundo como representação", mas também o "mundo como vontade", para usar um título célebre, são superáveis como raízes últimas do Ser.

A essência última do homem não consiste em qualquer conteúdo ôntico intramundano, a essência do homem não é ontomórfica. Livre de qualquer compromisso ou adesão ao simples estar-aí das coisas, livre ou transcendente ao seu ser jecto ou derelicto, o homem se afirma, em sua dimensão existencial com a sua capacidade de ex-por-se, de abandonar-se à Parusia do Ser. A liberdade continua a constituir a raiz derradeira do homem, mas essa liberdade é primordialmente a liberdade transcendental, isto é, o poder de remontar ao *Entwurfbereich*,[2] de intimizar-se e unificar-se com a liberdade instauradora ou constitutiva do ente. Antes de significar o poder de opção desembaraçada entre isso ou aquilo, entre o campo das alternativas oferecidas, é a liberdade em seu sentido originário o reportar-se à opção de todas as opções, à abertura de um campo opcional. O homem é livre na medida em que abre campo às manifestações do ente, em que permite que se manifestem as diversas investiduras ônticas. É nesse sentido que Ernesto Grassi em sua obra *Verteidigung des Individuellen Lebens*[3] define a essência humana enquanto liberdade como o *topos* do *Sich-offen-baren des Wirklichen*.[4] O transcender da liberdade é um desembaraçar-se, um permitir que o ente seja, *ein Sein-lassen des Seienden*.

Por mais estranho que pareça, essa concepção alotrópica da liberdade, essa concepção da liberdade como intencionalidade

---

[2] Âmbito do projeto. (N. O.)
[3] Defesa da Vida Individual. (N. O.)
[4] Manifestar-se do real. (N. O.)

aberta, constitui o veio secreto da noção autóctone da liberdade e do homem como vem inscrita na tradição ocidental. O pensamento humanístico renascentista em sua vontade cultural genuína descobriu esse conceito e o transmitiu à posteridade como categoria liminar de qualquer verdadeiro humanismo. Como vem determinado o homem no pensamento renascentista? Numa recorrência singular os propugnadores do humanismo defendem a tese do homem entendido como um Microcosmo ou ainda como Proteu. Sendo uma sinopse do Todo, de um Todo que exorbita qualquer finitude ou limitação, o homem não pode ser comprimido em qualquer gênero ou classe: o homem é um ser sem forma que pode receber todas as formas, como um verdadeiro Proteu. É justamente esse homem proteico que subjaz de maneira consciente ou inconsciente aos anseios mais radicais da consciência europeu-americana, principalmente depois do Renascimento, sendo precisamente essa formulação antropológico-filosófica que sofre as maiores ameaças hoje em dia por parte do marxismo. O marxismo pensa o homem somente em seu ser-para-a-sociedade, em seu ser-fechado no aparato econômico-social, desconhecendo e contestando as múltiplas janelas da consciência. O marxismo significa um desfalecimento da liberdade humana já em tese, em sua pura doutrina – se é que ela existe – mesmo antes de traduzir-se em fato político ou organização sociopolítica. Pelo contrário, o homem divisado pelos pensadores do Renascimento é um ser que exorbita qualquer encapsulamento, um ser aberto a múltiplas solicitações e objetividades, um ser pluridimensional. Se o indivíduo é um microcosmo, isto é, uma epítome de todos os aspectos do mundo, a capacidade de revelar e de expor criativamente esses aspectos faria parte da *humanitas* do homem. Tendo em vista que a fascinação por um *Weltaspekt*[5] e a sua tradução criadora são uma só coisa, na medida em que o convite que se instaura com o clinâmen divino é um impulso à produtividade, teríamos de admitir nessa filosofia da existência uma espécie de independência dos

---

[5] Aspecto do mundo. (N. O.)

gêneros de atividade humana. A assiduidade com que se colocou o problema da *disputa artium* ou da supremacia desta ou daquela atividade nunca chegou a negar a autonomia e independência dos modos-de-ser ativos do homem.

A filosofia do homem e da liberdade que desde então passou a determinar a vida cultural do ocidente tem como correlato íntimo a ideia de um Open World, de um mundo aberto, podendo-se mesmo afirmar que foi reciprocamente o surgimento dessa ideia de um Open World, de um Pluriverso que condicionou a descoberta da noção autêntica da liberdade europeu-americana. Em Nicolau de Cusa vemos como a doutrina da Infinitude divina se concilia com os aspectos ou imagens múltiplas e historicamente condicionadas de Deus, que seriam como contrações ou restrições daquele Maximus inefável. O homem determinado na forma de um Deus Ocasionatus, de um Infinito finito, estaria lançado na empresa venatória da verdade recôndita, verdade da presença omnímoda da parte no Todo e do Todo na parte. A doutrina panteísta do Todo Uno é explicitamente aludida por Nicolau de Cusa, tendo a mais decisiva influência na obra filosófica de Giordino Bruno. O pluriverso das contrações divinas seria como vórtices a conclamar os desenvolvimentos divergentes da ação humana, formas plurais do culto divino, tendo o renascentista sido artista, teólogo, amante, mago ou aventureiro, testemunhado sempre em seu discurso vital a forma tutelar que empolgara a sua alma. Em consequência o homem seria livre na medida em que se apresentasse como um campo de "revelações" do oferecido pela trancendência arrebatadora ou, nas palavras de Ernesto Grassi, como o topos do *Sich-offenbarung des Wirklichen*.[6] O caráter proteico ou camaleônico da natureza humana implica uma livre disponibilidade às diversas convocações do real, às diversas convocações oriundas da plenitude inesgotável do Mundo. Podemos definir nesse sentido o conceito máximo da liberdade ocidental usando a consigna do método fenomenológico "rumo às coisas mesmas", para as próprias coisas. Expor-se

---

[6] Manifestação do real. (N. O.)

livremente à livre manifestação do ente é o critério superior da liberdade, segundo a célebre definição de Heidegger: a liberdade é primordialmente a entrega ao desvelamento do ente como tal. A possibilidade de um abandono à patência do ente manifestado, à possibilidade de reportar-se desembaraçadamente ao manifestado, é o critério fundamental do ser-livre.

Tanto nessa conceituação heideggeriana como na tradição autêntica do pensamento europeu-americano, o homem se manifesta como o manifestador da totalidade do ente revelado, como o ente microcósmico, como a mediação necessária à explicitação da verdade. Outro pensador renascentista, Charles de Bovelles, compreende o espírito humano na sua *conversio* ou *flexura* para o ente, na sua transcendência ou intencionalidade ilimitada, apontando justamente a consciência com seu movimento de captação e registro do desocultado.

As possibilidades oferecidas ao espírito em sua *conversio infinita* para o mundo são entretanto de diversas ordens ônticas, de diversos estratos inconfundíveis, desde o ente físico-real, o ente biofísico, até as máximas manifestações da fantasia, da mitologia e da religião. Todas essas variedades ônticas possuem e guardam sua consistência própria, sua configuração eidética, e não permitem ser derivadas ou construídas a partir do puro estar-aí material. Esse é o erro fundamental do positivismo em geral e do marxismo em especial que, desconhecendo intempestivamente o *so-sein* e o perfil próprio das ordens ônticas imaginou e imagina poder derivar as formas jurídicas ou o mundo do pensamento da base material-econômica ou da infraestrutura social.

A autonomia dos diversos campos de objetividades intramundanas, a autonomia e o respeito gnoseológico por esses espaços fenomênicos, constituem a condição por excelência da doutrina da liberdade europeu-americana em sua proveniência renascentista. Pois o mundo compreendido como um pluriverso de manifestações objetivas se traduz também no reconhecimento de um ciclo difusivo de comportamentos humanos, dependentes em tudo e por tudo da ideia hegemônica que procuram encarnar. A admissão de uma multiplicidade de formas de vida, todas elas com seu direito próprio e com sua capacidade de traduzir aspectos legítimos da existência é o corolário dessa mesma filosofia. Devemos em nome dessa filosofia contestar a validez e a probidade científico-filosófica de qualquer filosofia que tende a reduzir as "formas de vida" a uma só ação antropogênica basilar, o trabalho econômico, desqualificando todos os outros como meros epifenômenos ou formas abusivas dessa consciência central trabalhadora. Dentro da grande concepção renascentista humanística do homem, o primado exclusivo da subjetividade econômica ou da consciência trabalhadora perde qualquer poder de imposição ou evidência, como mero exemplo do conhecido sofisma *pars pro toto*. O fazer econômico-transformador e o sistema de relações criadas pela produção e o consumo respondem a um dos apelos da vida, a uma das potencialidades da criatividade cultural, aliás, a uma das esferas de atividades meramente transitivas que colimam a efetivação de outros valores. Isso ocorre em razão da natureza puramente utensiliar do fato econômico, de sua função de meio e não de fim, que faz pender a sua oportunidade e forma da maior ou menor contribuição que pode facultar a mais alta expansão das outras virtualidades de uma noção. O econômico em si considerado é um módulo indiferente, um desenho parcial, que adquire valor ou desvalor quando integrado num quadro antropológico superior. Eis por que qualquer panerguismo ou paneconomismo erige-se em fator deletério dos interesses superiores da liberdade criadora, enquanto imperialismo da parte sobre o todo. O ditado da consciência trabalhadora, o princípio da negatividade da consciência é uma das fontes da liberdade polimórfica do homem europeu-americano. Não devemos transformar um dos ingredientes do nosso estar-no-mundo em força monopolizadora do nosso atuar.

Uma civilização plenamente consciente de sua responsabilidade deve antes de tudo resguardar a faculdade polivalente do ser-histórico, com sua capacidade de dar testemunho às vertentes particulares do mundo. O pluralismo das manifestações do ser encontra a sua contrapartida na receptividade livre do homem às suas proclamações soberanas. Não será contraindo o horizonte da atividade social ao módulo da subjetividade econômica que contestaremos o desafio da conjuntura presente da história. Pelo contrário, a vida atual torna-se cada vez mais fragmentária, abstrata e irreal, constituindo o menoscabo absoluto da essência concreta do homem, apresentada um dia pelo Renascimento. Nesse momento o homem foi captado em plena *conversio* para a plenoxia cósmica, desdobrando no seu sistema de ações possíveis a plena sintonia com o ente descoberto. Essa a ideologia mais original do Ocidente, essa a mensagem inscrita no mundo da liberdade.

A FILOSOFIA DO RECONHECIMENTO[1]

Se existe na sequência histórica das investigações filosóficas um problema autenticamente "moderno", cuja data de nascimento possui menos de dois séculos, é sem dúvida o problema do conhecimento do Outro ou dos eus exteriores ao nosso eu. A comunicação inter-humana, interpsicológica ou intersubjetiva é uma experiência diuturna e constante da nossa vida, constitui, em última instância, o próprio exercício de nossa existência que se funde nessa reciprocidade de contatos conscienciológicos. Essa evidência constantemente renovada de nosso ser-como-o-outro, de uma coexistência no plano de uma comunidade de eus, como pode ainda propor enigmas e dificuldades especulativas que exigem uma perquirição filosófica urgentes e inadiável? Como o óbvio e evidente, a verdade de todos os dias pode se transformar em campo de lutas do pensamento humano?

A filosofia foi um desafio e uma superação das evidências de primeiro plano, das pseudoevidências, das representações óbvias e costumeiras, dos hábitos de pensar, que encobrem os mais árduos problemas do intelecto. A atitude natural ou quotidiana da consciência se compraz nessas representações óbvias e muito conhecidas de todas as coisas, não vendo problemas a nenhum

---

[1] "A Filosofia do Reconhecimento", *Convivium*, São Paulo, v. 1, n. 4, set. 1962, p. 51-67. (N. O.)

respeito e tendo respostas prontas para todas as questões. Se tudo vem forrado do emblema do palmar e evidente isso não deriva da profundidade do pensar quotidiano e da consciência banal, mas muito pelo contrário, da defesa ante o pensamento, do não-pensar que projeta e hipostasia fora de si as formas de compreensão e os conceitos tranquilizantes e triviais do intercurso social comum. Os problemas existem justamente onde ninguém ou todo-o-mundo não vê qualquer problema ou aporia. Aqui a "verdade" aceita e concorde oculta e desfigura a verdadeira verdade, a verdade oculta, como já havia entrevisto Heráclito ao afirmar que a harmonia aparente encobre a harmonia recôndita. Portanto, para o homem comum, a relação do homem como homem, o diálogo humano em todos os níveis, não envolve nem exige um trabalho especulativo de maior monta. É um fato comum, uma moeda corrente, a mais enfática de todas as realidades. Quando resolvemos, entretanto, inquirir sobre a essência de nossa relação com o outro, sobre as formas de nosso autêntico acesso ao ser-outro do outro e reciprocamente da vida que levamos na consciência do outro, isto é, do nosso existir-fora-de-nós na alma do outro, somos imediatamente assoberbados por ingentes e intransponíveis barreiras filosóficas, somos justamente solicitados à elaboração de uma gnoseologia da existência do outro.

Em primeiro lugar colocar-se-ia a questão preliminar, que se bem não pretendia qualquer validade metodológica, servirá muito para desbastar o caminho: como sei que não estou só? Que garantias tenho de que a minha consciência não é a única realidade? Como vencer o solipsismo? Toda experiência que posso ter de qualquer objeto, processo ou possibilidade é minha experiência, vivência, imanente a meu eu, e mesmo quando indique uma transcendência, um ser-fora-de-mim, essa indicação ou alusão é reabsorvida na minha mente. Sob esse ponto de vista, "o mundo é minha representação" (Schopenhauer) e tudo o que eu possa encontrar em nada me pode auxiliar na ruptura de minha incrível solidão. Percebendo um outro corpo humano ou um corpo semelhante ao meu e dotado de manifestações psíquico-vitais, ornado das características "humanas" que possuo, como posso inferir que essa ocorrência que se efetua no teatro da minha consciência revela uma outra consciência situada além da minha consciência? Como a minha consciência pode me levar além dela, se tudo o que penso é pensado em mim? É o desfiladeiro solipsístico em que é compelido Husserl no início de sua análise fenomenológica da experiência do outro. "Quando eu, o que medita, me reduzo através da *epoqué* fenomenológica ao meu eu transcendental absoluto, não me tornei por isso menos *solus ipse* e o permaneço enquanto permaneça sob índice 'fenomenológico' e efetue uma explicitação de mim mesmo".[2] A redução fenomenológica se efetua numa transcendência ou superação do ser-independente do ente (em relação à consciência), com a sua consecutiva subordinação às funções constitutivo-transcendentais do próprio sujeito. O *ego cogito* absorve em si, daí por diante, a totalidade do real, todas as coisas e possibilidades que passam a ser unicamente formas de pensamento. "Qualquer sentido ou ser imagináveis, imanentes ou transcendentes fazem parte do domínio da subjetividade transcendental enquanto constituidora de todo sentido ou ser".[3] É a partir, entretanto, da esfera do *cogito* humano e de suas vivências, da interioridade da nossa vida, que devemos, na opinião de Husserl, achar o caminho para afirmação da existência do outro e da alteridade das consciências. Eis que uma investigação mais dilatada das próprias experiências e intencionalidades da consciência individual deve nos arrastar a uma ruptura do solipsismo metodológico e nos abrir para o universo complementar dos eus exteriores em sua presença indefectível. O mundo não pode ser unicamente minha representação, por que no próprio ser dessas representações, na forma dessas formas está inscrita a copresença do outro. A existência de uma outra consciência funciona como uma condição de possibilidade da constituição de qualquer ente, de qualquer objeto, que se apresenta a mim como realidade pública e franqueada a uma comunidade de eus possíveis.

---

[2] Edmund Husserl, *Meditations Cartêsiennes: Introducion à la Phénoménologie*. Paris, Vrin, 1947, p. 75.

[3] Ibidem, p. 71.

A colocação do problema do reconhecimento, da *Anerkennung*, foi impostado por Husserl em termos puramente teoréticos como se o outro se desse a nós como exclusiva instância de conhecimento. A advertência do outro, subsequente à advertência de nós mesmos, se daria como percepção do outro. O *prius* seria a consciência de si, a autoconsciência, o posterior seria o eu-estranho como conteúdo intencional dessa consciência. O certo é que afirmar que a presença do outro é essencial à configuração do nosso mundo, a sua garantia de objetividade como mundo-em-comum não implica o nosso real e possível acesso ou conhecimento da alma do outro. Se o que podemos inicialmente assinalar da presença estranha é a sua presença corpórea ou sensorial, a sua presença enquanto organismo, então a nossa empatia da alma alheia só poderá emergir de uma transferência de conteúdos psíquicos à base de analogia das manifestações somáticas. A isomorfia dos gestos e comportamentos seria o estímulo e a motivação do sentimento do outro, sentimento puramente ilusório pois se nutriria de nossa vivências projetadas. O eu-estranho transformar-se-ia numa de minhas possibilidades de ser-outro, um *alter ego*; o outro desdobramento fantástico de mim mesmo. O outro enquanto outro, a consciência e psiquismo alheios em sua autóctone modalidade, permaneceriam nessa concepção totalmente infensos a qualquer participação ou mesmo aproximação.

Poder-se-ia argumentar que a própria formulação verbal do problema da existência do outro, como problema do reconhecimento, isto é, do conhecimento reiterativo das nossas potencialidades nos outros, nos determina a uma concepção teorética ou cognitiva do encontro humano. Essa interpretação, entretanto, do sentido do reconhecimento é totalmente falsa. O reconhecimento não prescreve em anterioridade qual a forma segundo a qual os homens se fazem presentes uns aos outros, qual a conexão primordial que fundamenta o ser-com-o-outro dos protagonistas históricos. Nem condiciona por outro lado a premissa da consciência de si, do *cogito*, como manifestação original fundante de qualquer manifestação do outro. O reconhecimento pode se originar de interações mútuas que exorbitam o esquema cognitivo e que fazem emergir a consciência do outro.

Em primeiro lugar, devemos lembrar, que situar o *cogito* ou a autoconsciência, como ponto de arranque de qualquer revelação do *socius* humano já é uma peculiaridade histórica do espírito, do espírito como autoapreensão na forma da subjetividade. A subjetividade é uma forma histórica e efêmera do espírito. Lemos com efeito na *Fenomenologia do Espírito* de Hegel: "Com a consciência de si ingressamos na terra natal da verdade. É mister compreender inicialmente como surgiu essa figura da consciência de si".[4] A figura da consciência de si, da subjetividade, do *ego cogito*, como manifestação consciente de si mesmo, surgiu no curso da história do espírito; é uma forma de realização subjetiforme-humana que se apresentou como resultado de uma longa evolução. Uma teoria das conexões inter-humanas fundada na primazia do *cogito* expressa unicamente uma idiossincrasia temporal-histórica de si e da experiência do outro. Que o problema da reciprocidade e interação das consciências admitia uma larga margem de variação epocal, que o "sentimento" do outro é uma variável histórica, constitui um fato já explicitamente assinalado por Max Scheler em seu importante estudo *Von den Wesen und Formen der Sympathie*.[5] Aí se fala não só dos aspectos mutáveis da percepção recíproca dos homens, mas também das teorias "relativas" do reconhecimento que têm sua validez restrita a certas épocas, culturas ou momentos históricos. Contudo Scheler se apressa em esclarecer que a doutrina do reconhecimento admite uma solução como ontologia definitiva do *Miteinander-sein*.[6] "Do fato que todas as teorias propostas até hoje possuem um caráter relativo, não se segue que a explicação das origens do conhecimento que temos do outro-eu não comporte senão teorias relativas. Pelo

---

[4] G. W. F. Hegel, *La Phenomenologie de l'Esprit*. Trad. de J. Hyppolite. Paris, Aubier, 1939, tomo I, p. 146.
[5] Da Essência e Forma da Simpatia. (N. O.)
[6] Ser-com-o-outro. (N. O.)

contrário, deve existir, existe certamente uma teoria absoluta, mas essa deve ser suficientemente formal para poder englobar todas as teorias relativas, como tantas teorias parciais aplicáveis a agrupamentos especiais e a fase de desenvolvimento particular das relações humanas". Como veremos a seguir, essa teoria deveria ser desenvolvida anos depois pelo filósofo Martin Heidegger.[7]

Sem pretender empreender qualquer incursão histórica na série das ideias expendidas sobre a gnosia do outro, é necessário ressaltar que o próprio termo *Anerkennung* e o desenvolvimento da problemática se deve ao filósofo J. G. Fichte. Em sua célebre obra *Grundlagen des Naturrechts nach den Prinzipien der Wissenschaftslehre* (Iena, 1796),[8] estuda amplamente a questão, colocando, entretanto, o fenômeno na dimensão de uma *Wechselwirkung*, de uma ação recíproca das consciências enquanto comportamento e praxis. Só na ação e na ação recíproca de seres racionais, isto é, de seres capazes de limitar seu campo de ação no mundo sensível em vista da liberdade ou ação de outros seres, pode nascer uma experiência do outro. Só na ação e na influência recíproca pode originar-se a consciência de si e o reconhecimento do outro. Ora, para Fichte o homem intui o campo de sua liberdade ou de suas infinitas possibilidades de ação como intuição sensorial, como percepção de um mundo: reciprocamente, podemos afirmar que o mundo nada mais é que a autointuição da liberdade, o reflexo de nossas capacidades de modificação livre do já-feito. Essa esfera do modificável ou da modificabilidade exige que a pessoa humana – *das endlich vernuenftige Wesen* – possa atuar em seu interior, que também compareça como forma visível e corpórea. "O ser racional pode manifestar-se como indivíduo atuante, sem adjudicar-se um corpo material para com isso poder determiná-lo".[9] Através do corpo como forma articulada e em movimento, o sujeito pode tornar-se causa de modificações no mundo sensorial, pode transformar o mundo

---

[7] Martin Heidegger, *Sein und Zeit*, capítulo IV, seção I. (N. A.)
[8] Fundamento do Direito Natural segundo os Princípios da Teoria da Ciência. (N. O.)
[9] *Grundlage des Naturrechts*, p. 56.

segundo um plano determinado de movimentos. O corpo ou o organismo articulado é a autointuição da causalidade do eu na esfera material. O corpo, segundo Fichte, é a esfera da totalidade das ações livres da pessoa, e nela devem estar contidas todas as pré-formações potenciais da vontade. Toda determinação particular da ação deve necessariamente se expressar numa modificação da disposição corpórea, de tal maneira que o homem traduz-se na vida somática; é o mesmo enquanto o corpo é o mesmo e cessa de ser quando esse desaparece. Ora, se toda atividade do indivíduo "é uma certa determinação do corpo articulado",[10] toda limitação, cerceamento ou impedimento aos movimentos do corpo implica uma supressão da liberdade. Em consequência qualquer interação de consciências supõe a presença simultânea dos organismos articulados numa mesma esfera sensível ou num mesmo mundo, sem por isso se admitir que os corpos materiais das pessoas possam ser modificados ou usados como pedaços da natureza. Além disso, se supõe que os corpos, além de serem órgãos efetores de variadas modificações da forma das coisas – e o homem, segundo Fichte, só pode modificar a forma das coisas – sejam órgãos perceptores das influências exteriores e principalmente dos outros corpos. Todo o nosso corpo é assim um órgão sensorial ou percipiente. Incidentalmente desenvolve Fichte nesta altura uma significativa teoria sobre a natureza ativa da percepção, sobre o processo motor e realizante que subjaz à aparente passividade perceptiva.

Se toda a influência ou interação de corpo a corpo deve respeitar as potencialidades de atuação livre da consciência, a verdade e o sentido dessa atuação não pode se realizar no que Fichte denomina a matéria bruta ou grosseira, a corporalidade física do corpo. O filósofo distingue na esfera sensorial uma matéria grosseira e uma *Feinere oder subtilere Materie*, um meio material impalpável e sutil através do qual aos eus é possível um intercâmbio frutuoso na liberdade. O meio acústico e luminoso deverá funcionar como mediação necessária, que, possibilitando uma ação

---

[10] Cf. ibidem, p. 63.

sobre o outro não limita, cerceia ou destrói os órgãos materiais da liberdade. Acontece que a matéria sutil é infinitamente modificável por intermédio da simples vontade e na presença visível de homem a homem, do olhar e do ser olhado, da infinita linguagem dos gestos e das atitudes e, por outro lado, por meio da palavra, da música e da cultura verbal em proporção recíproca das consciências. Toda a atuação entre os homens deverá realizar-se por meio dos órgãos superiores capazes de modificar a "matéria sutil" e ser modificados por intermédio de modificações da matéria sutil. O reconhecimento devia realizar-se pela simples *Erscheinung*[11] ou manifestação do corpo como corpo de um ser livre, desde que toda a capacidade da pessoa se traduz na forma original que aí está. "Ele deve agir pela simples existência no espaço através de sua figura, e agir de tal maneira que cada ser racional seja compelido a me reconhecer por racional e assim me tratar".[12] Nesta ação sem ação da simples presença do corpo, neste agir da "simples forma" (*blosse ruhende Gestalt*), traduz-se o fato que no corpo humano não se estampa um conjunto limitado de comportamentos visíveis, uma organização fixa e determinada, mas uma alusão a uma determinabilidade infinita de articulações e formações eventuais. "Em resumo, enquanto todos os animais já estão completos e prontos, o homem é somente insinuado e esboçado... Cada animal é o que é: *der Mensch allein ist ursprünglich gar nichts*".[13] Não sendo nada de pronto, o homem é um fazer-se, um criar-se, um cultivar-se, um transformar-se, atitudes que se coligem na forma cultural e produtiva de seu ser. No fundo constitui essa carência de acabamento – *dieser Mangel an Vollendung*[14] – o próprio pressuposto da autodeterminação e da liberdade configurada do ser racional. Quando saímos das mãos da Natureza, quando o nosso rosto nasce para a vida, é ainda uma massa dúctil e incomposta que unicamente

---

[11] Aparição. (N. O.)
[12] Cf. ibidem, p. 75. (N. A.)
[13] O homem sozinho é originalmente um absoluto nada. (N. O.)
[14] Cf. ibidem, p. 84. (N. A.)

através da educação e do refinamento espiritual pode vir a tornar-se o veículo de expressão de todos os sentimentos sociais. Portanto constitui o corpo humano, em seu simples aparecer, *in seiner ruhenden Gestalt*, já uma codificação da liberdade, um apelo à minha liberdade, atuando pelo seu simples aparecer.

"Assim, quando olhas para essa figura deves necessariamente considerá-la como a representação de um ser racional no mundo sensível, na medida em que tu mesmo o és".[15] Vimos acima como a atuação recíproca entre os sujeitos livres não deve ocorrer por meio do choque e dos impedimentos da força física, mas sim pela modificabilidade da matéria sutil. Ora, a manifestação do corpo humano, trazendo em si a transcendência do sujeito e realizando a capacidade pessoal em sua forma sensorial, já é uma atuação sobre meu eu ou sobre órgãos perceptores superiores, anunciando a copresença de outro ser humano. Pela simples inspeção da particular determinação da liberdade expressa no corpo do outro, vejo-me compelido a reconhecê-lo como instrumento de uma liberdade alheia à minha e a pautar a minha conduta em consonância com esse reconhecimento. A possibilidade de uma consciência de si encontrar e reconhecer uma outra consciência de si se efetua através da mediação corpórea, mediação, aliás, portadora de todos os valores da autoformação cultural e espiritual. Poderíamos lembrar, neste sentido, o pensamento de Ortega y Gasset: o corpo é um aparato semântico, um produto do artifício cultural e não um dado ou um organismo avulso da consciência. Portanto, a percepção é o reconhecimento recíproco entre as pessoas que compõem um grupo social, e se realiza na pura atuação recíproca sobre os órgãos superiores, através da matéria sutil, no ver e no ser visto, no falar, apelar e ordenar, em todas aquelas influências que não suprimem ou impedem os movimentos das partes materiais do corpo ou a determinabilidade dos órgãos inferiores. O reconhecimento nasce de uma atuação, de uma ação do outro sobre mim na linguagem luminosa de sua aparência, na visão do rosto humano. Nesse caso, presença é

---

[15] Cf. ibidem, p. 73. (N. A.)

ação, ou melhor, é ação modificadora específica do sujeito-objeto humano sobre meu campo sensorial que constitui sua presença, presença que por sua vez põe as alternativas do reconhecimento ou do desconhecimento do outro. Posso tratar o outro como um pedaço da Natureza ou da matéria, conformável aos meus fins e podendo ser usado desta ou daquela maneira: posso me considerar como uma única vontade num mundo de puros objetos, com aquela liberdade que desconhece (ou não reconhece) as outras liberdades. Os outros seriam instrumentos inermes em minhas mãos, considerando o ser-humano e seu estado próprio um apelo que não me diria respeito, pelo qual passaria indiferente. O abastardamento do outro em seu ser-coisa-para-mim, o desconhecimento do outro arrasta entretanto ao abastardamento do meu próprio ser, pois não existirá mais ninguém de reconhecido em seu valor, com a competência para reconhecer-me.

O meu ser exige ser reavaliado pelo outro – a comprovação social – sem o que pode perder para si mesmo qualquer medida e qualquer confirmação de seu valor ou desvalor. A categoria do testemunho, o valor do espírito em que se reflete o nosso ser traduz a significação e importância do juízo emitido sobre nós, e é na medida em que nos identificamos com o nosso ser-para-o-outro que se expressa amplamente o sentimento de nossas qualidades. Esse testemunho não necessita concretizar-se na sociedade presente, nos homens do mundo circundante, podendo ser um apelo ou uma expectativa de compreensão que transcende um tipo de mentalidade específica. No pensamento de Fichte a autolimitação da liberdade própria em vista da liberdade do outro, a limitação do campo de ação do meu corpo no mundo sensível em vista das possibilidades de ação do corpo do outro, consubstancia o fenômeno do reconhecimento. Com isso, nenhum corpo é tratado como meio, mas sempre como fim, e são preservados os direitos naturais de uma comunidade de pessoas agindo no mesmo e único mundo sensível. O que se manifesta e patenteia através do drama do reconhecimento é uma verdade humana, é um conteúdo metafísico que indica a sua primazia através das vicissitudes da história. O eu que luta pelo seu reconhecimento e sente-se, portanto, não-reconhecido, constitui um conteúdo estranho a si mesmo, tomado por outra coisa, alienado. Toda doutrina particular do reconhecimento implica a definição de uma verdade ou essência humana e a complementar desfiguração dessa essência através da ocultação ou desconhecimento de seu ser. Essa essência humana pode ser, como no caso de Fichte, a própria liberdade, a própria transcendência do sujeito, pois é justamente esse conteúdo que então exige uma afirmação peremptória.

No pensamento de Fichte a doutrina da existência do outro e de seu reconhecimento se expôs como postulado normativo, como pura idealidade racional rígida. Essa a crítica que Hegel dirigiu ao idealismo de Fichte em páginas célebres de sua *Fenomenologia do Espírito*, obra em que, por outro lado, vem tratado o problema segundo um prisma completamente novo. Para Hegel a "consciência de si" é essencialmente movimento, desenvolvimento, volta a si mesmo através do ser-outro, e não pura asserção imediata do sentido absoluto do Eu e do Espírito. Afirmar a primordialidade da consciência, do Eu, sem revelar o protagonismo desse espírito através das etapas de seu caminho, equivale a "não pensar conceitualmente essa afirmação".[16] "O idealismo que em vez de apresentar esse caminho, começa com essa afirmação, não é mais que uma pura afirmação que não se pensa a si mesma e que não pode tornar-se concebível pelos outros."[17] Hegel irá mostrar o drama do reconhecimento inserido no desenvolvimento do "espírito do mundo tornando-se consciência de si".

O ser-outro da consciência, a sua alienação original, é o estar perdida no elemento da vida, das pulsões sensoriais e do ser imediato simplesmente vivente. Cada homem é, nesse estágio, uma coisa singular, um fragmento da vida, um eu imediato sem qualquer interioridade. O que existe para essa "coisa viva" é o

---

[16] Hegel, op. cit., p. 197.
[17] Ibidem, p. 198.

momento como objeto do desejo, como objeto a ser negado em sua negatividade. Os homens se relacionam entre si reciprocamente como *paixões* que procuram a satisfação de seus apetites entre si na roda sem fim da vida. "Um indivíduo surge face a face diante de um outro indivíduo. Surgindo assim imediatamente, eles são um para o outro como simples objetos quaisquer; eles são figuras independentes e como o objeto aqui se determinou como Vida, são então consciências engolfadas no ser-da-vida, consciências que ainda não realizaram, uma para outra, o movimento de abstração absoluta, movimento que consiste em extirpar de si todo ser-imediato e ser simplesmente o puro ser negativo da consciência igual-a-si-mesma". Hegel, portanto, pressupõe um estágio puramente "natural" da consciência, homens sem qualquer liberdade interna ou autoatuação como prólogo lógico à aquisição desse poder subjetivo e verdadeiramente humanizante. Cada um desses *eus* imediatos e engolfados na vida, compreende-se e sabe-se a si mesmo em seu direito, como um ser-para-si, mas não tem a consciência do Outro como um outro-ser-para-si, mas sim como simples objeto. Ora, para Hegel, o ser da vida e da consciência de si consiste no "desejo" (*Begierde*), no desejo como meio de assimilação do objeto, de anulação do desejável, de incorporação do outro. No estágio da vida, a anulação do objeto, a satisfação do desejo, como alimentação ou trofismo, leva o animal ao sono; a vigília se alterna com o sono, não podendo a consciência animal transcender a sua referência ao objeto, isto é, ao desejo inexaurível, a sua satisfação estando voltada a uma contínua reaparição do objeto (o desejável) e a uma reprodução do desejo. Para que a consciência desejante se transforme em consciência de si, para que a negatividade interminável do desejo animal se transforme na negatividade de si, é necessário que o objeto a suprimir seja um Outro que no fundo é um si mesmo. A operação de supressão da alienação só pode se realizar de homem a homem, por aí assistirmos à fusão de duas negatividades numa só, no descobrimento recíproco das consciências como essência universal do espírito. A essência do desejo nos leva a superar a Natureza e encontrar na dialética dos espíritos – no saber de si mesmo no outro e do outro em si mesmo – o reino da vindicação do idealismo. Enquanto filhos da natureza, a nossa transcendência se estiola numa negatividade que é, por sua vez, negada pela reproposição da voragem do desejo: vencemos o objeto mas esse acaba por nos vencer. Pelo contrário, afirma Hegel, quando o objeto independente é, por sua vez, uma consciência de si, e pode realizar em si mesmo a negação de si mesmo, então, através dos passos que veremos a seguir, a negatividade do espírito (supressão do objeto, trabalho, criação) se descobre em sua simples operação e o espírito passa a ter a certeza de si como sendo toda a realidade. "A consciência de si atinge sua satisfação unicamente numa outra consciência de si".[18]

Na continuação do seu pensamento, Hegel revela que as consciências não relacionam segundo relações externas ou de justaposição, mas pelo contrário, estão unidas por vínculos ontológicos, indissolúveis. A operação ou a constituição de uma consciência de si é simultaneamente a constituição e a operação da outra. "A operação é, portanto, o duplo sentido, não somente na acepção que ela é ao mesmo tempo uma operação sobre si como sobre a outra, mas também enquanto é, em sua indivisibilidade, tanto a operação de uma das consciências de si como da outra".[19]

Essa operação é o vir a ser do processo do reconhecimento, o movimento do reconhecimento, que como tal só pode ser como reconhecimento recíproco. O reconhecimento da mutualidade das consciências é função não do conhecimento, mas da "operação", de ações ou da ação em geral, pois, para Hegel, o homem é ontologicamente ação e nada mais que ação. "O verdadeiro ser do homem é essencialmente sua *ação*; é nela que a individualidade é efetivamente real".[20]

O defrontar-se inicial das consciências de si é o defrontar-se de duas ações, de dois indivíduos atuantes ainda imersos na

---

[18] Ibidem, p. 153. (N. A.)
[19] Ibidem, p. 157. (N. A.)
[20] Ibidem, p. 267. (N. A.)

expansão da vida. Essas consciências ainda engolfadas no ser da vida, referidas ao seu Eu individual, não reconhecem no Outro senão um "objeto inessencial". Algo a-ser-suprimido. Agora, cada consciência deve realizar, uma para a outra, o movimento de "abstração absoluta" que, segundo Hegel, consiste "em mostrar-se como pura negação de sua maneira de ser objetiva ou em mostrar que não se está aderido a qualquer estar-aí determinado, como a universal singularidade do estar-aí em geral, em mostrar que não se está aderido à vida".[21] Esse ir-além-de-si-mesmo, em si mesmo, e no outro, significa pôr em risco a própria vida e tender à morte do outro ou pôr em risco a vida do outro. Em outras palavras, a superação de si implícita no reconhecimento é uma luta de vida e morte onde a consciência de si se afirma soberana sobre vida. Hegel afirma que somente arriscando sua vida, numa luta de vida e morte, a consciência mostra que sua essência não é o ser-imediato, não é a vida, não é a figura presente das coisas, mas sim a liberdade que surge no conflito supremo.

Cada consciência aspira à morte do Outro, a esse seu eu-fora-de-si, ao pretender a sua ipseidade absoluta. O conflito das duas partes como legitimação do ser-para-si das consciências poderia redundar no aniquilamento das duas partes e no silêncio estéril da morte. Não é essa a finalidade concreta dessa dialética e o seu verdadeiro desenvolvimento histórico-metafísico. O desprezo da vida é uma supressão que conserva e mantém o suprimido, ou ainda o conflito redunda numa modificação das relações da consciência com a vida. No decurso do conflito, a consciência que arriscou a vida até o fim e manteve a sua ipseidade e independência transforma-se na consciência do senhor ou consciência senhorial e, reciprocamente, a consciência que preferiu a vida e o estar-aí das coisas à liberdade, transforma-se na consciência imersa, "no elemento do ser ou na forma da *coisidade*, ou na consciência servil ou do escravo". Consciência senhorial e consciência servil são figuras desdobradas da ação da consciência de si sobre si mesma, etapas no processo do reconhecimento, desde que, segundo

---

[21] Ibidem, p. 159. (N. A.)

Hegel, a independência e a subjetividade do senhor afirmada na luta constitui ainda um reconhecimento unilateral e desigual. Se a liberdade e o ser-para-si da consciência senhorial são agora plenamente efetivos, a vida do escravo só se realiza em função da outra consciência, sendo uma continuação de seu domínio total sobre o ser. O escravo só possui um ser-para-o-outro, um ser dependente, representando a sua negatividade uma ação sobre as coisas, um trabalho, operação realizada em continuidade com a vontade do senhor. Como vimos, a negatividade própria da consciência dependente é a operação formativa do trabalho, do serviço a mando do senhor. Na exteriorização do mundo construído pelo trabalho é que a consciência trabalhadora afirma a sua transcendência em relação ao ser natural e à sua plena independência. O senhor só pode relacionar-se negativamente com as coisas através do trabalho do escravo, a sua liberdade é uma operação mediada, um ser-para-si que se apoia não em si mesmo, mas no ser alienado da consciência servil. A independência do senhor revela, portanto, a sua secreta dependência, a sua negatividade frustrada, pois está em mãos de outrem a completa dissolução do estar-aí natural. A consciência dependente transforma-se, pelo contrário, na consciência plenamente independente, desde que na absoluta negatividade do serviço e do trabalho atesta o seu domínio, sem intermediários, sobre a totalidade do mundo. A consciência do senhor é, portanto, uma consciência dependente e a consciência do servo revela-se finalmente como a forma reconhecida da liberdade superadora. Só quando a produtividade e o consumo unem-se sem intermediários numa mesma consciência, só quando a negação do objeto (o trabalho) e a negação desta negação (enquanto o trabalho é ainda um ser-para-o-objeto) unem-se na plena negatividade do ser-para-si, só neste momento a liberdade é uma forma comunitária de ser. O que é reconhecido, então, em forma difusiva e total é uma multiplicidade aberta de sujeitos formando-se e criando-se através da elaboração do mundo, uma infinita comunidade de autoafirmações de liberdade e de cultura. A ação reconhece fora de si a ação, o trabalho, o trabalho, a liberdade, a liberdade, como a autarquia de um ser para-si referido a uma realidade plenamente suprimida. A subjetividade como ser do homem ou o homem como subjetividade manifestam-se nesta antropogenia do reconhecimento. Constituía, desde sempre, a ideia em fermentação que deveria florescer e a verdade recôndita que deveria se atualizar. Vemos como, no pensamento de Hegel, o problema da relação com o outro, o problema do ser-com-o-outro assume a categoria de uma epifania de um conceito particular da essência humana. O homem é a supressão da Natureza, é absolutamente negatividade, é trabalho; esse conteúdo deve desembaraçar o caminho de suas múltiplas alienações e desfiguramentos e constitui a moldura de sua ostensiva determinação.

Lembremo-nos como Max Scheler havia pressentido a discriminação entre doutrinas puramente relativas do conhecimento do outro e a doutrina definitiva e formal que não mais estaria vinculada a uma concepção histórico-cultural do ente humano. Hegel, segundo o nosso entender, encarna ainda uma formulação "relativa" do ser-com-o-outro do protagonista cultural, na medida em que subordina o encontro com o outro à compreensão que o homem ocidental-cristão tem de si mesmo. Justamente essa imagem do homem é que está em jogo no jogo das consciências, e o jogo das consciências é o itinerário dessa imagem em sua total exposição.

Advertimos, também, que neste século, por obra do grande filósofo Martin Heidegger, passamos a dispôr de um tratamento do problema que exorbita qualquer compromisso com determinações particulares ou histórico-pontuais do ser humano. O que Heidegger descreve sobre a fenomenologia da coexistência humana vale sem restrições para qualquer conglomerado cultural, é uma apreciação puramente ontológica da estrutura do estar no-mundo-com-o-outro. Passemos a resumir as suas ideias.

Heidegger investiga precisamente o tema do *Mitsein*, do ser-com-o-outro do homem, ao indagar pelo "quem" da estrutura básica da existência, o estar-no-mundo. Se existir é estar ex-posto ou aberto a um mundo, pergunta-se (*Werfrage*) quem é que está referido ou consignado a um mundo?

Procura em primeiro lugar retrotrair-se para uma experiência suficientemente original e comum da nossa existência, para a forma quotidiana em que nos damos a nós mesmos. Nesse patamar fenomenológico, não aparecemos com um Eu separado das coisas ou dos outros homens, um Eu solipsístico ou isolado. O encontro com os outros nos leva em primeiro lugar a nosso existir indiferenciado entre-os-outros e também-com-os-outros, sendo os outros não os restantes de que me excluo, mas aqueles dos quais não me destingo e com os quais também estou-aí. Eis por que a existência é essencialmente um ser-com-outro, um estar-no-mundo participado pelos outros, sendo a referência ao outro cooriginal a uma abertura às coisas. O outro que vem ao nosso encontro, enquanto outro coexistente, se apresenta também como centro de referência a um mundo, ao nosso mesmo mundo. Segundo Heidegger, na medida em que nós mesmos nos compreendemos sempre a partir do que vamos fazendo, das nossa ações, expectativas e situações, isto é, a partir do nosso mundo ambiental, também captamos o outro não como uma "pessoa coisa" isolada ou sem-mundo – *weltlos* – mas inserida em seus afazeres, situações (andando pela rua ou em casa, trabalhando ou descansando) e realizações intramundanas. "A existência compreende-se primariamente e antes de tudo a partir de seu mundo e o coexistir dos outros nos vem ao encontro de diversas formas a partir do utilizável intramundano."[22]

Em consequência, pensamos sempre o outro numa determinação instrumental, numa situação ambiental em que se anuncia naquilo que vai fazendo.

Se o ser-com-o-outro é um momento ontológico do nosso estar-no-mundo, então a nossa relação com o outro não depende do encontro fático e contingente com outros homens. Mesmo se efetivamente nunca pudéssemos perceber ou relacionarmo-nos com outros homens concretos, o nosso ser continuaria a ser um ser-para-o-outro. O desvelamento de nós mesmos, no interior do

---

[22] *Sein und Zeit*, p. 121. (N. A.)

mundo, é, simultaneamente, o desvelamento da possibilidade do outro, mesmo se esse outro não se dá como presença efetiva corpórea. Somos com o outro pelo simples fato de ser: Heidegger dá o nome de solicitude (*Fürsorge*) ao complexo de atitudes em relação ao outro, em paralelo à terminologia usada para determinar a nossa relação com o ente não-existencial, *Besorgen*, preocupar-se com as coisas. A solicitude acompanha ininterruptamente todo o nosso agir, que por mais privado ou egoístico que seja, é sempre um tomar em conta o outro: assim como existir é um contínuo agir sobre as coisas, também é sempre um ser-para-o-outro, uma forma específica da solicitude.

A solicitude é um termo técnico-filosófico que indica a totalidade das formas das relações interexistenciais e não só a solicitude como cuidado positivo em relação ao outro. A inimizade, a negligência, a indiferença ou o desamor são formas de solicitude, não menos que o devotamento ou o sacrifício pelo outro. Portanto, somos solicitude na medida em que somos partícipes de um mundo coparticipado e desde que o nosso existir é um diálogo. Considera Heidegger, por outro lado, que a nossa relação com o Outro, o nosso *Sein-zum-Anderen*,[23] não é uma relação do nosso autoconhecimento, do nosso ser-para-nós; o outro não representa um *Dublette des Selbst*.[24] A relação com o outro fundada no ser do nosso próprio estar-no-mundo – pois existir é já estar-no-mundo-com-os-outros –, sendo o nosso ser com-ser, tem por consequência, pelo contrário, que as nossas possibilidades pessoais de ser devem ser conquistadas a partir do nosso indiferenciado ser-juntamente-com-os-outros numa forma pública e anônima. O ser-para-o-outro seria primário ao nosso ser-para-nós, não constituindo o *ego cogito* algo dado originalmente, numa experiência básica e fundante de uma comunidade de Eus, construtível a partir de atos intencionais da consciência individual-transcendental. Muito pelo contrário, Heidegger afirma: "O ser-com é um integrante existencial do estar-no-mundo.

---

[23] Ser-para-o-outro. (N. O.)
[24] Cf. ibidem, p. 124. (N. A.) [Tradução: duplicação do mesmo.] (N. O.)

Na medida em que, em geral, o *Dasein* é, possui a modalidade de ser do ser-com-o-outro".[25]

O que o outro significa para nós, a sua compreensão e índole noemática, depende – como quando se fala do ente em geral – da particular iluminação em que é desvelado e mantido. Assim como devemos supor que o ente utilizável é o beneficiário de uma iluminação que o manifesta e propõe, também o Outro que vem ao nosso encontro, como ente intramundano de tipo existencial é algo proposto e desvelado num projeto mundano determinado. Acontece que o Outro como *Mit-Dasein*, como ser coexistente, não é só um ente des-velado (desta ou daquela forma) mas também é uma potência desvelante. Se existe uma *Erscholossenheit des Mitdaseins anderer*[26], uma compreensão média que temos do outro, e de nós mesmos a partir do outro, já previamente outorgada com o com-ser, com o *Mit-sein*, em uma abertura da mundidade do Mundo, a compreensão e a significatividade das coisas intramundanas nos são oferecidas e propostas por uma transcendência que diz respeito a uma totalidade existencial, a um destino complexo, do qual a nossa existência singular é uma simples possibilidade. É um *miteinandersein*,[27] de tipo "conforme à Existência" ou ek-sistencial, que, primordialmente, em seu *essor* transcendente, faz existir um mundo, nele depois se encontrando. A ek-sistência particular, a minha ek-sistência, eu a encontro como transcendência-transcendida, como forma já captada e determinada pelo outro. Somos dentro de um destino, *Geschick*, que nos destina o nosso ser-assim, o nosso sentir-assim, o nosso pensar-assim. Como afirma Heidegger, a nossa própria gnosia pessoal – *das Sichkennen*[28] – funda-se no des-velamento-complexivo do *Mit-sein*. Esse é o outro aspecto da finitude da ek-sistência, que recebe pronto seus moldes representativos do outro e de si mesmo, de si mesmo a partir de um existir societário

---

[25] Cf. ibidem, p. 125. (N. A.)
[26] Abertura do coexistir do outro.
[27] Um complexivo ser juntamente.
[28] Cf. ibidem, p. 124. (N. A.)

excêntrico. Não existe portanto para nós uma relação específica com o outro – seja de ódio, de morte ou de amor –, desde que o relacionar-se da relação é sempre tributário da abertura singular de um mundo de relações possíveis.

O desvelamento do outro é sempre uma página da história, é sempre historicidade e nunca constante de uma suposta natureza humana. A substância do homem, diz Heidegger, é a sua ek-sistência, sendo essa ek-sistência por sua vez pura interioridade ao reino do Ser. A compreensão dessas teses filosóficas supõe uma maior intimidade com o pensamento do mestre. De qualquer maneira vemos como o reino do reconhecimento e das relações inter-pessoais é determinado em sua autêntica proveniência histórica, não constituindo a revelação de uma verdade terminante. Estamos, portanto, diante de uma doutrina do ser-para-outro que fixa um módulo formal de relações possíveis, um nexo de protagonismos, que pretende uma validez, geral e supracultural.

Paradoxos de uma época[1]

Sobre o nosso tempo, sobre suas tendências, ideologias e formas de vida pende a condenação e a repulsa dos maiores gênios da nossa espécie. Representaríamos em nosso estilo de ser algo de nefasto e oprobrioso, um parágrafo da cultura internamente negado por essa própria cultura. A começar por aquele conhecido juízo de Goethe: "Vejo aproximar-se a época em que Deus, não tendo mais qualquer satisfação nesta nossa vida, deverá arruinar tudo em vista de um renovada criação": assistimos a uma impressionante e concorde série de vereditos negativos provenientes das mais altas figuras do pensamento ocidental. Fichte qualificou a uma época como o tempo do mal radical, o segmento mais ignominioso da história do espírito. A cultura se transformou em mera ocupação livresca e bibliográfica e o nosso conhecimento é um puro trabalho conceitual e extrínseco, uma captação dos aspectos utilizáveis e manipuláveis do Universo. Passamos a viver na casca das coisas e tudo se transforma em casca e superficialidade. Lembramo-nos dos "homens ocos" de Eliot, de sua vida puramente deicente. O depoimento de Fichte é em toda a linha uma contestação da índole própria do nosso tempo, tempo que em sua classificação ainda é o nosso.

Que nos diz sobre as "conquistas" sociais e culturais do mundo moderno esse *avant-coureur* do existencialismo, Søren

---
[1] "Paradoxos de uma Época", *Jornal do Comércio*, Rio de Janeiro, 2 fev. 1958. (N. O.)

Kierkegaard? Esse grande filósofo e teólogo dinamarquês também escreveu uma crítica da época presente, onde assinala como sorte fatídica de nossa história a nivelação e *applatinement* de todos os valores. Em flagrante analogia com Nietzsche, atribui Kierkegaard ao surdo efeito do Ressentimento, da inveja e da rebelião da plebe contra o sentido superior da vida, a força conformadora do mundo atual.

Destruí as montanhas, havia afirmado Novalis, e o mar tomará conta de tudo. O "ressentimento dos sem caráter não pode admitir que o Excepcional seja o Excepcional, não pode sentir-se afim com ele, nem reconhcê-lo sequer negativamente, por isso sonha pô-lo por terra, esmagá-lo para que realmente não seja mais Excepcional: o Ressentimento volve-se não só contra o Excepcional existente, mas contra a sua própria possibilidade". A consciência ressentida é a fonte geradora da Plebe, do homem em geral, do Público, da Nivelação numa média adiáfora e fantasmal. O homem nivelado e nivelante é, por isso mesmo, o homem anônimo, com pensamentos, sentimentos e atitudes multitudinários e abstratos. Para Kierkegaard, essa tendência para o coletivo, para o geral e abstrato, para a elisão da existência concreta, que é o sintoma máximo do mundo atual, é, em outras palavras, a "revelação do vazio", a ciclópica *Offenbarung der Leere*.[2] A alienação do homem na protoforma do coletivo é o esvaziamento total do ser, uma ficção sinistra que realiza agora os festins finais da ontologia. A vertigem do vazio assola a humanidade em sua marcha para as categorias do coletivo, do geral, do não-individual, da nivelação. Kierkegaard julga e condena a nossa época em função do depauperamento e da sangria ontológica em curso em função da hegemonia diabólica do preceito da omnitude. Vejamos, entretanto, outro grande poeta, Hölderlin. A mente que concebeu a figura hierofântica de Empédocles também estigmatizou a nossa época, antepondo às insulsas realizações do homem atual os eternos paradigmas do mundo pagão.[3] Para Hölderlin, a nossa

---

[2] Revelação do vazio. (N. O.)

[3] O Autor refere-se ao drama em verso *A Morte de Empédocles*, de Friedrich

época é o alto-relevo de uma privação, é o gestado pelo abandono do divino, é a época da carência radical. Tudo o que se faz sobre a Terra, toda a produção e agitação humanas são o emblema e o enunciado insofismável desse eclipse prodigioso dos deuses. A inflação e pleroma do humano constitui a outra face, antífona do esmaecimento das grandes presenças mitológicas. "Chegamos demasiado tarde, amigos. Vivem os deuses ainda, mas muito acima de nós, num outro Universo." Portanto, a história que vivemos e que somos constitui, para ele, um antivalor, um nada que assumiu corpo e fato histórico e se expande agora pela Terra. Esse pessimismo hölderliniano da distância ou noite dos deuses vai unido em seu espírito com pronunciamentos proféticos sobre o ressurgimento de um novo ciclo da existência. A noite clama pelo dia e aos poetas está reservada essa tarefa de um novo projeto histórico mundial. Nesse capítulo da superação das coisas atuais ninguém foi mais longe do que Friedrich Nietzsche. Entretanto, o documento de Nietzsche é por demais notório para necessitar qualquer esmiuçamento, constituindo ainda uma constante da especulação atual. "A revelação do vazio", de Kierkegaard, "noite dos deuses", de Hölderlin, e o "preamar do niilismo", de Nietzsche, enfeixam as mais graves apreciações sobre as formas vigentes da sociedade e da vida. Nietzsche difundiu o tema da decadência ou ocaso do mundo ocidental, que foi, depois, transformado em teorema histórico-cultural por meio da obra pujante e apaixonada de Oswald Spengler. Os vaticínios pessimistas de Spengler continuam a encontrar a mais cabal confirmação na ordem de coisas presente. Se decadência significa abastardamento e involução de todos os itens e possibilidades históricas, então a cena que nos rodeia está a dar razão à evolução morfológica prevista por Spengler. A anteposição entre alma e espírito, organismo e mecanismo, aristocracia e democracia, estilo e funcionalidade, cultura e civilização, representa um binômio evolutivo em que os segundos termos definem a era do homem-massa.

Hölderlin. Cf. Friedrich Hölderlin, *A Morte de Empédocles*. Tradução, introdução e notas Marise Moassab Curioni. São Paulo, Iluminuras, 2008. (N. O.)

Mais próxima de nós, elevando-se como marcos no nosso horizonte intelectual, podemos anotar, ainda, na linha dos contestadores da civilização presente, os nomes de: Rilke, Aldous Huxley, Ezra Pound, Yeats, D. H. Lawrence, E. Jünger e Martin Heidegger.[4]

Da mesma forma como é impossível compreender o jogo de forças hodierno sem a marca desses pensadores, torna-se inadmissível uma representação do mundo contestado. Sendo global e restrita a negação que emana desses pensadores e artistas, a problematicidade e incerteza de nossas aspirações não têm símile na história. Nos *Sonetos a Orfeu* de Rainer Maria Rilke encontramos a mais obstinada oposição à cifra mecânico-tecnológica que define a nossa civilização.

> Olha a máquina;
> Como gira e se vinga,
> Nos desfigura e enfraquece.
> (...)
> Ameaça a máquina todo adquirido, enquanto
> Existir no espírito e não na obediência.

Mas esse senhorio da civilização material não tem o poder de contagiar toda a realidade, segundo Rilke, e por isso afirma o poeta: "Para nós a existência é ainda encantada; e em cem domínios é ainda Origem". O depoimento de Rilke é portanto uma contestação.

E por último vamos encontrar num dos máximos filósofos dos nossos dias, em Martin Heidegger, uma explícita impugnação das formas atuais da sociedade e um descortinar-se do significado último do que está acontecendo ou por acontecer. A citação provém de seu recente livro *Introdução à Metafísica* e merece ser transcrita por extenso:

---

[4] O Autor grafa o nome do escritor como F. Juenger. Em pesquisas, não localizei nenhum autor com esse nome. Acredito que tenha sido um erro tipográfico e se trate, na verdade, de Ernest Jünger, autor com ideias e propostas muito afinadas com os demais e cuja obra tem ressonâncias com as indagações filosóficas de VFS, tendo mantido até mesmo uma correspondência com Heidegger. (N. O.)

"Esta Europa, em atroz cegueira e sempre na iminência de apunhalar-se a si mesma, jaz sob a grande tenaz formada pela Rússia e pela América. Rússia e América, metafisicamente encaradas, significam a mesma coisa; a mesma fúria desesperada pelo desencadeamento da técnica e a organização abstrata do homem normal. Quando o mais longínquo rincão do globo tenha sido conquistado tecnicamente e explorado economicamente; quando uma ocorrência qualquer for rapidamente acessível em qualquer lugar, e em qualquer tempo; quando se possam perceber simultaneamente o atentado a um rei, na França, e um concerto sinfônico, em Tóquio; quando o tempo transformar-se unicamente em rapidez, simultaneidade e instantaneidade, enquanto que o temporal, entendido como história, desaparecer da existência de todos os povos; quando o boxeador tenha o mesmo valor que um grande homem; quando as massas reunidas triunfem em grandes assembleias populares – então, justamente então, volverão a atravessar esse imenso quadro, como fantasmas, as perguntas: Para onde? Para quê? E depois?

A decadência espiritual da terra se aprofundou de tal sorte que os povos estão ameaçados de perder a última força do espírito, a que todavia permitiria ver e apreciar a decadência como tal. Essa última afirmação não tem nada que ver com o pessimismo cultural, nem tampouco, como é óbvio, com otimismo. Com efeito, o obscurecimento do mundo, a fuga dos deuses, a destruição da terra, a massificação do homem, a suspeita insidiosa contra todo poder criador e livre alcançaram tais dimensões em todo o planeta, que categorias tão pueris como pessimismo e otimismo tornaram-se visíveis."

A MARIONETE DO SER[1]

O que sentiria um completo cavaleiro se depois de muitas escaramuças, pelejas e tropeços, se depois de muito perder e triunfar, lhe fosse repentinamente revelado que toda a sua luta era um desempenho previsto e catalogado, uma possibilidade necessária na ordem das coisas? Nesse átimo ser-lhe-ia confiscada toda a frescura nascente de sua ação, o imprevisto e a originalidade de seus golpes, pois as suas andanças teriam significado unicamente o perfazer-se de um gráfico já decalcado no papel de seda das coisas por vir. Algo de títere se insinua, com essa revelação, no cerne de seu ser, ao compreender o determinismo invisível de seu destino. Mas podem existir diversas formas de títeres. Um é o conhecido boneco movido por cordéis invisíveis, por cordéis que imprimem aos seus membros e extremidades uma linguagem postiça e exterior. Contudo, a nossa fantasia pode imaginar outra espécie de títere, onde os cordéis seriam substituídos por "declives" espaciais, por "condescendências" que iriam envolvendo e sugando o boneco em movimento. Um drama em côncavo, em estado virtual e pronto no espaço, vertiginosamente concretizado pelo títere, que se apresentaria aos nossos olhos como um ator com vontade e decisão próprias. Esse seria a marionete a escorrer pelos meandros do espaço e a

---

[1] "A Marionete do Ser", *Jornal do Comércio*, Rio de Janeiro, 9 fev. 1958. (N. O.)

tomar as mil arborescências expressivas aí contidas. O leito "informante" do rio se difundiria nas mil condescendências e anfractuosidades por onde o líquido boneco encarnaria o seu destino. O que afirmamos do drama de bonecos, que é um drama de ação, poderíamos estendê-lo agora ao drama do *pensamento*. Não existiria um leito virtual e prefixado do nosso pensar, de forma que pensar seria pensar o *pensável*, o já oferecido como pensamento? E o que poderíamos conjeturar destas palavras de Nietzsche: "Que as diversas ideias filosóficas não são algo de opcional ou evoluindo autonomamente, mas crescem em conexão e relação umas com as outras; que por mais súbita ou arbitrariamente que elas pareçam surgir na história do pensamento, elas pertencem, entretanto, a um sistema, como os membros coletivos da fauna de um continente – tudo isso é denunciado finalmente, pela seguinte circunstância: infalivelmente os mais diversos filósofos reincidem num esquema fundamental definido de filosofias *possíveis*".

Essas filosofias possíveis seriam os côncavos de pensamento predispostos no contexto cultural como ventosas noéticas à espera do incauto títere do pensamento. A façanha individual do "sábio", a sua "sabedoria" solene se resolveriam numa agitação funambulesca provocada. Todas as alterações do pensar, todas as diversas cosmovisões e doutrinas sobre o homem e o mundo seriam envolvidas por um horizonte superior, por uma matriz originante donde fluiriam constantemente. Não é outra a hipótese superadora de Heidegger ao afirmar que a filosofia tradicional, a filosofia até os nossos dias, explorou unicamente os caminhos do "ente", isto é, as diversas visões disponíveis ou à disposição do pensamento. Ao estar à mercê desse "ente", dessas visões possíveis e já acondicionadas, o sábio se manifesta como mero epígono de um fundo para ele desconhecido; o sábio permanece no "fundado", não advertindo a dimensão abissal do fundamento. O "fundado" é o leito virtual do pensamento, são as oportunidades de pensamento à espreita do pensar e que preexistem no sistema cultural. Surge, portanto, o aspecto supinamente cômico do pensador e do sábio que julgam como gestos seus, como façanha autóctona e íntima, o seu pensamento, visões e doutrinas que, no fundo, nada mais são do que afluências históricas da cultura. O sábio julga ter um saber livremente conquistado, uma consecução original de sua mente, e não percebe a indução sub-reptícia que governa sua cogitação. É uma marionete que desconhece sua condição, um depositário que se julga um titular, um porta-voz que se julga uma voz. O saber do sábio é um saber emitido ou consignado pelos Deuses; mas o sábio imagina-se não um emissário, mas sim uma fonte.

Eis por que o ridículo ronda a figura do sábio em si e por si, o sábio como esfera fechada do saber, que se assemelharia a um títere, inconsciente de sua condição. Quanto mais profundo o sábio em seu saber, quanto mais conhecedor de normas, medidas e virtudes, mais empolgado será o seu espírito pelos depósitos do pensável e, portanto, tanto mais ridículo ao julgar-se um herói do saber livre. O pensável constitui o leito virtual do pensamento por onde escorre, como líquido, a capacidade pura do pensar; mas a forma plasmadora é do vaso e não do líquido. Todo o saber *ex homo* foi confiscado e abolido quando a história, todas as espécies da história, da arte, da filosofia, do pensamento, foram reduzidas a províncias do Mito. O mito conforma a consciência e determina todos os seus conteúdos imagináveis. E o douto humanista foi surpreendido em sua crença ingênua na falta de pressupostos de seu ser, pensar e fazer. Esses pressupostos, entretanto, aí estão, com as licenças e permissões que suscitaram a maré alta do humanismo. Essas licenças e permissões, enfeixadas no emblema evangélico, é que criaram o prestígio do modo-de-ser humano, impondo a numinosidade da subjetividade do homem. O douto humanista em seu saber é um epifenômeno desse fenômeno elementar, é uma consequência do saber oferecido pelo Mito. E todas as revoluções do pensamento e do ser são leves alterações entre as alternativas de pensamento consignadas desde a origem. Tomismo e Marxismo, por exemplo, são meras variações dos mesmos valores fundamentais, formas de humanismo, reincidências na antiga melopeia da dignidade do homem. As verdadeiras revoluções e mutações do espírito estão muito além do que supõem os títeres da cultura atual, o intelectual e o adepto do mero saber insistencial.

Sociologia e humanismo[1]

Falou-se muito neste século no ideal de uma ciência sem pressupostos, na consecução de um sistema de conhecimentos baseados na evidência absoluta. Era a pretensão cartesiana da clareza dos primeiros princípios a alicerçar todas as consequências e corolários do conhecimento humano. Contudo esse sonho da falta de pressupostos sofreu a mais acerba crítica no próprio terreno filosófico, da parte dos que viam o quanto existe de "escolhido" e "querido" na determinação de um campo de conhecimento e de que maneira uma concepção emocional do mundo confecciona antecipadamente a forma das coisas cognoscíveis.

Pelo fato de almejarmos certas metas, de tendermos para certos valores, a face do mundo se nos apresenta como um quadro de oportunidades e resistências em relação a essas metas. Seria de novo a prioridade da razão prática sobre a razão teórica ou em outras palavras um primado da axiologia ou teoria dos valores sobre a gnoseologia ou teoria do conhecimento. Tendo em vista essas preliminares, poderíamos indagar se a ciência sociológica faria jus ao título de ciência, de um conhecimento do real, ou se, pelo contrário, se reduziria a uma mera técnica de organização social. Em primeiro lugar a sociologia depende do conhecimento

---

[1] "Sociologia e Humanismo", *Jornal do Comércio*, Rio de Janeiro, 23 fev. 1958. (N. O.)

do sociólogo, de sua mente, de seus valores e categorias, em resumo, de sua visão do mundo. Ora, esse próprio aparato mental do espírito é um coeficiente de deformação da realidade na medida em que o próprio sociólogo não pode pôr a sua mente entre parênteses. A própria ideia de "sociedades" de *socius* de um conglomerado de homens a atuar formando um todo social é uma pura categoria de nossa representação das coisas, representação inerente a nossa época e a nossa sociedade.

A sociologia só foi possível depois de uma redução ou rebatimento dos fenômenos culturais a um plano puramente psíquico e antropológico, ou ainda depois de uma reorganização dos dados culturais em torno da causalidade da figura humana. Entretanto essa ideia da centralidade ou causalidade da psique humana no "jogo" (Frobenius) cultural foi por nós outorgada aos outros ciclos históricos em estudo. O agente ou agonista desses jogos, que em geral não desfrutava de um conhecimento de si mesmo de índole humanística, realmente não vivia em qualquer "sociedade", não era *socius*, nem possuía qualquer ideia de um mundo. Basta citar o caso conhecido da língua israelita que não possui um vocábulo para designar a ideia de mundo, afirmando a Bíblia que Deus criou o céu e a terra. Sabemos, por outro lado, por recentes contribuições da etnologia filosófica, que o protagonista das sociedades primitivas e mesmo de outros núcleos não ocidentais, não davam qualquer valor a sua iniciativa própria, sendo toda a atividade do grupo uma mera reprodução ou repetição de protótipos arcaicos.

A sociologia, ciência de proveniência burguesa e ocidental, desenvolveu-se como uma transposição deformadora da cultura, tendo em vista os postulados de nossa própria maneira de ser. Escapou a essa ciência que o nosso próprio sistema de conhecimento, a nossa própria percepção dos assim chamados dados sociológicos, já avançam uma determinada interpretação das coisas. Ideias como "contato social" ou "inserção social" têm em mira o ente humano ou ainda a representação humanístico-científica do homem em suas relações possíveis com outros portadores desta mesma insígnia. O sociólogo está na situação do Rei Creso, só que em lugar de transformar tudo que toca em ouro, transforma tudo em forma antropocêntrica. Trazemos em nós mesmos as formas interpretativas, as categorias de ordenação da experiência, criando continuamente um mundo à nossa imagem e semelhança. Falar de um sociologia humanística é de certa maneira uma redundância, já que o discurso sociológico humanístico é uma representação *ex homine* da caudal da realidade. No espetáculo global e interno de uma cultura o sociólogo destaca e apreende o agente humano em seu "ser-para-nós", em sua existência deficiente, e com esse dado puramente fictício, que se conforma a seu espírito, procura recrear um ciclo histórico. Não existem entretanto pontos de contato entre as ideias que um homem de outra cultura forma de si mesmo e a estimativa ou imagem que afirmamos de nós mesmos. A nossa história se originou de uma superação do extra-humano do telurismo que suportava e condicionava o mundo antigo. A superação da natureza criou um tipo de conhecimento que veio a se constituir num puro prolongamento da vontade de poder do homem. Portanto, a ideia de "sociedade" como um agregado sinérgico composto unicamente de homens e suas criações é, por sua vez, um engendro humanístico, uma hipótese de trabalho que só rege tendo em vista o *a priori* do nosso conhecimento epocal. Eis por que sociologia e humanismo são uma só coisa, um humanismo da época da técnica e uma forma da técnica tendendo para a manipulação do social.

O TEMPO DO SONHO[1]

Tempo do sonho – essa a expressão que encontrei num trabalho sobre os aborígenes da Austrália, aludindo à época na qual surgiram as coisas atuais e à prevalência imperiosa do sonho e de seus personagens. A vigília, com suas formas precisas, não havia ainda superado a nebulosa germinante e tudo era ainda expectativa e criação. Uma cosmogonia científica apenas nos informa como, de um estado físico da matéria, por mais diverso que seja do atual, pode se originar outro estado, a presente distribuição da energia e dos corpos siderais. Uma tal ideia se orienta unicamente pelos dados e conhecimentos da consciência e da vigília, representando uma ordenação das percepções do mundo em sua ordem de sucessão. Entretanto, a concepção físico-matemática do real e de sua origem é um esquema provisório e utilitário do mundo. Assistimos, neste caso, à evolução e transformação de um objeto – o cosmos – diante da consciência desperta, consciência e objeto sendo hipostasiados como absolutos. Mas naquele tempo do sonho a que nos referimos, ter-se-ia dado o aparecimento primordial das formas e, entre elas, como um episódio, o aparecimento do homem.

Romano Guardini, em seu opúsculo *Gläubiges Dasein*,[2] considera que três são as versões que a história nos transmitiu sobre

---
[1] "O Tempo do Sonho", *Jornal do Comércio*, Rio de Janeiro, 6 abr. 1958. (N. O.)
[2] A existência de fé. (N. O.)

a proto-história do real. A primeira seria a concepção que nega ao mundo qualquer realidade, considerando-o um vão simulacro projetado pelo véu de Maia, uma ilusão decepcionante que não requer qualquer gênese ou origem. É a versão propriamente hindu ou budista das coisas, concepção que encontramos também no *Tao te King* de Lao Tsé, onde o mundo é traduzido no jogo ilusório do *yin* e do *yang* (princípio feminino e princípio masculino) que tecem também o véu ilusório do que existe. O que em absoluto *não existe* não requer qualquer gênese ou cosmogonia, qualquer relato que expresse o seu vir a ser.

A segunda versão está contida na tradição bíblica, que reconduz o real a um ato de criação, a um *fiat* original, que constitui um começo dos começos. E a terceira e última versão, Guardini a encontra nas tradições religiosas de muitos povos, dos gregos e dos germanos por exemplo, que situam no alvorecer das coisas um caos donde foram se desprendendo todas as formas por vir. Entretanto, esse caos ou esse "nada" que serve de ponto de partida para as futuras criações não é em si mesmo um caos ou um "nada", mas é o "nada" em relação ao que deveria acontecer, é um nada *relativo*. Uma folha de papel em branco é um nada ou um não-ser das futuras grafias, mas em si mesma é alguma coisa, uma folha de papel. Tomando como paralelo a cosmogonia babilônica, podemos ver que antes das criações de Marduk e de seu reino divino, subsistia milenarmente o universo de Tiamat, a deusa portentosa das águas. A guerra e a vitória do deus masculino Marduk sobre a serpente teomórfica Tiamat constitui precisamente a gênese babilônica do mundo: algo de semelhante ao bíblico espírito de Deus pairando sobre as águas. Nesse sentido lemos no curioso livro de Pico della Mirandola intitulado *Heptaplus*: "Em consequência, se a terra jaz sobre as águas e, por elas irrigada, concebe o que futuramente dará à luz, não alude aqui o conceito de águas às qualidades, acidentes e afecções infusas na matéria? (...) Agindo o Espírito sobre estas águas e determinando-as, por ordem de Deus *artifex*, surgiu a luz, ou ainda, o esplendor e a beleza da forma". A superação desse reino aquoso e informe, desse mundo arcaico das divindades femininas constitui a criação de um novo estilo de seres, de forma e de panoramas. A ideias de um "nada" precedente, de um não ser original é, no fundo uma humilhação, um conceito injurioso, a rubrica não de um estado de fato, mas sim de um infinito desprezo. Em fraseologia filosófica poderíamos dizer que a ideia do "nada", da criação *ex nihilo*, implica uma referência axiológica e não acepção ôntica. Em consonância com a própria tradição religiosa de muitos povos, devemos reinterpretar esse nada ou esse a partir do nada como um nada de valor, e não como um não-ser. O que existia antes da criação judaico-cristã ou bíblica poderia ser em si mesmo uma realidade forte e exuberante, uma história milenar e polimórfica: tudo isso foi visto como nada, como não-valor, pelo novo Deus que emergia e que se expressou na história de Israel. O estilo sem paralelo das formas em ascensão, as novas representações do mundo e do destino, superaram e aniquilaram, reduziram a nada o fundamento antigo da vida. Deus, portanto, criou o mundo do nada.

A cosmogonia é o relato da geração de um cenário mundial sob a luz de uma luta de entidades sobre-humanas, de uma teomaquia. Essa discórdia original, entretanto, sempre se realiza naquele tempo do sonho, naquele universo inconsciente e arquetípico onde se esboça com anterioridade o universo onde vamos viver. A decisão dessas lutas governa a seguir todas as decisões da criatura finita, é a escolha e todas as decisões da criatura finita, é a escolha de todas as escolhas, por aí se decide da tábua de valores, do bem e do mal, do belo e do nefando.

A SOMA ABSOLUTA[1]

A saudade do que se foi, a nostalgia das situações e maneiras de ser passadas possuem um valor muito curioso na psicologia e espírito do homem ocidental. Podemos dizer que, para nós, parafraseando uma lei de química, "nada se perde e nada se ganha, mas tudo se transforma".

A intenção básica que governa secretamente o funcionamento da civilização europeu-americana, e agora mesmo mundial, é de ir avocando a si, e realizando todos os sonhos e desideratuns que, proximamente, foram deixados pelo caminho.

Do ponto de vista social partimos, por exemplo, de uma discriminação entre uma "classe ociosa" e consumidora e uma "classe trabalhadora" e produtora.

Depois de alguns séculos de ideologia trabalhista, de endeusamento do proletário e de seu destino, voltamos a reencontrar o paraíso perdido do mundo do ócio e da automatização. Por meio do sistema de controle eletrônico das operações de produção, de uma economia puramente mecânica, o homem poderá superar em si o "trabalhador" e uma vida outrora só garantida aos nobres e senhores do mundo.

---

[1] "A Soma Absoluta", *Jornal do Comércio*, Rio de Janeiro, 8 jun. 1958. (N. O.)

Poderíamos supor que todo esse itinerário de luta e reivindicações sociais, toda a revolta contrária à opressão e obscurantismo foi o *détour* necessário à criação de um aparato técnico-científico capaz de permitir a todos as mesmas "vantagens" e oportunidades outrora reservadas a poucos. Não se teria dado a criação de novos valores, de novas perspectivas de vida, mas unicamente o aumento extensional dos "senhores do mundo". A negação dos direitos de uma *leisure class* constitui um interlúdio provisório, uma nova afirmação dessa mesma forma de vida.

A televisão ou teleimagem permitiu, por exemplo, a difusão indefinida de espetáculos, concertos e diversões, que outrora realizavam-se preferencialmente nos palácios e mansões senhoriais e cujo acesso era vedado ao homem comum. Todos agora têm direito à imagem, à imagem que constituía o gáudio de poucos. O tipo próprio da nossa civilização funciona sempre na direção de uma "integração" de aspectos, não excluindo nada, mas procurando sintetizar sempre as coisas aparentemente ou realmente opostas. A criação de centros urbanos e manufatureiros gerou uma oposição gritante entre as cidades e os campos, entre as "cidades e as serras". Essa oposição passou a determinar duas mentalidades e dois sentimentos do mundo. Hoje, como sabemos, o pensamento sociológico e técnico-industrial procura atingir uma fusão desses dois aspectos, urbanizando os campos e "florestando" as cidades, transformando a cidade em campo e o campo em cidade. Tudo o que se havia perdido ou deixado pelo caminho através da evolução industrial, o ritmo silencioso e vegetal dos campos, o sentido orgânico da vida agrícola, o contato universal com o telurismo, tende agora a ser reenglobado no cenário transformado da cidade. No novo urbanismo, assistimos às árvores penetrando pelas casas e escritórios, esparzindo seu perfume pelas usinas e contaminando com a sua paz o espírito humano. O campo, pelo contrário, passando a ser um território dotado das técnicas de proteção ao homem, com os escravos mecânicos que facilitam em absoluto uma existência de bem-estar e prazer. Esse é um exemplo entre muitos dessa aspiração a uma síntese de todos os opostos. Hegel foi o filósofo que apresentou de maneira mais conspícua essa doutrina da evolução do espírito através da síntese das oposições que caracteriza a linha de força da nossa civilização. Essa evolução traz consigo uma enorme dose de otimismo, pois afirma, outrossim, que tudo que houve de bem e de perdurável através dos tempos se manteve e se afirmou no presente. E ainda mais acrescenta que o homem atual é um compêndio vivo de todas as possibilidades positivas, de todas as virtudes socialmente válidas, de todas as épocas e tempos e que, portanto, é mais homem do que os homens do passado.

Nessa pugna de superação dos contrários que, como afirmamos, consiste a linha de força de nossa cultura, o princípio de racionalização da vida social, de organização, de tudo e de todos, constitui um dos traços mais relevantes do nosso ambiente. A expansão do direito e da justiça, a subordinação da existência a um princípio metódico e ordenado, a luta contra a prepotência e o desvario individual, representa a vitória da forma sobre o informe. Vemos então que com o prevalecer de um sentido de manipulações onímoda do social, segundo moldes cada vez mais perfeitos, com o prevalecer do racional e do ordenado, os aspectos irascíveis, desatinados e impulsivos da alma humana vão sendo cada vez mais eliminados. Na linhagem de Jasper poderíamos dizer que a Lei do Dia, a lei Apolínea da forma, faz retroceder a paixão da noite, o amor pela fantasia, a aventura e a desordem. Criou-se, em consequência, no nosso mundo, uma antítese, um novo obstáculo na prosecução da metodologia da nossa civilização, antítese que se manifesta ostensivamente nos exotismos existencialistas, nas "juventudes transviadas" e na procura sequiosa dos entorpecentes e do álcool. Colimando a nossa civilização, a soma absoluta de todos os aspectos, como o homem atual fará frente ao princípio de desordem que existe em sua alma? Como se dará neste caso o casamento do céu e do inferno de que falava o poeta William Blake?

EM BUSCA DE UMA AUTENTICIDADE[1]

Lemos num trabalho recente do sociólogo Guerreiro Ramos a seguinte consideração acerca de nosso país: "No complexo institucional do Brasil é evidente a heteronomia. Os critérios aqui vigentes não são induzidos *grosso modo* da realidade nacional. São induzidos da realidade de outros países". E define no mesmo texto a noção de heteronomia como sendo a cópia servil dos moldes de ação e de pensamento de outras nações, em países sem tradição cultural própria. Todas essas apreciações assumem uma gravidade especial para nós brasileiros, tendo em vista que é mais que frequente depararmos, entre escritores e pensadores nacionais, denúncias e acusações recíprocas de subserviência desastrosa em relação a determinadas culturas ou tradições alienígenas. Adverte-se que tal movimento artístico, filosófico ou político é acoimado de "sem raízes próprias", como mero prolongamento ou tradução do que se passa fora como eco ou imitação de fórmulas heterogêneas à nossa vida. Contudo analisando em profundidade o problema assim colocado, a aparente obviedade de todos esses fatos perde seus contornos firmes. Com efeito o que pode significar "heteronomia", ou "alienação", num povo "sem tradição própria",

---

[1] "Em Busca de uma Autenticidade", *Jornal do Comércio*, Rio de Janeiro, s/d, 1958. (N. O.)

isto é, sem uma *forma* anterior deformável por essa alienação? Como se pode deturpar o que ainda não existe?

Em geral os intelectuais que sonham com esse Brasil brasileiro, pau-brasil e antropofágico, têm em mente não uma fase concreta de nossa história, um período cultural em que estivemos menos sujeitos à gravitação europeia, mas sim uma mera *latência* ou *virtualidade* nacional que foi sopitada por aluviões de produtos importados. Entretanto, o Brasil desde o período colonial com suas "plantações", vilas e vilarejos, com suas igrejas, escolas e gendarmerias realizou sempre certos padrões de colonização uniformes em toda a América Latina.

E mesmo os primeiros movimentos emancipadores nacionais, como a conspiração de Vila Rica, já estavam sob o influxo e a *mimesis* de pensamentos ideais estrangeiros. Mas, o verdadeiro despertar do Brasil para uma vida mais desembaraçada e significativa ocorreu com a vinda da Corte, isto é, com a importação maciça de iniciativas culturais e administrativas que derivam desse transplante. A nossa realidade nacional nasceu desses contínuos depósitos e contradições e se confunde em seu desenvolvimento com a sorte desse acervo de bens culturais. Falar desse Brasil colonizado e numérico como de um anti-Brasil seria o mesmo que considerar os diversos feudos da civilização Grega, a Grécia Itálica e da Costa da Ásia Menor como constituindo um menoscabo da civilização Helênica. Consideramos que o problema de uma possível diferença de nossa índole ou civilização *vis-à-vis* de certos padrões estrangeiros artificiais, é, no fundo, uma questão anódina. O sociólogo Sorokin já assinalou a completa isocracia e mesmo isonomia de usos e costumes entre o homem americano e o europeu. Pertencemos a uma só cultura, com pensamentos, desideratuns e maneiras de ser uniformes. Vivemos o Ocidente, somos o Ocidente, o Ocidente institucional, ético, filosófico, religioso, tecnológico e industrial. Não possuimos um ser potencial ou subliminal diverso e exterior à representação Ocidental da vida e pronto a se manifestar assim que superarmos essa alienação. A nossa realidade em comum com as formas e ideais europeu-americanos e a nossa tradição é também uma ramificação dessa mesma planta cultural.

Um fato curioso na polêmica da originalidade brasileira é que os defensores de nossa pretensa personalidade malograda não se lembram das mesmas acusações de psitacismo e plagiato quando se trata dos instrumentos técnico-científicos e do regime econômico. Nessa eventualidade de uma cópia dos meios de transformação da natureza, não lhes parece um agravo de nossa "realidade nacional" o fato de seguirmos acuradamente o mesmo sendeiro. Entretanto essa ação técnica tem as mais insondáveis repercussões sobre o psiquismo humano e está em vias de transformar toda a mentalidade humana. Quando importamos máquinas e receitas de manipulação das coisas, nada alienamos da nossa substância, mas quando importamos estilos artísticos ou tipos de pensamento tornamo-nos imediatamente seres desarraigados e inautênticos. Qual o sentido último dessa dualidade de tratamento de aspectos, no fundo tão intimamente entrelaçados? Seria a ideia lobrigada na conhecida *boutade* de Oswald de Andrade: "queremos o selvagem na cidade de Marx"? Estaria no subconsciente dos advogados da brasilidade virginal o sonho de uma síntese entre o pré-cabralino, que estaria hibernando em qualquer parte, e as formas avançadas da civilização atômica e cibernética? Não podemos imaginar maior ingenuidade em pessoas que sabem que a cultura é uma unidade orgânica e que na cidade hiperorganizada e hiper-técnica só pode vicejar o homem sintético e pré-determinado do futuro.

Em consequência, toda essa polêmica de uma heteronomia de nossos usos, ideias e movimentos supõe, como premissa, que somos "algo" diverso daquilo que somos, um algo antieuropeu ou antiamericano soterrado pela cultura de importação. Nada sustenta, contudo, essa apreciação do nosso contexto, nem a observação externa, nem a observação interior dos sonhos e pressentimentos anímicos que por ventura poderiam fundamentar uma concepção brasileira da vida. O Brasil está muito longe de ser esse "espaço da imaginação" de que falam alguns. O brasileiro não pode ter nada de próprio, exceção feita de certas peculiaridades pitorescas em regresso, pelo simples fato de pertencer à ecúmena da civilização ocidental, onde aliás ele de pleno direito pode ir buscar as suas possibilidades de pensamento e expressão.

CICLO E LIBERDADE[1]

Nestes dias em que, por uma infinidade de indícios relevantes, parece que voltamos a passar por essa atormentada senda de exaustão e decadência já palmilhada por tantas civilizações desaparecidas, as probabilidades de ruína se sobrepondo às possibilidades de desenvolvimento, é de importância que reflitamos um momento sobre essa aparente recorrência dos eventos históricos. Não é novo no pensamento humano o conceito de que os fatos históricos e cósmicos não possuem um desenvolvimento irrestrito e ilimitado, não seguem sempre uma linha ascensional, mas como as estações do ano e as manifestações periódicas da vida, passam por fases de exuberância e de morte, de plenitude e de esclerose. Podemos encontrar essa ideia já no pensamento dos pré-socráticos, envolto em considerações cosmogônicas e religiosas e, em particular, na concepção de Anaximandro, para o qual toda a existência finita é em si uma arrogância e um desafio, uma usurpação que exige "reparação na ordem do tempo". Tudo quanto se separa e adquire corpo próprio deve dissolver-se para resgatar o mal da individuação. De maneira mais explícita, encontramos essa ideia na filosofia de Heráclito, com sua tese das hecatombes cósmicas que de tempos em tempos devolveriam as coisas a seu princípio ígneo

---

[1] Ensaio publicado pela primeira vez na edição das *Obras Completas* feita pelo IBF: "Ciclo e Liberdade". In: *Obras Completas*, v. II, p. 259-262.

e original, num processo de cauterização universal. "O fogo virá julgando e consumindo todas as coisas". Na opinião de Christopher Dawson, essa crença num ritmo recorrente dos acontecimentos "era comum a todas as grandes civilizações do mundo antigo e a sua influência se estendia desde a Síria e a Mesopotâmia até a Pérsia, Índia e China, onde se conserva até o presente".

Muitas impressões concordantes, retiradas dos diversos reinos do real, poderiam legitimar essa interpretação cíclica do vir a ser universal, pois essa lei parece reger todas as coisas. Tudo se anuncia em estado infuso, concentrado e germinal, expande-se depois até atingir uma foma adequada à sua ideia na glória da plena madureza, para depois sucumbir em cansaço, rigidez e indigência. A decadência – diz Nietzsche – é uma consequência necessária da vida. No começo tudo é semente, existência concentrada e envolta em si mesma, velada ao mundo. É o futuro contido e comprimido num ponto. Segue-se a época da plena floração, da exteriorização e manifestação espaciais, da plena atualidade: é o apogeu da forma. Tudo o que era mero sonho ou pressentimento existe então, inteiramente cumprindo e recortado na massa do real. A partir desse momento, nada há mais para dizer: tudo quanto podia ser expresso já o foi, numa exaustão absoluta. Pouco a pouco a energia que sustentava aquela forma vai abandonando a estrutura envelhecida, esquecendo os despojos à ruina e à morte. O mesmo esquema de desenvolvimento pode ser encontrado na curva de uma vida, na evolução de um estilo artístico, no curso de uma comunidade humana, no decorrer de uma paixão ou entusiasmo. No exterior e no interior, no orgânico e no espiritual, esse mesmo regime de estações cerradas sobre si mesmas numa eternidade circular parece dominar sem contestação. Não é de admirar, portanto, que essa lei se tenha tornado manifesta ao homem desde a mais remota antiguidade. O que se deveria indagar, pois, não é fato de terem chegado os homens à ideia do "eterno retorno", mas sim o de terem restringido e até anulado o seu alcance. O mais imediato e palmar é justamente a convicção de que as coisas se sucedem numa redundância sem fim. Aí está a natureza para comprovar esse asserto. O mito de Fênix ressurgindo das próprias cinzas é uma expressão admirável dessa crença imemorial dos homens. Sempre o círculo, símbolo de um circuito finito e eterno ao mesmo tempo, imóvel e sempre em movimento, traduzindo a pulsação mais profunda do real. A tese que viria preponderar depois – e que monopolizou o pensamento até o começo deste século – de um processo evolutivo unidimensional e contínuo, de um progresso por acúmulo constante e irreversível, é, relativamente à primeira, muito mais artificial e elaborada, muito mais distante das evidências de primeiro plano, impondo-se portanto como uma criação espiritual, como um sentimento religioso das coisas. Agora que superamos a crença ingênua nesse "mito" do progresso contínuo, podemos avaliar o quanto havia de "desejado" nesse otimismo irrefletido e quanto a sabedoria pessimista dos antigos se avantajava à nossa confiança presunçosa. Entretanto, não é nossa intenção endossar o fatalismo inexorável dos antigos, o *corsi* e *ricorsi* de Vico ou o vitalismo spengleriano; pretendemos, isto sim, denunciar o que há de parcial no "melhorismo" contínuo pois que esse não é senão um aspecto de uma verdade mais ampla. Julgamos que o homem pode se esquivar à incidência do *igual* na história, mas isso numa luta de avanços e recuos. O homem, síntese de necessidade e de liberdade, de desespero e de esperança não é um ser em progresso contínuo, nem por outro lado é uma função das estações cósmicas. A consciência que temos da volta das mesmas conjunturas, dos mesmos infortúnios, o sentimento agudo da *décadence*, são provas do poder de nos sobrepormos, em certa medida, à aproximação das épocas aflitivas e niilistas do fim de civilização. A cultura, sendo a inserção do espírito na objetividade, sendo uma objetivação do espírito, é um elemento de ordem naturalística que se antepõe posteriormente à suprema liberdade do espírito e o envolve como uma nova natureza limitante. O espírito que é em si criação e invocação, convivendo em misterioso conluio com as duas naturezas, a primitiva e a social, é envolvido nas oscilações e fases próprias do natural e parece às vezes sucumbir com ele. Como a filosofia recente não se cansou de repetir, a natureza como envoltório material é inércia, peso, conservação, ou, como diz Hegel, é "a aborrecida história sempre sujeita ao mesmo ciclo". Mas, com o "sol do espírito" aparece algo cujo curso não é uma repetição de si mesmo.

Procurou-se expressar a evolução dos fatos históricos escolhendo a espiral como o diagrama próprio de sua fisionomia. Essa curva que volta sempre ao mesmo ponto, mas em cotas cada vez mais altas poderia, com efeito, exprimir o complexo movimento dos fatos humanos. Julgamos entretanto que mesmo esse esquema pode se prestar ao mais rasteiro otimismo, pois supõe uma marcha inexorável para o melhor, sem nenhuma hesitação, crise ou tragédia; não leva em conta que nessa luta as forças abismais e anti-humanas aparentemente podem ter tantas probabilidades quanto o próprio homem e que portanto a vida está sempre em risco de se perder. Toda a obra histórica está sujeita ao aniquilamento e à ruína e nada existe de definitivo na cidade humana.

Em todas as culturas, às fases de produção artística, filosófica e científica sucedem épocas de ceticismo, crítica e polêmica, que passam uma esponja sobre todo o realizado e comovem as bases do edifício erguido. Existindo forças positivas e negativas em todo o âmbito da civilização humana, é inútil esperar qualquer resultado definitivo quanto aos conteúdos objetivos de uma cultura. A natureza polêmica de todo o processo cultural e a fricção própria do tempo, tornam todos os tesouros culturais presa fácil da espoliação e do desgaste. Se devemos supor, por conseguinte, que a história de certa maneira é um avançar, um *plus*, somente pode ser num sentido interior e subjetivo, como um sentimento mais intenso da liberdade e do destino humano e como um recobrar-se do homem a si mesmo através da peripécia histórica.

FRAGMENTOS[1]

Quem sabe se a Vida não se originou numa Noite que ultrapassa as nossas Noites? A Natureza seria uma versão para a consciência diurna de um plexo de realidades que emergiam de um abismo de potência superior em relação à noite de nossos olhos. Seria portanto impossível, com as categorias de nossa Inteligência, explicar o que se originou numa vertente que nos escapa. As nossas noites seriam símbolos mitigados dessa Matriz abissal, assim como o dia seria simulacro do grande dia. Inverteríamos então o platonismo, sendo os pensamentos simulacros de fenômenos de intensidade crescente. O caráter dessas trevas seria a da *generatio expontanea* em todos os sentidos. A imagem de um caos fervilhante aproximar-nos-ia por enigma desse Divino zoogônico. No profundo desse Oceano germinal estariam continuamente surgindo os zigotos da vida.

---

[1] Ensaio publicado pela primeira vez na edição das *Obras Completas* feita pelo IBF: "Fragmentos". In: *Obras Completas*, v. II, p. 263.

INTERPRETAÇÃO DA MORTE[1]

Nós nos relacionamos com pessoas e seres, finitos e produzidos. Não seria possível ir à *natura naturans*? Não estaria tudo aí contido? A transcendência do puro *in fieri*. A morte seria então um estado de genialidade.

A destruição do campo de significados como Retração do Ser, do Ser desvelado, nos retrotraria (devolveria) ao Ser encoberto – *Gebrirge des Seins*.

Se algo surgiu e se espraiou deve ter emergido de uma fonte mais rica e genial que a forma jecta. A morte do finito não seria um perda, mas um internamento num invisível pletórico. Na Noite inicial. *Ich glaube an die Naechte.*[2] Afrodite noturna.

A consciência como um habitar nos sentidos, nas formas. O sentido apolíneo da consciência. A idealidade dos objetos e dos sentidos, dos desenhos ônticos. A idealidade do nosso *coração* que é um coração parcial, pequeno!

Através do nosso corpo nós denunciamos e confirmamos a nossa pertinência a um ciclo ôntico. Nós somos *algo* em nossa "aparência" e "expressividade"; somos uma modulação do Ser.

---

[1] Ensaio publicado pela primeira vez na edição das *Obras Completas* feita pelo IBF: "Interpretação da Morte". In: *Obras Completas*, v. II, p. 263-265.

[2] Eu acredito nas noites. (N. O.)

Através da Morte essa forma-de-ser que é uma vigência do Ser volta ao Nada. O nada de todo o ente.

Nossa libertação da *Bindung*[3] com a forma do mundo se traduz no trapassar para o Nada (Ser), para o Ser irrevelado. Ser irrevelado que compõe o reino dos *dii inferi*. Do registro do ente exposto passamos para o Hades do estado plutônico-subterrâneo. Existimos então em forma tartárica.

Entretanto, em qualquer meditação sobre a Morte deve-se ter em mente que o homem é um ser ad-ventício, que assim foi posto em seu ser, e assim também é retirado pela Morte. Nascemos e fenecemos como o resto das coisas. Mas uma compreensão em profundidade da Morte, uma *Todesphilosophie* só pode aparecer como mitologia da morte. O *Sein-zum-Tode*[4] é a explicitação desse saber da Noite da Morte. As potências da Vida e da Morte não estão ao nosso dispor, é o destino que comanda o nosso Ser.

A reversão à Terra pela Morte depende em sua compreensão da Terra. O rio caudaloso da Terra, com o séquito tétrico dos restos humanos deve ser traduzido em figura simbólica. É em si uma Potência. Os *dii inferi*. Eros vai se antepondo em seu impulso plástico-criador à aparente distrofia da Morte.

Não vemos e conhecemos mais a morte, porque não conseguimos mais intuí-la em sede Fantástica. *Quod pulvis est, et ad pulvis reverterit*. Mas nem a Terra é pó, nem nós o somos! Todos os juízos e crenças acerca da morte baseiam-se num prévio descobrimento do Mundo. O cristianismo des-naturou a Vida e a Morte para ressaltar o Espírito e o Trabalho!

Deveríamos começar pela experiência da Morte numa sociedade funcional-socialista, onde a morte é vista como a perda de uma máquina, como o desgaste de uma peça. O eu-empírico que morre é um suporte de uma operação que aí falha.

---

[3] Ligação. (N. O.)
[4] Ser-para-morte. (N. O.)

Em nosso novo paganismo a paixão da Vida que se acende e progride sob o Fogo de Afrodite afirma-se sobre o princípio acolhedor da Morte. Para viver é necessário esquecer, passar o esquecimento: *gewesen-sein*. Assim a natureza é sempre jovem. O colaborador de Eros é a Morte. Vishnu é o emblema desse destino.

PARTE III

SOBRE A FILOSOFIA E OS FILÓSOFOS*

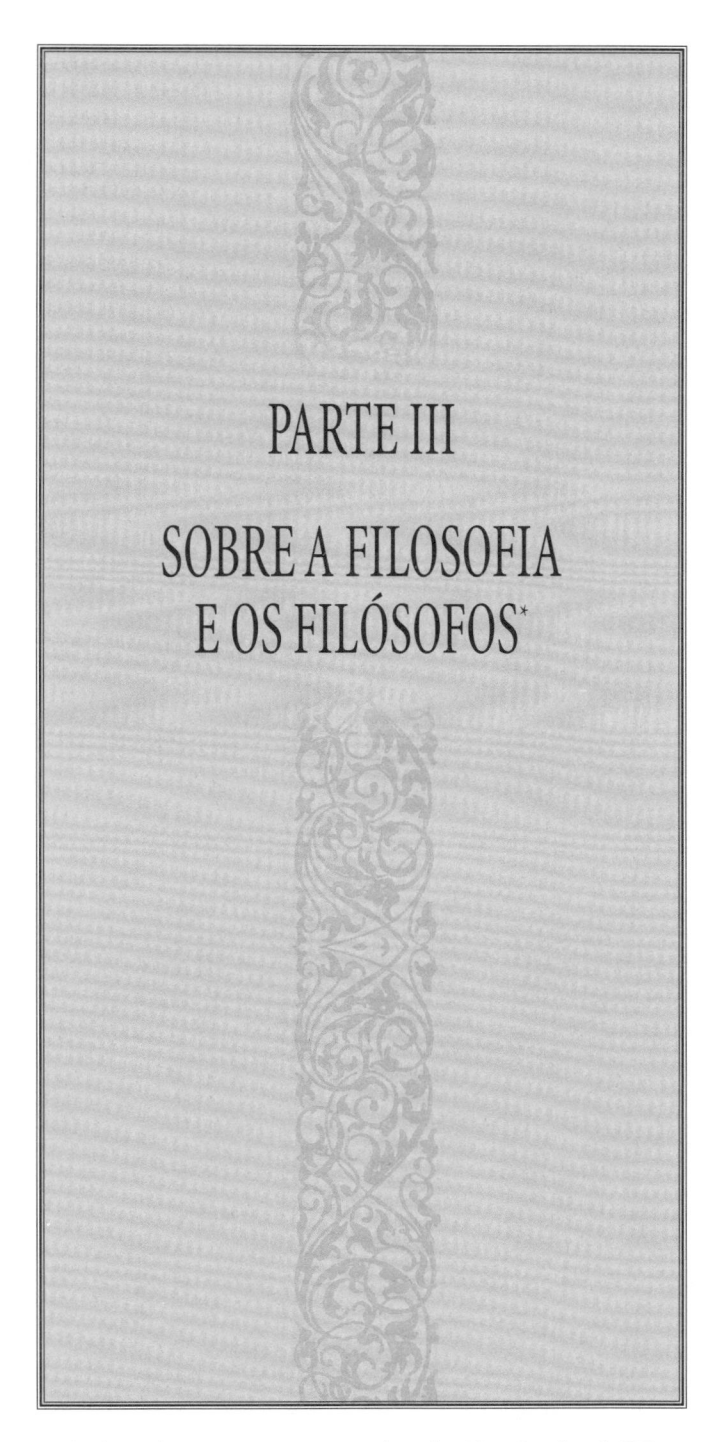

* Sob esta designação reuniram-se na edição das *Obras Completas* do IBF os ensaios do Autor que abordam a temática correlata. (N. O.)

SPENGLER E O RACIONALISMO[1]

Identifica-se comumente o racionalismo com a exigência cartesiana de estudar tudo por partes, partindo do que seja mais elementar, claro e distinto. Dessa forma poderíamos conseguir uma figura fiel da realidade, compondo e estruturando os princípios e elementos últimos, ao fio do pensamento: a realidade seria uma estrutura luminosa e cristalina.

O racionalismo constou, historicamente, de um vasto conjunto de sistema filosóficos – especulativo no sentido etimológico da palavra "especulação", isto é, como atividade de espelhar, e aqui, como desejo de espelhar o universo no seu conjunto.

Sob a *possibilidade* de uma tal operação em geral nunca os reacionalistas se pronunciaram, ou quando disseram alguma coisa foi só no tom de uma gnoseologia que só indagou *como* esse conhecimento racional poderia se realizar. Foi portanto um pressuposto tácito, em todos esses sistemas, a perfeita adequação entre o instrumento adotado e a matéria a ser trabalhada. Usando um termo muito apropriado, essas filosofias trabalham sobre um universo, uma realidade Inteligível.

Mas ainda outro pressuposto, quiçá mais essencial, esconde-se no subsolo dessa arquitetura e que na realidade não é inteligível,

---

[1] "Spengler e o Racionalismo", *Clima*, São Paulo, n. 4, set. 1941, p. 35-43. (N. O.)

mas *integralmente* inteligível. O seu conteúdo devia poder ser esgotado numa tradução em termos lógico-conceituais, poderíamos conseguir uma fórmula lógico-matemática da realidade. Esse panlogismo era essencial ao racionalismo, não se podendo conceber uma inteligibilidade parcial; aqui governará a lei do tudo ou nada.

Uma réstia infinitesimal que fosse da irracionalidade, de realidade opaca às luzes do intelecto, que fosse encontrada no começo ou no fim das coisas, propagar-se-ia infinitamente, embebendo o resto da realidade com sua sombra misteriosa. Aquele enigma insignificante tornar-se-ia implacavelmente um enigma cósmico, de nada servindo ao pensamento a luz tênue com que poderia iluminar o seu contorno imediato.

Aprofundando nossos pensamentos, levando ao limite metafísico, notaremos que a hipostasia das "duas metades" – *l'ordre de la raison* e a *l'ordre du coer* – não é metafisicamente sustentável. Supondo-a de pé, notaremos como tudo se orienta e encontra fundamento justamente na esfera do sentimento e do coração, como tudo fica dependendo da atuação dessa força *sans visage*.

A realidade inteligível minuciosa e kantianamente construída por Schopenhauer, torna-se no correr de nosso pensamento mera aparência; é o "véu de Maia" que nos esconde a verdade abismal. Não há acordo possível – no campo da filosofia – entre Apolo e Dioniso, entre o que se desdobra em formas e ideias precisas e estatuárias, e o que transborda em giros e anseios ilimitados.

Esses *hiatus* metafisicamente intransponível nunca receberam da maioria dos filósofos uma apreciação concreta. Houve sempre uma esperança da possível comensurabilidade entre o inteligível e o irracional; o irracional seria um mero momento de uma infinita ignorância, o deus "progresso" podendo solver essa angustiosa situação.

Com as elucidações anteriores, vemos agora qual o mais profundo e o mais importante traço dos sistemas racionalistas, o pressuposto da permeabilidade integral da realidade pela razão.

Tudo o que é real é racional, e tudo o que é racional é real.

O mundo seria uma materialização do Logos divino, uma série infinita de pensamentos, o "cálculo de Deus". "O livro do mundo está escrito em linguagem matemática". Mesmo a ideia de Deus, muito consequentemente, vem estabelecida pelos racionalistas segundo as grandes categorias lógico-matemáticas. Deus é um ente cujo essência passa a ser objeto de estudo, análise, intuição, correlativamente é uma *Weltanschauung* que nos poria diante de Deus. Deus é racional; o pensamento que se pensa a si mesmo. Espinosa é portanto o mais consequente dos racionalistas quando afirma que explicou a natureza de Deus, talvez seja o único filósofo que levou até o fim o destino implícito no racionalismo.

Não poderia ser de outra forma, dentro de uma doutrina coerente; para que tudo não se dissolva em sentimento, poesia e mistério, é necessário que o ininteligível seja banido da realidade.

Para precisarmos o perfil da sistemática racionalista, mister se faz acrescentar mais um traço: o imperativo de apresentar um quadro não contraditório do Universo. A contradição, a desarmonia, a heterogeneidade e o pluralismo fundamental das coisas nunca foi suportado pelas cerebrações sistemáticas. O importante era aproximar, unir os contrários; fazer emergir as posições polares de um princípio único; as contradições seriam meras aparências e ilusões que se manifestam aos não iniciados na teoria de remontar às origens. A realidade empírica ou imediata conteria de fato contradições, mas não os seu suposto eterno e verdadeiro.

O princípio da não-contradição seria a pedra de toque que revelaria a verdade última; a lógica seria a responsável de toda a estrutura conceitual racionalista – eis por que falamos de uma panlogismo.

Como seria possível, por outro lado, respeitando as leis da lógica, tolerar a coexistência, a simultaneidade numa mesma esfera, do ser e do não ser, da causalidade e da liberdade, da vontade subjetiva e da vontade objetiva, do bem e do mal?

Historicamente foi justamente o "problema do mal" uma das contradições que mais desesperaram os racionalistas. É por demais conhecida a cruel solução de Leibniz desse problema, e a mordaz crítica de Voltaire, no *Candide*, à teoria do "melhor dos mundos possíveis".

Entretanto mesmo no círculo do materialismo racionalista moderno, liberto da teologia, nota-se a preocupação pelo estabelecimento de uma imagem não contraditória do universo. São recentes, por exemplo, as intermináveis polêmicas sobre o segundo princípio da termodinâmica que, requerendo um terialista, exigia a infinitude do mesmo no tempo. O modelo que os racionalistas de todos os tempos, tanto os materialistas quanto os idealistas, tiveram diante de si, como paradigma e incentivo, foi a matemática. Esse organismo de proposições não contraditórias, compatíveis, era o que mais se poderia almejar para a filosofia.

A filosofia como ciência exata, como ordem de razões contraditórias!

Num ponto que melhor se poderá ver a afinidade do pensamento racionalista com o pensamento matemático é no problema da fundamentação, no problema da instituição de um núcleo de afirmações iniciais.

Todos os teoremas e proposições da matemática podem ser deduzidos discursivamente e de acordo com leis lógicas, de um pequeno número de afirmações iniciais – os axiomas. Ora, essa exigência de fundamentação axiomática, nós o encontramos em todo o correr da história da filosofia matemática; é a aspiração, é uma verdade primeira e fundamental da qual nós poderíamos inferir logicamente toda a realidade: as verdades particulares, contingentes, seriam portanto teoremas ou corolários de uma matemática cósmica, e é inegável que a obra-prima dessa filosofia é a *Ética* de Espinosa.

Se a matemática foi o paradigma de organização formal de espuma racionalista, a física matemática não deixou de influenciar o seu desenvolvimento. Indicou uma vida concreta para o alcance de tão almejada unidade.

Eis como Xirau encara essa influência: "Reduzir as coisas à sua essência – isto é, a seu verdadeiro ser – não pode ser outra coisa que reduzir sua multiplicidade pluriforme à uma arquitetura geométrica eterna. As coordenadas cartesianas nos oferecem o instrumento infalível para realizar essa dedução. A sua estrutura rígida enquadra a realidade evanescente do cosmos".

A física matemática institui um método par resolver todas as contradições e discrepâncias que o mundo empírico nos apresentasse mesmo para substituí-lo por um modo mais real e perdurável que o que nos seria oferecido na experiência sensorial.

Nesse caso a variedade e a contingência sensível seria mais uma mera aparência, e a verdade se esconderia numa arquitetura física governada por leis internas.

Porque não seguir a trilha dessa matemática aplicada, englobando o resto das coisas no seu campo de ação?

Todos esses caracteres, aspectos, afinidades e filiações que já descobrimos na filosofia matemática podem ganhar uma nova luz, podem receber um tratamento mais profundo, se encararmos todo o problema de um ponto originário – o ponto de vista spengleriano.

Afasta-se Spengler, em suas pesquisas sobre a monadologia das culturas, da trilha sistemática e construtiva do intelectualismo, preferindo imergir-se intuitivamente no significado das coisas, captando os traços e símbolos que desvendam a alma das formas culturais. O seu método é poesia e música. Os momentos históricos foram sentidos por uma sensibilidade refinada, como a um *crescendo, ralentando, alegros, cantante,* de uma sinfonia cósmica; a beleza seria como um retículo para a verdade.

Começa ponderando Spengler sobre o momento infinitamente misterioso, quando a vida desperta para o mundo, quando nos albores da vida de uma cultura, a vida liberta-se da submissa sonolência em que viveu, e sente-se subitamente envolta pelas imensas potências da extensão, pelo implacável contorno natural.

Nos indefinidos tempos que precedem um acontecimento misterioso, as impressões sensíveis do contorno ainda não formavam um "mundo"; o caos sensorial não se havia estruturado num sentimento especial fixo, a vida achava-se imersa no fluxo vegetativo do orgânico. O homem e o mundo seguiram a trajetória amorfa do não-histórico.

Daquele momento em diante há um mundo e há um destino a realizar nesse mundo; uma infinidade de aspirações e possibilidades agitam-se inquietas nessa alma primaveril.

Quando o olhar maravilhado do homem primitivo vê destacar-se em suas grandes linhas, sobre o caos primitivo das sensações, esse mundo nascente na extensão, quando a oposição proposta, inacreditável entre esse mundo exterior e o mundo interior deu forma e direção à vida vigilante, então desperta também o *sentimento primário do anelo*, nessa alma que subitamente se dá conta de sua solidão. É o anelo pelo fim do devir, pela plenitude e realização de todas as possibilidades internas: a alma aspira desenvolver a isa[2] de sua própria existência.

A esse sentimento das possibilidades incontáveis une-se intimamente a direção irreversível do tempo; o tempo é o horizonte promissor, é a dimensão da esperança. Acontece que toda possibilidade marcha inelutavelmente para a realização, que todo possível deve tornar-se um dia necessidade, que tudo a produzir-se torna-se um produto. Ao sentimento "beatífico" do anelo liga-se secretamente um profundo sentimento de terror ante o realizado, ante o produto, ante a necessidade inelutável da natureza. Natureza é em última análise a legalidade espacial, independência ameaçadora, indiferença.

---

[2] O termo *isa* não foi encontrado, mas na edição do IBF foi mantido, seguido de *sic*. Neste caso, mantive a fixação de texto do IBF e, por conseguinte, não arrisquei uma substituição do termo por outro que se encaixe ao contexto. (N. O.)

As potências do desconhecido descortinam-se implacáveis, incluindo a alma do homem primaveril num profundo sentimento de terror cósmico. O mundo para essa alma é um estranho e terrível campo de atuação, uma rede de soturnas forças espaciais, e não o nosso conhecido sistema ordenado e legalizado de fenômenos naturais.

"Surge no espírito atemorizado desses homens o impulso de vencer, de aplacar, de conjurar, de conhecer, esse elemento das potências estranhas que inexoravelmente atua em todo o externo, no espaço e pelo espaço. Conjurar, vencer, aplacar, conhecer, é no fundo a mesma coisa". De uma certa maneira, nesses momentos primaveris, a matéria, o impulso demoníaco da criação e o espírito com seus anseios e possibilidades ideais ocupam posição antagônicas, polares: "o desenvolvimento da vida cultural corresponderá a uma espiritualidade cada vez maior do contorno material, a uma humanização do real".

É o nome, a palavra, que serve primeiramente para situar, limitar, conceituar as potências do espaço. Daí um nome, conceituar, classificar, é já uma forma de dominar, de possuir as coisas, de apanhá-las dentro das redes de um idioma.

Com um símbolo é possível estabilizar, imobilizar, as evanescentes e heterogêneas experiências sensoriais, submetendo-as a uma manipulação mental. Entre todos os símbolos conjurativos é o número a forma perfeita de limitação do real, é portanto justamente na estrutura do número que mais claramente se pode ler a alma de uma primeira cultura. Através das formas matemáticas o espírito alcança o grau mais íntimo de apreensão, de domínio, da estrutura do *alter ego* cósmico: através do simbolismo matemático, da lógica inorgânica do número, o espírito estende uma rede que se perde nos dois infinitos. Não é difícil portanto compreender a posição de modelo da certeza que no seguir dos tempos a matemática desempenhará.

Essa atividade comparatória desenvolve-se a seguir como um a ordenação, como uma apropriação, das caóticas impressões, dentro do quadro de um simbolismo como uma apreensão do espaço pelo instrumento idiomático. Não devemos entender aqui por idioma unicamente as frases lógico-matemáticas, ou as leis físico-naturais, pois as formas artísticas, religiosas, éticas, igualmente fazem parte desse tesouro de esquemas ordenatórios que pertencem a uma cultura.

A natureza é o mundo enquanto espaço, manifestando-se como em coexistência infinita das realidades conexas, é como uma enorme figura que nos envolve nos seus tentáculos inabaláveis. A via exata de pensar a natureza, ou melhor, o espaço, é o sistema. O sistema desdobra-se como uma disposição articulada das partes, que deve espalhar uma realidade também articulada e portanto extensa: o sistema é um simulacro de qualquer coisa de externo. Eis por que a razão sistemática nasce do espírito do espaço, sendo uma lógica da extensão sistemática ao influxo estático e inorgânico do contínuo espacial.

Coisa idêntica afirmou Bergson, logo no início do seu livro: *Nous verrons que l'intelligence humaine se sente chez elle tant qu'on la laisse parmi les objects inertes... nos concepts ont été formés à l'image des solides, que notre logique est surtout la logique des solides.*

O produto imediato da especulação racional é o sistema, imagem harmoniosa constituída pelo homem no seu afã de apaziguar o seu desespero ante o desconhecido. O sistema, fruto humano, familiar, conhecido, íntimo, procura constituir-se, funcionar em lugar de místicas forças imersas.

As contradições inquietadoras encontram paz e aniquilamento dentro da estrutura homogênea dos esquemas que agora são a realidade.

O ideal é o real: eis a última palavra, a palavra mágica que tranquiliza, que apazigua, que conjura, que adapta o homem ao seu ambiente, criando-o à sua própria imagem.

O SENTIDO ESPECULATIVO DO PENSAMENTO DE DILTHEY[1]

É nosso propósito neste trabalho indicar quais os motivos do pensamento diltheyano que mais funda influência exerceram sobre a reflexão metafísica de nossos dias e portanto revelar quais os caminhos abertos por essa singular contribuição do século passado.

Todo o dinamismo da meditação de Dilthey é alimentado continuamente pelo sentido histórico do real: a consciência do tempo, a consciência histórica, constituem a categoria fundamental do pensamento. "A teoria do desenvolvimento, que dessa forma surgiu, vai unida necessariamente ao conhecimento da relatividade de toda forma histórica de vida. Ante o olhar que abarca a terra e todo o passado, desaparece a validez absoluta de qualquer forma singular de vida, de qualquer constituição, religião ou filosofia."

A consciência da variação e da mudança das coisas humanas, do pluralismo das faces da vida, foi um dos resultados da ampliação dos horizontes históricos através do contato com outros círculos culturais. A aproximação de outras culturas destruiu o geocentrismo dos valores de validez universal, despertando uma

---

[1] "O Sentido Especulativo do Pensamento de Dilthey", comunicação apresentada no 1º Congresso Brasileiro de Filosofia, São Paulo, 1950.

nova acuidade para a relatividade de todas as posturas do homem diante do universo.

Ao dogmatismo do pensamento a-historicista que propendia sempre para uma tradução objetivante de sua construção filosófica, veio substituir-se uma atitude que, nas palavras de Dilthey, "vai buscar a solução num suposto colocado além da pugna entre as concepções do mundo". Portanto, se por um lado esse processo de relativização dos valores e da conexão do homem com o ser redundou num despojamento de certezas, por outro lado veio abrir campo para uma especulação mais radical e decisiva.

A filosofia de Dilthey constituiu uma extensão do método transcendental de Kant à totalidade das formações objetivas. Se o peculiar do processo transcendental repousa na transcendência do dado em relação ao seu produzir-se, o método da razão histórica institui-se como movimento de transcendência para um produzir radical e incondicionado. Essa operação intelectual que à primeira vista parecia submergir o homem no "mar empírico da história", entregando-o ao niilismo mais absoluto, manifestou-se, pelo contrário, como a operação que revelou o mais próprio da realidade humana. "A filosofia" – diz Dilthey – "deve buscar a conexão interna de seus conhecimentos, não no mundo, mas no homem. A vontade do homem atual encaminha-se para compreender a vida vivida pelo homem".

Encontramos na obra de Dilthey uma explicação e gênese das concepções do mundo e uma tentativa de transcender a sua unilateralidade antinômica pelo desvelar-se de sua proveniência.

As imagens estáticas da vida, as representações objetivas que formamos sobre o rio heracliteano do devir perturbam e deformam a natureza própria do viver. "Ao querer observar o tempo, a observação o perturba, posto que o fixa mediante a atenção. Detém o fluido e torna rígido o que se processa."

Com essas ideias, Dilthey advoga um temporalismo absoluto que o aproxima, às vezes, da concepção bergsoniana, da qual se distancia entretanto pela sua radical valorização do método transcendental ampliado.

O esforço especulativo que descobrimos nesse pensamento é orientado no sentido de descobrir uma instância que dê a razão das múltiplas manifestações da existência. Essa instância, Dilthey pensou tê-la descoberto, ainda que imprecisamente, num viver original que é criação e plasmação, estando à base de todas as objetivações do espírito. As imagens objetivas do mundo, em sua proliferação contraditória, nascem, segundo Dilthey, da independentização das atitudes da vida diante do mundo. A vitalidade livre condensa-se e fixa-se nessas formações objetivas, tornando autônomo o que é unicamente uma expressão de sua liberdade criadora. A tentativa de Dilthey consistiu, em suma, em fazer refluir o ser autônomo dessas imagens à produtividade original donde emerge. Com isso, assistimos a uma transcendência de toda objetividade, no sentido de uma captação do existir. Lindamos, pois, com essas cogitações, a área de uma ontologia fundamental que, superando todos os condicionamentos, vai em busca de uma incondicionalidade radical.

DISCURSO SOBRE O PENSAMENTO FILOSÓFICO CONTEMPORÂNEO[1]

A realização deste primeiro Congresso Brasileiro de Filosofia, agora que deixou de ser mero desideratum para se caldear na massa dos fatos, apresenta-se-nos como algo de inverossímil. Tudo em torno de nós testemunhava contra uma tal reunião e contra seu significado íntimo. O nosso povo sempre foi tido como avesso às preocupações de índole filosófica e uma interpretação prepotente sempre procurou consolidar esse diagnóstico negativo da mente brasileira. As preocupações do imediato, as tarefas da praxiologia econômica e social impondo-se em primeiro plano, relegariam em nosso psiquismo a problemática metafísica. No que concerne às questões últimas, ao destino do homem, o brasileiro dever-se-ia reportar às soluções e perspectivas oferecidas pela tradição religiosa da Igreja, vivendo-as entretanto passivamente, sem uma tomada de consciência de suas profundas exigências.

Esse retrato do Brasil, se por um lado pode refletir uma situação historicamente dada, serviu sem dúvida para alimentar o ceticismo dos espíritos mais dotados, em relação às possibilidades

---

[1] "Discurso sobre o Pensamento Filosófico Contemporâneo", 1º Congresso Brasileiro de Filosofia, São Paulo, 1950. (N. O.)

de criação e interpretação filosóficas de nossa gente. Acreditamos, antes de mais nada, na necessidade de combater essa visão simplista e imeritória que se propagou, paralisando as virtualidades de nosso desenvolvimento espiritual.

O Congresso que acaba de se realizar é o primeiro sinal dessa revolta sadia contra o conformismo das opiniões, estabelecendo no Brasil um interesse sério e bem orientado para os grandes temas da inteligência.

Foi-me dada a tarefa de apresentar um quadro geral das tendências filosóficas do momento atual, e que de um modo ou de outro, estiveram representadas em nosso Congresso.

A verdade filosófica sempre foi múltipla e dialética, fugindo ao teorema unitário e dogmático, desmembrando-se sempre em escolas, seitas, correntes e movimentos. Um corte no cone histórico do momento filosófico atual mostrar-nos-á essa mesma estrutura polimorfa, esse mesmo diálogo de opiniões e concepções da existência. Conceber a verdade como uma realidade dada desde sempre, à maneira de Plotino, como um Uno imutável e definitivo, em relação ao qual todo o afastamento seria considerado como erro aberrante, é desconhecer a própria forma de autorrealização da verdade. O esquema morfogenético da verdade não se coaduna com a simples devolução do homem a uma verdade dada desde sempre, com a ideia de uma ordem religiosa ou sociocultural absoluta, que seria a medida única e o pressuposto de todas as indagações, nem, por outro lado, com a ideia de um processo evolutivo em que se desse um acrescentamento contínuo e acumulativo, segundo os moldes do progressismo iluminístico. A verdade sendo em sua última essência liberdade, como propõe o pensamento filosófico mais recente, tem as suas vicissitudes norteadas pela descobertura (*Offenheit*) que essa força desencadeia, em seu ímpeto de transcendência. A pugna dessas descoberturas, das novas formas de autoapreensão da realidade, conforma o painel de uma *liebend Streit* de uma dialética amorosa da verdade que nunca se cerra num sistema concluso.

Presenciamos, nas reuniões deste nosso encontro filosófico, a anteposição das várias tendências que determinam o quadro do pensamento hodierno e que agora tentaremos esboçar.

Continuando a eminente tradição do século passado, deparamos em nossos dias com a corrente idealista, principalmente sob a forma do neo-hegelianismo. Essa corrente vê na História, em seu conjunto, um processo coerente e racional, a grande façanha da Liberdade. Todos os aspectos da cultura humana constituem a linguagem desse Espírito *in fieri*, que se identifica com o processo histórico-social. O que caracteriza, entretanto, a peculiaridade do moderno idealismo é a preocupação de se definir como um idealismo aberto, de substituir o pensamento pensado pelo pensamento pensante, afirmando o primado da atualidade. Como disse um de seus propugnadores, o idealismo moderno é uma filosofia dos verbos e não uma filosofia dos substantivos. A importância do Idealismo, entretanto, cifra-se como sempre em sua gnoseologia e é por essa doutrina que continua a exercer a mais forte função crítica e filosófica sobre as outras concepções filosóficas. Os dois grandes nomes do Idealismo hodierno são os de Giovanni Gentili e Benedetto Croce.

Outro movimento de considerável repercussão no âmbito filosófico contemporâneo é constituído pelas diversas correntes que se prendem à disciplina lógico-matemática. O extraordinário impulso tomado pela investigação dos princípios da ciência Matemática, e que teve como consequência a constituição de um novo corpo lógico, estendeu-se depois, como tentativa de matematização do conjunto do conhecimento válido do homem. O antigo ideal de Leibniz de uma *mathesis universalis*, de um simbolismo lógico-matemático que permitisse ao homem dominar e esclarecer de uma forma iludível e homogênea todos os problemas, volta a entusiasmar a inteligência filosófica. A linguagem matemática é tomada pelos representantes do neopositivismo – pois assim se denomina uma das correntes mais importantes deste movimento – como o modelo do comportamento cognitivo do homem e todos os outros discursos são valorizados em função de sua possível conversão a essa forma canônica de conhecimento. O interesse preponderante desta escola é, portanto, de ordem epistemológica e parece mesmo que a reflexão sobre a natureza da linguagem constitui o programa central desse endereçamento da meditação contemporânea. Podemos citar entre outros expoentes desta escola os nomes de Bertrand Russell, Rudolf Carnap, Tarski, Van Orman Quine etc.

Como expressão filosófica e apologética da Igreja e de seu credo, assistimos em nossos dias a um renovado impulso dos estudos filosóficos tomistas, que se alimentando na velha fonte escolástica, procuram entretanto dialogar com a sensibilidade e idiosincrasias especulativas do homem moderno. Maritain, por exemplo, tenta mostrar o que existe de existencial e de dramático na velha filosofia do ser; se o homem atual afastou-se da ordem de ideias da tradição escolástica foi, segundo ele, por não compreender a plenitude de vida e de realidade reveladas pela especulação do Doutor Angélico. Essa tendência é, pois, definida por uma revalorização de um pensamento do passado, pelo esforço de realização de um pensamento do passado e pelo esforço de reafirmar a sua validez e atualidade. Podemos nomear entre os seus mais significantes representantes Jacques Maritain, Marechal, Garrigou-Lagrange etc.

Quase coincidindo com o âmbito de uma nação, e expressando seu particular modo de ser, encontramos a atitude filosófica que leva o nome geral de pragmatismo. Essa corrente teve o máximo representante em William James e é hoje propugnada por John Dewey. Para o pragmatismo, a experiência humana é um plasma multidimensional no qual o homem recorta, segundo os ditames de sua atividade construtiva, o seu universo circundante. Não existe, segundo eles, um universo único, objetivo, transumano; o conhecimento, subordinado sempre aos imperativos da ação, conforma um mundo provisório, apto para os desenvolvimentos máximos da operosidade construtiva. As ideias dão planos de ação e os planos de ação são as únicas ideias verificáveis.

Resta-nos examinar, por último, as correntes múltiplas do Existencialismo, movimento que empolga a cogitação filosófica de nosso tempo, e que por outro lado caracteriza o clima especulativo em que nos encontramos mergulhados. Muitos encaram com profunda desconfiança essa filosofia que denominam pejorativamente de "filosofia da moda", esquecendo-se entretanto de que o fato mesmo do interesse, por vezes fácil, demonstrado a seu respeito, expressa a concordância desse filosofar com a consciência histórica do homem moderno.

Podemos encontrar um denominador comum das diversas formas do Existencialismo, procurando ressaltar a ideia mesma da existência, em torno da qual gravita a vontade de inteligência desse movimento. O Existencialismo, de fato, defende o primado da existência, do estar-aí, da concreta inserção do homem em sua circunstância mundanal. Existir é estar no mundo, é ancorar-se numa determinada situação, antes e independentemente de qualquer especificação conceitual. Kierkegaard já havia precisado a experiência original dessa nova atitude, afirmando que "a subjetividade é a verdade". Essa subjetividade de que fala Kierkegaard não é a subjetividade do Eu absoluto dos idealistas, mas a interioridade particular e concreta de cada um, a subjetividade existencial. Essa verdade, portanto, precede a verdade intelectual, como origem e matriz de toda inteligibilidade. Dessas primeiras considerações emergiu a ideia da atividade projetante da realidade humana, segundo a qual a existência precede a essência.

Jaspers, valendo-se principalmente da ideia da estrutura transcendente do existir, funda toda uma doutrina da condição humana, vendo nas situações-limite do existir a autentificação de seu processo. O homem, no complexo de seus comportamentos, está necessariamente exposto à frustração e ao naufrágio, mas é justamente mediante essas experiências que pode transcender para uma verdade existencial de mais alto nível.

Apesar de ser considerado o maior expoente do pensamento existencialista, Heidegger se tem declarado explicitamente alheio a essa corrente de pensamento. Segundo suas próprias palavras, a analítica existencial que constitui o conteúdo do *Sein und Zeit* seria uma simples elaboração preparatória de uma problemática ontológica de outra índole. O seu interesse estaria na elucidação da pergunta pelo sentido do ser. O momento existencial, com sua crítica das representações habituais alimentadas pelo homem em relação ao fundamento das coisas, prepararia o caminho para uma meditação filosófica-metafísica mais acurada e decisiva.

Assinalemos também, como representantes desta direção do filosofar, Sartre, Gabriel Marcel, Jean Wahl, na França; Abbagnano, Enzo Paci, na Itália; Ortega y Gasset, Zubiri e Julián Marías, na Espanha.

Concluindo essa sumária apresentação do panorama filosófico hodierno e lembrando a vigência dessas várias orientações entre nós, só podemos augurar a incentivação da pesquisa e da cultura filosófica no Brasil, afastando definitivamente todos os preconceitos estéreis e negativistas.

HOLZWEGE (MARTIN HEIDEGGER)[1]

Em lugar do tão esperado segundo tomo de sua obra capital *Sein und Zeit*, Heidegger publicou no ano findo um novo volume de ensaios de fundamental importância. Para os que só compreendem o pensamento quando enfeixado em obras sistemáticas e regulares, com o seu começo e o seu fim, essa publicação parecerá um indício de que o filósofo alemão se encontra num impasse. Porém, como nos adverte Heidegger em sua *Carta sobre o Humanismo*, mesmo no caso do pensamento de um homem vir a malograr – o que não é de forma alguma o seu caso, – isso não lhe acarreta infelicidade alguma, mas unicamente indica a extensão extrema de seu esforço especulativo.

Holzwege, em português *Caminhos do Bosque*,[2] ou, em seu significado simbólico, "caminhos do erro e do errar", representa o cenário de uma peregrinação filosófica, em seus múltiplos atalhos. Para os que não conhecem essas paragens, as trilhas se

---

[1] "Resenha de *Holzwege* (Martin Heidegger)", *Revista Brasileira de Filosofia*, São Paulo, v. 1, fasc. 1 e 2, 1950, p. 209-211. (N. O.)

[2] A palavra *Holzwege* designa uma trilha feita na floresta pela queda das árvores. Nesse sentido, contempla tanto a acepção de caminho produzido por um "acidente", e, por isso, caminho do Errar, no sentido heideggeriano, mas também o erro que conduz à clareira, ao bosque, ao ser, e é essa acepção polissêmica do termo a frisada pelo filósofo paulista. Trata-se, portanto, de uma expressão que encerra alguns aspectos do âmago do pensamento de Heidegger, como a relação essencial entre angústia, nada e desvelamento do ser. Essa é a explicação do aparente paradoxo entre o acolhimento do bosque e o erro. (N. O.)

confundem inextricavelmente, sendo todas semelhantes. Entretanto, os lenhadores e os guarda-florestas conhecem o caminho e sabem o que significa o extravio.

Com essas referências da epígrafe, podemos ver Heidegger proceder em seu empenho de alcançar uma compreensão do Ser inacessível à inteligência perdida nas representações usuais e cotidianas.

Essas formas de compreensão usuais, que procuram acesso ao Ser a partir do modelo do Ente, constituem justamente as vias do erro e do desgarramento, a negação do pensamento por si mesmo.

Os ensaios que compõem esse volume, apesar de versarem sobre temas heterogêneos, possuem uma unidade radical.

Seja tratando da "Origem da obra de arte", como no primeiro ensaio, seja sondando as origens da concepção do mundo moderno, como no capítulo subsequente, seja analisando uma sentença de Nietzsche, alguns versos de Rilke ou um aforisma de Anaximandro, Heidegger mantém a vontade fundamental de esclarecer o enigma essencial do Ser. Todos esses temas são tratados a partir do horizonte da verdade do Ser.

O primeiro ensaio do livro contém um estudo sobre a natureza da obra de arte. A obra de arte é algo produzido pelo homem, um objeto do mundo, mas que contém em si uma mensagem estranha e enigmática. Dissemos que a obra de arte é feita pelo homem; entretanto, esse fazer inclui em si um complexo de fatores que distingue o fazer estético de todos os outros "afazeres". Enquanto que nas outras atividades o ente humano é um pressuposto das coisas feitas, na especial atividade artística o homem se constitui a si mesmo. A obra de arte inaugura um mundo.

O segundo trabalho, "A época da imagem do mundo", marcante pela originalidade das perspectivas abertas, pretende investigar a essência da época moderna que, entre outras coisas, é caracterizada pela transformação do mundo em imagem do mundo. Para Heidegger a essência do mundo em imagem radica na metafísica da subjetividade. Essa tendência determina todas as manifestações da nossa época: do fenômeno artístico à tecnologia, da ciência à teologia, estende-se o domínio desta concepção da realidade. *Dass die Welt zum Bild wird, ist ein und derselbe Vorgang mit dem, dass der Mensch innerhalb des Seinendem zum Subjectum wird.*[3]

Em outro estudo, procurando interpretar a frase *Gott ist tot*, de Nietzsche, desenvolve as mais importantes reflexões sobre o problema do niilismo e da crise dos valores da consciência europeia.

O significado da "morte de Deus" e a convulsão metafísico-escatológica contida nesse fato caracterizam a história da consciência europeia nos últimos séculos.

Essa ruptura com o divino seria o equivalente, no plano do espírito, à separação da terra e do sol, afastando-se o homem do núcleo de luz suprassensível. *Die Erde als derAufenthalt des Menschen ist von ihrer Sonne losgekettet. Der Bereich des an sich seienden Übersinnlichen steht nicht mehr als das massgebende Licht über dem Menschen. Der ganze Gesichtskreis ist weggwwischt. Das Ganze des Seienden als solchem, das Meer, ist vom Menschen ausgestrunken. Denn der Mensch istin die Ichheit des ego cogito aufgestanden. Mit diesem Aufstand wird alles "Seiende zum Gegenstand".*[4]

As relações que o nosso filósofo procura estabelecer entre a tecnologia e a metafísica moderna, entre as concepções científicas e o pensamento filosófico assentam na convicção de que a metafísica fundamenta uma época, fornecendo-lhe uma particular interpretação das coisas e uma concepção da verdade que determinam o seu perfil peculiar (p. 241).

---

[3] Que o mundo se torne uma imagem, e um e o mesmo processo com que o homem dentro do ente se torna sujeito. (N. O.)

[4] A Terra, como morada do homem, se desprendeu de seu sol. O âmbito do *em si do ente* sobrenatural não é mais a luz normativa do homem. O horizonte foi apagado por inteiro. A totalidade do ente como tal, o mar, foi esvaziado pelo homem. Pois o homem insurgiu-se na *egoidade* do *ego cogito*. Com essa insurreição todo "ente torna-se objeto". (N. O.)

O ensaio seguinte é dedicado a uma exegese do que Heidegger denomina a poesia válida de Rilke. O autor se esquiva a uma análise filosófica das *Elegias de Duíno* e dos *Sonetos a Orfeu*, pois, segundo ele, não nos achamos preparados para uma tal empresa, desde que o diálogo entre o poeta e o pensador só amadurece lentamente.

O ensaio tem por título um verso de Hölderlin: "Wozu Dichter in dürftiger Zeit?" ("Para quê poetas em tempos de carência?"). O problema que comanda as reflexões do filósofo está contido nas interrogações: É Rainer Maria Rilke um poeta *in dürftiger Zeit?* [5] Como se relaciona sua poesia com a carência do tempo? A que limites chega do abissal?

Como já afirmara em outro ensaio, acentua que o essencial nesses poetas das épocas noturnas da humanidade consiste na problematicidade do próprio ofício poético. A poesia torna-se poesia da poesia. O *Dichterberuf*[6] torna-se tema do *Dichtertum.*[7]

A conclusão a que chega Heidegger nesse ensaio extremamente complexo é a de que Rilke é um anunciador de novos rumos espirituais, voltando para o sentido escatológico da existência.

---

[5] Tempos de carência. (N. O.)
[6] Vocação poética. (N. O.)
[7] Poético. (N. O.)

A ÚLTIMA FASE DO PENSAMENTO DE HEIDEGGER[1]

Quando pronunciei esta conferência no Rio de Janeiro, após o seu fim, iniciados os debates, um dos assistentes exclamou: "E dizer que a tarefa da Filosofia é a de elucidar os problemas fundamentais!". Assim é que na opinião desse ouvinte, aliás um dos grandes mestres de Direito do Brasil, os temas heideggerianos representavam um paradoxal desafio à vontade de clareza e de inteligibilidade que haviam prevalecido nas grandes correntes do pensamento filosófico. Podemos dar razão, somente num momento preliminar, à objeção levantada; de fato, a tendência central do pensamento de Heidegger é a de pôr em choque e superar as evidências e as decantadas obviedades das operações racionais. Além disso, seu pensamento se caracteriza, como o de Nietzsche, por uma desconfiança radical em relação às ideias e representações *toutes faites* e em relação aos ideogramas consagrados pelo conceito comum. O seu ponto de partida é o de que a mentalidade comum projeta um mundo que não é a imagem, mas sim a contrafação da verdade fundamental das coisas. O erro não é qualquer coisa de acidental ou exterior ao homem, mas faz parte da própria estrutura essencial da existência. O momento da dereliçao, do "estar arrojado" (*Geworfensein*) que faz parte da estrutura original do estar-no-mundo, já

---

[1] "A Última Fase do Pensamento de Heidegger", *Revista Brasileira de Filosofia*, v. 1, fasc. 3, jul./set. 1951, p. 278-289. (N. O.)

expressa o extravio e o erro a que se acha exposto o homem. A condição decaída do homem que se manifesta, segundo Heidegger, na curiosidade, na *bavardage* e no equívoco universal são o testemunho do habitáculo de erro em que comumente nos achamos mergulhados. Essas considerações nos reportariam ao mito platônico da caverna em seu sentido profundo e eterno. Nesse caso, porém, as sombras da gruta seriam projetadas pelo próprio homem que, em seu modo de ser mais assíduo, em sua condição decaída produziria um sistema de ideais e interpretações que desvirtuariam o sentido original da realidade. Heidegger afirma que o homem é propenso a interpretar todas as coisas a partir do seu mundo de ocupações e afazeres, distendendo indefinidamente a validez das coisas do seu trato imediato. Em seu ensaio *Da Essência da Verdade* diz Heidegger: "O homem se adstringe sempre à realidade corrente e suscetível de ser dominada, mesmo quando se trata do que é fundamental. Ele se empenha no propósito de alargar, de transformar, de se reapropriar e de assegurar o caráter revelado do Ente, nos domínios variados de sua atividade, encontrando as diretivas deste fim no estreito meio de seus projetos e de suas necessidades correntes".

E no *Sein und Zeit* especificou ainda mais a cortina de ocultação que a omnitude (*das Man*,[2] *das Neutrum*[3]) corre sobre as coisas, reduzindo, nivelando e apagando os contornos essenciais, diz ele: "Abdicação, mediania, nivelamento constituem as maneiras de ser da omnituide, do *das Man*, do 'todo mundo' que conhecemos como 'o público' (*die Oeffentlichkeit*). Esta regula primeiramente toda interpretação do mundo e da existência e detém em todas as circunstâncias o seu direito. E isso, não por motivo de manter uma relação exclusiva e original no que se refere às coisas, não porque propicie uma visão transparente e adequada da existência, mas porque é insensível a todas as diferenças de nível e de autenticidade. A publicidade escamoteia o real e dá o oculto por conhecido, tornando tudo acessível".

---

[2] O impessoal. (N. O.)
[3] O neutro. (N. O.)

Se esse fenômeno de contrafacção e desvirtuamento se apresentasse à nossa inteligência com as marcas da obscuridade e do mistério seria muito fácil superar sua ocorrência. O fato é que em verdade a interpretação banal e cotidiana do mundo em que vivemos imersos se apresenta com os documentos da clareza e da evidência tácita. A evidência (*die Selbstverständlichkeit*) é a maior inimiga de um acesso mais idôneo à verdade do ser. Em seu campo se move o pensamento que procura o pretensamente claro e racional, o pensamento que procura tranquilizar o homem em relação ao que há de inóspito e ameaçador na existência. Heidegger chega mesmo a afirmar que o fato do homem lançar-se perdidamente na dimensão da compreensão banal e de se pôr sob domínio da publicidade é uma consequência da angústia que lhe acarreta a estranheza e o imprevisível da existência. Eis por que a fácil inteligibilidade, a clareza e a evidência não podem constituir critérios de legitimação da verdade filosófica. Em seus últimos ensaios, Heidegger tem procurado mostrar como a linguagem e o pensamento que dominaram a consciência ocidental e que trouxeram essa exigência de clareza matemática e de objetividade coisal são, por sua vez, o resultado de uma degradação e decadência dessas possibilidades humanas. A tendência de objetivar tudo, e de instituir uma linguagem que pudesse veicular essa objetividade universal constituiu, de fato, um agravo às possibilidades originais da linguagem. Essa, em seu sentido primeiro, não se manifesta como a determinadora de um regime de objetivação, mas como a "proposição" poética de um destino histórico.

A mais forte impressão que nos fica da leitura do último Heidegger, é a de um esforço sobre-humano para colocar em outras bases a tarefa fundamental da filosofia. O seu pensamento se apresenta sempre como uma inversão (*Umkehrung*) no sentido de remontar às origens transcendentais da realidade. A dificuldade tradicional do pensamento heideggeriano se adensou ainda mais em suas últimas obras – *Da Essência da Verdade*, *Carta sobre o Humanismo* e *Caminhos do Bosque* – pois ao eriçado habitual de sua terminologia, acrescentou-se a condensação quase aforística do texto. A afinidade de seu pensamento com a palavra oracular dos pré-socráticos está certamente à base desse novo estilo de apresentação da sua obra.

O itinerário expositivo que escolhemos não pretende analisar exaustivamente a nova produção do filósofo de Freiburg, atendendo-se ao exame dos pontos capitais e irradiantes de sua especulação. Nesse rumo, deter-nos-emos primeiramente na análise de alguns tópicos de sua obra *Da Essência da Verdade*, passando a seguir à exposição interpretativa da *Carta sobre o Humanismo* e do *Caminho do Bosque*, onde culmina a nova expressão filosófica de Heidegger.

No ensaio *Da Essência da Verdade*, Heidegger procura esclarecer, como vem consignado no próprio título, a essência da verdade. Essa investigação é preludiada por uma crítica do conceito corrente de verdade, como adequação entre o intelecto e o objeto. Seguindo a sua forma especulativa singular, Heidegger procura desde o início transcender a posição do senso comum, que não vê o problematismo da noção tradicional de verdade, como concordância e adequação. Como acentua Wahlens, "todo pensamento, e ainda mais todo raciocínio imediatos, são, necessariamente, mal-entendidos, e isso em razão de seu imediatismo mesmo. O imediato é, com efeito, para Heidegger, exclusivo do essencial; a essência das coisas não aflora jamais à sua superfície, permanecendo sempre oculta à primeira vista". O homem vive instalado num horizonte em que lhe escapa a essência original das coisas, como no símile platônico da caverna.

Procurando esclarecer as condições do fenômeno da verdade, Heidegger afirma que a possibilidade de uma concordância assenta numa prévia apresentação do ente manifestado. A referência do enunciado à coisa supõe o surgimento dessa coisa, em sua configuração própria, como polo de referência de toda atividade judicativa. Antes, portanto, que seja possível qualquer comportamento enunciativo faz-se mister a manifestação e descoberta de uma objetividade como tal.

O pensamento anterior de Heidegger já ensinara que a discriminação dos objetos particulares intramundanos só era possível a partir da prévia abertura da existência ao mundo, em sua totalidade. O existir projetante criaria o âmbito dentro do qual se prefigura o conjunto do manifestado. O mundo não é, mas se mundifica na descobertura própria de suas possibilidades. Nesse sentido, podemos dizer que o mundo é uma propriedade essencial do *Dasein* e não um dado independente do homem. "O mundo" – diz Heidegger – "pertence ontologicamente ao *Dasein*". E, como interpreta Wahlens, o mundo, sendo um existencial do *Dasein*, como parte integrante de uma estrutura relacional característica do *Dasein*: o ser-no-mundo. Vemos, portanto, que o comportamento enunciativo é condicionado por uma abertura própria para o ente, que o patentiza e explicita, em sua constituição iludível. Por outro lado, essa abertura não é criada e posta pela coisa apresentada, mas é assumida e investida pela coisa, no campo do manifestável. Portanto, o enunciado deve emprestar a sua conformidade da abertura do comportamento, pois é por essa que o manifestado pode se tornar, de um modo geral, a medida diretriz de uma apresentação adequada. A conformidade ou adequação do juízo à coisa é assim subordinada a uma doação prévia de sentido e de inteligibilidade que se realiza na abertura da existência para as coisas. Sobre essa base primeira da inteligibilidade unificadora é que nos encontramos instaurados para a posterior investigação da verdade particular. Pergunta Heidegger, em *A Essência da Verdade*: "Como pode se efetuar o dom prévio de uma medida e como se produz a injunção da concordância?". E a isso responde: "A abertura do comportamento, que torna intrinsecamente possível a conformidade, funda-se na liberdade. *A essência da verdade é a liberdade*". Essa tese inusitada e paradoxal forma o núcleo central deste ensaio e é ela que nos introduzirá na especulação mais recente do autor.

Para fundar a afirmação de que a liberdade é a própria essência da verdade, devemos esclarecer suficientemente a noção da liberdade, tal como se apresenta na filosofia heideggeriana.

A liberdade manifesta-se como aquilo que permite ser às coisas. Esse permitir-se, como liberdade, deve ser compreendido como uma ex-posição às coisas, como ek-sistência. Existir, nesse sentido, é um estar fora, um consentir projetante, um dar espaço à manifestação do manifestável. Essas ideias já se anunciavam no ensaio *Da Essência do Fundamento*, onde Heidegger afirmou ser a transcendência para o mundo a própria liberdade. Somente a liberdade pode permitir que o mundo reine e munde (*weltet*). O mundo – como já foi dito – não é, mas se mundifica, a liberdade funda e erige o mundo, mantendo-se exposta ao ente revelado. A liberdade, como esboço do mundo, é ao mesmo tempo um traçar do ente e um ser absorvido e penetrado pela presença do manifestado. Ao pôr a descoberto a realidade das coisas, a existência experimenta na apresentação do mundo revelado a vigência de uma medida e de uma norma para todo comportamento enunciativo. É portanto a liberdade a origem mais profunda, a condição de possibilidade de uma verdade como correspondência. Se existe um fundamento da verdade, esse só pode ser encontrado na transcendência própria da liberdade. Assim, pois, sendo a liberdade a condição de patentização do ente, é ela que permite-ser às coisas, que abre campo ao seu apresentar-se. Eis por que podemos definir a liberdade como o permitir-ser do ente. "A liberdade assim compreendida – diz Heidegger – como permitir-ser do ente, cumpre e efetua a essência da verdade sob a forma do desvelamento do Ente." Encontramos aqui o significado mais profundo da verdade entendida como *aletheia*, como des-velamento (*Entborgenheit*). De fato, o que permite que se desenvolva uma circunstância de coisas, um mundo, é justamente o ato desvelador da liberdade como transcendência do ser bruto. A investidura de sentido e o desvelamento do ente constituem uma só operação. É como ser desvelador, como ser abandonado ao ente que o homem ek-siste. Existir significa justamente estar aberto ao ser, estar consignado a um determinado mundo como objetividade.

Essa investigação sobre a essência da verdade abre campo também para uma inteligência mais ampla acerca da historicidade da história. Heidegger afirma de fato que somente o homem ek-sistente, isto é, o homem exposto a uma determinada interpretação das coisas tem história. A história nada mais é, por outro lado, do que o destino de uma determinada colocação da liberdade.

Essa exposição da problemática da verdade deixou à margem o problema do erro e da não-verdade, tão importantes entretanto no conjunto da obra heideggeriana. No mesmo ensaio, Heidegger afirma que sendo "a verdade, em sua essência, liberdade, o homem histórico também pode, deixando-ser o ente, não deixá-lo ser naquilo que é e tal como é". O ente apresenta-se, então, "travesti" e deformado. A aparência afirma seu poder. E nesse poder surge a não-essência da verdade. "Vemos pois que o ente pode encobrir o ente; as coisas se atropelam e ocultam-se umas às outras, sendo a verdade como investigação, uma contínua luta contra as potências do erro". Há uma tendência no homem de limitar-se habitualmente à realidade mais corrente e suscetível de ser dominada. Temos a tendência de contemplar a realidade, em sua totalidade, com os elementos mais próximos e habituais. Nas palavras de Heidegger: "na medida em que o deixar-ser deixa ser o ente ao qual ele se refere num comportamento particular, e assim o desvela, ele dissimula o ente em sua totalidade. A obnubilação é o correlativo constante da verdade como desvelamento, pois o desvelamento do ente como tal é ao mesmo tempo a dissimulação do abismo da liberdade. Essa obnubilação não é sentida pelo homem imerso numa realidade particular. Assim, a própria dissimulação se nos manifesta como o que é obinublado em primeiro lugar. O fato de que o homem não só ek-siste, isto é, de que não só está abandonado à revelabilidade do ente, mas de que se enriquece naquilo que lhe oferece o ente, encontra a sua expressão no fenômeno da in-sistência. Ek-sistindo, o *Dasein* é in-sistente e insistindo, o homem se volta para o que há de mais corrente e trivial nas coisas". Encontramos no ensaio em questão uma fenomenologia agudíssima do extravio do homem e da sua vocação consubstancial para o erro. De fato, Heidegger afirma a prioridade da obinublação, da não-verdade original, sobre toda revelação das verdades particulares. E assim diz que o homem não se extravia num momento dado, mas que ele não se move senão no extravio, pois que ele insiste e encontra-se, por conseguinte, sempre no erro.

Essa visão sombria da vida lembra a sabedoria infusa de um Heráclito que via o mundo como um destacar-se luminoso em abismos insondáveis e como eterna alternância dos princípios diurno e noturno. Na própria constituição do mundo se aninha a parcialidade e a privação, o isso e não aquilo da verdade. A transcendência projetora do mundo é, ao mesmo tempo, excedência e privação, riqueza e parcimônia. O desvelamento do mundo é simultaneamente ocultação e finitude. Ao manter-se em relação com o ente, ao fundar-se no ente, ao tornar-se mundiforme, a liberdade se esquece do mistério do abismo original. A transcendência é o documento transcendental da finitude humana, pois o esboço do mundo não se torna possessão senão na própria privação. Essa dialética encontra sua formulação mítica na anteposição de Apolo e Dioniso, na luta entre a forma e o caos, entre o princípio diurno e o princípio noturno. A expressão poética deste destino do ser, encontramo-la neste poema de Rilke:

> Amo-te, Obscuridade da qual provim
> mais do que à Chama que limita o mundo,
> fazendo-o brilhar num círculo restrito,
> fora do qual nenhum ser o conhece.
> Mas a Obscuridade tudo contém:
> Formas e chamas, os animais e a mim mesmo,
> pois que tudo abrange,
> homens e potências.
> E isso é possível: que uma grande força
> se agite bem perto de mim.
> Creio na Noite.

Como vemos, o poeta evoca a prioridade do mistério noturno sobre o domínio iluminado das coisas e dá sua adesão afinal à mensagem que daí provém.

Abandonado e envolto pelo mundo, o homem se esquece da verdade de seu ser. Mas esse esquecimento e obnubilação é co-originário da própria essência da verdade, pois a liberdade ao instituir o campo do revelado, deixa-se absorver e limitar no iluminado. Como diz Heidegger, "o extravio, no qual a humanidade histórica deve se mover para que sua marcha possa ser ab-errante, é uma componente essencial da abertura do *Dasein*. O erro domina o homem enquanto o impele a errar". Há algumas possibilidade do homem consciente do seu destino extraviado não sucumbir ao próprio extravio? Pode o homem se abstrair do dinamismo que o arrasta ao esquecimento da verdade do ser? No conceito de Heidegger, o homem oscila entre a ameaça do extravio e o sentido do mistério. A única forma de não sucumbir ao esquecimento é a de experimentar extravio como extravio, tendo presente o mistério do *Dasein*. O pensamento que supera a obnubilação do mistério é caracterizado por Heidegger como o *Gelassenheit des Mildes*,[4] que permite ao homem simultaneamente existir no revelado e participar do mistério original. Esse consentimento se propõe ao mesmo tempo como "aceitação resoluta" (*Entschlossenheit*) do mistério, que liberta o homem para o pensamento do ser e como determinação da essência mais profunda do humano.

Com essas considerações, podemos passar à análise da *Carta sobre o Humanismo*, que consideramos uma das obras mais importantes deste século. Neste trabalho, Heidegger procura responder a uma pergunta que lhe foi feita por Jean Beaufret: "Como restituir um sentido à palavra humanismo?".

Heidegger considera inicialmente que o humanismo envolve uma preocupação de que o homem seja humano e não inumano, isto é, alheio à sua essência. Entretanto, propõe uma nova pergunta: "Em que reside a humanidade do homem?". Evidentemente, em sua essência. E qual é sua essência?

---

[4] Serenidade do suave. (N. O.)

As diversas concepções do mundo, religiões e filosofias, determinaram de modo diverso o que devemos entender pela humanidade do homem, isto é, pela sua essência. Cada interpretação dessa essência envolve toda uma visão das coisas e é uma consequência da forma de apreensão do real. Nas palavras de Heidegger: "por diversas que sejam essas formas de humanismo, segundo o fundamento e a finalidade, segundo a espécie e meios de sua realização e segundo a forma de seu ensinamento, elas coincidem entretanto em que a *humanitas* do *homo humanus* provém de uma visão já existente da Natureza da História, do mundo, do fundamento do mundo, isto é, do ser em seu todo". Cada forma de humanismo é decorrente de uma exposição metafísica das coisas, de uma interpretação da vida em função de uma interpretação do ente.

A elaboração do problema do fundamento metafísico do humanismo segue uma linha crítica, procurando Heidegger mostrar que a essência do homem, concebida a partir da metafísica tradicional, nada mais expressa do que o esquecimento do ser (*Seinsvergessenheit*). "O esquecimento do ser", diz Heidegger, "manifesta-se em que o homem só vê e elabora as coisas. Mas como não consegue representar o ser, esse se transforma para ele no ente mais geral e envolvente, ou na criação do ente Infinito, ou ainda, no feito do sujeito finito". E mais adiante: "O homem se mantém sempre e apenas na proximidade das coisas". Essa condição do pensamento tradicional fez com que a pergunta pelo ser se apresentasse sempre como pergunta pelo ser das coisas, esquecendo-se que o ser é transcendente a *todas* as coisas. "É preciso compreender o ser – diz Beaufret – como uma superação e uma transgressão do que é meramente existente. Para pensá-lo adequadamente como ser, é preciso em primeiro lugar e antes de tudo fazê-lo renunciar à natureza do existente". Essa purificação da noção de ser que pela primeira vez a determina em sua natureza própria, leva-nos a aproximar o pensamento do ser ao pensamento do nada. No ensaio sobre a essência da metafísica, Heidegger já havia esclarecido o movimento de transcendência como uma função dependente da manifestação do nada. Em seu pensamento posterior que ora tratamos, a verdade do ser, que se procura atingir superando a verdade do existente, se traduz também como um manter-se na privação do nada. Porém, essa privação só o é em relação ao pensamento do existente pois, em si mesmo, o nada se põe como liberdade e proliferação infinita. "Guardemo-nos entretanto – esclarece Beaufret – de confundir o nada do ser como nada da nulidade. Trata-se, com efeito, de pureza e não de nulidade. (...) Longe de ser o vazio da essência (*das Wesenlose*) ele (o ser) é inteiramente desdobramento de essência, profusão de sentido." Heidegger procurou esclarecer a experiência do ser em seu célebre *post scriptum* ao opúsculo sobre a essência da metafísica. Aí afirma que o pensamento do ser não procura apoio naquilo que é, no Ente. Fiel ao apelo de ser, o pensamento essencial está pronto a sacrificar todo o vasto domínio do Ente, para preservar o favor do ser. Esse sacrifício é a única preparação para o advento do que é destinado ao homem e mediante esse persistir no inexprimível (*im Namenlosen*), propicia o homem a palavra do ser. "O pensamento do ser guarda a Palavra e cumpre a sua função em tal mister, isto é, no uso da linguagem. Enfim, depois de um longo silêncio, e da elucidação do campo assim iluminado, advém o dizer do pensador. Da mesma origem é o dizer do poeta."

O ser assim compreendido, como transcendência pura, como negatividade absoluta, é o termo a partir do qual podemos compreender a essência do homem. Diz Heidegger que o homem é o vizinho do ser. É em função dessa verdade do ser que podemos entender a existencialidade da existência. Ek-sistência significa estar exposto à verdade do ser. A essência ek-stática do homem provém desse acesso essencial à abertura (*Offenheit*) do ser.

Como esclarecer essa relação do homem com as potências envolventes do ser? Em diversos trechos da *Carta sobre o Humanismo*, Heidegger afirma que a linguagem é a morada do ser e o abrigo da essência do homem. Portanto, devemos descobrir a relação da essência da palavra com a verdade do ser. Essa palavra que aqui aparece como manifestação original das potências do ser não é evidentemente a palavra-instrumento, a palavra do Ente, a palavra que tem fora de si o mundo e a essência do homem. Pelo contrário, Heidegger afirma que o mundo e o homem só se constituem no dizer da palavra. Essa palavra é, em sua essência, a palavra poética.

O que entende Heidegger por essa palavra poética? Em seu importante ensaio sobre Hölderlin, eis o que nos diz: "A poesia não é um mero ornamento que acompanha a existência, não é simples entusiasmo temporário ou simples divertimento. A poesia é o fundamento que suporta a história e portanto não é uma simples manifestação da cultura e muito menos uma expressão da alma cultural."

O papel reservado à poesia é, pois, para Heidegger, o de instituir e inaugurar um mundo, descerrando toda uma perspectiva de possibilidades e desenvolvimentos históricos. A poesia compreende a essência total da obra de arte, e é através da obra de arte que o ser se põe em obra. A manifestação original do ser é dada através da obra de arte. E é através desta que o homem tem acesso à sua particular realidade histórico-cultural. É nesse sentido que devemos dizer que a palavra do ser instaura uma abertura (*Offenheit*) na qual se dá a manifestação do manifestável. De duas maneiras pode o homem habitar a proximidade do ser: seja pela ação criadora e instituidora do dizer poético, seja pela preservação dos conteúdos e valores inerentes a esse dizer. Não só a participação na emergência poética de um mundo confere ao homem uma proximidade ek-sistencial com a verdade do ser, mas também a identificação com o destino proposto nesse contexto histórico e a repetição (no sentido kierkegaardiano) dos grandes modelos lhes asseguram essa vizinhança.

O que distingue, portanto, o homem dos outros entes não é qualquer qualidade, faculdade ou perfeição que possua em detrimento dos demais seres, mas a sua relação ek-stática com o ser. Todas as outras determinações que procuram fixar a *humanitas* do *homo humanus*, negligenciando esse parentesco existencial do homem, não acertam na caracterização da verdadeira dignidade da nossa condição.

O homem não é animal, nem pessoa enquanto ser social, nem sujeito cognoscente, mas sim o ente cuja essência consiste em habitar na proximidade do ser. A colocação filosófica que procuramos expor em suas linhas mestras se caracteriza por procurar fugir a toda interpretação objetivante da essência do homem, a toda substituição da ek-sistência pelo existente. As representações variáveis da essência do homem partem de uma interpretação já dada das coisas, não atendendo ao fato de que é através do homem que uma interpretação pode se desenvolver e dominar. Para Heidegger, entretanto, essa interpretação não depende do arbítrio do homem, nem é uma invenção de sua imaginação soberana. Em sua meditação peculiar, o homem não é o criador do homem. Já em seu ensaio *A Essência da Verdade*, advertira que o "arbítrio humano não dispõe da liberdade; o homem não a possui como propriedade, senão, pelo contrário, a liberdade, o *Dasein* ek-sistente e revelador possui o homem – e tão originalmente, que só a liberdade o faz possível para sua essência a ele manifesta". O ser, como potência interpretadora, como doação de sentido, como liberdade, é que vem ao homem, convocando-o para a dimensão da verdade do ser. Assim é que, na determinação da essência do homem, acontece não ser o homem essencial, mas sim dimensão ek-stática da existência. O que torna o homem um ser eminente é o fato de poder se abrir ao apelo da liberdade, ouvindo o mandato de seu destino. Estamos, pois, diante de um humanismo de caráter muito estranho, em que como diz Heidegger, "não está em jogo o homem, mas a essência histórica do homem, em sua proveniência da região da verdade do ser".

Essa formulação da liberdade do homem como convocação a partir da verdade do ser leva-nos diretamente à concepção heideggeriana da liberdade criadora, desenvolvida em sua última obra *O Caminho do Bosque*, no ensaio intitulado "Origem da Obra de Arte" (*Ursprung des Kunstwerkes*). Nesse trabalho,

Heidegger critica o subjetivismo moderno que tendeu sempre a interpretar a criação como a ação genial e arbitrária de um indivíduo autônomo. A doação artística nunca é arbitrária de um indivíduo autônomo. A doação artística nunca é um projeto arbitrário, mas está sempre fundada na determinação histórica de um povo. O objetivo desse ensaio é o de revelar a essência original da obra de arte, indicando a sua proveniência e a sua atuação no mundo dos homens. A obra de arte é conceituada como a fundação poética do mundo. "A essência da arte é a poesia. A essência da poesia é a fundação da verdade." Lembremo-nos que no ensaio já referido sobre a verdade, Heidegger havia definido a liberdade como a essência da verdade. Agora, a liberdade que se manifesta na obra de arte descerra para o homem um mundo de sentidos e de possibilidades. A obra de arte coloca, como obra de arte, um mundo. À essência da obra de arte pertence essa colocação do mundo. Através do espaço peculiar criado pela obra de arte advém a descobertura do ser das coisas. "O existente só pode ser como existente quando se coloca à luz dessa luz." Essa luz que permite o acesso do homem às coisas provém justamente da abertura inerente à obra de arte. A nova noção de *aletheia* como descobertura ou desvelamento das coisas é aplicada aqui, na caracterização da obra de arte. Com o advento do fato artístico *acontece* a verdade das coisas. Dessa forma Heidegger pode definir a arte como o "pôr em obra" da verdade. A obra de arte não imita ou copia o existente, mas permite que o existente seja possível como realidade revelada. A verdade se endereça para a obra e só existe no interior do manifesto pela criação artística. "A instituição da verdade na obra" – diz Heidegger – "é a promoção de um existente que antes disso não o era e posteriormente nunca mais será." Heidegger exemplifica esse poder promotor da obra de arte recorrendo à presença do templo grego na comunidade humana. É o templo, em sua presença, que outorga primitivamente o perfil às coisas, e ao homem, a compreensão de si mesmo. Os homens não existiam como objetos conhecidos e imutáveis e depois, ocasionalmente, acorreriam ao pórtico sagrado do templo. Muito pelo contrário, é a presença do templo, como fato artístico-religioso, que institui um mundo onde o homem acedeu à compreensão das coisas e de si mesmo. Portanto, a obra de arte é aquele espaço onde primeiramente pode se constituir um mundo, como conexão inteligível. Essa capacidade demiúrgica da obra de arte manifesta-se eminentemente no fazer poético. Donde o profundo sentido das palavras de Novalis: Quanto mais poético, mais verdadeiro.

Notas sobre Kierkegaard[1]

O existencialismo, como toda doutrina filosófica, teve uma determinada radicação histórica, que é necessário conhecer para se compreender o cerne dessa concepção da vida e do homem. O existencialismo aparece com Søren Kierkegaard e com sua atitude peculiar diante das questões últimas. Falar num existencialismo anterior a Kierkegaard é desconhecer o elemento próprio em que se move essa direção do pensamento e as pressuposições que a determinaram.

A inflexão kantiana e seu posterior desenvolvimento idealista que concretizou todo interesse especulativo, não mais na realidade fenomenal das coisas, mas no plexus substancial da individualidade e da liberdade, constitui a premissa ineludível e tácita da problemática kierkegaardiana.

Os problemas que apaixonam Kierkegaard são inerentes ao comportamento humano e não ao aspecto exterior e espacial das coisas. Ele sabe antecipadamente que a verdade e a realidade última, isto é, o aspecto *noumenal* do mundo, se encontram na interioridade do homem e nos problemas a ela relacionados. Eis por que, em suas obras, vemos desfilar a selva das possibilidades humanas e o complexo dos estádios no caminho da vida: a

---

[1] "Notas sobre Kierkegaard", comunicação apresentada no 2º Congresso Brasileiro de Filosofia, Curitiba, 1950. (N. O.)

inocência, o pecado, a danação, o desespero, a angústia, o resgate, a beatitude e tudo aquilo que compõe a dramaturgia do "eu".

Além disso, nelas encontramos as alternativas do estético, do ético e do religioso, como vertentes possíveis do comportamento humano, carregadas de destino e de consequências abismais.

Toda a evolução mental de Kierkegaard deve ser compreendida em contraste com o pensamento hegeliano. Hegel havia constituído o elemento de sua primeira formação e, como afirmou Theodor Haecker, todo o impulso dialético do pensador dinamarquês é profundamente influenciado pelo jogo peculiar da dialética hegeliana. Entretanto, é contra a atitude hegeliana perante o mundo que Kierkegaard se ergue, em seu impulso especulativo mais original.

Como sabemos, Hegel havia dissolvido o real no pensável, constituindo uma ciência universal e totalizadora das coisas. A verdadeira figura na qual a verdade existe – dizia Hegel – é o sistema científico dessa verdade. A verdade é sistema, é a totalidade do conhecimento como saber absoluto e insuperável do espírito sobre si mesmo. À luz dessa afirmação, podemos compreender como se encontra em Hegel uma primazia da necessidade sobre a liberdade, pois que todos os movimentos do real obedecem a uma lógica inexorável e determinante. Se a história é a história da liberdade, essa liberdade se atua necessariamente e sem percalços ou riscos. A História é um sistema fechado, um mural antecipadamente esboçado, no qual é impossível introduzir qualquer inovação ou possibilidade. Eis por que Hegel havia afirmado que "o pássaro de Minerva só levanta voo ao cair da noite." Assim pois, no hegelianismo, segundo a formulação de Gentile, o pensamento pensado prepondera sobre o pensamento pensante.

Kierkegaard vê no hegelianismo a manifestação máxima da coerção da objetividade despótica aos apelos da vida individual. Contra essa ameaça da objetividade despótica, se ergue o pensar subjetivo. Esse é o pensador que habita o próprio pensamento, o pensador que procura uma verdade pela qual quer "viver ou morrer", não se reduzindo jamais ao parágrafo, à linha ou ao capítulo do livro do pensamento universal. Hegel havia afirmado a identidade entre o objetivo e o subjetivo, dissolvendo este naquele. Kierkegaard afirma, pelo contrário, a diferença irredutível entre o interior e o exterior e a impossibilidade de uma expressão do pessoal e do íntimo numa lei necessária e geral. Essa defesa da subjetividade contra a dissolução do existente humano num processo universal e anônimo levou Kierkegaard ao problema do existencial. Existente é aquilo que se não pode reduzir a uma dialética objetivante e a uma fluidificação no processo de realização do Espírito. Existente é o homem de carne e osso, insubstituível e irredutível ao anonimato do mural histórico. Como diz Kierkegaard: "A multidão é uma abstração que não tem mãos; cada indivíduo tem, no entanto, em regra, duas mãos. E quando esse indivíduo agride Caius Marius com ambas as mãos, estas mãos são *suas* e não as de seu vizinho, e menos ainda as da multidão, que não tem mãos". Essa referência à responsabilidade intransmissível do indivíduo e à gravidade da decisão singular coloca todos os problemas da dialética existencial. A liberdade do indivíduo não faz parte de uma façanha da liberdade suprapessoal e absoluta, mas é sempre o drama *meu* e *teu,* na dramática própria das opções pontuais. Parte do homem um sem-número de linhas possíveis, que nunca se condensam numa via necessária. O possível nunca se deixa apresar pelo necessário, o *novo* nunca pode ser compreendido pelo já realizado. A alternativa, o *aut-aut* permanece sempre aberto diante do homem, gerando sua angústia. Eis por que Kierkegaard afirma que o interior e o exterior nunca se identificam e que o existente não se pode resolver jamais na lógica do pensamento. Ao sistema fechado do pensamento idealista, Kierkegaard opõe a presença viva do pensador existencial e ao processo universal da Ideias, a personalidade concreta do homem diante de Deus. Para Kierkegaard, Deus é aquele que separa, singulariza, isola. O sentimento da heterogeneidade do homem diante de tudo se aguça na experiência religiosa, pois o contato entre Deus e o homem se estabelece no silêncio e no isolamento de uma certeza interior. Se a subjetividade é a verdade, Deus é por excelência a Verdade de uma subjetividade absoluta.

Eis por que Kierkegaard é o grande opositor contra toda religiosidade oficial e contra suas formas estatutárias e objetivantes.

Kierkegaard lançou as grandes linhas do pensamento existencial e seus continuadores pouco acrescentaram de substancial ao seu mundo de cogitações, como observou muito bem Jean Wahl. Essa afirmação não se estende, porém, a Heidegger, que representa um caso à parte no conjunto do pensamento atual.

A primazia do subjetivo, como paixão da subjetividade, se traduziu no existencialismo como subordinação da categoria da necessidade à categoria do possível. Educar-se para o possível, eis o que ensina apaixonadamente o pensador dinamarquês e isso, em primeiro lugar, equivale a aprender a angustiar-se. A angústia surge em nosso ânimo justamente pela representação imaginativa do que "pode acontecer". Quando o estável, o costumeiro e o determinado cedem o lugar à nuvem ameaçadora das possibilidades, o futuro, como pátria do possível, passa a pesar assustadoramente sobre nós, como o espaço de nossas opções responsáveis. Faltando-nos a segurança, o apoio do necessário, a vertigem da liberdade toma posse de nossa mente. O possível devora o real e o próprio passado não consegue fugir à ambiguidade própria do fazer livre. O passado também é uma escolha, uma determinação do nosso "eu". Tornamo-nos infinitamente responsáveis pelo desenho do noso destino individual. A história não pode mais ser compreendida como a realização necessária de um modelo, de uma Ideia, de uma Necessidade, mas passa a ser o tecido de Penélope de uma humanidade sempre *in fieri*.

"Um conhecimento do presente – diz Kierkegaard – não outorga a esse qualquer necessidade; uma previsão do futuro não lhe empresta, igualmente, qualquer necessidade; um conhecimento do passado não o transforma, por outro lado, em algo necessário." E ainda: "Aquele que compreende o passado, o 'filósofo-histórico' é, portanto, um profeta retroativo. Que seja um profeta significa justamente que à base da certeza do passado jaz a *incerteza*, existindo para o passado, do mesmo modo que para o futuro, a *possibilidade* (Leibniz – Os mundos possíveis) da qual seria impossível resultar algo necessariamente. Nada pode abolir a ambiguidade inerente ao já acontecido que, ao refletir-se em nós através do conhecimento, se traduz numa informação ou interpretação possíveis. Por outro lado, o vir a ser não se pondo como uma construção necessária, mas manifestando-se com a linha incerta da ação pessoal, a referência ao vir a ser é suscetível de assumir a forma de ciência demonstrativa".

Sabemos quão profundamente essas ideias influenciaram o existencialismo de Sartre. Para esse, como para Kierkegaard, a liberdade original que se manifesta na escolha é condicionante de toda a realidade que circunda a existência. A liberdade como atividade pro-jetante, como traçado de uma possibilidade de vida, determina a configuração própria do mundo em que vivemos. Tudo o que existe no mundo emerge como contragolpe de um livre traçar de possibilidades, de uma escolha original de fins de conduta.

Para Kierkegaard, o escolhido no ato da escolha é menos importante do que a própria escolha. Se a subjetividade é a única verdade, podemos compreender perfeitamente essa supremacia do ato subjetivo espontâneo sobre o objeto posto pelo ato. O importante é a força íntima da realização existencial, o calor e a paixão verídica da ação. "Se bem me quiseres compreender – diz Kierkegaard – estou pronto a afirmar que o importante na escolha não é escolher o que é justo, mas a energia, a paixão e a seriedade com as quais se escolhe. É nesse ponto que a personalidade se manifesta em sua infinidade íntima e é através disso que a personalidade se consolida." E ainda: "A escolha é decisiva para o conteúdo da personalidade; pela escolha ela se aprofunda naquilo que foi escolhido; e se ela não escolhe, desfalece". Essa ideia kierkegaardiana conduz aos conceitos atuais do existencialismo que colocam na ipseidade existencial a raiz de toda a realidade intramundana. A escolha é um fator constitutivo de todas as coisas e essas são postas pela escolha.

Como encarou Kierkegaard a relação entre o homem e Deus? Por um lado, afirmando a diferença qualitativa entre a realidade finita e a realidade transcendente de Deus, negou a possibilidade de uma passagem intelectual das coisas finitas à realidade divina. Deus está além de todas as categorias humanas, é o absolutamente Outro que só podemos sentir com "medo e tremor". Em resumo, Kierkegaard substitui a uma *analogia entis*, uma *analogia fidei*. Deus, sendo em sua essência subjetividade, não é passível de demonstração ou dedução objetivas, mas unicamente de certificação pela fé, mediante uma transcendência comunicativa.

O PENSAMENTO DO PROFESSOR LUIGI BAGOLINI[1]

Expor as concepções filosóficas de um autor é uma tarefa que implica capacidade de identificação e simpatia, mas antes de tudo desejo de servir à verdade e de submeter-se à sua regra. Devemos evocar a nossa mais forte repulsa contra essas exposições denegritórias do pensamento alheio, tão comuns em nossos dias, que se utilizam dos temas unicamente como pretexto para ferir e difamar. De passagem podendo citar como ilustração dessa atitude indigna os ensaios de K. Löwith sobre Heidegger, onde podemos aferir toda a gama da malevolência e do ressentimento inconfessado, sob as vestes do amor do conhecimento e da vontade de um exame crítico das ideias. Acreditamos que o expositor deve ser antes de tudo um proclamador das verdades eventualmente existentes na obra de um autor e uma voz que se pronuncia pela importância das intuições ínsitas em sua concepção do mundo. O mister crítico e porventura demolidor deve vir num segundo momento, como obra de escrúpulo crítico e não como transbordamento de secretas hostilidades.

O papel da simpatia na compreensão e aferição dos valores culturais é tema caro a Luigi Bagolini, que tem um livro dedicado a esse assunto. A função primordial da simpatia é ampliar

---

[1] "O Pensamento do Prof. Luigi Bagolini", *Diário de São Paulo*, São Paulo, 17 set. 1953. (N. O.)

o nosso Eu, fazer com que vivamos em outros mundos, desdobrando nosso espírito e destruindo as falsas barreiras da objetividade. Esse desdobramento e ampliação do eu é em princípio ilimitado e dá a medida da participação do nosso espírito no mistério original da existência. Como veremos, é a partir do problema da simpatia e da comunicação que Bagolini inicia o seu itinerário especulativo. O nosso autor vem do campo dos estudos jurídicos, pois é professor de Filosofia do Direito da Universidade de Gênova. Já as suas ideias sobre a articulação própria da Filosofia do Direito no âmbito das disciplinas filosóficas merece a nossa atenção. Não devemos admitir, segundo Bagolini, uma ciência filosófico-jurídica distinta e diferente da filosofia *tout court*. A Filosofia do Direito é a própria filosofia atenta à compreensão e fundamentação do sistema jurídico. É a própria mente filosófica em sua aspiração de enfeixar a atuação do Direito no todo da atuação cultural do espírito. Essa atuação global do espírito não deve ser determinada, como pretendia o idealismo, como filosofia. A filosofia não é o processo criador da história, desde que sua eficácia essencial é a de ser interpretadora e não criadora da realidade histórica. As ideias que movem a história não são as noções metafísicas elaboradas pelos filósofos, nem são os motivos propulsores oriundos das teses e cosmovisões filosóficas. Bagolini, portanto, está em luta com as correntes idealistas que prevaleceram na Itália no correr deste meio século. Essa procura de novos caminhos já se havia revelado em seu interesse pelo pensamento anglo-saxão, tendo mesmo escrito importantes trabalhos sobre David Hume e sobre Adam Smith. O que havia sido de certa maneira negligenciado pela filosofia oficial italiana constitui o campo de sua predileção, revelando por outro lado a sua inclinação pelo gosto irracional que emergia da reflexão sobre a experiência própria da índole inglesa.

Dissemos acima que o problema da simpatia e da comunicação intersubjetiva constitui o ponto de arranque de suas elocubrações filosóficas. De fato, se permanecermos fechados em nossa representação das coisas, se pusermos como medida da verdade a nossa perspectiva singular e irrelativa do mundo, tornamo-nos responsáveis por um duplo equívoco filosófico. Em primeiro lugar, transformamos improcedentemente o movimento da história num giro antropocêntrico e, mais que isso, num movimento convergente em direção à nossa efêmera maneira de ser. Assim, Croce compreendeu toda a massa de fatos históricos do Ocidente como um processo teleológico, visando a produção de sua específica maneira de ser de homem liberal burguês, com sua praxiologia específica dentro da história. O marxismo peca pelo mesmo defeito, isto é, por imobilizar uma determinada perspectiva das coisas e a seguir englobar a marcha ingente dos fatos num movimento vetorial tendente para um ponto fixo. Para Bagolini, o característico dessas formulações filosóficas é de serem variedades do imanentismo. O traço característico dessa forma de pensar é o ódio contra a alteridade, é o desejo de absorver tudo numa produtividade centralizada e irrelativa. Em segundo lugar, entretanto, o imanetismo nada mais significa do que a ruptura da comunicação, o fechamento à alteridade do outro, a cessação do diálogo. Para que haja comunicação e diálogo é necessário superar a incondicionalidade das próprias posições, relativizar as nossas formulações da verdade e admitir finalmente que a realidade absoluta é superabundante e excedente em relação às nossas apreensões particulares. Entretanto, o que transcende o nosso conhecimento e as nossas formulações da verdade é o Mistério. Não devemos procurar o absoluto no nível de nossas representações particulares das coisas e em geral no conhecimento filosófico do mundo, desde que o absoluto é o excedente, o mistério, o que está além do conhecido. Apesar de não poder ser captado pelo conhecimento, apesar de ser o não-cognoscível por essência, o mistério se manifesta na história e recebe aqui uma particular conotação. O mistério age confiscando a absolutidade das posições metafísicas e permitindo e suscitando a comunicação e o diálogo. Como absolutamente transcendente, o mistério não pode evidentemente ser um momento noemático. Mas como instância hipernoemática, a noite do mistério liberta o espírito da falsa luz das posições ciumentas e exclusivas, para a comunicação festiva da verdade. A verdade surge do diálogo das verdades, emergindo da liberdade em relação ao mistério. Se tudo fosse conhecido por mim, isto é, se não houvesse mais a presença do incerto, do insondável e do mistério, eu não necessitaria mais dialogar, vivendo como aquele personagem de Stefan George rodeado pelo lapidário fosforescente de minha própria sabedoria. Uma experiência mais profunda nos adverte que o despotismo do conhecimento absoluto nada mais significa do que a obliteração da consciência para o domínio transcendente. Bagolini serve-se das conclusões do historicismo para alicerçar a sua peculiar maneira de pensar. Os enunciados e representações sustentados pelo agente histórico sobre o mundo, o homem e a sociedade estão sujeitos a uma alteração temporal constante. O pluriverso das concepções do mundo transforma cada uma dessas concepções num Mito. É a força irracional do mito que desenha uma imagem do mundo, imagem na qual estamos coimplicados como atores da cena histórica. Não são portanto as ideias racionais que criam o círculo de valores que impulsionam a história, mas sim as ideias-forças oriundas das fantasias míticas. Lembramo-nos, nesta concepção bagoliniana do mito, menos da escola mitológica alemã, do que das ideias de Leopardi sobre a Ilusão propulsionadora da vida. O mito é justamente o autêntico *Wert-setzend Princip*.[2] O pensamento move-se, portanto, no já dado da formulação esboçada pela imaginação irracional, pela força artística da ilusão transcendental. O pensamento filosófico trabalha sobre esse já dado, é uma interpretação mítica e não, como pensam os idealistas, uma produtividade espiritual própria. O homem coenvolvido pela força plasmadora da imaginação ou da ilusão transcendental vive no tempo e na história. A antropologia filosófica contida nas asserções de Bagolini esclarece-nos que o homem não é, entretanto, um súdito exclusivo do poder histórico da ilusão. O homem possui a capacidade de resistir ao tempo e à história, de superar a ilusão criadora

---

[2] Princípio valorativo. (N. O.)

de mitos, pondo-se em contato com o que é imutável e eterno. Já o simples fato da comunicação e do diálogo é um sinal dessa possibilidade de vencer o dinamismo da história por pressupor uma intervenção surda do mistério. A recusa à comunicação contida no fechamento das concepções do mundo é contrarrestada pela Recusa da recusa que é a gravitação do mistério sobre a vida. O homem portanto é um ser paradoxal que existe em duas esferas, a saber, na esfera da história e na esfera transistórica, na esfera da recusa e na esfera da Recusa de recusa. O mistério é a realidade transcendente que fluidifica e dilui a recusa, permitindo o formar-se de um sentido filosófico do que transcende o tempo. A criatura humana, como síntese paradoxal, não pode resolver-se nem em pura historicidade, nem num elã mítico e estático. A raiz híbrida do homem supõe, segundo Bagolini, uma dialética paradoxal na qual podemos descobrir os vestígios da temática cristã.

A religião continua a ser o grande documento histórico desse movimento para o transcendente, independentemente do fato da certeza objetiva dos conteúdos religiosos. A religião é uma abertura e uma disponibilidade para o eterno, um transcender o tempo que afirma a sua veracidade em seu próprio fazer-se. A tendência da aspiração religiosa é o próprio resultado da atuação do transcendente sobre o tempo, mas que acaba por retirar ao tempo o seu império inconcusso. É a realidade inobjetivável do mistério que torna a vida sobrecarregada com as cores do pecado e do transviamento. A consciência do mal é um índice dessa incidência vertical da ordem superior do mistério sobre a conduta irrequieta da história. É o mistério como um puro transcendente que torna todo o ente suspeito e suscetível de caução. A suspeita das possibilidades oferecidas pela circunstância se manifesta na predisposição para o diálogo, no pôr em suspensão o suspeito, para uma aferição espiritual numa relação simpatética criadora.

Luigi Bagolini, apesar de ter em sua bibliografia um sem-número de trabalhos de crítica filosófica e de afirmação de pontos de vista, ainda não deu uma redação definitiva a essas suas ideias. Tendo já exposto em círculos restritos e em forma oral o conteúdo de suas reflexões, elabora presentemente e em forma definitiva essas suas postulações filosóficas. Reconhecendo toda a importância e o interesse das ideias de Luigi Bargolini, devemos aguardar a publicação de sua obra para uma congratulação ou uma crítica honesta de suas proposições. Pelo conhecimento que temos desse mestre de filosofia, que interpreta em gestos de vida e de ação as suas concepções especulativas, podemos desde já pressentir o valor de suas concepções filosóficas.

Filosofia do Direito[1]

Homens há cujas realizações no domínio da cultura constituem sempre uma surpresa e quase um acidente, não fazendo parte da linha central de sua evolução temporal. Outros, pelo contrário, em que o acidente e a surpresa seriam justamente a não realização nesse domínio, de tal forma sua vida é continuamente entretecida com o pensamento e com a vida do espírito. Nessa última classe devemos incluir, sem dúvida, a figura de Miguel Reale. O aparecimento dos dois primeiros volumes de seu tratado de *Filosofia do Direito* (Edição Saraiva, São Paulo, 1953), se por um lado assinala uma etapa importantíssima no processo cultural brasileiro, é por outro uma consequência necessária dessa ocorrência singular que constitui a presença de Reale no hemisfério intelectual do país. Dificilmente encontraremos alguém que tenha contribuído mais para a alteração da fisionomia cultural de nossa terra e, que de maneira mais decidida, tenha feito coisas que mais exorbitem as sequências rotineiras. Quem se afirma com realizações de grande vulto neste país é porque já conseguiu previamente muitas batalhas, superando em si e fora de si o negativismo, o desestímulo, a incompreensão e a surda hostilidade. Um dos aspectos da personalidade de Miguel Reale que mais nos impressiona é justamente o do homem totalmente

---

[1] "Filosofia do Direito", *Diário de São Paulo*, São Paulo, 21 nov. 1953. (N. O.)

projetado tanto no campo do pensamento como no da ação, em busca de uma concretização dos ideais que defende em sua filosofia da vida e do direito.

Gostaríamos de apresentar um apanhado sinótico das concepções filosóficas contidas no primeiro volume ora publicado, que muito longe de ser unicamente uma propedêutica didática, nos proporciona uma representação das ideias filosóficas do autor. É interessante como toda a linha de desenvolvimento da exposição se põe, na sequência dos capítulos, em constante polêmica e diálogo com o positivismo e correntes similares. O relatório dos fatos e dos fenômenos, o conhecimento fático da natureza, súmula da sabedoria positivística, não esgota – segundo Reale – as possibilidades do conhecimento da realidade do homem e do mundo. Afirma Reale que o ser do homem é o seu dever ser. Eis por que o inventário do que está aí, dos fatos e das coisas, é insuscetível de abrir o horizonte em que se revela a realidade do homem, da sociedade e do direito. "Sobre uma ordem de coisas naturalmente dada, o homem constitui um segundo mundo, que é o mundo da cultura. Só o homem é um ser que inova, e é por isso que só o homem é capaz de valor. No fundo, chegaremos à conclusão de que o problema do valor reduz-se à própria espiritualidade humana". Sentimos nessas páginas configurar-se a ideia de que a vida é um processo ex-cêntrico, determinado sempre pelo que a transcende, no sentido de que o processo cultural só pode ser devidamente compreendido através da esfera dos valores. Entre os valores que, como focos de atração excêntricas da ação histórica, pesam sobre o coração dos homens, devemos destacar primeiramente o homem como fonte de valor; evidentemente, não o homem como pedaço da natureza, como realidade biopsíquica, mas sim como força referida ao plano axiológico e continuamente tendente a plasmar o determinável da natureza. A *Bildungstrieb*[2] contitui a essência da pessoa que, por sua vez, é a fonte de promanação do cosmorama axiológico.

---

[2] Impulso valorativo. (N. O.)

Em conformidade com essa dicotomia entre o conhecimento do que é e está aí e o conhecimento prospectivo e excêntrico do dever ser, delineiam-se duas vertentes científicas. Reale, seguindo uma tradição ponderável da historiografia alemã, distingue duas classes de conhecimentos: o conhecimento natural e o conhecimento histórico-cultural. O Instrumento próprio da indagação dos fenômenos históricos e propriamente oriundos da atividade humana é a compreensão, o *Verstehen* diltheyano. Como diz o autor, "compreender não é ver as coisas segundo nexos causais, mas é ver as coisas na integridade de seus sentidos ou de seus fins, segundo conexões determinadas valorativamente". Enquanto as ciências da natureza procuram explicar os fenômenos ligando-os retrospectivamente às suas causas, o conhecimento das coisas humanas exige uma compreensão das finalidades e sentidos, dos projetos perseguidos nas concretizações e objetivações histórico-culturais. Assim, acrescenta Reale: "A distinção entre explicar e compreender corresponde à que já foi feita entre 'ser' e 'dever ser', ou seja, entre nexos de causalidade e nexos de finalidade. Esses pressupõem aqueles, para a sua realização, mas não têm sua natureza determinada pelos efeitos da realização mesma: há valores que nos enlaçam como fins supremos, muito embora não nos seja dado realizá-los integralmente".

Parece-nos importante determinar a acepção que Reale empresta ao plano dos valores. Discordando das concepções de Nicolai Hartmann e de Max Scheler que dotam o mundo dos valores de uma objetividade absoluta em relação ao sujeito, Reale vê na fulguração axiológica uma projeção do próprio espírito humano, em seu vir a ser suprapessoal e universal. "Trata-se, porém, de uma objetividade relativa, sob o prisma ontológico, pois os valores não existem em si e de per si, mas em relação aos homens, com referência a um sujeito." Vemos, portanto, que os valores não incidem na História como cometas vindos de outras regiões, arrancando o homem do mecanismo da naturalidade. Pelo contrário, o horizonte axiológico é a autointuição do próprio dever ser humano enquanto tarefa esboçada e prospeccionada. Na expressão do autor: "O valor, portanto, não é uma projeção da consciência individual, empírica e isolada, mas do espírito mesmo, em sua universalidade, enquanto se realiza e se projeta para fora, como consciência histórica em que se traduz a inter-ação das consciências individuais".

Esses valores que, como polos de atração, desencadeiam toda a ação que se leva acima da mera repetição natural, estruturam-se numa ordem necessariamente hierárquica. Cada época histórica é determinada pela preponderância de um ou mais valores, que condicionam a parte mais relevante e central da ação intersubjetiva do momento histórico. Segundo o autor, uma época é definível pela ordenação de valores, de tal maneira que "cada tábua de valores corresponde a uma concepção do universo ou da vida". No que diz respeito, entretanto, à encarnação do valioso nas obras e fenômenos da História, Reale, apesar de reconhecer o que há de verdadeiro na concepção cíclica da História, não aceita o monadismo das culturas que fecha a experiência dos valores e das realizações espirituais em âmbitos conclusos e intransitivos. Admite, pelo contrário, algo de permanente e de constante na cultura, através dos diferentes ciclos, e como que crescendo da experiência humana no decorrer da História.

O desenvolvimento filosófico e a elaboração da problemática histórico-filosófica, nesse primeiro volume, é constantemente cotejada com as possíveis repercussões no campo do Direito, de forma a nos fazer sentir a importância dos pressupostos filosóficos na fundamentação da ordem jurídica. O Direito, para Reale, não é um sistema de normas técnicas e de expedientes úteis para a realização de uma certa harmonia de interesses materiais. É, pelo contrário, uma produção espiritual que garante o próprio desenvolvimento da consciência humana, pondo-se "como a possibilidade de realizar novos bens valiosos". O Direito expressa aquele valor que possibilita e abre campo à realização de todos os outros valores. Sem uma sociedade ordenada pelo Direito e pela garantia do comportamento livre do homem, seria inimaginável o desenvolvimento espiritual da espécie e a tutela das obras meritórias do gênio criador. No capítulo final do primeiro volume, que tem como título "Bem pessoal e bem coletivo", Reale procura analisar as tendências que ora se disputam no que diz respeito às grandes concepções da Justiça e do Direito. Uns veem na realização da felicidade e do bem individual a meta precípua do esforço da civilização: é o assim chamado Individualismo. Outros, desenham o bem do todo social como uma necessidade histórica e como um valor que exige os desvelos e sacrifícios do átomo individual. Entre o individualismo e o transpersonalismo desenrola-se o drama ideológico de nossos tempos. Reale procura antes uma solução conciliadora, não admitindo quer o predomínio do indivíduo, quer o predomínio do todo social, mas buscando uma harmonia entre as exigências da ordem social e a felicidade individual. Se para Reale o homem é o valor fundamental, não seria concebível em sua linha de cogitações um aniquilamento do eu pessoal numa tarefa social oprimente. Contudo, esse Eu que constitui o próton, não é um ser, mas um "dever-ser", isto é, um contínuo transcender e uma tarefa da liberdade. Entretanto, através desse núcleo de liberdade que constitui o ser do nosso ser, somos devolvidos à realização daqueles bens de índole universal e coletiva, desde que a liberdade nada mais é do que a realização do universal. O homem não deve ser governado pelas coisas, mas sim deve governá-las, considerando as representações da natureza como simples pontos de apoio de seu impulso criador. Nessa tonalidade fichteana do pensamento de Reale, que deposita uma confiança ilimitada no poder divino da liberdade, encontramos uma das linhas mestras do seu tipo de filosofar. Quer-nos parecer, no entanto, que se o pensamento ético do autor respira um sentido francamente idealista, o mesmo não se dá no que tange à sua gnoseologia. Esse é um dos pontos que daria margem a algumas considerações críticas, desde que não sabemos como é possível fugir – nesta altura da elaboração filosófica – às críticas definitivas que o idealismo moveu contra o realismo. O autor, querendo conceber o conhecimento como uma colaboração do sujeito e do objeto, extrapola um fator que não pode ser independentizado do polo subjetivo, e com esse fator fantasmal pretende construir o conhecimento. Não há um objeto além da apreensão subjetiva do objeto, e esse continuará sendo o eterno *leitmotiv* da posição crítico-idealista. Acrescenta-se, porém, que não tendo o autor explanado suficientemente esse aspecto gnoseológico (o que fugiria ao plano de intenções de seu livro), as nossas observações se apoiam unicamente em afirmações algo implícitas.

Todo o livro é um documento de vindicação do humanismo, desse humanismo que se revela hoje em dia em toda a sua perplexidade. Quando o homem se volta contra o humano, a legitimidade da civilização antropocêntrica já não é uma evidência inconcussa. O livro expressa, portanto, a coragem de uma opção e nisso se afirma o seu valor fundamental. A bibliografia brasileira conta, pois, com uma obra de singular importância, escrita num estilo límpido e acessível e que mobiliza em sua problemática toda a cultura mais significativa do presente momento histórico.

Centenário de Schelling[1]

Transcorrendo neste ano o primeiro século da morte do grande filósofo germânico Friedrich Wilhelm Joseph Schelling (1775-1854), o Instituto Brasileiro de Filosofia considerou oportuno incluir a celebração dessa efeméride na agenda do Congresso Internacional de Filosofia. Para esse encontro filosófico foi convidado um dos maiores especialistas na filosofia de Schelling, professor Benz, da Universidade de Heidelberg, sendo além disso esperadas inúmeras comunicações sobre o tema.

O destino do pensamento de Schelling é análogo ao de muitos outros expoentes do pensamento – Kierkegaard, Bachofen – que depois de um longo esquecimento são subitamente redescobertos em toda sua palpitante originalidade. Entre os titãs do Idealismo alemão, constituído pela tríade Fichte, Hegel, Schelling, é sem dúvida este último que atualmente monopoliza a atenção do mundo culto, alternando-se os pronunciamentos sobre a importância decisiva de sua obra, não só parte dos filósofos propriamente ditos, como também por parte dos etnólogos e historiadores da religião. Como intérprete dos fenômenos religiosos e míticos da história da humanidade, com o elaborar de uma dialética das imagens do Divino que gravitaram sobre a face da terra, Schelling se afirma como um filósofo em plena vigência. Em última análise, a ideia

---

[1] "Centenário de Schelling", *Diário de São Paulo*, São Paulo, 11 abr. 1954. (N. O.)

central do seu pensamento se consubstancia na tese de que a matriz das transformações radicais da História se encontra no domínio mítico-religioso, sendo a consciência humana determinada e plasmada em todos os seus modos de ser pelo que ele denomina o processo teogônico. Poder-se-ia objetar que nesse aspecto não existiria uma diferença radical entre o seu pensamento e o de Hegel, pois este último afirmou repetidas vezes que a representação que os homens fizeram de si mesmos dependeu sempre da ideia que nutriam acerca de seu deus ou de seus deuses. Lemos, com efeito, em suas *Vorlesung ueber die Philosophie der Religion*[2] (Georg Lason, 1927): "Um Deus iníquo, uma divindade natural, tem por correlato uma humanidade iníqua, natural e não livre; o conceito puro de Deus, o Deus espiritual, tem por correlato uma consciência humana livre, espiritual e realmente cônscia de Deus". Qual a diferença existente entre o pensamento religioso de Schelling e o de Hegel, apesar dessas analogias aparentes? A grandeza do juízo de Schelling sobre a religião descansa na decisiva defesa de uma plena transcendência e exogenia dos entes divinos que popularam a História. Esses entes não foram, segundo ele, meros fantasmas urdidos pelos homens sob a pressão do temor e da esperança, nem fantasias do inconsciente projetadas na tela do céu. O processo mitológico, segundo Schelling, confecciona a consciência real da humanidade, oferecendo as possibilidades historiáveis em cada momento do tempo. Os deuses e seus mitologemas não são qualquer coisa de feito pelo homem, mas sim de já encontrado, de previamente dado, como assinala muito bem Karl Kerényi, em sua obra *Die Antike Religion*.[3] Essa plena autonomia e independência em relação à consciência humana dota o fenômeno religioso de uma seriedade e gravidade que haviam sido negligenciadas pelo positivismo. "Quem perguntar – afirma Schelling – como espíritos tão cultos como foram os gregos podem ter acreditado na realidade dos deuses, como Sócrates pôde ordenar sacrifícios, como o socrático Xenofonte, general do

---

[2] Discursos sobre a Filosofia da Religião. (N. O.)
[3] A Religião Antiga. (N. O.)

exército, pôde ter sacrificado, ele mesmo, por ocasião da famosa retirada etc., quem formular tais perguntas demonstra que ainda não alcançou aquele ponto da cultura em que o ideal é real e muito mais real do que o chamado real. Num sentido superior, os deuses eram para os gregos mais reais do que qualquer coisa real".

No pensamento de Hegel, diferentemente, as representações divinas nascem e se desenvolvem na consciência humana, tendo razão Dilthey quando afirmou que todo o hegelianismo é um antropocentrismo. Pelo contrário, em Schelling, as potências que comandam a sucessão das formas religiosas estão além da consciência humana, gozando de uma vida livre e independente e de um poder determinante transumano. A filosofia da mitologia constitui o ponto culminante do pensamento schellinguiano, não só em relação ao interesse de nossa época, como na própria consciência do filósofo que se preparou toda a vida para essa visão grandiosa da história dos deuses. Mesmo em outras fases do seu pensamento, deparamos com a ideia de que o Absoluto, a realidade última é excedente e superabundante em relação à criatura finita e ao seu drama histórico. O absoluto realizaria os seus próprios desígnios, sendo os modos finitos e as formas humanas de ser meras sombras dessa história maior que o absoluto desempenha dentro de si mesmo. Uma tal filosofia já desenha a ulterior filosofia teogônica de Schelling, com o seu pensamento dos processos que se desenrolam além da nossa estatura e que, entretanto, por mil e uma ramificações atuam em todo o vir a ser das coisas humanas.

Outro ponto que queremos ressaltar é o de que a filosofia da vida contida nos escritos schellinguianos sobre o processo natural é do mais alto interesse e se distingue nitidamente do vitalismo bergsoniano. Schelling e Bergson colocam como origem das formas vivas um impulso criador, uma produtividade ou atividade morfogenética, que vai se expressando nas fomas ascensionais da vida. É a liberdade que cria instrumentos cada vez mais dúcteis para a sua expressão. Em Schelling, entretanto, o processo natural liga-se ao processo teogônico, dependendo deste, estabelecendo-se misteriosas relações entre os momentos da evolução da vida e as dinastias divinas. Para Bergson, entretanto, a vida é compreendida como o processo de uma liberdade sem mistérios, como uma liberdade civil e agnóstica, decalcada no modelo das operações humanas de uma sociedade burguesa. Considerar a vida e os deuses como expressões de uma *imaginatio* macrocósmica que enche os teatros do mundo, eis um dos feitos maiores do pensamento schellinguiano. Nenhuma comemoração, portanto, mais significativa e oportuna do que essa, ao grande representante do Idealismo alemão.

SOB O SIGNO DE HOBBES[1]

Nunca foi afirmada de maneira tão incisiva a dependência e a tributariedade do homem em relação aos outros homens como no pensamento existencialista atual. O elemento social na estrutura da personalidade seria de tal forma avassalador e constitutivo, que quase poderíamos dizer que nos vemos com os olhos dos outros. A filosofia vive uma época antissolipcista, multitudinária, em que o papel de prioridade da coexistência é sempre revelado em relação à tomada de consciência individual. Poderíamos imaginar que essa ênfase na formação coletiva do Eu refletisse, no plano do pensamento, uma intensificação dos elos de solidariedade e de compreensão entre os homens, uma volta do sentimento *comunitário* sobre a face da terra. Nada mais falso, entretanto, do que essa suposição.

Numa verdadeira comunidade o homem não está diante de outro homem como um sim diante de um não, como duas forças hostis, mas como dois elementos sinérgicos comprometidos num desígnio superpessoal de atinência coletiva. Ao contrário do que havia postulado Hobbes, os estádios iniciais e pré-históricos do homem não consagrariam uma *bellum omnia contra omnis*,[2] um estado de colisão universal do Eu. Como poderia acontecer

---

[1] "Sob o Signo de Hobbes", *Diário de São Paulo*, São Paulo, 20 jun. 1954. (N. O.)
[2] Luta de todos contra todos. (N. O.)

o Estado imaginado por Hobbes, numa fase em que os interesses pessoais ainda estavam dissolvidos em interesse da tribo, em que a consciência era excêntrica a si mesma? Os testemunhos da etnografia são unânimes em comprovar o solidarismo absoluto da vida arcaica e dos povos que, ainda hoje, conservam o estilo comunitário de vida. O que poderíamos afirmar – e agora com razão – é que Hobbes projetou no passado um estado social que realmente deveria realizar-se, uma verdade futura e não uma verdade passada, um momento necessário das sociedades decadentes. Toda cultura termina na guerra de todos contra todos, na desagregação dos vínculos sociais com o correlativo caos de interesses, finalidades privatísticas e paixões. Instaura-se o caos psicológico, teleológico e étnico, o regime do vandalismo individual. É muito conhecido o texto de um papiro egípcio que data de 2 mil anos a.c., e onde vem descrita a situação dramática do país que se precipita na anarquia final: "Por toda parte surgem salteadores... não se ara mais a terra e todos dizem: não sabemos o que ocorre com o país... Há imundície por toda a parte e ninguém mais traz suas vestes limpas... A terra gira como o torno do oleiro... Já não há mais homens... Ouro e lápis-lazuli cingem o colo das escravas... Fanou-se o riso... Grandes e pequenos dizem: que não me tivessem dado a vida..."

Esse papiro que atravessou os séculos nos apresenta vivamente, não o estágio pré-estatal do mundo egípcio, mas sim o seu estádio pós-estatal, quando a ideia estelar que presidia o seu desenvolvimento mergulhava no horizonte. O testemunho dos grandes espíritos e a experiência da vida nas sociedades contemporâneas persuadem-nos de que entramos definitivamente num desses sombrios dias da História. O homem passou a ver o outro como um adversário, um competidor, algo que em lugar de potenciar-lhe a vida, representa uma ameaça ao seu modo de ser. *L'enfer c'est l'autre*, afirmou Sartre, resumindo a experiência da convivência social em nossas sociedades "civilizadas". Não existe mais uma concepção da vida e do mundo que abrace todas as consciências, irmanando-se num mesmo anelo de realizações e fazendo-as superar sua litigiosidade interna. O homem está só diante de outro homem, face a face, sem qualquer foco extrínseco que pudesse orientar a bússola das vontades. Paradoxalmente, o mesmo pensamento filosófico existencialista que pôs em realce o papel do Outro na constituição de cada consciência, que mostrou como o ser-para-o-outro é um fator essencial da nossa existência, esse mesmo pensamento descreveu o comparecimento do Outro, no campo da consciência, como um evento constrangedor, limitador e negativo. O olhar do outro nos fixa, nos diminui, nos objetiva; o outro põe em perigo a nossa liberdade, transcrevendo de forma condicionadora e imeritória o nosso ser. É certo que essa fenomenologia da consciência do Outro, que encontramos em Sartre, expressa, não uma estrutura imutável e ontológica da consciência, mas um modo de ser do homem do divino e reduzida a si mesma. Passou desapercebido a Sartre o fato de que a representação e o conhecimento do Outro, e o próprio tipo de convivência inter-humana é um dado variável através da História das Culturas. Nem sempre, portanto, o olhar do outro incidiu sobre a consciência como o olhar da Górgona. Contudo, o que o filósofo francês captou admiravelmente foi a forma de revelação vigente nas sociedades individualistas em decomposição. Nesses núcleos aberrantes, de fato, *l'enfer c'est l'autre* e a vida tornou-se uma guerra de todos contra todos.

 Aplicando essas considerações ao espaço social brasileiro, onde a crise parece ter atingido suas vibrações mais fortes, vemos como os vínculos de simpatia social foram extirpados quase por completo. Arrastam-se pelas ruas das cidades brasileiras tipos físicos e mentais incompatíveis e antagônicos, homens de passado totalmente diverso e cujo futuro não pode ser fundido numa civilização homogênea, que reflita um sentido vital brasileiro.

O NOVO CETICISMO[1]

Haverá alguma verdade hoje em dia que não seja patrimônio de uma classe, de um grupo ou do modo de ser de um determinado tipo humano? Falamos hoje em concepção burguesa da vida, em concepção proletária, fascista, eclesiástica etc., atribuindo sempre um sistema de opiniões e de conhecimentos a um grupo diferenciado dentro da sociedade humana. A sociologia do conhecimento foi fértil em suas tentativas de reduzir a apreensão indicativa do mundo e dos valores a um estrato social particular, onde teriam origem essas formas mentais. As representações e ideias relacionar-se-iam não só com as coisas, como denunciariam ao mesmo tempo os seus produtores e portadores, o homem que as projetou sobre a tela do mundo. O pragmatismo deu involuntariamente uma grande garantia a essa sociologização do conhecimento, analisando o pensamento como um enorme sistema operacional montado sobre as coisas, como um sistema de instrumentos diáfanos, apto à consecução de determinadas finalidades propostas pela vida. A veracidade de uma ideia, devendo ser medida pelos seus resultados práticos, pela sua capacidade de concretizar certos desígnios colimados, as funções mentais passaram a depender da vontade empreendedora de determinada classe de homens. A ação devorou o conceito, passando a ser

---

[1] "O Novo Ceticismo", *Diário de São Paulo*, São Paulo, 8 jul. 1954. (N. O.)

o conceito o mero programa de ação, um simples implemento provisório e efêmero de efetivação de uma ação vitoriosa sobre o mundo. O decisivo passou a ser eficiência da ação, sendo o elemento lógico e mental substituível ao infinito em aras de um comportamento cada vez mais profícuo. Essa ação, entretanto, na evolução das ideias, não foi mais compreendida como aquela ação espiritual, aquela *Tathandlung* que Fichte e mais tarde Blondel situaram no âmago da realidade e que Goethe já havia imortalizado em sua paráfase do Evangelho de São João: "No começo era a Ação". Pelo contrário, a ação passara a significar um processo utilitário e centrípeto, uma ação industrial e econômica que buscava no mundo das ideias unicamente uma racionalização e autojustificação.

Hegel, na *Fenomenologia do Espírito*, mostrou como um universo de ideias e de termos lógico-operativos havia emergido, através da dialética do senhor e do escravo, da consciência trabalhadora e do árduo trato das classes inferiores com a realidade circundante. Segundo ele, a consciência trabalhadora foi o ponto de irradiação dos conceitos sublimes da física matemática e a pré-história humilde de um domínio matemático da natureza. O escravo e o trabalhador, em sua faina de medir, pesar, mover, transportar, construir na matéria, teriam preparado o acervo de formas interpretativas que floresceriam depois, na mente renascentista, numa concepção física, ou melhor, numa concepção trabalhadora da realidade. Atrás da ciência, também nesse caso, estaria o homem e a sua experiência sofrida das coisas. O homem atado e jungido às coisas constitui uma ciência das coisas que as deveria vencer e aniquilar. O trabalho, segundo Hegel, é uma negação ou transformação das coisas. O pensamento científico-natural nada mais foi, a seguir, do que uma negação refinada, enérgica e total do sistema de resistências que se opunha à classe trabalhadora. Por todos esses motivos e por outros, que não cabe aqui analisar, no registro do pensamento contemporâneo o próprio pensamento foi reconduzido ao sujeito social na concretidade do seu modo de ser. O resultado imediato dessa recondução foi a instauração de um novo tipo de cetismo e de fanatismo. Ceticismo, pela total desqualificação das formas mentais dos grupos sociais adversos e hostis e consequente qualificação como mera ideologia de classe – filosofia burguesa, poesia proletária, estética nazista etc. Fanatismo, enquanto a própria ideologia, apesar de como tal ser considerada, é afirmada como uma virulência exclusivista jamais conhecida.

Esses fatos expressam, no fundo, uma fragmentação do mundo cultural em sistemas anisótropos que desafiam qualquer impulso de comunicação e de cooperação intelectual. Como essa múltipla fratura da inteligência se dá não só no campo do conhecimento, como também na literatura, na religião, na arte e na política, o termo cultura não designa mais nada de unívoco e preciso. O mundo ocidental hospeda hoje uma pluralidade de estilos culturais totalmente heterogêneos e extrínsecos que não fazem soma na constituição de uma cultura única. Esse dado é muito mais expressivo nos tormentos da alma contemporânea do que a dicotomia entre a cultura e a especialização, pois essa última ainda supunha um referencial cultural unitário que devia ser conciliado com a unilateralidade do saber especializado. Agora, pelo contrário, nos defrontamos com uma pluralidade de ideias culturais, expressivas, de tipos humanos não compagináveis e que se excluem mutuamente, qualquer possibilidade de superação das diferenças de saber ou de cultura devendo ser tida como um sonho de uma noite de verão. Não é exagero dizer que, passando de uma dessas ideologias para a outra, o homem culto, segundo uma versão, é o bárbaro e segundo a outra, o que denota bem a crise a que chegamos e os dias confusos que teremos de atravessar.

A SITUAÇÃO ATUAL DA FILOSOFIA[1]

Quando se alude à situação atual de qualquer coisa, à última "performance" de um determinado empreendimento humano, podemos estar certos de propor algo que condiz com a sede de informações desta segunda metade do século XX. Não existe tendência mais pessoal de nossos dias do que a que impele a estar ao corrente dos fatos culminantes e decisivos em todos os setores. Devemos reconhecer que não se trata, nesse caso, de uma curiosidade malsã como em outros tempos, pois se por todas as partes se amontoam presságios aflitivos, o conhecimento e os feitos da ciência, da tecnologia e do pensamento político-ideológico contribuíram decisivamente para alçar o grande espantalho que se nos defronta. Sabemos que as proezas da inteligência não revestem mais o caráter de inocentes travessuras da mente individual, mas sim de realizações que podem pôr em xeque o conjunto do destino mundial. Um certeiro instinto de conservação põe a consciência num alerta permanente, numa procura afanosa de informações e furos "noticiosos", na espectativa de acontecimentos intelectuais que poderiam acometer desastrosamente a ordem vital em curso.

---

[1] "A Situação Atual da Filosofia", *Diário de São Paulo*, São Paulo, 18 jul. 1954. (N. O.)

Se o conhecimento assumiu em geral o papel do aprendiz-feiticeiro, poderíamos indagar se no setor do pensamento filosófico as consequências intelectuais mostram uma fisionomia mais tranquilizadora. Não pretendemos traçar aqui um *digesto* das doutrinas e cosmovisões mais notórias, mas unicamente assinalar certas ideias com as quais se deve contar daqui por diante e que designo como o ponto de partida de futuras elaborações.

A ideia central do pensamento filosófico atual é a ideia da finitude radical do homem, a ideia do homem como *res derelicta* nas praias do mundo. O alcance espantoso dessa ideia, entretanto, não foi bem compreendido nem por certos insígnes expositores do pensamento existencialista. A finitude de que aqui se trata não é a que comparece, por exemplo, no pensamento idealista como antítese do Infinito, como limitação deste Infinito, como forma ou configuração continuamente desfeita pelo processo infinito do espírito. O conceito da finitude expressa agora, pelo contrário, o estado de subordinação de todo o modo de ser do homem, concebendo-o como um ser lançado ou abandonado ao seu estatuto próprio. O homem é um ser jungido ao seu grupo de possibilidades constitutivas, ao seu papel dramático próprio, sendo esse papel e esse drama confeccionado por poderes transumanos. As possibilidades hominídeas de ser, isto é, o próprio homem constitui a repercussão de um gesto de prodigalidade que desenha o papel que o homem histórico pode em cada caso desempenhar. A liberdade humana só pode exercer-se nesse campo já dado, nesse mundo inaugurado por essa fonte de prodigalidade que põe à disposição um espaço de ações possíveis.

Essas ações possíveis constituem o papel histórico e, ao mesmo tempo, o mundo da liberdade e o mundo da finitude. O homem não pode cavalgar e superar esses limites de sua liberdade, sendo no fundo toda a liberdade uma liberdade lançada no mundo. A finitude do homem consiste justamente nesse ser empolgado por um papel, nesse ser remetido a si mesmo através de um Poder que escapa ao seu controle. Além da esfera das decisões humanas, do optar por isso ou por aquilo, o pensamento vislumbra uma nova dimensão, a dimensão do Ser onde se operam aquelas "decisões" que fundam o cenário das decisões finitas do homem. O tipo de mundo em que vivemos, a representação que temos de nós mesmo, os valores e os deuses que cultuamos, tudo isso nos é oferecido pronto com o alvorecer de um ciclo de civilização. Nós nos limitamos a operar dentro dos caminhos pré-traçados pela capacidade projetante do Ser. Heidegger costuma dizer que o Ser é o domínio do projetar, sendo em si mesmo um puro projetar, uma abertura de mundos, uma iluminação que esboça o perfil das coisas e de nós mesmos. Todos os entes que conhecemos são dispensados ou oferecidos por esse ofertar do Ser ou por esse Ser que é um puro ofertar. O pensamento filosófico desse Ser é a tarefa ingente da filosofia atual. Esse pensamento deve pensar uma realidade que é uma não-coisa, um não-ente, que está além de todos os entes e que entretanto os revela, ilumina, desoculta e projeta. O pensamento do Ser, sendo o pensamento de um não-ente, dever-se-ia identificar com o pensamento do Nada. O Ser e o Nada são termos que aparecem frequentemente nas páginas dos filósofos atuais. Entretanto, o Nada da filosofia atual não expressa uma privação vazia de sentido, mas sim uma plenitude dadivosa, um *ploutos*. O Ser pode manifestar-se como Nada, quando confrontando com as coisas, quando experimentado como um poder que derroga a validez independente do mundo convencional em que vivemos. O Ser e o Nada expressam no pensamento atual uma plenitude que exorbita e excede o mundo estereotipado dos símbolos linguísticos de nossa cultura. Esse *ploutos* do Ser transforma em idiossincrasia e subjetivismo, em aspecto faccioso e unilateral, à perspectiva que comanda a nossa existência. Do ponto de vista do pensamento do Ser, todo pensamento tradicional deve ser superado como expressão de um mero subjetivismo e uma violentação da realidade, na medida em que somos capazes de operar essa conversão do pensamento para a órbita transcendente do Dispensator. O pensamento do ser pode ainda caracterizar uma atitude intelectual de tipo humanístico? O pensamento da finitude radical do homem ou do homem como um mero receptor de desempenhos não é de molde a nos desencantar em relação a qualquer doutrina da dignidade e da sublimidade do poder humano? O homem não será um princípio derivado em relação às forças instituidoras do humano, do não humano e do transumano? Voltando ao início deste artigo e lembrando o sentimento aflitivo dos presságios que desconcertam a consciência atual, podemos afirmar que as tendências do pensamento filosófico possuem os mesmos traços inquietantes das outras formulações da mente contemporânea.

ENZO PACI E O PENSAMENTO SUL-AMERICANO[1]

O professor Enzo Paci, no artigo dedicado ao Congresso Internacional de Filosofia de São Paulo e publicado no último número da *Revista Brasileira de Filosofia*, fez diversas declarações sobre a situação do pensamento sul-americano e brasileiro que, por discordarem extraordinariamente dos fatos objetivos, nos ensejaram essa retificação de pontos de vista. Afirma em primeiro lugar o professor Paci que existe como tendência relevante do pensamento sul-americano atual uma reivindicação autonomista, um desejo de afirmar a independência e originalidade da filosofia sul-americana em relação ao pensamento europeu. No correr do Congresso, entretanto, essa tese de um possível destaque da meditação sul-americana só foi defendida por escrito, que eu saiba, pelo professor Carlos Astrada, essa vontade de estabelecer limites e soberanias filosóficas processando-se em termos curiosamente contraditórios, pois se desenvolveu dentro de uma temática existencialista e marxista e como identificação dos impulsos surdos da alma americana com a maré montante do socialismo ecumênico e universalista. Nada menos sul-americano, portanto, do que essa pretensa cosmovisão dos povos de aquémmar. Entretanto o professor Paci afirma que eu mesmo me declarei a favor da tese de uma autonomia da filosofia sul-americana.

---

[1] "Enzo Paci e o Pensamento Sul-Americano", *Revista Brasileira de Filosofia*, v. 5, fasc. 18, abr./jun. 1955, p. 287-289. (N. O.)

Como é fácil verificar na tese que apresentei no Congresso, não existe sequer uma linha sobre esse assunto, nem poderia existir dentro das minhas convicções próprias, que compreendem o fenômeno cultural norte e sul-americano como um mero prolongamento pós-renascentista da civilização europeia. A diferença geográfica não decide sobre as motivações profundas da nossa civilização em desenvolvimento, que é a mesma que a europeia e que, segundo a acertada observação do professor Sorokin, mantém uma perfeita isocronia com o processo europeu. Também não podemos aceitar as ideias defendidas por Gilberto Freyre em diversas obras, que a força miscigenada do português e a confluência das três etnias existenciais no país está gerando uma nova cultura com uma fisionomia e uma cosmovisão especial.

No Brasil como no resto da América do Sul, a civilização europeia levou de vencida o elemento indígena e depois o elemento negro, aniquilando os seus valores e a sua percepção interna da existência, arrastando-as para as finalidades do processo cultural lusitano. O Brasil ainda é, e sempre será – máxime agora com a avalanche da civilização tecnológica-industrial – um prolongamento cultural da Europa. Quando se fala portanto numa alienação do espírito brasileiro nas formas de atividade literárias, filosóficas ou artísticas de outros países, ou não se tem em mente os fatos acima apontados ou se imagina essa alienação em função de uma personalidade nacional meramente virtual, em relação a uma alma secreta do Brasil, que ainda não chegou a expressar-se. Ninguém menos predisposto do que eu, portanto, para falar numa autonomia do pensamento sul-americano e a enfrentar a inteligência europeia com um sentimento não filial. É certo que houve no decurso deste século alguns movimentos de ruptura com a vertente europeia, movimentos como a Antropofagia e o Pau-Brasil, oriundos da Semana de 22 e que se esforçaram por plasmar uma pretensa autarquia espiritual do país. No fundo constituem um mero repetir de coisas europeias, do modernismo e do futurismo, transplantado para aqui e infundido de cor local, sem maiores consequências sobre o desenvolvimento fenotípico do país. Como falar de uma forma de pensamento sul-americano distinto e oposto ao europeu num meio cultural determinado pelas mesmas tábuas de valores e pelos mesmos objetivos sociais?

Segundo o filósofo italiano, os traços característicos desse conjectural pensamento sul-americano, e do qual a minha tese "História e Meta-História" seria um exemplo, consistiriam num estreito contato desse pensamento com o mundo mitológico primitivo e em geral na valorização da filosofia dos mitos que, no Brasil, seria sentida de modo particular. Também nesse ponto devo discordar das asserções contidas na resenha do professor Paci pelo simples fato das correntes de pensamento sul-americanas desconhecerem até bem pouco tempo sequer o sentido dessa problemática. No Brasil, a não ser um reduzido grupo de estudiosos de São Paulo, ninguém se deu ao trabalho até agora de ler as obras de Schelling que constituem, como bem assinalam Walter Otto e Kerényi, o ponto de partida de uma valorização em profundidade das formações mitológicas.

Podemos pelo contrário afirmar que a *forma mentis* nacional é particularmente avessa a esse gênero de pensamento, que implica uma certa relativização de nossa representação humanística e um consecutivo estado de disponibilidade para outras representações da vida, tão dignas quanto a nossa. Em geral, o estudioso brasileiro, e podemos citar muitos exemplos, se aproxima dessa mitologia indígena ou negra, se é que podemos assim chamar os resíduos que ainda se encontram, não como quem desvenda outras faces do fenômeno religioso, outras manifestações fidedignas dos poderes numinosos, mas sim com a postura de quem, de posse de uma ciência superior, passa em revista as incríveis superstições do fetichismo de outrora.

Assim, parece-me fantasia a declaração de que os pensadores sul-americanos e brasileiros estão dando a devida atenção ao mundo mitológico, a esse ciclo de realidades condicionadoras da História, quando a verdade é bem outra. Afirma, outrossim, o ilustre professor de Pavia que as ideias de minha tese podem ser "reconduzidas à última forma do existencialismo de Heidegger".

Sabemos como Heidegger reporta à "desocultação do ente", isto é, às possibilidades historiáveis, a força iluminadora do Ser.

Interpretar essa "desocultação" não com Poesia, mas sim como Proto-Poesia, isto é, como Mitologia, é que constitui o coeficiente de originalidade da minha tese. Em outras palavras, essa originalidade consiste na tentativa de uma aproximação entre o último Heidegger e a Filosofia da Mitologia de Schelling, cancelando nesta última doutrina a teoria dos deuses terminais e causadores do processo teogônico. Mas há mais; procurei dar à experiência do Ser uma tonalidade emocional e pulsional, compreendendo essa experiência como Fascinação. A presença dos Deuses é o traço originário do Fascinator, é aquela proto-poesia que condiciona e envolve todas as consecutivas "aberturas da palavra". A presença dos Deuses é o oferecer primário que torna tudo o mais pura instância "oferecida", puro ente fundado. Dessa maneira, a História, como teatro do "oferecido" em possibilidades, se reintegra totalmente na Matriz mítica donde provém; a História é adjetiva e não substantiva, a História é a aparência e não realidade. Nessa análise da função adjetiva da História apelo de fato em minha tese para certas ideias de Hölderlin, mas são justamente certas concepções hölderlinianas que não foram ainda estudadas por Heidegger, a saber, a concepção da "conversão infinita", da *Unendlich Umkehr*.

Vemos, portanto, como contrariamente ao que afirma o professor Paci, a minha posição não pode "ser facilmente reconduzida à última forma do existencialismo de Heidegger".

Só posso atribuir, além disso, ao espírito humorístico do amigo Paci a ideia de que espero um ressurgimento da religião dos Incas e Aztecas para a superação da unilateralidade da civilização industrial e tecnológica dos nossos dias. Nunca afirmei tal coisa nem oralmente nem por escrito e só posso considerar essa afirmação um equívoco. No mais, acredito com o professor Paci que não só no Brasil como também a Europa estão a ponto de reconquistar para a especulação filosófica o vasto mundo da Poesia em si, da Poesia transumana.

KIERKEGAARD E O PROBLEMA DA SUBJETIVIDADE[1]

O pensamento filosófico de Søren Kierkegaard, no que tange ao seu aspecto puramente especulativo, resumiu-se como sabemos no enunciado de que a subjetividade é a verdade. Essa declaração é como que um grito de guerra contra os hábitos do senso comum, da sã razão, desde que sempre a noção de verdade esteve intimamente unida aos conceitos de objetividade, de instância universalmente válida e de algo oposto ao capricho ou à ilusão subjetiva. A representação da verdade estaria além da minha ou da tua vontade, desprezando e negligenciando os nossos temores ou anseios como uma cordilheira inabalável, idêntica para todos os olhares. O regime da verdade seria portanto algo de positivo e relação ao negativo do sujeito e esse, enquanto adepto da verdade, deveria acolher em si os imperativos emanados daquela instância positiva. É certo que a vertente romântica do espírito havia pressentido que a força da objetividade, a coação dos fatos seria mais um sinal da nossa fraqueza, uma capitulação do Eu, podendo a magia do Eu criador instaurar um mundo homogêneo a seus poderes pessoais. São inegáveis as raízes românticas do pensamento kierkegaardiano, em primeira linha em suas obras sobre o estádio estético, apesar de que no filosofema que temos em vista – que a subjetividade é a verdade – em nada transparece esse privilégio do sonho sobre a realidade.

---

[1] "Kierkegaard e o Problema da Subjetividade", *Revista Brasileira de Filosofia*, São Paulo, v. 6, fasc. 21, jan./mar. 1956, p. 70-76. (N. O.)

Não estamos diante de uma reivindicação de direitos, nem de um impulso de transfiguração da vida em oposição a um momento prosaico que capitularia diante da força do sujeito criador.

O Eu romântico e desfrutador se compraz no jogo mirífico das imagens, é um eu fantasia em sua complacência com o jardim pletórico da vida. Ora, Kierkegaard havia aprendido com Hegel que a consciência cristã é uma pura subjetividade, uma ruptura com qualquer plexo de imagens. No fundo, a vontade romântica é, para Kierkegaard, desespero, enquanto esquecimento e obnubilação da finitude de toda a existência. No *Tratado de Desespero* o pensador dinamarquês assim caracterizou essa ânsia romântica de infinito: "portanto, em cada instante é desespero. Porque o eu é uma síntese de finito que delimita e de infinito que ilimita. O desespero que se perde no infinito é portanto imaginário, informe; porque o eu não tem saúde e não está livre de desespero senão quando, tendo desesperado, transparente a si próprio, mergulha em Deus. É o imaginário, em geral, que transporta o homem ao infinito, mas afastando-o apenas de si próprio e desviando-o assim de regressar a si próprio". O fruir e o vagar romântico pelos espetáculos variados do mundo, sendo desespero, não pode constituir para Kierkegaard o conteúdo daquela subjetividade que é o absoluto da verdade. A religião de Kierkegaard não é a religião da beleza e da arte, sendo essa um mero estágio falaz no itinerário do espírito pela *via salvationis*. A transcendência e o transcender invocado na ideia de subjetividade não se identifica, neste pensador, com o ato transfigurador do Eu transcendental. O transcendental kierkegaardiano não desdobra em torno do eu um universo de embevecimento e volúpia, um rapto divino, mas indica pelo contrário uma espécie de analogia com os padecimentos da Cruz. É a lógica do mundo que é negada pela declaração da subjetividade como a única e exclusiva verdade. É a verdade da Cruz uma abstração infinita e purificação de toda a objetividade que surge como critério decisivo da realidade.

Essa verdade subjetiva é uma superação negadora de toda a objetividade, pois se manifestou originalmente como a agonia e a morte da representação sensível e empírica de um ser divino-individual, Cristo. Através da morte de Deus entrou em vigor o ensinamento de uma interioridade ilimitada, uma interioridade que nasceu da noite da morte. Assim como quem morreu na Cruz não foi um Deus-imagem, um Adonis mítico, mas um Homem-Deus de carne e osso, assim a subjetividade que irrompeu dessa morte foi a assimilação da minha e da tua espiritualidade enquanto princípio existencial. Em consequência desse novo princípio patético existencial, o que conta agora não é mais a certeza de uma coisa, de um acontecimento, mas sim a certeza de uma certeza interior. Assim nos diz Kierkegaard no *Post Scriptum*: "Quando um homem que vive no seio do cristianismo dirige-se para o templo de Deus, do verdadeiro Deus, tendo em seu espírito a verdadeira representação de Deus, e em seguida ora, mas sem sinceridade íntima; e, pelo contrário, quando um homem vive num país pagão, mas ora com toda a paixão do infinito, se bem que o seu olhar repouse sobre um ídolo, onde encontramos mais verdade? Um ora a Deus em verdade, apesar de orar para um ídolo, o outro ora para o verdadeiro Deus, apesar de sem sinceridade e ora portanto para um ídolo".

A incerteza ou a falsidade do aspecto objetivo das coisas, em nada contamina, para Kierkegaard, o grau de verdade dessa verdade que promana duma operação da intimidade. Essa verdade é fé e essa fé é transcendência de uma situação empírico-objetiva. Além da autoridade do objeto, do saber fundado, dos documentos e do testemunho dos fatos, aparece a autoridade da crença subjetiva, a loucura da Cruz. Vemos que essa subjetividade que representa a mais alta verdade não reside no eu pensante, não se identifica com o olhar que vê transitar o filme do mundo, não é a subjetividade de um espectador diante de um espetáculo. Podemos melhor descrevê-la, e assim o faz Kierkegaard, como uma paixão ilimitada, como um impulso de superação de um agir pessoal. É densidade pessoal que se avoluma em detrimento da densidade das figuras objetivas. Essa densidade se atua no escolher, no decidir, no escolher que em última instância é mais digno do que o escolhido. É a paixão da escolha gesto de uma consagração, que dá autoridade e força ao objeto escolhido. O homem exterior ou o servo das possibilidades do mundo não escolhe, não decide, pois é escolhido ou deixa embalar-se pelas formas cambiantes das coisas. Ao *aut-aut* da decisão ele antepõe a soma efêmera dos momentos prazerosos ou o serviço meticuloso do seu eu empírico. Não é entretanto o conhecimento, e, em especial, o conhecimento filosófico da virtude, que pode impedir-nos, segundo Kierkegaard, para uma escolha em sentido existencial. Se o conhecimento fosse a forma introdutória da afirmação existencial, então a verdade não existiria na subjetividade, mas sim na adesão submissa a um *eidos* ou essência objetiva. O conhecimento só pode desvendar-nos uma gama de possíveis que, no caso de determinarem por si a ação pessoal, anularia qualquer espontaneidade do sujeito. A espontaneidade passional do sujeito se traduz numa vitória sobre a avalanche do conhecimento, numa denúncia do poder caviloso do conhecimento que vai arrastando o eu de possibilidade em possibilidade para um dos desfiladeiros do desespero. Lemos no *Tratado de Desespero*: "pelo contrário, o conhecimento, à medida que progride, transforma-se num conhecer monstruoso, na edificação do qual o homem desperdiça o seu eu, um pouco como o desperdício de vidas humanas na construção das pirâmides, ou de vozes nos coros russos, só para produzir uma nota, uma única".

Não é, portanto, no conhecimento espinosista de Deus e da salvação da criatura, no pensamento da totalidade do real, que encontraríamos a essência da subjetividade. "Quando procuramos a verdade de maneira subjetiva, refletimos subjetivamente sobre a relação do indivíduo com a verdade; se somente o 'como' dessa relação é verdadeiro, então o indivíduo habita a verdade mesmo na hipótese de que ele se relacione com o não verdadeiro." O "como" da apropriação do conteúdo é preliminar a qualquer "quê" de sua essência. Nesse "como", nesse processo energético emocional da vivência é que desponta essa consciência patética da verdade que ratifica e dá idoneidade a qualquer fenômeno de autenticidade e de vida na verdade. A escolha é primordial e determinante do valor escolhido, o "como" da paixão é sobranceiro sobre a representação do "quê" do noema. "Segundo Kierkegaard", nos diz Waelhens, "a maneira de acordo com a qual eu escolho, o 'como' de minha fé, suplanta absolutamente em valor o sentido do que escolho, o conteúdo de minha fé. A tensão subjetiva engendrada pelo ato do escolher e que me constitui como ser, importa infinitamente mais que o termo, naturalmente indefinível, pelo qual eu teria optado" (*La Philosophie de Martin Heidegger*).

É pelo fato de Pilatos ter-se proposto objetivamente o problema do "que é verdade?" que abandonou Cristo à morte ignominiosa na cruz. Pilatos não tomou partido, não escolheu apaixonadamente, não compreendeu que "a decisão reside justamente na subjetividade", e que lavando as mãos anulava justamente o coeficiente de verdade possível envolvido em sua alternativa. Esse coeficiente de intervenção pessoal, de apropriação passional de um conteúdo de decisão é que confere validade e certeza a qualquer *demarche* humana. A decisão existencial não pode tomar como apoio qualquer verdade oficial ou aferível objetivamente, qualquer garantia exterior desde que toda a garantia reside no próprio agir. É a tensão entre a incerteza objetiva e a força de adesão subjetiva que constitui, segundo Kierkegaard, o dinamômetro da interioridade. Eis por que essa subjetividade é um ir além de todas as garantias, certezas e evidências, um ultrapassar infinito que se patenteia nessa própria operação de superação. Não estando em continuidade com qualquer circunstância objetivamente determinante, com qualquer complexo de motivos condicionadores do agir, esse agir kierkegaardiano da subjetividade se manifesta como um salto. A religião de Kierkegaard é uma religião da ação, da ação subjetiva, e essa ação é um processo descontínuo, um salto, uma escolha paradoxal que não flui da persuasão oriunda de saberes e confirmações sobre as coisas. É um salto sobre a representação confiante das coisas, uma negação ou negatividade do assegurado pelo pensamento que nasce abruptamente do sujeito existente. Existir é justamente não deixar-se enclausurar pelo simples estar-aí e por suas representações, é exceder qualquer figura objetiva ou essência. Através desse salto, a subjetividade existencial afirma-se como um *plus*, como um ser-mais de qualquer ser: existindo, eu não mais descanso e me apoio em qualquer fato ou contexto exterior de natureza social, histórica ou costumeira. É por artes dessa intervenção descontínua que não nos anulamos no rebanho amorfo do gênero humano ou na cavalgada da história mundial. Do ponto de vista da história mundial o indivíduo existente é uma bagatela, é um mero ponto de passagem do espírito absoluto, um instrumento transitório de finalidades superpessoais e coletivas. O *décor* histórico-mundial não é feito à medida do homem singular, desde que os seus verdadeiros protagonistas são as culturas, os povos e as nações. Nessa perspectiva macroscópica os indivíduos só contam na exata proporção em que seu agir for um agir para a história, uma contribuição para as suas tarefas ingentes e não um agir para si mesmo. "O cristianismo, pelo contrário", diz Kierkegaard, "protesta assim contra toda objetividade e quer que o sujeito se preocupe infinitamente consigo mesmo. O que ele exige é a subjetividade na qual unicamente – se existe em última análise uma verdade – consiste a verdade no cristianismo. Do ponto de vista objetivo a verdade certamente não existe. Se ela existir num só homem e não for acessível senão a ele, existe maior júbilo cristão no céu a respeito desse homem que a respeito de toda a história mundial e seu sistema, os quais, enquanto potências objetivas, são incomensuráveis com o que é verdadeiramente cristão".

A verdade da história e a verdade individual e interior não coincidem, crescendo em direções diversas. A categoria da história macroscópica é a categoria da quantidade, da eficácia a todo o custo, da forma arrebatadora, enquanto que o domínio da interioridade subjetiva não é precedido pelos clarins da história mundial. Em resumo, o homem subjetivo do pensador dinamarquês não é um frequentador do teatro da história *mundi*, não é uma personalidade genial, nem um grande do século, mas unicamente um grande diante de Deus.

E assim ele se propõe a desmontar esse cenário de papelão da história universal, e desarticular o processo global em proveito da pontualidade dos destinos individuais ou da verdade subjetiva. A história assim se apresenta como uma ficção criada pela mente construtiva dos eruditos e professores, ao arrumarem o infinito dos fatos acontecidos numa tela fantástica e irreal. "No processo da história mundial", diz Kierkegaard, "os mortos não são chamados à vida, mas unicamente a uma vida objetiva e fantástica, e Deus se comporta num sentido fantástico como a alma desse processo". No processo da história o homem aliena a sua autoconsciência existencial, sacrifica suas possibilidades concretas e intransferíveis em tributo a um ídolo espectral e ilusório, a história. Não é aí que devemos descobrir quais as nossas tarefas existenciais próprias e qual o código ético que devemos seguir. A ética é um assunto de interioridade, e de realização personalíssima. Para o homem interior o que importa é a palavra de Deus, é o significativo em e para Deus e não o genialismo da história mundial com sua tragicidade estética e teatral. A verdade subjetiva pregada por Kierkegaard implica portanto num transcender a forma de exterioridade da história e a história como tribunal do mundo. Para o homem subjetivo, que está em relação com o Eterno, a história e o tempo constituem uma sombra falaz da eternidade, um estar-fora-de-si, um não-ser. O homem kierkegaardiano vive no instante, é um ser concreto e existente, que não é o homem em geral, mas sim esse homem singular, único, concentrado em si mesmo. Mas esse homem deve conquistar-se sempre a partir da exterioridade abstrata do *das Man*, do homem em geral, do homem decaído na banalidade com sua concepção própria das coisas e da vida. O homem em geral, em nosso tempo, é o homem massa, a plebe, o poder abstrato da omnitude e todas as formas de nivelamento e abastardamento da verdade individual. Em seu livro Crítica da Época Presente, Kierkegaard aduz ideias muito afins às de Nietzsche em relação ao fenômeno do nivelamento e do ressentimento. As forças que colimam o *aplatissement* universal do espírito em níveis cada vez mais inferiores nutrem-se do ressentimento por tudo que é único e excelso. O nivelamento é, segundo Kierkegaard, a supremacia absoluta da abstração sobre o individual, da categoria do gênero sobre a categoria do indivíduo e em geral o prestígio incontestado da ideia de massa e igualdade matemática. Entretanto, o nivelamento é a outra face da falta de paixão e de caráter do homem contemporâneo. Em um de seus livros, Kierkegaard afirmou que o Absoluto separa, destaca, pontualiza em consonância aliás com sua doutrina da verdade subjetiva. Pelo contrário, o predomínio desse "espantoso nada" do nivelamento da massa, a vitória do Público, significa a não-verdade e a não-existencialidade da vida atual. Esse público e essa massa é constituída pelos homens nos momentos em que não são nada, nos instantes, dias e anos em que renegam a sua consciência de si e se põem como inermes fantasmas. A dialética existencial se desenvolve aqui como um movimento vis-à-vis do poder abstrato do nivelamento. O existencialismo seria o único antídoto filosófico à invasão do nivelamento e do comportamento multitudinário. Esse comportamento não é sinal de força, paixão e desenvolvimento, mas sim de astenia, indolência e irresponsabilidade. O nivelamento é o crescimento do objeto, da forma objetiva de ser, da omnitude, representa o adelgaçamento ontológico e a nulidade do homem massa. Possuído pelo fantasma do homem objetivo, o homem rodopia e erra cada vez mais longe de si mesmo, cada vez mais alienado a si, no rebanho devorador da multidão. O seu pensamento é o pensamento de todos, o seu agir é o agir de todos e assim o seu sentir. Mas esse pensar, agir e sentir não têm qualquer verdade, é um poder abstrato, desde que toda a verdade reside na subjetividade. Esse é o homem sem Absoluto, o homem infinitamente leve, o homem sombra, o homem nada. Ao se conquistar sobre o público, a plebe, a massa e a omnitude, a consciência volta a adquirir o Absoluto e volta a relacionar-se com Deus que é também interioridade e subjetividade em grau infinito. Essa conquista não é uma luta fora de mim, uma luta com os outros, mas sim uma luta em mim desde que esse poder do homem objetivo se aninha em cada um de nós. O transcender da subjetividade subjetivante é um ir além da forma de omnitude e da objetividade que se expressa continuamente no meu agir e pensar. A verdade ou a subjetividade como verdade é o resultado de um salto que nos devolve a nós mesmos, que nos devolve porque nos conduz às origens, ou à Origem, a Deus, ao não objeto Absoluto. Esse tornar-se subjetivo é para o pensador dinamarquês uma conquista laboriosa, um devir contínuo, porque todo o parar é um cair em poder da abstração e do objeto. A verdade subjetiva é em consequência um militar, um transcender que só existe em ato. A área conquistada somos nós mesmos, mas nós só existimos no salto, na escolha que nos constitui. Essa é a doutrina da verdade, segundo Kierkegaard.

Santo Tomás e Heidegger[1]

Atravessamos um período em que despontam em diversos quadrantes do pensamento filosófico anseios de compreensão e valorização de concepções antagônicas entre si e de retificação de juízos intempestivos sobre outras verdades, uma tendência ao revisionismo generalizado. A autocrítica, os congressos de revisão e de indulto, as atitudes abertas e tolerantes estão na ordem do dia.

Até que ponto esses gestos traduzem o abandono da rigidez dogmática e uma jovial disposição para uma comunicação autêntica e receptiva é coisa difícil de se comprovar. Até que ponto, pelo contrário, podem significar uma nova estratégia de absorção e redução do adversário constitui hipótese que não pode ser negligenciada.

É erro supor que sempre há trânsito livre entre quaisquer sistemas de pensamento, nivelando-se assim todas as discrepâncias e oposições como representando inócuas tergiversações de uma mesma e única verdade. Essa ponte existiria, de fato, entre concepções filosóficas que dissessem a mesma coisa sob formulações discordantes, mas não existe quando cingimos experiências da vida e das coisas divergentes e difluentes, que nascem

---
[1] "Santo Tomás e Heidegger", *Diálogo*, São Paulo, n. 6, fev. 1957, p. 21-25. (N. O.)

de universos cerrados e incomunicantes. Quando se tenta uma amálgama desse último gênero, o que se obtém é uma irrisória comédia de equívocos, cujo resultado é, em lugar de uma revitalização do pensamento, o emprego abusivo da terminologia alheia, para traduzir em forma exótica o mesmo acervo de convicções fundamentais.

Essas reflexões encontram uma ampla aplicação nas recentes tentativas da filosofia oficial da Igreja no sentido de encontrar uma linha de aproximação com a doutrina filosófica de Martin Heidegger. Tomismo e heideggerianismo convergiriam na análoga empresa de instituir uma experiência pensante do Ser e de apresentar em nossos dias uma vontade de radicar o pensamento em seu próprio domínio, que não é evidentemente o domínio da subjetividade, mas o domínio aberto do Ser.

Sabemos que para a escolástica a inteligência humana não é uma faculdade subjetivante, idêntica à consciência subjetiva ou ao Eu idealista, mas sim uma luz expansiva que transita por todo o revelado ou revelável. Superando toda a clausura subjetiva, ela é pura transcendência, impulso apropriativo da essência das coisas, infinito devotar-se ao outro, sacrifício de si em função da pura objetividade.

As coisas são o que são, enquanto que a inteligência – diz Santo Tomás – é de certa maneira todas as coisas. Esse sair de si da inteligência para apresar a essência das coisas, para assistir ao inteligível, seria uma operação de transparência que se aproximaria, segundo o conceito de certos escolásticos atuais, do papel representado pelo *Dasein* (estar-aí) de Heidegger. O êxodo iluminante da inteligência, segundo a escolástica, *essa faculdade do outro* (Roussellot), equivaleria em última análise à *Erschlossenheit* (abertura) ou à *Entbergung* (descobertura) próprias do *Dasein*. Assim como, segundo Heidegger, a existência é uma franquia e uma exposição a todo o ente, superior a qualquer compromisso subjetivo, da mesma forma o *lumen intellectus* escolástico seria uma potência transubjetiva, um impulso de apreensão que perpassaria por toda a ordem das coisas, sem qualquer conexão egocêntrica. Todas essas aproximações conceituais, que poderiam fazer prever novas núpcias no palco da cogitação metafísica, se inspiram mais no desejo de uma harmonia do que na análise de sua possibilidade efetiva.

É conhecido o repúdio de Heidegger a toda a reflexão filosófica de índole metafísica (e quem diz metafísica alude à totalidade do pensamento ocidental posterior a Platão). A metafísica, para Heidegger, pensa o ente, hierarquiza o ente, fundamenta o ente sobre o ente, numa escala ascendente até o *ens realissimum*, Deus, num total esquecimento do Ser. A metafísica pensa o oferecido e não o oferecer original. É entretanto o próprio Ser, como oferecer original, que instiga e perpetra esse esquecimento, ocultando-se sob a face do oferecido e sob o manto do ente accessível. Ao iluminar o ente, o Ser, que é pura iluminação, se nega no iluminado.

O pensamento tradicional encontrou por toda parte apenas o ente e, empolgado e arrebatado por essas possibilidades materiais ou espirituais, não advertiu o estado de abandono e derelição de sua forma de pensamento. A inteligência, como a entendem os escolásticos, é de fato uma referência ilimitada ao ente, ou à *quididade* do ente, é uma potência ek-stática, um fora de si da consciência intelectual.

Ora, para Heidegger, a ek-sistência é pensada antes de tudo como a referência total à verdade do ser, e não somente à verdade do ente. Essa verdade do Ser é a ordem possibilitante de qualquer acesso ao ente, porque se confunde com a deflagração ou desvelamento da ordem ôntica.

A transcendência da inteligência, no sentido escolástico, postula essa transcendência mais original da verdade como abertura do Ser. Esse – para Heidegger – é, entretanto, transcendente a todo o ente, inclusive ao ente que somos nós mesmos, isto é, à nossa consciência intencional ou intelectiva. O homem, em todo o plexo de suas possibilidades e potencialidades corpóreas, sensoriais e intelectivas, é um ente emitido pelo projeto mundial

(*Weltentwurf*). Esse, é a matriz donde flui a realidade humana em sua configuração historicamente variável. O *lumen intellectus* dos escolásticos inspeciona unicamente o ente consignado pela matriz, a sua transcendência é um movimento no interior de um domínio previamente aberto e fundado. Os espécimes inteligíveis que a inteligência, em seu assédio ao cognoscível, destaca nas coisas são essências prodigalizadas pela força projetiva do Ser. Já no *Sein und Zeit*, Heidegger reportava o desdobrar-se de um mundo de significados à abertura própria do *Daisen*, fazendo portanto derivar as configurações entitativas das coisas, o seu *eidos* ou perfil essencial, do esboço instituidor do mundo. Entre os significados dispensados pela transcendência projetante encontramos justamente a própria inteligência da criatura, que é um significado entre outros, algo sobre o qual se pode discorrer, um ente oferecido no oceano do ente. A ek-sistência, entretanto, não está jungida às operações dessa consciência intelectiva, pois se manifesta – como diz Heidegger – como um habitar estático na vizinhança do Ser. Remetendo-se a essa dimensão do oferecer original, a ek-sistência já deixou para trás todo o consignado, toda a verdade do ente, para se desterrar no domínio transcendental da verdade. O domínio ou reino do Ser, em Heidegger, é avulso em relação a qualquer determinação ôntica, é livre em face do manifestado nessa ordem, porque é a abertura na qual qualquer ente pode ocorrer.

Podemos, contudo, comprovar, por outra vertente, a inviabilidade de um diálogo entre o tomismo e a posição heideggeriana. Na *Suma Teológica*, Santo Tomás, tratando do grave problema do fim último do homem, declara: "se não houvesse fim último, não se desejaria coisa alguma: nenhuma ação chegaria a seu termo e a intenção do agente não encontraria onde repousar." (Quest. 1, art. 4). Esse fim último, pensando como causa final, como paradigma insuperável, caracteriza a ação humana enquanto humana. Esse módulo limite, segundo Santo Tomás, especifica e configura a conduta humana. O homem é homem *ex finis*. O fim é entretanto posterior na ordem de realização, mas é anterior na ordem da intenção. É portanto esse primeiro apetecível que governa o conjunto do comportamento humano, que acompanha o homem a cada passo, que arranca seus gestos da indiferença físico-biológica, para lhe conferir um estatuto propriamente humano. Se existe uma natureza ou essência humana, essa é, entretanto, instaurada por uma destinação própria do ser. O fim a que o homem se reporta é, em consequência, um módulo des-coberto por uma instauração projetiva.

O tomismo é, em resumidas contas, um tipo de filosofar que nasceu antes do aparecimento da consciência histórica ou da ideia do condicionamento histórico-temporal das concepções do mundo e da vida e que timbra em manter-se alheio à relatividade temporal das representações intramundanas. Pelo fato desse pensamento crispar-se em determinadas possibilidades, imobilizando uma configuração do real, torna-se um pensamento metafísico ou um pensamento do meramente oferecido.

O ente é, para Heidegger, algo de pendente da destinação do Ser, algo de consecutivo às decisões meta-históricas do oferecer original. Não pode haver, portanto, um diálogo profundo entre uma posição que toma as suas medidas no oferecido, como é o caso do tomismo, e outra que avança para um novo tipo de fundamentação pensante e que supera desde o início todas as imposições ontomórficas.

A verdade do Ser sequestra e elimina qualquer autonomia da verdade do ente, tornando-se essa última uma simples epocalidade da primeira. O mundo das essências e das possibilidades historicamente franqueadas surge de um desvelamento que nele tem seu fundamento e sua morada. O pensamento do ser é o pensamento da origem do revelado, ou a recondução do revelado ao revelante. O Ser nada mais é do que um poder revelante. Heidegger refere-se frequentemente a uma história do Ser (*Geschiste des Seins*), a uma processualidade revelante, o que nos adverte acerca de uma variação epocal da face do ente. A configuração das coisas acessíveis a qualquer conhecimento flui de uma delegação ou empréstimo de significados, a partir da abertura revelante. Toda cena ôntica é, portanto, uma cena abandonada, uma cena pendente, uma pura determinação intramundana.

Uma filosofia que se amolda e afeiçoa unicamente à cena disponível, à condição humana, à forma do *homo humanus*, é um pensamento confinado ao desfiladeiro da ordem derelicta. É um pensar sugerido, com o correspondente esquecimento da força do Sugestor.

Na meditação da verdade do Ser, tal como é perseguida por Heidegger, não é mais o homem, como o já oferecido de uma cena abandonada, que é o essencial, mas sim a dimensão promocional e transcendente do Ser, do Sugestor. Lemos na *Carta sobre o Humanismo* que o homem, em consequência de uma propulsividade própria de seu ser, se atém costumeiramente à ordem do ente. Esse é o sentido da existência decaída. A existência decaída é a gênese de um pensamento decaído, de um pensamento que toma as suas medidas nas coisas disponíveis. Esse foi o destino que coube e que continua a caber à escolástica. A transcendência do *lumen naturale* é um acesso a um plexo de possibilidades pensadas como fixas uma vez por todas, é o pensamento dessa fixidez, ou melhor, é essa fixidez da ordem das coisas elevada ao nível da consciência. A consciência dessa ordem, incluindo em si não só o plano natural como também o sobrenatural e o divino, é o tema único e exclusivo do filosofar escolástico. Essa ordem é, para a escolástica, um ente que não requer qualquer fundamento, pois se põe como o seu próprio fundamento na série causal da forma e da matéria. Não adverte a escolástica que seu objeto é um já disponível, um já franqueado na abertura de um mundo, existindo no entanto um adágio escolástico que poderia ter chamado a atenção para o caráter fundado de todo o ente. Referimo-nos ao *non illuminat nisi illuminata*[2].

Apesar de todo o realismo e de toda a transcendência de que se enaltece o tomismo, esse pensar está centrado na representação

---

[2] Em linhas gerais, "que não ilumina, mas é iluminado". (N. O.)

dos poderes e capacidades humanas. É o itinerário da mente para Deus, mas a partir da essência humana pensada como algo fixo. A transcendência desse pensar dá-se na linha amplificativa dos poderes e virtudes antropomórficos, do homem tal como vem definido na tradição judaico-cristã. Todas as formas de hierofania recebem seu cunho e são elaboradas como uma sublimidade da forma humana, segundo a doutrina do verbo encarnado. Heidegger, pelo contrário, não condiciona *a priori* o seu pensar a uma hierofania determinada. Assim, considera em seu ensaio *Heimkunft*: "Por isso não deve o povo almejar por astúcia a criação de um deus, preenchendo assim, pela força, uma eventual carência. Não deve também se acomodar a um deus costumeiro e só a ele se reportar".

É frequente encontrar-se nos trabalhos hölderlinianos de Heidegger e mesmo em outros ensaios constantes referências a uma Historicidade do Ser, o que significa em outras palavras a possibilidade de um movimento ou sequencialidade do divino. Ao deus costumeiro, Heidegger opõe as alternativas de uma noite ou dia dos deuses, de um distanciamento ou de uma aproximação do divino e, em geral, de uma processualidade do vir a ser teogônico. Vemos então como a filosofia de Heidegger não assume qualquer compromisso *a priori* como a fenomenologia religiosa que nos cerca e define. O pensamento de Heidegger não é um humanismo ou antropocentrismo no sentido comum desses termos. Para ele, as decisões que configuram as formas do manifestável estão muito acima das decisões humanas, desde que essas disposições promanam do reino da verdade do Ser. É difícil, portanto, imaginar qualquer intercâmbio filosófico entre posições tão divergentes como o tomismo e o pensar heideggeriano, e mesmo qualquer afinidade que pudesse justificar uma confluência de resultados.

LÓGICA SIMBÓLICA[1]

O campo do nosso pensamento será absolutamente idêntico ao campo da linguagem? Ou será o pensamento mais amplo e abundante que sua tradução verbal? Eis uma questão que continua a se propor à cogitação filosófica e psicológica de nossos dias. Existindo ou não um *roman sans parole*, um pensamento agráfico e afônico, o certo é que os desenvolvimentos mais recentes da lógica, da antiga ciência das leis do pensar, tenderam a convertê-la numa ciência de símbolos, de sinais gráficos, numa ciência do pensamento expressado. A linguagem definida como uma seriação de sinais, de riscos no papel, governados por certas convenções ou regras de manipulação veio a constituir o objeto próprio da nova ciência do Logos. Para todos os vínculos e relações próprios do nosso pensamento espiritual foram encontrados símbolos gráficos convenientes, de tal forma a estabelecer uma simetria entre o processo interno e invisível do pensamento e o processo lógico discursivo desta ciência.

A lógica transformou-se numa disciplina ideológica, cumprindo o velho sonho de Leibniz de instituir um *calculus quidam novus est merificus* que procedesse não menos acuradamente que a aritmética ou a álgebra e viesse a substituir as *demarches* incontroláveis da razão subjetiva. Agora um sistema apropriado

---

[1] "Lógica Simbólica", *Jornal do Comércio*, Rio de Janeiro, 22 set. 1957. (N. O.)

de sinais, de ideogramas, de fórmulas, de símbolos, estaria aí à disposição de todos, como uma técnica do pensamento tangível, como uma *combinatoria universalis* servindo para dirimir matematicamente qualquer controvérsia do conhecimento. Esse ideal leibniziano de uma *combinatoria* ou *mathesis universalis* foi plenamente colimado pela edificação da Lógica Simbólica e viu surgir seu monumento imperecível nos *Principia Mathematica* de Bertrand Russell e Whitehead. Nessa obra, a esfera total dos problemas de um cálculo simbólico ou ideográfico e ainda mais, a própria matemática, começando pela aritmética, vêm reconduzidas a uma filogênese lógica. Mas o que nos interessa nesse artigo não é dizer algo sobre a natureza interna desses conhecimentos, mas sim de procurar vislumbrar o sentido filosóficocultural dessa revolução extraordinária na antiga lógica.

Com efeito, o que assistimos nessa revolução foi uma exportação do pensamento lógico para o plano gráfico e espacial, uma exteriorização ou sintetização das entidades do pensamento. A linguagem, enquanto estrutura simbólica, tangível, perceptível e operável determinou o campo próprio da nova ciência das formas mentais. E justamente essa projeção da lógica na tela das estruturas ideográficas foi que permitiu a dissociação dos sinais e seus significados habituais, um aumento da formalização e ainda uma consideração precisa das leis desses sinais em si mesmas. Lemos nas primeiras páginas dos *Principia Mathematica* a determinação do papel decisivo da notação simbólica na elaboração do novo instrumento da análise conceitual. Sem essa notação logística seria impossível qualquer resultado apreciável no domínio das ciências dedutivas, pois deduzir passou a significar o mesmo que calcular, com sinais e através de sinais. E a noção de cálculo sofreu uma depuração total até vir a significar um puro jogo formal e convencional com certos signos. "Denominamos cálculo", diz Paul Lorezan, "um processo de produção de Figuras". Os sinais semânticos podem ser substituídos por figuras quaisquer que podem ser agrupadas e reagrupadas segundo certas regras, formando novas figuras. Essa produção de figuras a partir de figuras, essa combinatória do

"Objeto em Geral", ou da figura pura compendia em si o resultado culminante da matematização do pensamento.

As analogias flagrantes desses últimos progressos do conhecimento lógico com outros aspectos da realidade sociocultural hodierna não pode escapar à reflexão filosófica. A mesma consciência operatória, ou operária, que está em ação na edificação do complexo técnico industrial em que vivemos se manifesta nesta transformação da lógica num instrumento manipulador. Aqui também o *homo loquens* se muda num *homo faber*, num fabricador ou produtor puro, num manipulador de objetos. A noção de "cálculo" representa uma sublimação formal da noção de trabalho construtivo, dessa ação Universal que define o modo de ser ocidental. Até a lógica passa a ser uma espécie do produzir e do fazer, do operar esquemático que funciona como um *a priori* de toda a nossa existência. O filósofo José Gaos, num estudo sobre o espírito da cultura ocidental, tentou opor e relacionar o mundo grego, como constituindo uma cultura na base *óptica*, do olhar e do contemplar, baseado na teoria vis-à-vis, a um novo ciclo, que representaria a esfera do fazer e do produzir, enquanto ciclo de uma cultura *áptica* (de *aptos*, tangível, manuseável.)

O elemento áptico-industrial propaga-se em todas as direções no nosso espírito, colhendo em sua força plástica inclusive a determinação da nova ideia da lógica. De ciência das ideias e de suas conexões necessárias, de uma estática do pensamento puro, a lógica se converteu numa disciplina calculatória, num algoritmo mais universal do que a álgebra ou aritmética. Essa evolução áptica da antiga lógica Aristotélica, com a constituição inclusive de lógicas não aristotélicas ou plurivalentes, é uma consequência da dinamização que sofrem todas as formas do pensamento em ação durante o decurso da história do Ocidente. A própria lógica teve que evoluir e transformar-se num instrumento de trabalho, numa força pragmática, numa representação diáfana do mesmo espírito áptico. A lógica simbólica é algo homogêneo a todas as outras atitudes da civilização técnico-industrial, para a qual, agora, o próprio pensar é uma forma de fabricar e construir figuras.

A SITUAÇÃO DA FILOSOFIA EM NOSSOS DIAS[1]

Pelos confins do século passado a filosofia, qual nova Perséfone, voltava a festejar seu renascimento depois de obscuros anos de vilipêndio e esquecimento. A avalanche do positivismo, do materialismo, do empirismo, ou para levar tudo às suas últimas causas, a hegemonia dos conceitos científicos aplicados abusivamente haviam soterrado progressivamente no correr do século XIX o átrio consagrado da filosofia. Os Comte, Haeckel, os Büchner, os Huxley relegaram a um olvido temporário as cogitações da filosofia especulativa do começo desse mesmo século, isto é, as grandes realizações do idealismo alemão. O pensamento científico era considerado como o verdadeiro pensamento filosófico, na medida em que o homem almejava um saber alicerçado na experiência efetiva das coisas. Essa experiência restringia-se finalmente à experiência sensorial do mundo. Contudo, nos últimos anos desse século começou-se a advertir o que havia de acanhado nesse programa cientificista e positivista e por todos os lados a consciência filosófica abriu novas portas para o conhecimento da realidade. Windelband e Rickert começaram a opor ao conhecimento das coisas e da natureza o conhecimento dos valores, uma nova ciência axiologista, e ao lado da ciência da natureza o vasto domínio das ciências

---

[1] "A Situação da Filosofia em Nossos Dias", *Jornal do Comércio*, Rio de Janeiro, 8 dez. 1957. (N. O.)

do espírito. O conhecimento da história e da cultura exigiam novo sentido para a liberdade dos valores, para a teleologia das estimativas e dos fins humanos que determinam toda a ação criadora na história. A linguagem dos valores, o pensamento axiológico ampliou repentinamente a cena da mera atinência aos fatos. Nietzsche elaborou a sua dramaturgia filosófica como uma filosofia dos valores, mostrando como os fatos e os dados do positivismo são "interpretações" da realidade em vista de certos valores. O mundo aparece desta ou daquela maneira aos nossos olhos em função dos valores e fins que condicionam a nossa vontade e a vontade de poder é que esboça as possibilidades de qualquer conhecimento do mundo. A vida e a vontade entendida como vida criadora vinham contestar as representações mecanicistas que subjugavam a mentalidade da época.

O grande historiador e filósofo da cultura Wilhelm Dilthey, oriundo do positivismo, encontrava também numa filosofia da vida o princípio diretor de seu pensamento.

Nesse ressurgimento filosófico da passagem do século lançou uma irradiação particular a obra de Henri Bergson. A nova autoridade e prestígio do saber filosófico nos primórdios do nosso século deriva sem mais dúvidas da atuação desse representante francês da filosofia da vida. "Os dados imediatos da consciência" – título de sua primeira obra – não coincidem com a experiência pronta e fechada de que partiam o positivismo e o cientificismo. Esses dados imediatos seriam um plasma vivente e contínuo no qual os interesses da ação "recortariam" o mundo descontínuo e sólido de nossos objetos circundantes. O mundo positivo e efetivo em que vivemos é um produto de segunda mão, um mundo especializado e confeccionado em vista de uma manipulação utilitária. A essa consciência especializante, solidificante e fixa, Bergson contrapôs a realidade metafísica da "duração pura", do elã vital, termos indicantes do substrato metaempírico do Universo. Com isso o pensamento sacudiu as amarras que jungiam ao reticulado da experiência naturalística e positivística devassando novamente o mundo da experiência religiosa e mística.

É impossível lembrar aqui todos os nomes que colaboram nessa revivescência do interesse pelas cogitações metafísico-filosóficas. Basta citar entre outros os nomes de Croce, Gentile, Simmel, Hans Driesch, Royce e Blondel. Um lugar de destaque nessa renovação do clima filosófico do século coube sem hesitação à fenomenologia de Husserl, não só pelo conteúdo íntimo dessa meditação como pelo fermento que depositou nos futuros desenvolvimentos que assistimos. Para Husserl, quando superamos a perspectiva de nossa consciência ingênua e natural, que nos coloca no Universo como uma coisa entre coisas, a realidade se nos depara como a "experiência" dessa realidade: o mundo é um fenômeno de consciência na própria esteira do idealismo. A tarefa da fenomenologia de Husserl é descrever os atos intencionais da consciência que põem o mundo como parte extrínseca a essa mesma consciência. E a consciência é definida como um viver fora de si, como um fugir para o objeto, como uma transparência que deixa ver o objeto. Essa tendência centrífuga do Eu é que permite o defrontar-se com uma circunstância, com um mundo objetivo. O conhecimento volta a reenglobar o "conhecido" e o "conhecido" é algo de posto pelo conhecimento. E na mesma atmosfera da filosofia idealista de Husserl elabora um primado da consciência volitiva ou, como dirão depois os existencialistas, do *projeto* na constituição dos objetos percepcionados. Poderíamos reconhecer aqui a ascendência dos valores da filosofia dos valores, na confecção do perfil dos entes ou das manifestações da realidade conscienciológica.

O que caracteriza a fenomenologia husserliana, de cunho nitidamente idealista *vis-à-vis* do neoidealismo que tomava corpo na mesma ocasião, é o ponto de partida dessa filosofia na experiência da consciência individual e a afirmação do valor absoluto dessa experiência íntima. Enquanto o idealismo de um Gentile e de um Croce só tinha atenção pelo processo suprapessoal da cultura e do espírito, anulando o valor do indivíduo no totalitarismo da história coletiva, Husserl encarava a realidade como uma comunidade de consciências entrelaçadas por seus atos intencionais.

Essa vindicação da consciência pessoal, do indivíduo e da originalidade da iniciativa individual no quadro das ocorrências histórico-mundiais assumiu diversos matizes na problemática do pensamento deste século. A redescoberta do pensamento de Søren Kierkegaard com sua eloquente defesa da "categoria" do indivíduo, da existência, da subjetividade individual, em confronto coma subjetividade universal do idealismo, é um índice da inquietação humana deste século diante do crescente anonimato da era das massas. Entretanto esse pensamento existencialista, que passou a considerar a história e os feitos da história mundial com uma potência de alienação para o homem, como uma nova "fórmula de coisismo", representou unicamente uma das correntes desse pensamento personalista imantado por uma concepção profundamente cristã da vida. Em Maurice Blondel encontramos de novo essa preocupação pela afirmação polêmica do papel decisivo da iniciativa individual, pela acentuação das "causas segundas" no quadro geral do processo histórico. A liberdade do sujeito humano, a sua ação pessoal seriam uma peça insubstituível da Criação, não podendo ser anuladas por qualquer processo macroscópico que teria no homem pessoal um mero ponto de inserção. A história não se faria através dos homens e apesar dos homens, como queria Hegel, mas seria um drama dos homens em que esses ocupariam o centro da cena. O humanismo próprio ao conceito cristão da vida estaria a exigir essa defesa das "causas segundas", isto é, uma *plaidoyer* em favor da cooperação do sujeito individual no itinerário da marcha da História.

Com o advento das correntes existencialistas a tônica do pensamento filosófico manteve-se nessa esfera das possibilidades da consciência individual. Eis por que para Sartre o "existencialismo é um humanismo", é uma hermenêutica da realidade humana revelada em seu perfil mais recôndito. A novidade carreada por esse novo tipo de conhecimento filosófico consiste numa mais profunda conceituação da estrutura diferencial do ente humano. O homem em contraposição aos demais entes seria um ente sem essência pré-determinada, mas capaz de dar-se uma essência ou natureza. Essa capacidade de autoformação, de ontogonia é decorrente da liberdade que vive no fundo do homem, da liberdade que é o homem, como capacidade de escolha, de escolha livre e fundante de seu próprio modo de ser. Escolhendo-se, o homem escolhe simultaneamente as formas que se manifestam ao seu redor, consistindo nessa escolha, nesse *choix* o desvelamento de si mesmo e dos demais entes intramundanos. A escolha humana é o ato inaugural de todo o dizível, de todos os significados, temas e assuntos que possam ocupar a mente individual ou coletiva, desde que o próprio aparecimento de um "problema" depende do que "decidirmos" ser. Portanto problemas, dificuldades, barreiras, tropeços individuais ou sociais, perigos e ameaças que gravitam sobre a terra, só existiriam no interior de um dado "projeto" existencial. O ente humano é levado no pensamento existencialista a um papel de centralidade metafísica, ao papel do próprio absoluto como potência que é instituidora do mundo. Encontramos no *Les Mouches* a frase que se tornou célebre: "existem unicamente os homens". Todos esses movimentos filosóficos vieram sucedendo através das primeiras décadas do nosso século, ocupando cada vez mais a cogitação filosófica um lugar conspícuo e importante no domínio intelectual. Esse frenesi filosófico atingiu o seu clímax nos anos seguintes à Segunda Guerra Mundial com o aparecimento febricitante de revistas, publicações, realizações de congressos e reuniões nacionais e internacionais de filósofos. Essa atmosfera de entusiasmo e de crença na filosofia parece que vem se esvaindo nesses últimos anos, aproximando-nos de um novo crepúsculo filosófico a compor o quadro que pretendemos descrever sob a rubrica da situação da filosofia em nossos dias.

Qual a causa ou as causas mais aparentes desse novo relaxamento da paixão pelas coisas últimas e pelos problemas propriamente filosóficos? A situação da filosofia parece de novo ameaçada, correndo, segundo julgamos, riscos numa dupla frente ou vertente. Por outro lado a meditação filosófica tende a sofrer a contestação que a civilização industrial dos nossos dias dirige contra toda a teoria sem aplicação imediata na existência social.

A tecnologia e a praxis social destitui de valor a pura cogitação. O importante agora é realmente transformar a realidade, e não compreendê-la ou estudá-la em suas partes ou no seu todo. Refiro-me evidentemente à sorte da cultura filosófica nas regiões dominadas pelo marxismo e a consequente penetração osmótica dessa atitude antiespeculativa em outras partes da terra. O tipo da mentalidade americana também não se diferencia particularmente dessa *forma mentis* puramente atuante e técnico-utilitária, ainda mais inclinada por esse desfiladeiro utilitário pelas condições internacionais que estão a exigir cada vez mais uma maior proficiência no campo das realizações industriais e militares. O advento da era atômica constituiu o máximo êxito do pensamento científico-industrial, abrindo perspectivas inopinadas que possibilitarão dentre em breve a criação de uma civilização planetária ou extraterrestre. Essa subjetividade atuante na civilização mecânica, pois devemos denominar subjetividade toda a superação da natureza ou do objeto em vista de afeiçoá-lo às pretensões humanas, é a verdadeira força deste século. Se o Ocidente teve como fermento de sua história aquela "consciência infeliz" de que falava Hegel, aquele sentimento da desconformidade entre a realidade social e efetiva e os anelos subjetivos espirituais, a desconformidade entre o Eu e o não eu, o desenvolvimento da história do Ocidente tendeu cada vez mais a igualar essas qualidades heterogêneas. Transformar o mundo numa ordem inspirada na lei cristã foi a tarefa social do cristianismo com o intuito de tornar a realidade um espelho da subjetividade que vive em todos os corações. A criação de um grande aparato tecnológico e a criação da grande indústria constituíram os instrumentos necessários para a edificação de um universo de todos ou de um sistema democrático universal. Consistiram de fato momentos de um processo operacional que visava à transformação da sociedade numa nova espécie de soteriologia efetiva e presente. Essa tendência para um praticismo universal engolfou os homens numa nova dimensão na qual as elucubrações filosóficas parecem algo de anacrônico e de insípido. Não é errado supor que a filosofia já cumpriu a sua missão e que hoje ela existe em forma diáfana e infusa no perfil de todas as nossas instituições e atitudes. Assim como, para Hegel, as representações e formas religiosas deviam se resolver em categorias filosóficas, no saber absoluto, esse saber absoluto acabou por transformar-se na praxis absoluta do socialismo ou ainda na pura construção do todo social. Esse é por um lado um dos perigos que assinala agora a hora incerta do pensamento filosófico em nossos dias.

A outra ameaça que ronda as portas do saber filosófico é representada pela metafilosofia de Heidegger. Para esse pensador a filosofia ocidental se deteve até nossos dias unicamente na exploração do eu "é" do ente, das coisas e possibilidades disponíveis, esquecendo-se da luz que descobre e projeta esses entes. Essa luz entretanto é o próprio Ser, como poder projetivo que configura e dá relevo à totalidade acessível das coisas. O pensamento dessa luz, o pensamento do ser não é mais amor da sabedoria, não é mais filosofia desde que toda a sabedoria é uma medida, uma forma transitória, descoberta e revelada pelo poder projetivo do ser. Ora, na medida em que o pensável é algo de posto e disposto por um projeto, por uma "abertura" que põe a descoberto as coisas acessíveis, o ente revelado é menos original que o poder relevante que vive na dimensão da poesia e do mito. Todas as normas, valores, fins e medidas que determinam a ação histórica são desvelados por uma fundação mítica ou pela presença de poderes que estão além dos homens. A filosofia é superada nesse pensar que compreende tudo *ex Deo* ou na sua proveniência de uma dimensão de atuações meta-históricas. O mito devora novamente o Logos e o situa como um signo superficial e aparente de uma realidade mais profunda. Nessa nova ameaça o Logos filosófico naufraga no oceano sem fim das teofanias religiosas.

O DIONISISMO EM HEGEL[1]

Viver numa sociedade ou numa época em que impera um estilo rígido de comportamento, um padrão objetivo de realização da existência que não consulta o nosso íntimo ou as nossas fantasias é uma sorte nem sempre bem aceita pelo espírito humano. A criatura deve despojar-se de suas pretensões, idiossincrasias ou fraquezas para encarar "virtudes" e "modelos" que demandam sacrifício, autossuperação e heroísmo. É a lei do rigor, sob a qual a consciência deve revestir-se de uma personalidade básica alheia às suas veleidades. A religião apolínea constituiu no passado um tal sistema de exigências e performances, um espetáculo que visava à manifestação de uma autorrealização exterior do homem, prenhe de sentido cultural e sociorreligioso.

Evidentemente o mundo apolíneo é o mundo dos deuses homéricos, "dessas belas individualidades eternas, que em sua existência serena escapam às vicissitudes temporais e às influências das compulsões exteriores". Esses mesmos atributos de bem-aventurança, eternidade e incomovibilidade destacam e distanciam essa esfera sagrada dos Olímpicos da existência terrestre do homem. Os deuses homéricos oferecerem uma medida que está muito acima das possibilidades do espírito mortal, e revelam aspectos da realidade que planam acima de toda a indigência do

[1] "O Dionisismo em Hegel", *Jornal do Comércio*, Rio de Janeiro, 8 dez. 1957. (N. O.)

finito. Nas cerimônias sagradas, nas festas e cultos, os homens levam sua oferenda e sua veneração às estátuas e símbolos dessas figuras supremas e por vezes podem advertir a presença desses entes transumanos. A religião olímpico-apolínea foi como sabemos o apanágio de uma classe aristocrática e guerreira que colimava em sua existência a realização de "virtudes" aparatosas e monumentais; era o mundo do heroico na terra e no céu. A finalidade da existência era dar-se em espetáculo, era a *kalogatia*, a manifestação de formas de ação e de ser refulgentes de valor e de beleza. Não a reconcentração no tempo interior da consciência, o refluir para a subjetividade do eu, mas o existir a céu aberto, nas palestras, nas praças, na peleja e nas façanhas da guerra e tudo isso para ser cantado pelos poetas.

Portanto a participação ou comunicação com o divino realizava-se na produção de uma vida esplendorosa, rica e forte: era o mundo dos fortes. E os deuses eram "almas" exteriores, aspectos prestigiosos da existência e manifestações plásticas do espírito. É certo que essas figuras gravitaram sobre a consciência não só como termos de uma adoração, mas como forças propulsoras e dinamizadoras dessa experiência. Hegel, na *Fenomenologia do Espírito*, nos revela como no estádio Apolíneo da consciência as formas divinais já superam o aspecto tifônico e bárbaro e a ganga animal, isto é, já se libertaram do elemento totêmico que prevalecera em seu passado. "A figura humana", diz Hegel, "se emancipa da figura animal com a qual estava misturada. E o animal é para Deus somente um revestimento contingente". Se esse *sol* não é mais o dragão violento das representações anteriores, é ainda um princípio distante e incomunicável que passa imperturbável sobre a inquietude humana. A intuição do divino, a visão do sol nascente, é a visão de algo fora do homem, maior que o homem, algo em que o homem não se reconhece a si mesmo. Esse é o sentido do apolinismo. A consciência depois de ter subordinado ou *alienado* esse domínio de presenças heliotrônicas se opõe a elas porque, diz Hegel, "não produziu uma essência igual a si mesma". Se o cosmos Olímpico nasce de uma transfiguração da Natureza, de uma vitória sobre o mundo titânico-natural, essa vitória conduz a uma nova oposição entre o sujeito e o objeto, entre a vida e a intuição da vida. Todo o panteão grego nasceu de uma supressão de elementos anteriores, de uma espiritualização do "império não ético dos Titãs", de uma unificação da natureza e do espírito, mas essa unificação se realiza na forma de uma exterioridade ou como proliferação de deuses do Estado e da Natureza. Esse pensamento religioso na representação do absoluto desmereceu a inquietude humana, não computou o coração do homem e acabou levantando contra si a onda avassaladora do dionisismo.

O tema próprio da religião dionísica, segundo Hegel, assinalou justamente a superação da existência excêntrica e distante do divino e o correlativo mistério da união de Deus com a consciência humana. Se Apolo é o deus da distância, dos limites, do conhecimento das diferenças e em particular da diferença ente o humano e o divino, Dioniso é o patrono de todas as barreiras. No estado extático e delirante as bacantes realizam a comunhão do terrestre com a essência imortal do divino, a "entrada do deus na consciência como em sua própria morada". A essência luminosa do apolinismo declina agora e engolfa-se na "consciência satisfeita" de uma humanidade extasiada. Dioniso é justamente essa força propulsora propícia ao homem, anunciadora de sua atualização e da identidade fundamental entre os dois aspectos anteriormente opostos. O apolinismo é o mundo como Intuição, o dionisismo o mundo como Interioridade noturna e subjetiva. Eis por que Hegel caracteriza essa forma religiosa como "a volta da intuição ao Sujeito", como a "objetividade suprimida", expressões que revelam a supremacia da vida sobre a alienação do apolinismo excêntrico e objetivos.

Essa interiorização do divino ou divinização do humano foi a grande consecução da religião báquica. Erwin Rohde no século passado demonstrou como as noções básicas que vieram a prevalecer na teologia cristã, a noção da imortalidade da alma, da separação do corpo e da alma, de uma autonomia do espírito e de seu destino, são de extração órfico-dionisíaca. Todas essas experiências e categorias religiosas não se originam numa conduta de índole oficial, sóbria e tradicional, de uma ritualística estatal, mas de um produto revolucionário de experiências anômalas e delirantes. O homem conquistou esse mundo da espiritualidade em estado ébrio e visionado, através de uma precoce "loucura da cruz". Ao superar o mundo da "intuição" do "sol nascente", o mundo diurno de Apolo e da religião do estado, isto é, o império dos desempenhos homérico-aristocráticos, a consciência adquiriu uma importância suprassocial e supramundana e revelou o universo não-objetivo do espírito. E assim o dionisismo tem o seu símbolo no sol declinante, na noite da subjetividade.

SARTRE: UM EQUÍVOCO FILOSÓFICO[1]

Anunciado e festejado com grande alarde, acolhido efusivamente por certos setores exarcebados de nossa juventude, esteve entre nós, discorrendo indefinidamente sobre Cuba e a Argélia, o filósofo Jean-Paul Sartre. A muitos poderia parecer que o pensador francês teria descido vertiginosamente dos páramos da especulação pura para a praça pública da mistagogia mais cediça. Se isso não está longe da verdade, abriria flanco a contestação de que a sua filosofia é uma filosofia da ação revolucionária e essa ação é a autêntica filosofia.

Entretanto, o que aqui afirmamos é que todo o "sartrismo" está baseado num enorme equívoco, numa leitura deficiente ou má compreensão da obra de Heidegger, *Sein und Zeit*. É o próprio Heidegger quem observa em seu trabalho *Carta sobre o Humanismo*: "Sartre enuncia o princípio fundamental do Existencialismo da seguinte maneira: a existência precede a essência. Toma, portanto, existência e essência no sentido da Metafísica que, desde Platão, afirmava que a essência precede a existência. Ora, a inversão de um enunciado metafísico continua a ser um enunciado metafísico. Com isso, ele se aprofunda no pensar metafísico do esquecimento do ser".

---
[1] "Sartre: um Equívoco Filosófico", *Diálogo*, Rio de Janeiro, n. 13, dez. 1960, p. 93-94. (N. O.)

Sei que essas afirmações são algo esotéricas para o leigo em filosofia; mas o que importa sublinhar é o fato de que Sartre simplesmente orquestrou uma pavorosa deturpação do pensamento de seu mestre Heidegger e apresentou isso como filosofia. Em lugar de integrar e fundamentar o homem no ser procurou ao contrário resumir o ser na realidade humana! Desse primeiro e grande equívoco filosófico segue-se toda a atitude de existencialismo de Sartre, com sua noção atrofiada da liberdade e da situação humana, com o evidente menoscabo das dimensões da cultura e da história e com sua concepção ateística do destino do homem.

Todas as declarações de Sartre em nosso país giraram em torno da afirmação de que qualquer pensamento que não parta da situação atual da sociedade e dos conflitos presentes entre as classes sociais é puro discurso vazio. Ora, o nosso filósofo deveria advertir que qualquer "estado de fato" é passível de múltiplas interpretações, ou, como se costuma dizer, um fato já é uma teoria. Que o marxismo seja a tradução mais legítima do que acontece ora sobre a terra, é uma pura crença ou artigo de fé. Sartre quer, sofisticadamente, impingir uma pura crença mental, uma elucubração filosófica do século passado, como forma objetiva das coisas. Sabemos que os males das sociedades subdesenvolvidas não serão dirimidos por ideologias ou fraseologia pseudofilosóficas, mas pelo efetivo desenvolvimento técnico-industrial e pelo aumento da produção. É estranho e mesmo extemporâneo que num instante em que os países mais avançados do Ocidente se preparam para superar o ônus do trabalho através da automação e da cibernética, o senhor Jean-Paul Sartre venha pregar um pensamento oriundo dos ambientes fabris da primeira metade do século XIX. O socialismo marxista não emancipou até hoje qualquer classe operária, mas unicamente implantou no poder, de maneira despótica, uma nova classe, a classe burocrático-ditatorial. Falando em nome dos humildes, os marxistas instalam por toda parte uma nova inquisição rebarbativa e asfixiante. Sartre tem declarado, outrossim, que se bem que o pensamento de Descartes tenha sido superado pela revolução industrial do século passado, o seu existencialismo-marxista está como nunca na ordem do dia. Ora, qualquer pessoa minimamente versada em fenomenologia e nas pesquisas de Husserl (e Sartre diz-se um fenomenologista) sabe o significado perene do *cogito* cartesiano para a elaboração da filosofia da consciência humana transcendental. A validez das estruturas conscienciológicas divisadas a partir do ponto de vista da redução cartesiana não pode ser contestada por qualquer "revolução" econômico-industrial, pois são planos totalmente diferentes. O marxismo só pode ser verdadeiro se for falso e, reciprocamente, a verdade do marxismo implicaria na liberdade da consciência na inspeção da verdade. Mas o marxismo nega essa liberdade.

Acresce ainda que o existencialismo de Sartre, tal como vem exposto em sua obra *L'Être et le Néant*, enuncia categoricamente que o sentido do mundo para nós se configura apenas no interior de um projeto ou *choix originelle*. A liberdade adquire, se bem que entendida de forma restrita, um papel primacial na constituição dos objetos e oportunidades da vida. Como compaginar uma filosofia do determinismo da consciência, como é o marxismo, com um pensar da liberdade anônima? O novo Sartre moralista, integrado no "curso do mundo" não estará em conflito com o antigo Sartre que considerava os valores e, portanto, inclusive o valor do gesto revolucionário, como dependente de uma escolha arbitrária? Se dermos ouvidos ao *L'Être et le Néant* e à sua teoria de que o mundo dos valores nasceu do esboço projetivo da liberdade, ou do por-si, tanto vale alguém escolher-se revolucionário, como antirrevolucionário.

VALOR E SER[1]

Imaginei, pra festejar o aniversário do insigne amigo professor Miguel Reale, um diálogo, uma pequena conversação filosófica à maneira clássica, forma sempre amada por aqueles que amam a filosofia. Evidentemente o homenageado será um dos interlocutores e, ao ensejo das interrogações surgidas, irá explanando o que julgo ser a sua convicção básica em matéria filosófica.

O amigo: Caro mestre Reale, se como há ainda pouco dizia e sustentava com boas razões, o homem é essencialmente um *dever ser*, uma intencionalidade, algo que ainda não é, então essa pretensa essência humana poderá ser considerada como uma verdade eterna?

Reale: Toda verdade é condicionada pela História, é uma visão perspectivística do que a consciência pode perceber aqui e agora, dentro das coordenadas do seu existir. Inclusive as ideias mais seguras da Ontologia e da Epistemologia são meras aproximações, refletindo a limitação histórico-circunstancial do conhecimento humano. Mas por isso mesmo há progresso espiritual, há contínua evolução na formulação da autêntica fisionomia da realidade.

O amigo: O senhor afirma, em outras palavras, que no homem tudo é esboço, tentativa, formulação provisória, trânsito para outra coisa?

---

[1] "Valor e Ser", *Revista Brasileira de Filosofia*, São Paulo, v. 11, fasc. 42, abr./jun. 1961, p. 220-223. (N. O.)

Reale: Isso seria verdade se o homem já não estivesse imerso num universo de fatos, isto é, do feito, do já feito pelo homem, do já dado ou criado pela sociedade em matéria de ideias e formas, de leis e instituições e modos de vida. O empirismo filosófico quis reduzir o homem a um puro fato sociológico ou positivo; eu, por minha parte, acredito que a conduta humana é incompreensível sem uma referência ao mundo dos fins e dos valores. Esse querer valioso do homem já está inscrito nas objetivações desse querer nas formas da nossa sociedade, mas a latitude dessa participação no valioso é sempre parcelada e insatisfatória. Eis por que o homem está sempre além do já feito, ou, como diria Kant, "o homem é uma tarefa infinita".

O amigo: Justamente aqui, mestre Reale, surgem em meu espírito algumas perplexidades que gostaria de formular ao amigo. Se a sociedade humana vai capitalizando as conquistas da criatividade infinita do espírito e, por outro lado, se o Direito (como o amigo tem repetido sempre) é a condição básica da realização dos outros valores e artes da coletividade, como explicar que o avanço do sentimento do Direito e da Justiça pode colidir, aparentemente, com as outras formas de expressão do valioso? Penso que o aperfeiçoamento da ordem jurídica nem sempre constitui o ambiente propício para o florescimento da cultura no seu sentido geral, ou melhor, a ordem da justiça pode atrofiar a ordem da beleza.

Reale: Nunca defendi a tese de um progressismo ingênuo e irresponsável, um otimismo que negasse os *corsi* e *ricorsi* do desenvolvimento histórico. Fui me inclinando para uma concepção da *polaridade* das objetivações do Espírito, de forma que a História humana é um processo essencialmente trágico. Sem me decidir pelo pantragismo do jovem Hegel, que pela extensão infinita dada ao conceito acabou por eliminá-lo, aceito a dialética da polaridade. Aliás, essa dialética já está implicada na própria *Política* de Aristóteles, onde assistimos às transformações dos regimes políticos, passando necessariamente para a antítese, da democracia para a oclocracia, e da oclacracia para a tirania, e assim por diante.

O amigo: Uma tal dialética da polaridade, mestre Reale, não arrastaria o pensamento ao desespero, roubando-lhe a esperança e o sossego final da unidade? A dialética da polaridade não nasceria de uma ênfase exagerada do aspecto de oposição entre as coisas?

Reale: Ao contrário, o pensamento se pode mover no campo das oposições polares e se digo agora o que digo é por reconhecer a oposição ou a polaridade entre a verdade e a falsidade. Essa minha convicção sustenta talvez o conceito da problematicidade inerente a toda filosofia, ao seu problematismo insuperável. Em outras palavras: levantar problemas seria uma atividade de maior importância do que proclamar soluções, aliás sempre precárias. O problematismo nasce da superação das representações da consciência comum e no surgir das alternativas e das diversas versões opostas e polares.

O amigo: Então acha que a nossa civilização está realizando algumas metas e valores e negligenciando, por outro lado, algumas tarefas culminantes da vida?

Reale: O anseio da harmonia é, por sua vez, um valor, ou um dever ser da realidade humana que, infelizmente, implica polarmente a sua antítese. Desordem e ordem, caos e harmonia chamam-se mutuamente. Todos sabem que vivemos numa civilização exacerbadamente econômica, tecnológica e prosaica, uma civilização dos meios e não dos fins. Isso, evidentemente, não de um modo absoluto, mas na forma de ênfase ou de colorido.

O amigo: O senhor afirma que a nossa civilização está continuamente assediada pelo espectro do que não realiza, do que relega ao esquecimento?

Reale: Pela dialética da polaridade, as possibilidades tergiversadas terão que afirmar o seu direito, pois dirigem um contínuo apelo aos homens de cultura e o sentido global da vida terá que completar a paisagem da nossa obra histórica. Isso, naturalmente, não como um fecho definitivo das coisas, mas como uma síntese provisória e, por sua vez, excludente, tendendo a abrir novos problemas.

O amigo: Se me permite agora, mestre Reale, voltar ao começo da questão, gostaria de novamente insistir sobre esse estranho hibridismo que é o homem. Penso que, de acordo com suas ideias, o próprio homem é uma contradição polar, pois é um ser, isto é, algo de completo, e que entretanto deve fazer-se. Estamos aqui nas paragens mais árduas da Metafísica.

Reale: Posso antecipar a dificuldade que o amigo encontra em *toda* essa ordem de filosofemas e que, no fundo, é a imemorial disputa entre o idealismo e o realismo, a primazia do valor ou do ser. O Idealismo, de uma maneira radical, procurou derivar o ser do dever ser, o real do pensamento, as coisas dos valores. Apesar de afirmar resolutamente a natureza deontológica do homem, o seu ser como dever ser, não vejo como negar que esse núcleo deontológico existe e portanto é. O homem existe como pura transcendência, mas essa transcendência é um algo, é uma forma de existência, é uma postulação do ser.

O amigo: Para finalizar, por hoje, essa conversação filosófica, eu pediria ainda o esclarecimento desta questão: o ser não seria, pois, no seu entender, *summa perfectionis*, o valor dos valores?

Reale: Isso seria deslisar de novo para o Idealismo, devendo a Filosofia manter a distinção entre o valor e ser, se não quisermos que o mundo se desvaneça em pura irrealidade. Não sou contrário ao irreal e ao sonho, mas para que esse exista e se afirme é mister que encontremos a dura realidade.

O amigo: O seu ideal filosófico lembra-me um pronunciamento de Leibniz que afirmava encontrar algo de certo em todas as coisas que lia.

Reale: E não será essa a atitude filosófica mais genuína na busca de uma visão da totalidade?

PARTE IV

SOBRE POESIA, ARTE E CRÍTICA LITERÁRIA*

*Seção publicada originalmente nas *Obras Completas* de VFS editadas pelo IBF. Volume II, p. 381-427.

SOBRE A POESIA E O POETA[1]

As concepções e atitudes dominantes em nossos dias, relativas ao fenômeno artístico, tendem a determiná-lo como um processo intranscedente e gratuito, cujo âmbito se esgota num nível meramente psicológico e nas múltiplas objetivações do agente artístico. Referimo-nos tanto às tendências psicanalíticas da exegese artística, como às doutrinas semântico-formais que procuram captar as categorias do belo na própria obra realizada e em sua individualidade irrelativa. A obra de arte seria, por conseguinte, ou a exteriorização simbólica de impulsos e emoções individuais e coletivas, ou por outro lado o jogo das formas, dos sons e dos ritmos, como um cosmo cerrado em si mesmo. Sob um certo ponto de vista, essas duas visões do fenômeno estético, a primeira aparentemente de caráter mais romântico e subjetivo, e a segunda, mais clássica e objetiva, se identificam no sentido de procurarem ambas definir o âmbito estético em termos puramente psicológicos e antropológicos. O poder da arte seria unicamente expressivo ou lúdico, não comprometendo nos dois casos o real e a figura objetiva das coisa. O artista, abandonado numa circunstância já dada, num mundo positivo subordinado a leis inflexíveis, poderia na melhor da hipóteses apenas ornamentar

---

[1] "Sobre a Poesia e o Poeta", *Diário de São Paulo*, São Paulo, 11 out. 1953. Ensaio escrito em colaboração com a poeta e tradutora Dora Ferreira da Silva. Republicado posteriormente na revista *Cavalo Azul*. (N. O.)

esse mundo conhecido e fixo, com sua engenhosidade criadora. Sobre o suposto dessa realidade bem conhecida, erigiria o artista seu pequeno reino fantástico e arbitrário, estanque em relação àquela realidade cuja presença opaca e importuna seria entretanto incapaz de comover.

O homem atual é um prisioneiro da imagem científica do mundo, inerme diante do curso forçado das ideias e representações naturais e positivas. A obviedade e o bem conhecido da circunstância técnico-científica usurpam e violentam a força morfogenética da arte, canalizando-a para um desempenho meramente decorativo e ornamental. O homem, já sem mistério, de posse da esquematização científica de sua própria realidade, e, no fundo, farto de se conhecer a si mesmo, procura um *Ersatz*[2] do mistério no subconsciente, cujo enigma a própria ciência vai se incumbindo de elucidar. É interessante assinalar, sob esse aspecto, como as maiores figuras da poesia deste século procuraram transcender e combater a representação científico-positiva do mundo, reafirmando uma realidade originária que foi exilada pelos ideogramas vigentes. Assim, por exemplo, diz Yeats: *I am very religious, and deprived by Huxley and Tyndall, whom I detessed, of the simple-religion of my childhood, I had made a new religion, almost an infallible church of poetic tradition...* (Eu sou profundamente religioso, e privado por Huxley e Tyndall, aos quais detesto, da ingênua religião da minha infância, criei uma nova religião, quase uma igreja infalível de tradição poética...) E ainda: "Eu sempre me considerei como uma voz daquilo que julgo ser um grande renascimento, agora em curso no mundo: a revolta da alma contra o intelecto". No mesmo sentido devemos compreender a reserva acusadora de Rilke diante do mundo mecânico: "Olhai a máquina: como ela rodopia e se vinga, desfigurando-nos e enfraquecendo-nos".

Qual a intenção desses pronunciamentos contra a tirania do intelecto e a presença obcecante do mecanismo da vida atual?

---

[2] Substituto. (N. O.)

Seguramente, a de reconquistar para a arte o direito de manifestar os poderes imensos que nos envolvem, restaurando uma nova disponibilidade para o mistério, isto é, para aquilo que excede o curso trivial da existência. Ainda uma vez é Rilke que dá o seu testemunho: "Os acontecimentos da existência que designamos com o nome de 'aparições', tudo quanto convencionamos chamar 'mundo dos espíritos', a morte e todas essas coisas que nos são estreitamente aparentes, uma recusa cotidiana expulsou-as tão bem da vida, que os sentidos capazes de percebê-las se atrofiaram. E não falemos em Deus".

É impressionante a preocupação unânime dos poetas máximos, da linhagem de um Fernando Pessoa, de um Rilke, de um Milosz, de um Yeats, de um Stefan George ou de um Eliot, pelos arcanos de iniciação esotérica, pela sabedoria dos arcanos, pelas doutrinas ocultistas e taumatúrgicas, pela iluminação religiosa e finalmente pela imersão na alma vidente dos povos primitivos.

O positivismo foi o movimento responsável pela consagração dessa visão definhada e hipotrófica da tarefa artística, que a reduz ao mero funcionamento de mecanismos físico-somático e verbais, sem qualquer conexão com a história profunda da realidade. Mas o pior é que o próprio homem se adequou aos esquemas e paradigmas do positivismo, passando a se compreender nos limites desse circuito. Todas as pontes que o ligavam ao divino foram cortadas, o mito silenciou e as grandes figuras legendárias desertaram a ágora desolada das consciências. Esse é o sentido do lamento hölderliniano das *Grandes Elegias*: *Por que emudecem os antigos teatros sagrados, extinta a dança ritual que exprimia o júbilo? Por que se esconde o deus que ornava a fronte humana, assinalando o leito entre os mortais? O deus que sob humana forma aparecia para concluir num pleno acorde a festa divina.*[3]

Podemos compreender a gravidade imensa dessa amputação à luz destas palavras de Friedrich Schlegel: "O cerne, o centro da

---

[3] Tradução do Autor, provavelmente em parceria com Dora Ferreira da Silva, que tem uma magistral tradução dessas elegias. (N. O.)

poesia encontra-se na mitologia e nos mistérios dos antigos. Saciai o sentimento da vida com a ideia do infinito e compreendereis os antigos e a poesia."

No mundo siderado pela Górgona do positivismo, era de fato impossível que se assinalasse à obra de arte outro papel que não o de mera alquimia emocional intranscendente. Nesse confinamento legal, como cumprir o ditame rilkeano da metamorfose, posto como fundamento do edifício da arte?

Wolle die Wandlung! O sei fuer di Flamme begeistert!...
Quisestes a metamorfose! Ó, fostes pela chama exaltado!...[4]

O imperativo de transformações e magia é uma ordem ilimitada, uma força originária e instauradora. Por isso já dissera Hölderlin que sob a aparência de um fazer, o mais inocente, era a poesia a mais perigosa e grave das ocupações.

Gesang ist Dasein, "o canto é existência", diz um dos *Sonetos de Orfeu*, "um hábito em torno de nada. Um sopro. Um voo em Deus". As possibilidades sugeridas à existência dão descerradas pelo canto e é por isso que o canto é existência. O hálito da palavra, esse hálito em torno de nada é a condição do aparecimento de um mundo, a tarefa órfica de suscitação do real. Poderíamos ligar essa experiência fundamental da palavra poética à tradição do *Chandogya-Upanishad*, onde a palavra original, o sopro *om* é a própria criatividade do brahman ou princípio divino. Entretanto, a palavra aqui mencionada, não é dizer do já dito, mas sim a palavra incantatória, o louvor que nasce da proximidade do divino. Walter Otto, em seu livro *Der Dichter und die alten Götter*,[5] assim caracteriza a investidura poética: "O poético no homem é o que o põe em contato com o divino, isto é, com a mais alta realidade. O poeta inato é, por natureza, aparentado com o ser do mundo, de tal modo que, como que tocado por um relâmpago divino, dá nascimento ao canto da infinitude". Não é outro o

---

[4] Tradução do Autor. (N. O.)
[5] O Poeta e os Deuses Antigos. (N. O.)

sentido do *das Offene*, "o Aberto" rilkeano, espaço que nos arranca ao confinamento do aqui e agora, remetendo-nos ao reino da "relação pura". Na poesia de Eliot encontramos correspondentemente a noção do espaço e tempo da Alegria, da singular festividade do momento poético. A plenitude da ação poética é um positivo que derrota o aparente e negativo da antipalavra. É Perseu que destrói o império funesto da Górgona.

O poeta é a forma das criaturas do plenilúnio de que fala Yeats nas *Fases da Lua*: *vistas nas colinas desoladas por camponeses trêmulos que se afastam apressados, corpo e alma alienados, no pasmo de si mesmos, eles são vistos em contemplação, o olhar da mente fixo em imagens que uma vez foram pensadas, pois só as imagens imóveis, perfeitas, apartadas podem romper a solidão dos belos olhos saciados e indiferentes.*[6]

Essas imagens apartadas e perfeitas são as constelações do numinoso, as "figuras" do divino que retiram a alma das planícies desoladas do humano, demasiado humano, transportando-a para o mundo originário que uma vez já foi pensado.

Isso nos dá ocasião de refletir sobre essas doutrinas estéticas que caracterizam o mister artístico como algo de irresponsável e arbitrário. O jogo leviano da arte é, como já vimos, uma ideia que surge no terreno estéril do positivismo, emanando da sua descrença quanto à incidência do divino no humano. Ao compreender, pelo contrário, a arte como Encontro e Anunciação, e o poeta como mediador entre os deuses e os homens, devolvemos à arte sua veracidade e necessidade. Remontamos aqui à tradição platônica que considera o poeta, como vem dito no *Íon*, "coisa leve, coisa alada, coisa santa", "incapaz de criar até o momento em que se torna o homem que um Deus habita". A fantasia poética é o ditado de uma profunda necessidade, de uma liberdade humana, que a cinge e ao mesmo tempo a liberta. A obra artística não é

---

[6] Tradução do Autor, provavelmente em parceria com Dora Ferreira da Silva, que também traduziu e comentou esse enigmático poema de Yeats. Esta tradução foi republicada nos *Cadernos Junguianos*, 2009, n. 5, p. 80-86. (N. O.)

qualquer coisa que se refira apenas às experiências íntimas e particulares do artista. "Outra coisa está em jogo – diz Hölderlin – que foi confinada aos cuidados e serviços do poeta. Nós dependemos apenas do mais alto". E ainda: "Desde a origem é por sinais que os deuses falam". O poeta, portanto, como homem sacral, está ligado ao absolutamente "outro", à alteridade. Esse polo de transcendência, ou como diz Rilke a presença do "Anjo terrível", aniquila a entidade demasiado humana do poeta, para convertê-lo na arauto do real. O binômio poético do lamento e do louvor (*Klage und Rühmung*) constitui a dupla estação do ano secreto, a pervinca sombria do inverno precedendo "o canto de júbilo e glória" que se elevará até os anjos aquiescentes. Essas duas possibilidades não dependem, entretanto, da deliberação humana. Não significam duas atitudes psicológicas diante do mundo, mas sim a variação da consciência em função das fases de aproximação ou de afastamento do divino: a noite dos deuses e o dia dos deuses (*Gottesnacht* e *Gottestag*) na expressão de Hölderlin.

Antes de concluir, não é possível calar acerca da contribuição de Heidegger no que respeita a uma compreensão mais profunda do fenômeno poético, manifesta através de suas maravilhosas exegeses da poesia de Hölderlin, e de seu ensaio *Da Origem da Obra de Arte*. Segundo as ideias desse filósofo, a obra artística é, em essência, o projeto instituidor de um mundo. É através dela que um povo recebe os paradigmas, medida e valores que determinarão sua história, oferecendo-lhe os modelos do valioso e significativo. O próprio homem é instituído através de possibilidades emanantes do verbo poético. Como afirmara Schelling, a matéria-prima e a temática própria de todas as futuras obras estariam predeterminadas através da investidura daquela obra de arte original que é a formação mítico-religiosa. Assim, a *Ilíada* e a *Odisseia* pressupõem a custódia das figuras olímpicas como condição de sua urdidura própria. Entretanto, não devemos ter um compreensão literária da mitologia, esquecendo-nos do fato de que ela se manifesta precipuamente na ocorrência culminante da Festa e do Culto. No fenômeno da festa que é ao mesmo tempo dança, canto, representação e iniciação está coimplicado o fenômeno germinal de toda arte. Mas a festa nada mais é do que a epifania do Deus que suscita em seu baixar sobre a terra a conduta jubilosa e festiva. Dadas essas condições, vemos como o desligamento da arte de sua conexão originária com o mito ocasionou a sua ruptura com as fontes nutriciais que a animavam.

Concluindo: a arte não é magia humana, mas magia divina. É ela o ir-além-de-si-mesmo do homem, na realização de uma obra que é a Festa Sacral, em honra do hóspede divino: *o deus que sob humana forma aparecia para concluir num pleno acorde a festa divina.*

Comentário ao poema "O Barco da Morte"[1]

Toda morte envolve uma representação da Morte. Por mais estranho que seja o seu halo, sempre oferece um certo conteúdo significativo. À ideia variável que os homens vêm tendo da vida, sempre correspondeu uma ideia variável da morte. O fim da existência nunca foi sofrido unicamente como um fato bruto, mas sempre se revestiu de um cortejo de cerimônias, lendas e interpretações bem precisas. Assim, pois, a morte sempre é, de qualquer modo, uma morte "construída", uma interpretação da vida e da morte.

D. H. Lawrence, nesse poema da "viagem para o esquecimento" incita-nos a que "falemos daquela morte que sabemos, que podemos conhecer, da morte bela e profunda". Temos o poder de nos prepararmos para o "esquecimento", de nos enriquecermos com uma "arca provida de alimento, pão e vinho" e "com remos e alimento, a louça necessária e o equipamento exato" para essa "viagem obscura, rumo ao esquecimento". Como compreender que um "vitalista" do estofo de Lawrence venha nos falar do "tempo de partir, de despedir-se do próprio ser", do assentimento à morte e a tudo que aniquila a chama crepitante da vida? A resposta não é difícil. A noção da vida, em Lawrence, é mais

---

[1] "Comentário ao Poema 'O Barco da Morte'", *Diálogo*, São Paulo, n. 5, out. 1956, p. 49-50. (N. O.)

complexa e irradiante do que em geral se imagina, abrangendo o duplo domínio da vida e da morte. Aliás, essa alusão a um "duplo domínio" remete-nos a outro grande poeta deste século, Rilke, que viveu na trama desta problemática. Superar a separação entre vida e morte é habitar esse domínio unitário da noite e do dia, do viver e do não-viver. Através de sua obra, Lawrence configurou diversos símbolos que nos remetem a esse reino de experiências onde a vida se espraia na morte e onde a morte é uma vida inconsciente que se pode iluminar na simples vida: referimo-nos aos símbolos do "sol negro" e da "chama obscura". Na "extensão negra do dilúvio", "em meio à água silenciosa e sem murmúrios", a existência ainda é fiel a si mesma, a vida ainda é vida, embora o seja sob o aspecto sub-liminar da treva. Como diz Rilke, somos propensos a "distinguir demasiadamente bem" e não chegamos a compreender nessa "negra conjunção do acima e abaixo", no "em parte alguma" da morte, ainda e sempre pletórica força da vida, da vida inconsciente infinitamente potencial e obscura. Em relação a nós, essa trans-vida da morte é o *esquecimento*. Esse esquecimento, entretanto, representa um conceito relativo, pois em si mesmo é uma reserva maternal da vida, é mais, muito mais do que o episódio adjetivo da vida diurna e iluminada. É no "fundo negror da eternidade" que se delineia a "aurora cruel do retorno à vida, fora do esquecimento". O assentimento à morte transforma-se, portanto, não no signo de uma falência, mas na gloriosa participação do oceano da vida em si mesma. Por isso, precisamos construir o barco da nossa morte, precisamos *agir* perante a morte, não – como diz o poeta – com "espadas, punhais, armas de fogo", uma vez que o sangue derramado não pode construir em nós a morte verdadeira, mas sim acolhendo em nós o reino do duplo domínio, ampliando o Pequeno Dia no Grande Dia. É da serenidade do esquecimento que poderá surgir a rosa da vida, flor que irrompe da noite, da planta invisível da morte.

Heidegger já denominou a morte a cordilheira do Ser (*das Gebirg des Seins*), isto é, o inesgotável tesouro donde tudo provém, o acúmulo supremo das possibilidades. Viver só a vida e *para* a vida, em sentido restritivo, é abandonar-se a uma limitação privativa. No fundo, nosso corpo, nosso "eu desfeito" é uma possibilidade limitante. A morte é a devolução a uma reserva maternal, ao infinito noturno que apaga e negligencia a vida erradicada da morte. "O Barco da Morte" é um poema sobre a vida, sobre uma vida que se apropria do poder indistinto da morte e que vai crescendo em profundidade, à medida em que é a construção mesma desse barco.

O DEUS VIVO DE LAWRENCE[1]

O romantismo, ao contrário do que geralmente se julga, foi também uma vontade de realidade, de tangibilidade, de corporalidade. A nostalgia que matizava essa atitude do espírito era um desejo de imersão num universo mais denso e exuberante, mais úmido e vivificante do que a circunstância abstrata e mecanicista que, então, já se fazia sentir. O culto da noite, da mulher e do mistério, a apoteose da fantasia ou da magia não significavam uma psicologia da debilitação e da fuga, mas, pelo contrário, uma escolha de regiões mais valiosas e subsistentes do ser. Essas regiões, entretanto, não se mostravam acessíveis à razão e ao mundo construído pela razão, uma vez que essa é puro poder construtivo, operação de construir e reconstruir ao infinito, a serviço do homem separado da unidade cósmica. A representação consciente e racional do mundo foi sentida pelos românticos como irrealidade e ilusão, como uma parede refratária que nos impedisse a visão do real. Assim, para Schopenhauer, o mundo como representação ou consciência é uma película sutil, diante do império selvagem e onipotente da vontade. O romantismo significou, fundamentalmente, o apelo do irracional, a negação do mundo como construção humana, a superação da razão enquanto representação físico-matemática do Universo e a implantação da floresta primitiva do sonho e da vida.

---

[1] "O Deus Vivo de Lawrence", *Diálogo*, São Paulo, n. 9, jul. 1958, p. 11-20. (N. O.)

Se o romantismo sempre foi um renovado telurismo, uma hierofania de Afrodite e de seu ciclo de manifestações erótico-religiosas, essa mesma tônica vamos encontrar num dos maiores românticos do nosso século, D. H. Lawrence. De fato, a mensagem lawrenciana enlaça-se totalmente com a concepção de vida romântica, é uma sua ampliação e prosseguimento, nela continuando a pulsar – como diria Cassiano Ricardo – a poesia do antiespírito da época. Lawrence foi o apóstolo do "poder obscuro" (*dark power*), da "obscuridade anticientífica" (*unscientific dark*), do "sol obscuro" (*dark sun*), dos poderes sombrios e subliminares da vida que envolve, supera e transcende a consciência, do país do "esquecimento" (*oblivion*), donde emergimos e para onde teremos que voltar. O sentido feminino-ctônico de seus romances concentram-se em sinopse poética particularmente em *Pansies* e em seus *Last Poems*. Sua palavra assume, nessa fase, um tom conclamatório e teúrgico, um acento de súplica revolucionária, de uma revolução apenas pressentida por todos os revolucionários:

> Give us gods. Oh give them us!
> Give us gods.
> We are so tired of men
> and motor-power.[2]

Esses deuses invocados por Lawrence ostentam uma função soteriológica e emancipadora, num novo sentido, no intuito de devolver o homem à raiz ctônica de seu ser. *Sum ergo non cogito*, diz Lawrence num de seus poemas, determinando um dado de ser que não é mais ficção do pensamento e da autoconsciência, mas sim vida, princípio aórgico, isto é, realidade-não-feita-pelo-homem. Através de um conhecimento profano de si mesmo, o homem começou a erigir a civilização da máquina e da autoconsciência, criando um si-mesmo-afastado-de-Deus. É o que lemos no poema "The Hands of God" ("As Mãos de Deus"):

---

[2] Dai-nos deuses, oh, dai-nos!/ Dai-nos deuses./ Estamos tão cansados de homens,/ e de força motriz. (T. A.)

É coisa terrível cair nas mãos do Deus vivo,
porém é mais terrível cair fora de suas mãos.
Lúcifer não caiu por causa do conhecimento?
Piedade, piedade por aquele que se precipita!
Livrai-me, ó Deus, de cair no conhecimento profano
de mim mesmo, tal como sou sem Deus.
Não permitais que eu saiba, ó Deus,
não permitais que eu saiba o que sou, ou poderia ser,
ao cair de vossas mãos, as mãos do Deus vivo.

Aquele espantoso e mórbido mergulhar
através das camadas lentas e corruptivas do saber que
desintegra
quando se cai das mãos de Deus, debatendo-se e
mergulhando, corrupto
e mergulhando ainda, mais e mais fundo na consciência
desintegradora,
mergulhando na ruína infinita – o horrível catabolismo da
voragem
da própria alma, caída das mãos de Deus!
Livrai-me de tal coisa, ó Deus!
E que eu jamais me conheça fora do Deus vivo!

Para Lawrence, evidentemente, esse movimento de afastamento de Deus ou dos deuses, não redundou apenas na definição conceitual e erudita de uma antropologia profana ou positiva, mas transformou-se em fato, na criação de uma civilização do indivíduo separado do absoluto. A construção laboriosa da representação técnico-científica do Universo e da sociedade constitui o próprio ato do apartar-se ou afastar-se do Deus vivo. Uma coisa é o testemunho da outra, a antropofania ou inflação histórica da figura humana é o reverso da ocultação dos deuses ou teocriptia. Esse cair das mãos do deus vivo, esse mergulhar "mais e mais fundo na consciência desintegradora", o que significa senão o próprio projeto existencial de nosso ciclo histórico? A soberania da autoconsciência ou do pensamento erigiu um mundo que é um produto total do pensamento, um universo científico-industrial, consequência necessária do *cogito ergo sum* cartesiano. O próprio homem já não é mais um filho da natureza, mas vai sendo feito e fabricado pelo pensamento, pois esse, como operação construtiva, é mais amplo e poderoso que o nosso ser:

> Man invented the machine
> and now the machine has invented man.[3]

E assim nos volatilizamos na subjetividade translúcida do pensar, transformamo-nos num subproduto da mente todopoderosa. E o poeta se insurge contra essa cultura da ideia e do pensamento, contra a transubstanciação da natureza em espírito, que vai desdobrando um painel abstrato e mental da realidade, em oposição ao mundo primordial das imagens. O cosmos – adverte Lawrence – nasce e se mantém por uma "urgência divina da criação" (*a divine urge of creation*), por uma vontade ou paixão, mas nunca por um ato do pensamento; e o próprio Deus é uma "grande urgência" (*a great urge*), um poderoso impulso gerador. "Imaginem – diz o poeta – que mente teria *pensado* um gerânio vermelho!" ou uma simples "lagosta na ponta dos pés". Por detrás da ordem da consciência, do sistema das coisas feitas e especialmente dispostas, expande-se a corrente criadora e morfogenética do "incompreensível plasma da vida". Essa vida tende para a forma, para a corporalidade, para a expressão em formas tangíveis e sensoriais, pois aquela "grande urgência" (*great urge*), impulso demiúrgico e criador, é uma "urgência rumo à encarnação":

> God is the great urge that has not yet found a body
> but urges towards encarnation with the great creative urge.[4]

Tudo o que existe são "corpos e presenças, aqui e agora", manifestações que se vertem no mundo das imagens. Essas não são evi-

---

[3] O homem inventou a máquina/ e agora a máquina inventou o homem. (T. A.)

[4] Deus é a grande urgência que ainda não encontrou um corpo/ mas que tende para a encarnação com uma grande urgência criadora. (T. A.)

dentemente aquelas imagens imponderáveis da pura teoria, mas imagens palpitantes da vida, oriundas do fluxo primigênio. Entretanto, Lawrence parece às vezes perder-se em contradições nesses seus ensaios de poesia teológica e cosmogônica, afirmando e negando forma e nome aos deuses. Depois de afirmar a universalidade do mundo das imagens, o sentido somatológico do real, pois, diz ele, "tudo que tem ser, o tem na carne", o próprio Deus sendo um corpo disseminado na criação, ele afirma a amorfia do divino:

> The gods are nameless and imageless.[5]

e ainda, no poema "Name the Gods!":

> I refuse to name the gods, because they have no name.
> I refuse to describe the gods, because they have no form
> nor shape nor substance.[6]

Contudo, o que Lawrence parece contestar nessas considerações poético-religiosas é uma determinação demasiadamente ingênua e superficial da perceptibilidade dos deuses:

> Ah, but the simple ask for images![7]

e as possibilidades de sua existência unicamente sensorial. O sensorial não é idêntico ao visual, ao mundo ótico das formas, mas se espraia nas ondas sonoras, olfativas e tácteis, abarcando todo o mundo acessível à fantasia, à fantasia corpórea que é o mundo. Os deuses podem ser por um momento *imageless and nameless*, no sentido iconográfico banal, mas repentinamente

> ... looking in a great full lime-tree of summer.[8]
> I suddenly saw deep into the eyes of gods:
> it is enough.[9]

---

[5] Os deuses não têm nome, nem imagem. (T. A.)
[6] Recuso nomear os deuses, porque eles não têm nome./ Recuso descrever os deuses, porque eles não têm imagem, nem forma, nem substância. (T. A.)
[7] Ah, esse mero desejo de imagens! (T. A.)
[8] ... incorporando-se numa grande limeira exuberante de verão. (T. A.)
[9] Subitamente meus olhos viram fundo no olhar dos deuses:/ isso é bastante. (T. A.)

Contudo, apesar dos deuses se expressarem como corporalidade ou presença, traduzindo aspectos gloriosos da realidade, podem, por outro lado, não ter forma ou substância, na medida em que são vida e fluidez do viver. Lawrence antepõe aqui a fantasia apolínea da forma e seu domínio heliotrópico ao somatismo dionisíaco do "sol sombrio" (*dank sun*), dos deuses rubros e sanguíneos, do "incompreensível plasma da vida". É flagrante a valorização lawrenciana do instintivo, do obscuro, do subliminal, sobre as formações lúcidas e articuladas da consciência, a primazia da vida sobre o conhecimento da vida:

> In not-looking, and in not-seeing
> comes a new strength
> and undeniable new gods share their life with us, when
> we cease to see.[10]

Na obra de Lawrence, a realidade aparece como o firmamento dos deuses, como o próprio vir a ser desses deuses e não como faticidade banal ou objeto cognoscível. Como poeta ou romancista, ele é o anunciador, o propugnador e a testemunha dessa ronda da vida superior, da vida fecunda do cosmos. Assim sendo, como nos diz em seu poema "Pax":

> All that matters is to be one with the living God
> to be a creature in the house of the God of Life.[11]

Prefigura-se aqui uma ética do telurismo, um sentido de consagração à verdade do homem e das coisas. Viver "na morada da vida", dormir "perto da lareira do mundo vivo", "diante do fogo da vida", tudo isso é o mesmo que se integrar à chama onicompreensiva da existência, abandonando-se ao fluxo criador que subjaz a tudo. O nosso "ser maior e autêntico" consiste na autopreservação daquele cair no conhecimento profano de si

---

[10] Através do não-olhar, do não ver/ advém uma nova força/ e novos e inegáveis deuses partilham conosco, quando cessamos de ver. (T. A.)

[11] Tudo o que importa é ser uno com o deus vivente/ é ser uma criatura na morada do Deus da Vida. (T. A.)

mesmo, consiste em não saber como somos afastados-de-Deus. Sob a perspectiva do nosso conhecimento desintegrador não somos mais do que uma forma derelicta e insubstancial, um nada arrogante. O que seremos, entretanto, para o olhar de Deus e, particularmente, para os *unknown gods*? Precisamos incorporar a perspectiva dos deuses em relação a nós, permitindo que esses poderes nos revelem a nós mesmos, descortinando a terra incógnita do nosso ser afrodítico. Para isso, é mister superar a persona, o nosso eu mecânico, egoístico, *selfcentered*, a efígie antropológica, uma vez que o homem é mais do que o *homo sapiens*, podendo revestir às vezes a "fulgurante beleza dos deuses sem mensagem". É o que nos diz Lawrence nesses versos de "Terra Incógnita":

> There are vast realms of consciousness still undreamed
> of vast ranges of experience, like the humming of unseen
>   harps,
> we know nothing of, within us.[12]

Mas, em última instância, o que precisamos realmente superar para tornarmo-nos "uma fonte iridiscente" (*an iridescent fountain*) é a autoconsciência limitante, o conhecimento profano de nós mesmos, ou o nosso ser-apartado-de-Deus. Para Lawrence, é a representação conceitual que nos cinge e aniquila nos laços laocoônticos de um saber esterilizante, confundindo a amplitude do nosso ser com uma possibilidade irrisória do conhecimento. Só assim viremos a saber que somos

> Sons of earth, sons of fire, of air and water,
> sons of the living elements, sons of the unthinking gods...[13]

O novo ser anunciado por Lawrence não seria mais uma aquisição do saber teórico, uma nova doutrina acrescentada a

---

[12] Há vastas regiões de consciência ainda impressentidas e/ vastos espaços de experiência, como o sussurro de harpas invisíveis,/ nada sabemos disso, interiormente. (T. A.)

[13] Filhos da terra, filhos do fogo, do ar e da água/ filhos dos elementos vivos, filhos dos despreocupados... (T. A.)

outras. O que é importante – diz ele – é viver a vida, é habitar "a morada da vida" e esse habitar é por essência culto, adoração, *worship*, um transformar-se num "servidor da vida" (*servant of life*). Lawrence opõe ao homem centrípeto, centrado em si mesmo (*selfcentered*), o homem eferente e teocêntrico, o homem absoluto ou do absoluto, o grande lugar da vida. É nessa altura do seu pensamento que Lawrence nos faz entrever o verdadeiro perfil do antigo totemismo, a grande transcendência do reino da vida sobre o reino humano. A paixão da vida pode arrastar o homem no sentido de viver a lei do cosmos como a sua própria lei, levando-o a desempenhar os grandes desempenhos teriomórficos como marca da pujança da vida. O serviço da vida é o totemismo do Deus vivo, é o estar-fora-de-si na grande morada da vida e não na morte da autoconsciência como verdade absoluta do homem, entendendo a alienação do homem no homem como um pecado contra a vida. O que a tradição apostrofou como a suprema alienação do coração e da mente, a subordinação do espírito aos emblemas animais, ao domínio dos astros e das plantas, é agora festejado como um triunfante encontro a vida. Homens imunes ao humano, "limpos da autoconsciência" (*clean from self-consciousness*), perdidos no vir a ser das apoteoses cósmicas, traduzem o protótipo lawrenciano da vida. E os deuses, toda a espécie de deuses, manifestam vórtices de bem-aventurança, de poder e de júbilo, convidando o homem para um novo culto ou *imitatio*. A procissão dos grandes deuses constitui o conjunto de possibilidades de cumprimentos transumanos, possibilidades que ainda apelam para o nosso espírito e o comovem. É o que vem dito em "All Sorts of Gods":

> There's all sorts of gods, all sorts and every sort,
> and every god that humanity has ever known is still a god today
> the African queer ones and Scandinavians queer ones,
> the Greek beautiful ones,
> the Phoenician ugly ones,
> the Aztec hideous

> ones goddesses of love, goddesses of dirt, excrement-eaters
> or lily virgins
> Jesus, Buddha, Jehovah and Ra, Egypt and Babylon
> all the gods,
> and you see them all if you look, alive and moving today
> and alive moving tomorrow, many tomorrows, as
> yesterdays.[14]

A teologia de Lawrence expressa o esforço de descobrir dimensões do existir além do homem, da personalidade fechada e estéril. Mas esse empreendimento foi até hoje muito pouco compreendido em seu conteúdo radical, pois até seus amigos mais próximos, como Robert Aldington, adulteraram a especificidade de sua mensagem. Assim, no prefácio aos *The Complete Poems*, escreve ele: "Ela é [sua criação] o produto de um individualismo tão afirmativo, tão arrogante, a ponto de ser desconcertante".

Como é possível, porém, descobrir individualismo, exasperação pessoal ou autobiográfica em quem, durante toda a vida, só procurou perambular além do caso pessoal, e de todos os personalismos, afirmando mesmo que o homem nada cria, mas apenas destrói? É ele quem nos diz, num de seus poemas:

> What's the good of man
> unless there's the glimpse of a god in him?[15]

O pensamento criador de Lawrence não é a confusão individualista de um si-mesmo-apartado-de-Deus, não é a confissão do abismo de si mesmo, mas sim a aventura da terra incógnita. É uma espécie de reativação das potências meta-humanas que se expressaram outrora no processo mitológico e que procuram

---

[14] Há toda a espécie de deuses, todos os modos e espécies,/ e cada deus que a humanidade conheceu é um deus ainda hoje/ os estranhos deuses africanos e os estranhos escandinavos,/ os belos deuses gregos/ os feios deuses fenícios,/ os feios deuses aztecas/ deusas do amor, deusas da lama, comedoras de excremento ou virgens liriais/ Jesus, Buda, Jeová e Ra, Egito e Babilônia/ todos os deuses/ e verás a todos se olhares, vivos e em movimento hoje,/ vivos e em movimento amanhã, muito amahã, como ontem. (T. A.)

[15] O que há de bom no homem/ senão o lampejo de um deus que o habita? (T. A.)

agora reemergir à luz da consciência. Lawrence revelou ao homem as dimensões esquecidas do divino, superando a clausura de um humanismo esgotado e gasto. Ele antepôs ao homem opaco do humanismo, imune aos "lampejos do divino", a consciência receptiva e translúcida à floração superior da vida. O homem mais vale pelo seu poder de transparência e condutividade em relação ao fluxo da vida. O movimento de saída de si mesmo é o habitar a morada da vida, quando o homem é arrebatado pelo sentido excêntrico das possibilidades vitais.

Seríamos tentados agora a empreender um caminho de compreensão do mundo, a partir de Lawrence. Quais as condições internas que lhe permitiriam ver as coisas como ele as viu? Quais as franquias mentais por ele desfrutadas e que lhe permitiram uma visão *sui generis* da totalidade da existência?

Acreditamos colher a chave de seu universo particular, afirmando que Lawrence foi imune à categoria de substância e ao esquema restritivo de objeto; seu espírito era infenso à solidificação das realidades nas representações imobilizantes da substância e da coisa morta. *There is a vivifier*, há um vivificador, diz num de seus poemas, e, de fato, essa exigência de vitalização colimava uma libertação das coisas da compreensão substancialista, imposta pela consciência humana. Ele sentia uma vida cósmica fluída que exorbitava as formas fragmentadoras do intelecto. E as coisas, uma vez fluidificadas e libertas dos esquemas que as aprisionam, adquiririam uma desenvoltura autônoma, transformando-se em histórias, em dramas, em processos fantástico-sensoriais e sacudindo a existência humilhada de outrora. Devemos admitir que o homem e sua consciência, por um ato simples e inevitável, transforma continuamente o mundo e a alteridade nas representações estáticas de seu universo mecânico. Foi a mente, o *nous*, que desde Platão recortou no universo o "mundo das ideias", à maneira de uma mente fora da mente, absolutizando o pensamento humano. A redução das coisas vivas e dramáticas às ideias, a compressão do ser vasto e inapreensível do mundo no cárcere das ideias, foi uma transcendência da consciência humana sobre o diverso-de-si, uma transcendência que fundou o mundo humano ou antropocêntrico. Nesse projeto do mundo, as realidades superadas e vencidas, envoltas na representação objetivante da mente, passaram a ser simples acessório do destino maior do homem. Já Hegel, em sua *Lógica*, dissera: "A alteridade existe para a consciência humana unicamente como um ser já superado. *Aufgehobenes*, como um seu momento. A consciência humana é um ser para si, na medida em que transforma qualquer objeto que percebe ou intui em sua representação". Os temas e particularidades do mundo são configurados pelo poder construtivo superador da mente humana, em objetos determinados e separados entre si. A ideia de substância ou de objeto eliminou a vida excêntrica e extra-humana do Universo, transformando essa vida em representação humana, em coisa conhecida, vencida, materializada. Em consequência, deu-se o desterro das coisas em sua localização simples, cada uma em seu canto, separadas e irrelacionadas entre si, formando um sistema mecânico e material. A terra só estaria na terra, o sol no sol, o mesmo desterro e ilhamento valendo para tudo. Mas esse desterro é uma falsa aparência, oriunda da aplicação intempestiva da categoria de substância, ou da substantivação do mundo da Aparência. Com efeito, diz Lawrence em seu poema "Two Ways of Living and Dying" ('Dois Caminhos do Viver e do Morrer'):

> While people live the life
> they are open to the restless skies, and streams flow in and out
> darkly from the fecund cosmos, from the angry red sun, from
>   the moon
> up from the bounding earth, strange pregnant streams, in
>   and out of the flesh,
> and man is an iridescent fountain, rising up to flower for a
>   moment godly,
> like Baal or Krishna, or Adonis, or Balder, or Lucifer.[16]

---

[16] "Quando vivemos a vida/ somos abertos para o céu inquieto, e correntes fluem para dentro e para fora/, obscuramente, do fecundo cosmos, do sol rubro e colérico, da lua/ da terra saltitante, correntes prenhes e estranhas, para dentro e para fora da carne/ e o homem é uma fonte iridescente, erguendo-se para florescer/ como um

As coisas, realmente, estão abertas umas às outras, existem umas nas outras, confluindo e refluindo em sua existência processual e atópica. Se um a "lei do isolamento" pesa sobre cada criatura, esse isolamento não é o de uma linha substancial, ou de um objeto morto, mas sim o direito de uma existência autônoma de vida, que permite a diferenciação uniforme do Universo. Todas as coisas são vivas, energéticas, puras atuações em *substratum*. Assim, pois, diz Lawrence na "Dança da Serpente": "O sol, a luz, o trovão são viventes. Não são pessoas, mas viventes. Manifestações da atividade vivente. Todas as criaturas vivem. O trovão vive, a chuva vive, a luz solar vive. Não, porém, em sentido pessoal". Em consequência dessa perspectiva, deveríamos pressupor a possibilidade de uma supressão das representações da consciência humana e do seu mundo substancial e morto. Essa foi a ousadia de Lawrence. Como afirmou Aldington, a concepção fundamental de Lawrence *is founded on the conception of Becoming*,[17] sendo que *the individual Lawrence is as fluid as everything else*.[18] Para esse, portanto, as coisas seriam momentos expressivos e fisiognômicos, coisas-manifestações e manifestações-coisas, imagem em desenvolvimento, puras atividades ou processos em ato. Eis por que, para o primitivo como para Lawrence, o sol pode ser um dragão, "o mais horrível dos dragões, imenso e supremamente poderoso", pois o ato-sol pode se identificar com o ato-dragão, como expressividades do mesmo poder ou caráter. Em seu desenvolvimento, uma coisa pode mimetizar ou manifestar outra, no autêntico sentido aristotélico de *mimesis* de uma *ação*. Um animal, uma vida particular, pode servir de categoria de compreensão ou de revelação de outra vida, sendo que num universo vivo, as únicas categorias procedentes são de índole da *cena vital*, são categorias da *vida*. O *wandering cosmos*, o universo errático de Lawrence é um conjunto comunicativo, um jogo de reflexos, no qual a tempestade pode ser um

---

deus instantâneo, Baal ou Krishna, Adonis, Balder, ou Lúcifer". (T. A.)
[17] Está fundada na concepção do vir a ser. (T. A.)
[18] O indivíduo Lawrence é tão fluido como tudo mais. (T. A.)

pássaro – o pássaro-tempestade dos babilônios – e os pássaros podem ser precipitados móveis da tempestade. A cena vital passa a ser um princípio universal de compreensão cósmica, uma revelação do Universo como é, quando ainda não negado ou superado pela consciência subjetivante. À transcendência do eu humano, à supremacia do homem, Lawrence respondeu com a transcendência da vida sobre as representações infinitamente redutoras da inteligência:

It is concept that kills us
and makes us cowards instead of gods.[19]

---

[19] "É o conceito que nos mata,/ fazendo-nos covardes e não deuses". (T. A.)

UMA FLORESTA SOMBRIA[1]

D. H. Lawrence marcou uma assinalada função cultural, propondo-se de todas as maneiras alargar e ampliar os limites do humano. Toda sua gestão de escritor, toda sua paixão no decurso da experiência da vida se coligiu nessa tarefa de descobrir "novos céus e novas terras" para o homem. O que implica, sem mais, acreditar que a representação antropológica que, como investidura social, somos compelidos a executar, traduz unicamente uma singular mutilação de nossas possibilidades de ser. Somos uma função social, um conjunto de virtudes que garantem unicamente a nossa aceitação no grupo em que vivemos. O ser para a sociedade, entretanto, atrofiou e absorveu de maneira catastrófica todos os apelos e invocações que assediavam a alma do homem total. O drama da alienação da alma na dimensão simplesmente intersocial e humana constitui o tormento de sua realização intelectual. Prodigou-se em esboçar situações narrativas em que os personagens expiavam e morriam o seu ser antigo, a sua autoimagem ocludente, em vias de metamorfoses e ressurreições.

Encontramos em sua obra *Studies in Classical American Literature* páginas de uma polêmica mordaz, dirigidas contra o patrono do moralismo puritano ianque, Benjamin Franklin.

---

[1] "Uma Floresta Sombria", *Diálogo*, São Paulo, n. 15, mar. 1962, p. 3-16.

Contudo, o escopo de nosso artigo não é seguir de perto essa polêmica destruidora contra o credo moralístico de Franklin e de outros representantes do espírito puritano, mas sim o de explicitar o que Lawrence, no correr de seu pensamento, vai revelando sobre a "Colômbia primaveril" de sua própria concepção da vida e do homem. Parodiando a maneira sentenciosa de Franklin, Lawrence estabelece "para brincar de Benjamin", como ele mesmo ironiza, a sua lista de preceitos e antipreceitos morais, como uma espécie de decálogo sacrossanto. Esse breviário moral e o resumido credo que o procede traduzem, porém, uma impressionante sinopse do que poderíamos denominar o neopaganismo de Lawrence. Na ordem de afirmação de toda afirmação pagã ou neopagã, Lawrence repudia desde o início qualquer ideia finalista ou progressista do destino humano, qualquer escatologia que calunie ou condene a vida, em função de uma redenção espiritual. A concepção de fim é inteiramente alheia à sua sensibilidade religiosa, sendo a realidade ou a vida um *estar aqui* esplêndido e divino. Os deuses são presenças ou epifanias que rondam o *aqui*, que vão e vêm em nossa alma e não se pospõem para um além invisível e desencarnado. O credo de Lawrence, oposto ao do "vovô Benjamin", é tão importante e decisivo para tudo que diz respeito à problemática humana e histórico-social, que vamos reproduzi-lo em seu texto integral. "Eis aquilo em que creio", diz Lawrence:

– Que eu sou eu.

– Que minha alma é uma floresta sombria.

– Que o eu que conheço é apenas uma pequena clareira nessa floresta.

– Que deuses, estranhos deuses vão da floresta para a clareira do eu conhecido e depois se afastam.

– Que devo ter a coragem de deixá-los ir e vir.

– Que não deixarei jamais a humanidade me dominar, mas sempre tentarei reconhecer os deuses que estão em mim e a eles me submeter, assim como àqueles que estão em outros homens e outras mulheres.

Apressa-se Lawrence a comentar que os espíritos enquadrados no simplesmente humano da nossa civilização não poderão jamais compreender o seu credo. E já podemos compreender essa "incompreensão" inicial das vítimas do antropocentrismo fechado e dos que se empolgam pelo ídolo da *condition humaine* sem portas e sem janelas. Contesta, em primeiro lugar, o "teclado apoticário" das virtudes da respeitabilidade social, do existir unicamente em sociedade do eu moderno: temperança – silêncio – ordem – resolução – frugalidade – trabalho – sinceridade – justiça – limpeza – tranquilidade – castidade – humildade.

Desse piano mecânico de Benjamin, nascem as fastidiosas harmonias do homúnculo social e do animal moral, dissociado das raízes vívidas da alma cósmica. A teoria lawrenciana da alma remete-nos às formulações românticas do psiquismo humano e meta-humano, às antigas ideias de um Karl Gustav Carus, que reconhecia no inconsciente não só "a chave do conhecimento da vida consciente da alma", mas que também determinava esse Inconsciente do qual emergimos como a vida fantástico-elementar do próprio cosmos. O nosso corpo, em especial, expressa essa vida criadora inconsciente, pois a vida só pode traduzir-se em fenômenos fantástico-somático: *Wo kein Leiben ist, da ist auch kein Leben*.[2]

Através da aferência inconsciente do nosso ser, mergulhamos na vida universal do cosmos e somos essa totalidade criadora. Para Lawrence, de modo semelhante, o nosso ser é um teatro de revelações das potências morfogenéticas da vida ou dos deuses. O que significa esse estranho enunciado lawrenciano que mais parece ditirambo poético do que proposição antropológica: *minha alma é uma floresta sombria?* Esse enunciado expressa um ir-além-de-si-mesmo, uma compreensão de si além de si e do *cogito* ou do humanismo rotineiro. Diz Lawrence: – Eu sou eu, mas não o eu do *ego cogito* ou da consciência perceptiva vigilante. Sou uma floresta sombria e, no entanto, em nossa civilização

---

[2] Onde não há vida no corpo, não há vida. (T. A.)

todas as coisas são expressões desse eu simplesmente consciente e acanhado, como momentos de sua realização. É o que nos revela Lawrence em seu poema "New Heaven and Earth":

I was so weary of the world,
I was so sick of it,
Everything was tainted with myself,
Skies, houses, streets, vehicles, machines,
Nations, armies, war, peace-talking,
It was all tainted with myself, I knew it all to start with
Because it was all myself.

Entretanto, para que não sucumbe diante da ideia de "humanidade" ou do eu isolado, a alma continua sendo uma potência aórgica, devotada ao serviço das cenas primordiais. Se pudermos compreender o homem como uma "flexura" em relação à totalidade das coisas, como um estar-no-mundo no qual todas as potencialidades e aspectos, mesmo os mais inadvertidos e inconscientes colaboram e determinam a sua maneira de ser, então "a nossa alma é floresta sombria". Nós somos o mundo, justamente o mundo que exorbita a pequena clareira do eu conhecido, esse mundo que inconsciente e florestal pode entrar em cena no nosso discurso existencial. No pensamento de Lawrence, o mundo não contém somente a verdade do homem e de suas veredas de ação, mas um sem-número de itinerários que representam uma simbólica divina. Estranhos deuses vagam da floresta para a clareira, estranhas dominações podem empolgar a nossa alma e o nosso corpo, traduzindo-se então através de nossa criatividade mais profunda. Podemos ser "à maneira de" cada um dos deuses, podemos viver nessas dimensões fascinantes, tornando-nos então emblemas e signos dessas dominações superiores. Só poderíamos aludir a essas dominações como espoliações ou alienações de uma pretensa essência verdadeira do homem, na hipótese de imobilizarmos o homem em sua figura pessoal-espiritual. Não nos devemos deixar dominar pelo exclusivo do homem-só-homem, pelo mitologema cristão da humanidade e pelo plexo de realizações puramente técnico-sociais. A máxima alienação consiste justamente na recalcitrância do querer ser si mesmo e nesse antropocentrismo delirante que oblitera a nossa natureza osmótica e espongiária. Podemos pôr em imagem os deuses que vêm a nós, desde que a nossa essência, como afirma Heidegger, é uma franquia de realizações existenciais. O nosso ser mais profundo não é reclusão, fechamento ou paixão de si, mas entusiasmo, estar-fora-de-si na presença dos deuses. Por isso Lawrence não só declara que devemos permitir que os deuses venham e se retirem de nossa alma, mas consequentemente que nos submetemos à sua paideia. Mais significativa que a escola divina, a educação do nosso espírito para o apelo do mundo em forma da manifestação do divino. Unicamente a hierofamia dos mundos virtuais pode suscitar em nós a vontade de formar e o desempenho absoluto das cenas sugeridas.

Eis que a nossa vida, nesse extraordinário credo lawrenciano tão sucinto, mas tão rico de ideias e sugestões de pensamento, não comparece como uma superfície hígida e por demais conhecida. Não estamos assentados sobre o trivial ou sobre o fartamente conhecido, mas existimos na Floresta Negra do ser, na Amazônia da realidade. "Viva a Colômbia! A alma do homem é uma floresta sombria", diz Lawrence. E toda a sua obra desloca o centro de apreciação da vida humana, do indivíduo subjetivo para o domínio aórgico dos deuses. Sua visão da existência é uma visão teocêntrica. E o personagem aferente da nossa civilização, o homem renascido em espírito, constitui apenas uma das consignações históricas emitidas pela ordem ex-cêntrica das aberturas religiosas. Somente nessa perspectiva podemos interpretar as normas que, temperadas de "humor" e "à maneira do bom Benjamin", Lawrence inscreve nas tábuas da lei da vida histórico-divina. O decálogo lawrenciano que na realidade consta de treze preceitos, instala-nos imediatamente no reino da ação afetiva, entusiástica, que ocorre sempre como símbolo e epifania. Eis o primeiro preceito:

I. Temperança

Comei e festejai com Baco ou mastigai pão seco em companhia de Jesus, mas não vos senteis à mesa sem um dos deuses.

Qual o contexto que iluminaria plenamente essa norma e medida de ação?

O homem não existe por si, mas é um dos elos da díade homem-deuses. Pensando apenas a partir de si mesmo, o homem é uma abstração, um fragmento tinto de absurdo, um ser desértico e atrofiado. A abertura em que habitamos e somos, na qual se inscreve a árvore dos nossos desempenhos, expressa sempre um Império da divindade. Tanto assim, que os bens culturais de uma civilização têm sempre uma origem ritual-religiosa, e mesmo nossa civilização técnico-científica, quando sondada em sua constituição última e transcendental, é tributária do mitologema cristão. Podemos reconduzir inclusive a nossa maneira de amar, a nossa erótica, às raízes religiosas de onde promana. É o que nos diz Walter Schubart em sua obra *Religion und Eros*: "A religião não é uma erótica sublimada mas, pelo contrário, o Eros é que é a vivência religiosa contraída a uma expressão puramente sexual". Assim como o sexo só pode ser desvirtuado quando limitado a uma função fisiológica, assim também o comer e o beber são muito mais do que mera absorção de calorias ou refrigério da sede. Lawrence considera o comer uma comunhão com o cosmos, e uma forma eucarística de incorporação de poderes demônico-energéticos. Essa é a forma que na antiguidade assumia o Symposion que, muito mais do que um banquete, reunião social ou intelectual, era um ato sagrado. Sentar-se à mesa com os deuses significa, entretanto, além de uma absorção de poderes, uma festiva rememoração da razão de ser do nosso ser. De puro ato de conservação do indivíduo, a alimentação aponta para o fato de existirmos, isto é, comemos e bebemos a fim de realizarmos os valores supremos. Comer e beber não são atos intransitivos e opacos, mas atos eucarísticos e presentificação do fundo último das coisas. Comer e beber sem a companhia dos deuses seria uma simples operação físico-química, um carregar-se de poderes para nada, para a manutenção da vida num rumo absurdo e sem finalidade. Como sugere Van der Mühl, a própria festa greco-latina constituía em si mesma uma manifestação de Baco ou Dioniso, deus dos estados psíquicos exaltados e transbordantes. Contudo, entre os gregos a embriaguez era temperada e moderada, já pelo fato de beberem vinho puro. Lawrence tem razão ao afirmar que a temperança nasce como uma medida relativa, como uma limitação que adquire significado pela obra humana consignada à nossa consciência. Assim, como não existe o homem em si, irrelativo ao contexto mítico-cultural, também não existe a temperança em si, pois o processo de autoconservação depende da forma de vida que realizamos e essa, por sua vez, do pôr-se em forma religiosa de uma época.

II. Silêncio

Permanecei silenciosos quando não tiverdes nada a dizer; quando uma verdadeira cólera dominar-vos, dizei o que deveis dizer, e com ardor.

É significante o fato de Lawrence opor a cólera ao silêncio, como se não existissem outros impulsos que nos levassem a romper o silêncio. O certo é que ele não compreende o Universo como um mecanismo pacífico, harmonioso, como o *living room* de hóspedes inteligentes e virtuosos, mas sim como a conflagração criadora de potências obscuras e violentas. No cerne da vida, na raiz de todo vir a ser aninham-se o ódio e a cólera, forças primigênias por essência. Tanto assim que na mitologia dos povos aurorais, e mesmo no repertório de todas as religiões, encontramos a galeria apavorante de deuses monstruosos e selvagens, dos deuses-dragões. Toda autoformação da vida, toda plasmação, todo querer-viver, é uma transgressão impetuosa, uma prepotência. O furor originário da vida-paixão, com seus deuses sanguinários e ameaçadores, traduz essa infraestrutura primordial do ser, a vida como ainda persiste nos estratos profundos do nosso frágil Eu. Assim, o fundo secreto da vida é uma chama impetuosa e colérica, um querer-viver agressivo, sem o que a vida se diluiria na indiferença e na renúncia do não-ser. Toda a nossa existência deve ser uma afirmação inelutável, uma decisão nítida, uma vontade de onde promane aquele furor criativo da vida-paixão. Lawrence imaginou homens de grande tônus emocional, ígneos, entusiásticos, violentos e apaixonados, seres verdadeiramente vitais. Portanto, só a vontade colérica da vida, o querer-mais-vida, deve romper o silêncio e a calmaria dos sons adormecidos. A vida deve falar acerca da vida e não extraviar-se numa tautologia enfadonha, num discorrer sobre os mortos, sobre o passado ou sobre as possibilidades já conquistadas. Devemos deixar de contar "histórias" sobre o ente, sobre o já dado, pondo-nos em consonância com o entusiasmo criador da mais-vida. Quem se obstina na tautologia do pensamento perene ou da filosofia perene está repetindo o já dito e redito, e portanto o melhor que teria a fazer seria preservar o silêncio. A tediosa característica da vida como aferição é a subordinação talmudística ao texto e à palavra autoritária, é a não-liberdade sob o disfarce de pensamento. Transcender o silêncio deve ser uma palavra das "cavernas do ser", da sombria floresta.

III. Ordem

Sois responsáveis para com os deuses que habitam em vós e para com os homens através dos quais esses deuses falam. Reconhecei vossos superiores e inferiores segundo os deuses. Essa, a raiz de toda ordem.

Para Lawrence, toda ordem é uma ordem "segundo os deuses", é a ordem em sua raiz e em sua origem. Assim, pois, a ordem não é uma disposição arbitrária das coisas de acordo com um critério arbitrário, não é uma seriação escolhida ao acaso, ou uma relação serial posta pelo intelecto. A hierarquia é uma disposição meta-humana que provém das investiduras carismáticas outorgadas pelos deuses. Já os antigos admitem os *dii minores* e os *dii maiores*, potências numinosas de diverso valor e sentido. Correspondendo a essa ascensão e descida na escala das revelações dos aspectos da vida (os deuses são *Weltaspekte*), distribui-se a hierarquia das posições humanas na medida em que, através dos homens, são os deuses que falam. Os homens representam momentos de uma hierática iniciação nos arcanos da vida, uma vez que todo comportamento é iniciático e abre perspectivas irrisórias ou grandiosas no fundamento das forças meta-humanas. Ao agir, o homem revela-se e ao revelar-se revela os princípios tutelares de seu ser, isto é, seus deuses. Há homens que confinam e confrangem a nossa alma, que nos remetem a uma verdadeira micrologia do ser e outros que, pelo contrário, como andrópteros, nos incitam a voar no ilimitado, no amplo universo das diacomeses divinas.

IV. Resolução

Tomai a resolução de obedecer aos vossos desejos mais profundos e de sacrificar sempre o inútil ao essencial. Matai, se for necessário, ou aceitai a morte: a injunção procedendo dos deuses que vos habitam ou daqueles em que reconheceis o Espírito Santo.

Toda decisão e vontade devem representar uma extrema docilidade à vida, uma resolução obediente, mas de obediência volitiva, um permitir a passagem da corrente da autêntica criatividade. Em linguagem heideggeriana, poderíamos dizer que devemos abrir-nos à abertura (*Offenheit*) que nos instaurou às disposições do Fascinator. Obedecer aos desejos mais profundos significa a superação do Eu adventício, da *persona* social, do Eu exterior, para dar livre curso ao fundo ilimitado e criador de onde emergimos. A resolução é um testemunho dos deuses, é um testemunho criador, pois, afirmou Walter Otto, nada se revelou mais túrgido de criatividade do que a Imagem do divino. Essa decisão ou resolução a partir dos estratos profundos da alma implica o abandono espontâneo do inútil e do inessencial, e a tergiversação da ação insistencial. Com tremenda radicalidade, Lawrence adverte-nos que a ação como "injunção vinda dos deuses", como presentificação de uma ordem superior pode autorizar-nos a matar ou morrer. Assim, não deveríamos mostrar uma excessiva complacência com o homem intransitivo, antropocêntrico, como simples proliferação biológica. Não servir jamais a humanidade, dirá o item referente ao Trabalho. Isso significa que a História deve ser manifestação dos deuses e não teatro do homem autotélico. Obedecendo ao Espírito Santo, obedecemos a um Espírito que é Santo, nascendo assim as obras do sentido reverencial aos deuses. O mundo é manifestação, mas manifestação não do "meio" de manifestação – o homem – mas do manifestável, do digno de manifestar-se, do festivamente manifestado. E através da História e em muitas eventualidades, o sagrado se manifesta e se afirma sobre a hecatombe dos humanos.

V. Frugalidade

Não pedir nada; aceitar o que vos parecer justo. Não desperdiceis vosso orgulho, nem prodigueis vossa emoção.

Para Lawrence, a frugalidade não reside na ordem das coisas, não é economia ou avareza, segurança obtida por um espírito mesquinho ou retentivo. A frugalidade deve manifestar-se na ordem do ser e não na ordem do ter. O que não devemos dilapidar e dissipar é a nossa emoção e nosso orgulho, nosso celeiro reservado ao Espírito Santo dos deuses. Não devemos prodigar-nos ao menor, esgotando nosso orgulho e nossa vida em questiúnculas, comparecendo exangues e desvalidos à convocação dos grandes. Devemos respeitar os valores potenciais do nosso ser, respeitando e amando o possível, o inaudito, o irrevelado e oculto em nós. É próprio do divino ser uma infinita possibilidade de realização, é próprio do divino manifestar-se em sua ocultação. Nós também, só podemos ser livres reverenciando o ilimitado que nos habita, isto é, superando o dito, o feito e atualizado.

VI. Trabalho

Não deveis perder tempo com as ideias, mas servir o Espírito Santo. Jamais servir a humanidade.

O sentido profundo dessa norma lawrenciana provém da excedência do nosso ser em relação a qualquer e exclusivo ser-para-a-sociedade. A sociedade e o homem, tal como se determinam na civilização atual, representam o fruto de "ideias" e da compreensão da experiência no leito de Procusto das formas platônicas. As formas ou ideias platônicas são as "receitas", as fórmulas de ser de cada coisa, fórmulas e receitas que se configuram em vista de um certo fim, isto é, da ideia do Bem. Esse valor supremo, luz do mundo das ideias, princípio revelador de todas as ideias, é concebido à imagem da supremacia do espírito incorpóreo sobre as outras possibilidades do ser. A transcendência do espírito conferiria uma determinação a cada ente, sendo as determinações eidéticas das coisas configuradas pelo impulso transcendente e em gesto de transcendência em relação à consecução do *melhor* espiritual. Como demonstrou magistralmente Heidegger, com Platão a filosofia passou a medir e avaliar todas as coisas em função do pensamento humano, iniciando o itinerário ascendente do humanismo antropocêntrico. Essa tendência alicerçou a concepção da vida e das coisas no mundo ocidental. A essência humana, uma vez determinada pela supremacia do *nous* ou da alma cognoscente incorpórea, acarretou a essência das instituições sociais e da sociedade em seu conjunto, como instrumento de realização da pirâmide da natureza humana na hierarquia de suas funções. Quando Lawrence obtempera que não devemos perder tempo com as "ideias" ou com a "humanidade" (que é a ideia geral do homem), sugere-nos que a nossa ação – o nosso trabalho – não deve propiciar um só aspecto das coisas ou cumprir-se sob a inspiração hegemônica do bem social. Além da justiça social, ou acima dela, existem inúmeros universos de oportunidades existenciais que clamam pela nossa ação e obediência. Em outro mandamento dirá Lawrence: "Cuidado com os absolutos!

Há muitos deuses!" A *diké* platônica é o bem do Eu consciente, do Eu de pequena clareira, apartado do homem plutônico de outras fascinações existenciais. Em seu romance *Lady Chatterley's Lover*, Lawrence propõe o dilema Platão-Plutão, decidindo-se evidentemente pelo segundo termo da alternativa.

VII. Sinceridade

A sinceridade consiste em lembrar que eu sou eu e que o outro não sou eu.

Para sermos sinceros é mister precisamente que sejamos nós mesmos, que superemos o "todo mundo" em nós e que nos resgatemos das formas inautênticas de ser. A verdade íntima autentificada não implica evidentemente que de forma obrigatória ou imperativa sejamos "sinceros" com os outros. Lawrence refere-se a uma sinceridade intrínseca conosco mesmos e a uma originalidade individual como significado determinante da autorrevelação de cada qual. Essa verdade pessoal exigiria eventualmente uma estratégia sutil das máscaras do nosso trato com o outro, uma hipocrisia aristocrática que preservasse nossa verdade fundamental. Tudo o que é profundo se oculta, fugindo às espectativas rotineiras do maior número, desenvolvendo-se em paragens inóspitas. Entretanto, a revelação de si mesmo não é o encontro de um Eu-coisa, ou de uma coisa-Eu, a apreensão de uma alma fechada em si mesma. Pelo contrário, a sinceridade é a total "flexura" em direção à floresta sombria do nosso ser, desse ser que é essencialmente um ser-no-mundo e consignação a um mundo. Ser sincero é ser livre e desobstruído para as atestações de um mundo, para os deuses que vão e vêm na representabilidade da nossa ação. A verdade em relação à qual devemos ser sinceros é certamente a verdade da nossa alma, mas acontece que *a nossa alma é uma floresta sombria*. A pujança da experiência da vida e do Eu em Lawrence torna risível qualquer absoluto moral das "belas almas" que vivem no *Kindergarten* da vida beata.

VIII. Justiça

A única justiça é a de obedecer à intuição sincera da alma, seja ela de cólera ou de doçura. A cólera é justa e a piedade é justa, mas o julgamento nunca é justo.

Essa afirmação de Lawrence identifica a justiça com a vontade divina e com as condições dessa vontade. O direito e a justiça de uma intuição de vida – e de uma vontade de vida – de um certo tipo humano. Eis por que ele afirma que uma representação isenta ou imparcial das coisas, um juízo, não pode ser *justo*. Justo ou juridicamente válido é o que preserva e favorece uma *intuição sincera da alma*, uma postulação fundamental da existência.

IX. Moderação

Cuidado com os absolutos – Há muitos deuses.

A confissão veemente de seu politeísmo torna Lawrence o representante de um fenômeno insólito entre nós. Não se trata evidentemente de um parnasianismo satisfeito em evocar nomes divinos ou vislumbrar desgastadas imagens de festins divinos. A pluralidade das manifestações do sagrado é a fonte da qual mana o pensamento lawrenciano, cuja paixão intelectual representa o mais autêntico desafio filosófico-religioso à sensibilidade geral do homem contemporâneo. A primazia do Deus Único tornou o homem cego para a pluralidade das formas de vida e para a multiplicidade de realizações possíveis. O desenvolvimento linear de nossa civilização, em seu estágio presente, é a decorrência da definição distrófica do homem e de seu destino: um Deus, uma virtude, uma realização humana, sociopolítica. Vivemos na sanha, na paixão imoderada da forma única, dos valores únicos, da teleologia única. Transformamos o número Um no absoluto. E Lawrence adverte-nos contra esse fanatismo, essa imoderação. Investindo contra esse pitagorismo religioso, exorta-nos para que não cerremos nossas portas a novas experiências, a novas maneiras de ser, destruindo o monopólio empobrecedor do homem linear, e favorecendo a plenificação das múltiplas solicitações do divino em novos ciclos de vida e pensamento. Superando o absoluto do absoluto, reencontraremos de novo a Vida e a polivalência do chamado religioso. Nessa docilidade e plasticidade vitais reside, segundo ele, a moderação.

X. Limpeza

Não exagerar o imperativo da limpeza. Isso empobrece o sangue.

Lawrence alude aqui ao sentido puritano e rigorista da limpeza e ao seu horror às vicissitudes corpóreas, isto é, à própria vida, como imperfeição, mácula e pecado. Em sua *Defesa de Lady Chatterley* encontramos essa passagem: "O espírito conserva um antigo terror do corpo e de seus potenciais físicos. É urgente liberar o corpo..." E lembra em seguida a insanidade de um grande espírito como Swift quando, num poema dedicado à sua amante, repete como refrão de desencanto e de repulsa que Célia, Célia, a bem-amada também vai ao W.C. No fundo, é o espírito desejando que o corpo não seja corpo, mas espírito, limpo, inodoro, insípido e imaculado. Mas acontece que o corpo é uma diversa manifestação do divino...

XI. Tranquilidade

A alma move-se em muitas direções, muitos deuses vêm e vão. Nas situações confusas procurai vosso intento mais profundo e aplicai-vos a ele. Obedecei ao homem no qual reconhecerdes o Espírito Santo, e comandai quando a vossa honra assim ordenar.

Entendemos comumente a paz e a tranquilidade como um descanso em Deus, ou ainda a redução das forças em luta em nossa alma a um princípio de ordem soberana. Lawrence não ama essa paz oriunda de uma mutilação dos movimentos anímicos, pois essa paz significa o sacrifício de múltiplas formas de ser.

Em seu preceito incita-nos a reconhecer e acolher o deus que mais profundamente fala em nossa alma, isto é, procurar nosso intento mais profundo e ser fiéis a seu apelo. A alma humana, para Lawrence, é o cenário para a *mise en scène* do sobre-humano. Em lugar da paz na fixidez morta, devemos atingir aquela tranquilidade oriunda da proximidade do divino que pode ser exuberância e suprema atividade, na medida em que representa a plenitude do cumprimento sacral. Esse lawrenciano "estar com Deus" não se expressa, pois, necessariamente na quietude da alma, pois a face divina, sua índole e propulsividade podem variar, impelindo-nos ao Espírito Santo em nós mesmos ou naqueles em que acaso se manifeste, não haverá tranquilidade no sentido acima indicado.

XII. Castidade

Não pratique "o ato venéreo". Deveis obedecer vossa impulsão passional se o outro a ela responder, mas sem ter em vista qualquer finalidade, nem de geração, nem de saúde, nem mesmo de prazer ou de caridade. O "venéreo" pertence aos deuses todo-poderosos. É uma oferenda aos deuses sombrios e todo-poderosos – nada mais.

O "ato venéreo" – como o denomina Lawrence parodiando o eufemismo do "bom Benjamin" – é uma das típicas criações do homem subjetivo, reduzindo a vida à consciência dotada de um "corpo" material. Contribui decisivamente para essa "objetivação" sexual a nossa interiorização, o nosso existir como um "dentro", isto é, a nossa metamorfose num espírito não sensorial. O "ato venéreo", na acepção puritana, é a recorrência de uma compreensão anatômico-fisiológica da existência, compreensão que procura projetar a nossa realidade no cenário físico. Foi sem dúvida essa representação que criou a perspectiva dessacralizadora da natureza, induzindo uma visão positivista e científica do amor. Lawrence, em toda sua prodigiosa obra, pugnou apaixonadamente contra essa perversão e redução do Eros. Em seu pensamento, o sexo é uma "oferenda" aos deuses, isto é, uma cena onde são atualizadas forças não feitas pelo homem. O universo afrodítico-sexual constitui uma realização de dispositivos atávicos e, como afirma Lawrence, pertence ao campo dos deuses poderosos. No amor, é o amor que se realiza através de nós.

XIII. Humildade

Deveis encarar todo homem e toda mulher relativamente ao Espírito Santo que os habita. Nunca ceder àquilo que é estéril.

Desde que o homem, para Lawrence, é um receptor ou transmissor de correntes mais profundas, nunca deve ser apreciado em sua presença opaca e intransitiva ou, segundo sua expressão, estéril. Estéril, porque o homem incomunicante e fechado não está em conexão com o húmus dos poderes inconscientes e criadores; nada pode nascer do homem incomunicante, pois não possui a humildade necessária para deixar passar a corrente do divino. O valor do homem, para Lawrence, reside em sua disponibilidade infinita em relação ao Holy Ghost que habita sua alma.

Santa Marta Fabril S.A.[1]

São Paulo, em três momentos de seu crescimento físico e econômico, ou, se quisermos, e por eufemismo, em três fases da história, espelhada no microcosmo de uma família, no seio da qual transitam todos os problemas psicológicos, sociais e morais de um passado ainda tão chegado a nós, eis o tema dessa singular peça de Abílio Pereira de Almeida. Mais do que em qualquer outro espetáculo, sentimo-nos nesta peça, não só como espectadores, mas como possíveis personagens, carregados pelo mesmo destino, pelas mesmas turbações e aflições de seus protagonistas. Ela representa uma intuição crítica do grupo humano a que pertencemos, colocado entre as tenazes e disjuntivas passionais que devem precipitar a sua transformação ou seu aniquilamento radical. Essa peça quer ser uma sátira da vida social de São Paulo dos últimos trinta anos, principalmente no que se refere ao setor de seu patriciado. Mas para que se dê uma sátira é necessário a existência de duas representações de um dado fato, de uma anteposição entre um ser e um dever-ser. Nesse movimento está a superação irônica e satírica de uma dada situação e a demonstração do que existe de anômalo e aberrante no que acontece sob os nossos olhos. Como todo drama burguês, assistimos aqui à oposição entre a sujeição econômica da vida, a idolatria do dinheiro e as exigências de uma

---

[1] "Santa Marta Fabril S.A.", *Diário de São Paulo*, São Paulo, 17 abr. 1955. (N. O.)

realização sentimental e, eventualmente, mais autêntica. Como um relevo, sobre o friso dos outros personagens, sobressai a figura de Marta, em que se aguça o conflito anímico que a peça procura explorar a fundo. De fato, o epicentro da vida dessa família é uma empresa econômica, homônima sacral de Marta e à qual duas gerações já haviam sacrificado os melhores anos de sua vida. Essa alienação ao fetiche fabril não se dá, entretanto, sem a compensação dos proventos materiais que emanam do bezerro de ouro e sem o *status* social que tem a sua condição nessa infraestrutura econômica. Mais do que o espectro de uma indústria, que suga a vida e os sonhos do homem, temos aqui uma adesão veemente ao projeto de vida que se exaspera em pletóricas satisfações e hedonismos. Como já foi assinalado por diversos sociólogos, a transformação do patriciado latifundiário em patriciado industrial não mudou no Brasil e em São Paulo o sentido de exploração privatista da empresa econômica. O fantasma da casa grande e senzala perpassa pelos parques fabris da metrópole paulistana, e a vida ainda é percebida sob o ângulo do consumidor, ou como *jouissance* e satisfação parasitária. Esse grupo econômico, na fase em que é surpreendido pela peça, não tem mais padrões próprios de conduta; já está dominado pelas seduções cinematográficas de Hollywood, pelos *best-sellers* e pela agitação epilética da vida moderna. Se toda a vida brasileira é uma mímica emocional do que se passa alhures, uma vida alienada, o drama de Marta, delineado no primeiro ato é o de não saber a que se ater, e o de ser um simples *não* ao que a rodeia. O tênue ideal de boa menina e esse sonho de felicidade tipo Delly constituem uma miragem irreal que não tem força para se opor às convulsões do *charleston* e às insinuações de uma sociedade sôfrega de prazer. O único fato sólido nessas almas em disponibilidade é a fruição irresponsável de uma vida que se passa numa contínua ronda de prazeres efêmeros. A sociedade atual, de fato, não oferece outras oportunidades de realização pessoal, a não ser o prazer para quem supera a *corvée* e o calendário dos tristes dias de obrigações utilitárias. A vida irresponsável do pif-paf, da "champanhota" e da clandestinidade dos encontros fortuitos não é uma alternativa culposa entre outros caminhos amplos e desimpedidos. O que há de criticável na crítica social que Abílio Pereira de Almeida vem desenvolvendo é o fato de não perceber que a frivolidade, a *insouciance* e o egoísmo dessas personagens exemplares da burguesia constituem atitudes irrevogáveis do mundo moderno. Marta subjaz a um destino tão férreo como a velha Nêmesis grega. Ficamos perplexos, por isso, diante da esperança que Marta deposita em sua filha Martuxa, como na aurora de uma existência diferente em relação aos desacertos do mundo que a rodeia. Martuxa propende para uma vida de devotamento ao bem social e de filantropia, mais nos moldes do *americam way of life* do que num sentido revolucionário e catastrófico. No fundo, vê na lei do trabalho uma terapêutica para os desregramentos de uma sociedade ociosa. Mas como já advertira Hegel, o trabalho nada mais é do que um prazer adiado, do que um prazer postergado, permanecendo a mesma, entretanto, a teleologia do processo social. Trata-se de escolher entre o prazer em ato para alguns, ou o prazer em potência para todos, entre o egoísmo restrito e o hedonismo democrático e generalizado. Por que preferir um ao outro? Abstração feita da componente altruística, essa democratização de possibilidades da vida constituirá uma superação dos males presentes? O *éthos* de Martuxa é a norma pequeno-burguesa do trabalho com sua plasmação própria de comportamento, instituições e modos de ser. A fidelidade ao trabalho gera todas as outras fidelidades. Uma vez superado esse estádio pequeno-burguês, o apelo estético da vida volta a gravitar sobre a imaginação, arrancando o homem àquela disciplina rotineira do trabalho. O trabalho tende, entretanto, para o prazer, não o superando ou desmerecendo. Os ideais pequenoburgueses ou socialistas não constituem a aurora de novos desempenhos e novas virtudes humanas. Martuxa não representa algo de diferente no contexto da sociedade em que nasceu, a não ser pela inconsciência dos motivos profundos de sua ação e pelo seu moralismo pequeno-burguês. A sátira social de Abílio Pereira de Almeida, quando visualizada desse ângulo, revela-se muito menos significativa, por se mover entre falsas alternativas e soluções, apenas aparentemente contrastantes.

JOÃO TORTO E A FÁBULA[1]

Se para muitos críticos atuais, o poeta não deve ter mensagem própria, pois a sua mensagem deve ser o verso como estrutura gráfico-fonética, desconectado de tudo e no éter puro, entretanto, para a grande tradição dos poetas e filósofos da arte, a poesia não se confunde com qualquer jogo formal, mas comparece como liturgia e festa sagrada. Para os adeptos da poesia entendida como arabesco ou valor hieroglífico, o dizer artístico não deve pretender comover o real, não deve sonhar com a metamorfose, pois o real é um dizer mais forte. Só numa época de materialismo e positivismo e portanto de predomínio de uma filosofia inconfessada, mas atuante, é que podem vicejar essas ideias distróficas que reduzem a arte à decoração interna ou externa de uma substância incomovível. Todos os purismos, concretismos, letrimos e abstracionismos promanam desse respeito pusilânime pelo estar-aí das coisas, de uma capitulação da força criadora diante de uma representação aparentemente coercitiva do real e que transvia a energia artística num descaminho de ornamentação de sons e de formas. Se a poesia nada deve dizer é porque o *dizer* está em outras mãos, pertence a outras forças culturais que vão conformando as dominantes da alma social.

---

[1] "Resenha de *João Torto e a Fábula* (Cassiano Ricardo)", *Diálogo*, São Paulo, n. 6, fev. 1957, p. 85-88. (N. O.)

Que sirva isso de preâmbulo à nossa apreciação da última obra desse grande mestre da poesia que é Cassiano Ricardo. Já na epígrafe à *Fábula de João Torto*, o poeta se reporta àquele dizer para o qual o artista sempre esteve voltado: o dizer mítico. O pensamento não deve destruir esse canto imemorial, mas nele prosseguir, continuando a oficiar seus mistérios videnciais. Mas nós não mais estamos nesse tempo, no tempo da vigência do drama sagrado, no tempo da metamorfose. Como diz o poeta:

Ao claro tempo, ao tempo
das metamorfoses,
não havia horizonte
na alegria do ser
e do acontecer.
Havia a graça aérea
com que as coisas brincavam
de ser e de não ser,
no jardim da matéria.

A Fábula que Cassiano Ricardo nos convida a seguir através da força convergente de sua palavra representa a sinopse apocalíptica de nossa idade, visão que se desdobra nos nove atos assinalados no "Prefácio Desnecessário". João é torto porque a vida tornou-se torta, torcida e retorcida, deformada num mundo onde as divindades são agora as deformações. A máxima deformação que colheu João Torto, ou a Vida, foi a morte de sua alma onírica e infantil, foi a morte de Rosamusa, seu *alter ego*, seu eu *mais* eu, sua convivência com a maravilha. A maravilha sucumbiu à lucidez, à fotografia exata, ao domínio e conhecimento da terra, ao monstro geófago que transformou o mundo num Cactus Land. E aí começa o ciclo da Entrega Viva que, no fundo, como foi dito no título de um poema, é um enterro impossível. O mundo do sonho, da fábula e da celebração nega-se a desaparecer definitivamente, e depois do primeiro espanto

Mas, como poderia
estar súbito morta,

> misteriosa opala,
> aquela que inda há pouco
> era uma coisa viva?
> Viva como a certeza
> de um rosto que ri,
> de uma boca que fala?
>
> vem a certeza dessa inumação impossível:
>
> Enterrei-a sob as raízes mais fundas
> mas os meus gestos se tornaram aves,
> e subiram pelo perfil das árvores.
> Enterrei-a no vale e as borboletas
> vieram dançar, brancas, sobre o que fiz.
> Exumei-a, era um goivo a sua efígie.

Mas em última instância, o poeta acredita que "não podia estar morta quem tinha o olhar verde". E é o seu ser que é forçado a morrer, a suprimir e a sopitar em si Rosamusa, o universo da maravilha e a graça da metamorfose. Contudo, pergunta aflito: "Como poderei eu morrer, quanto baste para poder morrê-la?". Nem ele, nem qualquer elemento do Universo aceitam como morta quem está perfeita, porque todos os elementos precisam do "olhar verde", do olhar vivo, da alma feérica para ser. A poesia é constitutiva das coisas do Universo, a poesia é desocultação das coisas pela palavra (Heidegger). No poema "A Cidade Confusa", é-nos revelado em tela artística o sentido oculto das deformações:

> Onde crime mais grave
> que altera-se a silhueta
> de uma criatura, de uma
> simples borboleta,
> não por arte, magia,
> ou graça de pintura,
> mas por lesão dos seres,
> em sua argila obscura.

São os geógrafos, os geômetras que deram às coisas seu perfil polêmico e desnaturado, eriçando a amplidão de uma floresta mecânica e desfigurando a cena paradisíaca do mundo prévio a tudo que aconteceu. O mundo intacto e virgem, o céu da infância, a grandiosa força da terra nascente, tudo isso sucumbiu com Rosamusa, com a gênese poderosa dos símbolos e das presenças numinosas.

A magia da ciência,
ó Aretusa,
matou a do mito.
....
A ciência é a magia sem símbolos.
É a multiplicação
sem criação.

É contra a face devastada da realidade exata que colide o espírito inconformado do poeta, contra o mundo dividido, classificado, desmitificado. Não mais as múltiplas possibilidades da rosa infinita, o "pluralismo" de um sortilégio envolvente, mas a lua imóvel, "aquela lua cruel que só me olha de frente, infinitamente". A vida foi fixada como uma borboleta morta na exiguidade de um roteiro cotidiano e reiterado. A lua imóvel tornou a vida imóvel, monocórdica e linear. Goethe afirmou certa vez que o poeta só poderia ser politeísta, aberto a múltiplas insinuações e rituais. Agora estamos sujeitos a essa monstruosa lei física da "lua nua e crua", da lua imóvel, da vida preceitual e bem sabida.

João Torto é uma fenomenologia da deformação apresentada em imagens oraculares e videnciais, é um poema do antiespírito da época, instalado entre o número e a rosa. Mas neste mundo onde tudo é sintético e geométrico, onde os homens práticos organizam tudo e todos sob o emblema do hipopótamo, o poeta conclama os lunáticos de todos os países para uma conspiração lírica e cosmogônica. Se o mundo foi feito ao som de uma flauta, se o mundo é uma tarefa órfica, ou ainda se habitamos poeticamente a terra (Hölderlin), por que não aceitar os "cavalos em flor", estes seres muitos mais símbolos do que cavalos?

"Cavalos em flor", zarafas, girafas, rosas e entes mitológicos são personagens de um possível regresso "por dentro de si mesmo à infância, ao mundo mágico em que as coisas brincam de ser e de não ser". O poeta ainda é senhor dessas presenças, porque sabe subtrair ao corpo de Rosamusa uma flauta de osso.

Assinalamos nesta última obra de Cassiano Ricardo um dos níveis supremos da criação poética nacional e mesmo universal, com poemas que nos subjugam não só pelos estímulos propriamente estéticos, como pelo desdobrar-se de amplas perspectivas filosófico-metafísicas.

Sobre a obra de Guimarães Rosa[1]

A obra de Guimarães Rosa representa, no epicentro desta época dominada pela realeza do objeto, do aparato e da máquina, o descortinar-se de uma vida desataviada e pujante, num cenário em que a epopeia ainda é possível. O sertão é o espaço onde o homem é exposto continuamente a situações extremas e decisivas, não mais encontradiças no sistema superprotetivo da civilização urbana, situações donde emergem possibilidades e experiências recobertas em geral na trivialidade da existência pacífica. O sertão é um processo global, com suas exigências, seu código, suas leis, seus valores, suas grandezas e aquele sentido do viver em perigo, no perigo e pelo perigo. Nesse campo de provas do indivíduo, a existência avulta, se heroifica e assume dimensões de lenda prototípica. É necessária aquela liberdade do sertão, aquela ausência de intimações da vida ordenada das cidades, para que compareça outra vez uma criatura digna de tratamento artístico e de rememoração ideal. A cidade mata o sertão – diz Guimarães Rosa – mas através de sua obra o sertão procura o seu reconhecimento e afirma fora do tempo, no plano da realidade artística, o acolhimento que deu à vida.

Escolhemos o nome de João Guimarães Rosa para a homenagem deste número especial, quer pelo mérito estilístico e inovador

---

[1] "Apresentação do número especial dedicado a Guimarães Rosa", *Diálogo*, São Paulo, n. 8, nov. 1957, p. 3. (N. O.)

de sua linguagem poética, quer pela temática e valorização de um setor da realidade que jamais recebera antes tão profundo adentramento. Na obra de Guimarães Rosa parece ser aferida e conferida aquela afirmação de Friedrich Georg Jünger, segundo a qual a "selva é a origem", representando portanto algo de intemporal e de persistente em nós.

O INICIADO DO VENTO[1]

Aníbal Machado é um escritor quase bissexto, um intelectual do pouco escrever ou, pelo menos, do pouco publicar, mas que conquistou apesar disso um renome invulgar nas letras nacionais. Como todo tardígrado, o nosso autor é uma inteligência de realização profunda e as suas duas obras recentemente apreciadas, *Cadernos de João* e *Histórias Reunidas*, dão uma sobeja comprovação desse fato. Fazendo obra tridimensional, de pensador, contista e poeta, Aníbal Machado é um experimentador em todos esses campos, pois a sua imaginação se compraz em incursões nos escaninhos irrevelados da existência. A coletânea de contos *Histórias Reunidas* merece um destaque e uma justiça especial por parte da consciência artística nacional. Peças literárias como "Homem Alto", "O Desfile dos Chapéus" ou "O Iniciado do Vento" já são criações determinantes da nossa prosa contemporânea. O seu estilo é leve, rápido, fluente, atingindo estenograficamente o alvo de seu dizer. É o estilo uma equação perfeita com o micro-organismo do conto, que não permite os descaminhos de outros gêneros mais alentados. Aníbal tem o gênio da narrativa que ao mesmo tempo é uma topografia do nacional e do universal. Sendo impossível nestas linhas uma análise mais insinuada

---

[1] "Resenha de *O Iniciado do Vento* (Aníbal Machado)", *Diálogo*, São Paulo, n. 12, fev. 1960, p. 77-78. (N. O.)

dessa obra, apraz-nos dizer algo sobre o primeiro dos contos, "O Iniciado do Vento".

O alcance filosófico ou ainda gnoseológico desse conto, enquanto documentação de uma experiência desusada do homem e do mundo, é fenômeno do maior interesse. Como nos diz o autor, trata-se da sigla de uma revelação, de uma iniciação na glória de um dos elementos grandiosos da Terra, trata-se da paixão pelo vento. Um novo valor, uma nova existência ou sentido são desentranhados num fato costumeiramente desatendido pelo homem. Nas preocupações diuturnas o homem vai cada vez mais olvidando as imagens dinâmicas da realidade. O vento pode ser muito importante enquanto força útil ou utilizável para mover as coisas. Mas não é esse vento, nem o vento das massas quentes ou frias dos diagramas meteorológicos que irrompe desaforadamente nas páginas desse conto. É o outro, o vento mitológico, o vento que transforma o mundo, desdobrando-se elasticamente em diversas figuras, segundo a impetuosidade desse "mensageiro alado".

O protagonista principal do conto, por sinal um engenheiro que traz consigo, de início, uma mentalidade científico-matemática do mundo e portanto uma ideia exata sobre o vento, é que sofre uma metamorfose singular em sua alma, aprendendo a conhecer outras possibilidades do real. "E à medida que aumentava [o vento] a velocidade, ia mostrando uma qualidade diferente daqueles que correm em outros lugares. Parecia soprar da minha infância, trazendo o que havia de melhor e de mais antigo no espaço". Essa pedagogia do vento se dá através de uma criança, "o enfeitiçado do vento", o "iniciado do vento", um ser que guarda em si (pela sua ascendência primitiva) uma ótica primordial das coisas. E o engenheiro acaba trocando o seu conhecimento meteorológico da atmosfera pela "intuição poética" das grandes correntes do ar. Aníbal Machado nos expõe a luta entre duas formas de "conhecimento" e de sentimento da vida. Para a primeira, o vento tem cor, cheiro, alegria e destino em si, é o próprio espetáculo do mundo em estados vertiginosos e polimórficos. "Ficamos esperando algum tempo.

O céu era de uma cor neutra, meio amarelada, tonalidade que para nós indicava lufada iminente. O garoto parecia desassossegado, com medo de ser desmentido. Afinal o vento começou. Não ainda na plenitude de sua força, mas já amplo e gostoso... Mas já vinha com o cheiro de mato e de rebanho. Ganhasse um pouco mais de espessura e o agarraríamos com a mão. Era como um animal invisível, mas perto. Ficamos mudos, a sentir o perpassar de sua cauda interminável." O mundo em geral não é o mesmo com o vento ou sem vento, as coisas não são abstratas e separadas entre si como quer o nosso vil intelecto, mas sim entrelaçadas umas às outras. Temos aqui em tradução artística a doutrina hegeliana das relações "internas", ou ainda a ideia mais estranha, que um mesmo ser pode existir sob diversos aspectos ou manifestações. O menino enfeitiçado do vento é um personagem do vento e só é verdadeiramente conhecido dentro do vento. Aí ele começa a existir com sua alma coribântica e dilatada. E o próprio vento traz em si *eidola* das coisas por onde passou, e no fundo traduz essas próprias coisas em estado invisível ou volátil. "Com certeza receberá [a ventania] no trajeto afluentes que a enriqueceram, vibrações de campina, brisas de lagoa. Para mim, era naquele céu, por cima das montanhas, que se operava a combinação dos sopros múltiplos, emanação da terra, extrato de paisagens percorridas."

Mas esse próprio vento pode ser o mundo em tempestade ou fúria e, quando passa, as cidades e cercanias restam tranquilas, aliviadas e calmas. O espetáculo das coisas não é indene ao vento, mas ele faz parte desse espetáculo, sendo uma variação espiritual ou pneumática da própria natureza. Eis por que consideramos que, nesse conto, Aníbal Machado faz trabalho de hermeneuta da alma humana, no sentido da descoberta de aluviões arcaicos do nosso ser. E como ele nos diz, o que começou em brincadeira acabou em "revelação". É a mesma fé nas anfractuosidades cósmicas irreveladas, que anima a obra de um Bachelard, de um Mircea Eliade ou de um Karl Kerényi.

PARTE V
DIÁLOGOS FILOSÓFICOS*

* Estes diálogos filosóficos estão entre as obras inéditas que o Autor deixou. Foram publicados pela primeira vez nas *Obras Completas* editadas pelo IBF. (N. O.)

DIÁLOGO DO MAR[1]

Esse primeiro diálogo tem por cenário uma praia distante do litoral paulista. Diante do mar noturno, sob o grande céu de verão, quatro jovens conversam, sentados ou reclinados sobre a areia ainda morna. São três rapazes e uma moça, bronzeados de sol, trajando roupas leves e coloridas. As vozes se erguem, animadas e cálidas, sobrepondo-se ao rumor do mar. Mário conduz socraticamente a conversa. Alternam-se as vozes de George, Paulo e Diana.[2]

George – Aqui, diante do mar, sinto mais do que nunca essa impressão: que o Mar, a Natureza e a Vida, como uma só coisa, é algo de forte e primordial. O nosso corpo, sua forma e aspecto, o sabor da vida e a nossa capacidade de fruí-la, tudo isso foi plasmado em nós e *como nós* pela Vida, pela grande vaga do Oceano

---

[1] "Diálogo do Mar", *Obras Completas*, v. II, p. 493-507. O local e a data de escrita vêm indicados como Praia Grande, litoral de São Paulo, 1962. (N. O.)

[2] Os personagens dos Diálogos Filosóficos são certamente inspirados em personagens reais, embora em alguns casos não possamos afirmar exatamente em quais. Neste diálogo, para compor George e Diana o Autor se inspirou, com certeza, em Agostinho da Silva e em Dora Ferreira da Silva. Quanto a Mário e Paulo, parecem ser alter egos do próprio Autor, embora em alguns momentos eles deixem entrever ideias de Vilém Flusser, amigo de VFS, mas quase sempre opositor no campo das ideias. Por isso, há uma predominância de projeções do próprio Autor, dissolvidas em ambos os personagens. Quanto a essa relação entre os personagens e as figuras históricas, conferir a tese de livre-docência de Constança Marcondes César. (N.O.)

Primordial. Quando vivemos, simplesmente pomos em ação os dispositivos criados pela Vida em nós, seus beneficiários. Por outro lado, a história humana parece-me às vezes uma força que procura criar algo de oposto ou superior à Natureza: teia de aranha, precária e irrisória nas anfractuosidades do grande rochedo da existência...

Mário – Não é a primeira vez, estou certo, que o primado do Mar como Vida, ou da Vida como Mar sobe à sua cabeça. Diana, que conhece você há mais tempo, já me falou acerca de suas predileções rousseaunianas pela Telus Mater. Aliás, você sabe que pode contar com minha irmã nesse novo *zurück zur Natur*:[3] cansei-me de ouvi-la predicar sobre Thoreau e a vida nos bosques. Parece mesmo que estamos na época das voltas, dos retornos; neorrealismo, neotomismo, neomalthusianismo, neoidealismo. Por que não um neovitalismo? Mas acho que no fundo essas "voltas" não são mais do que expedientes espasmódicos de fera acuada. Quem não encontra uma nova solução, procura a qualquer custo os caminhos já trilhados.

George – Vocês bem sabem que não passo de um intuitivo. Um ignorante intuitivo. E o que Mário classifica como uma solução intelectual entre outras é para mim não "algo que me subiu à cabeça", mas uma sincera e talvez primária experiência que esse mar, nesta noite, suscitou em mim. Não, Mário, as ideias não me sobem à cabeça. Sou como o velho Lawrence. A vida e o pensamento sinto-os aqui, no plexo solar. Que me importam as formulações filosóficas? Ainda agora sinto-me como uma folha, pequena, mas verde e bem viva, uma folha da Árvore da Vida. Sinto-me existir em outra coisa, sinto outra coisa existir em mim!

Diana – Viva George! Quanto a você, Mário, todos nós já sabemos da sua mania de contestar as experiências originais, procurando classificá-las, enquadrá-las no registro estabelecido dos sistemas de pensamento. É proibido viver um problema por conta própria! É Mário quem o diz: tudo já foi pensado e vivido

---

[3] Retorno à natureza. (N. O.)

pelos outros, pela excelsa galeria dos nomes do passado. Somos redundantes ou desnecessários!

Mário – Minha querida Diana, não mereço essas setas envenenadas! Vocês sabem perfeitamente que, embora diferentes, somos tripulantes do mesmo barco e, no fundo, concordamos num ponto fundamental: é preciso superar o velho mundo do humanismo antropocêntrico. Devemos tender para uma realização vital policêntrica, abrindo-nos para outros dramas que habitam estranhos e ainda sem nome o fundo da nossa alma. Serão talvez aquelas possibilidades que o nosso espírito recalcou ao dividir a realidade em sujeito e objeto, pessoa e coisa.

Paulo – A discussão começa a interessar-me. E ainda que me pareça algo impertinente perturbar esse murmúrio amoroso que liga a noite tão estreitamente ao mar, solicito um lugar nesta mesa redonda sob as estrelas.

Mário – Concedido. E não se lamente, Paulo, pois haverá tempo para tudo: primeiro, tratemos de esclarecer certas ideias que – segundo creio – representam algo de fundamental para todos nós. Depois virão as liturgias cósmicas.

Paulo – As liturgias cósmicas, caramba! Estaria entre as nossas adormecidas possibilidades a volta à existência tribal, àquela imaginada plenitude de uma vida não cindida entre mente e matéria, eu e não-eu? Poderíamos acaso sentir de novo o convívio de múltiplas e misteriosas presenças, no voo de um pássaro, no caminho das constelações, nas vísceras palpitantes das vítimas propiciatórias?

Mário – Para mim, isso não passa de uma fantasia inconsequente, Paulo. Mas estamos diante de um autêntico problema: creio na possibilidade de ampliarmos a nossa existência, de ampliarmos o horizonte do acessível à nossa experiência. Trata-se, como diria Rilke, de "viver em círculos crescentes".

Paulo – Claro, o importante é libertar nosso conhecimento da representação impositiva e inapelável do universo físico-material, dos ossuários da matéria. Mas creio, por outro lado, que Heidegger já deu as coordenadas teóricas dessa libertação, mostrando que essa "objetividade" físico-natural não é mais do que o fruto de uma particular descobertura. No *Sein und Zeit* encontramos a enunciação desta postura: o ente físico ou a "natureza" das ciências naturais nasce de um particular projeto-desocultante e só existe no interior de tal projeto. Isso quer dizer que o nosso mundo é uma das possibilidades mundanais. Cada representação do universo remete-nos às suas condições transcendentais de possibilidade, à sua matriz transcendental, a partir da qual se dá essa determinada configuração das coisas. Enquanto nós nos mantemos leais à transcendência ou ao transcender-instaurador, que institui e põe a descoberto uma certa face do ente, essa última campeia e vigora: quando, pelo contrário, começamos a descompromissar-nos com essa pretensão configuradora (a que Heidegger chama *Weltentwurf*[4]) – e esse descompromisso irrompe fortemente no fenômeno da angústia – o mundo e o conjunto das coisas podem abrir-se para nós de novas maneiras.

George – Se bem compreendo, Heidegger quer então dizer que vivemos encarcerados numa perspectiva do mundo e que acreditamos ingenuamente ser essa perspectiva a verdade definitiva acerca do mundo.

Diana – Sempre senti que poderiam existir outros *eus* ou outras vidas em mim, ocultas por uma consciência prepotente e hegemônica. Assim, tanto no plano das possibilidades do mundo como de nós mesmos, vivemos em função de uma parte, desatendendo inúmeras formas de ser. Perdoem a divagação, mas creio que os poetas, e particularmente os poetas de tipo órfico, são os únicos capazes de romper essa prisão e de viver – como dizia Wordsworth – a partir de "modos desconhecidos de ser". Não é essa qualidade que une poetas aparentemente tão diversos como um Rilke, um Lawrence, um Antonin Artaud?

---

[4] Projeto de Mundo. (N. O.)

Mário – Parece que vivemos obsessivamente sob o signo rilkeano da metamorfose: *Wolle die Wandlung*.[5] Por que isso? Paulo já fez uma digressão erudita sobre Heidegger. Peço vênia para segui-lo nesse terreno da especulação filosófica. Que as estrelas e essa belíssima noite nos perdoem. Mas que fazer? O gosto especulativo que fazia de Sócrates um endemoninhado é um vício a que jamais poderíamos renunciar. Depois, por que essa bendita mania de opor o conhecimento à vida? Não será o conhecimento um das formações mais sutis e caprichosas da vida?

Diana – Vamos ao discurso filosófico, querido irmão. As estrelas não brilharão menos por isso, nem a noite se zangará conosco.

Mário – Você tem razão, essa razão que as mulheres sempre têm quando falam em nome de si mesmas e da Natureza. Mas o que eu queria acrescentar ao que Paulo já disse resume-se no seguinte: o pensamento contemporâneo procurou estabelecer uma distinção nítida entre o ente e o ser, entre as coisas configuradas e o princípio configurador, entre o manifestado e o poder manifestante. E o domínio projetante do ser, ou o ser como domínio projetante revelou-se por sua vez como o reino da vis poética ou da Imaginação arquetípica. Kant já havia demonstrado que o homem não detém a faculdade dessa imaginação, sendo, pelo contrário, um súdito dessa força morfogenética. Podemos dizer, interpretando o pensamento de Heidegger, que o ente em geral é súdito desse princípio superior enquanto círculo fundado por essa imaginação prototípica. O poder desvelante é apanágio dos deuses ou do universo sagrado, denominando-se deuses justamente em função de seu papel originante e original.

George – E eu que estava à espera de um discurso filosófico... Mas quem falou foi um oráculo ou algum ser familiarizado com a verdade dos arcanos. Tudo o que você disse, no fundo, equivale a dotar Deus com o clássico atributo de criador do mundo, em sua função de causa primeira. Porque, então, não repetir

---

[5] Quisestes a metamorfose. (N. O.)

simplesmente as palavras sacrossantas do Gênesis: "No princípio Deus criou o céu e a terra..."?

Mário – Não, meu caro. O pensamento, de forma alguma, seguiu um tão longo caminho para voltar à fonte bíblica, como um filho pródigo. Estamos muito longe do mitologema bíblico. A cosmovisão determinada por essa manifestação do sagrado não é, para nós, mais do que uma das formas através das quais se delineou um dado mundo. O Deus dos salmos, transcendente, todo-poderoso e criador do céu e da terra traduz apenas uma presença, uma presentificação da Fascinação originante. Há, entretanto, mais recursos e riquezas na Fons Fontis. Você, meu caro George, confunde o Ser com o Ente, o Manifestante com o Manifesto. E o que é preciso, como diz Heidegger, é abandonar até mesmo o próprio ser particular para obter a graça do Ser.

Diana – E com isso, meu fanático irmão, você volta à linguagem teológica, e às suas inefáveis noções da Graça e do Ser...

Mário – Mas o importante, Diana, é o novo sentido emprestado a essas palavras e a experiência culminante infusa nesse pensar submersivo. Pois o ente deve submergir no poder original como algo de inane e derivado.

Paulo – Tudo isso na verdade é complicado e mais ainda para quem não mergulhou nas obscuridades marinhas do *Sein und Zeit*. Confesso que apesar de ter lido duas vezes esse livro, não estou bem certo de havê-lo compreendido inteiramente. Talvez eu não seja um bom mergulhador. No fundo, amo a clareza, quero pensamentos nítidos e bem definidos. Dos grandes alemães, amo sobretudo Hölderlin e sua grecidade. Mas o que me intriga é a nossa obsessão pelas metamorfoses radicais, pela revolução das revoluções, pela *Unendlich Umkehr*[6] hölderliniana.

George – Pelo amor de Deus, vocês caceteiam com esse germanofilismo cultural! O que significa, afinal de contas, isso de *Unendlich Umkehr*, conversão infinita, transformação de todas

---

[6] Conversão infinita. (N. O.)

as formas, movimento de tudo? O movimento só é possível em relação a algo imóvel. O movimento de transformação, que é uma espécie de movimento, também deve supor um fundo idêntico. Os mais acirrados revolucionários só pensam na transformação de certos aspectos da sociedade ou do comportamento social do homem. O resto fica como está.

Paulo – Acho que você tem razão, George. Toda a agitação da História, todo o fazer, criar, construir ou destruir e aniquilar da ação humana dá-se num cenário imóvel, na moldura fixa de um quadro mítico-cultural. É o que poderíamos chamar o *a priori* do intra-histórico, a interpretação da vida e do homem que persiste e subjaz como uma contínua melodia, enquanto sobre ela se desenvolve o arabesco sonoro do vir a ser. Isso não é novo: os filósofos idealistas chamaram a isso ideia, Autoconsciência. E, enfim, como não reconhecer nesse conceito a Verdade ou Parusia que informa todas as representações disponíveis?

George – Vocês cobrem com o manto da erudição aquela experiência que há pouco me assaltou, quando contemplávamos em silêncio o mar e a noite. No fundo sou selvagem, meus sentimentos são nus e diretos: mas, usando a terminologia de vocês, eu diria que senti a pertinência do que sou ao vórtice sobrecolhedor da Noite e do Mar, e o meu pequeno ser autônomo e independente foi arrojado à praia como uma concha vazia. Ah, grande é a realidade do divino Poseidon e da antiquíssima Nux...

Diana – George, lembra-se do mito da procissão dos deuses, do *Fedro*? Não tenho a menor dúvida de que servimos os mesmos deuses. E para suavizar essa atmosfera terrivelmente filosófica ouçam, vindas do mar, as palavras de Valéry:

Non, non!... Debout! Dans l'ère successive!
Brisez, mon corps, cette forme pensive!
Buvez, mon sein, la naissance du vent!
Une fraîcheur, de la mer exhalée,
Me rend mon âme... O puissance salée!
Courons à l'onde en rejaillir vivant.

Oui! grande mer de delires douée,
Peau de panthère et chlamyde trouée,
De mille et mille idoles du soleil,
Hydre absolue, ivre de ta chair bleue,
Qui te remords l'étincelante queue
Dans un tumulte au silence pareil
Le vent se lève!... il faut tenter de vivre![7]

George – Querida Diana, nunca esquecerei como você foi bela essa noite!

Paulo – Vida e Graça: Como diria, melhor do que nós, o velho Pound: *You are violets, with wind above them*...

George – Ei-la que nos olha com rancor! Não fosse ela Diana, a cruel irmã gêmea de Apolo!

Paulo – Perdoe, Diana. Mas juro que embora o poema emanasse do sortilégio único de que você é capaz, o sentido desse canto insondável não me escapou. Esse canto no limiar do absoluto serve-se da simbólica do mar para aludir a algo de mais universal, algo de total, justamente a *hidre absolue* do Ser. Mas acho – e isso se dirige especialmente a George – que não deveríamos cair no fácil panteísmo de qualquer Deus *sive* Natura, o que nos faria errar entre os velhos escolhos do teísmo e do panteísmo. Heidegger conduz-nos mais longe, pois seu pensamento supera essas antigas oposições, contornando-as ou mesmo absorvendo-as...

Mário – Quando compreendermos profundamente que o relevo do ente só se mostra e patenteia através de uma ocultação do Ser e que o Ser é afinal esse próprio pôr em relevo o ente, estaremos imunizados contra qualquer naturalismo panteísta.

---

[7] "Não, não!... De pé! No instante sucessivo!/ Rompe meu corpo, a forma pensativa!/ Bebe meu seio, o vento que renasce!/ Esta frescura a exalar-se do mar/ A alma devolve-me... Ó, poder salgado!/ Corramos à onda para reviver!// Sim, grande mar dotado de delírios,/ Pele mosqueada, clâmide furada/ Por incontáveis ídolos do sol,/ Hidra absoluta, ébria de carne azul,/ Que te mordes a fulgurante cauda/ Num tumulto ao silêncio parecido,// Ergue-se o vento! Há que tentar viver!".
Paul Valéry, *O Cemitério Marinho*. Trad. de Darcy Damasceno e Roberto Alvim Confia. Rio de Janeiro, Civilização Brasileira, 1941. (N. O.)

A própria materialidade das coisas, o mármore de um templo, os sons de uma sinfonia, são tributários de uma iluminação projetiva que os retira de sua sigilosa ocultação. Eis por que não podemos hipostasiar uma Natureza dos românticos. Todo ente, de qualquer espécie ou categoria, é um ente "constituído", emergente de uma iluminação transcendental, inclusive nosso próprio corpo ou nosso ser psíquico-espiritual.

Paulo – Disso resultaria que o mar, para nós, é um objeto já plenamente definido pelo conhecimento técnico-científico, e nada mais. Assim como a terra, o céu e a lua, entes categorialmente fechados em suas possibilidades significativas. Acrescentar atributos religiosos ou qualidades mítico-ativas às nossas representações ou formações físico-naturais jamais passaria de uma licença poética. Quando Hegel afirmou que nunca existiram deuses da Natureza, tomava o termo Natureza em nossa acepção particular, como ente dessacralizado e reduzido às cifras da interpretação científico-natural.

Diana – Não, não posso admitir essa prisão das coisas no redil das ideias, meu caro Paulo. E quando você fala em licença poética, passa por alto o problema da significação da poesia. Será ela algo de tão insubstancial e inoperante como você parece supor? Para Rilke, ao contrário, ela é uma grave tarefa, e não um mero "exercício do coração". Lembra-se da "Nona Elegia"? "Estamos *aqui* talvez para dizer: casa, ponte, árvore, portal, cântaro, fonte, janela, – e ainda: coluna, torre... Mas para dizer as coisas como elas mesmas jamais pensaram ser intimamente". Assim, o poeta deve descobrir as coisas, isto é, revelar sua verdade.

Paulo – Não sei, Diana, se é dado ao homem romper essa clausura que afinal é a própria finitude do *Dasein*, a finitude do estar-no-mundo. Porque o mundo é como um estigma que pesasse sobre nós, e a perspectiva unitária que nos impõem é limitadora e oprimente. Todas as coisas são vistas através de uma visão que usa as mesmas medidas e módulos interpretativos. O enclausuramento das coisas é o correlato desse império categorial que se abate sobre todas as dimensões da experiência. Só podemos pensar o pensável e o pensável é o já condicionado pelas formas interpretativas intrínsecas à nossa cultura.

Diana – Meu caro, com tudo isso você não responde a Rilke. Lembra-se dos *Cadernos de Malte*, quando é feita a denúncia desse "enclausuramento" categorial, dessa irrisória teimosia que tenta velar a face das coisas e a aura das possibilidades puras que envolvem toda a existência? Evidentemente, para o homem não criador, para o homem mínimo, o mundo será mesmo apenas aquela obscura sala de visitas de móveis cobertos, abandonada durante as férias... Por que absolutizar a pobreza da visão comum? Por que dar ênfase ao lastro e não ao voo? *Alles will schweben...*[8]

Paulo – Sem dúvida, o testemunho de um Rilke é do mais alto valor para nós, que procuramos viver e pensar a crise da nossa época. O pêndulo do destino oscila sempre entre a consciência da finitude e a consciência da superação e seu consequente abrir-se para novas possibilidades. Mas é importante advertir que o Novo só poderá surgir sob o império de uma nova mitologia, sob a luz de um novo universo prototípico. Só assim seríamos arrancados aos estereótipos da civilização em que vivemos e à adesão emocional e esses estereótipos.

Mário – Creio, meu caro Paulo, que você tocou num ponto crucial, referindo-se a essa adesão emocional ao ente existente. Uma cultura tem todos os traços daquele *cor incurvatus in se ipsum*[9] a que se referem os teólogos. A presença do divino, de uma especial manifestação dos deuses revela-se essencialmente como a irrupção de um regime de Fascinação. Ora, o correlato à parte subjetiva desse domínio fascinante é a investidura de uma certa forma de amar, de uma determinada adesão emocional

---

[8] Tudo deseja pairar. (N. O.)
[9] Em linhas gerais, "o coração voltado para si mesmo". Trata-se da adaptação de uma sentença por meio da qual Santo Agostinho define o homem de fé, como *homo incurvatus in se ipsum*, mas que tomará uma dimensão maior a partir de Lutero, sobretudo em ambiente protestante. (N. O.)

em relação ao ente. Através dessa transcendência passional é que podemos recortar com maior ou menor vigor as qualidades próprias das coisas. Para quem não ama, o mundo e as coisas naufragam no pavoroso oceano da indiferença e do tédio. A percepção da circunstância mundanal é uma função do tônus emocional que nos galvaniza. A própria psicologia é hoje a primeira a nos advertir acerca dessa conexão íntima entre paixão e conhecimento. Ora, o nosso coração, a nossa atitude emocional diante do mundo é o primeiro indício da implantação de um novo estilo histórico do ser.

George – Então não somos donos do nosso coração? E os homens, quererão eles, unanimemente, as mesmas coisas? É verdade que aí está a nossa civilização técnico-industrial e o nosso sistema de organização social ocidental espraiando-se por todo o mundo. Será isso uma prova cabal da identidade dos interesses humanos?

Mário – Mesmo que futuramente existisse um mundo apenas e um só horizonte de coisas desejáveis, isso não provaria nada acerca da unidade essencial da natureza humana. E ainda na hipótese de que, desde a origem dos tempos, só tivesse existido uma única civilização e um só horizonte axiológico, não teríamos afiançado a *tese da unidade de interesses*. *A própria possibilidade do diverso*, que não estaria excluída, a categoria do *possível*, solaparia a tranquilidade dessa monótona civilização. O domínio aberto de uma civilização não poderia confiscar e absorver o poder inovador do Ser. Em outras palavras: o oferecido em possibilidades não poderia estiolar a força do oferecer originante.

George – De acordo, caro amigo, quanto às suas considerações no que se refere à ideia da unidade de interesses. Mas repito a pergunta, para mim essencial: *não somos donos do nosso coração*? A Vida não passaria então de uma peça de teatro *sui generis*, única, na qual os personagens, como os objetos e cenários, só teriam vigência durante o espetáculo? Tudo existiria, então, apenas na medida e nos marcos do drama, como incidentes num palco, inclusive o repertório de emoções e paixões que dominassem os atores. Terminado o espetáculo, tudo se esfumaria em nada.

Diana – O paralelo é perfeito, pois os sonhos também muitas vezes nos propõem tais ficções que se desvanecem, apenas acordamos. E a filosofia oriental não considerou o enigma da Vida recorrendo ao grande símbolo de véu de Maya?

Paulo – A meditação acerca da irrealidade da Vida, do Mundo ou do que quer que seja remete-nos dialeticamente à grande ideia do Ser. Se algo é irreal é por que outra coisa é real. Toda a perplexidade da mente inquiridora surge do fato de havermos definido como supremamente existente algo de derivado ou fundado. O domínio do fundamento é o domínio do Ser.

Mário – E esse domínio, como diz Heidegger, é totalmente diverso de todo ente acessível, de todas as coisas sobre as quais podemos discorrer, portanto do pensável, pois se manifesta como aquela luz desocultante que libera a totalidade do ente disponível.

Paulo – Creio que algo de mais estranho ainda resulta, como consequência, dos princípios próprios do pensamento atual. Peço licença para uma digressão, quem sabe, um tanto árdua. Lemos, na *Física* de Aristóteles, que não seria absurdo considerar que a atualização de uma coisa pode dar-se em outra, esclarecendo assim que o ensino, atividade do mestre, se realiza efetivamente no aluno. Sem o aluno, o ensinar não se concretiza realmente, como operação que se efetua em outra operação. Tentemos agora aplicar essas ideias da *Física* aristotélica ao esclarecimento do aparato emocional do homem. Enquanto seres emocionais ou pulsionais, estamos totalmente referidos aos objetos do nosso apetite, ao campo de nossas possibilidades apetitivas. Podemos ler fora de nós, no desejável, na esfera atrativa das coisas, o registro em relevo de nossa própria afetividade. A filosofia fenomenológica de nossos dias revelou o fato de que nossa consciência, inclusive nossa consciência emocional, é uma estrutura essencialmente intencional, um transcender contínuo em relação ao objeto intencionado. Através da intencionalidade emocional estamos referidos totalmente às imagens atrativas ou repulsivas do mundo. Ao estar-fora-de-si do desejo ou da emoção, enquanto fenômenos intencionais, corresponde correlativamente a irrupção de um universo do desejável como contrafigura mundanal. O campo da afetividade coloca-se, portanto, como uma relação, como uma referência, e não como um fenômeno imanente e fechado, como um registro de sentimentos isolados e subjetivos que podem, eventualmente, ser projetados sobre as coisas. A emoção não é um revestimento subjetivo de coisas em si mesmas neutras e indiferentes. As coisas se prefiguram originalmente como possibilidades que falam ao nosso coração, como entes entretecidos e engastados à nossa vida emocional. O oferecer de uma variedade ôntica, de um mundo de coisas ou desempenhos é simultaneamente o oferecer de uma fascinação cordial. Em consequência, a desocultação de um campo do desejável é a raiz última do aparecimento de uma variedade da afetividade. O nosso coração é em nós implantado através de uma fascinação omnímoda, de uma ronda do apetecível. Se o corpo é o estereograma da vontade, isto é, do desejo, e o desejo é suscitado pelo desejável, então a nossa existência corporal e corpórea é o reverso da Fascinação originária. Tomemos uma analogia como um meio auxiliar de compreensão desse problema. Sabemos que na teoria da relatividade generalizada de Einstein existe uma lei de dualidade, que afirma existir um paralelismo total entre a descrição dos fenômenos físicos, em termos de matéria e gravitação, ou em termos de propriedades genéticas de um *continuum* não euclidiano. Onde percebemos matéria, devemos supor a existência de uma curvatura num espaço quadridimensional, a matéria sendo um vestígio sensorial de certas propriedades físico-geométricas. O pensamento que estamos tentando elaborar aludiria a uma lei de dualidade formalmente semelhante, em função de duas séries de possibilidades ônticas. Estando referidos e expostos ao *continuum* do apetecível, à curvatura de sua fascinação, temos um corpo. Ou em outras palavras: o campo expressivo de nossa corporalidade é a forma móvel de nosso estar-no-mundo. A nossa relação permanente com as possibilidades do desejável é devolvida na forma de uma intuição sensível, na imagem corpórea. Mas o corpo só existiria enquanto relação. Entretanto, quando falamos em nossa existência corpórea enquanto estereograma do desejo, ampliamos extraordinariamente a noção da corporeidade. Fugindo a uma determinação puramente anatômico-fisiológica do nosso ser físico, buscamos compreender nesse conceito a totalidade de nossa existência anímica. A imagem de um *campo expressivo* é mais apta para formular a realidade da nossa existência no universo das imagens. O *continuum* do apetecível vai muito além de uma formulação material da Vida, abarcando níveis de desempenhos superiores da cultura. Em outras palavras: nossa existência patética supõe emoções e desejos que transcendem a pura estática vital. Nesse caso, também as emoções e desejos que existem em nós, representam o contragolpe, a antífona da desocultação mítica de polos numinosos. O surgimento do divino pode ser comparado, nesse caso, ao desencadear-se de marés pulsionais que atualizam comportamentos criadores.

Voltando à reflexão inicial, vejamos agora como aplicar à nossa questão a afirmativa de Aristóteles segunda a qual a atualização de uma possibilidade pode cumprir-se em outra coisa. No terreno de nossas cogitações, isso equivaleria à eventualidade de que, através do nosso ser "infuso" ou "suscitado" se atualizassem as potencialidades emanantes da dimensão suscitadora da mitologia. O nosso ser, dessa forma, seria um ser de "empréstimo" ou "delegação" e através do movimento do nosso agir presentificar-se-iam as grandes formas religiosas, ou ainda, as autênticas emersões do Ser. Assim, as nossas potencialidades não serviriam para o nosso próprio cumprimento, desde que teriam sido, de início, implantadas em nós para a presentificação de outra coisa, isto é, para o cumprimento da verdade superior da História.

George – Uff! Onde estamos? Na cidade? Na floresta? No mar? O pensamento nos rouba o cálido contato da vida espontânea. Onde estão meu corpo e minhas pernas? Que tal andarmos um pouco para uma trégua, depois dessa avalanche filosófica? O que você acha, Diana?

Diana – Se a filosofia é a vida ao contrário, de cabeça para baixo, é assim que me sinto. George, Paulo, Mário, e se tomássemos um banho de mar? O que vocês acham? Será como um batismo noturno sob a Via Láctea.

Mário – Vão vocês. Volto ao rancho para tomar um café e fazer umas anotações sobre o que discutimos. Paulo, você foi estupendo. Precisamos retomar algumas ideias...

Paulo – Nós nos atiramos à água e você fica à margem, para manter aceso o fogo do pensamento... mas quando voltarmos, talvez sejamos outros... Quem poderá limitar os poderes da água batismal?

Mário – A Natureza não pode mudar quem pensa a partir dela. George e Diana consideram-se os defensores da Vida contra as elucubrações artificiosas do pensamento... Mas são injustos, e, no fundo, o sabem. Tudo quanto pensamos esta noite, sob as estrelas, brotou de uma secreta afinidade com o corpo fantástico da Vida.

Diana – Paulo, George, vamos! Sócrates está pronto para recomeçar...

Este diálogo termina em torno de uma rústica mesa de cambuí, no rancho de Mário. Diana, George e Paulo irrompem alegremente na sala frouxamente iluminada por um lampião de querosene.

Diana arrebata das mãos do irmão um caderno e lê com voz solene:

"A independência da Terra findou. O céu cai agora sobre ela, tudo desce do céu para a Terra. Muitos procuram um equilíbrio ou equação de poderes entre a Humanidade e a Divindade. Contudo, a própria autonomia do ente humano revelou-se como época ou dispensa do Divino. A atualização teândrica dos grandes poderes foi vivida como o drama da subjetividade da criatura. O ser-para-si do homem foi confiscado no ser-para-si do ente em geral. O ente será agora absorvido e reabsorvido em sua Matriz. Presentemente, vivemos face a face com o Ser. E o experimentamos não exclusiva e primordialmente como um Poder da Luz, do Conhecimento. O Ser é o Fascinator, o indutor de um campo afetivo, o deflagrador de um mundo de possibilidades patéticas. Investidos de um coração variável, nossa existência é consequencial e derivada. Nosso coração fugiu-nos das mãos para aninhar-se no promontório do Ser."

George – Caríssima Diana, acrescentemos a esse patético manifesto as estranhas e insondáveis palavras de Saint-John Perse:.. *Au coeur de l'homme, solitude... Hommage, hommage à la Vivacité divine!*

Diana – Assim, está feito o *ultimatum* à Terra! Uma ilha, por favor! Ou uma plataforma no espaço! Porque neste teocentrismo absoluto não há lugar para que se viva em forma pessoal! Ou devemos flutuar como abstrações no céu do Absoluto?

George – Mas Diana, não há ilha possível, nem plataforma, e não há como fugir! Toda forma pessoal ou individual de ser não seria mais do que uma das máscaras da Vida unitária que eles erigiram! Mesmo vivendo como seres isolados e independentes estaríamos cumprindo um Destino!

Paulo – Essa é a verdade das verdades. E, no fundo, advertir a nossa condição subordinada e consequencial não altera o teor do nosso íntimo. As reflexões se movem no plano da origem transcendental das formações fenomênicas, no plano da "constituição" do "constituído", e de redução da nossa própria "consciência". Acredito, com Schelling, que a nossa consciência concreta ou real, com todas as suas virtualidades e faculdades, é algo de "constituído" pelas potências fundadoras do mundo. Gozarmos de uma consciência ou de um ser transcendentalmente constituído não suprime o direito de usufruirmos de um estilo de ser. Se a nossa realidade é posta por uma Origem, e portanto é algo originado, isso não redunda em qualquer redução do espaço de movimento, mas esse próprio espaço e o desembaraço das atuações fazem parte do dispensado pelo Origem. Na Origem estão os Deuses.

George – Os Deuses, diz você. Mas se a nossa civilização foi uma decorrência do monoteísmo que opôs o espírito à natureza material, a pessoa à coisa, criando esse enorme deserto da existência, pergunto: como fazer reverdecer e florescer as vertentes polimórficas da Vida?

Mário – A isso creio que se prende a mensagem rilkeana, tão cara a Diana e que talvez se atualizaria num futuro remoto. O que há de mais ostensivo em nossa cultura é decerto o fenômeno democrático-industrial, é a construção do aparato técnico-econômico para o homem comum, para o homem em geral, para o ser coletivo. Isso é o máximo que o cristianismo poderia dar enquanto História, ou fato historiável. Entretanto, esse fenômeno culminante poderá passar para um segundo plano. De seu ser-em-ato poderá passar a ser matéria para uma nova forma. E então a tecnologia, a ciência, a economia, a justiça social constituirão algo de transitivo.

Paulo – Estaremos então assistindo a uma nova rotação da roda do Divino?

Diana – Ou a um novo ciclo do amor e do amável?

Mário – O que podemos ou devemos amar, em nós ou fora de nós, é decisivo para que se possa saber em que mundo estamos. O homem é definido por aquilo que ama!

George – O amor e só ele pode retirar do esquecimento novos aspectos das coisas e revesti-las da dignidade do amável. Esses aspectos estiveram subjugados pelo império da cosmovisão científico-natural da realidade, ou, em outras palavras, pela dicotomia sujeito-objeto.

Mário – Exatamente isso poderá ocorrer! Diz Walter Otto que o deuses são aspectos do mundo, isto é, eles são o mundo sob o jugo de um determinado sortilégio. Quando o homem libertar-se do ideograma científico-construtivo, o mundo tornar-se-á outra vez infinito. Como infinita será de novo, para nós, a antiquíssima Noite, não como simples privação da luz, mas como emblema de uma positividade germinante e ilimitada. O primordial é sempre o noturno, o desconhecido.

Diana – Essa noite não seria então o Mundo enquanto Noite? E não envolveria também o amor físico da existência subliminal e o desejo da metamorfose? Todo o elemento inconsciente e metaconscienciológico encontraria agasalho nessa Noite Antiquíssima!

Mário – Somos seres do limiar, ainda presos de certa maneira ao mundo antigo das representações cristãs-ocidentais. Só podemos pressentir a sombra das coisas por vir. Mas estamos entre aqueles que percebem o movimento que supera todos os outros movimentos ou revoluções intramundanas, porque é um movimento do próprio mundo!

Diálogo da montanha[1]

A Mantiqueira espraia-se em cumes, violáceos, semiocultos pela névoa, numa tarde úmida de setembro. A floresta próxima é uma profusão de folhas, de ramos que se agitam em vagos sussurros. Ouve-se o ruído sempre igual de uma cachoeira fustigando pedras lisas. O mesmo grupo de amigos do "Diálogo do Mar" conversa no alpendre de um *cottage* situado na encosta dessa região selvagem. O céu plúmbeo e ameaçador pesa com uma sentença sobre tudo, a atmosfera é úmida e nevoenta.

George – Parecemos ilhados numa plataforma levitante, rodeados por um oceano impenetrável de nuvens sombrias. Essa névoa pardacenta não nos permite enxergar um palmo além do nariz! Entretanto acho que deveríamos ser capazes de abarcar num ato contemplativo os dias vindouros, os anos e os séculos. Os burgueses chamariam essa antevisão de confiança no futuro...

Diana – Não, não vemos mais *nada!* O presente, a situação em que vivemos é um enigma. A *science fiction*, que se apresenta como uma aceleração infinita do progresso tecnológico, trabalha em linhas demasiado infantis e antifilosóficas. É a imaginação a serviço das possibilidades técnico-industriais.

---

[1] "Diálogo da Montanha", *Obras Completas*, v. II, p. 509-522.

George – É a visão insistencial de um projeto em vias de exaustão. Enquanto isso, o tônus emocional e entusiástico da vida decresce. Kierkegaard pressentiu esse fato há um século: a maré vasante da passionalidade. Os índices de suicídio nos países perfeitamente organizados e equipados ascendem a cifras assustadoras. Sem falar nas outras formas de suicídio, aparentemente menos trágicas, mas no fundo tão letais quanto a maneira clássica: o suicídio que se cumpre nas vidas brancas e insípidas, nas vidas des-vividas, rasas e desapaixonadas. De um modo geral, parece que a vida perdeu o assunto!

Paulo – Veja-se a luta pelo assunto nos jornais e revistas, a sede de acontecimentos, a vontade de algo *Epochenmachendes*[2] em plena era do Sputnik e das viagens interplanetárias!

Mário – Se formos à Lua, amanhã não se falará mais nisso. E isso pelo simples motivos de que a Lua, para a ciência e para nós, não é mais do que um pedaço de matéria girando sem sentido em torno da Terra!

Diana – A grande aventura! Sair de um pedaço de matéria e pousar noutro! Algumas dificuldades técnicas a mais para colonizar um pedaço de matéria sem atmosfera e com uma gravitação menor. Enfim, um problema de laboratório.

Paulo – Mas a ideia de que a vida está perdendo assunto me parece fundamental. Há uma entropia no tônus vital, uma nivelação para baixo da alegria de ser. Parece que uma tristeza sorrateira, uma habitante sombria que se ocultava no fundo de nossa alma, começou a espraiar-se por tudo; na verdade, a nossa cultura cristã-ocidental tem suas raízes numa experiência dolorosa do existir. Aí está o símbolo original da Cruz, confirmando-nos a dor da Subjetividade. A desconfiança dolorosa em relação aos instintos e à vida ter-se-ia agora instituído em *forma mentis*, em respiração total, na forma de uma autoimolação contínua de existência. A sociedade atual representa, ao que me parece, o gráfico objetivo dessa autoimolação.

---

[2] Marcante à época. (N. O.)

Diana – Quando Nietzsche afirmou ser a Alegria mais profunda que a Dor, não estaria prevendo o fim dessa civilização da Dor, isto é, da moral limitante, da justiça injusta, dos objetivos cinzentos do Socialismo e do Estado Todo-Poderoso? A Dor, antes de ser superada, não estaria necessitando, em sua agonia, de um momento de glória espástica?

George – Teríamos então a agonia! Mas o fato é que, no momento, só podemos propor questões, entregues à perplexidade. Deste patamar não se vê mais nada!

Mário – Lembre-se, George, que só podemos ver o visível, e o visível é o iluminado de certo modo, e o vir a ser desse iluminado. Se o horizonte de potencialidades visíveis ou de ações eventuais da nossa história cristã-ocidental não nos diz mais respeito, então não *vemos* mais nada. Não temos mais horizontes, cercados por nuvens indevassáveis nesta plataforma levitante.

Diana – Às vezes penso que é necessário agir para depois compreender, que é necessária uma negação ativa a fim de que as coisas se manifestem de outro modo. Esse seria o verdadeiro sentido do *primum vivere, deinde philosophare*, ou ainda, como afirmou o nosso amigo Eudoro, um aspecto da teoria de que o rito é anterior ao mito.

George – Você é uma radical, Diana, bem o sei. Devemos lançar-nos às chamas para conquistar uma nova implantação existencial.

Mário – Percebo o que diz minha irmã. Se o que nos rodeia não nos afeta fundamentalmente, da mesma forma que não afetou os membros da nossa família espiritual, é porque existe virtualmente uma nova dinâmica afetiva, um novo sentimento do estar-no-mundo. Estamos alienados em nosso ser-para-esta-sociedade, na forma e tipo de seu mecanismo ostensivo. O nosso querer fundamental não encontra expressão nos modelos imperativos do *modus agendi* aceito e sancionado por todos. Somos marginais nesta sociedade em que começam a aparecer *outsiders* no mundo inteiro.

Paulo – Lançar-se às chamas, como vocês dizem, seria então viver em função desse querer que suporia já realizada sua plenitude histórica. Viver como um cristão no meio dos pagãos, ou viver como um pagão no meio dos cristãos! Viver, não como se os tempos estivessem próximos, mas cumpridos.

George – Você diria que uma metapraxis seria a condição de uma metanoia.

Mário – Estaríamos assim em íntima concordância com o nosso pensamento. As grandes mudanças se dão em primeiro lugar no átrio do coração, em nossa fé, na hierarquia das coisas amáveis e na obtenção anímica dessa hierarquia.

Paulo – No *Fedro*, Platão afirma que só com a intervenção de um deus pode um homem arrancar-se de seu extravio na abjeção. Essa moção divina consistiria: numa *aleiosis* emocional, na gênese secreta de um novo sabor da vida, que realmente traduziria a invasão do coração pelo atuar-se do divino. Seria a muda aparição de novos aspectos numinosos das coisas, que cunharia na alma formas insuspeitadas. A metapraxis manifestaria essa liberdade em relação às possibilidades emocionais nascentes.

Diana – O que você diz, Paulo, é ainda muito vago e formal. Gostaria de saber se o que imagino intuitivamente corresponde aos seus enunciados genéricos. Não sei se vocês se lembram do conto de Lawrence intitulado "Sun", onde ele procura surpreender uma mudança radical na mente de uma mulher moderna em relação à Natureza. A personagem sente surgir em seu íntimo uma singular aliança com a estrela diurna, que aos poucos vai modificando completamente o sentido de sua existência. De mero ente astrofísico, o sol readquire sua radiância divina, como um espírito tutelar da Vida, como o grande deus esquecido do orbe sublunar. Um amor desconhecido o instaura em seu sangue revivificado, no centro de sua existência antes opaca e indiferente, alternando toda sua relação com o mundo e com os outros seres. Isso representaria um exemplo de sua metapraxis?

Paulo – Exatamente, Diana, seu exemplo é perfeito. Precisamos readquirir, o sentido da pletora simbólica dos entes objetivos. E só podemos acender a essa consciência através de uma plena disponibilidade para as revelações erótico-simbólicas da alma.

George – Como explicar essas coisas aos simples mortais!

Paulo – Para quem ama, a presença do ser amado pode estar num ramo de flores, num livro por ele amado, num lugar onde ele esteve. O amor amplia e abre espaço para a existência da pessoa amada. Esse ser, em seu viver, nunca é rebatido ou confinado ao seu ser-objeto, à sua localização espaçotemporal, fixa e inerme, e o mundo é a pletora de sua presença. É o processo inverso relativamente ao impulso do ódio, com sua vontade de minimização do inimigo e de seu desaparecimento. O amor é o desejo da onipresença do ser amado. Mas acontece que a nossa consciência ocidental, desdobrada da díade sujeito-objeto, confinou as imagens, a *Bildwelt*[3] ao sistema da localização simples dos objetos. Vivemos num espaço geométrico de objetos estanques e fechados em si mesmos, vivemos num mundo de sólidos materiais. Bergson trouxe, neste sentido, um esclarecimento fundamental.

Diana – Rilke também disse num de seus poemas que "pesamos demasiadamente sobre as coisas".

Paulo – Esse lastro não é mais do que o da subjetividade superadora que transformou o mundo nessa materialidade vazia de presenças. Cada coisa foi posta em seu lugar, foi rebatida ao seu rincão solitário e arenoso e o Universo se transformou num cenário de ações neutras e de eventos insignificantes.

Mário – Compreendo muito bem a direção do seu pensamento e onde você tenciona chegar. Posso desenvolvê-lo num ponto que me parece decisivo? Se libertássemos as coisas do "lastro", da "escravidão" do pensamento científico-manipulador, o que aconteceria? Se retirássemos as coisas do ostracismo a que foram

---

[3] O mundo visual. (N. O.)

relegadas, o que aconteceria? Passariam talvez a existir numa forma ex-cêntrica, difusa e des-comprimida, estando sempre lá, onde agissem. O reino de sua operação seria o reino de seu ser, ou melhor, o seu ser seria realmente a sua operação. Creio que é esse realmente o segredo recôndito da imaginação e da experiência simbólica, dentro da qual uma coisa ou processo pode valer e traduzir outra coisa ou outro processo. As coisas transformam-se em processos ou dramas, e a linguagem dramática pode sofrer estranhas traduções e substituições simbólicas. O princípio maternal do ctonismo pode encarnar-se na representação de uma deusa, de uma mulher, que nas vicissitudes de sua lenda revela os aspectos múltiplos da Terra. A imaginação capta e reverencia na imagem desse feminino primordial as possibilidades do processo ctônico. O sentido errático das realidades pode condensar-se em imagens metamórficas nas quais reconhecemos a profundidade da diacosmese de um princípio divino. O céu como experiência pode condensar-se na forma de um deus antropomórfico, Júpiter, que em sua explicitação vital dá a conhecer os meandros da manifestação urânica. Em Júpiter está realmente o céu estrelado, o céu em tormenta e estes céus, por sua vez, traduzem a vida de Júpiter. A interpretação mais corriqueira e banal do fenômeno religioso admite que os antigos e os selvagens, através do que denominam o animismo, atribuíam personalidades às coisas mortas e inanimadas. Segundo o ponto de vista que estamos defendendo, isso é absolutamente falso, uma vez que não pensavam ou pensam eles em termos de localização unívoca das coisas, mas dentro de formas simbólicas ou dramáticas. E essa capacidade, quase a perdemos, ou a confinamos às assim chamadas "liberdades poéticas".

George – Mário, acho que você captou algo que de início me parecia muito intrincado e difícil de analisar. Mas dentro dessa concepção da Vida e da Realidade, segundo a qual uma coisa pode estar na outra, não chegamos às *homeomerias* de Anaxágoras e à sua afirmação de que "tudo está em tudo"? Num ser qualquer estariam germinalmente todos os outros.

Paulo – Não estou de acordo. O que Mário apresentou como esboço de uma filosofia do simbolismo só longinquamente lembra essa veneranda concepção pré-socrática das *homeomerias*. Não se trata agora da presença física e material das coisas, umas nas outras, mas da coalescência de um *Weltaspekt* divino em múltiplas representações, cada representação traduzindo *in totum* a essência do deus. Se Dioniso é a parreira, a planta embriagadora, esse princípio embriagador também se traduz no sangue delirante do "macho cabrio", do fauno sexual. Através do fio condutor de cada uma dessas imagens dramático-sagradas, captamos o *espaço* dessa hierofania do divino.

Diana – Mas você se referiu antes às revelações erótico-simbólicas; que relação guardaria o Eros com a Imago? Que relação existiria entre a disponibilidade afetiva e a percepção do mundo enquanto espaço das operações simbólicas? Acho que esse Eros seria idêntico ao delírio, à *mania* de que fala Platão e que, tomando posse de nosso ser, nos tornaria visionários do princípio errático e incircunscritível do Divino.

Paulo – É justamente nessa linha que devemos considerar a conexão entre o sentimento e a dialética das Imagens. Através desse Eros, Diana, estaríamos consignados totalmente às presenças presentificadoras das atrações meta-humanas, ao campo arrebatador das incidências mitopoéticas. Nesse caso, não seríamos seres fechados em nós mesmos, alienados em nosso ser ciumento e opaco, mas sóis tendentes a reduzir os demais entes a meros instrumentos ou ideogramas de seu cumprimento. A paixão ocludente da subjetividade seria superada pela paixão ek-stática da *Gestaltwandlung der Götter*.[4] Em nossa existência particular não seríamos mais do que uma das variações ou incógnitas da *parousía* das forças numinosas. Nossa existência traduziria a representação simbólica de outra coisa. Poderíamos ser eventualmente os Filhos do Sol, como no caso dos incas, para citar um só exemplo.

---

[4] Metamorfose configurativa dos deuses. (N. O.)

George – Segundo essa ótica, acredito que um mundo pode estar contido num grão de cevada e um grão de cevada pode ser um mundo, uma vez que um processo pode conter sua plena explicitação na linguagem cifrada de outro processo. Não foi essa mesma ótica que induziu certos povos a considerar o Mundo como uma enorme serpente, consubstanciando no drama ofídico a quintessência da cena vital?

Mário – Acho que deveríamos considerar agora o que diz Schelling acerca da estrutura última do fenômeno simbólico. Para ele, o núcleo simbólico assenta numa síntese do singular e do universal. Assim, diz ele que "o geral é totalmente o particular, e este, é todo o geral, não simplesmente o significa". O símbolo, para ele, é uma *Sinnbild*, uma imagem significativa; essa possibilidade de superar uma representação sem significado e um significado sem representação é a própria possibilidade do surgimento do simbolismo. Tudo o que poderíamos pensar (momento significante) do fenômeno do amor, estaria contido na lenda de Afrodite (momento fantástico-particular) como virtualidade lógica, mas nesse drama simbólico particular estaria implicada a infinitude significante universal. O conceito ou a significação seriam apenas um aspecto do processo global inerente a essa concepção da realidade. Se Prometeu é um grande símbolo da humanidade, tudo quanto essa pode realizar ou operar deve ser um momento incluso na lenda desse semideus. A humanidade seria uma expressão do prometeico, e Prometeu conteria em si as virtualidades de todo o humano.

Paulo – Gostaria de saber se você considera o momento simbólico um mero processo epistemológico, uma categoria do pensamento, ou se tem, pelo contrário, um alcance ontológico, representando uma forma de revelação do mundo. Isso porque, como simples linguagem particular, o simbolismo sempre foi usado pela poesia e pela arte em geral, mas destituído de qualquer atinência em relação à captação da verdade.

Diana – Nossa mentalidade positivista e coisística dificilmente permite qualquer incursão da arte no caminho do acesso à verdade. Entretanto, Novalis já rompeu a barreira do prosaísmo da visão geral, afirmando que "a poesia é o real absoluto" e que por conseguinte "quanto mais uma coisa é poética, mais é verdadeira". E Rilke também não proclamou num dos *Sonetos a Orfeu* que *Gesang ist Dasein*? E em nossos dias, toda uma direção do filosofar dota a arte de uma função desocultante em relação aos desempenhos e ao campo optativo do homem. Segundo essa ótica, a poesia funda a História.

George – Creio que vou dizer algo impertinente. Mas realmente não *vejo* de que maneira todo esse gosto pela especulação, pela erudição, pela metafísica, e esse tropismo pela poesia, podem contribuir para uma alteração em profundidade da nossa civilização. Só se vocês acreditam que todo esse pensamento submersivo do humano já é um ditado provocado ou suscitado pelas forças transformadoras da História. Será que já estamos imantados, ainda que de um modo incipiente e confuso, por uma nova concepção da Vida? Será que estamos, obscuramente, arrebatados por um encanto vital destoante em face do clima vigente?

Diana – Não vejo, George, por que seria impertinente questionar acerca de coisas tão passíveis de dúvida. É claro que se passamos a valorizar não mais os processos e resultados desta civilização feita-pelo-homem, desta civilização do Eu transformador, mas a cena aórgico-sensorial das gratificações vitais, estaríamos dentro do nosso tempo, negando o nosso tempo. Eis a máxima negação da mentalidade do Ocidente cristão: admitir que o homem não pode aperfeiçoar a perfeição do outorgado pelos deuses. Toda essa profusão de técnicas e instrumentos não acrescenta nada ao prazer vital de existir, à alegria de ser. Mas e se considerarmos que a perfeição do homem consiste na transcendência espiritual e nas virtudes dianoéticas? Porque o homem se cumpre essencialmente no pensamento; esse, que é eterno.

Mário – Justamente, Diana, o pensamento, o espírito, a mente é que se constituiriam o ingrediente indestrutível do homem em relação à efemeridade do corpo. Só aquele elemento transporia o limite da morte, para gozar de uma imortalidade, de um Céu. Esse é o pensamento e a crença fundamental do Ocidente, desde Platão, ou melhor, desde a misteriosofia órfica. Mas não estamos empenhados em introduzir nessa problemática culminante uma ótica totalmente diversa?

Paulo – Você já me disse outro dia algo a respeito das ideias revelacionais que um Deus soprou em seu ouvido. Mas você foi muito sumário; agora que a conversa está em plena combustão, gostaria que contasse essa estranha história e revelasse todo seu pensamento.

Mário – Caro Paulo, esse assunto ainda não está articulado, nem mesmo para mim, em termos satisfatórios. Como dizia Pascal, *Je cherche en gémissant*. Sempre foi um problema que me ocupou a razão pela qual Aristóteles teria considerado a *inteligência* e o pensamento como a atividade culminante e sumamente valorizada do homem. Colocando a operação primordial do homem no pensar, e o *kyrios* principal do homem na atualização da vida intelectual, todos os outros desempenhos foram materializados, corporificados e reduzidos a instrumento ou impedimentos da vida teorética. A esfera do *nous*, do pensamento, passou a ser a força mobilizadora de uma região mobilizável-material, de uma região corpórea. Nessa linha de pensamento é fácil perceber que a relação matéria-forma é puramente precária, sendo que o aspecto *forma* aponta sempre para um *transcender* que vai superando todas as determinações e materializando todos os estágios da escala dos entes. Como sabemos, na *Metafísica*, o Filósofo considera que a Forma das Formas é o pensamento, a mais divina e preciosa das faculdades, o *kyrios* dos desempenhos humanos, o *kyrios* dos movimentos cósmicos. A linha de força do transcender estabelece a ascendência e a hegemonia da faculdade do pensamento sobre as outras possibilidades da expressividade humana. Mas essa orientação para o pensamento é uma desocultação especial do transcender, uma escolha especialíssima da operação hegemônica, a qual reflete, sem dúvida, um *Weltaspekt* divino do mundo. A *bios theoretikos* é a forma de participação imortalizante nessa ordem possível do eterno. O momento transcendido nessa transcendência põe-se como o material, o corpóreo, o instável, o efêmero; a simples efetuação do pensamento é, inversamente, o aspecto "mais divino e precioso" que manifesta a imortalidade do pensar "que se pensa a si mesmo". Acrescenta Aristóteles, no mesmo livro da *Metafísica*, que a essência suprema não tem matéria porque é a realidade completa, isto é, a realidade completamente cumprida. Em consonância com essa metafísica, o que é imortal e perene no homem são as suas funções mentais e espirituais, isto é, aquilo que o iguala à essência Suprema e que consiste na atualização do pensamento divino em seu próprio ser. É o ato puro do pensar divino que materializa e torna realidade acidental e transeunte o resto da realidade. Mas isso, como eu já disse a vocês, implica a postulação da principalidade do pensar, tanto no homem como fora do homem, e isso é algo de muito especial.

George – O quer você quer dizer com esse "algo de muito especial"? Algo de certa forma arbitrário? Uma preferência gratuita? Uma orientação que podemos ser imortais ou sábios em outras direções ou coordenadas, diga logo, senão continuaremos, como todo mundo, e como Aristóteles, a considerar o pensamento a mais divina de todas as coisas!

Mário – Há outras formas de eternidade no mundo, incluindo, como quer Heidegger, na ideia de Mundo, o que a tradição chama o aquém e o além mundo, isto é, a totalidade do ente; pois a diacosmese de um deus é uma esfera do eterno. Cada deus ou cada *Weltaspekt* é uma cena de desempenhos, de fruições e bem-aventuranças totalmente isenta do tempo. É um Céu, uma ordem de realidades imortais, é a própria presença de eternidade. Na medida em que nos atualizamos em direção ao sugerido por um campo fascinante-divino, nos imortalizamos nos valores realizáveis nessa diacosmese. Se o ato de pensamento e as virtudes espirituais, como tipo de um transcender, nos implantam – segundo a tradição cristã – na vida eterna de Deus, isto é, nos transportam para esse céu, *mutatis mutandis*, outras formas divinas criam outras vertentes soteriológicas e outros critérios acerca do salvável no homem. "Os deuses – afirma Walter Otto – manifestam-se não apenas nos fenômenos naturais e nos acontecimentos sobrecolhedores, mas também naquilo que move sua humana intimidade e determina sua atitude e ação". Os deuses, portanto, abrem campo para efetuações existenciais eternizantes que pertencem ao seu espaço interno de possibilidades e atualizações. Pois desde o momento em que pusemos entre parênteses o nosso tipo de transcender noocêntrico, isto é, desde o momento em que *desmaterializamos* o nosso corpo, o nosso ser por-se-á como uma árvore adiáfora de gestos. O nosso corpo e o nosso ser fenomênico ainda não materializados pelo ir-além do pensamento é um puro campo virtual expressivo, podendo em si mesmo traduzir diversas Fascinações do divino. Sabemos como o nosso ser é um ser *ex alio*, um ser de delegação, capaz de traduzir em sua dramática vital diversos simbolismos convocantes, diversas dominâncias expressivas. O aspecto hegemônico de nossa conduta, as virtudes prestigiosas, são formas de transcender oferecidas em cada caso pelas potências instauradoras de um campo passional. A orientação do nosso coração e da nossa mente já representa um sinal tangível da consignação de desempenhos próprios do campo Fascinante. Ora, outros desempenhos culminantes, "mais preciosos e divinos" que o noomórfico podem arrebatar o nosso coração e a nossa mente, revelando-nos dominações imortais e imortalizantes. As cenas eternas do mundo, que constituem o universo prototípico dos deuses, podem abrir-se à nossa passagem, convocando-nos e convidando-nos para as diversas moradas indestrutíveis. Em cada caso, a relação entre o efêmero, o acidental e o substancial e eterno alteram-se decisivamente. A conquista e a experiência do eterno, a participação do perene constituem, neste caso, uma ampla realidade da Vida. Eis uma aproximação daquilo que queria comunicar a vocês.

Diana – Acho interessantíssima e original a revelação do teu *daimon*. Como ficar insensível a essa vontade de superação dos postulados gastos e sediços de nossa decantada tradição! Mas não compreendo bem que atitude deveríamos adotar diante desses espantosos vórtices de Eternidade! Quando, na doutrina cristã-ocidental da morte e da salvação, passamos para o além, somos nós, o nosso ser, que se salva ou se perde, como um núcleo pessoal projetado na insondável eternidade. Mas dentro de teu pensamento, não consigo imaginar o trânsito do tempo para a eternidade. Se acaso fôssemos colhidos pelo delírio inspirado por Dioniso e ingressássemos em sua diacosmese, uma vez fechado o seu teatro de manifestações, não seríamos de novo remetidos ao nosso eu cotidiano e temporal, tão carentes de eternidade como antes?

Mário – Compreendo tua perplexidade, que é também a minha e a de todos aqueles que procuram uma nova Palavra e uma nova experiência das coisas. Mas o que importa é ter em mente o que sempre definimos como nossa realidade básica. O que somos? Se fixarmos a clássica díade alma-corpo, espírito-matéria, seria impossível uma justa colocação frente às minhas ideias, que nascem justamente da contestação dessa verdade geralmente aceita. Mas se, pelo contrário, o princípio hegemônico que nos sobrecolher em seu vórtice for o de Dioniso, por exemplo, então a plenificação de nosso ser estará assegurada em seu aspecto soteriológico, pelo acesso à morada eterna dos deuses. O finito ingressará no infinito. Num sistema monoteísta, como queria Aristóteles, só existe um Céu e, portanto, um só princípio hegemônico; mas numa religião politeísta é dado ao homem viver e participar de diversas eternidades. O não exclusivismo do divino reflete-se no não exclusivismo da vida, que irrompe em múltiplas dimensões. O reflexo deste pluralismo sobre a vida social é mais que evidente, pois o processo de atividades inter-sociais passa a responder aos apelos de valores e propósitos mais ricos e diversificados. Creio que, em essência, foi essa a mensagem poético-filosófica de Hölderlin, quando exclama num de seus poemas:

So hast du mein Herz erfreut
Vater Helio! Und, wie Endymion
War ich dein Liebling,
Heilige Luna!

O alle ihn freuen
Freundliche Götter!
Dass ihr wüsster
Wie euch meine Seele geliebt!⁵

Paulo – Agora posso imaginar e vivenciar o tipo de metamorfose do tempo para a eternidade a que você se refere. O essencial em nós é que é descoberto como inerente ao *nunc stans* da cena sagrada propiciada por um deus. É o internamento num floresta imemorial de gestos, onde advertimos a nossa radicação no imemorial de uma estrutura ou cena indestrutível. Assistimos à nossa devolução a um universo sempre presente e atualizável. Somos eternos nessa eternidade, pois o que efetuamos inspirados por um deus pertence de direito à bem-aventurança suscitada pela sua proximidade. Nosso coração revela-se como uma centelha do coração selvagem do divino e nele permanece.

George – Reconheço o que há de insólito e impressionantemente novo em tuas ideias, Mário. São como janelas e portas que se abrem para um mundo esfuziante, além da opacidade das paredes confinantes do projeto. Mas a aceitação dessa doutrina supõe uma tal modificação na ideia de homem, que só posso admiti-la como uma hipótese a mais.

Diana – O que pode ser pensado ou imaginado obedece a uma exigência misteriosa. Se não me engano, foi Schelling quem afirmou que na Vida superior do Divino todas as possibilidades deveriam ser realizadas e todas as ideias transformadas em ação. Não creio, George, que uma hipótese sincera e vívida possa permanecer para sempre como uma simples perspectiva inoperante. E mais ainda: o surgimento de algo que se pensa, sob o aguilhão do *daimon*, já pode ser o reflexo de modificações ainda inconscientes no fundo da alma.

---

⁵ Assim regozijaste meu coração,/ Hélio paterno! E como Endymion,/ Eu era o teu favorito,/ Sagrada Lua!// Ó todos a ele alegravam,/ Deuses amados!/ Que vós saibais/ Como minha alma vos amou! (N. O.)

Mário – Da mesma forma que as crenças hoje vigentes acerca do homem e seu destino eram outrora meras "possibilidades mentais", dessa mesma forma a experiência vital e intelectual de alguns dentre os habitantes de hoje poderá ser a norma do mundo de amanhã.

George – Certo. O máximo pode assumir às vezes a forma provisória do mínimo. Isso confirma o que discutimos há pouco acerca da teoria do simbolismo; um mundo pode estar contido numa palavra, na indicação de uma orientação. Nos meandros de um ideograma pode estar inscrita a protoforma de uma cosmovisão ainda desapercebida.

Paulo – Interessa-me essa alusão às virtualidades simbólicas do nosso universo mental. Entretanto estou convencido de que a confiança que acaso depositamos no ponto de vista expresso por Mário promana da compreensão profunda do ponto de vista oposto, isto é, do ponto de vista ainda imperante na filosofia e religião oficiais. Nessa linha de convicções, as categorias físicas ou metafísicas são conhecidas simplesmente como são em si mesmas, e não como "constituídas" ou "desenhadas" em seu ser por um poder projetivo-desvelante. Não se acredita, em consequência, numa gênese transcendental dos primeiros princípios, das formas informantes dos seres, e, portanto, da razão. É ainda Aristóteles quem afirma em sua *Metafísica*: "Nossos antepassados, desde as mais remotas idades, nos legaram uma tradição, sob a forma de um mito segundo o que os *corpos celestes* eram deuses e o divino abrangia a totalidade da natureza. Se prepararmos esse ponto das adições posteriores e se o tomarmos isoladamente, isto é, quando afirmavam que as *substâncias primeiras* eram deuses, devemos reconhecer nisso um enunciado inspirado". Aristóteles identifica a noção essencial do divino com o puro ente inteligível e dado, com a entelequia dos astros, acrescentando que somente nesse sentido poderíamos interpretar a opinião de seus antepassados. Desde o momento em que as representações inteligíveis dos astros são equiparadas erroneamente ao momento aparente dos Deuses, com a Imaginativo Divina, o princípio hegemônico do homem está selado numa atualização única e num único céu. A eternidade é a eternidade dessa escala dos entes e da supremacia do *nous*. O *logos* passa a ser o fio de Ariadne para a determinação do ente supremo que é o mobilizante de todo o universo natural. Para a posição que reivindico, pelo contrário, os Deuses são origens, poderes des-velantes primordiais que comandam a abertura de um teatro de representações e desempenhos. O *prius* é a irrupção de um regime de fascinações, atinentes às representações cósmico-sensoriais, no qual o divino pode atuar. Não é a Lua, enquanto corpo celeste, que foi considerada divina, mas sim uma divindade selênica cuja diacosmese abrangia a percepção lunar, como também as águas, os mares e seu reino próprio. A primazia do Mito sobre o Logos traduz essa precedência da *Offenheit des Seins*,[6] do momento poético instaurado sobre a esfera cognoscível, mediante o conhecimento discursivo. O Logos ata-nos ao já-oferecido, o Mito transporta-nos para o domínio desvelante primordial.

George – Sem dúvida, a experiência da Vida pode ser muito mais inaudita e aventurosa do que nos ensina o conhecimento banal e corriqueiro. Precisamos ser os discípulos do possível, não para empreender viagens interplanetárias, mas para superar as neblinas da Montanha, rumo ao desconhecido.

Diana – Essa viagem é a verdadeira expressão da metapraxis de que falava Mário e que Nietzsche formulou de maneira genial naquele convite a que dançássemos além de nós mesmos. Porque ao dançarmos somos arrastados por uma nova música, porque ao dançarmos somos dançados pela dança.

---

[6] Abertura do ser. (N. O.)

Diálogo do Espanto[1]

Depois de caminharem o dia todo pela Cidade estranha, Mário e George descansam no *belverde* de um restaurante. Um pouco além, o mar arremete contra os rochedos, dissolvendo a música convencional que acumplicia os pares na dança. O verão confere à noite que desce rapidamente sua turgência e seu perfumado aconchego.

George – Vou beber até atingir a disposição interior de um simposiarca, livre e ágil na festa de seus próprios pensamentos.

Mário – Então essa garrafa de brandy terá que ficar vazia, pois sei que você é forte no beber. Em todo o caso, só posso exortá-lo a essa proeza; quem sabe você conseguirá enfim formular com mais clareza o que durante toda essa tarde ficou no limiar do dizível...

George – Sim, tenho que desatar a língua de meus pensamentos mais indóceis e libertar a confusa intuição que me perseguiu esse dia...

Mário – Beba, beba, mas lembre-se que Platão, versado nessas coisas dionisíacas do beber, subordinava o frenesi desencadeado pelo vinho à disposição ótima que permite pronunciar belos discursos.

---

[1] "Diálogo do Espanto", *Obras Completas*, v. II, p. 523-533.

George – Obedecendo a Platão e não a Sócrates (que podia beber e falar até o amanhecer sem qualquer turbação), manterei o ritmo que me permitirá o máximo de consciência no máximo da serena ebriedade.

Mário – Então viva! Mas essa noite é um convite a tudo, menos a essa nossa contínua ruminação filosófica.

George – Amar e viver sempre é possível. Veja esses pares enlaçados, não parece um lugar comum? Na forma em que se realiza hoje em dia a *opus amandi*, onde o inesperado?

Mário – Mas você está se tornando um inimigo da vida!

George – Eu amo os aspectos insuspeitados e espantosos da existência, aquilo que torna a vida uma aventura. Se não puder reencontrar a aventura no amor, prefiro ir em busca de outras experiências que me tragam o sabor do miraculoso.

Mário – Vamos então a essa "aventura" que tanto te empolga desde a tarde!

George – No fundo, já é uma impressão registrada e arquivada nos anais da Filosofia, a que nasce do nosso estranhamento em relação às coisas: a captação do que há de gritante e escandaloso na figura aparentemente mais banal.

Mário – Essa sensação de espanto em relação ao ente, desde Platão, é pacificamente reconhecida como o ponto de partida da filosofia. A admiração perante o caráter e a face do existente poria em movimento a indagação do pensamento, a pergunta do por que as coisas são assim e não de outra maneira.

George – Justamente foi essa a impressão de fundo que me acompanhou o dia inteiro, e ainda me acompanha: a estranheza de ter pés, mãos, olhos, nariz, esse conjunto de formas e formações injustificadas em sua totalidade. Qual a diferença entre ser como sou, um homem, ou um polvo, ou um monstro qualquer? Sentia-me, perambulando pelas ruas, como uma forma atrabiliária e atípica, um ser submarino a mover-se no aquário translúcido do mundo.

Mário – Não posso aquietar a sua angústia, pois eu também seria como um polvo tentando consolar outro polvo de ser polvo. Mas garanto a você que são visões desse tipo as descritas em romances de Dostoiévski, Kafka e Sartre... Sartre, muito particularmente, frequentou os desfiladeiros dessas visões apocalípticas. Nelas, o mundo comparece através das lentes da angústia e da náusea, desmundificado.

George – Mas com isso, você não pretenderá que eu me cale sobre o tema. Eu acrescentaria aos nomes que você citou os de Kierkegaard e Heidegger...

Mário – A minha intenção não é evidentemente a de impedir o curso de suas ideias, mas unicamente a de advertir você quanto à dificuldade de transformar em "aventura" uma incursão através desse território amplamente explorado.

George (salta da cadeira e põe-se a dançar, girando numa só direção com gestos compulsivos e como que arrastando tudo nessa direção. Enquanto se move, sempre para a esquerda, diante da surpresa de Mário, fala): – É assim, como se todas as coisas se orientassem numa única direção, assimetricamente! Somos uma assimetria e não o sabemos, somos uma torção inconsciente de si mesma.

Mário – Bravos, George, gostei de sua coreografia filosófica. Parece que os antigos cantavam e dançavam seus filosofemas e assim, você acaba de reencetar uma veneranda forma de especulação.

George (sentando-se) – Tudo serve para indicar ou assinalar algum arcano da vida. Eis que me ocorre a ideia do *clinamen* de Epicuro, daquela curvatura das sementes da realidade, os átomos, que determinava sua combinação e geração. Só que no meu caso rejeito a ideia desse átomo e substituo pelo poder manifestante do ente que se me afigura como um princípio *tendencioso*, como capricho, preferência e mesmo como uma injustiça.

Mário – De fato, *toda determinação é uma negação*, e assim qualquer determinação ou ser-assim é um *clinamen*, um capricho, uma preferência e mesmo uma injustiça.

George – Lembro-me de uma passagem da *Repetição* de Kierkegaard, onde é denunciado esse caráter contrativo e limitante de todo estar no mundo. Se não me falha a memória, é mais ou menos esse monólogo kierkegaardiano: "Onde estou? O que quer dizer essa palavra – o mundo? E o que significa? Quem me pregou a peça de pôr-me e abandonar-me nele? Quem sou? Como entrei no mundo? Por que não me consultaram? Por que não me puseram ao corrente de seus usos e costumes e me incorporaram em suas fileiras, tal como se alicia um recruta? A que título estou interessado nessa empresa denominada realidade? Por que devo estar interessado? Não se tratava de um negócio livre? E se sou livre, onde está o diretor ao qual seja possível dirigir uma observação? Não existe um diretor? A quem pois reclamar? O mundo é um tema em discussão; posso solicitar que o meu parecer seja tomado em consideração?"

Mário – O ocorrer do Mundo é sentido por Kierkegaard como uma surpresa, como algo que nos toma de improviso, isto é, como uma cilada. Só posso concordar com tal experiência das coisas, com essa teratologia de todo o ente, se esse já mergulhou no Nada e se encontra portanto contestado pelo poder desfigurador do Nada.

George – Compreendo. Você acha, em última instância, que sentir ou lobrigar o aspecto absurdo e inquietante de qualquer forma, o existir rebarbativo e espúrio das coisas, significa vê-las fora da graça de Deus (para usar uma expressão corrente), exilando-as da moldura dentro da qual eram ordenadas para um fim.

Mário – Sim, essa é a imagem do ente desertado pelo Ser ou ao qual o Ser mostra unicamente seu lado nadificante. As coisas *estão aí*, e portanto ainda gozam de uma certa ratificação e sentido, mas desamparadas, começam a mostrar as rótulas do absurdo. Uma nova orientação do Ser – e o que é o Ser senão uma Orientação? – sentida ou pressentida por nós, faz com que a Vida pretérita se apresente esvaziada, absurda em seu mecanismo reiterante, teratológica. O vazio do mundo é a deserção da plenitude do Ser, é a fuga de Deus ou dos deuses. Rilke expressa esse pensamento na "Sétima Elegia":

Cada volta penosa do mundo tem tais deserdados, aos quais nada já pertence, nem o que virá...

Vemos como o girar do mundo, o novo projeto que germina e se expande, constitui o motivo fundamental do Amor que compromete as formações peremptas da Vida.

George – Não concordo totalmente com a sua interpretação, pois ela supõe que essas revelações "demoníacas" das coisas só poderiam ocorrer nos pontos de inflexão da História, nas épocas de mudança da concepção do Mundo. Ora, em qualquer instante, em qualquer época do percurso mundial, ascendente ou descendente, a consciência pode ser assediada pela angústia, pela náusea ou pelo tédio.

Mário – Ora, George, se não houvesse a pura possibilidade do Amor, sempre presente e revelando-se ocasionalmente, no tédio e na angústia, não poderia sobrevir essa outra angústia macroscópica, que comparece preferencialmente nas voltas penosas do mundo. A segunda é a confirmação em grande escala da primeira, quando a ruptura entre a consciência e o Mundo é um fenômeno total.

George – Começo a compreender agora com alguma clareza a crise psicológico-metafísica em que estive imerso. O curioso é que a contestação que atinge o ente não provém de fora, como uma negação exterior, mas de dentro, como uma doença interna, desencadeando a monstrificação da alma das próprias coisas. Jeronimus Bosch traduziu genialmente em sua pintura esse horror dimanante das representações mundanas, quando arrastadas no desvario infernal da *privatio boni*.

Mário – Meu caro, realmente hoje você esteve imerso nas águas tenebrosas do Nada. O Nada é ainda o Mundo, mas o mundo em decomposição, o Mundo como *traité de décomposition*.

George – Mas agora, milagrosamente, já me sinto a salvo. Nossa conversa agiu como uma conjuração do mal, como uma fixação e superação do inimigo. Não compreendo como Kierkegaard podia admitir que o angustiar-se era o melhor que podia suceder ao homem.

Mário – É claro que quando o homem passa a sentir-se como um polvo não pode amar o mundo e a vida. E era isso que almejava Kierkegaard: a incompatibilização definitiva da criatura com as coordenadas da vida profana.

George – E isso não é mais do que uma forma da vida cristã, uma determinada maneira de viver a vida: o desespero, a angústia dessa angústia, o temor desse temor!

Mário – Engolfados nesses pensamentos, como nos alheamos ao que nos rodeia, a essa noite cálida e extasiante, ao silencioso convite que promana do sangue e da seiva da Terra!

George – Somos os grandes traidores do nosso próprio credo, do credo na grande docilidade à sabedoria da Terra. Defendemos a tese da nolição, do abandono, da docilidade à Vida e sempre perseveramos na tensa e apaixonante ruminação de uma problemática que é o desespero de todos os desesperos.

Mário – E que no entanto prepara, segundo penso, um novo consentimento, uma nova harmonia no cenário renovado da existência! Como as ondas do oceano, recuamos, para depois voltarmos às praias ensolaradas da Vida.

George – Nesse novo advento a realização da existência será outra?

Mário – Sim, então não viveremos mais a partir da consciência interior, da estratégia do eu desértico, do espírito que comanda as peripécias de um corpo exterior. Não viveremos mais a partir de nós mesmos, mas sim a partir da sabedoria dos Deuses que irromperam em nosso caminho!

George – Não consigo compreender o sentido dessa vida infusa que passará a existir em nosso lugar.

Mário – Hölderlin plasmou uma expressão que caracterizará essa nova cultura, quando fala no *aórgico*. Mediante essa palavra, o poeta aludia ao não-feito-pelo-homem, àquilo que se apresenta como patrimônio de um desenho de possibilidades oferecidas pelos Deuses. Se a nossa cultura da consciência, da liberdade, do empreendimento humanístico, é uma autoformação do pensamento, a nova cultura nascerá de uma receptividade infinita a desempenhos infusos pelo gravitar divino. Mesmo em nosso ser, conformado pelas categorias antropocêntricas do pensamento cristão-ocidental, existe um amplo espaço para o involuntário e o supravoluntário. Quando sonhamos, por exemplo, não somos nós, como liberdade, que criamos nossos sonhos. Poderíamos dizer que somos sonhados. Tudo o que chamamos de instintivo, de pulsional, de inconsciente, existe apesar de nós mesmos. O nosso coração e mesmo o nosso corpo são dádivas das grades potestades.

George – Afinal você pretende defender a passividade absoluta no que diz respeito ao homem e à Vida.

Mário – O homem não é um *imperium* num império, um por-si autodeterminante, ou melhor, o homem imagina sê-lo no cenário da cultura cristã-ocidental. Em verdade, esse ser do por-si foi o cômputo que lhe foi outorgado, foi a investidura do ser que recaiu sobre o protagonista pré-cultural quando teve início nosso ciclo civilizatório.

George – Então também nós, homem ocidentais, determinados em nossa autognosia antropocêntrica, somos dimanantes de um poder aórgico? Acreditando que nos criamos livremente, estaríamos na realidade obedecendo a uma necessidade e preenchendo uma pauta predeterminada?

Mário – Justamente. A mitologia representa o poder cosmo-plástico, a força criadora da História.

George – Mas então, se estamos ancorados no aórgico, no Elementar, sendo como somos, por que almejar por outra cultura do Elementar?

Mário – A verdade dessa nova cultura que já se anuncia consistirá em reconhecer a perfeição do aórgico, em abandonar-se ao mundo das imagens ou, como diria Nietzsche, em dizer um *sim* à Vida. Tudo isso é uma só coisa. Existirá então uma pertinência reconhecida do homem em relação ao Ser, do personagem em relação à cena, da vida em relação ao rito e ao momento cerimonial-festivo. Essa passividade absoluta a que você se referiu, pois que o homem apenas cumpre o cumprível, reverterá numa máxima atividade, numa vida pletórica, pois o homem apesar de arrebatado, de "agido", ao comungar com essa ação, agirá em estado de entusiasmo, na plenitude do divino.

George – Certo. Creio que a nossa cultura do eu independente, do homem humanístico e autoformador está inquinada e viciada por um erro desmesurado. Nesse ponto você sabe que concordamos totalmente. Não percebemos que o nosso ser é um ser derivado e consequencial, porquanto emitimos a consciência de nossa proveniência ontológica. Não nos damos conta que cumprimos um destino, que somos um destino, uma consignação de possibilidades e não um império num império. Pensamos ser um fundamento e não nos percatamos de nossa essência fundada. Mas creio vislumbrar em teu pensamento uma contestação muito mais radical ao próprio conteúdo da nossa cultura. Diga-me: suas investidas especulativas não são contra a própria concepção da vida cristã-ocidental?

Mário – A experiência que dominou você essa tarde, George, assalta-me frequentemente. Sinto-me viver num mundo que não é meu, numa circunstância compulsiva e estiolante. Minha consciência vaga alhures e o que se me apresenta como vida é um quadro fastidioso e vazio. O mundo parece uma conspiração, uma insolência, uma prepotência da vontade alheia sobre os anseios do meu ser.

George – Em suas palavras, Mário, adivinho mais uma tensão ou oposição entre eu e Mundo do que aquele desgosto universal que me assolou durante nosso passeio. Parece-me ser sua sensação algo de litigioso e saudável, pois a pugna com outro ainda implica uma vontade de ser. O que me sobrecolheu, pelo contrário, foi um afrouxamento de todas as minhas forças, uma espécie de apocalipse do meu ser, que eu sentia como algo de tentacular e nauseante. Era-me impossível sequer imaginar qualquer luta ou oposição, pois o colapso era em mim. Nada se salvava desse naufrágio universal das coisas.

Mário – Você traduziu melhor do que eu esse tipo de experiência. Na verdade, o que a caracteriza fundamentalmente é a infinita prostração. Mas o que importa é elucidar o significado desses transes, como já o tentamos inicialmente. Já fixamos um ponto essencial: quando o homem é presa da angústia sente-se no vórtice de um desgosto universal pelas coisas e por si mesmo, como que deglutido por um desinteresse devastador.

George – É o homem que se desinteressa pelas coisas ou as coisas é que perdem o seu revestimento libidinoso? Em todo o caso, precisamos evitar a acepção psicológica desse fenômenos, afim de evitar a interpretação simplista e insuficiente que os rotula dentro dos acontecimentos patológicos e psiconeuróticos.

Mário – De acordo. Mas vamos ver como será possível descrever sua fenomenologia, de maneira que se evite qualquer equívoco. Acredito que, essencialmente, a civilização cristã-ocidental pode dizer de si mesma: missão cumprida. O que era sua tarefa essencial já está explicitado e plenamente desenvolvido dentro dos quadros da História. A prova do que estou afirmando, por mais paradoxal que pareça, é a *science fiction*. Nesse tipo de ficção, almeja-se abrir novos horizontes e espaços de ação ao empreendimento da cultura humana. O palco da atuação pode não ser mais a Terra, pode não ser mais o sistema solar, projetando-se e remetendo a ação a zonas interestelares ou interplanetárias. Quando a imaginação permanece no nosso habitat aparecem entrechos e vicissitudes oriundas de uma transformação tecnológica vertiginosa da situação humana, tal como o aparecimento de monstros, vampiros ou novas raças híbridas.

Toda essa literatura, entretanto, nasce da mesma perspectiva da subjetividade manipuladora ou do Eu transformador. Para esse Eu só há objetos, formações ou representações combináveis e reordenáveis ao infinito, seja na Terra ou em qualquer plataforma extraterrestre. Em toda parte, na universalidade de sua ação, esse Eu vai impondo sua própria tábua de valores, o seu próprio Bem e seu próprio Mal. Qual é esse Bem e qual é esse Mal? – Deixemos por enquanto esse problema de lado. De qualquer forma podemos constatar que essa avalanche da literatura de ficção científica nasce de um anseio de criar futuro, de criar uma utopia, de persuadir o homem de que a História ainda está no início, e que é possível prever antecipadamente novos instrumentos de atuação científica. Nesse último caso, a imaginação dessa literatura faz parte do pensamento científico, aí se esgotando seu interesse. O primeiro caso que citamos, isto é, o do anseio de criar futuro e de criar uma utopia é para nós muito mais significativo, pois revela claramente a crise profunda da nossa conjuntura histórica. A fantasia põe-se espasmodicamente a criar novos desenvolvimentos e situações, novas arenas de operações, alimentadas pelo sonho de revelar universos inéditos, outorgando-nos por outro lado o papel de predecessores dessas eras e proezas. Tal como se a nossa civilização estivesse ainda balbuciando os grandes itens desse provir insólito. A ficção científica não altera a nossa mentalidade, mas a transpõe e alastra através de todas as sendas, cunhando possibilidades de futuro a partir de formas dadas de nosso conhecimento e ação. A ficção científica move-se unicamente na categoria do "quantitativo", e é em si mesma uma fantasia de quantitativo como não poderia deixar de ser, porquanto sendo como é, uma fantasia da ciência, possui o mesmo *clinamen* desta e de seu conhecimento essencialmente métrico. Em resumo: o homem, tendo atingido a plena efetivação e culminação de sua verdade, ou, como diria Hegel, tendo atingido o saber absoluto acerca de si mesmo, não se conforma com o estado terminal desse saber, desta civilização e com a consecutiva *falta de assunto* que o assedia. Propende, então, a transformar esse fim num começo de algo de extraordinário e mirífico, não advertindo que trabalha exclusivamente no campo *extensional*, embriagado com as possibilidades de um conteúdo espiritual já perempto. A fantasia da *science fiction* é o protesto inconsciente contra o fechamento histórico a que estamos fadados, mas é em si mesma a confirmação desse fechamento.

George – Você afinal pretende dizer que o romance prospectivo de nossos dias desenvolve aquelas realizações espirituais e comportamentos que podem ocorrer em qualquer parte, que são operações no abstrato, pois um satélite é equivalente a outro, um planeta pode ser o reflexo de outro e, mesmo não o sendo, há um fundo homogêneo presidindo todos os movimentos e proezas do herói supercientífico.

Mário – Exatamente. O que se cumpre, o que se atualiza através do vir a ser da ficção científica é sempre a *euidade* humana, a mesma subjetividade. Os protagonistas desses dramas são os centros subjetivo-manipuladores que evoluem na representação sem fim do objeto. Em outras palavras: o mesmo tipo de transcender que comanda a nossa realização, repete-se na constituição desses protagonistas interplanetários; ainda e sempre, a *res cogitans* às voltas com a *res extensa*. Dessa maneira, não atingimos outra imagem do homem, pois essa imagem é uma constante através desse pseudofuturo criado para alimentar a nossa esperança, para persuadir-nos que estamos sempre no começo das coisas, que somos jovens e que nem mesmo conhecemos ainda as nossas próprias possibilidades.

George – Você colocou há pouco uma questão e a deixou em aberto: qual o Bem e qual o Mal desse prolongamento utópico da nossa época?

Mário – A utopia científica é a vontade máxima do futuro que alenta em nossa alma, é o sintoma da vontade de prossecução delirante que impulsiona o aparato civilizatório e sua autoafirmação. Como definir e decifrar o princípio retor que conformou até hoje a nossa cultura e que se afirma nesse prolongamento utópico? Hegel facilitou a nossa tarefa quando inscreveu a ideia do Reconhecimento como força primordial do nosso processo histórico. A nossa civilização é a civilização do Reconhecimento. O reconhecimento é o reconhecimento do outro, é a expansão da liberdade na liberdade *in fieri*. O processo do reconhecimento é, por outro lado, o próprio ato da antropogênese, pois o homem se cria ao superar as suas alienações, determinando-se em humanidade livre. Podemos, consequentemente, entender a ideia do Reconhecimento como idêntica ao princípio da Subjetividade absoluta. A atualização da subjetividade é o Reconhecimento, o reconhecer-se no outro, o identificar-se com o outro, ou seja, é a cadeia infinita da reciprocidade dos eus iguais em direito e possibilidades. A criação desse mundo exigiu a criação de um aparato técnico-científico, o mundo da máquina. Vivemos no mundo da máquina porque somos súditos do processo do Reconhecimento e não inversamente. Heidegger, em seu ensaio sobre a essência da técnica reconduz o processo técnico-operacional a uma das formas da a-letheia, a um des-velamento especial do mundo, em que esse se nos defronta como uma instalação (*Gessell*) ou instabilidade, como uma armação. A representação de um mundo poroso à técnica, antecipadamente determinado como algo manipulável, oferecendo-se como matéria para indústria, seria a condição prévia de uma sociedade organizada pelo pensamento técnico-científico. A determinabilidade técnica do mundo como intuição original da nossa cultura é que provocou o aproveitamento das possibilidades virtualmente dadas nessa instituição. É como se as linhas de operação ápticas já estivessem pré-traçadas nas coisas.

George – Seria uma inversão da ordem comum e corrente da explicação da origem das invenções humanas, que concentra no homem e no pensamento a causa do aparecimento do sistema científico-industrial. Para Heidegger foi, pelo contrário, o surgimento de uma intuição virtualmente condescendente ao fazer construtivo que mobilizou esse fazer. A construtibilidade, em termos técnico-operacionais, precedeu a construção; a virtualidade imanente à nossa concepção do mundo chamou e exortou sua efetivação. Se não me engano, porém, em consonância com Hegel, Heidegger caracterizou o nosso ciclo histórico-cultural como determinado pela centralidade da *consciência-trabalhadora*. Falar em consciência-trabalhadora e falar em subjetividade absoluta é a mesma coisa, desde que essa subjetividade, na culminância de sua verdade, se põe como consciência trabalhadora, como autoconsciência que determina a totalidade de seu mundo. Como conciliar essas duas elucidações de nosso destino mundial? Como pensar conjuntamente...

Diálogo do Rio[1]

O espírito fluvial do rio através do leito das coisas. Entretanto, parece que não é o rio que flui nas coisas, mas as coisas que fluem no rio, heracliteanamente. Na urdidura líquida das águas aparecem estranhas figuras e desenhos bizarros que não detêm o seu fluir, mas que deslizam no tempo desse Tempo. Esse rio corre porque só pode correr. O poder-correr de seu correr é uma lei secreta que "ama ocultar-se". Quem deflagrou esse rio em seu correr? Quem pôs as coisas a correr ou pôs o correr como coisas? – Quem pergunta, busca uma resposta e o espírito fluvial põe-se em diálogo. O diálogo pede os dialogantes conclamados pelo espírito do diálogo e pelo espírito do rio. E duas vozes se defrontam na imensidão dos tempos.

Voz I – Esse rio é cheio de formas e de vida como o estanque de que falava Leibniz. E não existe se não nas formas fugidias que o habitam.

Voz II – Entretanto, não se identifica com qualquer dessas formas ou vidas!

Voz I – Ou melhor, é mais do que elas justamente por ser o advir simultâneo ou sucessivo de todas!

Voz II – Mas então é um rio que corre ao contrário de todos os rios?

---

[1] "Diálogo do Rio", *Obras Completas*, v. II, p. 535-538.

Voz I – Não percebo o significado de tua pergunta.

Voz II – Todos os rios correm das fontes para o mar. E as fontes são o passado do rio. Os rios provêm e não advêm das fontes. Mas o rio que somos advém de uma fonte de ser por vir. Essa fonte, pois, é o futuro do rio.

Voz I – Que coisas estranhas dizes, falas como as antigas Sibilas! Admito que as águas deste rio assemelham-se a um diagrama que fosse magicamente se presentificando a partir do nada.

Voz II – É certo que há algo de mágico, de Magia cosmogônica, na geração espontânea desse monstro. É um ser que provêm *ex nihilo*.

Voz I – Consideras que o futuro, que o possível é o Nada?

Voz II – Não; acredito que o futuro, essa franja de potencialidades futuras que rodeiam uma coisa é justamente o que permite sua "constituição" contínua.

Voz I – As essências de que falava Platão corresponderiam pois às possibilidades que se entificam perenemente no ser-presente das presenças?

Voz II – Creio que o mundo flui do futuro para o presente e daí para o passado.

Voz I – Então o poder-ser é mais forte e decisivo que o estar-aí do real?

Voz II – O real se realiza e o realizar-se do real é a sua essência. Um dos maiores filósofos de nossa época afirmou que o mundo se mundifica (*die Welt weltet*).

Voz I – O ocorrer do mundo seria, então, o seu porvir, a partir do horizonte virtual consignante. Esse mundo futuro consignante deteria portanto o título de *Fons et Origo*.

Voz II – Se falamos de uma primazia do futuro na estrutura do Mundo, isso não significa que devemos esquecer que o tempo é constituído por três dimensões, todas elas essenciais à compreensão do existente.

Voz I – O momento prospectivo, o ser-antecipadamente-si-mesmo é um traço preponderante nesta ontologia do Mundo e que nos permite compreender o Ser como projeto (*Entwurf*), isto é, como domínio projetante.

Voz II – A forma das coisas é desenhada originalmente num transcender imaginante, através de uma imaginação produtiva que configura seu espaço de manifestação. É certo que essa imaginação não é um poder humano, pois o homem consiste num algo imaginado ou consignado por essa imaginação que é uma Imaginatio Divina.

Voz I – Queres então dizer que ao des-fechar as coisas, prospecionando-as imaginativamente, os Deuses des-fecham o tempo e o fazem fluir?

Voz II – O rio do tempo ou dos tempos seria, segundo creio, algo de construído ou de desobstruído, da mesma maneira pela qual se abrem comportas para que fluam os nossos rios intramundanos.

Voz I – Compreendo. Todo o movimento do movível está ancorado na Imobilidade desse Abrir ou Des-obstruir ek-stático. Na cena imóvel de uma prospecção mitológica transcorre o movimento voraz das o-corrências.

Voz II – A lei que "ama ocultar-se" seria essa proto-ocorrência do Ser, como abrir do aberto. O manifestado ocorrente e corrente estaria fundado numa secreta e oculta des-ocultação que marcaria a irrupção de um tempo.

Voz I – Todo o tempo seria o tempo de uma Fascinação, a vigência de uma morfologia das coisas. Sem algo que possa ser gerado ou corrompido, não poderíamos viver a usura ou passagem das coisas.

Voz II – Entretanto, a temporalidade da cena des-fechante não está, por sua vez, imersa num processo ou temporalidade transcendente? Heidegger não falou numa História do Ser? Existiria talvez uma sucessão além das sucessões intramundanas.

Voz I – Estamos então diante de uma lei mais secreta que a lei que "ama ocultar-se". A experiência do fundamento arrasta-nos. Segundo me parece, de segredo em segredo. E deparamos assim com cadeias cada vez mais secretas de princípios.

Voz II – Nesse ponto creio que o pensamento é vítima de uma ilusão, quando tenta aplicar no fundante a lei do fundado. O império des-fechante do Ser é um poder deflagrador, um puro abrir que é em si mesmo isento de qualquer multiplicidade. A transcendência de seu reino torna-o indene a qualquer de suas epocalidades.

Voz I – Todo ente ou corte de possibilidades de desempenhos sugeridos por esse Poder são sugestões induzidas pelo Ser-Sugestor, mas esse último se esquiva à multiplicidade do Sugerido.

Voz II – Então o Ser-Sugestor, não tendo qualquer convivência com o sugerido entitativo, é meta-temporal, sendo o tempo algo de interno ao seu poder. A pluralidade inerente às manifestações do Ser, as épocas mundiais ou as diversas teofanias não pluralizam ou temporalizam a sua própria Origem transcendental-transcendente. A luz está sempre além do iluminado.

Voz I – O que Heidegger denomina a História do Ser seria, no fundo, a sucessão de suas parusias e a sua dialética interna. Não podemos falar da história do que é, por essência, meta-histórico, do que é regaço deflagrador de toda sucessão.

Voz II – Mas o Ser está presente em *todas* as suas parusias ou desvelamentos, desde que sua ação única (e assim podemos expressar-nos) é justamente a de des-velar. Mas essa ação não se serializa como o agido. As fulgurações do Ser nascem de seu poder fulgurante e não comprometem a Unidade de sua fulguração originante.

Voz I – Existe, entretanto, nessas fulgurações a que te referes, e que em última instância são as Matrizes míticas da História, uma fidelidade maior ou menor ao Ser-Sugestor. Ou por outra, existe uma proximidade maior ou menor da Vida em relação à verdade originante.

INÉDITOS E DISPERSOS*

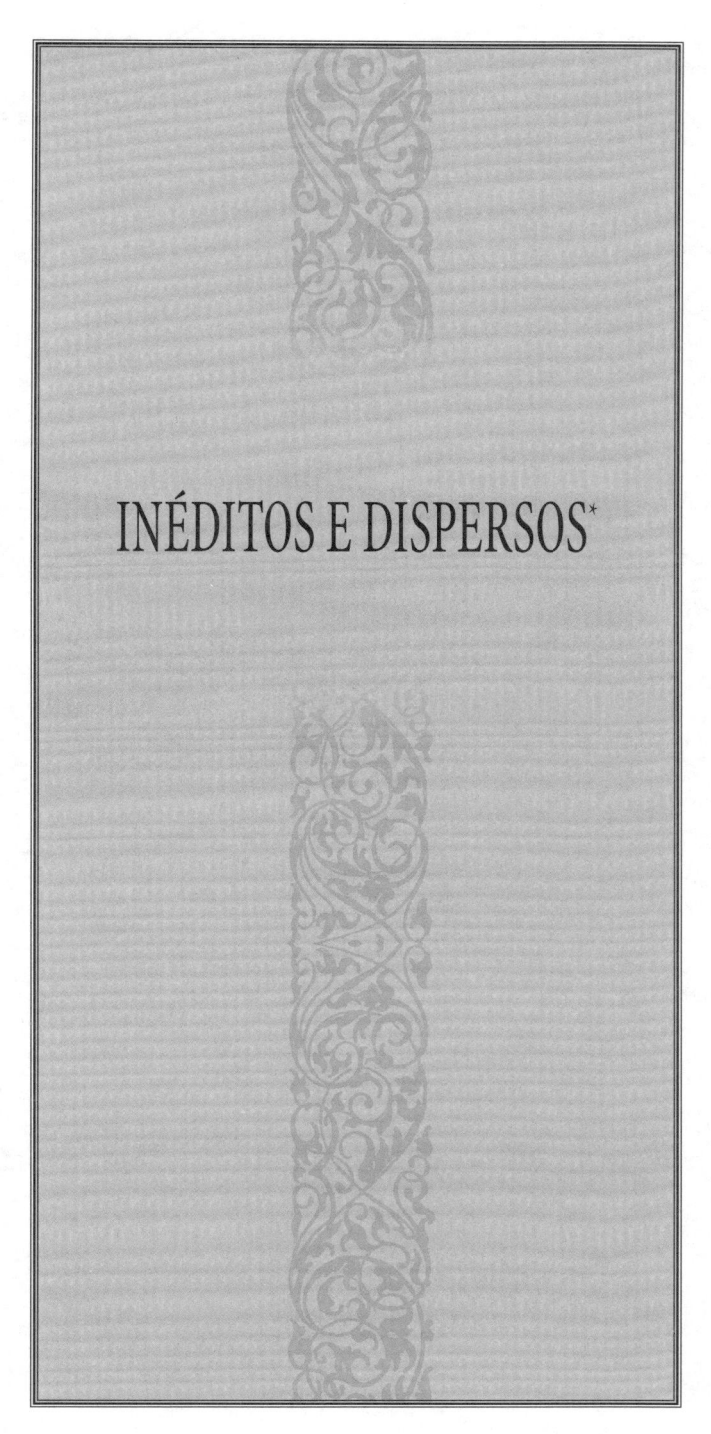

* Nesta parte, estão recolhidos textos de VFS que foram publicados postumamente em revistas, como a *Cavalo Azul* e a *Convivium*.

DIÁRIO FILOSÓFICO: PAPÉIS INÉDITOS DE VICENTE FERREIRA DA SILVA[1]

Para ser *rizeico*, isto é, para ter raízes no ser, o pensamento precisa tornar-se *arizôntico* (sem raízes nas coisas). Em *Was ist die Philosophie?*,[2] Heidegger afirma que a filosofia brota de um sentimento contínuo de estranhamento e desradicação. Portanto, a filosofia não é somente suscitada ou provocada pelo espanto, mas continuamente se alimenta desse estar-além-de-todo-ente que é a experiência mesma do estranhamento.

Vontade de escrever um trabalho sobre a discordância de perspectiva entre a filosofia do finito-humana e a filosofia da grande conexão cósmico-ontológica.

---

[1] Estes fragmentos são datados de 1958. "Diário Filosófico", *Cavalo Azul*, São Paulo, n. 3, 1967, p. 35-46. Foram publicados na *Cavalo Azul* com o subtítulo "Papéis Inéditos de Vicente Ferreira da Silva". Esta seção é composta de textos inéditos do Autor, organizados por sua viúva, a poeta e tradutora Dora Ferreira da Silva, a partir dos manuscritos do filósofo. A despeito de seu caráter fragmentário, estes ensaios são de uma agudeza e de uma liberdade de associação de ideias impressionantes, e por isso o valor de sua publicação. Em termos filosóficos, estes textos e sua obra publicada abrangem praticamente tudo o que o filósofo nos legou, havendo, além disso, apenas um ou outro esboço a lápis e anotações de aula, mas que não chegaram nem a ser ultimados formalmente como texto e, portanto, não se justifica a sua publicação aqui. Um material à parte e muito precioso é a correspondência ativa e passiva do filósofo paulista, com algumas das maiores personalidades filosóficas de seu tempo. Ela pertence ao seu espólio, mas precisaria de um trabalho adicional para vir à luz. (N. O.)

[2] *O Que É Isso, a Filosofia?* (N. O.)

Começando a ler um livro sobre Fisionômica percebi que o que me interessa em tal estudo é a possibilidade da expressão ser o "lugar" do aparecimento do divino. As máscaras provisórias do absoluto. Uma dança, por exemplo, pode traduzir em seu ritmo e movimento emergências do sagrado. Portanto, transitividade da expressão como "resposta" arquetípica a um estímulo genérico.

Não espero mais encontrar em algum livro a *grande palavra*, e esse sintoma está centrado na seguinte posição: o real consiste nas múltiplas epocalidades do divino. Cada época (*Weltalter*) abre uma perspectiva imensa sobre a totalidade das coisas. Vivemos agora uma dessas grandes representações do ente, representação omnicompreensiva à qual nada escapa. Todas as nossas ideias e possibilidades são ideias e possibilidades da nossa "representação", tudo é intramundano, interior à nossa "forma". Eis a finitude de toda inteligência, de toda imagem do mundo, de toda ciência ou instituição.

A possibilidade das possibilidades não é uma possibilidade, mas este não-ser é o que permite a patentização do manifestado.

A intuição finita de um ser está inscrita na intuição global e se resolve nessa intuição. A relação é de muitos a *Um*. Mas o campo unitário confina a independência do intuito singular. As possibilidades singulares existem no sistema excêntrico da intuição universal, o que torna inócua qualquer atitude contra a iniciativa individual e o comportamento evolutivo. O que pretendo aqui afirmar é uma infinita pertinência do ente ao domínio eminente do Ser.

Escrevi há tempos um artigo sobre o que chamei o "novo ceticismo". Mas o que realmente queria realçar era a coexistência de diversos estilos de vida no âmbito ocidental. Além da dominante democrático-cristã, com suas consequências ético-jurídicas, outras estrelas obscurecidas iluminam fracamente o céu. Refiro-me ao sentimento ctônico-maternal da natureza e da vida, o sentido romântico ou orgânico-vital das coisas. A primeira alternativa separa o homem, como sujeito, do mecanismo universal. A segunda, instala o homem no âmago da vida. A transcendência da vida é a própria vida.

Lendo os pré-socráticos, encontrei esta passagem em Epicarmo: *Aber Götter waren doch immer da und noch niemands hat's an ihnen gefehlt und das ist auch immer entsprechend da und immer auf dieselbe Weise*.[3] É certo que em Epicarmo há um sentido um tanto diverso, pois alude à genealogia dos deuses entre si. Entretanto, põe em relevo, que, como arquétipos, as figuras divinas e suas possibilidades de revelação não são redutíveis a outros planos. Mas ainda em Epicarmo podemos encontrar índices de uma teoria meta-humana da cultura; contudo, os fragmentos são certamente de origem falsa (ver Diels, p. 36). *Denn kein Mensch hat irgendeine Kunst erfunden, vielmehr stets nur Gott*.[4]

O mundo está se esvaziando de acontecimentos. Seria necessário esboçar uma nova teoria do *acontecimento*, relacionando-o com o cumprimento das grandes possibilidades míticas. As trajetórias que nos empolgam têm uma protoforma que abre um futuro de entusiasmo e de eventos para a alma. A lei da entropia ou da democratização da energia aplicada ao campo sociocultural é a advertência do aniquilamento dos contrastes e das diferenças de potencial. Todo acontecer significativo implica um protoacontecer, que estabelece o campo das ações possíveis, referidas aos polos valorativos. Os valores que comandam o nosso curso são puramente extensionais ou de massa, tendo como consequência o fato de que o nosso mundo vai caindo numa insignificância crescente. Através da educação, o homem pode (até que ponto?) enquadrar-se no esquema do funcionamento da máquina social. As outras dimensões da alma não estavam contidas *realmente* na mensagem cristã. A luta do cristianismo contra a fantasia. A imaginação como algo essencialmente demoníaco. O social coercitivo tende a destruir a fantasia. É o *pereat mundus*,

---

[3] Aliás os deuses sempre existiram, e até hoje nunca houve falta deles e isso é normal e sempre da mesma forma. (T. A.)

[4] Pois nunca homem algum inventou alguma arte, muito pelo contrário, invariavelmente sempre foi Deus. (T. A.)

fiat justitia. O sofisma de Engels da transformação da quantidade em qualidade. Quem não crer nessa lei está fora do circuito do mundo moderno.

Vi hoje na Cidade Jardim, onde fui pensar ao sol, uma termiteira construída como apêndice sobre outra maior. Não será a nossa realidade (em seu conjunto) um "apêndice" de outra? Se tudo só existir em outra coisa, sem portador substancial, é inútil procurar um sentido em si para o mundo.

Ocorreu-me a ideia de que os deuses, ou alguns deuses podem ter estrutura quântica ou descontínua, ou ainda, podem constituir uma pulsação de vida descontínua e ganglionar. À ideia dos deuses maciços e estáveis em sua existência e manifestação e do ser parmenídico-monolítico, poderíamos opor a representação quântica do divino. Evidentemente, isso constitui uma simples analogia.

A minha insatisfação em viver nesta sociedade e nesta época cresce sem cessar. Mas este cenário, esta *situação* nascem de uma autorrevelação do ser e por conseguinte tem uma razão na economia superior das coisas. A resolução extremada do ente, ou das possibilidades na Fonte do Ser, transforma mesmo o insofrível e desesperado dessa conjuntura numa ontofania. Se a nossa época pode ser definida pela técnica, Heidegger procura reportar a técnica a uma dispensação epocal do Ser. Acredito que essa dispensação do Dispensator consubstanciou-se num mitologema, antes de assumir a forma técnica, sendo essa um mero aparato da efetivação daquela parusia religiosa. Técnica – Subjetividade – Cristianismo. Entretanto, Heidegger adverte que o Ser (Revelação, Iluminação) manifesta-se na linguagem. Como compreender isso? Os significados particulares, as coisas, as representações e os entes nascem de um *projeto*. Ora, esse projeto é uma iluminação global que desfecha os significados e as palavras, ou as palavras-significados. Sabemos que o Ser é o domínio projetante excêntrico. Em consequência, o Ser manifesta-se na linguagem e esta é o documento de uma autorrevelação do Ser.

Quem não pode aceitar a fórmula das coisas impostas pela atual civilização deve usar a própria dor e o seu conflito como explosivo das formas opressivas. Assim como Nietzsche foi o filósofo do malho. Mas a negação deve atingir as premissas últimas em que assenta a civilização ocidental. Essas premissas afirmam a fraternidade e a igualdade dos homens, donde deriva todo o esforço democrático para criar o mundo dos *adelphoi*. Para os fortes, entretanto, a cantilena democrática redunda na espoliação contínua de seu espaço vital. A vida como território ocupado, como confisco de possibilidades, como estorvo e congestionamento. *Só quem não* ama a vida pode amar os homens. A vida, expandindo-se em círculos crescentes, choca-se inevitavelmente com o adversário, com o outro, e *l'enfer c'est l'autre*. Os deuses da vida inflamam o peito humano e exigem a vida como criação e destruição, exigem a aventura e a luta. Pode dar-se, entretanto, que o nivelamento democrático venha, dialeticamente, a produzir o seu contrário. O não poderá produzir um novo sim. O que me revolta é o homem humanístico, liberal ou marxista, com todas as suas produções, com seus códigos e normas. O homem também é uma figura depositada no teatro da história para aí desempenhar-se. Esperemos, com Hölderlin, o aproximar-se de uma nova mudança ou conversão que arraste e retire essa forma degradada do cenário da história. É difícil sondar essa mudança, pois nossa linguagem e nossos significados estão fechados na particular representação que nos envolve. A linguagem é uma reiteração do nosso projeto. Como emigrar para um território novo? Nossa realidade é uma mistura de oclusão e de abertura. Se em nossa linguagem existe a poesia de novos deuses, podemos aguardar o amadurecimento de um novo tipo de grandeza.

Na festa, no canto cosmogônico, condensa-se uma contração jubilosa do mundo, uma *Weltbild*.[5] Há dias ouvi música africana – rituais de iniciação, de propiciação. Apenas se distingue dos grandes ruídos da natureza. O aboio e o som dos chifres

---

[5] Imagem do mundo. (N. O.)

prolongando a expressão da Terra. Entrega do homem à vida omnicompreensiva. A música da *Ergriffenheit*.[6]

Toda a linguagem tem um índice de curvatura, é um *cor incurvatus in se ipsum*.

O mar, a noite, o céu, a guerra, as colheitas, o amor não são mais divinos, não são mais hierofanias. A reconquista do sacral politeístico urge, pois de outro modo continuaremos na hegemonia da ação *humana*. Evidentemente o mar, a noite, o céu etc. – para compreender seu mais amplo sentido. Esbocei essa nova percepção no meu artigo sobre Lawrence (*Diálogo* n° 9):[7] superar o positivismo perceptivo que reduz tudo a fatos – objetos – coisas.

Florescemos por um instante para a Vida e nessa clareira devemos permanecer fiéis a ela. É um lampejo que se quer a si mesmo. A vida não é certamente o *detour* da mediação socialista e filantrópica. Não é só o tenebroso mundo da obrigação e do cristianismo.

Duas máximas contradições: *Homo Phalicus/Homo non Phalicus*. Realmente não tenho mais nada que conversar com quem superou em si o sexo. Os monges. Com isso, a vida torna-se externa, um espetáculo, coisa absurda. A vida só pode ser tida por dentro – a obtenção da simplicidade é o resultado da volta às pulsações fundamentais e do contínuo deslumbramento pela vida. Com essa volta teríamos uma deflação do universo psicológico e do labirinto anímico criado pela negação ou sublimação da vida. Isso não significaria, como pensam muitos, o precipitar-se na matéria, na carne. Essas são categorias criadas pela *objetivação* do corpo, pela separação do espírito e do corpo. Na atuação da vida, na pulsação do existir, o movimento reincorpora a díade natureza-espírito.

As palavras são os diversos teatros abertos pelo Mito, pelo Fascinator. Acontece que essas diversas cenas-palavras não são

---

[6] Emoção. (N. O.)

[7] O Autor remete ao ensaio "O Deus Vivo de Lawrence", presente nesta edição das *Obras Completas*. Havia sido publicado na revista *Diálogo*, n. 9, jun. 1958, p. 11-20. (N. O.)

constantes, mas vão se estiolando e empobrecendo à medida que avança a civilização. Vivemos hoje no domínio verbal, do zero filológico. Os objetos mentados pelas palavras são meras formas industriais-pragmáticas, formas portanto referentes a um tipo humano que só sabe de *economia*.

Eis um modo revelador da índole subliminal de nossa civilização: o prêmio de *ciências especulativas* oferecido pelo M. S. será outorgado a um professor de Direito Comercial! Sempre acreditei que o ócio era o clima de cultura. Temos agora a apoteose do *negócio*.

Por que devemos admitir que um só aspecto da realidade é divino? O monoteísmo é uma redução das possibilidades da existência. Deveríamos dizer com Tales: "Tudo está cheio de deuses". Estamos convocados para uma polilatria nesta clareira do existir.

Precisamos reintroduzir a ideia de *vida em toda parte*. Só assim estaremos em condições de captar o divino na imagem do mundo.

Se suprimirmos as determinações demasiado fixas das coisas, o conhecimento científico-instrumental de todas as particularidades (inclusive nós mesmos), se suprimirmos, encontraremos de imediato outra efígie ou face do mundo? Em hipótese alguma. Lembremo-nos que a *Unendlich Umkehr*[8] é da alçada do Fascinator e que *outra* experiência original do ente só poderá provir de uma dádiva transcendental. É entretanto possível que sobre a carga opressiva do nosso conhecimento, uma outra versão da vida tenda a vir a luz. Poderíamos, pelo menos, propiciar uma nova estilização de todas as coisas? Seria a nossa realidade o *ovo* de um novo mundo?

Está demonstrado que o próprio homem e sua obra são, no fundo, uma fascinação, ou, em outras palavras, uma época do Ser. O homem foi arrancado de suas mãos e inserido numa ordem superior. O sofisma da autoatividade do sujeito e da liberdade por si da criatura se resolvem na verdade da *Ergriffenheit*.[9]

---

[8] Conversão infinita. (N. O.)
[9] Arrebatamento; comoção. (N. O.)

O poder liberto do telurismo far-se-á sentir também em nós, no homem poroso e disponível nos sortilégios.

Amanhã deverei dar uma aula, desenvolvendo a afirmação heideggeriana: "A linguagem é a linguagem do Ser, assim como as nuvens são as nuvens do Céu". Esta resolução das *possibilidades* no *possibilitante*, ou de todas as figuras na potência geral das figuras é a façanha máxima do pensar. Uma consequência necessária desse *tournant* é a determinação do nosso mundo técnico-manipulador como uma época do Ser e, portanto, também como uma forma *aórgica*. Tudo será incluído numa série meta-humana.

O nascimento dos deuses na alma dos homens! Talvez comecemos a viver uma nova Primavera e a floração já se anuncia por toda parte. Ou, ao contrário, o novo nascimento do homem nos deuses começa a se esboçar? Sente-se uma pressão, uma angústia, uma surda gestação que precede a aurora! A cada surgimento de um *numen* equivaleria uma transformação correspondente no homem. Corresponderia a uma experiência e a uma nova vida na franja do divino.

A não-preferenciabilidade do humano e da consciência humana é atestada pelo fato de que qualquer ente (inclusive o ente que somos) só se manifesta num Aberto. Portanto, não pertencemos ao repertório último das coisas, não somos um vinco indelével do Ser, mas apenas algo de manifestado e franqueado num Aberto. Esse *temporário* que somos pende de uma instauração e, portanto, como tudo que é posto, pode ser de-posto. Desde Nietzsche começou-se a falar muito numa *Mensch überwendung*;[10] essa superação dá-se na criação de formas isômeras do produto humano. No plano mental, o homem já está à mercê de transformações.

Enorme confusão pela incerteza quanto à chegada de Aldous Huxley. Conferência marcada para hoje e Huxley talvez esteja entre os índios do Xingu. O encontro com os índios talvez o

---

[10] Superação do homem. (N. O.)

interesse mais do que o "encontro com os intelectuais". Não vivem eles nos "antípodas" de consciência (de que fala nas *Portas da Percepção*), participando da *natura naturans*?

Devo começar a escrever hoje o artigo para o *Diálogo*. Minha intenção é estender a interpretação meta-humana ao próprio ciclo que atravessamos. Heidegger tem tentado isso com sua ideia de *Gestell*.[11] Mas ele não vê que a *Gestell* prende-se a uma iluminação mítico-religiosa. Gostaria de partir de uma frase de Epicarmo sobre a transcendência da arte e depois incluir a ideia de Rimbaud sobre a ex-centricidade da criação artística.

Volta sempre à minha imaginação um recanto tropical à beira-mar, a vida deslizando numa pura fruição cósmica. Uma cena pagã. Meu centro de gravidade. Sendo um vitalista, quais as conclusões e decorrências?

Racionalismo da ação – irracionalismo e pluralidade de fins.
Socialismo democrático – individualismo aristocrático.
Interioridade da ação ou autoconstrução do Eu – docilidade aos *dii maiores* e *dii minores*.
Feito-pelo-homem – não-feito-pelo-homem.
Imortalidade pessoal – gratidão pela participação no divino *oblivion*.
Monoteísmo – Politeísmo.

Vou escrever um trabalho sobre o domínio do involuntário na realidade e na filosofia. Esse elemento aparece em Schelling e Carus como o Grande Inconsciente que se expressa no Mito. Mas antes, em Epicarmo. E o campo do involuntário se estende. Poderíamos aqui tratar do tema da fruição da Vida como corpo, mostrando a inanidade da nossa cultura como fonte criadora de outras formas do eros.

A produção inconsciente e sua centralidade significa uma superação da culturologia humanística. A imaginação criadora atravessa

---
[11] Armação. (N. O.)

e arrasta a iniciativa individual. O nosso ser é um *produzido*. Relacionar com as ideias de Heidegger no *Von Wesen der Wahrheit*:[12] "Todo comportamento se dá num Aberto. Esse Aberto é um *dado*".

Eis o meu tema acerca do "fatalismo da técnica". Estamos sujeitos a um destino, a uma Fatalidade, a um Mito implacável. Estudar a visão espectral dessa representação em movimento. Não seria essa representação um expediente da negação de um fundamento anterior? O velho tema da nossa cultura como simples não-ser, como catabolismo do Ser do paganismo, sem qualquer conteúdo positivo, o que se demonstra na aridez e vazio do mundo atual. A ideia de nivelação nada acrescenta, mas destrói um dado. A técnica como aparato da nivelação e a relação entre ciência e cristianismo, ou ainda a relação entre finalismo e mecanismo em Bergson. As finalidades gerais criam o mecanismo geral, ou a organização do todo. O conceito de humanidade aparece como horizonte geral a partir do qual se desenha a natureza mecânica ou o espaço industrial. Esse espaço é o campo das ações possíveis e os *objetos-utensílios* refletem as manobras virtuais em vista de um desígnio.

A representação conhecimento = universo não se sustenta. Este é uma epocalidade do Ser. É ao mesmo tempo um tipo de paixão. Como em Schopenhauer, os entes se resolvem *in nisus*, em impulsões. As ideias platônicas como afirmações e expressões da *vontade*; como limitações ou *eidos* são ainda expressões de uma *vontade de forma*. O *******[13] se afirma aqui como impulso espiritual. Como subjetividade ou negatividade. O mundo do trabalho.

Mas o que é, o é em forma de *nisus*. No *Sein und Zeit*, a *Befindlichkeit*.[14] Então, superado o mundo da representação, chegamos ao mundo pré-gnômico. Diluem-se as concreções substancialistas. Entramos nas "categorias vitais". Mas a "forma do

---

[12] Da Essência da Verdade. (N. O.)
[13] Trata-se de uma palavra ilegível nos "Diários Filosóficos". (N. O.)
[14] Sentimento da situação. (N. O.)

ente" depende de uma *desocultação* que se dá como Fascinação, como "mitificação" ou correspondência com o "desejável". São os *Umwelt*. Essas cenas vitais são dimensões cênicas da vida, um crescendo ou potenciação até o sublime. A subordinação totêmica da vida ou a desocultação do humano pelo não-humano. O elo vegetal materno, igual à produtividade exterior da religião das flores. Tanto as flores como o sol pertencem ao mesmo campo. É uma representação do cosmos como verdade. A ideia do eros cosmogônico em Platão. Esse eros desejaria a forma dos seres. Mas é um eros suscitado pelo Ser, igual à ação trópica (de tropismo). Suscitação de cenas patéticas não-substanciais. Não a suscitação de *coisas*, mas de *cenas*. As formas, os entes são diagramas no registro da *Vorstellung*.[15]

A vida não é decomponível em partes, é um impulso anterior à compreensão, à referência da vida ao Mundo (sentido heideggeriano) na universalidade de seu sentido (*Welt* e *Umwelt*). Identificação de ambos. A redução do *eidos* a uma forma do impulso, em Nietzsche. A *Offenbarung*[16] transforma-se numa realidade patética e não num campo do *ens rationis*. Os animais como pontos de referência de antigas fascinações, em Schelling. Antigas, em relação à matriz cristã. Só poderá irromper uma forma numa Abertura pulsional, desde que uma forma (um ente) é a consignação de uma apetência.

A concepção de Walter Otto dos deuses como *Weltaspekten*.[17] Aspectos proeminentes e sobrecolhedores que são *origens*. Matrizes e sua teoria. Crítica da Teologia como teoria do *Vorhandensein*,[18] do Ser-objeto, estudo do *ens increatum*. A criação contínua a partir do *avenant*. O mesmo mundo que vem a nós, igual à vigência do teatro do desejo. A superposição dos campos passionais ou das hierofanias. Tese junguiana

---

[15] Representação. (N. O.)
[16] Revelação. (N. O.)
[17] Aspectos do mundo. (N. O.)
[18] Ser-à-disposição, ser-dado. (N. O.)

dos deuses virtuais. Os *Weltaspekten* ainda podem abrir-se em nós ou fora de nós. A concepção lawrenciana do rebatimento substancialista como cosmos sagrado. Crítica da ideia de *Welt*. O espaço de fascinação ou do Ser. A fascinação pode implantar-nos num tecido aberto ou numa caverna. (Artaud: eu não estou no Mundo!) Os gregos falavam em Cosmos e não conheciam o Campo fluídico, acósmico da Fascinação.

Se somos os habitantes de um mundo, já pertencemos a uma interpretação fechada e precisa do real. Podemos, entretanto, habitar e ser em outros espaços de revelação acósmicos, presentes a outras modalidades da apercepção (Kant).

A ideia cronológica é falsa. O presente se esgota na realização do realizável. O tempo como espaço do realizável (Hegel). Avançar é regredir, o Eterno se torna...

A interrogação de uma transformação. Estamos ainda na noite. Até quando continuaremos na *Gottesferne?*[19] Desenvolver a ideia holderliniana da *Umkehr*.[20] Levar em conta a obra Filosofia da Mitologia. A transformação do Mito na Physis e a contrarrevolução da Physis no Mito. A ideia em Schelling. O advento da corpalidade como um indício (?) que põe a descoberto o fundamento subjugado. A perfeição humana transforma-se no *******[21] da Vida. A proeminência do *Bildwelt*.[22] O respeito ao fundamento. A manifestação do Sonho e a compreensão onírico-dramática da Vida (o Teatro da Crueldade de Artaud).

O universo mecânico existe na mente e é uma superposição ao *Grund*.[23] Essa superposição é uma paixão sobre a paixão inicial.

De qualquer maneira a autonomia da consciência é roubada, assim como a do pensamento humano. A consciência é algo

---

[19] Distanciamento de Deus. (N. O.)
[20] Conversão. (N. O.)
[21] Trata-se de uma palavra ilegível nos "Diários Filosóficos". (N. O.)
[22] Mundo visual. (N. O.)
[23] Fundamento. (N. O.)

fundado no Ser. O *homem* é um ente des-velado. A técnica como síncope do homem, ou a subjetividade em ato. O trabalhador. Teoria da consciência infeliz. A teoria da cultura ocidental como catabolismo.

O erro de não se considerar o ente humano e a nossa cultura como algo de adventício em relação ao Ser. O homem explora um acervo dado, ou é investido de poder pela Fascinação. Não é realidade axial. O *eixo é o Ser*. O pensamento é fundado. Nós não percebemos o drama subliminal que se passa em nós e em torno de nós pelo fato de termos o pensamento preso à consciência superadora ou objetivadora. Reduzimos tudo às nossas categorias, que nascem da consciência trabalhadora. A miopia da nossa consciência ou de qualquer projeto (*Von Wesen des Grundes*).[24] O drama é o drama dos arquétipos ou dos poderes. A nossa Matriz nega ou desconhece esses poderes.

O idealismo tem razão em dizer que o Mundo é um produto do *Eu*. Mas esse *Eu* é, por sua vez, produto do Ser. A dedução das categorias, em Kant. Problema da Matriz em Heidegger. Essas categorias se identificam com a função do *saber*. O saber como saber do oferecido. O nosso saber é uma miopia (vê-se de perto). É uma objetivação. O homem como ser avulso, separado, que pode escolher o seu credo. É a concepção falsa da *latria*, de um ente diante de *outro* (Deus). Resolução do homem em seus desempenhos e estes na cena, na cena sagrada. Todos os desenvolvimentos são iguais, de igual profundidade, são aberturas do Ser. Não somos neutros, já somos um campo consagrado. Portanto, não se justifica a adesão do indivíduo isolado a formas exteriores de religião (orientais). Uma religião é a autorrealização do divino, é o demorar-se do divino como *Lichtung* (Fichte) e não uma atitude do indivíduo. O indivíduo – desempenho (entendendo por desempenho inclusive o coração) dissolve-se na *cena*. Não se trata, portanto, de uma verdade do homem, verdade outorgada, mas sim de uma verdade do Ser que confisca o ser-separado.

---

[24] Da Essência do Fundamento. (N. O.)

E com isso estamos na nova Teologia Teomórfica. A representação humana emerge de autorrepresentação do divino e aí naufraga. A ilusão da nossa cultura põe a noção de um ser separado na inautenticidade. Mas este ser-separado é, por sua vez, uma forma do espírito religioso e, portanto, um implantar-se no cenário. Peculiaridade da religião ocidental...[25]

---

[25] Na sua publicação original, na revista *Cavalo Azul*, este conjunto de anotações filosóficas era seguido de um breve texto sobre o filósofo, sem assinatura. Imagino que se trate de um texto genérico, do conselho editorial da revista ou de alguém próximo a Dora Ferreira da Silva, que aproveitou o ensejo da publicação de inéditos para chamar a atenção para a importância do pensamento de VFS. Pelo estilo, imagino que seja de Adolpho Crippa, pesquisador da obra de VFS e editor da revista *Convivium*, que dedicou um número especial só ao pensamento do filósofo paulista. Reproduzo aqui o texto na íntegra:
"Estes papéis fazem parte de escritos ainda inéditos de Vicente Ferreira da Silva e correspondem a páginas de seu *Diário Filosófico*, datado de 1958. A muito custo Vicente foi ouvido no Brasil. A não ser Miguel Reale, que publicou os dois volumes de suas *Obras Completas*, em edição vinculada ao IBF e cuja amizade nunca falhou; a não ser Vilém Flusser, sempre pronto para admirá-lo ou atacá-lo, sofrendo nitidamente sua influência filosófica; a não ser, principalmente, os seus companheiros mais íntimos, com os quais Vicente se comunicava, deixando-lhes o sentimento de uma estranha e terrível presença que se ausentou (e que a ele dedicaram o último número da *Diálogo*, nº XVI), um grande silêncio baixou sobre sua intensa e devotada atividade filosófica. É verdade que desde o primeiro número da revista *Cavalo Azul*, sua companheira de tantos anos (embora nunca tivesse se identificado ao ideário filosófico de Vicente) começou a publicar a parte inédita de seus escritos. Ou melhor, já na última edição de *Diálogo* publicara o início dos trabalhos desconhecidos de Vicente. Quanto ao mais, essa estranha figura de filósofo vivia em convivência epistolar com grandes figuras de pensadores europeus ou sul-americanos. Ernesto Grassi, Luigi Bagolini, Delfim Santos, Julián Marías, Von Rintelen, Francisco Romero, Carlos Astrada, Miguel Ángel Virasoro, Leopoldo Zea.
Três anos após a morte de Vicente Ferreira da Silva, duas editoras alemãs mostraram-se interessadas na tradução de seus livros. É como se as sementes voadoras de sua meditação, tangidas pelo vento do acaso e da espontânea justiça, completassem o curso de sua tarefa precocemente interrompida. Seu pensamento é viril, corajoso, atritante, às vezes incorreto e tumultuoso como o torvelinho das grandes tempestades. Seus erros, acreditamos, também serão fecundos, pois sempre provieram de uma obstinada aplicação de levar ao limite uma ideia ou intuição, por mais inóspito que fosse seu itinerário. Mas Vicente não sabia mitigar a festa dionisíaca de seus pensamentos. E é esta radicalidade que o torna puro, numa obra que, à sua maneira, nosso tempo vota à fogueira do gelo." (N. O.)

TEOLOGIA E MITOLOGIA[1]

Uma investigação profunda e significativa do divino foi impossível até o momento em que a filosofia se abriu para uma série de questões intimamente vinculadas ao domínio teológico. Os problemas preliminares, que barravam o caminho para uma compreensão mais exata dos poderes espirituais e divinos, diziam respeito às próprias formas de pensamento aplicadas à elucidação dos fenômenos religiosos. As formas de pensamento, usadas nas doutrinas teológicas, ofereciam-nos uma representação do correlato divino que de maneira alguma correspondia ao conjunto da experiência histórica e aos dados da religião dos vários povos.

Com isso não queremos afirmar que a filosofia não tenha admitido desde muito cedo que o Ser de Deus transcendia os esquemas e categorias mentais comumente usados em sua determinação, e que muito mais fácil para o homem era dizer o que Deus não era, do que dizer algo sobre sua essência. A *via negationis* constituía um expediente clássico do pensamento teológico, impelindo-nos,

---

[1] "Teologia e Mitologia", *Cavalo Azul*, São Paulo, n. 4, 1968, p. 23-30. O subtítulo deste ensaio é "Anotações Inéditas de Vicente Ferreira da Silva", e vinha comentado pela seguinte nota: "O caráter fragmentário destas 'anotações' e a lacuna de certas palavras, ilegíveis no manuscrito, não nos parecem constituir motivo para sua não publicação. A abordagem rápida dos temas, a indicação imprecisa de livros e autores, o inconcluso dos pensamentos são expressivos e indicativos de uma meditação colhida em seu desenvolvimento, no processo mesmo de sua combustão". (N. O.)

de negação em negação, a uma aproximação contínua do misterioso continente do divino. Entretanto, se bem que a teologia negativa ressalvasse a essência secreta do divino de qualquer parentesco ôntico, não nos garantia de forma taxativa que Deus tivesse uma constituição ôntica a nós inacessível.

O divino sendo o Nada do ente acessível era, pois, representado pelos místicos como o Outro ilimitado e infinito.

Na mística, o regime determinado da alma, com suas apetências e *desiderata*, corresponde ao regime do Deus noturno e inabarcável. A peregrinação supõe um alguém fixo e pressupõe um estatuto da criatura e um estatuto (se bem que suprarracional) do Criador. Deus é um *ens realissimus absolutus*. A mística estabelece uma correlação fixa entre os termos da união mística e essa estrutura instável realiza uma concepção do divino em que o arroubo ek-stático se dá com subtração ôntica. O aniquilamento do eu se cumpre como presentificação de um DEUS, experimentado como um em-si que arrebata e confunde. A experiência é sentida como uma imersão da vertigem das formas na imobilidade de Deus. A própria esquematização do tempo como passagem e vertigem seria uma projeção do Ser.

A paz de Deus manifesta-se à alma como possibilidade, aberta com a abertura de tempo ******[2] da série. E Deus, como paz das vicissitudes da alma, se define em função da experiência da vertigem de um êxtase temporal. A salvação é a contrafigura do mundo como perdição.

O conteúdo religioso vivido nessas formas teológicas, quer sejam racionais ou místicas, constitui uma província do divino. Querer absolutizar esse conteúdo significa o esquecimento de um processo religioso superior, donde promana o sagrado da serialidade de todas as teodiceias singulares.

Devemos pensar o fenômeno religioso muito acima da relação teândrica e do particularismo dessa relação. O homem não é um

---

[2] Palavra ilegível no original. (N. O.)

elemento fixo e dado, uma constante histórica que pudesse assumir diversas atitudes em relação às potências numinosas. Hegel já havia sentido que a ideia que o homem tem de si mesmo depende da sua concepção do divino. Mas esta autocaptação do homem já é uma consequência da automanifestação de Deus. O ponto de vista da criatura, estando coimplicado no sentido de uma particular postulação religiosa, não pode servir como acesso além dessa particular formulação do fenômeno religioso. Eis por que todas as filosofias descrevem uma anteposição entre os termos implicados, uma anteposição entre o natural e o sobrenatural.

Entretanto, o natural e o sobrenatural são eventos de ordem meramente histórica e definem justamente a concepção cristã-ocidental e sua ideia de salvação.

O pensamento teológico que parte para a exploração da área original do divino, arrastando consigo todas essas formas de interpretação oriundas de nosso mundo histórico e de nosso estado de dejeção particular, representa um esforço vão e desorientado. Sabemos, entretanto, que a nossa própria estrutura ontológica é responsável por essa hipostasiação do conteúdo religioso no qual estamos. Heidegger e a derelição. Tomemos a natureza como constante e não só como aquilo que a orna como um horizonte de ultimidades. Lembrar a ideia de Schelling do cristianismo em ação.

O terreno próprio do pensamento teológico e o seu processo interno é a dimensão da verdade do Ser. Dessa dimensão promanam as formas em que se diversifica o princípio religioso. É a dimensão da Imaginatio Divina.

As três operações que arrancaram o pensamento de sua dependência em relação ao objeto: a crítica kantiana, a revolução histórica e a filosofia existencial. O pensamento dogmático e a noção de movimento, a passagem da potência ao ato.

A inscrição do conceito de "finitude", da finitude humana nos marcos divisores da filosofia atual deveria acarretar uma total revisão de um grande número de concepções acerca da vida e do Universo. Não foi isso o que se deu, ou melhor, só lentamente o pensamento advertirá as derradeiras implicações desse conceito, quando compreendido em sua profundidade própria. Falar sobre a finitude humana não equivale a medir os poderes modestos da criatura, lamentar a brevidade da vida e a nulidade de seu estágio temporal ou ainda estabelecer um novo *ignorabimus*. A doutrina da finitude declara unicamente que o nosso ser é totalmente *adventício*, que o nosso ser é uma *investidura* de possibilidades e não uma realidade em si e por si. Compreender em toda a sua latitude essa determinação aparentemente inócua é a meta superior do pensamento que pretende abrir novas portas para a vida. A dificuldade da admissão dessa espoliação da realidade autônoma da consciência humana é ocasionada pelo próprio tipo antropocêntrico de nossa cultura, que depositou no homem-só-homem e no indivíduo o núcleo metafísico da realidade. O que geralmente se denomina "filosofia da cultura" deveria, entretanto, já ter denunciado o caráter heterônomo do *modus essendi* humano, do nosso ser *ex allio*, uma vez que procura compreender a conduta e o coração do agente social a partir das formas impositivas e do orbe espiritual envolvente. Se é a cultura que cria o homem – designando por homem esse *locus a non lucendo* – e não o homem que cria a cultura, pois qualquer movimento já supõe certas pautas pré-fixadas, certas crenças e concepções, então o pensamento filosófico não deveria ter tardado tanto em solapar as bases do antropocentrismo metafísico. A ideia sub-reptícia que retardou uma plena inteligência do status ontológico foi justamente a de que o homem é um *Vorhandensein*, uma coisa dotada destas e daquelas propriedades ou faculdades, e capaz de criar estas ou aquelas coisas. Esse dado humano prévio, este bio-homo seria o fator pré-cultural donde emergiria a cultura, segundo o conceito clássico do positivismo de todos os tempos, propenso a fazer derivar o orgânico do inorgânico, o psíquico do biológico etc. Entretanto, estamos aqui diante de uma construção puramente arbitrária, pois só existe vida como vida "interpretada", isto é, já imersa numa topologia cultural. O nosso próprio corpo é uma criação cultural, ou ainda é recortado em nosso campo perceptivo desta ou daquela maneira, segundo o *Weltentwurf*[3] que estiliza a nossa circunstância mundanal. As representações de nossa consciência, das mais simples às mais aparatosas, são desenhadas e articuladas como "campo de significados" pelo signo cultural ao qual pertencemos. Nesse sentido, não podemos isolar uma representação derivada – a do nosso corpo ou a noção do *homo natura* em sentido positivístico – a fim de alicerçar casualmente a gênese das formações superiores da História. Mas essa representação do nosso próprio ser, da esfera de conotações da nossa gnosia pessoal, tem o mesmo destino de todas as outras representações, a saber, a de ser um campo desocultado por um projeto-desocultante. Essa é a notável posição filosófica mantida por Martin Heidegger, neste século. Para ele, todo ente é fundado, todo manifestado depende de um poder manifestante, que se identifica em última análise com o Ser. Ser agora entendido não mais como *realitas, ens realissimus, ens supremum*, ideia absoluta, mas transcendência projetante, força des-ocultante. Se entendêssemos, entretanto, esse traçar desocultante como emergido ou promanado da consciência subjetivo-humana, poucos passos teríamos dado além de uma filosofia de tipo fichteana. Com efeito, Fichte também considerava a nossa consciência como uma "força projetante" como determinada por uma força transcendental que configuraria, *a priori*, a forma e o conteúdo do mundo noemático. Com isso, teríamos unicamente elevado um ente – a consciência humana – à situação metafísica de princípio desocultante dos demais entes. Continuaríamos então a incorrer no *proton pseudos* de confundir o ente com o ser, esquivando-nos do problema próprio e principal da meditação de nossos dias que reside, como vem advertindo Heidegger, na diferença ontológica entre o ente e o ser.

A exaustiva elaboração dessa diferença implica numa nova experiência do domínio transcendental que, desde Descartes, dá-se na forma de uma pesquisa de um pensar absolutamente

---

[3] Projeto de mundo. (N. O.)

produtivo, que tem seu pouso e repouso nas funções conscienciológicas do Eu.

O idealismo da consciência humana enquanto "ponto de partida de todo o filosofar" de Descartes, até a sua culminação na fenomenologia de Husserl, não foi capaz de desvencilhar-se do transcendental, encapsulado na consciência cogitante. Em outras palavras, não percebeu que não só as "representações" da consciência humana, como essa mesma consciência, enquanto ente ou representação, tinham uma origem transcendental superior. Todo o "oferecido", incluindo o oferecido dos poderes conscienciológicos fluem de um domínio transcendental. É o que pretendíamos dizer no início, ao acentuarmos que a ideia de "finitude" humana constituiria um marco divisório da nova meditação. O homem apresenta-se agora como um ser atirado e abandonado, como uma *res derelicta*, usufruindo de certos poderes e desempenhos conferidos por um processo desocultante omnicompreensivo.

Estamos ainda mergulhados na representação humanística do real e de nós mesmos. O conhecimento que temos das coisas é, no fundo, a autoconsciência da Matriz. Mas esse conhecimento oblitera qualquer novo *conhecimento*. Vivemos ainda no sabor (saber) da vida humana e a irrupção de uma nova imaginação (presença) é algo de nebuloso e incerto.

Em todo o caso, o deslocamento da consciência do seu papel de fenômeno axial e sua transcrição em termos de um *oferecido*, já é o sinal de uma comoção, a partir da história do Ser. Estamos na fase do pensamento submersivo ou resolutivo do ente humano – na *Wendung*[4] meta-histórica: a recondução das possibilidades expressas ou ainda exprimíveis – a História planetária – à Fonte mítica do manifestado. O ser *ex allio* do homem é uma denúncia da metafísica da subjetividade, que nunca compreendeu essa mesma subjetividade como um ente projetado pela Matriz.

---

[4] Mudança. (N. O.)

A autoridade de um em-si e por-si da consciência valorativa e judicante é deposta, no momento em que esse juízo e esse saber são submersos no fundamento de seu ser. Todo o saber é uma investigação do investigável infuso nas possibilidades culturais. Todo o saber é um pensamento do desvelado pelos Deuses. Nossa consciência é tributária da ex-centricidade da Matriz, mesmo ao descobrir a forma cêntrica do viver humanístico. Foi um projeto mundial que ofereceu o homem a si mesmo, que implantou seu coração inquieto na face da História. O paradoxo dessa época é que o homem teve que viver como forma separada da realidade, esquecendo sua finitude ou ser *ex allio*. Toda a vida é jogo, é um jogar algo, mesmo quando se trata de jogar-se a si mesmo.

A articulação do real num sistema de corpos celestes, inclusive a Terra como corpo esférico-celeste, de nebulosas e galáxias, é um produto do nosso conhecimento, um desenho do ente no fichário dos desenhos possíveis. Esse pensamento sugeriu um recorte especial dos objetos em vista das manifestações técnico-científicas do nosso projeto. Nesse sentido, Fichte tinha razão ao afirmar que o *sollen*[5] determina o *sein*.[6] Outra ordem mundial e outra percepção das coisas surgiriam – como já surgiram em outras culturas –, de um *sollen* diverso. O mundo é uma interpretação do mundo; uma ordem inteligível lançada sobre a *noite primordial*.

Essa interpretação é, ao mesmo tempo, uma interpretação de nós mesmos, da forma de acesso aos outros e ao nosso eu. Essa interpretação é emocionalmente consignante, sendo uma emissão de campos passionais. O nosso coração é, portanto, implantado no centro vazio, da mesma forma que a nossa autorrepresentação ou extrorrepresentação das coisas.

Esse núcleo patético é também *ex allio*. Eis por que qualquer filosofia existentiva da substância finita é, no fundo, um desconhecimento da essência da finitude como categoria fundada. Não

---

[5] Dever. (N. O.)
[6] Ser. (N. O.)

se trata de uma atenuação ontológica do nosso ser, mas da extinção de uma radicação metafísica do homem em si mesmo.

Todo o nosso ser é de empréstimo, é uma delegação de poderes, um usufruto ontológico que descansa no ser do legatário. Entretanto, esse confisco metafísico é o primeiro sinal da religião cósmica por vir.

Tudo o que entendemos por teologia, por discurso sobre o divino tem uma raiz ôntica, isto é, é um falar sobre um "objeto", um *ens* ou *res* realíssimos. O divino se manifesta em "campos de fascinação" em "origens" que se expressam no atuar e fazer dos protagonistas. A nossa teologia desenvolve-se numa época residual e da não-presença do divino, da objetividade de tudo, inclusive do *ens* divino. Os deuses estão na origem da consciência real, são os dispensadores da perspectiva que somos e vivemos. A diluição do finito na ordem mítica, do reino do homem no projeto, é o começo de um novo discurso. Diz Heidegger: "a obra mantém aberto o aberto do mundo". Essa obra é em essência o não-humano da presença dos deuses. Mas a obra faz parte do rito e o rito é reconduzível a uma processualização do mito. (Walter Otto, Karl Kerényi).

A religião consiste no oferecer do *oferecido,* na compreensão latente e infusa da realidade infensa do nosso ser. É o sentimento da pertinência, não de pertinência de coisa a coisa, mas do fundado ao seu fundante. A essência, no seu estar-aí, volve-se para a proveniência transcendental de seu ser. Mas ocorre (assim deve ser) uma integração maior entre a Matriz e o dispensado por ela, de maneira que o que se realiza é uma vida na alteridade inteiriça de Deus. Não existiria uma sociedade humana em relação a um Sagrado, uma separação que se unificaria, mas uma unidade como descanso do Deus ou dos deuses, em sua forma totalizadora. Essa verdade, como aspecto aberto do mundo, como Poder, é o *nunc stans* onde tudo o que ocorre é o seu ocorrer. (Ligar com a ideia de Bergson da precedência da Unidade sobre a Pluralidade). Não houve uma história dos incas ou dos egípcios, mas unicamente a epocalidade dominante do seu *Weltaspekt*. O confisco do particular ou histórico pelo fundamento supõe uma reversão, em que as possibilidades desaparecem no *esse*. Como as estátuas da Ilha de Páscoa, formas parmenídicas do *esse* que mantêm descerrada uma concepção da vida.

É claro que o tempo é o espaço dos desempenhos, envolvido ainda e sempre pela mesma presença. *Alter sed eadem*. No ocidente ocorreu o vir a ser da Subjetividade, posta como *Gottentfernung*.[7] Estudar o aparecimento da esfera *positiva*, o mundo dos fatos, em correlação com o destaque ou invasão do sujeito. Esta preparação do terreno da ciência é uma das formas do *in-der-Welt-sein*,[8] é o projeto de uma Natureza. Ver em W. Csöker o processo que permitiu a emersão dessa face das coisas, enquanto aspecto residual da experiência mais ampla. Também em Schelling a consideração de Terra como Astrum. Em geral, isso diz respeito a uma operação conscienciológica especial do ente. Ver, em consonância, o artigo de Heidegger sobre a Morte de Deus, no *Holzwege*. A natureza é uma redução, é uma concepção técnico-utilitária, é uma representação, destruidora do mundo das imagens.

Podemos, entretanto, vislumbrar no universo da Música a vida ainda na pletora de suas possibilidades. O homem que vivia no interior do rito (a festa religiosa) estava radicado no espaço jubiloso da Música, no entusiasmo revelador da expressão musical. O mundo não se manifestaria então seco e deserto como agora: não mostraria unicamente o recorte de uma ação manipuladora (ligar com a teoria bergson-heideggeriana da percepção), mas resplandeceria em glória. Não um mundo de fatos, mas de *celebração* e, como celebração, fenômeno puramente musical. A pleonexia musical traria a *Umgang mit der Götter*[9] no universo fecundo e livre da musicalidade, no Aberto (Rilke) da vida

---

[7] Afastamento de Deus. (N. O.)
[8] Ser-no-mundo. (N. O.)
[9] Relacionar-se com os deuses. (N. O.)

pré-cristã. Não seríamos sujeitos, nem objetos, mas uma vida celebrante, um corpo-drama. Os fatos são, em primeiro lugar, o *sollen* do ideal, ou da ontologia deontológica da igualdade.

Papéis Inéditos de Vicente Ferreira da Silva[1]

O Espaço e os Espaços

No limiar da época sideral ou interplanetária da humanidade propõe-se à nossa inteligência um sem-número de questões que são objeto das mais surpreendentes hipóteses e contestações. A transformação da relação do homem com o espaço e o fim de seu insulamento na Terra facultaria a criação de uma civilização pluriplanetária ou extraplanetária, funcionando agora as bases planetárias como as antigas costas terrestres em relação aos homens do mar. O mar ilimitado do espaço seria o berço de seres interplanetários, que não teriam mais a sua definição e o seu habitat na circunscrição terrestre, mas seriam figuras interplanetárias, funcionando nesse inter, nesse éter pontilhado pelas costas planetárias ocasionais. Além da transformação de Terra em "base", em ponto de apoio ocasional ou alternativo, haveria também a considerar a mudança inacreditável da nossa relação com o espaço. O *homo astronauticus* corresponderia a uma variedade singularmente diferente do homem terrestre, adstrito a um geocentrismo existencial milenar. Se o senso comum assim concebeu o desenvolvimento das descobertas técnico-científicas a que assistimos e que ainda

---

[1] "Papéis Inéditos", *Cavalo Azul*, São Paulo, n. 5, 1968, p. 23-28.

se processam, o pensamento filosófico há muito tempo assumiu proféticamente a não-solidariedade da vinculação do espírito da nossa cultura com qualquer localidade ou determinação lárica particular. Muito antes que Spengler definisse o mundo fáustico ou ocidental como dotado de uma propulsividade espacial incoercível e, portanto, de uma representação espacial infinita, outros filósofos haviam admitido a conexão entre espaço e alma e a proporcionalidade entre o palco espacial de uma civilização e os desígnios absolutos que a convocam.

Particularmente para a nossa consciência fáustica, todo limite corpóreo-social (aldeia, burgo, cidade, nação, Terra) teriam que parecer mais cedo ou mais tarde teatros exíguos e efêmeros de uma ação sempre mais vasta. Foi a filosofia de Fichte que apreendeu primeiramente e de maneira mais profunda o fundamento de qualquer espaciologia. É quase impossível expor em poucas palavras e sem os recursos da terminologia da filosofia transcendental a argumentação fichteana. Procuraremos contornar a dificuldade, usando algumas imagens que poderão fazer pressentir o âmago da especulação desse filósofo acerca do tema em questão.

Para Fichte, como anteriormente para Kant, o espaço não é uma realidade objetiva e fixa que podemos perceber como percebemos uma mesa ou um livro. Se temos órgãos para perceber as cores, os sons, os tangíveis, não temos um órgão para perceber o espaço que, aliás, não é uma energia capaz de impressionar nossos sentidos. O espaço não vem a nós, como uma percepção particular, nós é que expandimos inconscientemente o espaço, ou melhor, expandimos as sensações no espaço que é uma estrutura do nosso espírito. Já estávamos levitando no espaço há muitos séculos, desde o momento em que a ciência transformou a Natura, a Telus, a Mater em puro objeto de inspeção e de conhecimento físico-matemático. Desde esse momento, o universo em seu conjunto transformou-se em puro esquema operacional, em objeto de um "dever", de um "dever ser", ou de um trabalho. Desde então originou-se o mundo do movimento, o mundo em construção ou armação e onde o movimento, o construir e o armar são mais significativos que os resultados fixos meramente transitórios. Nesse mundo do movimento transformador, da negação de toda fixidez, a Terra tomou o aspecto de um monstro paleozoico, imóvel, espesso e bestial. A Terra tornou-se só raiz, raiz de todas as raízes e para uma tendência que visava o total descompromisso e a superação de todo amor pelas velhos deuses locais, a Terra teria que ser superada. Como já afirmei antes, na própria índole da forma espacial peculiar ao Ocidente estava *posta* a extraterritorialidade da nova mente, uma vez que, na imagem espaciológica que nos assediava, nada nos ligava a nada. O espaço convidava-nos para ações de validez ubíqua e excêntrica, cosmopolita, internacional e, agora, interplanetária. No nosso espaço estava latente o ser astronáutico que começamos a ser, uma vez que as viagens siderais representam uma pura condescendência a esse existir nômade e excêntrico.

Filosofia da Linguagem e Filosofia do Ser

É estranho como a tendência do pensamento que pretende reduzir a filosofia a uma análise da linguagem se desentende com a essência autêntica da própria linguagem. Essa filosofia tende a "objetivar" a palavra, a reduzi-la a uma coisa, a um sinal-coisa propício à manipulação lógico-semântica. Entretanto, esse *status* de presença ou estar-aí da palavra encobre muito mais do que revela o sentido e a natureza ontológicos do simbolismo verbal. Determinando a linguagem como instrumento ou utensílio, como mediação em nossa referência pessoal ou interpessoal a variados assuntos, desatendemos por completo à função desveladora da palavra. A palavra não existe num mundo já desdobrado antecipadamente, num espaço pré-linguístico de potencialidades significativas, mas, pelo contrário, é o organismo da palavra co-extensivo ao projeto revelador dessa articulação significativa. Na linguagem está codificada uma transcendência configuradora, um *dépassement* e não um conhecimento na forma da *adaequatio*. A linguagem não afere uma realidade, não inspeciona uma situação, mas voca ou convoca um estilo de ser das coisas que reproduz esse gesto originante. Eis por que Heidegger tem razão ao denominar a linguagem a "casa do Ser", o morar ou de-morar da Abertura. O processualizar-se da linguagem, a vida e a metamorfose da palavra identificam-se com o historizar-se de uma transcendência. A linguagem-mediação ou veículo do entendimento é uma possibilidade restritiva do dizer ou do ditado próprio da palavra.

Sobre a Origem

Uma das mais graves questões ou aporias filosóficas que assedia todo pensamento que se tem por transcendental é a dos limites entre o campo constituído e as estruturas puramente ponenciais. Tal elemento, considerado como inerente à dimensão originante ou transcendental-ontológica da Fonte pode transformar-se, através de uma meditação mais funda, numa mera possibilidade oferecida pelo ente. Em geral, o universo do discurso estende-se por um sistema de "significados" dispensado por um projetar primordial, isto é, o discurso ou a linguagem movem-se, em geral, num campo já fundado. A própria possibilidade de uma meditação ou de um discorrer sobre o fundo ofertante do real sofre por causa desse destino incerto a contraditório. A linguagem, como muito bem diz Heidegger, pode ser a "morada do Ser". Numa dada linguagem, portanto, o Ser busca uma morada, demora-se, instaura em um sistema articulado de significados uma cosmografia do ente e aí passa a habitar. A linguagem, assim, é o habitar num universo de representações, isto é, o reportar-se à patência de um nexo de formas e desempenhos possíveis.

Contudo, o discorrer da linguagem pensa o pensável, o já descortinado e, portanto, o "constituído" num tal cenário ontomórfico. A linguagem pode explorar especulativamente a morada que o ser se outorga, sendo como é uma morada, uma fortaleza no limiar do abismo ou do Nada. Acontece que o poder do pensamento não consiste em pervagar pelo fundado, em seguir as insinuações do disponível-pensável, mas de transcender e remontar à Fonte do fundamento. Como levar a linguagem além de si mesma? Como fazer que a linguagem não seja a linguagem do ente?

A única linguagem (no sentido amplo em que se identifica com o Mito) que guarda o sentido ponencial da Fonte é a da arte, linguagem absolutamente doadora e desocultante. A Fonte, manando no Aberto, põe o limite do oferecido, desenha imaginativamente a estampa do manifesto e, concomitantemente, faz transparecer a desolação da noite ilimitada.

O poder da ******[2] não assedia de fora a matriz do ente, mas faz parte de sua essência original. A Fonte é a origem da forma e da não-forma, da razão e da des-razão, do tudo e do nada. *Omnis determinatio negatio*. Na afirmação transcendente do Ser dilui-se o poder ******[3] da fecundidade possível e da desolação do nãocrer. Poderíamos então dizer que a díade *peras-apeiron* é o primeiro oferecido. Na ontogênese transcendental, na desocultação do oculto as essências prodigadas recortam-se, não sobre o possível – pois todo o possível está com elas – mas sobre as trevas do ilimitado. Acontece que foi o fechar-se de uma forma, o desenhar de um desenho, que libertou a contrafigura do caos. Figura e contrafigura, Apolo e Dioniso, Cosmos e Caos são transcendíveis ou reabsorvíveis na Fonte.

Cristianismo, Fato, Sonho

No centro do dogma comparece a ideia de um Deus *hic et nunc*, de uma contração fático-histórica, de carne e osso, do

---
[2] Palavra ilegível no original. (N. O.)
[3] Palavra ilegível no original. (N. O.)

princípio metafísico. A coalescência fático-histórica ou a Encarnação trouxe uma inovação surpreendente na cena teológica. O ser-por-si de Deus assumiu uma referência pontual a um real contraído no espaço-tempo, existindo numa existência recortada no individual. O fato de Deus *existir* sobressaía nas perspectivas mundanas abertas pela sua manifestação. Esse divino, esculpido na corporeidade, apesar disso negava essa corporeidade.

Com isso, o real, o fato, ganhou um valor ou peso superior em relação ao mundo das imagens, à ficção ou no imaginário. Esse mundo real, como atenção aos problemas correntes-reais, como concentração na ação histórica (em função de uma transcendência). Veja-se Schelling, em sua *Filosofia da Arte*. A descoberta desse território real-concreto foi uma façanha do próprio Deus-Homem. Foi uma definição ou recorte do homem e das relações interpessoais, em função da forma espacial. O elemento mítico-fantástico, não-real, foi negado. Iconoclastia. Os homens foram remetidos ao positivo-fático. Mas esse elemento positivo-real é, em última instância, também uma *imaginatio* (veja-se a imaginação transcendental de Kant); não é um real-real, mas uma imagem enquanto real, um real-imagem. Esse real desenhar-se-ia cada vez mais como um problema econômico, como trabalho. O trabalho seria o real-sério. O sério como real, diante da leviandade e irresponsabilidade do sonho e da poesia. Essa seriedade foi se transformando com a economia em algo de abstrato e morto. A aridez do mundo atual.

O universo ex-cêntrico das manifestações cósmicas, em que o divino não existe enquanto contração, mas enquanto *Weltaspekt*, enquanto *estado*. O estado ek-stático de participação no *Weltaspekt*. Não existe uma ênfase, uma data, um começo temporal, mas o deus é uma Natura Divina, sem qualquer determinação finito-temporal. A não-subjetividade. A não-existência, enquanto *ocorrer*, como existência fantástica, a sua verdade. Os entes de ficção são mais *reais!* Mesmo *o ocorrer* supõe um projeto ou proto-ocorrer! O Deus-Homem supõe a importância do homem *destacado* ou por-si.

Enquanto instalados no *fora*, na pleonexia fantástico-patética, gozamos de um tempo que pulsa na recorrência periódica da Vida. A História não existe. A experiência nos apresenta desempenhos que se enquadram na cena da vitalidade infinita. Entretanto, essa experiência é reveladora na medida em que estamos entusiasmados, isto é, plenos de deuses. Esses são os estados reveladores. As oportunidades que nos são oferecidas e que são "constitutivas" do nosso ser promanam de um estado de celebração (e não de transformação). Erige-se uma antinomia entre transfiguração e transformação.

A vida não estaria mais presa à derelição, nos quadros das representações científico-positivísticas. As categorias de interpretação fluiriam do próprio drama vital. Descongelamento das coisas, libertação do real encarcerado. A contração da *tristitia* e a expansão da *laetitia*. Teríamos, assim, chegado no abandono ao cosmos (*Gellassenheit*).

Sobre Ambiguidade da História

Ingressando tarde no átrio da História (já começada), não sabemos talvez fixar o ponto litigioso. Ouvimos as acusações e as defesas e damos um sentido aparente ao que ocorre. Como sairemos dela antes de seu término, não saberemos também o que em verdade ocorreu. Reino da ambiguidade. Em relação à nossa civilização, a economia (Matéria) e seu apogeu pode significar realmente o seu oposto, o Espírito, reino de Cristo.

Dos Papéis Inéditos de Vicente Ferreira da Silva[1]

Rompeu-se o tratado pacífico do homem consigo mesmo, com a imagem absorvente de sua natureza e do mundo circundante. Aparece agora esse conhecimento antropológico e científico natural como uma forma que o sujeitou por séculos a um ver e querer confinado e irrisório. O que era um departamento humilde da vida, uma realização histórico-mundial passageira e aleatória tomou ilegitimamente a posição de território imortal do Ser. Mas esta satisfação da vida através do domínio das formas cristãs-ocidentais foi um incidente atormentado e transitório. Os desígnios dessa cosmovisão continuam, é certo, a plasmar a história e assim continuarão talvez por muito tempo. O que não é menos verdade é a verificação da ruptura do domínio exclusivo desse conhecimento do homem e de seu mundo. O que era uma certeza apodítica passou a ser uma versão ou uma opção no cumprimento das formas teleológicas do ser. Na ordem do pensamento, superamos o fascínio dessa representação universal em seu caráter de revelação fechada e última do real. O universo fragmentou-se num pluriverso de perspectivas possíveis sobre

---

[1] "Dos Papéis Inéditos de Vicente Ferreira da Silva", *Cavalo Azul*, São Paulo, n. 8, 1975, p. 52-60.

as coisas, perspectivismo esse que doravante invalida qualquer dogmatismo sobre o homem e seu destino.

Antes de falarmos sobre o homem é preciso perguntar sobre que homem falamos, sobre que imagem do homem ou da vida nos referimos. Com Kerényi, admitimos que esse algo, esse x que denominamos *homem* é, de fato, uma função, um conceito funcional. Os valores que vão determinando essa variável e a expectativa desse novo horizonte antropológico derivam de uma atribuição criadora e constitutiva meta-humana. O homem é realmente uma díade, uma relação, uma função mítica. As potências morfogenéticas dos deuses são as mesmas que imprimem na consciência um monograma da vida e da existência. Não falemos mais no homem, ou reservemos essa palavra para designar o ente desentranhado e evoluente numa perspectiva mundial, em íntima anastomose com o nosso símbolo religioso máximo.

O homem é, portanto, o que aí está, a possibilidade teândrica que ocupa o horizonte espaçotemporal que nos cerca. O homem são as instituições, as formas e tipos de comportamento, as ideias e ideários que se manifestam na órbita total do mundo. É um erro portanto considerar a nossa realidade como simplesmente situada no suporte empírico-somático, no eu visível e circunscrito; Ortega y Gasset definiu a realidade radical humana como algo implicando o seu contorno: *Yo soy yo y mi circunstancia*. Em outras palavras, confundimo-nos com as nossas realizações de maneira que o homem é o que aí está: esta civilização, esta cultura, em sua plena atualização. Somos esta civilização, esta forma de autoconsciência, através da construção de um sistema de utensílios que encarnam a mediação do humano. Este mundo manifesto em que *evoluímos*, em seu perfil próprio, não é o mundo *tout court*, como vimos, mas uma versão possível, uma cena arrancada ao sigilo do Ser.

Qual o conteúdo essencial dessa cena oferecida enquanto obra a ser realizada? Qual a essência do cristianismo, uma vez que essa religião é a força plasmadora de nossa cultura? Eis o que já tivemos ocasião de mostrar. O que o cristianismo ofereceu ao homem e como "homem" foi o oco de uma ausência, foi o não-ser-mais militante e agressivo do mundo das imagens das teofanias anteriores, o ausentar-se crescente que, do ponto de vista humano, foi vivido como superação do mundo e transformação redentora da terra. Essa ausência ou *criptus* não foi posta à disposição de um homem já constituído, mas *constitui* o homem, dando-lhe o seu espaço de movimento próprio. Quando dizemos que o homem é subjetividade, aludimos ao seu ser, ser que lhe foi imposto como um timbre. Os desempenhos subjetiformes de que usufrui foram-lhe impostos para que os realize e mediante essa realização manifeste o desígnio a que pertence. A convocação constitutiva do nosso ser é um mandato que não nos pertence, mas à qual pertencemos. Quem enuncia a lei da subjetividade alude sem dúvida a uma especial *transcendência*, a um ir-além do mundo das imagens convocado pela ocultação do divino. A transcendência do transcender cristão é a realização universal da morte dos deuses, da morte de Pã. Se a nossa constituição ontológica e, consequentemente, o sentido de nossa cultura é o cumprimento de uma ocultação superior, tudo o que pertence a ela: ideias, concepções científicas ou éticas, ideologias político-sociais, encarnam esse eclipse do divino. O mundo que se configurou quando as águas poseidônicas do divino abandonaram o campo manifesto foi o da concepção hominídeo-cristã. Tal mundo foi traçado e projetado por esse recuo. Afirmamos também que o distanciamento dos deuses, a *Gottesferne*, é por sua vez des-velamento e mitologia. Nesse caso a força projetante provém da noite dos deuses. O vinco atuante desta recusa projetante se atesta na forma da subjetividade, ou ainda na consciência trabalhadora. A dinâmica própria da subjetividade é coextensiva à vontade de transformação universal do mundo e da vida. O grande empreendimento da nossa civilização técnico-trabalhadora é o pôr-se em obra da subjetividade do espírito. Todas as instituições do orbe cultural do Ocidente, escolas, universidades, igrejas, governos e entidades coletivas corporificam o espírito desse espírito.

Se nos lembrarmos que essa forma vital foi sugerida e imposta pela suplantação da fase aórgica do existir, constataremos que essa autoformação da consciência tende a criar uma sociedade homogênea e drástica: é o nietzschiano *die Wueste waechst*.[2] De fato, o único afazer do homem contemporâneo é a criação de um aparato extensional e multitudinário, uma forma quantitativa do existir. Estamos aqui diante da dialética própria da *caritas* cristã, que se propôs o imperativo da "igualdade e fraternidade", transformando para isso a totalidade de sua exposição discursiva. De fato, o homem cristão, o homem de nossa civilização, nada mais é do que o drama desse "reconhecimento" universal e igualitário. As virtudes pedidas e esperadas desse ente social, como virtudes operativo-sociais na dimensão de sua consciência podem certamente ser acalentadas e protegidas pelo lar cristão. Como nada se espera do homem a não ser o seu espírito de rebanho e o seu espírito público de "bom cidadão", a família cristã como espelho de *altas virtudes* de sacrifício, autoimolação é a forma pedagógica por excelência. Não é portanto inexplicável o fato de que os maiores gênios de nossa época entraram em luta contra a mentalidade moralística e enfadonha dos assim chamados "homens decentes". Esses últimos são bafejados e exaltados pela vontade social, pois são os repetidores das medidas e valores da plataforma mítica, representantes que são do padrão sociorreligioso. Mas a compostura moral desses homens vale tanto quanto vale a experiência religiosa que os alenta e determina.

Mas é justamente isso o que não ocorre dado o imperativo democrático e mesmo oclocrático do mundo atual, em que os padrões sociais inferiores e estatísticos tendem a se impor ao conjunto cultural. Tanto a família burguesa quanto a proletária, não fomentando qualquer virtude de coragem e aventura (lembre-se nesse sentido a parábola do filho pródigo), não estando apoiada em pressupostos estético-religiosos ou cósmicos, deixa como válvula de escape unicamente o instinto de rapacidade, de possessividade e egoísmo material-econômico. As assim

---

[2] O deserto aumenta. (N. O.)

chamadas "belas famílias" cristãs são aquelas em que o marido é um próspero e implacável ecônomo, a mulher uma função doméstico-vegetativa e os filhos, anódinos paroquianos prontos para reproduzir o lar "sagrado" que os produziu. Não é de se espantar que num tal viveiro de embrutecimento e timidez vital, numa tal atmosfera opressiva e inibidora, a vida como potência demoníaco-criadora tenda a assumir formas larvares e doentias ou, como veremos, formas puramente quantitativas ou extensionais. A economia foi o único campo de aventura deixado à liberdade humana numa civilização que foi se estilizando cada vez mais às exigências ético-jurídicas da subjetividade cristã. O tipo humano básico criado e educado pela célula familiar é o partícipe dos afazeres produtivos e tecnológicos da consciência trabalhadora, é o tipo entomológico do homem-massa da produção em série e da vida em série. A sorte do indivíduo é comandada pela sua adaptação às ocupações úteis do todo social, ocupações que desenham a sua mente e a sua alma.

Mas não é só no *éthos* geral das coletividades cristãs ocidentais que se exemplifica a ética distrófica e astênica do ciclo civilizatório atual, mas também na maneira de ser das células láricas da sociedade, na vida do indivíduo e da família.

Diz-se que a família está baseada no amor, mas na realidade, no seu *modus operandi*, a família estiola não só o amor interpessoal como também a plenitude das forças de realização de seus comparsas e filhos. É claro que não se pode estabelecer uma crítica interna da família dentro dos conceitos filosóficos cristãos, pois o que chamaríamos frustração e desperdício das forças criadoras, eles chamariam de cumprimento da vocação da alma. Acontece que o nosso meio cultural já está sob o influxo axiológico de outras concepções da vida e do divino. Muito mais do que no Renascimento, e agora segundo uma *deutung*[3] mais idônea e pura, ou uma aproximação decisiva e sobrecolhedora, o divino cósmico-natural em nós e fora de nós ronda-nos a alma.

---

[3] Interpretação; exegese. (N. O.)

Schleiermacher já advertira que a emergência desses sentimentos resultaria numa valorização das forças pletóricas da imaginação e que a Natureza, como imagem, respondia em nosso íntimo por uma experiência estético-religiosa da vida. Como compaginar esse sentimento deiscente e teúrgico, esse viver "em círculos crescentes" com a forma de coexistência exigida pela lei cristã? É certo que o amor pode ligar duas pessoas independentemente das formas pequeno-burguesas e rotineiras da família, mas esse vínculo como vínculo de união e promoção recíprocas não responde à figura da família cristã. O casamento da Igreja é o casamento de duas *substâncias*, de duas entidades estáticas, de duas pessoas em vista da procriação e cuidado dos filhos. O casamento é visto pela teologia moral da Igreja como um estatuto moral da vida e em vista de um comportamento inspirado por virtudes puramente sociais, isto é, como uma coexistência determinada por aspectos superficiais da consciência. É óbvio que o tipo de justaposição da família tende a eliminar o halo de mistério e de imprevisto existencial inerente às vidas que se defrontam. Cada um dos cônjuges acaba por formar do outro uma imagem fixa e estereotipada, uma expectativa de comportamento à qual o outro sucumbe invariavelmente, sacrificando-se à objetivação de sua liberdade. A família católico-cristã, a família de nossas sociedades burguesas ou proletário-comunistas redunda numa "funcionalização" da vida em formas desmerecedoras e sacrificiais, em que ambos os cônjuges assistem ao desmoronamento de suas autênticas possibilidades criadoras. Poder-se-ia afirmar que o matrimônio, como união de corpos e de interesses econômicos, como tipo de convivência para a satisfação de certos instintos, é uma proposição válida para o comum dos homens, para o homem médio e para a mulher média. Teríamos assim que admitir uma estratificação de duas morais, tal como Nietzsche propôs: uma moral dos senhores e uma moral do rebanho.

Como dissemos acima, se o escopo do vínculo intersexual na área católico-burguesa-proletária não pode ser o da fruição erótico-corpórea, se o sexo é visto unicamente em função da reprodução social, então o que resta como espaço lúdico-criador são as atividades puramente técnico-econômicas. Mas tais atividades são meros instrumentos, transitivas em si mesmas e não revelam qualquer área em que a alma possa permanecer, qualquer universo autotélico. O revelado por essas atividades e que, por sua vez, põe essas atividades em desenvolvimento é constituído, como diz Heidegger, pelo mundo visto como *Gestell*, como *armação*, isto é, como uma ordem manipulável ao infinito. Isso significa que a vida se manifesta como uma Ars Combinatoria, em que as partes, permutando-se continuamente, nada trazem à *presença* da realidade senão a própria *ação*, isto é, a própria manipulação técnico-científica. Nesse caso, a obra é o próprio operar, aquele *operar sem Imagem* de que falava Rilke. Todas as atividades econômico-sociais assumem uma forma carente de centro ontológico, semelhantes ao castigo infernal, pois não portam senão a si mesmas e em si mesmas nada significam. Estamos nos antípodas do universo econômico-sagrado das *Bucólicas* ou das *Geórgicas* de Virgílio, em que a ação humana era sustentada pela constante hierofania dos deuses benfazejos, dos deuses campestres e *ubérrimos*: "Ó Melitio, foi um deus...".

Toda a ordem humana, desde a célula familiar até o nexo de suas atividades públicas ou econômicas, denuncia a Matriz mítica que as plasmou. Nem a família católico-burguesa, nem o ciclo das atividades técnico-administrativas e sociais visam à presentificação ou acolhimento festivo dos *numina* superiores. Pelo contrário, como já vimos, foi o eclipse do divino que erigiu a forma de vida ressentida própria de nossa época. As nossas representações de conhecimento, por exemplo, constituem instrumentos de domínio e de operação sobre a Natureza, são a própria morte da Natureza cósmico-divina. Quando esses conceitos se aplicam a nós mesmos, enquanto desenho anatômico-fisiológico do nosso eu, extingue-se a possibilidade de uma compreensão profunda, por exemplo, da cena amorosa, que pertence ao nexo cósmico-divino. Em outras palavras, o mundo se transforma em objeto para a subjetividade cristã, e esse objeto é o antidivino:

acontece que essa des-divinização, essa crucificação do cósmico-divino foi o símbolo de um afastamento e não de nova revelação,[4] como crê a Igreja.

A nossa civilização cristã-ocidental, nascida do ressentimento contra a vida pletórica e afirmativa, contra a afirmação afrodisíaca da existência é a explicitação discursiva da *Gottesferne*, é o nada crescente dos deuses, e nada mais.

O cristianismo e as virtudes infusas que possibilita respondem à contrafigura da verdadeira grandeza e plenitude, do divino positivo da vida não crucificada. O homem decente, o cidadão probo, o homem da família e do lar católico-cristão é o engendro austero quando não ridículo de uma vida sem imaginação e sem delírio, de uma vida de repetição automática de um emblema virtuoso, cuja gênese, tal como se sabe, nasceu de um enorme ressentimento contra a árvore esplêndida da vida. Este ressentimento ou suspeita contra o turgor vital não se identifica com qualquer métrica apolínea, com qualquer vida em forma; não se trata de um trânsito do dionisíaco ao apolíneo, de uma superação do caos. Desde o início o sonho é banido da existência com a vindicação irrestrita dos valores do cotidiano e do signo de uma respeitabilidade de curso forçado. A maior vítima do lar católico-burguês é a mulher, vítima muitas vezes silenciosa e quase inconsciente, que vê abater-se sobre sua alma sonhadora e fantasiosa a imposição nefasta de um mecanismo patriarcal. Mais próxima da natureza em festa, a mulher, figura demoníaca por excelência, só com muita e insofrida renúncia aceitou o ritmo catabólico das virtudes consuetudinárias. A mulher não pode amar o "marido", mas sim o que resta do herói pré-matrimonial; no lar católico a mulher ama uma saudade, um fantasma, uma imagem interior que dificilmente se identifica com o "pai de família" em *pantoufles* que tem a seu lado. Dado o tipo de convivência estabelecido pelos laços

---

[4] A revelação da não-revelação, isto é, o drama da cruz aponta para trás e não para frente, símbolo do Sol *victus* e não *invictus*, imagem de uma singular catábase. (N. A.)

matrimoniais católico-burgueses ou cristãos, pela contínua cohabitação e atrito espacial, pelo conhecimento recíproco dos cônjuges no tocante aos aspectos menos felizes do outro, o casamento tende a transformar-se numa decepção. O amor supõe o "encontro", mas os casados não se encontram mais, no sentido de uma apreciação e valorização da vida criadora do outro. Para haver encontro é necessário existir distância, espaço próprio, silencioso e desembaraçado enriquecimento. O encontro supõe um debruçar-se mútuo nos melhores momentos, nos grandes momentos, nos momentos perfeitos. Assim como obviamente uma pessoa não deve expor suas deficiências e limitações, pelo menos à larga, assim os autênticos cônjuges de um matrimônio neopagão não devem exercer o vampirismo recíproco ou a secreta debilitação que podemos comprovar à nossa volta. Não havendo encontro, a convivência transforma-se numa troca de serviços e os parceiros se despotenciam, "humilhados e ofendidos". É a miséria humana a tônica da meditação cristã sobre um ente criado por sua própria concepção de vida. Não foi só a perspicácia do *esprit de finesse* francês a descobrir algo de ridículo na figura do "marido", pois a nota hilariante estampa-se na sua própria realidade. O "marido", sempre dentro da essência das instituições que apontamos, é um herói de papelão, uma fachada que encobre dependências quase sempre adivinhadas pelo olhar intuitivo da esposa. Todos os pequenos tiques, fraquezas, hábitos e mecanismos de comportamento, todo esse ser-para-o-outro desvalido e monocórdico reflete-se melancolicamente na expectativa frustrada da fantasia feminina. O marido é uma liberdade surpreendida em sua faticidade material, em seu aspecto de coisa pela consciência anelante da mulher. Quanto mais inteligente e vigilante for essa, mais ruinosa se torna essa imagem relacional. E o marido passa a ser acolhido cada vez mais por um sentimento de piedade maternal misturado à lástima do que pelo amor que tende às estrelas. Nas classes mais abastadas, a mulher invariavelmente tende a transformar o marido num mero instrumento de seus caprichos, num ponto de apoio econômico, admitindo-o a contragosto como parceiro existencial.

Se a categoria do marido tem em si uma nota de ridículo é justamente devido à sua liberdade anulada e decaída, embora ostente na aparência do mundo patriarcal que analisamos uma fachada de desembaraço e de poder superior. Esta é a situação dialética que impede que imaginemos um "Goethe e sua excelentíssima esposa", ou qualquer outra figura significativa dentro desse contexto em que se estampa dolorosamente o "humano demasiado humano". O interessante é que a figura da esposa, paradoxalmente, nunca tem a marca do risível e do contraditório, mesmo nos moldes do casamento e da convivência católico-burguesa. É que a mulher, como a Natureza, nascida para amar, não sendo a responsável por esse estado de coisas redutor e oprimente, espera talvez inconscientemente outro advento que não a reduza a um mero apêndice doméstico e vegetativo.

É fácil concluir que a espiritualidade cristã, pelo menos tal como se propôs até hoje, vasando-se numa forma essencialmente moralístico-religiosa e como projeto de desempenhos transnaturais, não acolheu com plenitude e justiça o fenômeno cósmico da sexualidade e do amor, oriundos de uma exuberância fantástico-criadora.

OS INTELECTUAIS DE DIREITA E DE ESQUERDA (1963)[1]

Retrato do Intelectual de Direita

Pretendendo traçar um perfil do que denominaremos intelectual de direita e lançando um juízo sobre seu papel e significado, precisamos, antes de mais nada, examinar se é válida uma classificação dos intelectuais em categorias político-partidárias. Sabemos que atualmente se usa e abusa dessa distribuição dicotômica ou tricotômica (quando, além de uma direita e de uma esquerda se considera um centro), aplicando-a a todas as coisas imagináveis. Fala-se de uma biologia, de uma psicologia de esquerda e direita, tornando-se essa "ruptura" o eixo de rotação da cultura presente.

Aos que se negam a admitir uma referência política a toda e qualquer conduta intelectual, exigindo um campo indevassável para o trabalho do espírito, opõe-se a observação elementar de que também tal tomada de posição prefigura um mundo social e

---

[1] "Inéditos", *Convivium*, São Paulo, n. 3, maio/jun. 1972, p. 167-174. Estes textos de VFS foram publicado originalmente na revista *Convivium*, e precedendo-lhes consta a nota do editor, Adolpho Crippa: "Os inéditos que se seguem foram oferecidos à Revista por Dora Ferreira da Silva, a cujo arquivo pertencem os manuscritos. Aqui consignamos o nosso mais profundo agradecimento". (N. O.)

político em que tal retraimento é tolerado ou fomentado. Portanto, não tomar posição seria uma forma de tomar posição assim como o ceticismo filosófico representa um explícito e positivo conhecimento filosófico.

Em geral, é evidente que todo ensaio de desempenho mental leva em si um núcleo de referências e de terminações radiculares, de tal forma que – como na matemática – dado um certo número de pontos, podemos completar a figura política (no caso em questão). Sabemos como toda concepção do mundo subentende uma organização da sociedade e uma seriação de meios aptos para a realização do *optimum* humano ou sobre-humano implicado em tal determinação. Ora, a vida intelectual flui e se radica sempre numa concepção básica da vida e do cosmos, sendo alimentada e articulada pelas possibilidades virtuais dessa ambiência espiritual. Hoje em dia não se põe mais em dúvida a fundamentação filosófica de toda a atividade intelectual e os pressupostos axiológicos e metafísicos da atividade criadora. Portanto, sem sucumbir à alucinação dicotômica, não negamos a decorrência política do "ofício" mental e a sua possível simbolização em termos de polaridade política.

Posto isso, poderíamos então indagar acerca da tipologia do intelectual conservador ou de direita e do intelectual de esquerda, para em seguida abordarmos uma nova forma, que chamaremos a do espírito atual: o intelectual que procura uma terceira posição, ou quarta (nem direita, esquerda ou centro), à altura dos tempos, nesta época em que se verifica a *Wendung*[2] dos grandes acontecimentos histórico-culturais.

Concebendo o todo social como um sistema em movimento no qual se defrontam forças modificadoras e forças imobilizadoras ou inibidoras, deveríamos relacionar o intelectual de "direita" com estas últimas. O homem de direita seria aquele que em todos os domínios tende a fixar o já feito. Mas como o já feito e fixo se apresentam como essência coagulada, o típico dessa *forma mentis* jaz sempre num certo "essencialismo" hipostático, numa

---

[2] Mudança. (N. O.)

incapacidade de superar o que quer que seja. O objeto tem, para esse tipo, uma legitimidade subjugante e avassaladora, uma sacralidade que se nega a toda forma de alteração. Enquanto outros tipos de inteligência vivem as coisas presentes como um mero "limite" que se opõe à sua vontade transformadora, o homem de direita vive esse limite como perfeição e acabamento. E é nesse ponto que surge o drama ou a comédia do homem de direita: sentindo que o mundo que pretende conservar – o tradicional – não mais existe, põe-se a defender as instituições burguesas pelo simples fato de constituírem o "dado" em nosso mundo ocidental. A sua reflexologia parmenídica ou da imobilidade leva-o a todos os compromissos, a todos os papéis e dramatizações possíveis. É capaz de transformar imaginativamente um pacato burguês no representante de uma estirpe de indizível nobreza.

O traço típico do intelectual conservador é o de reconhecer o mundo em que vive, pondo-se a serviço *homo mercator*, como se servisse a príncipes ou a heróis. Esse destacar-se das condições reais o incompatibiliza com o exame objetivo da vida social e, em geral, com o conhecimento fundado metodologicamente. Essa atitude, de significar uma superação filosófica da prevalência do científico, repercute em seu íntimo como uma deficiência inconfessada. Em seus momentos de sinceridade reconhece que uma análise positiva dos problemas sociais daria vantagem aos seus adversários e que de fato o mundo burguês carece de uma fundamentação científica e filosófica. Esse sentimento depressivo o leva à retórica; o homem de direita é o homem retórico. Com efeito, no mundo atual, como os homens se diferenciam socialmente apenas em função de suas vantagens econômicas, qual a possibilidade de demonstrar logicamente o direito à primazia dos governantes? O privilégio econômico não é o reflexo de alguma qualidade ou superioridade espiritualmente válida. Homens da mesma extração popular são lançados pela sorte ou por uma atividade meramente mecânica a posições antagônicas, guindados aos altiplanos do ilimitado poder econômico ou abandonados à mais constrangedora das carências. Nada justifica esse abismo de destinos, sendo impossível justificar o direito à propriedade, abstração feita das qualidades e méritos autênticos e relevantes do possuidor. O homem deve possuir em função de seus méritos, e não ostentar um mérito fictício, em função do que possui. Como "conservar", entretanto, tal situação injusta? – Através do apelo eloquente aos direitos sacrossantos da pessoa humana, da defesa verbalística da função providencial das classes produtoras e do panegírico das "elites" econômicas. O intelectual de direita vê-se forçado, pela lógica de sua mentalidade, a se pôr ao lado dessa absurda e problemática "elite" econômica. Forças meramente vegetativas e materiais assumem o valor de instâncias éticas e formativas. Querendo conservar os núcleos valorativos e as referências modelares da comunidade, o homem de direita acaba por se tornar o porta-voz do utilitarismo mais fanático e desapiedado. Nesses representantes do mecanismo econômico do capitalismo ******[3] os últimos esteios contra as forças degenerativas da esquerda. O seu ideal de uma vida tradicional não corresponde evidentemente ao grosseiro *éthos* burguês. Porém, o seu anseio de imobilidade e a sua vontade conservadora passam por alto tais sutilezas. A sua fé é daquela que opera milagres e os tipos humanos da ******[4] burguesa se afiguram a seus olhos os últimos remanescentes de um passado cheio de sentido.

Pronunciar-se por um *stirb und werden*,[5] aniquilar o presente em vista de uma nova determinação da vida, seria arriscar-se a um heraclitismo perigoso. Tudo o que existe e na forma em que existe é santo – ele o seu postulado fundamental. A ideia de uma negação, de uma transformação das coisas, de uma desordem salvadora, leva suas almas à vertigem. A ordem, a segurança do comprovado pelo tempo é, para eles, o índice do verdadeiro. Essa ordem é um critério em todos os domínios. Na pintura, o academismo; nas letras, gosto pela poeirenta frase vernacular, pelo castiço; na poesia, a passiva

---

[3] Palavras ilegíveis no original. (N. O.)
[4] Palavras ilegíveis no original. (N. O.)
[5] Morrer e tornar-se. (N. O.)

função dos clássicos. Defender a ordem a todo o custo, desmantelar as forças subversivas constituem o único progresso na ordem do espírito. Além disso, essa ordem se expressa pelos símbolos oficiais do prestígio espiritual. O saber e a cultura existem unicamente nos dignitários oficiais, nos portadores dos estigmas burocráticos e sacrais da sabedoria. Essa é a ordem nesse campo especial, como a polícia de costumes o é no campo do comportamento social.

A cultura só pode ser o fruto de uma ordem progressiva e gradativa de estudo, de um trabalho coerente e pertinaz. Fora desse exercício, o que existirá, senão o charlatão e o improvisado? Esse é outro ponto crítico da prosopopeia do intelectual de direita, pois o esquema da ordem o leva a apoiar justamente os valores mais burgueses, tais como os do esforço e do aspecto quantitativo e bibliográfico do saber. Antepondo-se visceralmente a toda perspectiva insólita e desacostumada, o reacionário, principalmente em nossos dias, é um homem cheio de prevenções e suspeitas. Fareja em toda parte o dedo de Israel e as forças que querem desarmar sua tenda, ou melhor, a feira multicolor do mundo capitalista. Não que ele ame precisamente este mundo (pois seus olhos estão postos no *topos* urânico do inexistente), mas ******[6] Suas suspeitas se desencadeiam a qualquer nova possibilidade. Escandaliza-se com os novos valores e com novos modos de pensar e de ser, mesmo quando tais sugestões apresentem os sinais de uma veracidade superior. Eis por que o mundo do reacionário é um esquema fechado, um mundo já vivido, um mundo da velhice. O seu tônus mental é essencialmente o do velho, do homem de sensibilidade obliterada. Querendo ******[7] um sentido privilegiado da vida, realmente defende a mais trivial das perspectivas. Seu amor pelo superior e pelo transcendente degenera num culto da *banalité quotidiènne*, expressa em seu impulso lírico defendendo as instituições prosaico-burguesas. Os três pilares de sua sabedoria: Deus, Pátria e Família são, na realidade, os três atos de uma farsa. O Deus que invoca não é o princípio tremendo

---

[6] Palavras ilegíveis no original. (N. O.)
[7] Palavras ilegíveis no original. (N. O.)

que determinou a forma da vida em sua radicação transcendente, mas sim uma realidade abstrata, que funciona mais como uma Companhia de Seguros terrestres e marítimos e que entra como um coeficiente de garantia nos cálculos do *honnête homme*. A Pátria é invocada como uma ideia-força que deveria, portanto, impeli-lo aos maiores sacrifícios. Mas no fundo bem sabe que com o cosmopolitismo reinante, e pelo jogo de múltiplas influências alienígenas, o país ******[8] E afirmando "que a pátria está perdida" ******[9] continua a valer como um princípio de ordem.

O mesmo acontece em relação à instituição familiar que cada vez mais perde seu sentido diante das formas de vida decorrentes da técnica... E apesar de reconhecer que o grupo familiar não é uma forma de experiência exaltativa, insiste nesse princípio de ordem, pois "fora da família só existe o caos".

O credo do homem de direita é sua própria (rendição) no campo da atuação intelectual. Essa se dá como um puro ilusionismo que esconde ou procura esconder sob o gráfico de antigas inscrições a realidade espessa e obtusa de nossos dias.

Diagnose do Intelectual de Esquerda[10]

Creio óbvia a constatação de que a maioria dos intelectuais e artistas do país pertence ao grupo de esquerda ou a ele se filia. A alma atual do Brasil, seu espírito operante, é um espírito de esquerda, de sinal inconformado e revolucionário. Essa constatação, longe de permanecer um mero fato estatístico, deve acordar uma lúcida curiosidade para efeito de diagnose.

O que significa, no plano histórico-cultural, essa inflexão do pensamento brasileiro para as ideologias de esquerda? Qual o

---

[8] Palavras ilegíveis no original. (N. O.)
[9] Palavras ilegíveis no original. (N. O.)
[10] Esta parte do ensaio ficou incompleta pelo Autor. (N. O.)

sentido dessa afinidade eletiva do homem de letras nacional com a concepção materialista e positivista das coisas? O que condiciona essa especial experiência do mundo que se tornou norma do espírito brasileiro?

Conhecemos a resposta habitual que aponta a miséria do povo como o motivo determinante da sublevação do homem de consciência e de sua consecutiva adesão a um ideário de revolta. A luta do homem contra sua subjugação e alienação, seu sentimento de rebelião diante da injustiça imperante, se expressariam em forma de palavra e de arte, traduzindo enfaticamente o drama social. Sartre, em seu ensaio *Qu'est-ce que la Littérature?* chega mesmo a traduzir o efeito total da obra de arte como uma conscientização das alienações da liberdade e do correlativo sonho de emancipação: *Et, sil est vrai que l'essence de l'oeuvre littéraire c'est la liberté se découvrant et se voulant totalement elle même comme appel à la liberté des autres hommes, il est vrai aussi que les différentes formes de l'oppression, en cachant aux hommes qu'ils étaient libres, ont masqué aux auteurs tout ou partie de cette essence.* A eficácia específica e própria do gesto criador seria, pois, a de desvelar uma situação determinada do homem, a de provocar uma autoconsciência, com a revelação simultânea de um mundo de injustiça em face a um sentimento exaltador da vida que se sente superior às suas limitações. A obra literária projetaria um mundo de efusividade e transcendência. Outra função que Sartre atribui à criação literária é a de colaborar na transformação da ordem estabelecida, sendo de certo modo um instrumento de modificação do cosmos social e intelectual: *Ainsi l'écrivain donne à la société une conscience malhereuse, de ce fait il est en perpetuel antagonisme avec les forces conservatrices qui maintiennent, l'équilibre qu'il tend à rompre.*

Quanto a esse aspecto, Sartre não introduz precisamente uma ideia nova quanto à função da inteligência, pois essa concepção do processo espiritual é comum a toda a ideologia de esquerda. A notória exigência da função social do escritor, de sua consagração a uma tarefa transformadora e pedagógico-revolucionária, se relaciona com a referida tese de Sartre. A obra literária, prefigurando uma ação possível, prospecionando um tecido de desempenhos, sentimentos e lutas, propor-se-ia ao leitor como um apelo à liberdade, como o desenho de um comportamento valioso: *Écrire, c'est, done à la fois dévoiler le monde et le proposer comme une tâche à la générosité du lecteur*. Dentro dessa ordem de ideias, acentuando talvez as cores materialistas ou marxistas, situa-se a preferência do homem de letras e do artista brasileiros. O intelectual de esquerda define-se a si mesmo, no âmbito dessa operação transformadora, como o *leader* de tendências sociais eticamente necessárias. Numa tal tomada de sentido da obra da inteligência está implícita toda uma série de valores e de determinações axiológicas que formam o fundo latente dessas apreciações. Há uma representação do homem, um sentido do ótimo e da destinação cultural do espírito à base de todo o processo mental da esquerda. O aspecto científico que às vezes reveste essas asserções tende a encobrir este ato livre e emocional de decisão em prol de certos valores. Em Sartre, por exemplo, há uma crença fundamental de natureza metafísica que permeia toda a sistematização de seu pensamento: a crença no valor metafísico do homem, isto é, a proclamação do homem como substância última do mundo. É conhecida sua afirmação de que *il y a seulement des hommes*. Esse credo humanístico-iluminístico-burguês, essa doutrina da imanência social do homem como fim em si mesmo, com exclusão de toda e qualquer transcendência, é a norma superior não só do liberalismo, como de todas as ramificações do ideário de esquerda.

Um Novo Sentido da Vida[11]

Todas as novas formas de atuação que surgem e, de um modo geral, toda a nova postura diante do mundo são compreendidas

---

[11] Esta parte do ensaio ficou incompleta pelo Autor. (N. O.)

inicialmente só por alguns raros. Como diz Hermann Hesse numa rápida frase: "Só para os loucos, só para os raros".

A preponderância dos hábitos interpretativos, lei da maioria, e a má-fé que a ela subjaz, impede ou castiga o amanhecer do novo, velando-o ou vedando-o na trama opaca dos sistemas conhecidos e tranquilizadores. Apesar dessa incompreensão e resistência oposta pelos velhos valores, vemos surgir em nossos dias a figura de um novo homem. Há uma nova inteligência em formação no Ocidente, que não pode ser classificada nem entre os intelectuais de esquerda nem entre os acólitos da reação. Ela exorbita essa polaridade intrassocial, vivendo liberta de muitas outras contradições e anteposições da história corrente.

Homens como Nietzsche, Yeats, Lawrence e Rilke lavraram um juízo global sobre as realidades internas à sociedade presente, e, procurando algo que transcendesse o horizonte do vigente, predisseram um novo tipo de livre atuação do espírito. No plano político, isso corresponde àquelas forças que procuram uma fundamentação além do campo da sociedade civil, além do corpo material da sociedade, procurando de fato uma forma de atuação que encontre apoio na pura vontade política de um povo. Nessa forma de expressão política, tanto o individualismo como o socialismo são meros expedientes técnicos que devem ser usados conforme a conveniência histórica do momento. Em poucas palavras: não se sentem esses novos indivíduos oprimidos por alternativas ideológicas de base econômica, pois querem algo que não se equaciona simplesmente com a produção e o consumo de bens materiais. O homem econômico, seja em sua expressão política, seja em sua expressão capitalista que fecha...

POSFÁCIOS

UMA VOCAÇÃO FILOSÓFICA

por Julián Marías

Em 1954 fui ao Brasil pela primeira vez. Celebrava-se em São Paulo o Congresso Internacional de Filosofia, comemorando o quarto centenário de fundação da cidade. Jamais me esquecerei da novidade, do deslumbramento deste país novo, da doçura verde-amarela dessa imensidão ao mesmo tempo agitada e lânguida que é o Brasil.

Aqueles dias proporcionaram-me algumas amizades que ainda me acompanham. O Secretário do Congresso – e do Instituto Brasileiro de Filosofia – era um homem da minha idade, uns dois anos mais jovem, não alto, mas forte, afável e concentrado, que produzia impressão de bondosa energia. Conheci ao mesmo tempo sua esposa, Dora Ribeiro, e a irmã desta, Diva. Em poucos dias, creio mesmo que em poucas horas, éramos amigos. (Na verdade, Diva o era já antes da minha chegada: nela eu descobri uma das minhas mais finas leitoras; passara, sem eu saber,

---

[1] Texto publicado na edição especial da revista *Convivium* em homenagem a VFS: Julián Marías, "Uma Vocação Filosófica". *Convivium*, São Paulo, v. 16, n. 3, mai./jun. 1972, p. 183-188. Não consta o nome do tradutor deste depoimento de Marías, mas provavelmente deve ser Diva Ribeiro de Toledo Piza, irmã de Dora Ferreira da Silva e tradutora de diversas obras de Marías no Brasil. (N. O.)

muitas horas em minha companhia, nesses espaços irreais que são as páginas dos livros; depois, haveria de ser minha admirável tradutora ao português, fazendo com que muitos desses livros fossem plenamente brasileiros.) A coisa não terminaria aí, pois a amizade é contagiosa e tem a propriedade eucarística de poder repartir-se ilimitadamente. Essa tríplice amizade paulistana haveria de ampliar-se e desdobrar-se, a ponto de que São Paulo, onde sempre me demoro tão pouco, viesse a ser uma das cidades onde me sinto mais cordialmente acolhido, e que à distância mais saudades me provoca.

E, no entanto, esse trio originário de amizade estava destinado a durar pouco: Vicente Ferreira da Silva, o solícito Secretário do Congresso, marido e cunhado das irmãs Ribeiro, faleceu num acidente, no ano de 1963. Nascera em 1916, faltando-lhe três anos para completar meio século, e mais um pouco para cumprir a trajetória intelectual que prometia. Como não se tratasse de uma relação social, mas de amizade pessoal, o núcleo paulistano não se dissolveu para mim com a morte de Vicente Ferreira da Silva. Continuou com Dora, com Diva, com os outros amigos. E desse grupo é inseparável a sua lembrança e a marca que nele imprimiu sua vocação filosófica.

Porque Vicente Ferreira da Silva foi, antes de tudo, uma vocação filosófica. Não era primariamente um professor ou escritor, ainda que os dois volumes póstumos de suas *Obras Completas* cheguem perto de mil páginas. Vicente era algo mais simples – e muito mais arriscado: um homem que tinha que filosofar para poder viver.

A qualidade humana de Vicente produzia a impressão de uma pessoa "ancorada" – não encontro palavra melhor. É a impressão que às vezes nos transmitem homens de sólida fé religiosa. Mas não creio que "solidez" seja a palavra mais adequada à religiosidade de Ferreira da Silva, sempre inquieta e estremecida, um pouco ansiosa. Em que estava ele ancorado? Ao evocá-lo, sobrevém-me nova impressão complementar: de movimento e impulso, como se sua massa estivesse "gravitando" em certa direção. *Amor meus, pondus meum,* diria Santo Agostinho. Num livro que escrevi após a morte de Vicente, *Antropologia Metafísica,* falo de "instalação" e "vetor" como estruturas da vida humana.

Creio que Vicente Ferreira da Silva estava ancorado em algo que não é quieto e estático, mas que leva a mover-se, a avançar em alguma direção: é a forma que nele assumia a vocação filosófica. Não se vá esquecer de que Vicente era brasileiro, quer dizer, sul-americano, ibero-americano (ou hispano-americano, que significa o mesmo – Hispania ou Ibéria – recordando-se que os portugueses de Camões eram *uma gente fortíssima d'Espanha).* Nos países jovens, novos, a vocação filosófica é rara, pouco provável, porque não costuma ser *necessária.* Não quero dizer com isso que neles não se encontrem muitas pessoas que se "interessam" muito, e vivamente, pela filosofia – talvez como em nenhuma parte do mundo de hoje; mas vocação é mais do que se interessar; é não poder fazer outra coisa, não poder viver de outra maneira; nada mais importar, exceto o objeto da vocação.

Se não me engano, consegui penetrar em sua intimidade, velada por uma grande reserva e considerável timidez, como era o caso de Vicente Ferreira da Silva. Leiam-se os dois volumes de suas *Obras Completas:*[2] além do saber, da erudição, da penetração, do "valor" intelectual desses escritos, o que neles se adverte é a seriedade, a atitude inconfundível do homem que está empenhando sua vida no que faz; ou, em outras palavras, que está fazendo, precisamente, a sua vida.

Um indício do que digo é a relação da condição histórica de Ferreira da Silva e sua filosofia. A maior parte dos seus cultores no mundo hispano-americano tem uma tentação de convertê-la em reflexão sobre o Continente, sobre a variedade de homem aí produzida, sobre certas peculiaridades derivadas desta condição. Em outros casos, para evitar essa forma de fazer filosofia,

---

[2] Obviamente, Marías se refere à já mencionada edição do IBF das *Obras Completas* em dois tomos. (N. O.)

prescinde-se inteiramente da situação de quem a faz, intenta-se uma filosofia "científica" que se poderia cultivar em qualquer outro lugar do mundo. A posição de Ferreira da Silva não se reduz a nenhuma das duas.

Tem clara consciência de que a filosofia é, principalmente, e até agora, uma criação europeia. A filosofia ocidental iniciou-se na Grécia, desenvolveu-se na Latinidade, associada aos estímulos judaico-cristãos, e amadureceu na Europa. Aí está o torso da filosofia, tal como suscitou a vocação filosófica de Ferreira da Silva.

Por diversas razões, algumas bem justificadas, outras azarosas, sua atenção dirigiu-se, sobretudo, à filosofia alemã. Entre 1780 e 1930 a Alemanha foi, sem dúvida, o centro da atividade filosófica em todo mundo; a filosofia ocidental era feita por referência à alemã – ainda que esta fosse tributária de toda a tradição europeia, inclusive a mais recente; a única exceção notável foi a filosofia inglesa, que tem sido relativamente "dissidente" desde o século XVI, e criou uma tradição particular de certa autonomia, mitigada por estreita rede de "relações" que não conseguiram superar a incomunicabilidade. Na Alemanha recente, de fins do século XIX e começo do XX, há umas quantas figuras sem as quais seria ilusório fazer filosofia hoje: Nietzsche, Dilthey, Brentano, Husserl, Heidegger.

É certo que quando Ferreira da Silva começa a ocupar-se, com o filosofar, por volta de 1940, esse predomínio da filosofia alemã já havia passado; mas a irradiação desse pensamento era grande demais. E não nos esqueçamos de que a perspectiva do nosso filósofo estava condicionada pelo continente americano: a partir da América hispânica continuava-se avistando uma Alemanha que já não existia, assim como se continua vendo, da Terra, durante séculos, a luz de uma estrela já extinta. Ainda hoje são muitos os jovens estudiosos hispano-americanos que empreendem a peregrinação filosófica rumo às terras germânicas, como se fazia ao início do século, embora já não se encontre ali o mesmo centro de irradiação.

Mas nem tudo foi miragem na predileção alemã de Ferreira da Silva. Ainda continua vivo Martin Heidegger, um dos grandes filósofos de qualquer tempo, que exerceu sobre nosso amigo uma indiscutível e justificada fascinação. Recordo minha primeira leitura de *Sein und Zeit*, em 1934, quando acabava de completar os vinte anos. Durante um verão inteiro encerrei-me várias horas por dia com o formoso volume, impresso em belos caracteres, de perfil gótico, do ilustre *Jahrbuch* de Husserl – o dicionário Langenscheidt ao lado. Quando terminei, dobrada a página 438, feita a derradeira marca vermelha em sua margem, tive a impressão de que já sabia alemão – tudo parecia fácil por comparação: Kant, Dilthey, Husserl – e de que havia alcançado uma culminância. Sem dúvida, não me pude deter ali, não pude ser heideggeriano, porque eu "vinha" de Ortega, o qual fora mais além de Heidegger. Ainda que as construções deste fossem com frequência mais amplas e envolventes que as de Ortega, o nível no qual considerava os problemas era menos radical; e, sobretudo, a filosofia de Ortega *consistia* (mais do que na ideia de vida humana, ou "minha vida", que em algum sentido – só algum – pode comparar-se ao *Dasein* heideggeriano) na descoberta da *razão vital*, da qual não há nem vestígio no pensamento de Heidegger ou em quem não proceda de Ortega. Heidegger significava, pois, um maravilhoso retrocesso; maravilhoso, mas retrocesso – como o têm sido, menos maravilhosamente, quase todas as formas de pensamento propostas na Europa nos últimos quarenta anos.

Vicente Ferreira da Silva não podia ver isso. Por isso digo que sua fascinação estava justificada. Se tivesse vivido mais, é provável que a tivesse superado, que viesse a integrar seu pensamento com outras formas realmente mais avançadas, mais cheias de futuro. De fato, permaneceu "ancorado" – usemos mais uma vez esta expressão – no âmbito do pensamento heideggeriano.

Creio que ainda havia outra razão para isso: o Brasil. Vicente Ferreira da Silva tinha uma profunda vocação filosófica – razão pela qual não ensaiava especulações sobre "o americano", mas procurava fazer filosofia –, mas sua vocação era circunstancial;

tinha que filosofar a partir do Brasil. Sua circunstância primária era a de São Paulo, a cidade e o Estado, e o Brasil inteiro com sua diversidade, seus conflitos, seu mistério; e o continente sul-americano. Estava nas vizinhanças de uma selva – e como sentiu o significado de *Holzwege*, ainda com a distância da Floresta Negra à Amazônia! Estava rodeado de mitos, vivos, ativos, entrelaçados com a religião cristã, com a política, com toda a possível interpretação nacional da realidade que fosse concreta, e, portanto, verdadeira.

O pensamento heideggeriano tinha natural aptidão de vivificar a situação efetiva de um pensador instalado vital e não só geograficamente no Brasil. Lendo-se os escritos Ferreira da Silva vê-se até que ponto estava tentando "ler" um texto cifrado, desvelando um mistério; e como a realidade que o inquietava era em boa dose mítica, não é de estranhar que o seu pensamento tivesse uma raiz mitológica, que buscasse um acesso real à mitologia, para fazer com ela *razão*.

Acresce que a mente de Ferreira da Silva era aberta, acolhedora, curiosa, sem fanatismos nem exclusivismos. Aproximou-se com igual interesse ao pensamento francês, italiano, espanhol. Mergulhou na poesia inglesa e norte-americana; tratou de incorporar àquele torso de que falei tudo quanto de valioso se fazia no mundo inteiro.

Na verdade, Vicente Ferreira da Silva estava a caminho de si mesmo. Ainda não chegara à maturidade; nem poderia amadurecer aos 47 anos, pois à sua juventude biográfica haveria que acrescentar a juventude de sua terra de origem. Nós, europeus, já somos muito velhos, desde o início; para usar a expressão orteguiana, nossa circunstância é idosa, começa por sê-lo; a maturação corresponde só ao nosso *eu* (quando não acontece assim, é que se trata de um europeu desarraigado, que perdeu sua circunstância própria, sendo muito difícil que chegue a ser *ele mesmo*). Um americano, tem que percorrer um longo caminho para chegar até a filosofia; quer dizer, até a necessidade irredutível da filosofia; a seguir, tem que empreender um segundo trajeto, rumo à sua perspectiva pessoal e insubstituível. Daí o sentido do que Vicente disse dias antes de morrer: "Agora vou começar a escrever".

É interessante reter essa última palavra. Vicente era também escritor. Sua vocação filosófica levou-o a descobrir que o filósofo, para "realizar-se" publicamente tem que ser um escritor. Adivinhou a conexão entre filosofia e literatura, o caráter metódico do literário e do poético, a função descobridora, desvelante, reluzente de beleza, instrumento da *aletheia*.

Tudo isso prometia a "segunda navegação", já em alto mar, de Vicente Ferreira da Silva; o azar, em sua forma mais literal, frustrou-o; mas sua intenção não morreu; pervive, multiplicada, prolongada em formas inovadoras – a realidade é sempre emergente e criadora – nesse núcleo amigo onde o recordo de vez em quando, nessa cidade distante e tão próxima que se chama São Paulo.

Madrid

SOBRE VICENTE FERREIRA DA SILVA[1]

por Per Johns

Com certeza não haveria de passar pela cabeça de ninguém ver nos físicos Einstein, Heisenberg, Bohr ou Oppenheimer místicos. Nos economistas Meadows e Forrester, anticapitalistas.[2] Nos marxistas Herbert Marcuse e Walter Benjamin, materialistas convertidos ao idealismo. No psicólogo Jung, no antipsiquiatra Laing, no matemático Wittgenstein e no filósofo Heidegger, pensadores divorciados de nossa herança cultural. Não obstante, em sua diversidade de *especialistas*, subverteram e questionaram suas próprias premissas. Dito em outras palavras, foram além

---

[1] Publicado originalmente em *Agulha* – revista de cultura # 49, Fortaleza, São Paulo – janeiro de 2006. Trata-se, na verdade, de um dos capítulos do livro de Per Johns *Dioniso Crucificado*, cujo título já se refere diretamente a VFS: Per Johns, *Dioniso Crucificado*. Rio de Janeiro, Topbooks, 2005. Quando da publicação do livro, fiz um texto analítico sobre ele e uma longa entrevista com Per Johns, também publicada na revista de cultura *Agulha*, e que se encontra no endereço: Rodrigo Petronio, "Dentro da História e Fora do Tempo: *Dioniso Crucificado* e a Viagem Alma Adentro de Per Johns". Disponível em: http://www.revista.agulha.nom.br/ag50johns.htm. Todas as notas deste ensaio de Per Johns foram inseridas pelo próprio Autor. (N. O.)

[2] Meadows e Forrester, *Limits of Growth*, MIT, Massachusetts, 1972. Este livro, junto com *Mankind at the Turning Point* (1974), de Mesarovic e Pestel, ambos urdidos na fortaleza racionalista do MIT, foi a pedra de toque do chamado Clube de Roma, sob a direção de ninguém menos do que Gianni Agnelli, da Fiat, que se propunha analisar o que seria um mundo com crescimento "zero". Discutiam-se não os acidentes do percurso, mas o percurso em si.

de sua pobreza especializada em direção ao cerne abrangente e ilimitado da vida, questionando verdades sacrossantas como a causalidade, a previsibilidade, o progresso, o maniqueísmo moral e, sobretudo, a ideia de que há explicação para tudo em nossa rede de tranquilizadores conceitos gregários. Comportaram-se como a realidade se comporta, esse *trompe-l'oeil* que diariamente faz gato e sapato de nossas mais férreas certezas.

Por outro lado, pertencem ao núcleo de onde emanam as certezas racionalísticas (para diferenciar de racionais) e são vozes que não podem ser caladas. Falaram nas línguas que são ouvidas e dos centros que se fazem ouvir e imitar. Mas quem deveria aproveitar-lhes as lições, mesmo que a contrapelo e a contragosto, prefere *racionalizá-las* ou escamoteá-las, quando não, e ainda pior, catalogá-las para torná-las inócuas, domando-as e triturando-as nessa sopa geral que nos alimenta e consome. Foge-se assim do pensamento *desinteresseiro* e adia-se a percepção dos sintomas de que nossa clarividência racional nos tornou cegos justamente para a vida em si, como alguém que soubesse explicar com minudência o *modus operandi* de uma árvore mas se sentisse incomodado com suas folhas, seu risco de cair, sua independência ameaçadora.

De certo modo, o pensamento *desinteresseiro* é o não-pensável. Quem insiste em pensá-lo como o fez o brasileiro Vicente Ferreira da Silva comete uma inconveniência e é por isso silenciado, aliás duplamente silenciado, primeiro por pensar *tout court*, e segundo, por fazê-lo num idioma que é considerado subsidiário no diálogo universal da cultura, inclusive por seus próprios cultores. É uma estranha lei a que aparentemente escaparam Mircea Eliade e Cioran, só para citar duas vozes periféricas e incômodas que se fizeram ouvir, embora, a rigor, não sejam periféricas, já que se expressaram em francês, não em romeno. E o fizeram em Paris, não em Bucareste.

O paulista Vicente Ferreira da Silva começou cometendo a heresia de pensar num país de que não se espera pensamento algum e terminou por filosofar sem se deter na própria filosofia *stricto sensu*, fiel aliás a seu sentido etimológico, já que ou se é amigo da sabedoria e se abolem os limites, na boa tradição socrática, ou se é especialista de um território com fronteiras demarcadas, e nesse caso a própria filosofia é um contrassenso. Pensou em aberto, assumindo os riscos correspondentes. E nesse esforço não só absorveu com desenvoltura o que se poderia chamar de *incerteza poética* como acabou por torná-la o núcleo mesmo de sua *possibilidade* filosófica. Nascido em 1916 e prematuramente morto em 1963, aos 47 anos, ocupou-se do mal-estar de nossa civilização tecnocientífica com uma originalidade que lhe valeu alguns seguidores, muitos dos quais voltaram a esquecê-lo, e uma multidão de adversários, vitimado pela intransigência ideológica que timbra em substituir a dificuldade de pensar pelo conforto de rotular. Ironicamente, um dos que prestaram tributo confesso a sua influência, o pensador Vilém Flusser, morto como ele num desastre automobilístico, só começou a ser notado quando se mudou para o exterior e passou a se expressar numa das línguas matriciais. Enquanto morou no Brasil, de 1940 a 1973, colaborou no outrora prestigiado "Suplemento Literário" do jornal *O Estado de S. Paulo* e editou em português, que dominava com fluência, alguns títulos de grande interesse, entre os quais é justo que se destaque *Língua e Realidade* (1963),[3] que mana de fontes vicentinas. Na ocasião, foi ignorado. E se é objeto hoje de uma onda de renovado interesse no Brasil, deve-se o fato, com certeza, ao respeito que despertou no exterior quando passou a escrever em alemão. Ferreira da Silva não teve a mesma sorte. Nem poderia. Era ligado ao idioma português – na expressão de Kierkegaard – como Adão foi ligado a Eva.[4] Uma virtude que, sabe-se, é ao mesmo tempo um pecado original.

---

[3] Vilém Flusser, *Língua e Realidade*. São Paulo, Herder, 1963.
[4] Søren Kierkegaard, "Stadier på Livets Vej" [Estágios do Caminho da Vida], *Samlede værker*, København, Gyldendal, 1902, v. VI, p. 454. A íntegra desta passagem, em português, pode ser lida no *Panorama da Literatura Dinamarquesa*, Rio de Janeiro, Nórdica, p. 224-225.

Em sua trajetória, Vicente Ferreira da Silva desmentiu o preconceito de que a inteligência evolui da infância do mito para a maturidade intelectual que o desmonta e clarifica, de tal sorte que tornar-se inteligente seria mais ou menos a mesma coisa que *desmitificar-se*. Em seu caso, deu-se o contrário: por assim dizer, *involuiu* da fria precisão cifrada à quente imprecisão vivida, vale dizer, transitou da mais fechada lógica matemática ao mais aberto existencialismo, de onde, finalmente, veio a desembocar na floresta da mitologia. A lógica matemática foi seu estágio inferior, enquanto o chamado existencialismo, de onde migrou para as árvores e raízes dos primórdios míticos, o superior. Tinha um talento especial para fazer germinar no cadinho de seus escritos o pensamento alheio. Foi no Brasil o mais instigante intérprete de Martin Heidegger e levou-o além de si mesmo em sua visão própria do mito e da língua como realidades fundantes e da religiosidade como uma difusa iluminação das peculiaridades inabarcáveis do que é vivo, mas pode-se dizer – e coerentemente – que em Heidegger valorizou, mais do que a grande construção filosófica, pequenas peças – a rigor, poemas em prosa – que tangenciam a "intuição hölderliniana do mundo", a exemplo de *Der Feldweg* (O Caminho do Campo).[5] Na urdidura de seu texto entretece um leque amplo de filósofos, ficcionistas, poetas, fabulistas, místicos, de Heráclito a Platão, de Jacob Böhme a Hölderlin, de Schelling a Bachofen, de Nietzsche a Rilke, de São Tomás de Aquino a Kierkegaard, de D. H. Lawrence a Guimarães Rosa. A herança clássica que nos legou radica na sabedoria mítica. Em especial, a grega. A rigor, é pré-clássica, anterior à vigência do humanismo ocludente, quando o mito ainda era sagrado, congênito, eficaz, dionisíaco mais do que apolíneo, embora em seu sentido primordial Dioniso e Apolo sejam complementares, como o são o sangue e o corpo. Ferreira da Silva o disse de forma lapidar numa frase que poderia servir de epígrafe a toda sua obra: "A forma apolínea do corpo emerge da noite dionisíaca do

---

[5] Em português, tradução de Ernildo Stein, *Sobre o Problema do Ser/O Caminho do Campo*, São Paulo, Livraria Duas Cidades, 1969.

Sangue, do Sangue passional que é nosso verdadeiro ser."[6] Trata-se de apontar para a possibilidade antiquíssima de uma nova atitude, que equilibre "a civilização tecnológica e o respeito do não-feito-pelo-homem, o artefato e a coisa, a negatividade humana e o *aórgico*",[7] este último um neologismo que Ferreira da Silva desentranhou de Hölderlin para significar o não-feito-pelo-homem, possivelmente derivado do grego *órgia* em seu sentido originário de misterioso arrebatamento dionisíaco, que se extravasa, excede-se, vai além dos limites humanos. Confundir isso com irracionalismo é desserviço que se presta à possibilidade de um pensamento que corajosamente transcende as ideias recebidas para se aventurar às origens de quem somos. Talvez seja lícito dizer-se que tangencia o *impensável* justamente por ser no mais alto grau *vivível*, o que não nos exime da obrigação de pensá-lo. A faina filosófica de Ferreira da Silva consistiu em tentar expressá-lo. Se há defeito no que escreveu é o de um certo caráter *ad hoc* movido pela pressa ou ânsia de dizer o que tinha em mente onde quer que se apresentasse a oportunidade, tornando-o fragmentário e um tanto miscelâneo. O que para seus críticos é virtude em Wittgenstein, nele é defeito.

Filho de seu tempo, teve de se empenhar em duras batalhas extrafilosóficas ou literárias com os fantasmas palpáveis da obsessiva querela ideológica que então imperava e que deixou fundas sequelas, para não dizer que ainda hoje nos assombra. Era-se ou isso ou aquilo. De direita ou esquerda, reacionário ou progressista.*Tertium non datur*. Muito dessa tensão transparece num ensaio que deixou incompleto, em que retrata a retórica dos intelectuais de esquerda e de direita diante de um novo sentido da vida. Era esse novo sentido que não tinha auditório, ofuscado pelo antagonismo verboso que, no fundo, confluía para um desiderato comum, fruto de uma velha maneira de pensar. Ou como

---

[6] Vicente Ferreira da Silva, *Obras Completas*. São Paulo, Instituto Brasileiro de Filosofia, 1964, v. I, p. 365.

[7] Vicente Ferreira da Silva, anotação sem data. Original inédito, do arquivo de Dora Ferreira da Silva.

vem dito no citado ensaio: "A preponderância dos hábitos interpretativos, lei da maioria, e a má-fé que a ela subjaz, impede ou castiga o amanhecer do novo, velando-o ou vedando-o na trama opaca dos sistemas conhecidos e tranquilizadores".[8]

Se em vida Ferreira da Silva foi relegado à solidão em companhia de uns poucos, na morte foi ungido com um silêncio unânime, que até hoje perdura, ao panteão da inexistência, apenas rompido vez por outra com uma vaga e eventual menção, que o situa, ironicamente, entre os "filósofos existencialistas". Mas não se pense que a dificuldade de assimilação de seu pensamento atípico o tenha levado a introjetar-se, fugindo do mundo. Ao contrário. Participou ativamente dos Congressos Filosóficos de Mendoza (1949) e de São Paulo (1954). Foi um dos fundadores do Instituto Brasileiro de Filosofia e da revista vinculada ao instituto, cenário de uma intensa ebulição intelectual enquanto viveu. Em 1945 foi a mola propulsora na criação de um inédito Colégio Livre de Estudos Superiores em São Paulo, uma tentativa de desvincular a educação de seu sentido puramente pragmático e utilitário. Ou em suas próprias palavras: "Sempre acreditei que o ócio era o clima de cultura. Temos agora a apoteose do *negócio*".[9] Mas foi punido por sua rebeldia universitária ao propugnar por uma convergência de interesses que não se reportavam a nenhuma especialidade circunscrita, impedido (num episódio obscuro) de participar de concurso para a cátedra de filosofia da Universidade de São Paulo. Uniram-se contra ele a *direita* e a *esquerda*, os primeiros por verem contrariados seus interesses utilitários e os segundos por verem conspurcada sua maniqueísta pureza doutrinária. A tese que apresentaria redundou no livro *Dialética das Consciências* (1950). Boa parte de seus ensaios foi publicada na revista *Diálogo*, fundada por ele e Dora Ferreira da Silva, além de órgãos da imprensa, em especial o suplemento "Letras e Artes"

---

[8] Vicente Ferreira da Silva, "Retrato do Intelectual de Direita" e "Diagnose do Intelectual de Esquerda", *Convivium*, São Paulo, maio/jun. 1972. Constam no presente volume: TM.

[9] VFS, anotação s/ data, idem.

do jornal *A Manhã*. Em livro publicou ainda *Elementos de Lógica Matemática* (1940), *Ensaios Filosóficos* (1948), *Exegese da Ação* (1950), *Ideias para um Novo Conceito do Homem* (1950), *Teologia e Anti-humanismo* (1953).[10] Seu ensaio "Introdução à Filosofia da Mitologia", espécie de suma de seu pensamento filosófico, em tradução de Ernesto Grassi, foi publicado na revista italiana *Aut-Aut,* e foi tema de um seminário realizado na Universidade de Munique, no mesmo ano. Manteve correspondência e amizade com importantes personalidades filosóficas como Gabriel Marcel, Karl Kerényi, Walter Otto e Julián Marías, que dá bem uma medida da ressonância que seus temas tiveram no exterior. Em Portugal é lido e respeitado, entre outros pelo instigante pensador da "saudade" lusitana, António Braz Teixeira. No Brasil foi discriminado e o é até hoje. É como se não houvesse lugar "demarcado" para a incômoda originalidade de seu pensamento, mas talvez venha a ser ressuscitado um dia, como o foi Vilém Flusser, transformado em prestigiado artigo de *importação*. É verdade que, após a sua morte, o conjunto de seus escritos editados foi reunido numa *Obra Completa* (1964), em dois volumes, por iniciativa do Instituto Brasileiro de Filosofia, com prefácio de Miguel Reale, porém sem qualquer cuidado editorial, restrita ao pequeno público de sempre, abafada no nascedouro.

Em termos filosóficos, a abordagem do mito na obra de Vicente Ferreira da Silva chega quase a soar como uma excentricidade anticientífica. Situa-se na contramão de nosso projeto civilizatório, cujos valores mostram-se como um contínuo afastar-se de qualquer pertinência divina. E essa distância se alarga à medida que o próprio contato com a vida se torna mais e mais indireto, feito por interpostos mecanismos. A valorização do sagrado e dentro dele de uma nova maneira de ver o mito (entendido como fábula ou relato fantástico de tradição oral, tendente a iluminar aspectos da condição humana imersa na natureza) passa a ser

---

[10] Per Johns desconsidera *Instrumentos, Coisas e Cultura*. De fato, esta obra foi publicada em forma de separata pelo IBF, e sua inclusão entre os livros do Autor é facultativa. (N. O.)

quase como um retorno ao recomeço, ao ovo de um mundo velho, o que em si é considerado uma impossibilidade. Demanda a consecução do pecado máximo, que seria: reverter ou inverter a linearidade do processo. Voltar a introjetar a *circularidade* em nosso dia a dia morto. O *novo* a que Ferreira da Silva se referia vinculava-se a algo tão ancestral quanto as próprias raízes da vida. Digamos que se vinculava à tentativa de *re-ligar* uma ruptura. Era novo. Não uma novidade.

É da essência do mito uma repetição que se renova no tempo de seu acontecer, como as estações do ano, a época das semeaduras e das colheitas, os ciclos lunares e a configuração das constelações no céu. Mostra e desvela a realidade sensível e a essência da vida através de um *ato dramático* ou uma *cena fantástica*, mas "o dom que dispensa – nas palavras de Heidegger – está escondido na inaparência do que é sempre o mesmo".[11] E pois o que está em jogo é a oclusão do ato dramático e da cena fantástica, um *esconder-se* dos deuses, dando lugar à solidão de um sujeito particular e abstrato, que se finge de deus e desmonta as cenas fantásticas para chegar ao osso descarnado de um domínio ou de uma explicação. Ou seja, ao nada, no pleno sentido divino. Sob essa ótica é fácil compreender o *Gott ist tot* de Nietzsche. Enquanto o mito arrebata como veículo de uma hierofania, o *logos* – matando os deuses – baniliza, esteriliza, desola. Deixa-nos à mercê de uma terra destituída, que se torna inacabada, sempre em construção, misto de canteiro de obras e quintal de despejos.

Entender um mito implica a capacidade de rever (com olhos novos) o que foi visto sempre, o que não é nada fácil, por exigir em primeiro lugar que se reencontrem o sentido e o sentimento originário da própria palavra *mito*, cegada ao atrito de uma retórica que a encobriu com a ideia oposta de que se trata de algo acessório, quando não falso, uma máscara que encobre a realidade em vez de desvelá-la. Tratar o mito como fonte primária

---
[11] Martin Heidegger, op. cit., p. 69.

de um sentido que ilumina e justifica os desempenhos humanos choca-se de frente com a arrogância da mente antropocêntrica, que cinde o objeto (o outro) do sujeito, tornando-o mera coisa manipulável. Enquanto no *mythos* há uma circularidade que se repete para renovar-se na fonte inesgotável da vitalidade, que é indivisa e difusa, no *logos* tende-se a uma linha reta que toma posse da vida e a esgota no esforço mesmo de possuí-la e usá-la. As metamorfoses de Filemón e Báucis[12] – como relata Ovídio –, que se transformam em árvores, um carvalho e uma tília, são o prêmio que recebem dos deuses por sua fidelidade às raízes da vida. Transformam-se em outros sem deixar de ser os mesmos. É a circularidade solidária da vida. Goethe mostra o reverso da medalha: a *reta* do *logos,* num Fausto[13] que não descansa em sua volúpia de domínio antes de tomar posse do último enclave que ainda não é seu, justamente a casa de Filemón e Báucis. Arrogância que se ilustra no mito de Prometeu. Ao roubar o fogo dos deuses, sua atitude implica trocar a proximidade aberta da vida pela distância fechada do entendimento, apossando-se do que não lhe cabe. E paga o preço imposto pelos deuses: o martírio do corpo, tolhidos seus movimentos, enquanto uma águia corrói-lhe o fígado que se multiplica monstruoso, numa metáfora do desequilíbrio cancerígeno. É protomártir ou diabo.

Uma distinção fundamental. Ata-se à ponta de nosso principal dilema contemporâneo um problema que se agudiza e aprofunda à medida que nosso projeto civilizatório avança, e de cuja solução depende – e não creio que alguém hoje discorde – a sobrevivência do homem, embora não necessariamente da vida. O dilema em questão, a rigor insolúvel nas condições propostas, atende correntemente pelo nome de *ecologia,* uma expressão que, a exemplo da palavra mito, vai se desgastando ao atrito de um automatismo tautológico, assunto de intermináveis conversas fiadas, que acabam por esconder seu sentido originário atrás de muita retórica esgrouvinhada e, sobretudo,

---

[12] Ovídio, *As Metamorfoses,* Canto VIII, v. 611 e seguintes.
[13] Goethe, *Fausto,* 2ª parte, 5º ato.

e paradoxalmente, a reboque de um sofisticado receituário *técnico* que se propõe solucionar o problema com as mesmas ferramentas que o causaram. Ademais, não se leva em conta esse equilíbrio por respeito à vida, amplamente considerada, antes pelos prejuízos – inclusive, e sobretudo, econômicos – que o desequilíbrio possa causar ao próprio homem. Assim sendo, *ecologia* não se restringe a operações específicas e mecânicas como separar lixo em compartimentos adequados, tornar as fábricas limpas para continuar produzindo mercadorias supérfluas, proteger uma flor num parque de diversões ou brincar de primavera com um calendário sem olhar o céu ou reconhecer seus sintomas na terra. Muito menos trata-se apenas de *observar* e *entender* o mecanismo ou maneira como tudo se inter-relaciona na natureza. O que está em jogo é a necessidade bem mais complicada de religar o próprio homem à cadeia vital de que participa e que o distanciamento teórico das soluções técnicas num determinado momento rompeu. O termo em si, *ecologia* – do alemão *ökologie,* cunhado por Haeckel e reinventado por Eugenius Warming ao estudar a vegetação do cerrado brasileiro no final do século XIX –,[14] não aparece nos escritos do autor de *Filosofia da Mitologia e da Religião*. Mas não há dúvida de que seus pressupostos espirituais, no sentido de que essa religação passa pelo âmbito do sagrado, foram claramente delineados. E claramente demandam o mais difícil, uma, por assim dizer, revolução d'alma ou mudança de atitude ou de foco de iluminação da realidade, para que se altere a maneira de encarar o mundo que nos cerca na prática da ação e não apenas na teoria da concepção. Em suma, vê-lo e senti-lo não só como algo vivo, mas *vivenciável*. É muito mais difícil do que se pensa. Implica abrir mão da *distância métrica* de quem vê por fora, raciocinadamente, em favor da *distância epifânica* de quem anda junto, por dentro, convicto de que é, quando muito, meeiro da Terra e não proprietário exclusivo.

---

[14] Eugenius Warming, *Lagoa Santa e a Vegetação dos Cerrados Brasileiros.* Belo Horizonte, Itatiaia, 1973.

Dito de outro modo, trata-se de fechar o abismo que medeia entre ver-se o humanismo como *motor* de um processo ou *espelho* de uma obra que inclui mais coisas do que o próprio homem. O que não significa *nenhuma* interferência, *nenhuma* regulamentação, por impraticável, e sim que a atitude adequada seria, se possível, sempre o mínimo (inevitável) de interferência e não o máximo (desperdiçável). Tampouco significa que seja assunto exclusivo de místicos, artistas e religiosos, pessoas aparentemente desligadas da guerra pela subsistência, embora seja de suas antenas que provém essa difusa espécie de nostalgia que anda no ar que respiramos, a par de uma ânsia insatisfeita e um *tedium vitae* que nenhuma benesse material consegue aplacar, mas ao contrário, e paradoxalmente, agrava. Se não justifica, explica a montante voga atual de ocultismos em meio à exacerbação concomitante do racionalismo tecnocientífico, uma curiosa mistura de coisas que se repelem, de atitudes divergentes que convergem na cega aceitação do *status quo*. Fazem-se receitas de mudança e brinca-se de mudar sem pagar o preço correspondente, apenas aplacando um pouco essa ânsia insatisfeita ou ânsia de acochambrar pruridos de consciência, típica característica de tempos de crise ou passagem. Quer-se o que não se pode ter, porque não vem de dentro, de uma convicção sentida. É como se tivéssemos chegado a uma encruzilhada em que um deus Janus nos acenasse com a escolha de dois caminhos, sem interferir na escolha: um, uma estrada de terra bordejada de matas, sinuosa, enigmática e perigosa, que nos levará de volta ao reino da esfera, de que nossa Terra é o símbolo máximo, e outro, uma autoestrada de concreto armado, a perder de vista, cruzando um deserto em que se erguem palácios de mármore. Um representa o risco da vida em comum e interdependente, e o outro, a persistência em separado nesse teimoso fastígio insolente da reta do progresso que não conduz a lugar nenhum, antes tende a levar-nos compulsoriamente à autodestruição e a um novo recomeço a partir de uma *tabula rasa*. Duas atitudes, duas expectativas, duas maneiras de iluminar o real, vendo nele ou o que lá já está ou só o que nele pomos, a exemplo de quem prefere, à riqueza "tediosa" da paisagem, que corre o risco de sequer ser vista, sua transformação "fabricada" em fotografia ou imagem de si mesma. Ou como quem *deixa de ver* uma paisagem diante de sua janela, em razão mesmo da facilidade de vê-la, imbuído (sem pensar) de uma variante do cediço refrão econômico, que o produtor e manipulador de mundos instituiu: O que estou vendo *tem valor de uso, mas não tem valor de troca, e, pois, não tem valor.* Quer dizer, infelizmente não é redutível ao único valor que se cultua para escamotear o vazio em que se transformou a paisagem em si, tornada meramente acessória ou subsidiária, um afluente do grande rio do valor de troca. Literalmente, troca-se sua espessura vivenciável, sem preço, pelo preço do local – terreno, casa, edifício – de onde se a está vendo, sem vê-la. E ela se torna argumento de venda ou cartaz de propaganda. Pretexto, apenas.

Duas atitudes absolutamente irredutíveis que se excluem. Uma, sob a égide ciumenta da manipulação humana, que faz, do que incomoda sua predominância de "medida de todas as coisas", terra arrasada, e a outra, a do homem como coadjuvante, embora privilegiado e, por isso mesmo, especialmente responsável. Há uma celebérrima frase muito difundida no Brasil e que atribuem a Saint-Hilaire, claro emblema dessa beligerante atitude contra tudo o que não é humano. Em seu maniqueísmo, decreta: *Ou o Brasil acaba com a saúva ou a saúva acaba com o Brasil!*

Se se substituísse a saúva por qualquer outro vivente ou coisa que momentânea ou permanentemente atrapalhe a predominância humana, daria no mesmo. É a ideia da centralidade do homem, tão arraigada que já se tornou invisível como as partículas atômicas; como elas, *age* e *funciona*, como se fosse a única lógica possível, a lógica de Deus. Já a ideia oposta, de encarar a Terra – *Geia* – como um único organismo vivo, dotado de alma, não passa de um "fascinante experimento intelectual" de uns poucos abnegados, que a *praxis* humana desmente. Descendentes de Prometeu, sobra-nos o fogo do entendimento a expensas de um atributo de Epimeteu, a *empátheia* ou (com)paixão, que originou em português a desusada palavra empatia (do inglês *empathy*, cf. o alemão *einfühlung*), a capacidade de se pôr na pele alheia. Quer dizer, um sentimento forte, por dentro, que se solidariza com o que é percebido por fora, e que nos transcende. Junta ao mundo humano o resto do mundo. Em última instância, uma escolha: ou do mundo da ferramenta, que só inclui o humano, ou do mundo do sagrado, que nada exclui, e passa a ser *em si* uma riqueza inesgotável.

Quando Ferreira da Silva fala do "legado do deserto"[15] ou, no outro polo, do "primado da beleza",[16] encarece essa distinção, que, de certo modo, antecede as decisões, por ser do âmbito do *Ser*, que origina ou ilumina um campo do possível para o *Ente*, vale dizer, aquele que é posto no mundo. Este surge na clareira que o Ser lhe abre e ali permanece imantado. E assim, o autor de *Ideias para um Novo Conceito do Homem* entretece, à célebre formulação de Heidegger de que "o homem não é o amo e senhor do ente, o homem é o pastor do Ser",[17] sua própria concepção de mito fundante, argumentando que "antes do homem e depois do homem, outros sonhos e imagens vitais ocuparam e ocuparão o foco histórico e outros mitos, além do mito humanístico, poderão desfilar pela fresta iluminada da presença ao tempo".[18] A par de resumir a raiz de seu pensamento, soa como uma advertência. Como quem diz, na esteira do misterioso fragmento de Hermes Trimegisto: "Você sabe: vamos recordar."[19] Mas para que a recordação seja possível é preciso antes de mais nada livrar-se da capa da arrogância humanista, uma sobrecarga que transcende de muito a rasa querela que opõe à ciência a religião.

---

[15] VFS, *Obras Completas*. São Paulo, IBF, 1964, v. II, p. 161.
[16] VFS, ibidem, v. II, p. 169.
[17] Martin Heidegger, *Sobre o Humanismo*. Rio de Janeiro, Tempo Brasileiro, 1967, p. 68.
[18] VFS, ibidem, v. I, p. 330.
[19] Hermes Trimegisto, *Corpus Hermeticum*. Ed. Ground Information, 1974, p. 3.

Às vésperas do acidente que lhe tirou a vida, Ferreira da Silva havia dito a Dora, sua companheira e parceira, que o municiou com essa indispensável (à sua filosofia) dose de *insight* poético, duas frases contraditórias, não só enigmáticas como aparentemente excludentes. A primeira: "Eu já disse *tudo* o que tinha a dizer." A segunda: "*Agora* vou *começar* a escrever."[20] Duas observações que normalmente não precisariam significar mais do que humores de momento, talvez signifiquem, no caso do autor de "Filosofia da Mitologia e da Religião", uma valiosa pista dos caminhos que poderia ter tomado sua obra filosófica, tão abruptamente interrompida. Como vimos, esta evoluiu de maneira resoluta e corajosa de uma ultraespecialidade fechada – a *lógica matemática* – para culminar na aberta e ilimitada floresta sombria da alma, com o vislumbre do mito e, por decorrência, da língua, como fundadores da realidade que nos determina. Equivale a dizer, não de uma *religião* – que, de certo modo, seria uma especialidade ainda – mas da *religiosidade,* abrangente e includente, refratária ao conceito explicativo mas sensível ao *modus* da alma, por habitar a região de um silêncio que inclui todas as falas. "O que não pode ser dito, deve ser silenciado", vaticinou Wittgenstein.[21] Ferreira da Silva talvez fosse mais explícito, completando: ou comunicado com o sortilégio da fábula (ou do mito) que escava na trama alquímica da língua as fontes do Ser. E poderia ainda ter exemplificado o que queria dizer com um mito como o de Orfeu. Orfeu *ilustra,* em imagens significativas, o que a conceituação explicativa de causas e efeitos, a rigor, encobre, ou seja, mostra o que busca o corpo em sua peregrinação existencial para recapturar a alma, arriscando-se sempre a perder-se entre o lodaçal humano e o limiar inalcançável do transumano. De um certo modo, Orfeu é um *pendant* de Perséfone, cativa de Hades, senhor do outro mundo (ou da morte), mas que recebe da Assembleia do Olimpo permissão para viver seis meses com sua mãe Deméter, senhora da fertilidade (ou da vida).

---

[20] Dora Ferreira da Silva, "Fim e Começo", *Convivium,* São Paulo, maio-junho 1972.
[21] Ludwig Wittgenstein,*Tractatus Logico-Philosophicus.* Londres, Routledge, 1974.

Personifica ou dramatiza, além da condição humana, hesitante entre os dois mundos, o renascimento vegetal e a recorrência cíclica das estações. Os famosos *mistérios eleusinos* enfatizam e ritualizam uma fundamental interação entre homens e vegetais, embora não se reduzam imageticamente a nenhuma expressão simples ou óbvia. Dão vida ao que de outro modo é apenas uma fria constatação calendária sem maiores sequelas existenciais em termos de vida ou morte. Tão cedo quanto em 1953, em seu ensaio "Orfeu e a Origem da Filosofia", ao citar Eudoro de Sousa, Ferreira da Silva já deixava uma pista dessa "fenomenologia do pensamento filosófico" que tinha em mente: uma terra indivisa comum à *"poiesis* mitológica e à *noesis* filosófica".[22]

Em vez de desvestir e desnudar a realidade com o arcabouço seco e vazio da formulação, urgia perder-se – para poder ganhar-se num outro plano – na contextura densa e caótica de um real que só se deixa capturar por uma imagem que o transcende, e que concede, conforme Novalis, "ao vulgar um mais alto sentido, ao banal o aspecto do misterioso, ao conhecido a dignidade do desconhecido, ao finito a aparência do infinito...".[23] Só assim se evita a cadeia de reduções que empobrecem a vida e reduzem o espírito à psicologia, a fisiologia à físico-química e, dir-se-ia, a própria poesia às palavras que a compõem, acabando por reduzir tudo à oca cápsula nuclear do nada, que diabolicamente *funciona,* mas não vive. Dali emerge um mundo que se desertifica, pobre, feio e, o que é pior, irreconhecível, onde sobram alguns poucos oásis que só servem para exacerbar a perda. Ferreira da Silva é incansável em denunciar essa morbidez humanista que transforma a vida numa obra cuja finalidade é, não a obra em si, mas a volúpia de construí-la, desmontá-la e reconstruí-la *ad infinitum,* numa sistemática sufocação do não-feito-pelo homem. Redunda numa "cisão infinita entre o sujeito e o objeto, entre a pessoa e a coisa, entre o espírito e o mecanismo", constituindo-se,

---

[22] VFS, ibidem, v. II, p. 155.
[23] VFS, ibidem, v. I, p. 113.

ao fim e ao cabo, numa "armadilha viciosa com a qual se defronta a mentalidade de nossa cultura".[24]

E vale a pena deter-se um pouco no significado dessa metáfora da *armadilha viciosa*. Mostra, por um lado, a captura do que vive por meio de um mecanismo artificialmente construído, e por outro, o aprisionamento do próprio inventor, que pertence ao mundo, porque não pode deixar de pertencer a ele, e, ao mesmo tempo, não pertence, porque não quer pertencer, aparentando pairar olímpico acima da vida e da morte como um aprendiz de feiticeiro. Em sua noite de Walpurgis, nosso homúnculo deixa-se iluminar pelo tirânico facho de luz dos (anti)mitos originários que o conformaram, fundamente enraizados na tradição judaico-cristã, cujos preceitos se vão tornando universais por conta da *funcionalidade* que entroniza o conforto material em detrimento da alma, transformada esta em palavra suspeita, dúbia, ambígua, incômoda. De todos os modos tenta-se erradicá-la, mas ela (alma) resiste, sediada em nomes, lugares, na história profunda. Seus vestígios encravam-se teimosamente na poesia, na fábula, no conto de fadas, numa ficção que o conhecimento tecnocientífico procura fechar, circunscrever, limitar, catalogando-os como reminiscência da infância, no plano individual, e resquício de um *estágio primitivo*, vencido e superado, no plano coletivo. Ferreira da Silva contrapõe: "Reconheçamos", diz, "que existe uma profunda verdade nas páginas dos contos de fadas sob a forma de uma linguagem cifrada de insondáveis perspectivas."[25] A imaginação que aciona a fantasia recôndita, adormecida na alma, forma uma realidade de que apenas suspeitamos (mas recusamos) a existência, nauseados por sua imprevisibilidade inapreensível; no geral, afastamo-la com o alívio de quem volta a imergir na voragem – dita realista – dos problemas cotidianos. Entretanto, é tão real quanto qualquer coisa que se explique, e até mais, já que ao contrário da explicação, que se esfarela na mão que a pega e se confunde na consciência que a apreende, a fantasia tem a firmeza

---

[24] VFS, ibidem, v. I, p. 51.
[25] VFS, ibidem, v. II, p. 163.

de um sonho que, para o observador persistente de si mesmo, enraíza-se nos mais remotos confins do Ser.

Coincidentemente, no dinamarquês do mestre dos contos de fada, Hans Christian Andersen, a palavra que os designa – *eventyr* – é a mesma de *aventura*, derivada do latim *advenire*, *tornar-se*. Apesar de ressecado por incontáveis manipulações, invadido sem-cerimônia pela ciência psicológica, o conto de fadas continua sendo uma aventura voltada aos primórdios do ser. Em verdade, são fábulas, lendas, histórias que brotam do inconsciente coletivo, mitos do insondável que nos configuram em sua realidade onírica e resistem até mesmo à britadeira em que são (pretensamente) triturados pelo mito maior do antimito. A rigor, são o cerne do fenômeno poético, tolerado apenas como válvula de escape, sempre que possível esterilizado numa cápsula inócua e inofensiva, mas que teimosamente insiste em mostrar-se radicalmente (em seu sentido etimológico) *constitutivo*, por devolver ao Ente, vitimado de morte em vida, seu Ser profundo.

Ao afirmar, contraditoriamente, que já tinha dito tudo e ia começar a escrever, talvez Ferreira da Silva quisesse dizer que já tinha dito tudo o que havia a dizer em linguagem filosófico-conceitual, sem contudo ter esgotado o assunto. Este só seria acessível nas imediações da fábula, do conto de fadas ou daquilo que Eliot chamou de "correlativo objetivo". Claro indício disso pode ser rastreado em seus artigos que tratam de temas literários, a exemplo do que escreveu ou esboçou sobre *O Iniciado do Vento* (Aníbal Machado), *João Torto e a Fábula* (Cassiano Ricardo) e *Grande Sertão: Veredas* (Guimarães Rosa). O cerne dessa procura seria uma narrativa que *assume formas de lenda prototípica*. Mas é sobretudo nos ensaios sobre o poeta e ficcionista inglês D. H. Lawrence que essa possibilidade ressalta com toda clareza. Significativamente seu último ensaio para a revista *Diálogo* (nº 15 de março de 1963), premonitório em vários sentidos, é sobre o autor de *The Ship of Death* – *O Barco da Morte* –, que encarnava o que Vicente poderia ter tido em mente como sequência de sua obra. Para tanto, vale a pena repetir uma parte do credo de Lawrence, citado no referido ensaio:

Que eu sou eu.
Que minha alma é uma floresta sombria.
Que o eu que conheço é apenas uma pequena clareira nessa floresta.
Que deuses, estranhos deuses vão da floresta para a clareira do eu conhecido e depois se afastam.
Que devo ter a coragem de deixá-los ir e vir.[26]

Não é portanto descabido imaginar que a alternativa desse silêncio do que não pode ser dito fosse a expressão órfica do poético, entendido em seu sentido amplamente fabulatório; transcende do utilitário ou do meramente explicativo. É um outro lado ou um outro reino, que fundamenta a riqueza do Ser sem fronteiras artificiais, nas proximidades do que Rilke chamou de *Gesang ist Dasein*: "Cantar é existir."[27]

A série de *Diálogos Filosóficos*, das últimas coisas que Ferreira da Silva escreveu, já vem infiltrada dessa ânsia fabulatória como saída para o impasse de uma conceituação que parece se fechar ao mesmo tempo em que se abre para um novo mundo de possibilidades, a começar pelos próprios títulos: "Do Mar", "Da Montanha", "Do Espanto" e "Do Rio". É possível que o autor dos *Diálogos* desconfiasse de seu talento de artífice de uma palavra nutricial, mas não de seu fascínio por ela e da convicção de que estaria aí a única saída para o impasse de nossa "armadilha viciosa". Abria-se neles um farto veio a explorar. Numa passagem do "Diálogo da Montanha" diz-se que "a vida perdeu assunto". E à medida que o perde e "há uma entropia no tônus vital, uma nivelação para baixo da alegria de ser",[28] em nome de um *ter* que se engole a si mesmo, a arte se vai tornando acessória e mercenária. O que

---

[26] VFS, ibidem, v. II, p. 402.
[27] R. M. Rilke, *Les Elégies de Duino – Les Sonnets à Orphée* (ed. bilíngue), Paris, Seuil, 1972, 3r. soneto, parte I.
[28] VFS, ibidem, v. II, p. 510.

importa já não é ver no mundo um jardim mas fazer do deserto um jardim inteiramente insosso e construído. Para que a vida volte a ter *assunto* e *sabor* – sugere Vicente – há que religar-se a suas fontes primárias por meio de fabulações cênico-dramáticas, como o fazem os *povos aurorais*, aqui entendidos sem a errônea conotação que lhes foi pespegada, em nome de um devir progressivo, de *primitivos*. O Ser que os iluminava tinha a vivacidade divina que nossa época ocultou. E perdeu com o ocultamento – ainda nas palavras de Ferreira da Silva – o que seria "uma *Sinnbild,* uma imagem significativa, uma significação mergulhada totalmente na imagem".[29] O reverso, exatamente, da moderna imagem da propaganda, que significa o que não é.

Onde esse veio vicentino poderia desembocar fica em aberto, uma página a ser completada. Não quis o destino que ele a completasse. Mas seria injusto dizer que não deu frutos. Deu-os na poesia de sua mulher e parceira, a poeta Dora Ferreira da Silva, cuja obra desvela esse veio poético que aflora e paira significativamente acima e além do cerne duro da filosofia, numa continuada perquirição infatigável da "grande escrita cifrada do mundo" a que se referia Novalis, uma escrita que se procura mas não se acha, e que não se reduz jamais a nenhuma medida. É desmedida, desmesurada, dionisíaca.

Talvez Vicente Ferreira da Silva – como Dioniso – tenha pago um preço alto demais por sua ousadia de deixar-se embriagar pelo próprio sangue. Ou por ter ousado, ao risco nietzschiano da loucura, escrever com sangue para conquistar o espírito.

---

[29] VFS, ibidem, v. I, p. 369.

VICENTE: FILOSOFIA E VIDA[1]

por Agostinho da Silva

Ainda hoje, embora passados alguns anos sobre o mais vivo da questão, se debate muito em Portugal se existe ou não uma filosofia portuguesa. Grande parte do desentendimento vem, como em copioso número de disputas, de se não terem definido termos e de não estarem, portanto, todos de acordo sobre o que designam por filosofia, acresce a isto que também se não tem noção exata do que significa a palavra Portugal: para quase todos, mesmo para os que mais defendem, no campo político, a existência de um Portugal Ultramarino, o Portugal a que se referem é aquele que se situa na Europa; se ao outro se referissem, o problema se complicaria, porquanto já existe bibliografia, de resto não portuguesa, sobre filosofia banta e é fora de dúvida que devem ter pensado filosoficamente indianos de Goa ou chineses de Macau, os quais, em termos jurídicos, foram ou são portugueses.

Se entendermos por filosofia o sistema coerente de pensamento que, baseado no que se pode conhecer cientificamente, a tudo liga por laços racionais e a si mesmo se pensa, quer admita ou

---

[1] "Vicente: Filosofia e Vida". Publicado originalmente em: Agostinho da Silva, "Vicente: Filosofia e Vida". *Convivium*, São Paulo, v. 16, n. 3, mai./jun. 1972, p. 246-251.

não que existe mais mundo para além do racional ou, por outras palavras, que raciocinar é apenas uma parte do pensar, então força é dizer que nada disso se viu até hoje em Portugal, a não ser como reflexo ou discipulato de filosofias desenvolvidas fora das fronteiras portuguesas, desde as escolásticas, que duraram até o século XVIII, cartesianismos e kantismos ou neokantianos que nunca tiveram grande voga, marxismos, que mais são políticos do que filosóficos, e intuicionismos, existencialismos e estruturalismos que se situariam, pelo menos no que respeita a Portugal, antes no campo da moda do que no do pensar filosófico.

Mas não é talvez a este alvo que apontam os defensores da existência de uma filosofia portuguesa, os quais não deixariam, em tal caso, de registrar os nomes de um Francisco Sanches, de um Leão Hebreu ou de um Espinosa, muito fáceis de reduzir a uma original marca portuguesa, embora de ambiente muito outro. Quando têm como seus mestres um Sampaio Bruno e um Leonardo Coimbra e até um Delfim Santos ou seguem os ensinamentos dos ainda felizmente vivos Álvaro Ribeiro e José Marinho, já menos os do perfurante cético que é Sant'Ana Dionísio, o que nos dizem é que pouco importam os sistemas, sempre incoerentes e sempre deixando largo domínio ao mistério, úteis para base de morais e políticas, e até de economias, por aí fortemente europeus, técnicos e de ação; o que importa, segundo lhes parece, é a inquietação contínua perante esse mesmo mistério, a interrogação perante a alegria e a tragédia da vida, o espanto diante do fenômeno, a capacidade de viver antinomias e de ser, portanto, contrário a si onde europeu o quereria lógico, o abandono ao que vem muito mais do que o apresto a dominá-lo, a confiança na intuição, a tendência a ser dionisíaco mais do que apolíneo; antes de ligarem ao além-pirenaico se querem mediterrânicos, de um Mediterrâneo cretense não ático, heracliteano e não geômetra, de cerâmica em zona e não de jeito dórico, de ritos místicos e não de romana estrada linear; depois muçulmano, árabe ou berbere islamizado, mais que visigótico ou dos cruzados, francos ou saxões, que submeteram as Espanhas ao que Espanha não era.

Talvez a discussão não tenha grande importância em Portugal, que certamente vai ter que afrontar problemas mais imediatos e que os resolver de acordo com circunstâncias várias que o envolvem, só mais tarde vindo a ter a oportunidade, que esperemos não falhe, de se marcar individual e de porventura ser cabeça de guia para que se saia da confusão em que se encontra a Europa, depois de ser o ponto de apoio para que, após tantos séculos de herdeiros dos Reis Católicos e de Carlos V, tenham livre expressão de sua originalidade os povos da Península.

Acho, porém, que a tem e muita neste nosso Brasil, aquele cujo nome para mim tem sua origem no mito cartográfico da ilha Brasil, a terra dos bem-aventurados, o Brasil que foi lugar de eleição para as utopias do Renascimento e que vai de Montaigne a Rousseau, o Brasil que será apenas um gigante tonto se não se pensar, se organizar, se dirigir a ser o ponto de arranque de uma União Internacional dos Povos, União de Paz interna donde a externa brota, no domínio de uma economia que seja primeiro de justiça e depois, de abundância; de uma educação que seja de libertar o gênio que na criança existe e não de o destruir; de uma informação livre que encontre para a joeirar espíritos sábios e críticos; de uma política que tenda o mais possível a não ser, liberando as Nações de seus Estados e tornando-as a todas elas, por plenitude, universais.

E metafísicas. Ponto de partida e ponto final. Não há hoje no mundo nenhuma crise real de ciência ou de técnica, de política ou de moral, de pedagogia ou de arte. Tudo vem como aspecto ou como projeção de uma crise de pensamento filosófico: a multidão de fenômenos, materiais e espirituais, excedeu as disponibilidades do homem pensante, habituado a sistemas do real, quanto agora se lhe abrem as exigências de concatenar, num todo único e vivido, o real e o possível; habituado a ser apenas filósofo ou apenas místico quando tem que se virar agora a ser, simultaneamente místico e filósofo, com a agravante de que, se era místico de uma só religião ou filósofo de uma só filosofia, tem hoje de encarar o ser místico de todas as religiões e filósofo de todas as filosofias.

A humanidade, e para só o pormos em termos de Ocidente, o que é inadequado, venceu a sua primeira grande crise quando Sócrates afirmou a existência da ideia geral, ou por ele a afirmou Platão, venceu a segunda quando, depois de terem posto a questão Sanches, Montaigne e Rabelais, conseguiram Bacon e sobretudo Descartes-Espinosa dominar as descobertas de portugueses e espanhóis; estamos agora diante da terceira e se põe o problema de saber se há gênio bastante nalgum homem para congraçar tudo o que aparece a nossos olhos como antinômico e longínquo. Por mim, creio que não; a tarefa é de todos e a levaremos a cabo muito mais pela vida que formos do que pelas ideias que tivermos.

Convirá, pois, aos brasileiros que somos e aos universais que desejamos ser que cortemos as amarras com os tempos e os lugares em que se podia pensar em guias a que seguissem multidões, quer fossem guias um Platão ou um Eckhart, um Lao Tsé ou um Planck, um Kant ou um Confúcio, o que não quer dizer que não tenhamos obrigação de os entender, a eles, a seus seguidores e a seus contrários. A hipótese redentora é a da genialidade da criança e toda a revolução brasileira tem que tender a libertar a criança, como uma revolução francesa libertou o burguês, a russa, o operário, a chinesa, o camponês; libertar as crianças de nossos limitantes modelos adultos e dar-lhes todo o alimento de que precisam corpo e espírito para que qualquer delas possa ser o que até hoje apenas foram aqueles que denominamos gênios e que foram somente crianças que por sorte, raríssima sorte, escaparam de ser adultos; gênios mais gênios do que os gênios porque não haverá para eles a exigência das especializações e se poderá, sem peias, ser, ao mesmo tempo, o poeta, o herói e o santo, até hoje sempre ou quase sempre separados e frustres.

Aumento do produto nacional bruto, disciplina do trabalho, melhoria da balança de pagamentos, crescimento ordenado da população, importância internacional, nada disso valerá coisa alguma se não servir ao Brasil para afirmar a liberdade da criança e para ajudar a que libertem também, primeiro os outros territórios de língua hispânica, finalmente levando a todos os povos do mundo um Evangelho, plena eclosão daquele mesmo que tanto afirmou ser das crianças o Reino dos Céus.

Não creio que venha então a haver sistemas metafísicos ou morais, nem burocracias filosóficas ou religiosas; creio que todo o homem será, vivendo, religioso e metafísico, artista e cientista, místico e político, num constante diálogo consigo mesmo e com o mundo e, simultaneamente, imerso no silêncio e na nulidade do absoluto valor; companheiro e só; ponto sem dimensões e a todo o espaço extenso; esperada hora em que se juntou todo o passado e o futuro inteiro. Alma bem-aventurada num universal Brasil de bem-aventurados. Fazendo aquela síntese de sistema e não-sistema que ainda é em Portugal divisão e polêmica.

Embora tenha convivido no Porto com Leonardo Coimbra e seus discípulos imediatos e embora tenha, no Brasil e no Japão, encontrado quem ia muito pelos mesmos caminhos, tanto nos eruditos como no povo, e no povo muito mais, pelo que se refere a Portugal e Brasil, ninguém me pareceu tão perto do objetivo, tão precursor do que virá, de tão forte aceno para o rumo a seguir como Vicente Ferreira da Silva, perfeitamente informado da filosofia que se fizera ou fazia no mundo, atento ao que a ciência, sobretudo a física, ia trazendo de alicerce ao pensar, desperto para a arte, quer ela fosse a da pintura ou a da música, sensível às religiões ou ao religioso que nelas por várias linguagens ou formas se traduz, apaixonado pelo abstrato sem que tal significasse desprezo do concreto e, sempre, apesar da sistemática dúvida e de alguma experiência humana adversária de sonhos, cândido no pensar e no agir, despido de ambição pessoal e, embora amando a vida, dela se desprendendo sem esforço nem pena.

Raras vezes, se algumas, o ouvi citar; o que sabia se lhe tornara personalidade e podia dar a superficiais a impressão de ignorância e desinteresse; silencioso e aristocrático ao primeiro encontro, era no diálogo que desabrochava como pensador e na ação que se revelava sua gentileza de espírito; vi-o algumas vezes desgostoso, nunca, porém, o encontrei violento e, se em alguma oportunidade se queixou de sofrer, o fez sempre como se se referisse a um fatal de si mesmo, não a uma perversidade dos outros; gostava mais de se referir a qualidades que a defeitos e todos lhe pareciam de cabimento no mundo. Aparentando ser fraco e frágil, pouco disposto a esforço físico e às vezes um tanto assustado da natureza e dos homens, vi como atravessava noites inteiras de discussão de problemas, como podia aguentar as longas e às vezes ásperas marchas em que eu, distraído, nos metia e como, numa época agitada de Buenos Aires, serenamente se movia e continuava falando de filosofia através de cargas e de tiros e de bombas.

Nele o homem, como convém, sobrelevava ao filósofo. Este, no entanto, estava sempre alerta a toda a oportunidade que se oferecia de fazer que houvesse melhores condições para o pensar e outros se sentissem atraídos a seu círculo, não por qualquer ambição de discipulato, mas para que nova gente, original a seu modo, enveredasse pelo caminho de saber, de raciocinar o saber e de o transpor abrindo-se a toda a possibilidade de iluminação ou graça. Pensou ver no Grupo de Itatiaia a base de dois movimentos sobre que se poderia alicerçar uma renovação do Brasil, ou antes, um regresso ao Brasil pelo sacudir de seus vícios europeus, como tão bem o definiu, por volta de 48 e nessa mesma Itatiaia, um Oswald de Andrade: seria um o da formação de uma Comunidade, que teria muito de uma Ordem, sem os cânones, e cujo objetivo fundamental estaria em apurar o pensamento de uma idade nova e em estudar todos os seus reflexos de ordem social e individual; seria o outro o da fundação de um Instituto em que se meditassem todas as características do Brasil e, sob o ponto de vista do Brasil, todas as correntes de ideias ou todos os procedimentos, nacionais ou não, que apareciam no mundo como criação ou herança.

Nenhum dos dois vingou, como não vingou, para Vicente, a vida. Não creio que a tenha perdido senão por culpa de nós todos, demasiado distraídos por nossos interesses ou impelidos a fazer as nossas próprias experiências, já que ninguém aprende com as dos outros; como não tínhamos real vida não lhe pudemos sustentar a dele. Além de tudo, era ele, talvez, dos homens que, morrendo mártires, com a morte se acentuam na presença e mais, como sombras, iluminam; profeta, no que foi, de algum Brasil a ser, talvez o não celebremos, quando o soubermos, como filósofo; certamente, porém, o teremos como modelo de uma humanidade que desejamos como ele sabedora e pura, inquieta e firme, inteira de sua terra, gente e língua, mas sua integridade se exercendo no espaço universal do vário e do contrário.

Lisboa

FIM E COMEÇO[1]

por Dora Ferreira da Silva

Acima do tempo, fim e começo falam entre si
Paul Evdokimov

Tentarei confrontar nestas páginas duas afirmações de Vicente no que diz respeito à sua obra. Recuadas no tempo comum, aparentemente contraditórias, sinto-as no entanto a salvo, e profundamente significativas em seu módulo e timbre. As duas afirmações a que me refiro foram retiradas do contexto de conversas que tivemos em 1963, de dois diálogos que se esfumaram. Assim isoladas, colocam a questão de fim e começo, representando textualmente tomadas de posição sucessivas de Vicente diante de sua obra e, portanto, de si mesmo.

A primeira afirmação é esta: "Eu *já* disse *tudo* o que tinha a dizer". A segunda: "*Agora* vou *começar* a escrever".

A primeira foi uma espécie de pensamento em voz alta, sem ênfase, e tinha o tom ubíquo das coisas que são ditas para todos

---

[1] Texto publicado originalmente em: Dora Ferreira da Silva, "Fim e Começo", *Convivium*, São Paulo, v. 16, n. 3, mai./jun. 1972, p. 189-193.

e para ninguém. Mas tal afirmação sobrenada ao movimento da conversa e hoje a evoco talvez em seu verdadeiro sentido: algo fora terminado, tratava-se de um fim. Não, é claro, de um melancólico entregar-se ao silêncio da exaustão ou da carência. Vicente continuava a escrever, como sempre, atirando ao papel, numa caligrafia miúda e difícil, notas e esboços que retomava depois, ou então abandonava definitivamente. Muitas dessas páginas são ilegíveis; ou só decifráveis a muito custo. Não se tratava pois de estancamento, mas (creio eu) da súbita consciência de limite. Fim do dizível para ele? Fim do que até então lhe coubera dizer?

Num caderno de apontamentos de Vicente encontro esta observação, comentando um livro de Jean Wahl, *O Fim da Ontologia*: o Fim ocorre quando o Ente se mostra como o *revelado* que descansa na força *revelante;* o Ente é uma ilusão do Ser."

Essa ideia da derelição do já dito e do abandono que o Ente sofre em face à plenitude da Fonte aparece com frequência nos últimos trabalhos de Vicente. O apocalipse de um dado traçado do mundo corresponderia, segundo ele, a um refluxo do oferecido e manifesto à Matriz original. Em suas últimas meditações há uma obscuridade germinal, sua linguagem torna-se saturada de neologismos e de novas formas de dizer. Isso provinha da necessidade de comunicar experiências inusitadas do pensamento, de um pensamento que, para se exprimir, precisava dançar sobre si mesmo. Eis como Vicente tenta captar e transmitir a intuição dessa Fonte, princípio e fim de todo o oferecido: "A Fonte, manando no Aberto, põe o limite do oferecido, desenha imaginativamente a estampa do manifesto e faz transparecer a desolação da noite ilimitada. (...) Na ontogênese transcendental, na desocultação do oculto, as essências prodigadas recortam-se, não sobre o possível – pois todo o possível está com elas – mas sobre as trevas do ilimitado. Acontece que o fechar-se de uma forma, o desenhar de um desenho, libertam a contrafigura do caos. Figura e contrafigura, Apolo e Dioniso, Cosmos e Caos são transcendíveis ou reabsorvíveis na Fonte".

É importante situar essas notas antes de procurar integrá-las a essa totalidade incompleta que, paradoxalmente, é o horizonte mais vasto de todo pensamento que se assume em sua finitude, mas também em seu ímpeto ilimitado. Foram elas escritas a modo de notações rápidas em 1962, depois de um ensaio de Vicente que se intitula "Religião, Salvação e Imortalidade". Acho este trabalho de Vicente um dos pontos mais altos de sua meditação filosófica. Sua originalidade é radiosa. Heidegger e Walter Otto dão o embasamento à sua pergunta pelo salvável e à consideração dos múltiplos espaços soteriológicos que resultam das várias fundações "da experiência idiomática do divino". A partir de uma plataforma puramente filosófica e especulativa, Vicente indaga sobre os "vórtices de eternidade" que seriam abertos além do uranismo espiritual dado pela tradição ocidental-cristã. A cada diacosmese – segundo ele – corresponderia um espaço soteriológico, isto é, um campo do salvável. A eternidade pensada em termos espirituais seria apenas uma dentre as múltiplas formas de implantação no transcendente. Em suas palavras: "Os deuses abrem campo a efetuações existenciais eternizantes que pertencem ao seu âmbito interno de possibilidades atualizáveis". E ainda: "As cenas eternas do mundo que constituem o universo prototípico dos deuses surgem, convocando e convidando-nos para as diversas moradas indestrutíveis".

Reportando-nos às notas já citadas, imediatamente posteriores às ideias expostas no ensaio em questão, não é constatável, ainda que sob a obscuridade de uma nascente, essa "fé na origem" de uma *Fons et Origo* na qual tudo se reabsorveria – Apolo e Dioniso, Caos e Cosmo – noite do Inominado?

Numa ordem especulativa paralela, Vicente se preocupa com a polaridade Mito-Logos. Se o "Logos nos ata ao já oferecido, o Mito nos transporta para o domínio desvelante do primordial". Essa tensão entre o Mito e o Logos corresponde a duas vertentes da personalidade intelectual de Vicente: a apocalíptica e a auroral. Como não relacionar a sua primeira afirmação, a de que se objetivava como aquele que já dissera o que tinha a dizer com esse refluxo do manifesto à Fonte do Inominado? Mas ao movimento doloroso de entrega e devolução à Origem, à *Gelassenheit* diante de uma Totalidade incompreensível e meta-humana, se opunha, no mais profundo da personalidade de Vicente, uma tônica entusiástica e auroral. O *potlach* dos trobriandeses era um tema que o fascinava. A modo de um ritual de renovação, essa festa ocorria quando as tribos atingiam um excepcional fartura. Tinha um caráter orgiástico e violento, empenhando-se os homens em destruir utensílios e armas, sacrificando o gado e tudo o que possuíam. Tratava-se de uma destruição e ao mesmo tempo de uma emulação, em busca de um começo absoluto. As aldeias em chamas eram abandonadas e as tribos partiam à procura de um novo centro, em torno do qual deporiam as tendas.

"Agora começarei a escrever": teria Vicente pensado em destruir o já-dito e pensado, em busca de uma nova criação? Ou retomaria em novos desenvolvimentos os múltiplos embriões contidos em seus escritos?

Não acho lícito nem justo imaginar o que teria podido ser o caminho ulterior desse pensamento cuja força se acrescenta a cada dia, e cujo caráter profético e de antecipações é evidente para todos nós. Acredito, com Eliot que

> o que teria podido ser é uma abstração
> que permanece como perpétua possibilidade
> apenas no mundo da especulação.[2]

Mas por diversos motivos, do menos ao mais, teremos que interpretar e sonhar debruçados sobre esta obra. Amigos e inimigos, em simpatia, antipatia ou empatia, têm que contar com ela. De nada ela precisa, nós precisamos.

Atrevo-me a uma hipótese, evocando o quanto a ideia de uma *Wendung* ou de uma *Wandlung* (mudança ou metamorfose) era

---

[2] Tradução da Autora.

cada vez mais frequente nos últimos escritos e conversas de Vicente. À maneira dos trobriandeses, não acho impossível que ele sacrificasse o já-dito, rumo ao totalmente novo. Sua passagem radical da Lógica Matemática para a Metafísica aí está como prova de uma possibilidade deste tipo. Mas uma transformação não é, em última instância, uma negação do anteriormente manifesto. Fechado o círculo do já-dito, não ascenderia seu pensamento em espiral, atingindo outros níveis, inimagináveis? Em página póstuma publicada no segundo tomo de suas *Obras Completas* (ou *Incompletas?*), Vicente fala-nos do Oceano germinal de onde "estariam surgindo continuamente os zigotos da vida". Essa Vida, Noite primeira, Matriz abissal não é também uma expressão de sua criatividade fervilhante?

Dois versos de Rilke eram particularmente caros a Vicente. Um deles é o *Wolle die Wandlung* de um dos *Sonetos a Orfeu* e o outro é o verso final de um dos poemas do *Livro de Horas*: *Ich glaube an Nachte*. Não insistirei nas implicações que constituem uma espécie de subtexto entre esse vocabulário poético e o pensamento último de Vicente. A transcendência do puro *in fieri* e a "morte como estado de genialidade" exprimem, na cunhagem originalíssima de sua maneira de dizer o indizível, a intuição de um começo que é um fim e de um fim que é um começo. Ao "sentido apolíneo da consciência" (já-dito) se oporia a realidade dionisíaca de uma Noite-Origem da qual sempre estariam emergindo os "zigotos da vida", em novas configurações.

A primeira afirmação de Vicente: "Eu *já* disse *tudo* o que tinha a dizer" e a segunda: "*Agora* vou *começar* a escrever", me reconduzem à atmosfera de seu ser auroral, desvencilhando-se da obra já cumprida. Tal como nas festas do Ano Novo das cosmologias arcaicas, a segunda afirmação varre a primeira como um vento de primavera e de renovação mediante a volta ao tempo forte da Origem, que é também o vigor de um impensável Começo.

Assim, estas duas afirmações não se destruiriam mutuamente em obediência a uma lógica demasiado óbvia, mas seriam uma forma de diálogo "acima do tempo", quando fim e começo falam entre si:

A aurora aponta e outro dia
se arma para o calor e o silêncio. O vento da aurora
se enruga e desliza sobre o mar. Estou aqui
ou lá, ou em qualquer parte. Em meu começo.³

São Paulo

---

³ T. S. Eliot, Eats Coker, *Four Quartets*. "Dawn points, and another day/ Prepares for heat and silence. Out at sea the dawn wind/ Wrinkles and slides. I am here/ Or there, or elsewhere. In my beginning". Tradução da Autora.

ANEXO

O VERDADEIRO PACTO[1]

por Vicente Ferreira da Silva

Vejo que foi bom eu vir para a beira-mar e afastar-me um pouco para daqui perceber melhor esse confuso emaranhado de aspirações, ideias e empreendimentos em que nos debatemos. É necessário saber com clareza o que queremos, separar o que realmente serve às nossas finalidades do que é mero enfeite adventício, fixar o nosso objetivo e escolher criteriosamente os caminhos que nos conduzem a ele.

Você poderá estranhar, mas julguei mais oportuno escrever a você do que ao Dr. Agostinho, aos meus amigos ou ao mundo; senti intimamente que se estas palavras ecoarem em seu espírito, através dele atingirei todos os espíritos. Estou mais do que convencido que esta "heterologia" que pretendemos instaurar entre os espíritos só pode ser conseguida por etapas e mesmo entre nós existe ainda muita coisa vaga e ambígua. Se esta carta contribuir

---

[1] Carta de Vicente Ferreira da Silva a Dora Ferreira da Silva, enviada de Santos, 7 de maio de 1947. Ainda estava começando sua carreira filosófica. Nela o filósofo traça um futuro de cumplicidade para ambos, tanto em termos amorosos quanto em realizações conjuntas, intelectuais e espirituais. A organização e a edição da correspondência de ambos com outras personalidades é um trabalho que necessita muito ser feito, pois é de grande riqueza histórica e intelectual. (N. O.)

com alguma medida para dissipar essas vaguezas e consolidar o nosso entendimento já será um progresso.

Como não se trata de uma peça literária, e sim de uma desesperada elucidação, de uma derradeira exposição de motivos (pois atravessamos a mais decisiva fase de nossa existência), tomarei a liberdade de dividir esta carta em parágrafos, o que facilitará esta exposição.

1) Sobre a falsidade de uma interpretação sociológica de nossas perplexidades.

Apresentando o nosso "caso" a um sociólogo, ele o interpretaria sem pestanejar como um caso de desadaptação social. Se não conseguimos nos equacionar com o mundo e com o nosso meio é porque somos uns desadaptados. Se perguntássemos em seguida por que não estamos a gosto em nosso ambiente, ele iria procurar em seu arsenal de hipóteses mil e uma explicações psicológicas e econômico-sociais que justificariam o nosso desassossego. Sei de antemão que a razão a ser apresentada em primeiro lugar como a mais verossímil seria a de que nós sofremos em nossa alma os reflexos da terrível inquietação que vai pelo mundo e o nosso espírito, como um sismógrafo, registraria essas comoções universais com um histórico exagero.

A falsidade dessas hipóteses e interpretações salta aos olhos. Não sou orgulhoso, nem quero atribuir a motivos carismáticos e sobrenaturais ou a um "chamado" do além a nossa peculiar situação espiritual. O que me parece fora de dúvida é que todos aqueles pretensos diagnósticos só afloram à superfície de nossa situação sem desvendar-lhe as raízes. Jamais nos teríamos preocupado com este árduo problema de uma regra de vida, de uma existência radicada na verdade e não no erro, se não sentíssemos mais do que os outros a profunda responsabilidade de nossa posição existencial. Se não me engano foi o Antonio Candido que se referiu a esta conjuntura em que fomos lançados, a esta ausência completa de "álibis". O homem anônimo das cidades pode eximir-se de todas essas hesitações e perplexidades, alegando que suas preocupações materiais não lhe dão tempo para o *luxo* especulativo a que nos dedicamos, ou apresentando outros subterfúgios mais ou menos justificados que o põem a salvo desta secreta tortura moral. Nós não temos escapatórias diante das supremas exigências éticas que se interpõem em nosso caminho! Para nós, parar é perigoso, avançar é temerário, recuar é impossível. Se por um lado aceito a contestação do Antonio Candido sobre a peculiaridade da nossa situação (e como não reconhecer o que se sofre de manhã à noite na própria carne), por outro discordo totalmente da interpretação que ele ofereceu. Não considero a nossa situação como uma mera situação de fato, como um fenômeno objetivo que se deva unicamente registrar nos arquivos históricos. O destino nunca fala uma linguagem clara e precisa e por isso afirmei acima que a minha petulância não ia ao ponto de ler em nossa condição um "aceno" do além, mas não devemos esquecer que o destino arma condições e oportunidades especiais para cada ser humano e é justamente para essas oportunidades que devemos atentar se quisermos realizar a nossa missão. Em cada momento da vida universal só um homem pode realizar uma determinada tarefa, a tarefa para a qual foi chamado à existência; entretanto, ele não encontra escrita e prefixada essa tarefa ao ingressar na vida. Através de vagos indícios, dos seus impulsos vocacionais, de sua experiência vital e de outras condições de vida é que pode tornar-se gradativamente consciente de sua trajetória metafísica.

Examinemos deste ângulo mais profundo os fatores que integram a nossa vida. Não podemos negar que para nós o destino foi benigno e generoso, enchendo-nos as mãos de todos os bens da terra e dando-nos todas as oportunidades para uma vida calma e feliz. Pois bem, nada disso conseguiu ofuscar o nosso espírito, desviando-nos de nossa condição misteriosa. Repetimos em outro plano o drama da indigência e da morte e, tendo tudo, continuamos a não ter nada. Vagamos pela terra, desamparados, alheios a todas as solicitações da vida burguesa. Onde estão postos nossos olhos? Qual esse bem mais precioso que monopoliza todas as nossas atenções? Terrível ambiguidade da nossa condição! Meditando sobre as conexões misteriosas que compõem o nosso problema posso afirmar sem medo que vivêssemos nós em épocas mais felizes e assentadas, participássemos de quaisquer "idades de ouro", o nosso destino não seria diferente, o nosso protesto não seria menos veemente.

2) Sobre o sentido último de nossa rebeldia

Só podem viver bem com o seu mundo os homens que renunciam à liberdade. Conformismo e liberdade são termos que se repelem.

Nós não queremos viver sob ditado, não queremos transformar a nossa vida em automatismo, em gesto mecânico, mas sentimos um respeito infinito pelo sentido criador da vida. Eis em poucas palavras a chave do nosso desassossego.

3) Disto se segue inevitavelmente que ao escolhermos o caminho árduo da liberdade e da autodeterminação escolhemos *ipso facto* como nosso quinhão na vida o desassossego, a angústia e o desespero.

Qualquer esperança otimista sobre o nosso porvir é falsa e decepcionante. A nossa vida não desembocará em nenhuma Canaã, mas na mais inóspita das paragens. Com o correr dos anos tudo se tornará mais sombrio. Nós não viemos para trazer a paz e a felicidade.

Deixemos, com Nietzsche, a felicidade para os ingleses.

4) Podemos agora perguntar quais as condições subjetivas requeridas para quem se resolve pela heresia, isto é, qual o ânimo de um herético.

Quem não sente em seu ser energias suficientes para afastar-se do mundo é melhor que viva com o rebanho. Precisamos de coragem, muita coragem, pois é o medo que faz com que os homens procurem o regaço quente da omnitude. Coragem. Essa palavra sintetiza a totalidade de nossa missão.

5) Você poderá perguntar agora: Coragem para quê? O que devemos fazer com o nosso denodo? Quem ou o que vamos salvar? Eis como poderíamos formular o sentido da nossa luta: Desencapsular os homens da omnitude, devolvê-los a si mesmos, libertá-los do pesadelo, da objetividade. É a luta de um Kierkegaard. A luta pelo difícil. Substituir no mundo a regra pela exceção, a homogeneidade pela heterogeneidade, o claro pelo obscuro, o dia pela noite. Fazer ressurgir de novo no mundo a ordem misteriosa da pessoa, com tudo o que ela encerra de possibilidades criadoras.

6) Mas como poderemos realizar concretamente esse trabalho espiritual que resumira em si o nosso destino?

Você sempre sonhou com a Itatiaia. Eu concordo com você, o plano do Itatiaia é magnífico. Entretanto eu sempre o considerei teoricamente muito limitado. A nossa atuação não deve confinar-se a nenhum empreendimento restrito mas, pelo contrário, ela é que deve suscitar continuamente os meios de sua realização. Devemos lutar em todos os lugares e em todos os momentos; como diz Unamuno, a nossa luta deve ser a nossa vida. Se no instante t o Itatiaia representar o meio mais hábil para os nossos objetivos, façamos o Itatiaia; se acontecer no entanto que no instante $t + 1$ ele venha a perder seu sentido apologético, saibamos conformar novas condições de luta. É a nossa finalidade mais alta que deve selecionar os meios e não vice-versa. Devemos unir-nos em relação aos fins e não em relação aos meios. Esse deve ser o nosso "Verdadeiro Pacto".

A minha companheira de luta,
Vicente
Santos, 7 de maio de 1947.

BIBLIOGRAFIA DE E SOBRE VICENTE FERREIRA DA SILVA

A seguir, uma relação exaustiva de todas as obras, artigos e ensaios, com suas respectivas descrições de fontes, datas e paginação, publicados por Vicente Ferreira da Silva em vida, bem como outros, inéditos, que vieram à luz postumamente.

Também organizei uma bibliografia o mais completa possível de tudo o que foi escrito sobre o filósofo. Pretendi com esta bibliografia traçar um roteiro eficaz para os futuros pesquisadores da obra e da vida de Vicente Ferreira da Silva. Como é de se supor, sempre algo pode ter escapado. Nesse sentido, peço desculpas antecipadas por quaisquer omissões.

Como complemento, uma bibliografia geral, com indicação de obras importantes sobre o pensamento luso-brasileiro, e que também auxiliam a compreensão do debate no qual o filósofo paulista estava inserido, tanto em um âmbito nacional quanto internacional.

Uma das maiores fontes de pesquisa para a organização desta bibliografia foi a tese de livre-docência de Constança Marcondes César, certamente a maior especialista brasileira na obra do filósofo paulista, apresentada à PUC/Campinas e intitulada *Vicente Ferreira da Silva: Trajetória Intelectual e Contribuição Filosófica*

(1980). Porém, agreguei às suas referências outras que fui coletando ao longo da minha pesquisa.

Obras de Vicente Ferreira da Silva

Livros

FERREIRA DA SILVA, Vicente. *Elementos da Lógica Matemática*. São Paulo: Cruzeiro do Sul, 1940, 116 p.[1]

_____. *Ensaios Filosóficos*. São Paulo: Progresso, 1948, 153 p.

_____. *Exegese da Ação*. São Paulo: Martins, 1949, 41 p.

_____. *Exegese da Ação*. São Paulo: Martins, 1954, 77 p. Coleção Natureza e Espírito.

_____. *Dialética das Consciências*. São Paulo: Edição do Autor, 1950, 143 p.

_____. *Ideias para um Novo Conceito do Homem*. São Paulo: Edição do Autor, 1951.

_____. *Teologia e Anti-Humanismo*. São Paulo: Revista dos Tribunais, 1953, 40 p.

_____. *Instrumentos, Coisas e Cultura*. São Paulo: Instituto Brasileiro de Filosofia, 1958, p. 205-214. Separata da *Revista Brasileira de Filosofia*, v. VIII, fasc. II, abr./jun. 1958.

_____. *Obras Completas*. Prefácio de Miguel Reale. São Paulo: Instituto Brasileiro de Filosofia, 1964-1966. Dois Tomos.

_____. *Obras Completas*. Organização, Introdução Geral, Bibliografia e Notas de Rodrigo Petronio. São Paulo: É Realizações, 2009-2010. Três volumes: *Lógica Simbólica*. Prefácio de Milton

---

[1] A edição dessa obra também aparece referida como Edição do Autor. Na verdade, Cruzeiro do Sul provavelmente seja o nome da gráfica na qual a obra foi impressa. (N.O.)

Vargas. Posfácio de Newton da Costa. São Paulo: É Realizações, 2009; *Dialética das Consciências*. Prefácio de Miguel Reale. Posfácios de Vilém Flusser e Luigi Bagolini. São Paulo: É Realizações, 2009; *Transcendência do Mundo*. Introdução Geral de Rodrigo Petronio. Posfácios de Julián Marías, Per Johns, Agostinho da Silva, Dora Ferreira da Silva. São Paulo: É Realizações, 2010.

Ensaios e artigos

1941 – "Spengler e o Racionalismo". *Clima*, São Paulo, n. 4, set. 1941, p. 35-43.

1948 – "O Demiurgo". *Letras e Artes*, Rio de Janeiro, 7 mar. 1948.

1949 – "Teoria da Solidão". Comunicação apresentada no Congresso Nacional de Filosofia de Mendoza (Argentina), 1949.

1950 – "O Sentido Especulativo do Pensamento de Dilthey". Comunicação apresentada no 1º Congresso Brasileiro de Filosofia, São Paulo, 1950.

"Sobre a Origem e o Fim do Mundo". *Jornal de Letras*, Rio de Janeiro, abr. 1950.

"Notas sobre Kierkegaard". Comunicação apresentada no 2º Congresso Brasileiro de Filosofia, Curitiba, 1950.

"Discurso sobre o Pensamento Filosófico Contemporâneo". Comunicação apresentada no 1º Congresso Brasileiro de Filosofia, São Paulo, 1950.

1951 – "A Última Fase do Pensamento de Heidegger". *Revista Brasileira de Filosofia*, São Paulo, v. 1, fasc. 3, jul./set. 1951, p. 278-289.

"Resenha de *Holzwege* (Martin Heidegger)". *Revista Brasileira de Filosofia*, São Paulo, v. 1, fasc. 1 e 2, 1951, p. 209-211.

"Resenha de *Der Marxismus* (Walter Theimer)". *Revista Brasileira de Filosofia*, São Paulo, v. 1, fasc. 3, 1951, p. 363-365.

"Ideias para um Novo Conceito de Homem". *Revista Brasileira de Filosofia*, São Paulo, v. 1, fasc. 4, out./dez. 1951, p. 423-456.

1952 – "O Homem e a sua Proveniência". *Revista Brasileira de Filosofia*, São Paulo, v. 2, fasc. 7, jul./set. 1952, p. 494-506.

1953 – "O Pensamento do Prof. Luigi Bagolini". *Diário de São Paulo*, São Paulo, 17 set. 1953.

"Sobre a Poesia e o Poeta". *Diário de São Paulo*, São Paulo, 11 out. 1953.

"Filosofia do Direito". *Diário de São Paulo*, São Paulo, 21 nov. 1953.

"Orfeu e a Origem da Filosofia". *Diário de São Paulo*, São Paulo, 20 dez. 1953.

"Sobre a Teoria dos Modelos". *Revista Brasileira de Filosofia*, São Paulo, v. 3, fasc. 9, jan./mar. 1953, p. 39-43.

1954 – "A Ameaça do Passado". *Diário de São Paulo*, São Paulo, 21 fev. 1954.

"Centenário de Schelling". *Diário de São Paulo*, São Paulo, 11 abr. 1954.

"Sob o Signo de Hobbes". *Diário de São Paulo*, São Paulo, 20 jun. 1954.

"O Novo Ceticismo". *Diário de São Paulo*, São Paulo, 8 jul. 1954.

"A Situação Atual da Filosofia". *Diário de São Paulo*, São Paulo, 18 jul. 1954.

"O Legado do Deserto". *Diário de São Paulo*, São Paulo, 23 dez. 1954.

"Para uma Etnogonia Filosófica". *Revista Brasileira de Filosofia*, São Paulo, v. 4, fasc. 16, out./dez. 1954, p. 524-527.

1955 – "Introdução à Filosofia da Mitologia". *Revista Brasileira de Filosofia*, São Paulo, v. 5, fasc. 20, out./dez. 1955, p. 554-566.

"A Experiência do Divino nos Povos Aurorais". *Diálogo*, São Paulo, n. 1, set. 1955, p. 33-38.

"A Fé nas Origens". *Diálogo*, São Paulo, n. 1, set. 1955, p. 103-105.

"Os Pastores do Ser". *Diálogo*, São Paulo, n. 1, set. 1955, p. 105-106.

"A Religião e a Sexualidade". *Diálogo*, São Paulo, n. 2, dez. 1955, p. 99-100.

"A Situação Atual da Filosofia". *Revista Brasileira de Filosofia*, São Paulo, v. 5, fasc. 17, jan./mar. 1955, p. 107-109.

"Hermenêutica da Época Humana". *Revista Brasileira de Filosofia*, São Paulo, v. 5, fasc. 18, abr./jun. 1955, p. 166-172.

"Enzo Paci e o Pensamento Sul-Americano". *Revista Brasileira de Filosofia*, São Paulo, v. 5, fasc. 18, abr./jun. 1955, p. 287-289.

"A Crise do Direito no Mundo Atual". *Diário de São Paulo*, São Paulo, 7 abr. 1955.

"Santa Marta Fabril S.A.". *Diário de São Paulo*, São Paulo, 17 abr. 1955.

"O Problema da Autonomia do Pensamento". *Diário de São Paulo*, São Paulo, 12 maio 1955.

"O Primado da Beleza". *Diário de São Paulo*, São Paulo, 15 maio 1955.

"O Sofisma da Democracia". *Diário de São Paulo*, São Paulo, s/d.[2]

---

[2] Embora não venham com data designada, os artigos intitulados s/d (sem data)

"O Rio da Realidade". *Diário de São Paulo*, São Paulo, s/d.

"O Crepúsculo da Nacionalidade". *Diário de São Paulo*, São Paulo, s/d.

"As Utopias do Renascimento". In: VÁRIOS AUTORES. *Introdução ao Pensamento Político*. São Paulo: Federação do Comércio do Estado de São Paulo/Sesc/Senac/Instituto de Sociologia e Política da USP, 1955, sem indicação do número de páginas.

1956 – "O 'Ser' In-Fusivo". *Diálogo*, São Paulo, n. 3, mar. 1956, p. 29-34.

"Sociedade e Transcendência". *Diálogo*, São Paulo, n. 3, mar. 1956, p. 101-102.

"A Transparência da História". *Diálogo*, São Paulo, n. 4, jul. 1956, p. 76.

"História e Meta-História". *Diálogo*, São Paulo, n. 5, out. 1956, p. 3-10.

"Comentário ao Poema 'O Barco da Morte'". *Diálogo*, São Paulo, n. 5, out. 1956, p. 49-50.

"Kierkegaard e o Problema da Subjetividade". *Revista Brasileira de Filosofia*, São Paulo, v. 6, fasc. 21, jan./mar. 1956, p. 70-76.

1957 – "Santo Tomás e Heidegger". *Diálogo*, São Paulo, n. 6, fev. 1957, p. 21-25.

"Ócio *versus* Trabalho". *Diálogo*, São Paulo, n. 6, fev. 1957, p. 77-78.

"Resenha de *João Torto e a Fábula* (Cassiano Ricardo)". *Diálogo*, São Paulo, n. 6, fev. 1957, p. 85-88.

---

foram inseridos em seus respectivos anos a partir de inferências sobre os períodos de produção do filósofo. Nesse caso, portanto, as datas não são especificadas, mas os artigos certamente pertencem aos anos indicados. (N.O.)

"A Fonte e o Pensamento". *Diálogo*, São Paulo, n. 7, jul. 1957, p. 3-8.

"Apresentação do Número Especial Dedicado a Guimarães Rosa". *Diálogo*, São Paulo, n. 8, nov. 1957, p. 3.

"Natureza e Cristianismo". *Revista Brasileira de Filosofia*, São Paulo, v. 7, fasc. 27, jul./set. 1957, p. 279-284.

"Lógica Simbólica". *Jornal do Comércio*, Rio de Janeiro, 22 set. 1957.

"A Situação da Filosofia em Nossos Dias". *Jornal do Comércio*, Rio de Janeiro, 8 dez. 1957.

"O Dionisismo em Hegel". *Jornal do Comércio*, Rio de Janeiro, 8 dez. 1957.

1958 – "Instrumentos, Coisas e Cultura". *Revista Brasileira de Filosofia*, São Paulo, v. 8, fasc. 30, abr./jun. 1958, p. 205-214.

"O Deus Vivo de Lawrence". *Diálogo*, São Paulo, n. 9, jul. 1958, p. 11-20.

"O Novo Ceticismo". *Revista Brasileira de Filosofia,* São Paulo, v. 8, fasc. 31, jul./set. 1958, p. 364-365.

"Paradoxos de uma Época". *Jornal do Comércio*, Rio de Janeiro, 2 fev. 1958.

"A Marionete do Ser". *Jornal do Comércio*, Rio de Janeiro, 9 fev. 1958.

"Sociologia e Humanismo". *Jornal do Comércio*, Rio de Janeiro, 23 fev. 1958.

"O Tempo do Sonho". *Jornal do Comércio*, Rio de Janeiro, 6 abr. 1958.

"A Soma Absoluta". *Jornal do Comércio*, Rio de Janeiro, 8 jun. 1958.

"Em Busca de uma Autenticidade". *Jornal do Comércio*, Rio de Janeiro, 1958.

1959 – "Raça e Mito". Comunicação apresentada no 3º Congresso Nacional de Filosofia, São Paulo, 1959.

"História e Meta-História". Comunicação apresentada no Congresso Internacional de Filosofia, São Paulo, 1959.

1960 – "Educação e Filosofia". *Revista Brasileira de Filosofia*, São Paulo, v. 10, fasc. 38, abr./jun. 1960, p. 244-253.

"O Ocaso do Pensamento Humanístico". *Diálogo*, São Paulo, n. 12, fev. 1960, p. 31-35.

"Resenha de *O Iniciado do Vento* (Aníbal Machado)". *Diálogo*, São Paulo, n. 12, fev. 1960, p. 77-78.

"Sartre: um Equívoco Filosófico". *Diálogo*, Rio de Janeiro, n. 13, dez. 1960, p. 93-94.

1961 – "O Homem e a Liberdade na Tradição Humanística". *Revista Brasileira de Filosofia*, São Paulo, v. 11, fasc. 41, jan./mar. 1961, p. 19-24.

"Valor e Ser". *Revista Brasileira de Filosofia*, São Paulo, v. 11, fasc. 42, abr./jun. 1961, p. 220-223.

1962 – "A Natureza do Simbolismo". *Revista Brasileira de Filosofia*, São Paulo, v. 12, fasc. 48, out./dez. 1962, p. 427-431.

"A Origem Religiosa da Cultura". *Convivium*, São Paulo, v. 1, n. 1, maio 1962, p. 32-41.

"Liberdade e Imaginação". *Convivium*, São Paulo, v. 1, n. 2, jun. 1962, p. 71-77.

"A Filosofia do Reconhecimento". *Convivium*, São Paulo, v. 1, n. 4, set. 1962, p. 51-67.

"Uma Floresta Sombria". *Diálogo*, São Paulo, n. 15, mar. 1962, p. 3-16.

"Diálogo do Mar". *Diálogo*, São Paulo, n. 14, abr. 1962, p. 3-16.

"Resenha de *O Conceito Marxista de Homem* (Erick Fromm)". *Convivium*, São Paulo, v. 1, n. 7, dez. 1962, p. 98-99.

1963 – "Religião, Salvação e Imortalidade". *Revista Brasileira de Filosofia*, São Paulo, v. 13, fasc. 49, jan./mar. 1963, p. 3-7.

"O Indivíduo e a Sociedade". *Convivium*, São Paulo, v. 2, n. 2, mar. 1963, p. 38-44.

"Marxismo e Imanência". *Convivium*, São Paulo, v. 2, n. 5, jun. 1963, p. 71-79.

Livros e ensaios publicados postumamente

FERREIRA DA SILVA, Vicente. *Obras Completas*. Prefácio Miguel Reale. 2 v. São Paulo: Instituto Brasileiro de Filosofia, 1964-1966.

_____. "Ciclo e Liberdade". *Obras Completas*, v. II, p. 259-262.

_____. "Fragmentos". *Obras Completas*, v. II, p. 263.

_____. "Interpretação da Morte". *Obras Completas*, v. II, p. 263-265.

_____. "Diálogo do Mar". *Obras Completas*, v. II, p. 493-507.

_____. "Diálogo da Montanha". *Obras Completas*, v. II, p. 509-522.

_____. "Diálogo do Espanto". *Obras Completas*, v. II, p. 523-533.

_____. "Diálogo do Rio". *Obras Completas*, v. II, p. 535-538.

_____. "Diário Filosófico". *Cavalo Azul*, São Paulo, n. 3, 1967, p. 35-46.

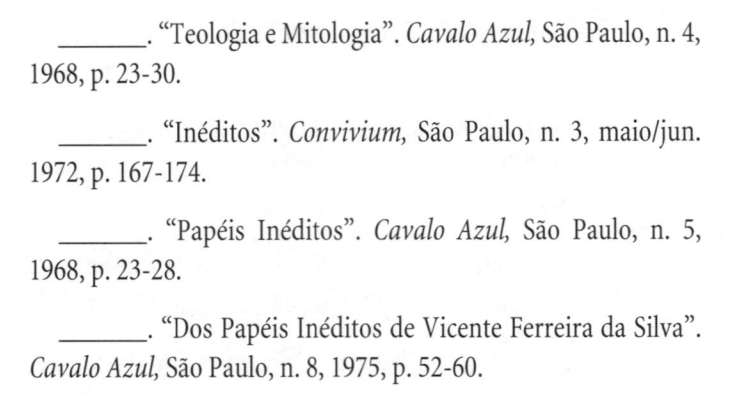

_____. "Teologia e Mitologia". *Cavalo Azul*, São Paulo, n. 4, 1968, p. 23-30.

_____. "Inéditos". *Convivium*, São Paulo, n. 3, maio/jun. 1972, p. 167-174.

_____. "Papéis Inéditos". *Cavalo Azul*, São Paulo, n. 5, 1968, p. 23-28.

_____. "Dos Papéis Inéditos de Vicente Ferreira da Silva". *Cavalo Azul*, São Paulo, n. 8, 1975, p. 52-60.

Estudos sobre Vicente Ferreira da Silva

ACERBONI, Lídia. "Vicente Ferreira da Silva". In: *A Filosofia Contemporânea no Brasil.* São Paulo: Grijalbo, 1969, p. 114-121.

BAGOLINI, Luigi. "Carta ao Prof. Miguel Reale". *Revista Brasileira de Filosofia*, São Paulo, v. 13, fasc. 51, jul./set. 1963, p. 378.

_____. "Consciência Humana e Mistério". *Convivium*, São Paulo, v. 16, n. 3, mai./jun. 1972, p. 252-258.

BARBOSA, Elyana. *Vicente Ferreira da Silva: Uma Visão do Mundo*. Salvador: Universidade Federal da Bahia, 1975. (Dissertação de Mestrado)

BARBUY, Heraldo. "Vicente Ferreira da Silva (1916-1963)". *Revista Brasileira de Filosofia*, São Paulo, v. 13, fasc. 51, jul./set. 1963, p. 379-383.

_____. "Subjetividade e Interioridade". *Convivium*, São Paulo, v. 16, n. 3, mai./jun. 1972, p. 205-245.

BORGES, Paulo Alexandre Esteves. "Do Perene Regresso da Filosofia à Caverna da Dança e do Drama Iniciático. Rito e Mito em Vicente Ferreira da Silva e Eudoro de Sousa". In: *Mito e Cultura: Vicente Ferreira da Silva e Eudoro de Sousa – Actas* do *V Colóquio Tobias Barreto*. Lisboa: Instituto de Filosofia Luso-Brasileira, 2001, p. 97-112. Republicado em: *Pensamento Atlântico*. Lisboa: Imprensa Nacional Casa da Moeda, 2002, p. 413-426.

BORGIA, Orietta. *Aspetti Esistenziali nel Pensiero di Vicente Ferreira da Silva*. Roma: Universitá degli Studi di Roma, 1975. (Tese de Doutorado)

BORSA, Jacir Battaglin. *O Sentido da Liberdade no Pensamento de Vicente Ferreira da Silva*. Santa Maria: Universidade Federal, 1976.

CALAFATE, Pedro. "A Antropologia na Obra de Vicente Ferreira da Silva". In: *Mito e Cultura: Vicente Ferreira da Silva e Eudoro de Sousa – Actas do V Colóquio Tobias Barreto*. Lisboa: Instituto de Filosofia Luso-Brasileira, 2001, p. 51-60.

CÂMARA DE VEREADORES DA CIDADE DE SÃO PAULO. "Manifestação de Pesar pelo Falecimento do Professor Vicente Ferreira da Silva". In: *Revista Brasileira de Filosofia*, São Paulo, v. 13, fasc. 51, jul./set. 1963, p. 426.

CANNABRAVA, Euryalo. "Estrutura Metalinguística da Lógica". *Convivium*, São Paulo, v. 16, n. 3, maio/jun. 1972, p. 314-325.

CARVALHO, Joaquim de Montezuma de. "Vicente Ferreira da Silva, Filósofo da Liberdade". *Convivium*, São Paulo, v. 16, n. 3, maio/jun. 1972, p. 304-313.

CARVALHO, José Maurício de. "Vicente Ferreira da Silva, a Aproximação ao Existencialismo". *Curso de Introdução à Filosofia Brasileira*. Londrina: Edições Cefil/UEL, 2000, p. 273-288.

_____. "Vicente Ferreira da Silva". In: *Contribuição Contemporânea à História da Filosofia Brasileira – Balanço e Perspectivas*. Londrina: Editora UEL, 1998, p. 208-210.

CÉSAR, Constança Marcondes. *O Grupo de São Paulo*. Lisboa: Imprensa Nacional Casa da Moeda, s/d.

_____. "O Grupo de São Paulo". In: *Mito e Cultura: Vicente Ferreira da Silva e Eudoro de Sousa – Actas do V Colóquio Tobias Barreto*. Lisboa: Instituto de Filosofia Luso-Brasileira, 2001, p. 15-38.

_____. "A Metafísica do Feminino em Vicente Ferreira da Silva". *Cavalo Azul*, São Paulo, n. 8, mai./jun. 1979, p. 61-64.

_____. *Vicente Ferreira da Silva: Trajetória Intelectual e Contribuição Filosófica*. Campinas: Universidade Católica, 1980. (Tese de Livre-Docência)

_____. "Vicente Ferreira da Silva e o Pensamento Sul-Americano". *Presença Filosófica*, Rio de Janeiro, v. 8, n. 3/4, jul./dez. 1982, p. 60-64.

CHAGAS, Wilson. "Vicente Ferreira da Silva: *Obras Completas*". V. I. São Paulo, IBF, 1964, p. 397. Resenha publicada na *Revista Brasileira de Filosofia*, São Paulo, v. 18, fasc. 70, abr./jun. 1968, p. 244-245.

COELHO, José Francisco. "A Desmitização". *Convivium*, São Paulo, v. 16, n. 3, mai./jun. 1972, p. 272-290.

COSTA, Newton C. A. da. "A Obra de Vicente Ferreira da Silva em Lógica". *Revista Brasileira de Filosofia*, São Paulo, v. 41, n. 174, abr./jun. 1994, p. 165-169.

_____. "Vicente Ferreira da Silva e a Lógica". *Revista Brasileira de Filosofia*, São Paulo, v. 14, n. 56, out./dez. 1964, p. 499-508.

CRIPPA, Adolpho. "Vicente Ferreira da Silva Homenageado na Revista Europeia *Il Dialogo*". *Convivium*, São Paulo, v. 16, n. 3, maio/jun. 1972, p. 326.

_____. "Apresentação". *Convivium*, São Paulo, v. 16, n. 3, mai./jun. 1972, p. 175-181.

_____. "Vicente Ferreira da Silva". In: *As Ideias Filosóficas no Brasil: Século XX*. Parte I. São Paulo: Convívio, 1978, p. 91-129.

_____. "A Moral no Pensamento de Vicente Ferreira da Silva". *Convivium*, São Paulo, v. 24, n. 2, mar./abr. 1980, p. 3-22.

_____. *A Ideia de Cultura em Vicente Ferreira da Silva*. Rio de Janeiro: Universidade Gama Filho, 1983, 132 fol. (Tese de Doutoramento)

_____. *A Ideia de Cultura em Vicente Ferreira da Silva*. São Paulo: Convívio, 1984, 194 p. (Coleção Ensaios, n. 2)

FARIA, Octávio de. "Vicente Ferreira da Silva". *Revista Brasileira de Filosofia*, São Paulo, v. 13, fasc. 51, jul./set. 1963, p. 389-390.

FLUSSER, Vilém. "Vicente Ferreira da Silva". *Revista Brasileira de Filosofia*, São Paulo, v. 13, fasc. 51, jul./set. 1963, p. 384-388.

_____. "O Projeto Vicente Ferreira da Silva". *Diálogo*, São Paulo, n. 16, abr. 1964, p. 39-53.

_____. "Da Responsabilidade do Intelectual". *Convivium*, São Paulo, v. 16, n. 3, mai./jun. 1972, p. 297-303.

_____. "Vicente Ferreira da Silva". In: *Bodenlos: Uma Autobiografia Filosófica*. São Paulo: Annablume, 2007, p. 107-118.

GRASSI, Ernesto. "Recordação e Metáfora". *Convivium*, São Paulo, v. 16, n. 3, mai./jun. 1972, p. 202-204.

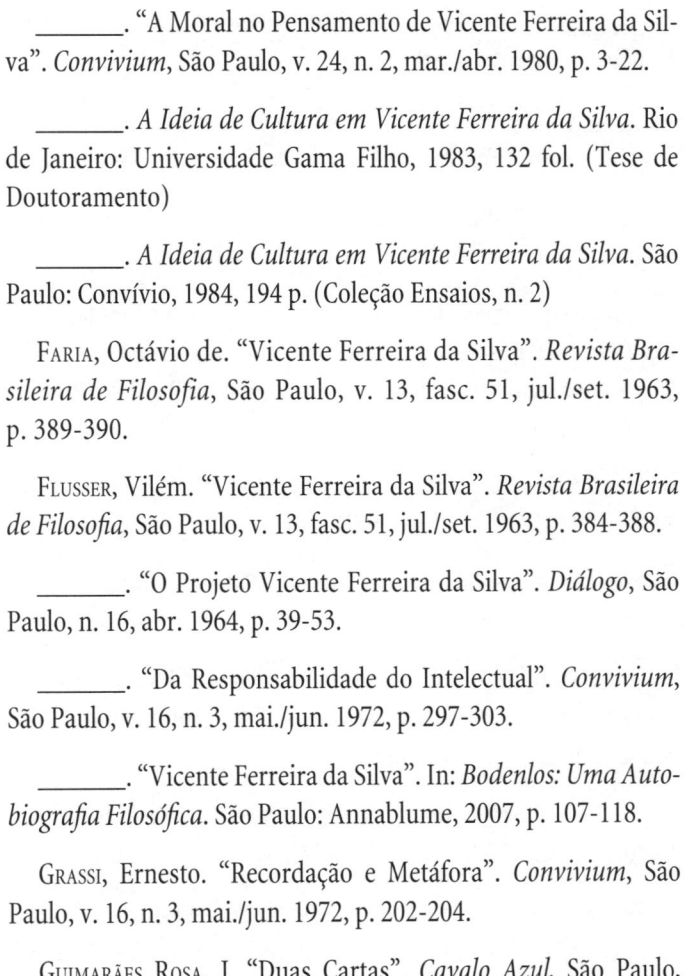

GUIMARÃES ROSA, J. "Duas Cartas". *Cavalo Azul*, São Paulo, n. 3, p. 31-33.

INSTITUTO DE FILOSOFIA LUSO-BRASILEIRA. *Mito e Cultura: Vicente Ferreira da Silva e Eudoro de Sousa – Actas do V Colóquio Tobias Barreto*. Lisboa: Instituto de Filosofia Luso-Brasileira, 2001.

JOHNS, Per. "Dioniso Crucificado". In: *Dioniso Crucificado*. Rio de Janeiro: Topbooks, 2005.

KUJAWSKI, Gilberto de Mello. "O Círculo Vicente Ferreira da Silva". In: *Discurso sobre a Violência e outros Temas*. São Paulo: Soma, 1985, p. 149-153.

_____. "Vocação Filosófica de Vicente Ferreira da Silva". *Diálogo*, São Paulo, n. 16, abr. 1964, p. 17-21.

_____. "O Signo de Dionisos". *Convivium*, São Paulo, v. 16, n. 3, maio/jun. 1972, p. 259-271.

_____. "Vicente Ferreira da Silva, um Pensador da Floresta Negra". *O Estado de S. Paulo*, São Paulo, 10 jul. 1983.

LARA, Tiago Adão. "O Pensamento de Vicente Ferreira da Silva em *Dialéctica das Consciências*". *Revista Brasileira de Filosofia*, São Paulo, Instituto Brasileiro de Filosofia, v. 25, fasc. 99, jul./ago./set. 1975.

MARÍAS, Julián. "Uma Vocação Filosófica". *Convivium*, São Paulo, v. 16, n. 3, mai./jun. 1972, p. 183-188.

MELO, Luís Correia de. *Dicionário de Autores Paulistas*. São Paulo, 1954, p. 593.

PAIM, Antonio. *A Filosofia Brasileira Contemporânea. Estudos Complementares à História das Ideias Filosóficas no Brasil*. Vol. VII. Londrina: Edições Cefil, 2000.

_____. *História das Ideias Filosóficas no Brasil*. 5. ed. rev. Londrina: UEL, 1997, p. 83, 696-697.

PEREIRA, José Esteves et al. "Apresentação". In: *Mito e Cultura: Vicente Ferreira da Silva e Eudoro de Sousa – Actas do V Colóquio Tobias Barreto*. Lisboa: Instituto de Filosofia Luso-Brasileira, 2001, p. 11-12.

PEREIRA, José Esteves. "Filosofia como Idioma de Apelo e de Liberdade". In: *Mito e Cultura: Vicente Ferreira da Silva e Eudoro de Sousa – Actas do V Colóquio Tobias Barreto*. Lisboa: Instituto de Filosofia Luso-Brasileira, 2001, p. 43-50.

PETRONIO, Rodrigo. "Relatos da Origem: o Pensamento de Vicente Ferreira da Silva". *Agulha Revista de Cultura*, Fortaleza, São Paulo, n. 37, jan. 2004. Disponível em: http://www.revista.agulha.nom.br/ag37silva.htm

_____. "O Pastor do Ser". *Jornal da União Brasileira dos Escritores (UBE)*, n. 105, out. 2003, p. 17. Republicado no *Jornal de Poesia*. Disponível em: http://www.jornaldepoesia.jor.br/rpetronio23.html

PIZA, Diva Ribeiro de Toledo. "Um Novo Conceito do Homem". *Convivium*, São Paulo, v. 16, n. 3, maio/jun. 1972, p. 291-296.

REALE, Miguel. "Prefácio". In: SILVA, Vicente Ferreira da. *Obras Completas*. São Paulo: Instituto Brasileiro de Filosofia, 1964, v. 1, p. 7-14.

_____. "Preliminares à Metafísica de Vicente Ferreira da Silva". In: *Filosofia em São Paulo*. São Paulo: Grijalbo, 1976, p. 167-173. Ensaio publicado também em: *Estudos de Filosofia Brasileira*. Lisboa: Instituto de Filosofia Luso-Brasileira, 1994, p. 204 et seq.

_____. "Silva (Vicente Ferreira da)". In: *Logos: Enciclopédia Luso-Brasileira de Filosofia*. Lisboa: Verbo, 1992, v. 4, p. 1129-1132.

_____. "A Posição de Vicente Ferreira da Silva Filho no Instituto Brasileiro de Filosofia". In: *Mito e Cultura: Vicente Ferreira da Silva e Eudoro de Sousa – Actas do V Colóquio Tobias Barreto*. Lisboa: Instituto de Filosofia Luso-Brasileira, 2001, p. 39-42.

ROCHA, R. P. da. *Mito: Uma Introdução de Vicente Ferreira da Silva*. Santa Maria: Universidade Federal, 1977. (Dissertação de Mestrado)

RODRIGUES, Anna Maria Moog. "A Moral Lúdica segundo o Pensamento de Vicente Ferreira da Silva". In: *Mito e Cultura: Vicente Ferreira da Silva e Eudoro de Sousa – Actas do V Colóquio Tobias Barreto*. Lisboa: Instituto de Filosofia Luso-Brasileira, 2001, p. 61-72. Ensaio publicado também em: *Revista Brasileira de Filosofia*, São Paulo, v. 45, fasc. 193, jan./mar. 1999, p. 49-60.

SILVA, Agostinho da. "Vicente. Filosofia e Vida". *Convivium*, São Paulo, v. 16, n. 3, maio/jun. 1972, p. 246-251.

SILVA, Dora Ferreira da. "Fim e Começo". *Convivium*, São Paulo, v. 16, n. 3, maio/jun. 1972, p. 189-193.

TEIXEIRA, António Braz. "Haverá uma Escola de São Paulo?". *Revista Brasileira de Filosofia*, São Paulo, v. 44, fasc. 186, abr./jun. 1997, p. 236-239.

_____. "Introdução". In: Silva, Vicente Ferreira da. *Dialectica das Consciências e Outros Ensaios*. Lisboa: Imprensa Nacional Casa da Moeda, 2002, p. 7-34.

_____. "O Primeiro Ciclo do Pensamento de Vicente Ferreira da Silva". *Revista Brasileira de Filosofia*, São Paulo, v. 42, fasc. 174, abr./jun. 1994, p. 144-164.

_____. "O Sagrado no Pensamento de Vicente Ferreira da Silva". In: *Mito e Cultura: Vicente Ferreira da Silva e Eudoro de Sousa – Actas do V Colóquio Tobias Barreto*. Lisboa: Instituto de Filosofia Luso-Brasileira, 2001, p. 85-96.

TOBIAS, José Antonio. "Vicente Ferreira da Silva". In: *História das Ideias Estéticas no Brasil*. São Paulo: Grijalbo, 1967, p. 120-121.

VAN ACKER, Leonardo; Barbuy, Heraldo; CZERNA, Renato Cirell. "Conferido a Vicente Ferreira da Silva o Prêmio Moinho Santista de Filosofia". *Revista Brasileira de Filosofia*, São Paulo, v. 20, fasc. 79, jul./set. 1970, p. 243-249.

VARELA, Maria Helena. *Microfilosofia(s) Atlânticas. Confrontos e Contrastes*. Braga: Edições APPACDM, 2000.

VARGAS, Milton. "O Jovem Vicente Ferreira da Silva". *Convivium*, São Paulo, v. 16, n. 3, maio/jun. 1972, p. 194-201.

_____. "Poesia, Filosofia e Imortalidade". *Diálogo*, São Paulo, n. 16, abr. 1964, p. 23-38.

VÁRIOS. *Mito e Cultura. Vicente Ferreira da Silva e Eudoro de Sousa*. Actas do V Colóquio Tobias Barreto. Lisboa: Instituto de Filosofia Luso-Brasileira, 2001.

VÉLEZ-RODRIGUEZ, Ricardo. "Appunti sulla Filosofia Brasiliana del Novecento". In: *Paradigmi – Rivista di Critica Filosófica*, Bari, Schena Editore, v. 13, n. 37, gen./apr. 1995, p. 157-174.

_____. "Aspectos Éticos e Antropológicos do Pensamento de Vicente Ferreira da Silva". In: *Mito e Cultura: Vicente Ferreira da Silva e Eudoro de Sousa – Actas do V Colóquio Tobias Barreto*. Lisboa: Instituto de Filosofia Luso-Brasileira, 2001, p. 73-84.

_____. "O Pensamento de Vicente Ferreira da Silva sobre o Homem". *Revista Brasileira de Filosofia*, São Paulo, v. 31, n. 123, jul./set. 1981, p. 198-222.

_____. *Vicente Ferreira da Silva*: O Homem e a sua Obra. Disponível em: http://www.ensayistas.org/filosofos/brasil/silva/introd.htm

_____ e PADILHA, Tarcísio. "La Philosophie au Brésil". In: *Encyclopédie Philosophique Universelle – Vol. IV Le Discours Philosophique*. Publié sous la direction d'André Jacob; volume IV sous la direction de Jean-François Mattéi. Paris: PUF, 1999, p. 388-403.

"Vicente Ferreira da Silva Homenageado na Revista Europeia *Il Diálogo*". *Convivium*, São Paulo, v. 16, n. 3, mai./jun. 1972, p. 326.

VITA, Luis Washington. "Vicente Ferreira da Silva (1916-1963)". *Revista Brasileira de Filosofia*, São Paulo, v. 13, fasc. 51, jul./set. 1963, p. 373-377.

_____. "Vicente Ferreira da Silva". In: *Panorama da Filosofia no Brasil*. Porto Alegre: Globo, 1969, p. 134-138.

_____; Czerna, R. C.; Silva Filho, V. F. da. *O Caso do Concurso de Filosofia*. São Paulo: s/ed., 1951.

Estudos diretamente relacionados a Vicente Ferreira da Silva

ACKER, L. Van. "Reflexões sobre uma Crítica ao Tomismo". *Revista Brasileira de Filosofia*, São Paulo, v. 9, fasc. 2, abr./maio/jun. 1959, p. 202-227.

ANDRADE, O. de. "Um Aspecto Antropofágico da Cultura Brasileira – o Homem Cordial". *Atas do Primeiro Congresso Nacional de Filosofia*. São Paulo: IBF/USP, 1950, p. 229-231.

ARDAO, A. "Historia y Evolución de las Ideas Filosóficas en América Latina". *IX Congresso Interamericano de Filosofia*. Caracas: Sociedad Venezolana de Filosofia, tomo I, 1979, p. 61-69.

ASTRADA, C. "El Existencialismo, Filosofia de Nuestra Epoca". *Actas del Primer Congresso Nacional de Filosofia*. Mendoza: Univ. Nac. de Cuyo, tomo I, 1949, p. 390-407.

BAGOLINI, L. "Motivi del Pensiero Sudamericano". *Giornale di Metafísica*, Pádua, v. VII, 1952, p. 607-611.

_____. "A Interpretação dos Mitos". *Revista Brasileira de Filosofia*, São Paulo, v. III, fasc. 4, n. 12, out./dez. 1953, p. 559-579.

_____. *Mito, Potere e Dialogo*. Torino: Giappichelli, 1973.

BARBUY, H. "A Intuição de Deus na Filosofia". *Atas do Congresso Internacional de Filosofia*. São Paulo: IBF, v. I, 1954, p. 85-91.

CANNABRAVA, E. "Estrutura e Teoria Científica". *Atas do Congresso Internacional de Filosofia*. São Paulo: IBF, v. I, 1954.

_____. "O Projeto Criador em Dora Ferreira da Silva". *Colóquio Letras*, Lisboa, n. 9, set. 1972, p. 5-16.

_____. *A Sacralidade da Cultura*. São Paulo: Convívio, 1973.

CZERNA, R. C. "Panorama da Filosofia no Brasil". *Anais do Primeiro Congresso Brasileiro de Filosofia*. São Paulo: IBF/USP, 1950, p. 233-259.

_____. "Fé e Metacrítica". *Atas do Congresso Internacional de Filosofia*. São Paulo, v. I, 1954, p. 107-119.

_____. "Em Busca do Significado". In: LADUSÁNS, Stanislavs (org.). *Rumos da Filosofia Atual do Brasil em Auto-Retrato*. São Paulo: Loyola, 1976, p. 493-506.

GRASSI, E. *Arte e Mito*. Lisboa: Livros do Brasil, s/d.

JAGUARIBE, H. "Ideias para a Filosofia no Brasil". *Atas do 1º Congresso Nacional de Filosofia*. São Paulo: IBF/USP, 1950, p. 159-169.

RINTELEN, F. J. von. "El Mundo Trágico del Presente". *Atas do Congreso Internacional de Filosofia*. São Paulo: IBF, 1954, v. II, p. 507-514.

ROSENFELD, A. "Aspectos do Romantismo Alemão". *Cavalo Azul*, São Paulo, n. 1, p. 3-21.

SOUZA, E. de. "Orfeu ou Acerca do Conceito de Filosofia Antiga". *Revista Brasileira de Filosofia*, v. III, fasc. 3, n. 11, jul./set. 1953, p. 384-399.

_____. "Prolegômenos a uma Filosofia da Religião Pré-Helênica". *Atas do Congresso Internacional de Filosofia*, São Paulo, v. 1, 1954, p. 297-307.

VAZ, H. C. de L. "O Pensamento Filosófico no Brasil de Hoje". In: FRANCA, Leonel. *Noções de História da Filosofia*. 20. edição. Rio de Janeiro: Agir, 1969.

ZEAL, L. "A História das Ideias na América Hispânica". *Revista Brasileira de Filosofia*, São Paulo, n. 9, out./nov./dez. 1960, p. 512-518.

_____. "Historia y Evolución de las Ideas Filosóficas en América Latina". *IX Congreso Interamerícano de Filosofía*, tomo I, Caracas: Sociedad Venezolana de Filosofia, 1979, p. 71-75.

Bibliografia sugerida sobre filosofia luso-brasileira

Livros e ensaios

ACERBONI, Lídia. *A Filosofia Contemporânea no Brasil*. São Paulo: Grijalbo, 1969.

CAMPOS, Fernando. *Tomismo no Brasil*. São Paulo: Grijalbo, 1998.

CARVALHO, Maria Cecília M. de. *A Filosofia Analítica no Brasil*. São Paulo: Papirus, 1995.

CERQUEIRA, Luiz A. *Filosofia Brasileira – Ontogênese da Consciência de Si*. Petrópolis/RJ: Vozes/Faperj, 2002.

COSTA, João Cruz. *Contribuição à História das Ideias no Brasil*. Rio de Janeiro: José Olympio, 1956.

_____. *Panorama da História da Filosofia no Brasil*. Rio de Janeiro: Cultrix, 1970.

_____. *A Filosofia no Brasil*. Porto Alegre: Liv. do Globo, 1945.

FERNANDES, Zózimo Adeodato. "A Filosofia no Brasil: uma Perspectiva – Parte 1". *Revista Laboratório de Poéticas: Antenas e Raízes*. Diadema: Programa Cultura Viva - MinC, 2008, p. 22-23.

_____. "A Filosofia no Brasil: uma Perspectiva – Parte 2". *Revista Laboratório de Poéticas: Antenas e Raízes*. Diadema: Programa Cultura Viva - MinC, 2008, p. 12-17.

FRANCA, Leonel. *Noções de História da Filosofia*. Rio de Janeiro: Agir, 1973. [Parte VII – A filosofia no Brasil (Séc. XIX-XX)]

GOMES, Roberto. *Crítica da Razão Tupiniquim*. São Paulo: FTD, 1990.

JAGUARIBE, Hélio. *A Filosofia no Brasil*. Rio de Janeiro: Textos Brasileiros, MEC, 1957.

JAIME, Jorge. *História da Filosofia no Brasil*. Petrópolis/São Paulo: Vozes/Faculdades Salesianas; v. I, 1997; v. II, 1997; v. III, 2000; v. IV, 2002.

LADUSĀNS, Stanislavs (org.). *Rumos da Filosofia Atual no Brasil em Auto-Retratos*. São Paulo: Loyola, 1976.

LINS, Ivan. *História do Positivismo no Brasil*. São Paulo: Companhia Editora Nacional, 1967.

MACHADO, Geraldo P. *A Filosofia no Brasil*. São Paulo: Cortez e Moraes, 1976.

MACHADO, G. P. "A Filosofia no Brasil". In: HIRSCHBERGER, Johannes. *História da Filosofia Contemporânea*. São Paulo: Herder, 1963.

MACHADO NETO, Antônio L. *História das Ideias Jurídicas no Brasil*. São Paulo: Grijalbo, 1969.

MACEDO, Ubiratan B. de. *A Liberdade no Império*. São Paulo: Convívio, 1977.

PAIM, Antônio. *A Filosofia na Escola de Recife*. Rio de Janeiro: Saga, 1966.

_____. *O Estudo do Pensamento Filosófico Brasileiro*. Rio de Janeiro: Tempo Brasileiro, 1979.

_____. *Problemática do Culturalismo*. Porto Alegre: Edipuc-RS, 1995.

_____. *História das Ideias Filosóficas no Brasil*. São Paulo: Grijalbo/Edusp. 1967, 276 p. (Prêmio Instituto Nacional do Livro de Estudos Brasileiros – 1968). 2. edição, São Paulo, Grijalbo/Edusp, 1974, 431 p.; 3. edição, São Paulo, Convívio/INL, 1984, 615 p. (Prêmio Jabuti-1985 de Ciências Humanas, concedido pela Câmara Brasileira do Livro); 4. edição, São Paulo, Convívio, 1987, X – 615 p.; 5. edição, Londrina, Ed. da UEL - Universidade Estadual de Londrina, 1997, 760 p.

_____. *História das Ideias Filosóficas no Brasil.* Vol. I - *Os Intérpretes* (3. edição revista de *O Estudo do Pensamento Filosófico Brasileiro*, 1. edição, Rio de Janeiro, Tempo Brasileiro, 1979, 157 p.; 2. edição, São Paulo, Convívio, 1985, 188 p.). Londrina: Editora da UEL, 1999, 236 p.

_____. *História das Ideias Filosóficas no Brasil.* Vol. II - *As Filosofias Nacionais.* Apresentação de António Braz Teixeira (inclui parte do opúsculo *Das Filosofias Nacionais.* Lisboa: Universidade Nova Lisboa, 1991, 83 p.). Londrina: Editora UEL, 1997, 172 p.

_____. *História das Ideias Filosóficas no Brasil.* Vol. III – *Etapas Iniciais da Filosofia Brasileira* (inclui o livro *Cairu e o Liberalismo Econômico.* Rio de Janeiro: Tempo Brasileiro, 1968, 118 p.). Londrina: Editora da UEL, 1998, 272 p.

_____. *História das Ideias Filosóficas no Brasil.* Vol. IV – *A Escola Eclética.* Londrina: Editora da UEL, 1996, 415 p.; 2. edição, Londrina: Editora da UEL, 1999, 386 p.

_____. *História das Ideias Filosóficas no Brasil.* Vol. V – *A Escola do Recife* (3. edição revista e ampliada de *A Filosofia da Escola do Recife.* 1. edição, Rio de Janeiro: Saga, 1966, 217 p.; 2. edição, São Paulo, Convívio, 1981, 211 p.). Londrina: Editora da UEL, 1999, 252 p.

_____. *História das Ideias Filosóficas no Brasil.* Vol. VI – *A Escola Cientificista Brasileira.* Londrina: Edições Cefil, 2002, 168 p.

_____. *História das Ideias Filosóficas no Brasil.* Vol. VII – *A Filosofia Brasileira Contemporânea.* Londrina: Edições Cefil, 2000, 313 p.

_____. *Bibliografia Filosófica Brasileira – 1808/1930.* Salvador: CDPB, 1983, 96 p.; *Período Contemporâneo – 1931/1977.* São Paulo: GRD-INL, 1979, 246 p.; 2. edição ampliada: *1931/1980,* Salvador: CDPB, 1987, 124 p.; *1981/1985,* Salvador: CDPB, 1988, 31 p.

_____. *A Filosofia Brasileira*. Lisboa: Instituto de Cultura e Língua Portuguesa, 1991, 212 p. (Biblioteca Breve, v. 123).

REALE, Miguel. *Filosofia em São Paulo*. São Paulo: Grijalbo/ Edusp, 1976.

ROBLEDO, Antônio G. *La Filosofia en el Brasil*. México: Imprenta Universitária, 1946.

ROMERO, Sylvio. *Obra Filosófica*. São Paulo: José Olympio/ Edusp, 1969.

SEVERINO, Antônio J. *A Filosofia Contemporânea no Brasil*. Petrópolis: Vozes, 1997.

SEVERINO, A. J. "Pensando em Rumos da Filosofia Brasileira", In: Ladusãns, Stanislavs (org.). *Rumos da Filosofia Atual no Brasil em Auto-Retratos*. São Paulo: Loyola, 1976, p. 75-95.

SOUZA, Ricardo Timm. *O Brasil Filosófico – História e Sentidos*. São Paulo: Perspectiva, 2000.

TOBIAS, José A. *História das Ideias Estéticas no Brasil*. São Paulo: Grijalbo, 1969.

VAZ, Henrique Lima. "O Pensamento Filosófico no Brasil de Hoje". In: *Noções de História da Filosofia*. Rio de Janeiro: Agir, 1973.

VITA, Luís Washington. *A Filosofia Contemporânea em São Paulo*. São Paulo: Grijalbo, 1969.

_____. *Antologia do Pensamento Social e Político no Brasil*. São Paulo: Grijalbo, 1968.

_____. *Panorama da Filosofia no Brasil*. Porto Alegre: Globo, 1969.

_____. *Pequena História da Filosofia no Brasil*. São Paulo: Saraiva, 1968.

_____. *Escorço da Filosofia no Brasil*. Coimbra: Atlântida, 1964.

Sites

Centro de Documentação do Pensamento Brasileiro – CDPB
http://www.cdpb.org.br/index.html

Centro de Filosofia Brasileira
Coordenador: Luiz Alberto Cerqueira
http://filosofiabrasileiracefib.blogspot.com

NOTA BIOGRÁFICA DO ORGANIZADOR

Rodrigo Petronio nasceu em 1975, em São Paulo. É editor, escritor e professor. Formado em Letras Clássicas e Vernáculas pela USP, é professor e cofundador do curso de Criação Literária da Academia Internacional de Cinema (AIC), professor-coordenador do Centro de Estudos Cavalo Azul, fundado pela poeta Dora Ferreira da Silva, e coordenador de grupos de leitura do Instituto Fernand Braudel. É membro do Nemes (Núcleo de Estudos de Mística e Santidade) da PUC-SP. Trabalha no mercado editorial há mais de dez anos e colabora para diversos veículos da imprensa. Recebeu prêmios nacionais e internacionais nas categorias poesia, prosa de ficção e ensaio. Tem poemas, contos e ensaios publicados em revistas nacionais e estrangeiras. Participou de encontros de escritores em instituições brasileiras, em Portugal e no México. É autor dos livros *História Natural* (poemas, 2000), *Transversal do Tempo* (ensaios, 2002) e *Assinatura do Sol* (poemas, Lisboa, 2005) e organizou o livro *Animal Olhar* (Escrituras, 2005), primeira antologia do poeta português António Ramos Rosa publicada no Brasil. É membro do conselho editorial da revista de filosofia, cultura e literatura *EntreCulturas* (Lisboa). Lançou, pela editora A Girafa, o livro de poemas *Pedra de Luz*, finalista do Prêmio Jabuti 2006. Foi congratulado com o Prêmio Nacional ALB/Braskem de 2007, com a obra *Venho de um País Selvagem*, publicada em abril de 2009 pela Topbooks, e que também recebeu o 3° Lugar no Prêmio da Fundação Biblioteca Nacional.

DADOS INTERNACIONAIS DE CATALOGAÇÃO NA PUBLICAÇÃO (CIP)
(CÂMARA BRASILEIRA DO LIVRO, SP, BRASIL)

Silva, Vicente Ferreira da, 1916-1963
Transcendência do mundo : obras completas / Vicente Ferreira da Silva ; organização, preparação de originais, prefácio e introdução geral Rodrigo Petronio ; posfácio Julián Marías... [et al.]. – São Paulo : É Realizações, 2010. – (Coleção Filosofia Atual)

Bibliografia
ISBN 978-85-88062-99-3

1. Filosofia I. Petronio, Rodrigo. II. Marías, Julián. III. Johns, Per. IV. Silva, Agostinho da. V. Silva, Dora Ferreira da. VI. Título. VII. Série.

10-08247   CDD-199.81

ÍNDICES PARA CATÁLOGO SISTEMÁTICO:
1. Filosofia brasileira   199.81

Este livro foi impresso pela
HRosa Gráfica e Editora para
É Realizações, em outubro
de 2010. Os tipos usados são
Minion Condensed e Adobe
Garamond Regular. O papel
do miolo é chamois bulk
dunas 80g, e da capa, curious
metallics gold leaf 300g.